U0882256

珍藏本

纪念版

汉译世界学术名著丛书

经济分析史

第一卷

〔美〕约瑟夫·熊彼特 著

朱泱 孙鸿敞 李宏 陈锡龄 译

商务印书馆
SINCE 1897 The Commercial Press

2017年·北京

Joseph A. Schumpeter
HISTORY OF ECONOMIC ANALYSIS
Eleventh Printing，1980
Oxford University Press，Inc.
本书根据牛津大学出版社 1980 年第 11 次印刷本译出

汉译世界学术名著丛书
(120 年纪念版·珍藏本)
出 版 说 明

2017 年 2 月 11 日,商务印书馆迎来 120 岁的生日。120 年前,商务印书馆前贤怀揣文化救国的理想,抱持“昌明教育,开启民智”的使命,立足本土,放眼寰宇,以出版为津梁,沟通中西,为中国、为世界提供最富智慧的思想文化成果。无论世事白云苍狗,潮流左右激荡,甚至战火硝烟弥漫,始终践行学术报国之志,无改初心。

逐译世界各国学术名著,即其一端。早在 20 世纪初年便出版《原富》《天演论》等影响至今的代表性著作,1950 年代后更致力于外国哲学和社会科学经典的译介,及至 1980 年代,辑为“汉译世界学术名著丛书”,汇涓为流,蔚为大观。丛书自 1981 年开始出版,历时三十余年,迄今已推出七百种,是我国现代出版史上规模最大、最为重要的学术翻译工程。

丛书所选之书,立场观点不囿于一派,学科领域不限于一门,皆为文明开启以来,各时代、各国家、各民族的思想与文化精粹,代表着人类已经到达过的精神境界。丛书系统译介世界学术经典,引领时代思想，为本土原创学术的发展提供丰富的文化滋养，为推动中国现代学术和现代化进程做出了突出的贡献。

为纪念商务印书馆成立120周年，我们整体推出“汉译世界学术名著丛书”120年纪念版的珍藏本，寄望既利于文化积累，又便于研读查考，同时向长期支持丛书出版的译者、编者和读者致以敬意。

两甲子后的今天，商务印书馆又站在了一个新的历史时间节点上。我们不仅要铭记先辈的身影和足迹，更须让我们的步伐充满新的时代精神。这是商务人代代相传的事业，更是与国家和民族的命运始终紧密相连的事业。我们责无旁贷，必须做好我们这代人的传承与创造，让我们的努力和成果不仅凝聚成民族文化的记忆，还能成为后来人可以接续的事业。唯此，才能不负前贤，无愧来者。

商务印书馆编辑部

2017年10月

中译本序言

张培刚

（一）

约瑟夫·阿洛伊斯·熊彼特（Joseph Alois Schumpeter，1883—1950 年），是美籍奥国经济学家，是当代西方经济学界主要代表人物之一。《经济分析史》是熊彼特生前将待完成的遗作。熊彼特于 1950 年元月去世后，本书英文稿由其夫人伊丽莎白·熊彼特率领多位助手加以整理编辑，积数年之艰辛努力，除部分索引未编完外，全书已告完成。这时，其夫人亦因积劳成疾病故。1954 年本书英文本首次出版。全书 1260 页，可说是迄今西方资产阶级经济学界关于经济学说史，特别是关于经济分析方法的演变方面最广泛、详尽，而追根溯源又比较深透、分析评论又多具特色的第一本巨幅专著。书出后连年再版，并译成多种文字，畅行于国际经济学界。1980 年英文本已出至第十一版，现在的中译本就是根据这个英文版本进行翻译的。

《经济分析史》也是熊彼特的五大名著或代表作之一。其他四本著作，无论在思想观点上或在方法论上，均与最后一本问世的巨著《经济分析史》有密切关联，故值得提出，以供参阅。如按出版年代的顺序，第一本主要代表作，同时也是熊彼特的早期成名之作，是 1912 年以德文出版的《经济发展理论》，因在书中首次提出“创新理论”而一举成名。1934 年,美国哈佛大学根据德文修订版出了英文本,列为“哈佛经济丛书”第 46 卷;同时还译成了意、法、日文和西班牙文。中译本已于 1987 年上期完稿,即将由商务印书馆出版。

第二本是 1939 年出版的英文本《经济周期:资本主义过程之理论的、历史的和统计的分析》,全书两大卷,共 1100 余页。据熊彼特的同事好友哈伯勒(G. Haberler)评价,此书是“一座体现了理论上敏锐博识、苦心钻研学者风度,以及执着追求精神的丰碑”。(见他悼念熊彼特的长文章,载于英文《经济学季刊》,1950 年 8 月号。)但全书篇幅冗长,我预计短期内难以有中译本出现(就我所知,至今只有日文译本出版)。为此,我们曾征得商务印书馆的同意,特将熊彼特 1935 年所写的体现了《经济周期》两大卷巨著主要思想前驱的“经济变动的分析”一文,译成中文,放在上述熊彼特所著《经济发展理论》第六章“经济周期”之后,作为“附录”一同发表。这样,读者就可以从中获得关于熊彼特的“多层次的三个经济周期理论”的概貌。

第三本是 1942 年出版的英文本《资本主义、社会主义与民主》,出版后即成为“畅销书”;1947 年增订再版;1950 年增订第三版,并增添一章,题为“长驱直入社会主义”。本书早已译成了德、法、意、日、西班牙文;中译本亦已于 1979 年由商务印书馆出版。

第四本是《从马克思到凯恩斯十大经济学家》,亦由伊丽莎白·熊彼特于 1951 年,根据作者生前从 1910 年到 1950 年元月以德文或英文所写的传记和评论,加以翻译、整理和编辑而成,于 1952 年以英文出版。中译本已早于 1965 年由商务印书馆出版。

第五本便是熊彼特最后的主要代表作《经济分析史》。商务印书馆从"文革"前就开始组织中译，比如复旦大学已故经济学家吴斐丹教授和南开大学已故经济学家丁洪范教授都曾参与其事，后因发生"文化大革命"而中辍。"文革"后，商务印书馆又另行组织人员，从事本书的翻译工作。现在这一部篇幅浩繁、内容广泛而又艰深的巨著，经过译者、校者和主持其事者的数年辛劳，终于以130万字的中译版本，分卷与我国读者见面了。这是我国学林值得欢迎和庆幸的一桩大事。

在组织和出版熊彼特主要著作的中译本方面，商务印书馆以及主持和亲身参与其事的胡企林、吴衡康、朱泱三同志，从事了大量的工作，作出了很大的贡献。他们勤勤恳恳，任劳任怨，进行了"无名英雄"式的组织和编辑校订工作。特别是像《经济分析史》这样难译难校的巨幅专著，也最终有赖于他们的这种坚持不懈的执着精神，而能以比较通达的中文形式，出现于中国经济学界的译述园地。至此，当代西方经济学大师熊彼特的主要代表性著作，除了个别者外，都已相继以中译本出版完毕。作为以上各书的译者、校阅者和组织编辑者，实在是功莫大焉。

（二）

熊彼特的《经济分析史》，不同于一般的《经济思想史》或《经济学说史》。为了深入理解这种不同之处，以及《经济分析史》在写作意图上和写作方法上的特点，我们必须先简要了解熊彼特的生平、学识渊源和治学之道。

熊彼特于1883年出生于“奥匈帝国”摩拉维亚省(今捷克境内,故有人又把熊彼特看作美籍捷克人)特利希镇的一个织布厂主的家庭。他幼年就学于维也纳的一个贵族中学;1901—1906年肄业于维也纳大学,攻读法律和经济,乃奥地利学派主要代表人物庞巴维克的及门弟子。当时他的同学好友中,有后来成为奥地利社会民主党领导人物的奥托·鲍尔(Otto Bauer),以及后来成为德国社会民主党人第二国际首领之一的鲁道夫·希法亭(Rudolf Hilferding);通过这些人,他受到马克思学术观点的影响。迨后他游学伦敦,就教于马歇尔;但终其一生,他极其推崇洛桑学派瓦尔拉。第一次世界大战前后,熊彼特曾执教于奥国的几个大学。1918年,他曾一度出任由考茨基、希法亭等人领导的德国社会民主党“社会化委员会”的经济顾问;1919年,他又短期出任由奥托·鲍尔等人为首的奥地利社会民主党参加组成的奥国混合内阁的财政部长。1921年,他弃仕从商,任私营比德曼银行(Biedermann Bank)行长,1924年银行破产,他的私人积蓄亦不得不受牵连而用于偿债。1925年,熊彼特又回到学术界,先应邀拟赴日本任大学客座教授,但不久改赴德国任波恩大学教授,直到1931年才又短期践约访日讲学。1932年迁居美国,任哈佛大学经济学教授,直到1950年初逝世。熊彼特迁美后,尽管深居简出,但仍积极从事学术活动:1937—1941年任“经济计量学会”会长;1948—1949年任“美国经济学会”会长;如果不是过早去世,他还会担任预先商定的即将成立的“国际经济学会”第一届会长。

从熊彼特的上述学历和工作经历可以看出,他一方面直接承袭了现代资产阶级经济学主要代表人物的学说体系;另一方面又与第二国际首脑人物、社会民主党人有过密切的关系，通过这些人的影响和阅读书刊，他对马克思主义的学说观点，也有了较深的理解。这些阅历，对于熊彼特的哲学观点、政治见解和经济学说的形成，可说是极其重要的渊源。

熊彼特在《经济分析史》里，如同在他的其他重要著作中一样，重视甚至更加强调分析方法和分析工具，以及它们的演变和发展。他之所以把本书当作“经济分析史”来写，而不是当作“经济思想史”来写，主要原因也正在这里。熊彼特曾在1949年初给他的英文本出版商简要说明了这一点。他指出“本书将要描述从希腊—罗马时代直到今天在经济领域里科学分析的发展和成果”；又指出“本书的主题就是关于描述和解释经济事实并为从事此项工作提供各种工具所作的种种努力的历史”。（详见本书开头：熊彼特的夫人伊丽莎白为本书所写的“导言”。）

综观熊彼特在他的经济著述中的方法论，概括而言，它表现出以下几个方面的特点：

第一，强调发展观点和内在因素。熊彼特尽管不同意马克思的劳动价值论和剩余价值论，但是他对于在分析问题时强调要采用“变动”、“动态”、“发展”的观点，以及强调要认清“发展”现象是来自事物“内在因素”的作用这个方面，则极力推崇马克思的观点和方法，认为这“完全是他（马克思）的创见”。伊丽莎白·熊彼特则认为这个方面是熊彼特和马克思的“共同之点”。（见伊丽莎白为熊彼特《从马克思到凯恩斯十大经济学家》所写的前言，载于中译本，商务印书馆1965年版，第2页。）我们认为，在这个方面或在这一观点上，熊彼特很可能受到过马克思的影响，两者所采用的

"发展"观点，确有某些相同之处；但从根本上说，则又大不相同。马克思的发展观点，是唯物辩证法的，用在社会问题上是历史唯物主义的。而熊彼特虽然也采用了"发展"观点，在这一点上熊彼特可说胜过许多资产阶级经济学家，但他的"发展"观点是并不承认社会制度的"突变"等等。不论怎样，熊彼特在《经济分析史》一书中，自始至终是以对经济的科学分析为中心线索，并十分强调分析方法和分析工具的演变和发展的。

第二，强调并采用历史的方法。熊彼特早在 1914 年就以德文发表了短篇著作《经济学说与方法史略》(台湾经济学者阎子桂曾根据英译本译成中文，书名为《经济学说和方法——历史的概述》，于 1972 年由台湾中华书局出版)，这就是现在的巨幅著作《经济分析史》的前身和雏形。这大小两本著作，说明熊彼特从青年到老年都一直重视经济学说和方法的发展史的研究。不仅如此，而且在熊彼特的其他几本最有代表性的围绕"创新理论"而建立他自己的学说体系的著作，即《经济发展理论》、《经济周期》、《资本主义、社会主义与民主》这三本著作里，熊彼特都明显地采用了历史分析方法，并始终意图把历史分析和理论分析二者结合起来。这种意图和作法，在《经济分析史》里以及在传记著作《从马克思到凯恩斯十大经济学家》里，也是有明显的体现的。熊彼特总是试图把不同学说的形成和发展、不同分析工具的产生和运用，与各自所处的历史环境和背景联系起来。总之，熊彼特无时无刻不是试图把历史的发展和理论的探究二者融合在一起，从而不仅形成了他自己的独特的经济学说体系，而且也形成了他自己的颇具特色的分析方法。当代西方著名经济史学家厄谢尔(A. P. Usher)曾在一篇悼念熊彼特的文章里写道:“他把不同的分析工具加以综合运用,是具有高度创见性的。”“当时除了马克思文献的领域外,实难以见到这种有成就的综合运用的分析工具。”(见 A.P. 厄谢尔:《经济发展理论的历史意义》,载于 H.E. 哈里斯主编的《熊彼特——社会科学家》英文本,哈佛大学出版社 1951 年版,第 125—129 页。)

第三,强调追根溯源,查明来龙去脉,重考据和历史事实,治学严谨,注解详明。熊彼特的这种求实态度和作风,几乎见于他所有的长篇著作或短篇论文中;在《经济分析史》这一巨幅著作里,尤其是这样。对于本书中涉及的某人、某事、某种著述、某种学说、某种分析方法或分析工具,熊彼特无不力求对其历史渊源和发展现状,旁征博引,阐述清楚,并加以必要的评论。有时在正文里不能尽其详,则辅之以详细的注解,务求把事实弄明白,或把问题搞彻底。对于一本著作,如果有一种或几种其他文字的译本,则必然在附注里注明其各种文字的译者、出版地点和出版年份。熊彼特的这种做学问的踏实作风,是值得我们赞许和效法的。不仅如此,有时熊彼特在本书中对某一个经济学者的附注,就包括有这个学者的生平、著作和学说要义,以及他在经济学界的影响或贡献,最后还加上熊彼特三言两语的评论。所以我们阅读熊彼特的《经济分析史》,必须同时仔细阅读书中的注解,这些注文不仅读来饶有兴趣,而且往往能为进一步钻研某个问题找到深入堂奥的阶梯。这无论是对西方经济学史的初学者,或是对专业研究者,都将是有益的。

(三)

常言道:“文如其人”;推广而言之,我们也可以说:“作品亦如其人”。《经济分析史》涉猎的范围可说是空前的广泛和丰富:从时间上言,上下两千余年,从公元前数百年的古希腊的柏拉图、亚里士多德(还提到大约同期的古代中国的孔子和孟子)直到今天的凯恩斯、萨缪尔森;从地域上言,遍及欧、美、亚各大洲。并且,书中对涉及的人物、学说和方法,如前所述,无不追根溯源,详加分析并给以适当评论,使陈述的问题达到相当的深度。本书在内容范围和方法论上的这些特点,正体现了作者熊彼特的博学多识,以及执着求实求真的精神。现在再将本书的主要特点,简要阐述如后:

第一,熊彼特写作《经济分析史》,据其夫人伊丽莎白说,花费了他一生的最后九年时间,即从 1941 年到 1950 年元月 8 日去世之前;但从更广泛的意义来看,也可以说花费了他一生的全部时间。根据伊丽莎白的说法,几乎熊彼特一生的所有著述和所有教课,都为《经济分析史》的完成作出过贡献。例如,早在 1911 年,当熊彼特还是 28 岁时,已经在奥地利东部的切诺维兹(Czenowitz)大学担任了两年教授,曾讲授专题:“社会科学的过去与未来”,后来扩大而改写成为 1914 年出版的德文本《经济学说与方法史略》,也就是现在的《经济分析史》的前身和雏形。又如,1948 年 12 月熊彼特在“美国经济学会”年会上所作的会长演说词,题为“科学与意识形态”,就涉及方法论上的一些问题,后来便成为《经济分析史》第一编所探讨的部分内容。再如,1941 年到 1945 年,我在哈佛大学研究生院经济系读硕士和博士学位课程时,在读了 E. 张伯伦的“经济学”课程之后,就选读了熊彼特的“高级经济理论”和“经济思想史”课程;熊彼特所讲授的内容,后来便成为现在的《经济分析史》第四编,特别是其中第七章“均衡分析”,以及第五编关于"现代经济学的发展"所探讨的主要对象。熊彼特的上述这两个课程,包括亚当·斯密到马歇尔,着重讲了李嘉图;又包括德国新、旧历史学派,还包括杰文斯、门格尔、庞巴维克、瓦尔拉等人的边际分析,尤其着重讲了瓦尔拉、帕累托的一般均衡分析,及其与马歇尔局部均衡分析的比较;还谈到了静态分析与动态分析,以及数理学派和计量经济学;并且多处谈到了马克思的学说体系,马克思与李嘉图的比较,马克思"进化论"与达尔文"进化论"的比较,以及马克思的剩余价值学说等等;在现代经济学领域里,还特别谈到了瑞典学派的威克塞尔,谈到了厂商理论和垄断竞争理论,谈到了凯恩斯与宏观经济学,以及宏观动态学与经济周期变动等等。对熊彼特的这些课程以及我在哈佛大学选读的其他课程,我都有详细的笔记,合计起来有将近三十本之多,可惜在"文化大革命"的浩劫中,连同我的上千本外文书刊,都已毁于一旦。

此外,熊彼特在二十年代后期,曾在德国波恩大学主讲"财政学"课程;三十年代初期他去美国哈佛大学任教后,一度在耶鲁大学讲过"国际贸易";四十年代后期,又在哈佛大学讲过"社会主义"。

与讲课一样,熊彼特的写作范围也是很广泛的。除了前述几种代表作外,他还写有不少的有关经济学科各个领域的专著和论文,而书评、传记、短评尤多。上述《从马克思到凯恩斯十大经济学家》一书,只不过选辑了其中的一小部分。又如,熊彼特早在1906年,当他还只有二十三岁时,就以德文写过"论理论经济学的数学方法"一文,呼吁在经济理论中使用数学方法,发表于当时奥国有名的德文杂志(《国民经济、社会政策与管理杂志》,第15卷,1906

年版)。四十年后,到了 1946 年,当他已经年逾花甲时,又与哈佛同事统计学教授克鲁姆(W. L. Crum)合写了薄卷英文本《经济学者和统计学者需用的数学初步》一书(纽约 1946 年版,共计 183 页),对于在经济学中推广使用数学,起了积极作用。这也说明熊彼特对西方经济学界即将涌起广泛应用数学方法高潮的预感是很敏锐的。

概言之,所有上述熊彼特一生中的教学和写作,包括各个学派人物、学说、分析方法及其演变情况,都汇集到了《经济分析史》一书里,成为它的浩瀚内容。

第二,熊彼特的《经济分析史》又有一个特点,那就是,凡是应该涉及的不同人物和学说派别,以及各有特色的分析方法和所用工具,一般来说,熊彼特无不尽量包罗,加以描述和评论。尽管如此,还是有人认为熊彼特在本书的字里行间存有偏向。例如英国的著名经济学家、诺贝尔经济学奖获得者约翰·R. 希克斯就认为熊彼特对英国经济学传统缺乏热情;其所以如此,则是根源于他身上的"奥地利遗风",表现在强调"贸易论"胜过看待生产上的"真实成本论"。希克斯在一篇文章中写道:"我还可以从熊彼特的那本伟大著作《经济分析史》里找到另一例证。熊彼特本来有无数的途径可以用来加深对经济学家(包括我们自己和我们的前辈)所作所为的理解。但是事实上却不能不使我们注意到,他经常是从对交换或贸易意义上的经济学的贡献大小,来评判经济学家。只有那些强调'贸易论'的经济学家(比如杰文斯、瓦尔拉和门格尔,以及他们的前辈如杜尔阁和萨伊)才获得他的特别赞扬;而对另外一些应当看作是更大的人物(比如亚当·斯密和李嘉图,马歇尔和庇古)却被他看待得不那么重要了。为什么他要贬低他们?这是因为他们属于别的派系。”(见 J. R. 希克斯:《福利经济学的范围和地位》,载于《牛津经济文献》1975 年 11 月号。)美国经济学家赫伯特·基希(Herbert Kisch,已于 1978 年去世),除了赞扬《经济分析史》是一部“功力深厚”的学术巨著外,也说:“在《分析史》里,熊彼特的个性和偏见,比他的任何一本其他著作,都更加显露出来:例如他对英国经济学家,特别是对那些生前已得到公认的经济学家,所具有的爱憎关系。”(见 H. 基希:《约瑟夫·熊彼特》,载于《经济问题杂志》1979 年 3 月号。)

希克斯和基希持有的熊彼特怀有“对英国经济学传统缺乏热情”这种“偏见”的看法,固然不无道理,但我认为,熊彼特也有他不得不这样对待的缘由,而且事实上,他也不完全是像希克斯所说的那样持有偏见的。

首先,熊彼特是非常崇敬英国古典经济学的创始人的。例如,他在《经济分析史》里讲到“亚当·斯密和《国富论》”时,就曾这样写道:“尽管如此,似乎仍有必要停下来看一看这位最著名的经济学家,以对他是个什么样的人有个了解,并似乎有必要看一看他的《国富论》,该书不仅是最为成功的经济学著作,而且也是或许除了达尔文的《物种起源》外迄今出版的最为成功的科学著作。”(见《经济分析史》英文本,1980 年第 11 版,第二编第三章第 4 节,第 181 页;中译本,第一卷,第 275 页。)像这样地推崇亚当·斯密和他的著作《国富论》,可以说是在普天之下高得不能再高了,怎么能说熊彼特对英国经济学界的每一个学者都持有“贬低”的“偏见”呢?

其次,我们都知道,英国经济学界,从英国古典经济学家威廉·配第、亚当·斯密、李嘉图以来,中间经过马尔萨斯、大小穆勒,直到杰文斯、马歇尔和庇古,最后到凯恩斯,确实对经济学作为一门科学的产生和发展,作出过很大的贡献;特别是英国古典政治经济学,功绩尤大,它不仅在西方经济学中占有突出的地位,而且更是马克思主义的三大来源之一,在学术史上是光辉永存的。但是,英国传统经济学中往往有一些学者居功自傲,自视甚高,似乎"天下第一",舍我其谁?殊不知天外有天,英国经济学家固然贡献很大,但在欧洲大陆,如法国重农学派的大经济学家魁奈、杜尔阁,德国的大经济学家李斯特和新、旧历史学派,奥地利学派的大经济学家门格尔、庞巴维克,洛桑学派的大经济学家法人瓦尔拉和意大利人帕累托,瑞典学派的大经济学家威克塞尔,以及在美国,与欧洲边际学派很有关系的大经济学家J.B.克拉克,与德国历史学派颇有渊源的制度学派大经济学家凡勃伦、J.R.康芒斯,等等,也都对经济学的建立和发展作出过重大的贡献。像熊彼特这样的从青少年时代起就在欧洲大陆受过文化教育熏陶的经济学者,对英国经济学界的那种瞧不起他人的傲气,自然看不惯,因之在讲课的言谈间,或在写作的字里行间,有时对英国经济学传统流露出冷淡或不热忱,也是合乎情理而不可厚非的。

再者,现代西方撰写"经济学史"的经济学者,在他们的作品中大都详于本国,而略于它邦;英、美出身的学者是这样,欧洲大陆出身的学者也是这样。例如,有两本书曾经流行甚广,长期作为大学经济学史教材。一为欧洲大陆的法国人季德和里斯特所写的法文本《经济学说史》(初版1909年,第7版1947年;有英译本;又有中译本,商务印书馆1986年版)内容丰富,知识广博,可惜叙事只到本世纪开头为止。此书阐述法国经济思想的发展，远较它国为详。另一为英、美传统出身的美国人汉讷(L. H. Haney)所写的《经济思想史》(初版1911年，第4版1949年；有中译本)，知识广博，叙述详细，比较通俗易懂，包括有凯恩斯学说及其以后的发展。此书则是以英国经济学传统为主要线索和内容，并较多地介绍了美国经济学家。可见任何一个经济学者，如果他写"经济学史"，强调或着重本国的传统，那也是顺乎情理之常而不足为怪的。

其实，熊彼特在其《经济分析史》一书中，只不过是有别于以往那种过分强调英国经济学传统的倾向，而花费了较大的篇幅，去描述和评介欧洲大陆各国经济学界的人物及其学说观点和分析方法。我们从整个西方经济学的发展来考察，应该说，熊彼特的看法和写法还是比较公允的。例如，就熊彼特撰写《经济分析史》所经常引用的书刊名单(由其夫人伊丽莎白所编写)来说，在五十多本涉及拉丁文、英、法、德及意大利文的专著中，英国(少数美国)传统学者占其大半。(见英文版《经济分析史》1980年第11版，第1205—1207页。)值得一提的是，在上述熊彼特常用的书刊名单中，还列有马克思的《资本论》三大卷的英译本；早在1914年，熊彼特在他的德文本《经济学说和方法史略》一书的"著者序言"中，就曾提到马克思的德文本《剩余价值理论》(由考茨基于1910年编辑完成)，认为它是少数很有参考价值的一部专著。又如，在熊彼特的《从马克思到凯恩斯十大经济学家》一书中所评述的经济学家，除了他所敬重的马克思虽为德人，但属于单独的派系外，在现代西方经济学界中，计属于英、美传统者就有五人：英国的马歇尔、凯恩斯，美国的陶西格、费雪、密契尔；而属于欧洲大陆传统者亦不过四人，其中奥地利学派二人：门格尔、庞巴维克，洛桑学派二人：瓦尔拉、帕累托。在这里，熊彼特固然重视欧洲大陆传统，平生最崇敬瓦尔拉；但亦未轻视英、美传统，他不仅非常敬佩马歇尔，而且迁居美国后，终其一生与陶西格、费雪交谊深厚，过往密切。

其三，熊彼特的《经济分析史》还有一个特点，那就是它的学术性极强，可说胜过西方已经出版的其他任何一本关于"经济思想史"或"经济学说史"的专著。美国著名经济学家、诺贝尔经济学奖获得者萨缪尔森，早于1961年在他就任"美国经济学会"主席的演讲中就谈到，季德和里斯特所写的《经济学说史》是一本"单纯的教科书"，而熊彼特的《经济分析史》则是一部"学术性著作"。英国著名经济学家埃里克·罗尔也写了一本较好的《经济思想史》(初版1938年，第四版1973年)，书中广征博引，内容丰富，分析评论亦远较一般通俗著作为深入，且设有专章论述马克思的经济理论，并对各个学派所运用的分析工具亦相应地加以评介。罗尔除了赞扬熊彼特的《经济分析史》"是一部不朽之作"外，又说："我们应该有这样的自由：既可采用经济学的某种'分析性'的混合物，也可采用更为'通俗'类型的经济学。"(见罗尔：《经济思想史》，1973年第四版，"新版序言"，中文本，陆元诚译，商务印书馆1981年版，第7—8页。)但不论萨缪尔森也好，还是罗尔也好，无不推崇熊彼特的《经济分析史》是一部不朽的学术性著作。事实上，这一点也早已为国际经济学界所公认。

(四)

《经济分析史》全书共分为五编，前两编比较难读，后三编难度逐渐减轻。第一编为导论，讨论了经济学科的研究范围和研究方法。这一编最能看出熊彼特的治学观点、态度和作风。本编在开头一章提出了为什么要研究“经济学史”，以及经济学是不是一门“科学”（熊彼特认为要看我们如何定义“科学”，他的最终回答是肯定的）的问题。接着以一章讨论了经济分析的技术和方法，包括经济史、统计学、“理论”、经济社会学、政治经济学以及应用领域的各个学科；又以一章讨论了与经济学同时发展起来而又密切相关的学科，即社会学、逻辑学、心理学和哲学。最后一章讨论了所谓“经济学的社会学”，主要只讨论了“经济学史”是否即为“意识形态史”。着重阐述了“经济法则”的特性以及“经济分析史”如何有别于“政治经济学体系史”和“经济思想史”。

第二编到第四编则按年代顺序，分别评述了从纪元前四五百年希腊—罗马时期起，直到本世纪四十年代末期作者去世前为止，绵延二千四百余年的经济分析发展史，包括各个时期的重要人物、思想观点、学说体系、分析工具和方法、贡献和影响、评价等等。其中第二编包含的时间最长，从亚里士多德、柏拉图的所谓“希腊—罗马经济学”开始，直到1790年古典经济学建立起来为止，上下二千二百余年，中间经过早期的封建主义和“经院学派”，接着是“经院学派”和资本主义，重商主义、“自然法”观念、自由放任思想，以及重农学派、威廉·配第、亚当·斯密等等派别和人物，包括了他们的哲学观点和经济学说。值得注意的是，1790年正是大经济学家亚当·斯密（1723—1790年）离开人世的一年，熊彼特选取这一年作为“经济学”这门科学建立时期的完成，当然不是随意的。

第三编从1790年到1870年，共历时八十岁月。这一编首先着重阐述了经济学说各派的学术思想渊源，诸如“功利主义”、“浪漫主义”、“环境决定论”、达尔文“进化论”及其他类型“进化论”、早期社会主义等等；然后评述了李嘉图、马尔萨斯、萨伊、西尼尔等人；最后数度提到了马克思，着重阐述了他的学说体系和他的利息剥削理论，并分别评述了马克思和李嘉图关于利润率下降规律的学说。

第四编从 1870 年到 1914 年及其稍后一段时期，共经历四十余载。我们认为，这是一个很重要的时期：它标志着自由资本主义向垄断资本主义的过渡，标志着马克思主义的兴起和广泛传播，也标志着现代西方经济学的开始形成和奠定基础。熊彼特也着重描述和评述了这一时期。他首先用前四章的篇幅阐述了这一时期的背景材料和有关学科的发展情况。例如，除了第一章为导言和写作计划外，他用第二章讲了这一时期经济的发展、自由主义的失败；又讲了自由贸易与对外政策、国内政策与“社会政策”；还讲了艺术与思想——一是资产阶级文明和它的“难以驯服的后代”，二是资产阶级文明和它的哲学。他用第三章讲了与经济学密切相关的学科的发展情况，包括历史学、社会学(包含历史社会学、史前人类社会学、生物学派、独立自主的社会学等)、心理学(包含实验心理学、行为主义、格式塔(Gestalt)心理学或“完形心理学”、弗洛伊德学派心理学、社会心理学等)。他还用第四章讲了“社会政策”和历史的方法，着重讲了“旧”历史学派和“新”历史学派，特别是讲了“最年轻的”历史学派的代表人物：施皮托夫(Spiethoff)、桑巴特(Sombart)和韦伯(M. Weber)。在这里，我们不厌其烦地列举本编上述章节细目，在于使大家正好可以看出，熊彼特为了阐述本时期经济学说和分析方法的发展，不得不越过经济学科的范围而涉猎众多的有关学科，其考察范围的广泛和深入程度，恐怕是迄今任何其他一本关于“经济学史”的著作所未曾见到的。

熊彼特在摆清楚了本时期的背景场面以后，接着就用后面四章的篇幅论述了本篇的主题。第五章题为“本时期的普通经济学：人物和派系”，共分为八节：1. 杰文斯、门格尔、瓦尔拉。2. 英国：马歇尔时代，先谈到了埃奇沃思（Edgeworth）、威克斯蒂德（Wicksteed）、鲍利（Bowley）、坎南（Cannan）、霍布森（Hobson）等人；后论述了马歇尔及其学派。3. 法国。4. 德国和奥地利，主要论述了奥地利或维也纳学派，还谈到了一些政界元老或其他从政者。5. 意大利，也谈到了政界元老；然后论述了潘塔莱奥尼（M. Pantaleoni，1857—1924 年，著有意文本《纯经济学原理》，初版 1889 年，再版 1894 年，1898 年有英译本，熊彼特甚为赞许此人及其著作，但过去鲜为他国经济学界所知）；并着重论述了帕累托。6. 荷兰及北欧学派，主要论述了瑞典学派（亦即北欧学派）创始人威克塞尔。7. 美国，先谈到了美国经济学界的先驱者；然后着重论述了 J. B. 克拉克、费雪和陶西格；最后又谈到了一些其他知名经济学者。8. 马克思主义者，先谈到了马克思主义在德国；然后谈到了“修正主义”；最后谈到了马克思主义的复兴。本章内容广泛和丰富，不仅在本编，而且在本书，就单章比较而言是数一数二的；而且也说明，熊彼特对英、美学派的重要人物及其学说也是给予了应有的重视的。第六章题为“普通经济学：它的特点和内容”，包括总的理论，从人口、企业、资本直到价值、成本、生产、交换和分配；从利息、地租到工资；还有各个应用学科的部门经济学：国际贸易、财政学、劳动经济、农业、铁路、公用事业、托拉斯、卡特尔等等。

本编第七章题为“均衡分析”,和上述第五章居于同样重要的地位,也共分八节:1. 本时期经济理论的基本一致性。2. 库尔诺与“数理学派”:经济计量学,包括数学对经济理论的用途以及库尔诺的贡献。3. 均衡的概念,包括静态分析和动态分析、静态和演进;以及可决定性、均衡、稳定性。4. 竞争假设前提与垄断理论,还有“寡头垄断”和“双边垄断”。5. 计划理论与社会主义经济理论。6. 局部分析,包括马歇尔的需求曲线、弹性概念、其他用于一般分析的概念,例如马歇尔关于个别企业的理论等。7. 瓦尔拉的一般均衡理论,包括瓦尔拉的“概念化”、交易理论、简单交易的可决定性和稳定性、瓦尔拉的生产理论、资本形成与货币导论等。8. 生产函数,包括其意义、这一概念的演进、一阶齐次的假设前提、收益递增与均衡、接近“零利润”的趋势等。最后在本章还添加了一个关于“效用理论”的附录,包括早期和现代有关这方面的发展、它和“功利主义”的关联、心理学与效用理论、基数效用、序数效用、假设条件的前后一致性、福利经济学等。最后第八章,题为“货币、信用与周期”,共分九节,论述了这方面的实际问题,瓦尔拉、马歇尔、威克塞尔以及奥地利学派的分析工作,货币的性质,职能与克纳普(Knapp)的“国家货币学说”,货币的价值与指数分析,货币的价值与交易方程式,货币数量学说及购买力平价学说,货币的价值与现金余额分析和收入分析,银行信用,危机和周期的货币解释理论,非货币周期理论——朱格拉周期等。

第五编是本书最后一编,总标题为“结论”,实际内容则如副标题所示:“现代的发展梗概”。全编分为五章:第一章为“导论和本编计划”，除了计划外，主要论述了过去二十五年（即大约从 1925 年到 1950 年）理论经济学的发展情况，包括“马歇尔—威克塞尔体系”及其发展，经济动态学，收入分析等。第二章题为“根源于马歇尔—威克塞尔分析工具的发展”，主要论述了两个问题：一为现代消费者行为理论和“新的”生产理论，二为单个厂商理论与垄断竞争。第三章题为“极权主义”国家的经济学，主要论述了当时的德国、意大利和俄国（苏联）。看来熊彼特对当时苏联的斯大林统治是不满的，竟然把它和德、意的“国家社会主义”或法西斯统治相提并论，统称为“极权主义的”。但熊彼特在简短叙述苏联关于经济学研究的情况时，却对布哈林表示了高度的崇敬，认为他是“真正的马克思主义的坚贞不屈者”。熊彼特还对当时苏联农业经济研究所以康德拉捷耶夫为首的几位农业经济学家所提出的“长周期”理论等等科研成果，给予了高度的评价，认为在当时是“登峰造极的成就”。事情经过五六十年之后，年前苏联终于为康德拉捷耶夫等十余位农业经济学家的冤案进行了平反，最近又为布哈林等几位当时苏联的党和国家领导人的冤案进行了平反。这说明远在四十年以前，熊彼特作为一个学者，不仅早有真知灼见，洞察事物真相，而且始终坚持科学上的实事求是，不因一时的政治浪潮而干扰了自己的看法。

接着熊彼特在本编第四章，以“动态学与经济周期研究”为题，论述了宏观经济动态化：“宏观动态学”，统计上的补充：“经济计量学”，以及宏观动态学与经济周期研究的相互作用。最后在第五章，以“凯恩斯与现代宏观经济学”为题，论述了凯恩斯《通论》中的分析工具，以及凯恩斯学说的影响。

如上所述，全书五编都各有其独自的特点和重要性。但我认为，最重要的并且值得特别着重学习和研究的是第四编，即从1870年起到本世纪开头二十余年为止的这一段时期。这一时期之所以最重要而又值得特别重视，我认为至少有以下几方面的缘由。第一，这一时期是现代经济学（包括微观经济学和宏观经济学）的滥觞时期或奠定基础的时期。第二，它是马克思主义的兴起并开始在世界上广泛传播的时期。第三，它是边际分析方法和其他数量分析方法开始在西方经济学界受到注意并逐渐试行应用的时期。第四，就本书作者熊彼特来说，这一时期对他尤为重要，因为这是他早年接受教育熏陶而形成自己的思想观点、学说主张以及观察和分析问题的方法的时期；他最崇敬的瓦尔拉及其一般均衡理论和分析方法，他尊敬的宗师庞巴维克及其理论和边际分析方法，他敬佩的马歇尔及其均衡价格理论和局部均衡分析方法，还有他敬重的马克思及其历史发展观点和辩证分析方法，无不对他的经济学说体系的形成，产生了极其重大的影响。所以我们要想真正学懂或进一步研究现代西方经济学，就必须认真学好本书第四编，即从十九世纪末叶到本世纪开头的这一段时期。

不言而喻，如果我们能同时结合学习本书第五编，即从20世纪二十年代到四十年代末期的二十余年，那么我们就会对现代微观经济学和现代宏观经济学的形成及其发展，有一个比较扼要的了解。因为第五编所阐述的这一时期，正好包括有20世纪三十年代初期问世的以马歇尔体系为基础的美国张伯伦的《垄断竞争理论》和英国罗宾逊夫人的《不完全竞争经济学》，在书中提出并建立了接近完整的“厂商理论”，从而初步确立了“现代微观经济学”的理论体系；又有三十年代中期问世的一反马歇尔传统的英国凯恩斯的《就业、利息和货币通论》，由此比较全面地建立了“现代宏观经济学”的理论体系；还有三十年代末期问世的英国希克斯的《价值与资本》，从马歇尔的“基数效用”转到帕累托的“序数效用”，介绍并运用了“无差异曲线”图式和边际替代率，从而建立了现代微观消费和需求理论，大大地丰富了福利经济学和现代微观经济学的内容。这一基础，对于我们了解第二次世界大战结束以后，也就是熊彼特数年去世以后，当代西方经济学在近三四十年来的发展情况，以及它们的来龙去脉和主要内容，将会是大有助益的。

当然，本书也有不足之处，其一，就各部分的内容而言，有些地方显得不甚匀称或相互重复。比如有的章节论述甚为详细，有的则甚为简略；有的章节分析比较深透，有的则好像只是资料的初步整编；有的章节编排比较完整，有的则又不过是简单的一点或两点提示。在不同的编章之间，亦有少数重要人物及其学说相互重复之处。比如马尔萨斯及其“人口理论”，在第二编第五章第 1 节曾加以详细讨论；接着又在第三编第四章第 2 节对马尔萨斯给予专门评述。这些缺陷，主要是由于本书毕竟是熊彼特生前未完成的作品。他的夫人伊丽莎白，也是一位经济学家，已经为了整理和编辑本书遗稿的浩繁工作，尽了最大的努力，献出了余生；恐怕除她而外，也没有第二人能胜任此项艰巨的工作了。所以，对于书中有关这一类的不足之处，我们是完全可以理解的。其次，熊彼特在书中的论述，除了学派人物史料大都是经过他本人详加搜聚考证而得，因而是比较可靠可信的外，至于对于各学派人物及其学说和分析方法的评论，则有些意见是我们可以同意的，有些意见是我们不同意或不完全同意的，有些意见是我们过去（由于极“左”思潮）不同意而现在又可以同意的。

总之，熊彼特的《经济分析史》，诚如三年前去世的美国著名经济学家、诺贝尔经济学奖获得者西蒙·库兹涅茨所说的，是“一部崇高而又宏伟的著作：其所以说是崇高的，是因为它是由一位学识渊博、兴趣广泛、具有卓越的洞察力以及具有敏锐而尽管不稳定的判断力的学者所撰写的；其所以说是宏伟的，是因为它的设计规模是如此的庞大，以致即使花费一生的长期努力，也难免不留下宽阔的空隙和厄猝补缀的痕迹。”（见库兹涅茨为本书所写的“书评”，载于英文《经济史杂志》第 15 卷，1955 年，第 323 页。）确实，《经济分析史》是一部内容广博，宏大的著作，它不仅囊括了经济学的各个领域，而且还远远超越经济学科范围之外，涉及其他社会科学如社会学、心理学、法学、史学，还有哲学。

这部巨著的这些特点，正反映了它的作者熊彼特本人学识渊博、造诣深厚的特长。熊彼特常说，一位经济学家，如果不同时是一位数学家、一位统计学家，特别最重要的是一位史学家，那就不配作为经济学家。在西方经济学界，熊彼特自己可说不仅具备了这些条件，而且还超越于此。美国著名经济学家哈伯勒曾在前引文章中说，“作为一位综合一切经济部门的大师和一位博学的学者，熊彼特在当代的经济学家中，保有独一无二的地位”。库兹涅茨也在上述“书评”中说过，“熊彼特实质上是一位史学家和社会哲学家”。在熊彼特离世的第二年（1951 年），美国哈佛大学特地出版了一本英文的纪念专集，题为《熊彼特——社会科学家》，撰文者大都为哈佛老同事以及欧美其他著名经济学家。前面提到的基希教授还在上引1979年发表的论文中，称熊彼特为“现代社会科学的巨人”。可见本书及其作者熊彼特，在西方经济学界享誉之隆盛和学术地位之高超。

现在，我高兴地重复说一遍：我们盼望和等待已久的这部巨著熊彼特《经济分析史》的中译本，终于在多位译者、校者和商务印书馆有关同仁的艰辛努力下，分卷出版而与我国读者见面了；这是我国经济学界和出版界值得庆幸和欢迎的一件大事。当前我国仍然处于社会主义初级阶段，正在实行经济体制改革，引进市场机制和竞争体制，使计划管理与市场调节得以有效地结合起来，发展有计划的商品经济，提高社会生产力，改善和提高人民生活水平。而熊彼特的《经济分析史》，对于西方的市场机制、竞争体制、企业创新、技术进步、自由贸易、保护政策、财政金融与货币管理等等的特点和作用，以及有关学派人物的学说主张和分析方法的来龙去脉和发展过程，都有十分详尽而比较深入的分析，还有作者本人的一些具有独特见解的评论。这些都值得我们通过本书，加深了解，以求有所参考和借鉴。所以我们可以说，这部巨著，不仅是专业研究者和经济工作者所必须具备的参考用书，而且也是大专院校经济学专业的本科学生和研究生院的研究生所必须具备的教材读物。

1988年8月初旬，于武汉市盛暑季节

目　录

第一编　导论　范围与方法

第二编 从开始到初期古典学派境地(约到1790年)

第一编

导论　范围与方法

编 者 绪 论

这本《经济分析史》是约瑟夫·A.熊彼特在其生命的最后九年所致力编写而尚未彻底完成的一部著作，是他力图移译、修订和增补《经济学说与方法史略》的结果。《史略》是他为马克斯·韦伯于1914年出版的德文版《社会经济学纲要》第一卷所写的一篇论文。[①] 这是一篇一百多页的长论文（约六万字），分成四个部分或四章。查看一下目录就会发现，这四个部分概括地包罗了与这本1200页的《经济分析史》第二、三、四编相同的主题，不过这些主题在《分析史》中论述得远为详细而已。前面两部分关于（1）从哲学家著作与普通议论中发展出来的经济学，和（2）与重农学派、杜尔阁、亚当·斯密有关的经济学方面的发现，在本书中则合并于一编（即第二编：从开始到1790年），第三与第四两个部分在这两部著作中的地位大致是相当的。《史略》中的四个大标题是：

I. 作为一门科学的经济学的发展

II. 经济生活循环流转的发现

III. 古典学派体系及其分支

① 《社会经济学纲要》，第1编，《经济和经济科学》，第10—124页，由J.C.B.莫尔（保罗·西贝克）出版，蒂宾根，1914年；第2版，1924年。

IV. 历史学派与边际效用理论

那篇旧论文已经绝版，也从来没有从德文译成英文；许多人都对它感兴趣，并敦促出一译本。熊彼特经过艰巨的辛劳，于 1938 年完成了他的不朽著作《经济周期》。他写《资本主义、社会主义与民主》一书只是为了松弛和休憩一下；他把这本书当作是一望而知的“通俗”读物，本想在几个月内完成。结果在 1941 年写成。与此同时，他在哈佛大学开了“经济思想史”的半课程*。他开这门课程，始于 1939 年秋季，止于 1948 年春季；除去 1940 年休假外，每年都开这一课程。这项教学工作也许是一个决定性的因素。既然他又一次地来讲授这门使他经常感兴趣的学科，很自然地他就会想到在这方面有所著述。他当然要翻译、修改和增补他的“史略”。在开始的时候，他对于课程中所讨论到的以及他所写到的那些经济学家的著作中纯粹属于分析性的成分，并不十分注重。事实上，有很长一段时间给我的印象是，他是在写一部经济思想史。

他原先的计划并没有多大雄心。他的确没有打算花费九年或十年的时间来写一部经济分析史。起初他也许只想利用空余时间，在几个月或一年之内写一本三四百页的小书。后来他想写一部六七百页的大著作。他的主要兴趣在于从事理论著述，他计划在这个领域作出重大贡献。他经常研习数学，因为他相信数学是现代理论不可缺少的工具。他设想也许有一种理论将来能把动态经济学综合起来，就像瓦尔拉体系综合静态经济学那样。终于他

* 半课程(halfcourse)。按美国学制，一个整课程指每星期上课三学时，连续两个学期。半课程即只讲一个学期。——译者

修改了这一计划，改为先对这一理论写一个小小的导论，就像《就业、利息与货币通论》作为整个凯恩斯学派理论的导论一样。他阅读了最新的理论文献（大部分在期刊中），研究数学，累积了卷帙浩繁的笔记。这一工作的成果反映在《分析史》的后面几编中，特别是总结现代发展的那些部分。

到底为什么这部《分析史》写得越来越精细，占用他的时间也越来越多，还很难说清楚。部分地是由于他的兴趣在不断地扩大，他发觉愈来愈难于很简略地论述那些对他具有吸引力的题目。（举例来说，经院哲学家和自然法则的哲学家，在四十年代初期，使他兴趣日浓。）另外，在这里他还可以把他的兴趣的所有线索——哲学、社会学、历史、理论以及经济学的一些应用领域如货币学、经济周期、财政学、社会主义等等——交织在一起。同时我相信战争也有些关系。我记得他告诉过一两个朋友，他发现从事这部《分析史》的著述倒是战争时期的一种令人慰藉的消遣。这可以暂时使他忘掉那个使他伤透了心的阴暗的现实，因为他深信这场战争将毁掉他所钟爱的文明。

他照例亲手写出所有的东西，而且全部保存起来。因此就有可能看出他早先的论述到后来如何变得越来越精细。他可能是1941年开始写这部《分析史》的。在1942和1943年间，他似乎已经在打字机上打出了不少的章节，其中大部分以后又作了修改。早年写成而后来没有重写的重要部分仅有“重商主义文献”一章，于1943年6月份打出；“社会政策与历史方法”一章，其中一部分于1943年1月份打出，其余在1943年12月份打出；还有第三编第六章（普通经济学：纯理论）开头关于“西尼尔的四个公设”那一节。而这些部分，如果熊彼特能够活到完成这部《分析史》的话，也有可能会加以修改和重写的。偶尔也有早年稿本的几页并入后来的稿本内。这一过程将在附录中再作详细说明。

随着时间的推移，他开始强调这是一部经济分析史而不是一部经济思想史。他在1949年初为英国出版商艾伦与昂温公司所写的一篇简短的说明中，把这个问题说得很清楚：

> 这本书将描述经济学这个领域中科学分析的发展和命运，从希腊—罗马时代直到现在，以社会与政治历史为适当背景，同时注意到其他社会科学和哲学的发展。浮现于公众头脑中，或者可以归因于立法与行政官员的有关经济政策上的观念，不管是否体现在诸如自由主义或社会连带主义等等普通称为经济思想的精细体系之内，都只是作为背景的一部分写入书中。本书的主题就是叙述人们在描述和解释经济事实并为此提供工具方面所作的努力。
>
> 因为要像处理任何其他科学的历史一样来处理经济学史，在根本上是否可能，还存在着争论，所以本书第一编全部用来讨论这种做法引起的方法论问题，特别是既然科学的经济分析与经济思想是互相影响的，我们到底能在多大程度上把它们加以有效区分？然后第二编就叙述经济现象的历史的、统计的、与理论的知识成长，从它在古希腊的开端，到经济学作为一个单独学科而被承认，直到十八世纪后半叶出现了系统的论著，其中亚当·斯密的《国富论》被证明是最为成功的一部著作。
>
> 第三编包括1776年〔后来改为1790年〕到1870年这段

时期。第四编为 1870 年到 1914 年这段时期。第五编则旨在帮助读者把经济学的现状与过去的工作联系起来。从头到尾，本书都是力求使最重要的轮廓显现出来，又不致为了阐述的简明性而牺牲正确性。

我在一开始就曾宣称，熊彼特在其生命的最后九年中一直在从事《经济分析史》的撰写工作。扩大一点讲，他一生都在从事这一项工作。可能所有他的著作和所有他的教学工作都对这最后的成果有所贡献。举例来说，他 1911 年离开捷尔诺维茨时所作的演讲，题目就是《社会科学的过去与未来》。[①] 这就是最初成为《史略》和最后成为《经济分析史》的一个简短纲要。1948 年 12 月他就任“美国经济学会”会长所作的演说——“科学与意识形态”——谈的就是他在《分析史》第一编中所谈到的某些方法论上的问题。他在哈佛大学所开的“经济思想史”课程，主要包括亚当·斯密到马歇尔这一段时期，重点是李嘉图的经济理论体系。在“高等经济理论”[②]课程中，他讨论了本书第四编第七章（均衡分析）和第五编中所写的许多问题。他在哈佛还开过“社会主义”的课程，有时也开“经济周期”和“货币学”课程。熊彼特在波恩大学曾主持“财政

① 该文经过修改和增补，1915 年由东克尔一洪布洛特公司出版，收入《捷尔诺维茨社会经济大学联合会论文集》。

② 在他为 1948—1949 年秋季所开的这门课程（经济学 203a）开列的参考书目的开头，有下面一段简短的叙述：

本课程的主要目的，在于训练学生掌握一种技术，能概括经济过程的显著特点，但是对个别问题的讨论将使学生能够对大部分新老传统理论作批判性的复习。本学期的计划包括：一、初步考察某些基本概念，特别是决定性（determinateness）与稳定性（stability）；二、经济总量（economic aggregates）的一般动态理论；三、家庭与厂商行为的一般理论。虽然最好有一点微积分与微分方程的知识，但并不强调纯数学的方面。

学”讲座，还办过一个研究班，主要是研究包括货币理论在内的经济理论并研究认识论。在耶鲁大学的一年，他讲授“国际贸易”课程。不仅他的课程，而且他在经济学每个方面的论文，他的无数书评，他的传记文章，以及他写的书——这些都是他撰写《经济分析史》准备工作的组成部分。甚至他消遣时读着玩的书籍——他爱读传记，尤其是那些多卷本的大部头传记——都有助于他取得有关人物、事件和背景的引人入胜的知识，这在《分析史》全书中都可以看到。对某些读者来说，这可以把经济分析中关于细微论点的冷静讨论，弄得更活跃一些。

原稿中没有一个部分是处于最后完成的形态，但也有些部分比其他部分较为接近于完成。主要的三编（第二、三、四编）除去附录中所指出的几点外，实际上等于已经完成。第一编导论与第五编结论都是最后才写的。1949 年末最后写成的，看来是第五编末尾关于凯恩斯和现代宏观经济学的一章。当他到塔科尼克过圣诞节以及到纽约参加美国经济学会年会时，这一章就留下来打字。开完会回来后，他就开始补写他的讲演稿“长驱直入社会主义”和校阅《分析史》第三编的打字稿本。他留下了几页笔记，打算在修改这一编前面三章或四章论“古典学派”经济学时使用。1950 年 1 月8 日他逝世了，再也无法修改他的著作了。

全书初稿都是普通的手写本。有些部分，如早先论货币的一章（第二编第六章）以及论瓦尔拉均衡体系的许多资料（第四编第七章第 7 节）只有手写本，从未打字。有些章节甚至有几种可供选择的手写本。另一些章节虽然打出来了，但未经作者校阅。还有一些打字稿已经校阅，用铅笔改正过，附有批注和问题以便以后修订。偶尔有若干引证尚待填写，熊彼特告诉我这些引证还需要核对。我曾对这项工作有所帮助。对此感兴趣的内行读者，可在全书的编者注释与编者附录中进一步了解到更详细的情况。

熊彼特写作本书时，大部分时间都没有秘书的帮助。但确实有一些认得他字迹的人为他打字。偶尔他送出一大包完成的稿件去打字。他大部分信件都是自己手写的。这当然大大增加了他的工作负担，同时意味着他的材料从来没有能像有一个精干的秘书那样留底和归档。直到1948年夏天他担任了美国经济学会主席同时担负其他所有工作以后，他才有了一个和别人合用的秘书。甚至在有了秘书以后，他也不愿花时间去好好指点她，因为要完成他打算做的全部工作——教书、咨询、看书、写作、通信——总觉得时间不够。

我认为我的编辑工作就是简单地把熊彼特实际所写的东西尽量搞出一个完整与准确的版本，而不是试图完成他没有写完的部分。整本著作并没有一个提纲，而且在他逝世以前我也不曾看过这本书，因为熊彼特希望我从导论读起，而这部分他当时正在写；然后按照顺序把全书看完。书稿是在很多地方找到的——有的在档案箱中，有的堆在书架上——在剑桥亚加西亚街的书房中，在塔科尼克的书房中，还有一小部分在黎塔尔中心他的办公室内。我花了两三个月的时间才发现分析史已接近完成，以后又有一段时间继续发现几节或几小节。由于原稿各页常常根本没有编号，打字稿没有从头连续编号，而是按照打字时一小包一小包地编号，因而我在最初理顺这些稿子时遇到很大困难。熊彼特仅把打字的第一稿送给出版商，从来不想费事留一个复写的副本供自己使用。

幸而替他打字的那些人留下了一套复写的副本，这些副本都收藏在亚加西亚街家里三楼的一个房间内，其中有些——特别是1943与1944年完成的——都注有日期。我不断寻找，直到每份复写副本都找到了原稿与打字的第一稿。在许多情况下，复写副本就是最初的原稿，因为有些原稿后来被抛弃或部分地合并在以后的稿本之内了。当我反复阅读整部稿子时，我发现虽然他没有写出提纲或目录，这个提纲实际已经存在于全书正文之中。还有一个小麻烦，就是第二编原先计划写八章，后来压缩为七章，第四编原先计划写十章，后来压缩为八章，不过到了末尾，我在决定每节或每小节属于什么地方、或者在确定两种或更多的稿本中哪个是最后的定稿时，没有遇到什么困难。这些问题都在附录中详加讨论。

由于这本书篇幅很大，所以工作极其复杂。纵然我是一个经济学家，有一点编辑的经验，要把评介了这样多的经济学家、用了这样多的不同语种、在这样长的时期写成的一部巨著整理出来，也是不容易的。一般来说我是按照以下程序整理的：没有打字的手稿先把它打出来；然后各个助手从头到尾把手稿念给我听，让我改正打字稿；引证的地方都把它完成并加以核对；必要的地方加上标题和小标题；在牛津大学出版社把打字稿编辑好；以后我又一次地阅读一遍，检查一下改正的地方，添入相互参照的附注，并与作家卡片目录进行核对；最后各个助手把作者的稿本从头到尾念给我听，由我改正长条校样。每次校对中，愈来愈多的小差错和不确定的地方都得到了澄清。无疑这个过程还能不停地进行下去。但由于时间关系，只能适可而止。在这里应该对大卫·洛克菲勒的资助以及洛克菲勒基金会的捐款表示谢意；有了这些资助，我才有可能获得上述大部分秘书与编辑工作方面所需的帮助。

有一个困难也许应该在这里提一下。它特别适用于本书未完成的部分。熊彼特对于同一问题的处理，常常要开始好几次，又放弃好几次。他把所有这些尝试与他原先的笔记连同完成的手稿都保存在一起，所以要知道哪个是最后的定稿并不总是那么容易。有时一个引证的日期或一两页早先稿本的合并可以提供一点线索。另一个困难是他关于修改的计划或笔记常常是把英文、德文和速记混杂在一起。这种笔记有四页复印在附录中(第二编货币一章的计划与最后一页，第五编的两个提纲)。无论对于速记的修改部分还是关于修改的简短暗示，我都没有试图加以解释或付诸实行。我仅仅把明确肯定的修改部分并入打字的第一稿中。至于原先的手稿、几种可供选择的稿本、笔记以及打字的第一稿，连同熊彼特亲手所作的改正与关于修改的暗示，将全部存放于哈佛大学豪夫顿图书馆，以便有兴趣的学者查阅。

编者补充的资料只是为了使原文比较清楚或前后一致，这些补充都括在方括弧内。这特别是指标题和小标题、正文中的编者注和编者的脚注。开始熊彼特对各小节只编了号码，以后他才对节和小节加上了标题。偶然有些地方他留下了空白，因为他还没有作出最后决定。编者补充的标题是根据正文内容加上的，也用方括弧标明。在方括弧内同时有作者的意见和编者的注释，但这两者几乎总是可以分清的。作者的意见通常在引文当中，而编者的资料则表现为注释末尾的完整句子，或者完整的脚注，或者是正文中以脚注形式印出的一个完整段落。在有混淆危险的地方，则注明“J. A. S.”* 或“Ed.”（编者）。

熊彼特知道有些重复的地方，还有些注明“见前”或“见后”而实际上被遗漏的资料。在大部分情况下，我没有试图删去重复的部分，除非离得很近而且很为明显。有时同一篇文章在不同场合被引用好几次，或者同一思想在正文不同的部分表述好几次，我感到没有把握去掉哪些、保留哪些，虽然作者活着的话，自己会决定取舍。我在脚注中想提醒读者注意比较重要的遗漏，这都是由于这本书有些部分并未彻底完成的缘故。根据理查德・M. 古德温的建议，我在脚注中还提醒注意与正在讨论的问题有关的作者其余的一些著作，因为熊彼特本人无论在教学中、在写作中都极少提到自己的著作。其他人无疑可能比我能做得更好些，但别人没有时间一次又一次地翻阅这样长的一部著作。

偶尔有的字无法辨认，或者漏掉了字，或者一个句子不完整，我已尽自己最大努力处理了这些问题。他用的词汇非常广泛，有很多罕用字要到牛津大字典中去寻找。有许多引用的外国书名在哈佛大学任何图书馆都找不到，在国会图书馆的目录中也没有。通过使用各种外国图书目录，在本国与欧洲学者的帮助下，我终于能够把所有作者人名和书名差不多核对了一遍。

大部分情况下熊彼特很注意版本，凡是版本有重要关系的地方，他都注明了是第几版。但这方面偶尔也有些困难，因为作者在这样多的地方工作过这样长的时间，他引证的著作不可避免要使用不同的版本和印刷本。在他 1932 年来到哈佛大学以前，无疑使

* 即约瑟夫・阿洛伊斯・熊彼特姓名的缩写。——译者

用了欧洲一些大学的图书馆和他自己大量的藏书来做笔记和进行写作。当时他把他的藏书装了箱,放在波恩附近的于利赫,战前没有运到美国,开始是因为没有房屋存放,后来又因为有些"实际困难"(也许想象的成分多于事实上存在的困难)。接着发生了战争,这些书被美国空军轰炸于利赫时烧毁,大概只有一百本书(大部分是英文写的传记)从废墟中抢救出来。1932 年以后熊彼特利用了在美国弄到的应用书籍和我在塔科尼克的经济学图书室。战争期间,他花了很多时间在哈佛工商管理学院的克雷斯工商与经济学图书馆默默地进行工作。(他也广泛阅读了专业性的期刊文献,以及各地学者送给他的各种语言的新书与油印资料。)这也许有助于说明为什么在《分析史》中对同一著作列出先后不同的版本,以及为什么我发现了《资本论》第一卷引证的页码是出于两种不同的英译本,还有卡尔尼斯的《若干主要原理》与凯恩斯的《货币改革简论》引证的页码同时出于英国和美国的两种版本。对杜尔阁的《考察》所作的最初评介,显然是在谢尔版本出版以前完成的。

我不打算提出一套和这本《经济分析史》有关的参考书目。在某种意义上,整个这部分析史就可以看成是一个参考书的目录。不过,遇到使用的版本具有重要性而又未在每次使用时明确提到的情况下,我的确提出了一个常被引用的参考书目。熊彼特用的是马歇尔《原理》的第四版(1898 年),因为他和我都只有这一版。(他对此心中总感到欠妥,并考虑过是否应该换成以后的版本)。我搞的这个书目(标明了所用版本和印刷本)见本书末尾,紧接在附录之后。

读者对于本书第 566 页(指原书页码。——译注)以前排印时缩进去的资料是什么用意，也许会感到迷惑不解。必须立即承认这是一个错误，是以印刷商和出版商为一方、编者为另一方之间的误会所造成。所有这些缩进去排的资料本应排成脚注体的字（而不是缩进去排版），因为一般读者也许对它兴趣不大。读者会记得熊彼特本想写一部能够以六七百页的篇幅装订为一卷出版的历史。不过随着时间的推移，他对问题的处理愈来愈细，他已感到这本书写得太长了——而且他知道他正在处理那些普通读者不感兴趣的题材。因此他决定在两种不同的水平上写这本书：把多少带有技术性的材料，有关认识论与哲学的讨论，以及传略资料，用小号铅字排版，以便占的篇幅较小，可以不看就跳过去。他嘱咐打字时把这些材料和脚注一样以单行打出，以示区别。印刷商为本书选好了适当的字体以后，认为小号字或脚注体的字数太多了，于是想出一个办法，仍用和正文一样的字体排这些"次要"材料，不过缩进去一些。殊不知这样一来正好违背了作者的意图，把不重要的材料反而弄得突出了。不幸的是，他们这个办法没有对我说清楚，而这本书已经差不多排了一半，我才看到校样。全部重排将会增加大量费用和推延很长时间。因此我让它大部分维持原状，只把那些不完全的或非常技术性的讨论的若干小节以小号字重排。只要看一看 414—418，449—452，464—469 页讨论康德、穆勒的逻辑、朗菲尔德、杜能、约翰·雷的部分，就可以明白打算列入次要的材料是什么性质。我不敢说他认为重要或不重要的地方总是正确的，特别是关于人物传略的引证，对于大部分读过的人都很有吸引力。

在本书的其余部分（第三编的最后两章、第四编与第五编），我把这些"次要的"资料分别用正文字体与脚注字体排版，只有两三处“哲学性的”讨论像前面一样缩进去排版。至于传略材料，其中有的相当长，几乎都用较大的字而不是照原来的想法用小号字。我这样做是因为别人劝我，如果要阅读这样大量用选好的非常小的脚注字体排版的材料，那是很困难的；虽然这样一改，当然违背了我打算尽量遵照熊彼特写作时的原状出版的初衷。从放在豪夫顿图书馆的原稿和打字的第一稿，可以看出作者当时在这方面的设想。

有很多向我提出宝贵意见或提供帮助的人，没有他们我就不可能将本书编辑出版。在这里我只能提到少数几位。阿瑟·W.马吉特是第一个看完全书打字稿的人；关于未完成的各节他向我提供了意见，并且和我讨论过一般的编辑方针。他还编辑了第二编关于价值与货币的一章。这一章以前从未打字，手稿也没有编过页码，而且有少数地方前后的次序有些不确定。戈特弗里德·冯·哈伯勒也看过大部分打字稿，帮助我核对了模糊不清的引证以及任何使我感到困难的理论问题。保罗·M.斯威齐看过全部校样，提出很多宝贵建议，而且发现几处我忽略了的差错。理查德·M.古德温首先替我把第四编第七章和第五编的资料收集在一起，这些都是熊彼特尚未完成而且在临死以前还在加工的部分。这是关于均衡分析和现代最新发展的重要资料。艾尔弗雷德·H.康拉德看过一些打字稿和许多校样，并核对了数学公式。威廉·J.费尔纳看过一些打字稿，亚历山大·格申克龙看过一些校样。弗里达·S.厄利恩在查考不出名的作家时，想了不少办法，而且是不厌其烦的。安娜·索普在这本书的每一个阶段都帮助了我，从许多年前的早期手稿的打字，直到帮助我校对和编制索引。她对熊彼特有些难认的字迹和他的工作方法比较熟悉，这就帮助我解决了很多问题。对于这些人和所有其他这样或那样帮助我编辑这部《经济分析史》的人，谨在此一并表示谢意。

伊丽莎白·波蒂·熊彼特

康涅狄格州塔科尼卡　1952年7月

附注：从熊彼特教授逝世，到熊彼特夫人长期卧病的最后几周为止，她大部分时间都用来筹备这部书的出版。当她逝世时，作者索引已接近于完成，但主题索引的编制工作才刚刚开始。罗伯特·库恩博士承担了编制主题索引这项困难而浩繁的工作任务；他也完成了作者索引，并把两项索引协调一致起来。

出版者对于瓦西里·列昂惕夫教授协助这本书的出版，深表感谢。

第一章 〔导论与计划〕

1. 本书计划

2. 我们为什么要研究经济学史?

3. 经济学是一门科学吗?

1. 本书计划

所谓经济分析史,我是指人类为了认识经济现象在心智方面所作的努力的历史;换句话说,也就是经济思想中带有分析性或科学性这个方面的历史。本书第二编将叙述从有史可考的最初年代到十八世纪最后二三十年这一段时期的有关历史。第三编将继续推进,经过大致可称之为英国"古典学派"的整个时期,到大约十九世纪七十年代初。第四编从"古典学派"(仍然是大致的说法)的末期到第一次世界大战为止,对分析性的或科学的经济学的命运进行了叙述;但为了方便起见,有些课题的历史将继续介绍到目前为止。这三编构成本书的主体,包括了这方面大部分研究的成果。第五编只是现代最新发展的一个轮廓,由于刚才说的第四编提前所作的部分论述而减轻了分量;其目的仅在于帮助读者了解现代的分析工作是怎样和过去的分析工作联系起来的。

面对本书试图完成而实际上并没有完成的巨大任务，我们立即意识到存在着一种带着不祥之兆的事实。在任何科学史的表象之下不管潜伏着什么需要抓住的问题，一般情况下史学家们至少知道他的课题是什么，因而可以立即着手工作。我们的情况却不一样；在这里，所谓经济分析，所谓心智上的努力，所谓科学，这些观念本身都被“掩盖在一片烟雾之中”，弄得模糊不清；正是指引史学家写作的那些规则和原则本身都受到了怀疑，而更糟的是引起误解。因此在第二编到第五编之前加上这个第一编，以便在篇幅许可的范围内把我对经济分析史这个课题的性质的看法以及我打算在概念上所作的某些安排，尽量加以说明。同时我还觉得有许多属于科学的社会学——即把科学当作一种社会现象而形成的理论——范围内的问题也应包括在内。但必须注意，这些东西之所以要在这里提出，只是为了传达与我采取的原则或者与本书基调有关的一些事实。虽然我会举出采取这些原则的理由，但这些理由在这里是不能充分成立的。它们只能方便读者了解我试图做些什么，如果本书基调不合乎他的胃口，他就把这本书搁在一旁好了。

2. 我们为什么要研究经济学史？

那么，就**任何**科学而言，我们为什么要研究它的历史呢？人们会认为，现在的分析工作会保留以往分析工作中至今仍然有用的成分。那些没有保留下来的概念、方法与成果，想必是不值得再费心的。那么我们为什么一定要回顾过去的作家，去复习他们过时的观念呢？这些故纸堆难道不可以留给少数专爱摆弄古董的人们去照料吗?

关于这种态度要说的话很多。抛弃过时的思想方法,肯定比无限期地固守它们要好。不过,假使我们只到堆破旧东西的房子里光顾一下而不停留太久,我们一定会有所收获。从那里我们指望得到的收获可以分为三类:在教学方法上有所裨益,获得新的观念以及了解人类的思维方法。这三类我们将一一加以考察,起先并不特别联系到经济学,然后再在第四类之下加上几条理由,说明为什么在经济学这门科学中研究分析工作的历史,较之在其他学术领域更显得重要。

首先,那些企图仅仅根据最近的论著就来进行理论研究的教授或学生,不久就会发现他们正在为自己制造不必要的麻烦。除非最近的论著本身反映出最起码的历史面貌,否则不管它怎样正确,怎样有创见,怎样严密或者优雅动听,都不能阻止学生产生一种缺乏方向与意义的感觉,至少在大部分学生中会有这种感觉。这是因为,不管哪个学术领域,任何时期存在的问题和使用的方法都包含过去在完全不同的条件下工作的成就,而且仍然带有当时留下的创痕。当前的问题和方法都是对以前的问题与方法作出的(尝试性的)反应。如果不知道以前的问题和方法,那么对现在的问题和方法的意义与正确性就不能充分加以掌握。科学分析不单纯是逻辑上前后一贯的一种过程,从某些初步观念开始,然后按照直线的方式往上面增添内容。它不是单纯地对一个客观实体的逐渐发现——例如像刚果盆地的发现那样。它毋宁说是与我们自己和我们前辈人头脑里创造的东西的一种永无休止的搏斗;同时,如果它有所"前进"的话,那是以一种纵横交叉的方式前进的;它的前进不是受逻辑的支配，而是受新思想、新观察或新需要的冲击以及新一代人的偏好与气质的支配。因此，任何企图表述“科学现状”的论述实际上是在表述为历史所规定的方法、问题与结果，只有对照其所由产生的历史背景来考察才有意义。换句话说，任何特定时间的任何科学状况都隐含它过去的历史背景，如果不把这个隐含的历史明摆出来，就不能圆满地表述这种科学的状况。让我马上在这里补充一句，在整个这本书中我们将坚持这种教学法的要求，并以它来指导我们对讨论题材的选择，有时甚至不惜牺牲其他重要的准则。

第二，我们的头脑很容易从科学史的研究中得到新的灵感。有些人比别人得到的多一些，但完全得不到裨益的大概很少。一个人如果从他自己时代的著作站后一步，看一看过去思想的层峦叠嶂而不感受到他自己视野的扩大，那么这个人的头脑肯定是十分迟钝的。这种经验的裨益可以用一个事实加以说明：那个最终导致（特殊的）相对论的基本思想，最初是在一本力学史的书上出现的。[①] 但是撇开灵感不谈，我们每个人都可以从他所研究的科学的历史中吸取有用的教训，即使有时令人沮丧。争论有结果也好，没有结果也好，我们都能学到一点东西；走了弯路，白费了气力，钻了死胡同，同样可以学到东西；从成长过程受到阻碍的间歇中，从我们对机遇的依赖，从如何避免去做某些事情，从纠正的偏差中也都可以学到东西。我们学会弄清为什么我们实际上走到多

① 恩斯特·马赫《力学发展史》（第 1 版，1883 年；参看 J. 佩措尔特为第 8 版增添的附录）；T. J. 麦科马克的英译本包括了截至 1942 年第 9 版（也即最后一版）中增补和修改的内容。

远以及为什么没有走得更远。我们也知道接着而来的是什么，以及怎样和为什么接着而来——这个问题我们在全书中都将加以注意。

第三，对于任何一门科学或一般科学史，我们所能提出的最高要求是它能把人类思维的方法告诉我们很多。当然，它提供的材料只能涉及一种特定的知识活动。但是在这个领域内它的确切有据几乎接近于理想的完善程度。它从具体事物中展示逻辑，从行动中展示逻辑，并展示与想象和目的密切结合的逻辑。人类行动的任何领域都能显示人类的心智活动，但是没有哪个领域像经济学领域这样逼近实际的思想方法；因为在其他领域中人们不会这样不厌其烦地报告他们思想活动的过程。在这方面，不同的人会有不同的做法。有些人例如惠更斯比较直率，而另一些人例如牛顿则沉默寡言。但即使最缄默的科学家也必然会暴露自己的思想活动，因为科学工作和政治工作不同，在本质上它就是自我暴露的。正是主要基于这个原因，所以人们已经多次确认——从休威尔和 J. B. 穆勒到冯特和杜威——所谓科学学（亦即德文的 Wissenschaftslehre）不仅是应用逻辑，而且也是纯逻辑本身的一个实验室。也就是说，科学的习惯或过程的规则不仅要由那些外在的逻辑标准来判断；它们自己也对这些逻辑标准有所贡献并对这些标准产生反作用。如果用夸张的手法来说明这一点，我们可以说，一种实用的或者叙述性的逻辑可以从科学程序的观察与系统陈述中提炼出来——这当然包括科学史的研究或融合在科学史的研究之中。

第四，对于上面的论证，至少前面两条，我们有理由认为应用在经济学这个特殊例子方面更显得有力。我们不久就要谈到一个明显的事实，就是说经济学的题材本身就是一种独特的历史过程（见下面第3节），因而在很大程度上不同时代的经济学涉及不同的事实和问题。仅仅这一事实就足以使我们加倍注意经济学说的历史。但是让我们暂时撇开这一点以免重复，同时强调一下另一个事实。我们将会看到，科学的经济学并不缺少历史的连续性。事实上我们主要的目的是描述所谓“科学观念源流”的过程——人们对经济现象的了解是怎样发生、改进以及怎样不断推倒原有分析结构的。本书所要建立的主题思想之一就是：这个过程基本上和其他知识领域类似的过程没有什么不同。但是本书也想加以说明，由于某些原因，这种观念的源流在我们这门科学中要比在几乎所有其他领域中遇到更多的阻碍。对于我们这种心智方面的成就，很少有人会表示祝贺，而我们经济学家们自己恐怕是最不会表示祝贺的。而且，我们的成绩现在是，过去也总是很小，很杂乱。搜集事实和进行分析的方法，即使我们当中有人认为不符合标准或者原则上有错误，还是照样流行，而且和其他方法一同广泛流传。尽管也有可能——我将试图说明这一点——谈论每个时代在所谓科学问题上一致公认的专家意见，同时，这种意见也常常顶住了不同政见强烈分歧的考验，可是我们毕竟不能像物理学家或数学家在谈论他们学科时具有那样多的信心。因此我们不能、或者至少不会互相信任地以同样满意的方式来概括“这门科学的现状”。而补救这种缺陷的显而易见的方法就是研究学说史：这一点在经济学方面要比在例如物理学方面来得更明显，因为除非我们知道经济学家们怎么会像现在这样推理的，我们对新问题、新方法和新的成果就不可能有充分了解。而且，有些成果被中途遗忘或搁置数百年之久，这要比物理学中更为屡见不鲜。我们会遇到一些简直令人吃惊的事例。研究经济学史的经济学家，常常会碰到很有启发性的见解以及有用的（假如有时是令人困惑的）教益，这与同样情况下的物理学家很不一样：因为后者一般可以相信，在他的先辈们从事的工作中，几乎没有湮没什么有价值的东西。既然如此，为什么不立即开始另一次智力方面远征的壮举呢？

3. 经济学是一门科学吗？

要回答这一节的标题所提出的问题，当然要看"科学"一词是什么意思。例如，在日常说法和学术界的行话中——特别在法语与英语国家——这个名词常指数理物理学。显然这就排斥了所有的社会科学，也排斥了经济学。如果我们规定使用与数理物理学相类似的方法是科学的特点，那么整个经济学就不是一门科学。在这种情况下，经济学中只有一小部分是"科学的"。再说，如果我们按照"科学就是计量"这句口号给科学下定义，那么经济学中有些部分是科学的，其余部分就不是了。这里不应该有"等级"之分或"尊严"等感情方面的因素：一门学问被称之为科学并不意味着抬高它或者相反。

为了我们的目的，应该提出一个很广泛的定义，那就是：一门科学就是任何一种知识，它是人们有意努力加以完善的对象。①

① 我们将保留"精密的科学"这一名词，用于上述"科学"一词的第二种含义，就是说，那种使用多少和数理物理学有同样逻辑结构方法的科学。我们将使用"纯科学"一词以区别于"应用科学"（法国人也用同样的名词，例如"纯力学"或"纯经济学"，也说"理论力学"或"理论经济学"；意大利文叫做"meccanica or economia pura"，德文叫"reine Mechanik or Okonomie"）。

这种努力产生了思维的习惯——方法或“技巧”——以及掌握由这种技巧发掘出来的事实，而这些事实都超越了日常生活中思维习惯与实际知识的范围。因此我们也可以采用一个实际上与此等同的定义：一门科学是任何一种知识，它发展了寻找事实和解释或者推理（分析）的专门技巧。最后，如果我们想强调一下社会学的一面，我们还可以制定另一个定义，事实上和前面两个也是等同的：一门科学是一个知识领域，其中有人，即所谓研究工作者，或科学家，或学者，他们致力于完善现已积累的事实与方法，同时在这样做的过程中，他们所掌握的事实与方法使他们与一般“外行”有所区别，因而也和单纯的“实际工作者”有所区别。其余还有些定义也许同样不错，这里我补充两个，就不多加解释了：(1) 科学是经过提炼的常识；(2) 科学是经过工具加工的知识。

既然经济学使用普通公众不使用的技巧，既然有些经济学家在完善这些技巧，经济学显然是我们定义范围内的一门科学。因此写出这些技巧的历史似乎是一项非常简单的工作，不应该有什么怀疑或顾虑。不幸实际情况并非如此。我们还没有走出森林；事实上连进去还没有进去呢！我们要想站稳脚跟，首先必须搬走许多障碍——其中最严重的叫做“意识形态”。在这一编的后面几章我们将这样做。现在先对我们关于科学的定义讲几点意见。

首先，我们必须回答读者也许认为是一个致命的反对意见。既然科学是经过工具加工的知识，也就是使用了特殊技巧的知识，这好像是说我们应该包括，比方说，原始部落所用的巫术，如果它使用了普通人得不到而是一小部分职业巫术家创造和传授下来的技巧。原则上我们当然应该包括巫术。这是因为巫术以及基本上与巫术性质没有两样的一些手法，有时通过无形的步骤逐渐融化到现代人所认为的科学程序中去了：例如直到十七世纪初叶，占星术总是天文学的伴侣。不过另外还有一个更为迫人的原因。如果我们排除任何一项经过工具加工的知识，那就无异于宣称我们自己对科学所定的标准在任何时间、任何地点都绝对正确。但我们不能这样做。[①] 实际上，除了根据我们的标准去解释、评价每一项过去和现在经过加工的知识而外，我们的确没有其他办法，因为我们不具备其他标准。我们这些标准是六百多年来发展的结果。[②] 在此期间内，科学上许可使用的程序或技巧，范围愈来愈受到限制；也就是说，愈来愈多的程序或技巧被认为不能允许而遭到排

① 要说服我们自己相信这一点，最好的办法是注意到我们有关程序的规则现在以及很可能将来总是处于争论与不断变动的状态中。请看下面的例子：没有人证明过每一个偶数都能以两个质数的和来表示，虽然迄今为止没有发现一个不能这样表示的偶数。现在假设这一命题在某一天和我们同意接受的另一个命题相矛盾了。是不是可以推论说有一个不是两个质数之和的偶数存在呢？“古典学派”的数学家会答复“是的”，而“直观学派”的数学家如克龙尼科尔与布劳威尔则会说“不是”；那就是说，前者承认而后者不承认我们所谓“现存原理的间接证据”的有效性，而这种间接证据在许多领域中是被广泛应用的，同时也用于纯经济学中。仅仅这种对于什么构成有效证据的不同意见，显然即足以证明我们自己的规则还不能被公认就是科学程序的定论。

② 这种估计仅指西方文明，同时也考虑到希腊的发展，但只包括十三世纪以来它们作为文化遗产进入西欧科学思想的阶段，而不包括希腊文化本身发展的历史。作为一个里程碑，我们选择托马斯·阿奎纳的《神学大全》，它排除了从哲学体系来的启示，那就是除了超自然的神学（自然神学为哲学体系的一种）而外的所有科学的启示。这是在希腊一罗马世界衰败之后欧洲在方法论的批评上所采取的最早与最重要的一个步骤。下面会说明，把启示从除了超自然神学而外的一切科学中排除出去，和托马斯将诉之于权威作为一种可以允许的科学方法排斥于科学之外是怎样结合在一起的。

斥。仅仅在我们提到"现代的"、或"经验的"、或"实证的"[①]科学时,我们才是指这个受到严格限制的领域。它的程序的规则因为科学部门的不同而有所不同;同时,正如我们在上面已经看到的,这些规则从来也不是无可置疑的。不过广泛说来,它们有两个显著的特性:它们把我们根据科学的理由被要求接受的事实,简化成"可以由观察或实验加以证明的"比较狭窄的事实范畴;它们又把可以允许的一套方法归结为"从可以证明的事实进行逻辑推理的方法"。今后我们应该站在这种经验科学的立场上,至少当经验科学的原则在经济学中受到承认时是如此。不过在这样做的时候,我们必须牢记:虽然我们将要根据这个立场来解释各种学说,我们并不主张它"绝对"有效;同时,从这个立场出发,虽然我们可以把某一命题或方法称之为无效的——当然我们总是要注意到这些命题或方法形成时的历史条件——但我们并不因此把它们排斥于我们原先(最广泛的)意义上的科学思想之外,换言之,就是否认它们的科学性[②]——即使要评价的话,也必须根据具体时间与地点的"内行的"标准来加以评价。

① 在这里所用的"实证"这个词,与哲学上的实证主义没有什么关系。有些作家对于完全不同的事物使用同一个词,很容易引起混淆,而他们自己有时就没有把事情弄清;本书必须对这种危险一再发出警告,这里只是第一次。这一点非常重要,所以我要立即举出几个例子:理性主义,合理化,相对论,自由主义,经验主义。

② 所有这些都非常不全面,当然完全不可能公平对待我们只表面接触过的那些深奥问题。由于篇幅有限,我在这里只想补充一句:我们将会看到上面的解释将尽量避免以下几种倾向:(a) 自认为具有学者式无所不知的资格;(b) 希图根据现在的标准来评定过去思想文化内容的"等级";(c) 除了分析的技巧外企图评价其他任何方面。随着本书论述的展开,若干有关问题将会愈益明确。

第二，我们原先的定义（“经过工具加工的知识”）指出为什么一般不能确定一种科学的起源日期——甚至以十年为单位进行概略的测算——更不要说确定这门科学的“基础”了。这和一种“学派”的特殊方法与基础的起源是两回事。正如科学一旦存在就会慢慢成长一样，它们的出现也是一种缓慢的过程，在有利与不利的客观环境以及人为条件影响下，逐渐使自己从它们的常识背景中分离出来，有时也和其他学科分开。研究过去，弄清那些条件，对于承认或否认某种科学知识体系的存在，的确都可以缩短时间范围。但是由于历史学家个人在观察上的误差而总是被扩大了的有疑问的领域，无论搞多少研究都难以完全消除。至于说到经济学，仅仅偏见或无知就足以解释某些说法，例如说这门科学是亚当·斯密、F. 魁奈、或威廉·配第爵士、或者其他什么人“创立”的；或者说历史学家的研究报告应当从他们当中的一个人开始。但是必须承认，经济学构成一种特殊困难的情况，因为在这门学科中，相对于其他任何学科而言，普通常识比我们能够积累的科学知识要走得远多了。普通外行人都知道丰收则谷贱，分工则提高生产效率，这些显然在科学出现之前就知道了。所以如果指出古书中这一类陈述包含什么科学的发现，未免荒谬可笑。有关供求理论的最初解释是科学的，但这种科学成就太微薄了，常识与科学知识在逻辑上过于接近，以致要指出这两种知识的确切界限必然都是武断的。我就此机会再谈谈一个同类性质的问题。

把科学定义为经过工具加工的知识，并把它和特殊的人们联系在一起，几乎等于强调专业化的明显重要性，而个别学科则是这种专业化(稍晚一步)的结果。[1] 但是这种专业化的过程从来不是按照任何理智的计划——无论是预先想好的或者仅仅是客观存在的计划——来进行的,所以整个而言,科学从没有完成一个逻辑上前后一致的结构;它是一片热带丛林,而不是依照蓝图建造起来的一座大厦。个人也好,集体也好,都是追随他们的带头人或者遵循已经开创的方法,或者像上面第2节所说的那样被多种因素所诱发而前进。这种情况的后果之一,就是个别学科的全部或部分疆界总在不断移动,因而试图按其内容或方法给它们下定义是没有意义的。经济学特别如此。就声学是一门科学这个意义上来说,经济学不是一门科学;毋宁说它是许多排列得不好和互相重叠的研究领域的大杂烩,就像“医学”一样。因此我们倒要讨论一下别人的定义——主要为了看看它们是怎样不恰当——但我们自己不打算采取什么定义。最接近于下定义的做法就是列举在教学中现在公认的下述主要“领域”。但即使这种指证定义[2]也不应认为是完备的。我们必须承认,我们今天所提出的任何完备的目录,将来都有可能增减。

第三,我们的定义并没有提到迫使人类努力完善任何领域现

---

① 让我在这里立即补充一句:在这样一批同行的工作人员之中,一定会发展出一种专业化的语言,愈来愈不为普通的外行人所了解。通常在我们所谓的科学已经发展到令人重视的程度以后很久,由于采用不便于分析的日常观念已经难以忍受,才想出这种省事的办法。如果不是基于这个事实,那么这种专业语言的采用甚至可以作为确认一门科学存在的标准。尤其是经济学家们常常不惜损害他们这门科学的发展,过分重视要为普通公众所了解,而公众一直到现在对于采取比较理智的做法还非常反感。

② 所谓指证定义,就是指着某一概念所表示的某类事物的样本,来对这个概念例如“象”的概念下定义。

有知识的动机。在另外一处我们即将回到这个题目上来。目前我们只是指出，一篇分析文章的科学特性，与进行这种分析的动机是不相干的。举例说，细菌学方面的研究是一项科研工作，研究人员是为了医学或其他任何目的而进行研究，对于这种研究的过程并无关系。同样，如果经济学家采取适合于他那个时代和环境的科学标准的方法，来研究投机倒把的各种手法，则研究结果将会形成经济知识科学财富的一部分，不管这些知识他是用来提供制定管制法规的建议，或是用来保护投机者抵制这种法规，或者仅仅为了满足他自己的求知欲。除非他故意让他的目的来歪曲他的事实或推理过程，我们就不能因为不赞成他的目的而拒绝接受他的成果或否认其科学性。这就意味着由"特殊的辩护人"——无论他们提出辩护是不是得到报酬——所提出的任何科学性的论证，好也罢，坏也罢，都和那些"超然的哲学家"的论证一样，如果真的有这种哲学家存在的话。请记住，偶然你问一个人为什么要说他所说的话，这可能是一个有趣的问题。但不论回答是什么，都不能告诉我们他所说的话是正确的还是错误的。我们不相信从事政治论战的廉价方法——不幸得很，在经济学界也太普遍了——也就是不相信通过攻击或吹捧某项主张的赞助者的动机，或通过攻击或吹捧这种主张似乎拥护或反对的有关势力，而可以论证一种主张。

第二章　插曲 I：〔经济分析的技术〕

〔1. 经济史〕

〔2. 统计〕

〔3. “理论”〕

〔4. 经济社会学〕

〔5. 政治经济学〕

〔6. 应用学科〕

上一章最后一段指出了一些重大的问题，将在第四章“科学的社会学”中再谈。现在我们要中断我们的论证，以便转过身来追逐两只兔子，它们所走的路线有时在仓皇失措中发生分歧：一方面必须确定经济学与某些工具加工过的知识领域的关系，这些领域现在或曾经对经济学有过影响，或者与经济学有共同的边境[①]（见第三章）；另一方面，我们应该借此机会对指导我们讲解经济分析史的某些概念与原则立即加以说明。这就是本章所要进行的工作。

① 选择“边境”这样笨拙的说法，是为了避免不切实际地设想有什么明显和不变的分界线。

让我们从普通常识开始:“科学的”经济学家和其他一切对经济课题进行思考、谈论与著述的人们的区别,在于掌握了技巧或技术[①],而这些技术可分为三类:历史、统计和“理论”。三者合起来构成我们的所谓“经济分析”。〔在这一章后面熊彼特后来又加上第四个基本学科,那就是经济社会学。〕

〔1. 经济史〕

在上述基本学科中,经济史——是它造成了当前的事实,它也包括当前的事实——乃是最重要的。我愿立即指出,如果我重新开始研究经济学,而在这三门学科中只许任选一种,那么我就选择经济史。我有三条理由:首先,经济学的内容,实质上是历史长河中的一个独特的过程。如果一个人不掌握历史事实,不具备适当的历史感或所谓历史经验,[②]他就不可能指望理解任何时代(包括当前)的经济现象。其次,历史的叙述不可能是纯经济的,它必然要反映那些不属于纯经济的“制度方面的”事实:因此历史提供了最好的方法让我们了解经济与非经济的事实是怎样联系在一起的,以及各种社会科学应该怎样联系在一起。[③] 最后,我相信目前

① “技术”一词必须从非常广泛的意义上来加以理解:只要系统地掌握了某一学科的事实,在范围上超过了这个领域中的实际工作者所能获得的知识,就足以构成科学的水平,即使对这一学科的研究并不需要超过外行人理解程度的精确方法。

② 这样说并不会使下面将要解释的“理论”成为不可能的东西或无用的东西——经济史本身就需要理论的帮助。

③ 由于在我们这个问题上“理论”的不可靠性,我个人认为历史的研究在经济分析史方面不仅是最好的、也是唯一的方法。

经济分析中所犯的根本性错误，大部分是由于缺乏历史的经验，而经济学家在其他条件方面的欠缺倒是次要的。当然，历史应该包括科学分工和专业化以来那些采用不同名称的学科，如史前记载与人种学（人类学）在内。[①]

上面的论证有两个不祥的后果必须立即加以注意。第一，既然历史是经济学家材料的一个重要来源——虽然不是唯一的来源——同时由于经济学家本人是他自己时代和所有以前时代的产物，经济分析及其成果必然会受到历史相对性[②]的影响，问题只在于影响程度的大小而已。把这个问题哲学化并不能得出有价值的答案，但以详细的研究来求出一个答案将是我们最关切的事项之一。这就是为什么在下面各编介绍经济分析之前，首先都要对"时代精神"特别是每个时期的政治背景加以简述的原因。第二，我们必须面对一个事实，即经济史是经济学的一部分，史学家的技术好比是经济分析这辆大公共汽车上的乘客。从原始材料得来的知识，总难令人满意。因此即使经济学家自己不是经济史学家，仅能阅读别人写的历史报告，他们也必须了解这些报告是怎样产生的，否则就不能评价其真正意义。我们还不能做到按以上论

① 在本书中除非特别提醒有别的含义，人类学仅指自然人类学。越过这一点就是通常意义的人类学，那就和研究原始部落及其行为方式、语言、社会制度是一回事。这里我们称之为人种学。

② 这是那个常被误用的字——相对性——的几种含义之一。这里我们用这个字的意思，不过是指(a)我们使用的材料不能超过我们所占有的材料；因此在进一步发现的前面，我们原有成果的一部或全部也许站不住脚（在解释过去的经济学家时，这一事实必须适当地加以考虑）；(b)经济学家对于他们那个时代的问题的兴趣和态度，使他们对经济现象的一般看法受到了局限。请参阅第四章。这和哲学上的相对论无关。

证推演出来的程序办事;不过原则上让我们记住,像拉丁的古代文字就是经济分析的技术之一。

〔2. 统计〕

我们坚决主张,对于经济学来说,统计数字是极为重要的。实际上,至少从十六和十七世纪以来,这一点就被人们认识了;例如当时西班牙政治家的大部分工作就是收集和解释统计数字——更不用说被称作政治算术家的英国计量经济学家以及他们在法国、德国与意大利的同行了。[①] 我们不仅需要统计数字来解释问题,而且也是为了弄清有什么问题需要解释。但是有一点意见要加上去,就像前面一段对历史这个题目所补充的意见一样。如果不了解统计数字是如何搜集的,就不可能了解这些统计数字。同样,如果不了解搜集统计数字的具体方法——以及这些方法在认识论方面的背景的话,也不可能从统计数字中得到信息,不可能理解专家们为我们搜集的信息。因此,适当掌握现代的统计方法是防止现代经济学家闹笑话的一个必要的(但不是充分的)条件,虽然有些学科关系大些,有些要小一些。不过我们与这些方法的利害关系实在太大,因而不能把例如说变差法的优点和缺点留待专家去判断,即使他们在这方面的意见是一致的。这里我们仍然不能做到按以上论证推演出来的程序办事。但是又一次我们至少在原则上

① 因此,本段第一句话所作的一个简单而无可辩驳的论断至今还受到某些经济学家的强烈否认,不能不说是一件怪事。

要承认:统计方法是经济分析工具的一部分,即使不是为了经济分析的特殊需要而设计的,也是如此。雅克·伯诺里的《推测技术》或拉普拉斯的《分析理论》在许多科学史中都占有地位,它们在我们这门科学史中也占有地位。[①]

〔3.“理论”〕

第三个基本学科是“理论”。这个名词有很多含义,但是就我们在本书中的用法来说,只有两种含义是有关系的。第一种比较不重要的含义把理论看作和“解释性的假说”是一回事。这些假说当然也是编史工作与统计的主要组成成分。举例说,即使最激烈地主张以事实为根据的历史家,是经济史家也好,其他史家也好,都很难避免对于城市的起源构想出一种或几种解释性的假说或者理论。统计学家对于他碰到的问题中随机变量的联合分布也必须建立一种假说或理论。对于这一点只需指出,如果认为经济理论家的唯一或主要任务就是搞这类假说(有人也许会加上一句:“凭空捏造”),那就错了——虽然这是一个普遍存在的错误。

经济理论要做的完全是另一回事。如果没有一些以简驭繁的图形或模式用来描述现实的某些方面,以及从某些视为当然的事

① 为了避免读者感到历史与统计知识的要求过高,因而望洋兴叹,我想指出,对于每一个在大学本科阶段受过历史或数学一般良好训练的研究生,这些要求是容易达到的。只有两方面都没有受过大学训练的学生,必将认识到作为一个全面的经济学家他会遇到困难,肯定只能在这门科学的局部狭窄范围之内活动,除非他付出非凡的努力来弥补缺陷,而一两年研究生的学习过程是远远不够的。但是要成为一个在科学上够格的律师、工程师或医生,则需要的时间更长。

实出发以便按一定程序确定其他事实,那么经济理论的确也和理论物理学一样是无能为力的。就我们目前的论证而言,我们视为当然的事情(命题),可以一律叫做假说,或叫公理,或叫假设,或叫假定,甚至称之为原理,[①]而那些我们认为已经按适当程序确定的事情(命题),则称为定理。当然,一个命题在一个论证中可以是假设,在另一论证中则可以是定理。这一类假说也可由事实提出——它们是根据实际观察得来的——但是从严格的逻辑来看,它们都是分析家武断的产物。[②] 它们与第一类假说的区别在于不包含研究的最后结果(这些结果本身乃是人们感到兴趣的东西),而只是为了证实有兴趣的结果而铸造的器械或工具。而且铸造工具并不是经济理论家所做的一切,就像铸造统计学的假说也不是统计理论家或任何理论家所做的一切一样。同样重要的是设计其他小用具以便于从假说中搞出一些结果来——所有的概念(例如"边际替代率"、"边际生产力"、"乘数"、"加速因素")、概念之间的关系以及处理这些关系的方法,所有这些都没有什么假说的成分在内。[③] 而正是这些零星用具的总和——包括关键性有用的假定

① 所谓"原理",在本书中是指任何我们(或者我们正在讨论的作者)不打算提出任何异议的陈述。但它可以是我们(他们)已经建立起来的命题,也可以是我们(他们)假设或假定的命题。同样的道理也适用于可以提出异议的"法则",这种法则的出现、运用或误用,必须仔细考虑:例如我们常说报酬递减"法则"或者凯恩斯的消费倾向"法则",实际上这些都是假定;也说马克思主义的利润率递减"法则",这是马克思认为他已经确立了的一个命题。

② 用 J. H. 普安卡雷的一个比喻来说,裁缝可以随心所欲地裁衣服;但他们当然要力图按照顾客的身材来剪裁。

③ 举例说,理论力学从一套假定(就这种意义来讲或者称之为假说)出发,但显然这许多假定并非理论力学的全部,而当它们明确地汇集在一起时,仅能构成理论力学的第一章。

在内——组成了经济理论。用罗宾逊夫人无比巧妙的比喻来说，经济理论是一个工具箱。

这种经济理论的概念，和其他科学部门一样，道理也很简单。经验告诉我们，某一类——经济的、生物的、机械的、磁电的和其他的——现象，实际上都是个别发生的事件，其中每一事件发生时都显示出它本身的特性。但是经验也告诉我们这些个别发生的事件有某些共同的性质与共同的方面，如果我们对这些性质与方面及其所提出的问题索性一次加以处理，那么在心力方面将实现很大的节约。为了某些目的，有时的确需要对个别市场上个别的定价情况、每种收入形成的情况、每次经济循环、每一笔国际贸易等等加以个别分析。但即使在这种场合，我们也会发现，我们每一场合都在使用对全体分析时所出现的概念。其次我们发现所有场合，或者至少大部分个别的场合，都显示类似的特点。这些特点及其含义可以合在一起用定价、收入形成、循环、国际贸易等共同的图形来加以处理。最后我们发现这些图形并非彼此独立，而是互相关联的，所以上升到"一般化的抽象"的更高水平很有好处；在这个水平上我们可以建立经济分析的一种复合的器械、引擎或研究方法——虽然我们已经知道，并不是唯一的一个——，无论我们把它转向[①]什么样的经济问题，它在形式上都会以同一方式发挥作用。理查德·坎梯隆[②]的著作是第一部著作，从中可以清晰地看出他已对这个道理有所觉察，虽然经济学家们用了一百多年的时间才

① 上面的陈述是对 E. 马赫学说的一个简译，他说每种(理论)科学都是省力的一种方法。

② 见下面第二编第四章第 2 节。

认识到它的所有可能性——莱昂·瓦尔拉是第一个这样做的(请参阅下面第四编第六章第5b节)。

虽然我们既不可能也不需要去进行一次经济学的认识论的探讨,同时与这方面有关的一些课题在本编的以下各章和所有以后各编中还会受到注意,但在这里插进几点意见,借以减少我自己与读者之间可能的隔阂,将会是有益的。

首先,对于前面关于经济理论的性质与功能的论证,应该加上一个修正。这个论证的措辞,至少大部分可以适用于所有那些具有任何通用分析工具的学科。但是这种类似性也有限制,其中最主要的可由下列两件事实来说明。经济学不能像物理学那样从实验中得到好处——当经济学家谈到做试验时,他们所指的和在实验室条件下的试验完全不同——但另一方面却享有一种物理学所得不到的信息来源;那就是人类对于经济行为的意义的广泛知识。这种信息来源也是争论的根源,在我们的征途中将反复找我们麻烦。但它的存在是不可否认的。现在例如当我们说到可以激励个人或集团起来行动的动机时,我们的信息来源大致与心理方面有意识或下意识过程的知识是一回事,对这种知识不加利用是愚蠢的,虽然我将连续不断地强调,这与侵犯心理学专业的领域不同——就像我们陈述土地报酬递减法则并不意味着侵犯了物理学的领域一样。不过我们对于意义的知识还有另一种解释的方法,与逻辑比较接近。例如我说——在一定的条件下——一个企业的瞬间利得最大化的产量,是在边际成本等于边际收入的一点上(在完全竞争的情况下,边际收入等于价格)。可以认为我是对这种情况和一个结果建立逻辑关系，也和一般逻辑的规则一样，不管是否有任何人的行为与之相符总是正确的。这就意味着有一类经济定理，它们是逻辑上的（当然不是伦理或政治上的）理想或规范。它们显然与另一类直接以观察为根据的经济定理有区别；例如说，对于就业机会的预期对工人在消费商品方面的支出有多大影响，工资的变动对结婚率有多大影响等等。如果同时把逻辑上的规范解释成为从观察来的资料或必要时从共同经验下意识地积累起来的观察中"净化"的普遍规律，则无疑有可能把这两种类型的理论融合为一。不过，整个说来，最好不要这样做，而应该坦白承认我们有或认为有能力去了解意义，并以适当构造的图形来代表这些意义所隐含的东西。

第二，上述解释也许可以使我免于沾染"科学主义"色彩的嫌疑。这个名词是哈耶克教授[①]曾经用来指出某些人不加批判地抄袭数理物理学的方法，他们同样不加批判地相信这些方法可以普遍适用，并且是所有科学活动都应该遵循的金科玉律。整个这个历史将可解答一个问题，就是实际上是否有这种不加批判地抄袭数理物理学方法的行为，而这些方法仅在发展它们的科学的特殊形态范围之内才有意义——当然除去纲领性的词令，自从十七世纪自然科学取得令人敬畏的

① 哈耶克："科学主义与社会研究"，见《经济学》1942 年 8 月号，1943 年 2 月号，1944 年 2 月号。这一篇论文——这些文章合在一起不亚于一篇论文——我要极力推荐，不仅因为它是深邃学识的产物，而且因为它提供了一个极好的例子，说明在这类讨论中真理与谬误是怎样紧靠在一起。

成功以来,这些词令已经够多了,但并无多大意义。至于原则性问题,哈耶克毫无疑问是对的——所有十九世纪在他之前提出类似抗议的人也是对的——那就是他认为经济学家以在别的地方运用成功为唯一理由而任意借用其他学科的方法,这是不允许的;同时他认为,那些实际上这样做了的极个别和次要的事例,应引起人们的注意。不幸这不是真正的问题所在。在我们能够提出什么叫做不合法的借用以前,首先要问一问什么叫做"借用"。在这里我们必须注意到与马克思主义者相似的一种错觉,这种错觉使得他们在谈到未来的社会主义秩序时不愿使用像价格、成本、货币、土地劳务的价值或甚至利息之类的名词;这些名词虽然是一般经济逻辑的概念,对他们来说,似乎仅仅因为它们也用于资本主义社会,就沾染了资本主义的气味。同样,"高等"数学的概念与程序确实最先是和物理学家的问题相联系而发展的,但这并不意味着数学这种特殊语言有什么特别的"物理主义"的属性。[①] 但这也适用于物理学的某些一般概念,例如平衡位势或振荡器、静力学与动力学等等,它们也和方程组一样出现在经济分析中;例如当我们使用"振荡器"这个概念时,我们所借用的只是一个词,别的再没有什么。不过有两种情况结合起来加深了那种错觉。一方面,当物理学家与数学家首先碰到那些一般概念时,不仅对它们加以命名,而且还搞出了它们的逻辑。只要这种

① 哈耶克的导师,奥地利效用学派的理论家们在运用边际效用概念时,实际上发现了微积分。把他们的推理正确地用公式表达出来,不能算是什么罪过。

逻辑没有引进什么“物理主义”的东西，我们不加以利用就是枉费气力。另一方面，学生们碰到一个问题时，要了解其中的经济学内容不如了解一个实物的类比来得容易；所以教书时常常要用这些比喻。因此，我们被指控借用的那些东西似乎只是反映了一个事实，即我们大家，物理学家也好，经济学家也好，仅有一种类型的头脑可以运用，而其活动方式，不管担负的任务如何，在某种程度上原来都是相似的——所谓“科学统一运动”就是基于这一事实而产生。这并不牵涉任何机械论、宿命论或其他什么“主义”的错误，也未忽视这一事实，即在自然科学与社会科学中所谓“解释”是有些不同含义的，同时也没有否认经济分析史的历史性质的含义。

第三，如果经济理论如我所表述的是这样一种单纯而无害的东西，那么读者会奇怪，自从它引起人们注意（大约从重农学派的时代开始）直到今天，那种伴随它的敌意究竟从何而来。我在这里只列举一些主要标题作为答案，而以后的叙述将会充分加以说明：

（1）从每个时期的要求来判断（而不是用以后的标准判断以前任何时期的理论状态），那么在所有时期，包括现在在内，经济理论的成绩总是落后于人们合理的期望，并受到正当的批评。

（2）不能令人满意的成绩从来都是、现在也是与不公正的要求相伴随的，特别是人们不负责任地把理论应用于实际问题，而这些问题过去和现在都超过了同时代分析工具解决的能力。

(3) 虽然经济理论的成绩从未达到标准,没有达到它可能达到的一切,但同时又超过了大多数感兴趣的人们的掌握能力;这些人不了解它,同时对于任何进一步改进分析工作的企图都抱有反感。让我们仔细区分这种反感的两个不同因素,一方面总是有许多经济学家惋惜大量事实的丧失,而实际上这些事实在任何抽象的过程中都是会丧失的。如果谈到应用,那么这种反感通常是很有理由的。可是另一方面有些人缺乏理论头脑,他们对于不直接与实际问题有关的任何东西都看不出有什么用处。或者,比较不客气地说,他们缺乏评价分析工作的提高所必须具备的科学修养。读者应该牢记这两种(有理的与无理的)对经济理论的批评的奇怪结合,本书将在通篇对这一点反复加以强调。这足以说明对经济理论的批评实际上总是从两种人那里来,一种人是在他们那个时代的经济理论水平之上,一种人则在其下。

(4) 从这些方面来的敌意常常因为反对大部分理论家坚持要形成的政治联盟而更为强烈。一个典型例子就是十九世纪经济理论与政治上的自由主义的联合。我们将会看到,这种联合有时足以使政治上自由主义的失败变成经济理论的失败。在那个时期,许多人极端痛恨经济理论,因为他们认为经济理论仅仅是用以吹捧他们反对的政治纲领的一种计策。这种想法很容易产生,因为经济理论家自己也持有错误的政见,他们尽力使自己的分析工具为他们自由主义的政治纲领服务。在这种情况下,经济学家们放纵自己爱管政治闲事的强烈癖好,贩卖政治秘方,自命为经济生活中的哲学家,同时却忘记他们有责任把自己引进经济推理中的价值判断交代清楚。类似的情况很多，而现代经济理论不过是又一个值得悲叹的事例而已。

(5) 有人认为，经济理论是要把未确定的、推测性的假说，装在上面区分的两种意义中第一个意义的框架内；在上列标题的一项或几项之内虽已隐含了这种看法，但我们仍以单列一项为宜。因此，在经济学家或其他社会科学家中常常出现一种倾向，就是把经济理论排斥在严肃的科学领域之外。值得注意的是这种倾向[①]并不限于经济学。艾萨克·牛顿首先是一位理论家，可是他对理论，特别对于建立表示原因的假说，一贯抱有明显的敌意。他真正所指的不是我们第二类的理论或假说，而不过是证据不足的推测。也许在这种敌意中还有点别的什么，那就是真正的科学头脑对于使用这个带有形而上学气味的"原因"一词的厌恶。牛顿的例子也可以用来说明一个真理，那就是在实验性科学领域内不喜欢用形而上学的概念，绝不意味着对形而上学本身的厌恶。〔熊彼特原意是想把这九段缩进去的材料用小一号的字体排印，以便一般读者容易把它们省略过去。〕

① 事实上仅仅根据这一理由，某些同行的经济学家所使用的"经济理论"一词本身就会有贬低的气味，这也没有什么奇怪。不过在某种意义上这种态度单纯是由于我们在知识上的口味与能力各不相同，大家自然各按其偏好进行研究。过高地估计自己的研究方式，低估别人爱好的方式，这也不过是人类的天性。如果说无论在科学或其他生涯中，假使我们不是已经从事了某一事业，我们将永远也不会做我们正在做的这一事业，这也许不算过分吧。

〔4. 经济社会学〕

读者会注意到我们的三个基本学科,即经济史、统计学与统计方法以及经济理论,虽然基本上可以互相补充,但还不够完善。在写经济史的时候,确实有些陈述根本不应该加上去,除非有属于经济理论的推理部分能够予以适当的证实:例如把十九世纪四十年代到该世纪末英国经济的大发展同谷物条例与所有各种保护措施的撤销联系在一起,就是这样一种陈述。经济理论图式是在一定的制度框架内发生作用的,而这种制度的框架则来源于经济史,只有经济史能告诉我们这种理论图式所适用的社会过去属于哪一类,或者现在属于哪一类。然而不仅是经济史对经济理论有这种贡献。显而易见,当我们介绍私有财产制度、或自由契约制度、或者另一方面程度大小不一的政府管制时,我们实际是在介绍一些社会事实,它们不仅是经济史,而且是一种普遍化、典型化或类型化的经济史。这一点更加适用于一般的人类行为方式上,这种行为我们假设是普遍的,或者只存在于某些社会条件下。每一本经济学教科书,如果不限于传授极其严格意义上的分析技巧,就会有这么一章有关制度方面的导论,其内容属于社会学而不是经济史。所以我们借用德国的做法,引进第四门学科以补充另外三门的不足,这是很有用的;虽然在这个领域内的努力会超出纯粹经济分析的范围而进入"经济社会学"的领域。用一句适当的话来说,经济分析所讨论的问题是人们在任何时候怎样行为以及产生什么经济效果;经济社会学处理的问题是他们怎么会这样行为的。[①] 如果我们把人类行为的定义下得广泛一些,不仅包括行动、动机、偏好,而且也包括与经济行为有关的社会制度如政治制度、财产的继承、契约等等,那么这句话就把我们所需要的一切都包括在内了。当然必须指出,这种区分是我们为了自己方便而做的,并不意味着我们将要碰到的作家们自己作过这种区分。空谈不如实干,因此现在我不准备为之作任何辩护。

〔5. 政治经济学〕

上面我们分别阐明的历史、统计与理论三方面方法技巧的总和,连同它们帮助取得的结果,我们称之为(科学的)经济学。这个名词是晚近发展起来的。A. 马歇尔的大作是1890年以来首先采用这个名词的,至少在英美两国之内是这样。[②] 十九世纪通常使用的名词是"政治经济学",虽然该世纪初期有些国家还用过其他一些名词。这个问题并不重要,我们在以后各编中还会谈到。但有两点马上指出也有好处。第一,政治经济学对于不同的作者具有不同的含义,而有些地方它也就是指现在的所谓经济理论或"纯"经济学。因此现在就必须提醒大家,为了正确理解任何作家对政治经济学的范围与方法说了些什么,我们必须经常弄清他赋予这个名词的含义——有些与此有关的、曾经激怒了批评家的命

---

① 我相信这句话出自格哈特·科姆先生之口。

② 后来在德国又有一个并行的用语,虽然还没有十分被人们接受。这个名词叫做社会经济学,比较出力使它推广使用的是马克斯·韦伯。

题,如果记住这条规则,就会变得完全无害。第二、我们这门科学或多种科学的凝聚物在十七世纪被一个不十分重要的作者命名为政治经济学,并且因此使他的著作谬蒙不朽之誉。从此以后,就有意无意地产生了一种看法,似乎我们这门科学唯一关心的就是国家的经济——当然不仅是指 polis,即希腊的城邦——或者换一种说法,关心的是经济性的公共政策。德文中有一个名词叫做国家科学,把这种看法强调得更加明显,而这个词通常是作为政治经济学的同义词来使用的,当然它把经济学的范围看得过于狭窄了。同时,它又过于强调了经济学与现今所谓的商业经济学之间的区别,而这种区别大体说来是没有意义的。所以让我们说清楚,我们自己并不把这两方面截然分开;所有与个别厂商行为的分析有关的事实与工具,不管过去和现在,都属于我们所指的经济学范围之内,正像与政府行为的分析有关的事实与工具也属于这个范围一样,因此必须加在过去狭义的政治经济学内容里面。不过我们需要注意到政治经济学这个名词近来又多了一个新鲜的含义。

当前经济学家中有些人认为现代经济理论(这是就我们的意思来说的)过于悬空,没有充分考虑到,如果不参照其结果所赖以生效的历史—政治结构,就不可能把这种结果明智地应用于实际问题或甚至用来分析一个国家的具体经济状况。这种意见有时进一步扩大为批评任何专注于改进理论或统计分析工具的著作,这在我看来似乎没有认识到专门著作具有其不可动摇的必要性。但是假如这个意见是指本段第一句话的意思,那么理由就要强得多。特别是一门包括政府行动以及政治生活的机制与流行哲学的适当分析在内的经济学,对于初学者来说,要比他不知如何加以协调的一大堆不同的科学更能使他感到满足——而另一方面，他可以高高兴兴地在卡尔·马克思那里找到他所寻求的现成答案。这种类型的经济学有时被人以“政治经济学”的名称提出。在部分地认识了似乎包含在这个方案中的真理以后，我们于是建立了“第四门基本学科”，经济社会学。

从上段所讨论的意义上的政治经济学，使人想起了这个名词的又一个含义，也就是在讨论政治经济学体系时会遇到的。这个含义使我们联想到“经济思想”这个名词。但这两个概念在第四章中讨论要方便一些。在那里我们还要试图澄清这本经济分析史与政治经济学体系的历史以及与浮现在大众头脑中有关经济问题的任何思想史之间的关系。

〔6. 应用学科〕

在科研与教学工作中，无论是经济学或其他领域，人们的分工都产生了无数的专业，通常称之为“应用学科”。为了把它们详细列举出来(不要求完整无缺)，让我们从美国开设经济学的高等院校课程表中得到一些启发。

除了一般性的概论课程、经济史、统计学、经济理论与经济社会学[①]的课程外，我们发现，第一，有一类学科每个人都认为是“一

① 由于“理论”这个词在很多人心目中，基于好的理由与不好的理由，所产生的不信任情绪，这个词偶尔被“分析”所代替，这时“分析”这个词的含义就比本书中赋予它的含义狭窄一些。就我所知，经济社会学这个领域并不隶属于“分析”这个标题之下，也不单独自成一门学科；它所包含的课题分别在历史、理论、“比较经济制度”、比较侧重于制度方面的劳工问题课程以及其他许多课程中加以处理。

般经济学”的主要部分,其所以被分开处理仅是为了更好地对它们的题材作深入研究。这些学科包括货币与银行、经济波动(或循环)、对外贸易(国际经济关系),有时还有区位理论。第二,还有一类学科,如会计学、保险统计学、保险学,它们在历史上几乎完全独立于一般经济学之外(会计学则正在逐渐放弃它的独立性),但它们对所有经济学家或其中某些人是有用的,甚至是不可缺少的;因为它们既提供了经济分析的工具,又提供应用于实际的机会——折旧就是一个例子。第三,有一类标准学科,它们依附于公共经济政策方面一些久已确立的部门,特别是农业[①]、劳动、运输与“公用事业”、制造工业(及其公共管制)的问题——对于这一项,目前还没有一个普遍接受的英文名词——以及财政(“财政政策”),除此之外,大多数人还会(暂时)加上其他许多科学如市场学(“商品分配”)与社会保险(如果保险学没有包括它的话)。“社会主义”与“比较经济制度”或者加上“人口”可以算作第四类。而近来很时兴的“区域研究”则为第五类。再要包括其他学科或者我们已经提到的这些学科的分支,很可能会把我们所谓大公共汽车上的乘客弄得拥挤不堪。但是我们上面所列举的课程加上读者的一般知识,足以证实下面三点陈述,而这些陈述与我们的工作任务有关,是应该予以阐明的。

第一,这个应用学科的大杂烩显然没有固定性或者逻辑上的

① 农业这门学科作为经济学的一个部门,提供了一个有趣的例子,那就是说,如果不具备相当的农业技术知识,对它是很难进行研究的。原则上,这一点对于经济学的其他门类也是一样,不过程度轻一些而已。情况既然如此,就没有理由,例如说,在金融、销售、或制造工业的经济学和相应的各种“技术”之间划出明显的分界线。

次序，其中任何一门学科也没有明确的界限。它们出现，或者消失，相对的重要性增加或者减少，同时根据不断变化的兴趣与方法的要求，它们彼此还会互相重叠。这是理所当然的，我们在前面已经指出。如果从尊重现有的分界线或学科结构出发来确定我们该做或不该做任何有意思的工作，那就极其愚蠢了。

第二，所有那些专门的或应用的学科，不仅限于前面提到的属于我们第一类组成成分的三个学科，都是事实与技巧的混合物，它们形成了我们所理解为经济分析的四个基本分支。这些混合物彼此之间大不相同，因为在许多广泛的领域中有些混合物对于使用精细的统计或理论工具的要求或机会要比其他混合物为少，甚至完全没有，虽然历史因素从来很难大胆地完全予以忽略。此外，这些混合物彼此不同还有另外一个原因：各个学科的专家，个人也好，集体也好，在基础学科上的背景非常不同，所以根据他们选择的专业的不同需要，会用十分不同的方式来调配他们的技巧——如果我们要了解经济学为什么像它现在这个样子，这一点必须牢记在心。不过原则上，要把任何应用学科与基础学科截然分开，那是不可能的。

但是，第三，还有另一个原因使它们不可能分开，因为应用学科不仅应用了一般经济学武库中现成的大量事实与技巧，而且还添了一些东西进去。这些学科可以积累事实与方法的“私房”财富，在它们的领域之外也许用处不大或者没有用处。但是除此而外，它们已经一再积累起许多事实和概念图式，应当视为对一般经济分析的贡献，虽然一般经济分析的指定守护人有时接受得很慢。现代农业经济学提供了一些例证，运输学与财政学提供了另外一些例子。因此我们不能自限于“一般”经济分析史的范围,而应当尽可能也留心应用学科方面的发展。

第三章　插曲II：同时代其他科学的发展

〔1. 经济学与社会学〕

〔2. 逻辑与心理学〕

〔3. 经济学与哲学〕

我们将不时放下我们的工作，抬起头来看一看整个人类知识领域的景色。在每一时期，我们将略为留心记载一下同时期其他科学(按照我们的定义)的某些发展，这些发展与我们自己这门科学的发展有关，或者由于这样那样的原因，估计是有些关系的。这方面我们打算要说明的内容，与"哲学"的关系可说是占压倒一切的地位，以致可以把这一章的标题改为"经济学与哲学"。其他部分先在下面两段交代一下。

〔1. 经济学与社会学〕

在前面一章谈过历史——以及这个名词所代表的所有学科和

分支学科[①]——和统计学对经济分析的极端重要性以后，不消说我们必须力图与它们保持联系：至于为什么要以零打碎敲的方式这样去做，并不是因为比较系统化的处理有什么不好，而是因为在我们所能支配的篇幅和我个人知识的限度之内做不到这一点——即使有这种可能，也会把我们自己要说的故事淹没在一片汪洋大海之中。同样，不消说，虽然要受上述条件的限制，我们也不容许对社会学的发展加以忽略。对社会学我们将采取狭义的解释，指一种单独的、但成分远远不是很纯的科学；就是说，它是对社会现象，例如社会、集团、阶级、集团关系、领袖能力等等的一般分析。对这个名词，我们将自始至终采用这个含义；也就是说，对于这个名词被引进以前几百年的发展也包括在内。比较广泛地说，它指互相重叠、互不协调的整个社会科学而言——而社会科学(social sciences)是我们愿意采用的一个名词，其中也包括我们自己的经济学、法理学、圣典学、“政治科学”、生态学、描述性的伦理学与美学(指道德行为规范与艺术的社会学)。在下面的脚注中，我们将以法理学[②]为例，说明那些可能会促进这些学科以及其他与经济分析史有关的学科发展的各种关系。

① 为了扩大我对这一点所作的说明，我想指出，所有历史科学以及由于专业化(主要基于处理特殊材料的语言学能力)而产生的科学分支，在某种程度上都和我们有关，即使它们并非处理专门属于经济方面的事实。举例说，希腊—罗马文明是三种显然不同的学者研究的主题，即正规的历史学家、语言学家以及法理学家。所有这三种学者处理的许多事实都和我们无关。即使如此，他们对于希腊—罗马世界文明的研究还是作了贡献的，而整个说来，它并不是和我们没有关系的；甚至在他们叙述军事史或艺术史的地方，他们所采用的技巧和叙述经济或社会事件与制度时所采用的也相同，所以没有一个严格显明的界限能够规定我们的兴趣应该到此为止。

② 所有研究成文法、习惯法，法律程序和法律技术的科学(是照我们的含义说的)都与经济分析史有关，首先因为大部分经济学家曾经是法律家(或者像我们喜欢的说法：

通过建立“经济社会学”这一“基础学科”，我们认识到这种关系有些是非常密切的；因为在这门科学内，无论经济学家或社会学家，他们走不多远就会互相踩着脚跟。但并不是说经济学家和社会学家的合作已经特别密切或富有成果，也不是说如果有更多的合作他们两方面都会进行得更好。关于第一点，事实是自从十八世纪以来，两部分人在不同的道路上都在稳步发展，直到现在，典型的经济学家与典型的社会学家对于对方在做些什么都知道得很少，而且关心得更少；每一方都喜欢各自用他们自己粗浅的社会学与粗浅的经济学知识去接受对方专业上的成果——这种情况过去和现在都没有由于相互咒骂而有所改善。至于谈到第二点，我们绝对不能肯定更密切的合作总是一件好事，像一般外行人怀着天真幼稚的想法那样指望从“互助互利”中有什么伟大的事情发生。这种合作肯定不会纯粹有利而无弊，因为合作会丧失只能由严格

法理学家），他们带着法律头脑来分析经济现象。举例说，对于十六世纪经院哲学派学者们的社会学与经济学体系（参看司法文献），如果我们不知道它们主要是讨论天主教会政治与经济法的著作，以及它们所用的技术主要是从古罗马法衍生出来而不过适应当时情况作了一些变通，那么我们就无法理解这些体系。其次，经济过程的法律框架以及彼此在成型过程中互相施加的影响，少说一点，对经济分析也有相当大的重要意义。第三，“经济法”概念的历史根源是纯法律学家的“自然法”概念（见下面第二编第二章）。第四，十九世纪的一些经济学家承认他们曾经从自称为“历史学派”的法理学派那里得到以历史观点观察经济过程的启发。如果要分清这个观点中正确和错误的因素，那就必须比一般经济学家更详尽地对这个学派的出现与地位加以了解。我要趁此机会加上一句，把法律当作社会现象进行社会学分析是一回事，研究法律实务——就是在美国法学院中讲授的那些东西——的技术是完全另一回事；而历史的法理学更是另一回事：因此我们必须区分至少三门不同的法律“科学”，它们的题材、工具、目的都不一样，而且是由三类不同人员在进行研究（虽然也有重复之处），这和宗教、伦理学、美学领域中的情况是相似的。在这种情况下，混乱几乎是难免的。就某些问题（例如艺术的科学）展开的有关原则与“方法”的重大论战，一旦论战者认识到彼此的不同目标，这些纠纷就会自动消释。

的、甚至狭隘的专业化带来的效率。即使把（比较广义的）经济学与社会学划分为许多分科，这些分科从其全部内容与目的来说都已发展成为半独立的学科，情况亦复如此。这正是我们愿意说社会科学（复数——译注）而不愿说广义的社会学的理由。一位著名的经济学家曾经指出，互助互利也许很容易变成互相损害。这并不影响我在上面提出的看法，即：在这本书中有必要注意到"相邻学科"的发展，至少我们将要零零碎碎提到它们。只是为了避免可能的误解，我感到有必要写下最后这几句话。

〔2. 逻辑与心理学〕

余下的部分我们将特别注意逻辑与心理学。逻辑之所以引起我们的注意，是因为经济学家对它已经作了不算太小的贡献，但特别是因为他们有一种把"方法"加以教条化、并且为"方法"而争吵的倾向：那些喜欢这一套把戏的经济学家容易受他们那个时代逻辑学家著作的影响，因此这些著作对于我们的工作就有一定影响，不管是正当的还是不正当的，虽然这些影响中表面的成分多于实际。至于心理学，有一种观点认为经济学和其他社会科学一样是研究人类行为的。这种观点首先出现于十八世纪，以后断断续续地有人支持它。心理学实际上是任何社会科学出发的基础，所有根本性的解释都要以此为依据。这是一个既受到热烈拥护、又受到强烈攻击的观点，我们称之为"心理学主义"。不过事实上经济学家从来不让他们的分析受到同时代专业心理学家的影响，而总是为自己建立他们认为称心的一些心理过程的假定。一方面我们将偶尔惊奇地注意到这一事实，因为在经济分析中存在一些问题，也许可以用心理学家求出的方法轻易地加以解决。另一方面，我们必须避免一种非常自然的错觉。如果我们运用了一个假定，其内容似乎属于一门特定的学科，这并不一定意味着我们侵犯了那门学科。例如所谓土地报酬递减率也许可以说是一个物理事实，但前面已经说过，在形成这个假定时，并不能说我们已经进入物理学的领域。当我陈述这样一个假定，说我在接连不断地吃着面包时，越吃就越不想吃了，这可以说我是在陈述一个心理现象。但这样陈述时，不管好坏，我并没有从专业的心理学那里借用什么东西；我只是阐明一件我相信是共同经历过的事实，不管我讲得对不对。如果我们把自己放在这个立场上，我们将会发现经济学命题中的心理学因素要比人们最初印象中发现的少得多。把凯恩斯消费倾向法则之类的东西说成心理学的法则完全是滥用名词，因为这样一来似乎我们的假定是有科学根据的，而实际上这些假定并不存在。不管怎样，偶然留心一下专业心理学领域中的发展还是必要的，而这种必要性对于其他许多学科也同样存在，不过次数要少一些。目前我们只想提一下生物学做例子。现在或者过去有叫做社会经济达尔文主义之类的东西。如果我们要评价这个现象，就要弄清查尔斯·达尔文到底说过一些什么，以及是什么方法和资料引起他这样说的。

〔3. 经济学与哲学〕

现在我们转到经济学与哲学的关系这个题目上来。或者，准确一点说，经济分析受到哲学的影响有多大。[①] 由于哲学一词有很多含义，所以必须注意避免混淆。

首先有一种含义，使我们上述问题很容易回答，或者可以说不存在什么问题。希腊的所谓"哲学家"，后来逐渐演变为修辞学家与诡辩学家，单纯就是追求知识的人。这个意义传到了中世纪，并延续到十八世纪；而从这个意义来说，哲学指的是所有科学知识的总和。它简直就是无所不包的科学，其中形而上学所占的分量不少于物理学，而物理学的分量也不少于数学或任何有关社会与城邦性质的"哲学"。只要分析工具和事实资料的存量不大，一个人的脑子足够装得下去，那么哲学一词的这种用法必然会维持下去。非常粗略地说，直到十八世纪中叶，多多少少都是这种情况，从那时起，博学多能之士的时代就确定不移地结束了。[②] 我们已经看到，圣·托马斯·阿奎纳对哲学一词就是采取这种用法，只是他把宗教的教义除开，认为那是另外一种科学。所有其他的都是"哲学的学科"。值得注意的是圣·托马斯并没有打算赋予宗教的教义

① 为了即将说明的理由，对于这个题目的大量文献，我们将尽量避免牵涉太多。这里只需要提到一本英国的权威性著作，即詹姆斯·博纳的《哲学与政治经济学》(1893 年第一版，1922 年第三版)。

② 在这些博学多能之士或万能科学家中，戈特弗里德·威廉·莱布尼茨(1646—1716)也许是最有名的。他的思想领域从理论数学到政治经济学，又回到物理学与他的单子论的形而上学思考。他的经济学观点曾经由 W. 罗雪尔耐心细致地加以收集，由于无关紧要，就不必再提了。但贾姆巴蒂斯塔·维科(1668—1744)是一位突出的重要社会学家，为了招徕学生，他曾许诺要传授一切能够为人类知道的知识。同时永远不要忘记，亚当·斯密曾经写过天文学的发展史——而且写得非常漂亮。当然，许多或者大部分博学多能之士在他们渊博的学识领域里也会把某些专业排除在外。因此大部分伟大的历史学家也仅是历史学家，大部分物理学家也仅是物理学家而已。希腊的哲学家们对于功利主义的实用技艺是不沾边的。

以其他任何特权，只有超世俗的尊严，同时也不认为它对哲学的学科具有任何权威。

当我们浏览一下那些广泛的科学体系[①]时，我们一定会发现一个与我们手边的问题关系十分重大的事实。无论是亚里士多德或是稍后的博学之士，对于他的各个部门的学说都未能成功地统一起来，或者甚至没有打算去统一；特别是在每一门类中都没有对"最后的原因"、事物的"最终意义"等提出他的观点。例如亚里士多德的物理学理论同他对那些所谓"基本原则"的观点毫无关系，甚至可以和那些观点不一致。他的政治社会学（例如对希腊城邦宪法的研究）亦复如此，就和他的物理学一样。同样地，莱布尼茨的对外贸易观点同他对物质与道德世界的基本设想也毫不相干，而且他也同样有可能成为一个自由贸易主义者。因此我们还是讲多学科的混合物而不谈一种无所不包的科学。这个混合物当出现分工的迫切需要时，就分崩离析了。于是到了十七与十八世纪，哲学通常就分为自然哲学与道德哲学，这种区分是德国自然科学与人文科学[②]区分的先兆。哲学一词还有另外一个意思，毫无疑问

---

① 必须提醒读者，所谓"体系"（system）——这个词的原型是希腊文，但现在的含义和过去希腊的原型一样地不明确——在本书中有各种不同的意义，不可混淆。例如：一套多少协调一致的政治行动的原则（如自由主义制度、自由贸易制度）；一套有组织的学说（如经院哲学体系、马歇尔体系）；一系列彼此之间存在某种关系的数量（如价格体系）；一套表示这种关系的方程组（如瓦尔拉体系）。

② 为了简略起见，我们不谈曾经在1900年左右达到高潮的一种发展，那时产生了一种哲学，其含义接近于把哲学简单地看成一般的科学，就是说，把哲学当作一种尝试，将各个科学家所作的贡献，构成经验世界的一幅连贯一致的图画。这个概念在适当的地方还要提到。但我们在这里只需提出它在哲学与经济学的关系上并不制造什么麻烦或问题。在这个意义上的哲学显然不至于限制任何个别科学发展的自由。

也影响了经济学。那就是把哲学本身也看成一门科学，和其他任何科学一样，提出某些问题，使用某些材料，产生某些结果。如果我们这样理解哲学，那么这里的问题，举例来说，无非就是什么叫做物质、力、真理、感觉等等。这种很受许多非哲学家的人们所欢迎的哲学的概念，使得哲学对于任何其他科学的任何特殊命题都处于完全中立的地位。它差不多使哲学和认识论即知识的一般理论，成了同义词。

但是，如果我们把哲学定义为有关最终真理（实体、原因）、最终目的（或价值观）、最终规范的所有神学与非神学的信仰体系（“思辨体系”）时，那么问题就来了，而且是一个非常重要的问题。伦理学与美学进入这些体系，不是作为描述（解释）某些现象（行为方式）的科学，而是作为准则，具有超经验的约束力。① 一个人很可以问一问，既然一个作者的“哲学”决定或参与决定他的经济学，那么经济学不也可以进入这些体系吗？

为了回答这个问题，我想首先从其他科学的历史中举出几个例子加以说明。对于任何在其哲学内包括基督教信仰的工作者，所谓研究就是研究上帝的创造物。对于他来说，他职业的尊严来

① 就唯物主义的技术性的哲学意义而言，这一点也适用于唯物主义，就是说，适用于从留基伯与德谟克利特的时代到现在一直没有改变的一种学说，认为“物质”是最终的实体，可以独立于经验而存在。我想利用举例说明上面正文的机会，使读者深切感受到“唯物主义”一词有很多意思，但与刚才所说的技术意义无关。“唯心主义”哲学的中心命题（对我个人而言同样没有意义）是说，归根到底，实体（或者“世界”）是“精神”，这种哲学可以同时为两种目的服务得一样好：它可以提供一个哲学的例证，这种哲学是在它提出了一个对经济学施加影响的问题这个意义上来说的；它也会作为另一个例证，说明一个有很多含义并常常互相混淆的词，那就是“思想”（Ideal）。

源于一种信念，那就是他的工作可以揭示事物的神圣秩序的一部分，不管这部分是多么微小。牛顿就是这样以纯科学的工作来表述他的基督教信仰的。莱布尼茨从理论物理与数学方面轻易地走到了神学方面——显然他在两者之间看不出方法论的原则有什么不同，而神学方面的东西再容易不过地自动呈现于他的脑海。莱昂哈德·欧勒(1707—1783)为他的"求出具有某些极端(extremal)特性的曲线的方法"辩护时，他的理由是这个世界是最完美的造物主创造出来的，因此一定能接受以最大与最小值命题所作的说明。詹姆斯·P.焦耳(1818—1889)这位现代热力学基本原理、机械的热当量原理的合作发明者之一曾经争辩说，没有热与运动之间的等量关系，有些东西(能量)将会在物质宇宙中消失，这样一来就违犯了上帝的尊严。后面这两个例子甚至还可以用来证实欧勒与焦耳的信仰对他们分析工作的直接影响。不过，没有人会怀疑不存在这种影响，那就是，(a)上述四个作者的科学工作，没有因为他们的神学信念而偏离方向；(b)他们的科学工作可以和任何哲学立场相容；(c)如果试图用他们的哲学立场来解释其工作方法与成果，那是没有意义的。他们只是单纯地把他们的方法或成果与他们活生生的基督教信仰协调起来，就像他们把所做的任何其他事情和这种信仰协调起来一样。他们把自己的科学工作放在神学的外衣之内。但是就这种工作的内容而言，这件外衣是可以脱掉的。

谈到经济学，我认为哲学的外衣也是可以脱掉的：经济分析在任何时候都不是由经济学家碰巧持有的哲学观点所决定的，虽然它常常受到政治态度的败坏。但是我这个论点，像现在这样表述，会受到许多误解，所以我们现在就必须认真仔细地把它说清楚。

最好的办法就是明明白白说出它所不涉及的东西。

第一,它不涉及"科学主义"(见上面第二章第3节),也就是说,我并不认为由于哲学或神学的外衣可以从自然科学的命题上面脱掉,它也一定可以从社会科学的命题上面脱掉。我们的例子仅仅是为了说明,我讲一个科学工作者的神学或哲学信条不一定对他的分析工作有任何确定的影响,这句话是什么意思,而不是为了建立我的论点。就那些例子来说,它是否也能适用于人类行为的科学,还是一个未决的问题。

第二,我的论点当然也不意味着人类行为本身以及与其相联系的心理过程——推理的动机或方法,无论是政治的、经济的或其他任何类型的——不受哲学、宗教或伦理信念的影响,或与之没有相互关系。我自己的社会心理学观点碰巧认为这种相关远远不是绝对的——一个强盗头子也许会十分诚恳地承认谦恭温顺和利他主义的信条——但这完全是另一回事。我们现在所研究的是人类行为科学关于这种人类行为的命题,而不是怀疑宗教或哲学因素一定要进入这种行为的任何解释,如果目的在于要求解释的完全与真实的话。这一点也适用于科学的经济学家的"政治"以及他为了影响"政策"可能提出的任何忠告或建议。所有我们的论点所牵涉到的,是它不适用于他的工具与"定理"。[①]

① 如果读者感到这是一个很难弄清的区别,我也表示同情。实际上,正是这种经济学家的政治倾向和他的分析之间的关系、政治倾向和他的哲学之间的关系——如果我们把"哲学"扩大一点,包括一个人关于"公平"、"正义"、"可取"等等的看法在内,就格外明显——阻碍了大部分经济学家接受上面的论证,可是如果正确地加以理解,这只不过是简单的常识而已。

第三，我的论点并不引起对经济命题的逻辑自律或哲学定理的一般考虑的依赖。这将仍然与后者的影响并存，而这种影响系以一种在逻辑上不正当的方式潜入分析工作过程的。这种命题，例如说商人聚会的地方常常发展为城镇，并不带有任何哲学的内涵；或者这种命题，例如普通意义的测验在时间数列之间的相关中并无用处，对于自然神论者与无神论者都一样地正确；或者这些命题，例如生产要素报酬率的增加会减少它的供给量，可以与任何哲学相容而毫不勉强等等，所有这些，似乎都可以讲得通。但是我并不要求我的读者完全信赖这类论证，无论它们怎样使某些人感到信服。现在我并不打算建立我的论点。我只是宣布这一论点并解释其意义而已。在后面各编中会提出我的论据，到那时我们将会看到即使那些持有明确的哲学观点的经济学家，例如洛克、休谟、魁奈，特别是马克思，事实上在他们从事分析工作时并没有受到这些哲学观点的影响。

对于任何技术意义上的哲学本质上不能影响经济分析、实质上也没有影响过这一论点，其所以要如此加以强调，是因为与此相反的论点乃是对经济分析演进的虚伪解释的最重要来源之一。这些虚伪的解释对于许多经济学史家有很大的吸引力，这些人往往是主要对哲学方面有兴趣，因而对这些方面给予过分的重视。这些材料充斥于文献之中，但并不总是容易识别其本质——都是装腔作势，没有任何意义，可是却能把科学观念的源流弄得无影无踪。

第四章 经济学的社会学

1. 经济学史是一部意识形态史吗?

〔(a)“经济法则”的特殊性质〕

〔(b) 马克思对意识形态偏见的阐释〕

〔(c) 经济分析史如何与政治经济学体系史区分? 如何与经济思想史区分?〕

〔(d) 科学方法:想象和程序的规则〕

〔这一章没有完成。本章开头列出的最后两节,并没有进行处理,这两节的标题是:

2. 科学努力的动力与科学发展的机制

3. 一般科学工作人员和经济科学人员〕

我们曾经指出过,有一个科学部门我们称之为科学的科学(科学学)。这门科学从逻辑着手,在某种程度上也从认识论着手,研究其他单项学科中使用的科学程序的一般规律。但是还有一门关于科学的科学,叫做科学的社会学[①],它把科学作为一种社会现象

---

① 〔熊彼特给这个脚注留下了地方,但是他没有写出来。在《资本主义、社会主义与民主》(纽约,1950)第 11 页,他对“知识的社会学”作了如下解释:“德文是 Wissenssoziologie,这方面最杰出的作家是马克斯·舍勒与卡尔·曼海姆。曼海姆关于这个题目有一篇文章登在德文的《社会学词典》上,可以作为一篇入门文献来读。”〕

来研究。也就是说，它分析社会力量与过程，这些社会力量与过程产生特殊的科学活动方式，决定其发展速度，使它的方向朝着某些主题而不是朝着其他同等可能的主题，推动某些程序方法的形成而舍弃其他方法，建立那些足以决定科研路线或个人工作成败的社会机制，提高或降低科学家（按我们的定义说的）及其工作的地位与影响，等等。我们应强调的一个事实是：在工具加工的知识领域内工作的人员易于形成职业团体，这一事实特别有助于向读者说明为什么科学工作构成了社会学研究的一个适当的主题，以及在多大程度上如此。在这方面，我们的兴趣当然主要只限于在经济分析史的导论中对我们有用的课题，其中意识形态问题是最主要的，将在第(1)节中首先加以讨论；第(2)节我们将考察科学努力的动力与科学发展的机制；最后第(3)节我们再讨论某些有关一般科学人员和经济科学人员的问题。

1. 经济学史是一部意识形态史吗？

〔**(a)“经济法则”的特殊性质。**〕　经济过程的历史性或“演进”性无疑限制了经济学家可能确定的一般概念与它们（“经济法则”）之间一般关系的范围。当然，如果要先验地断定任何这种概念与关系是根本无法确定的，像人们有时认为的那样，显然也不合情理。特别是，我们用来研究社会集团的概念不一定要为这些集团本身的成员所熟悉：“收入”这个概念在十四世纪以前中世纪的人们是不熟悉的，可是在分析他们的经济时，我们并不因此就不能使用这个概念。[①] 但“经济法则”确实要比任何自然科学的“法则”缺乏稳定性，它们在不同的制度条件下产生不同的结果，忽视这个事实曾经造成了许多过失。另外一点也是不错的，那就是当我们试图解释人类的态度倾向时，特别是在时间和文化方面离开我们很久的人们的态度时，我们很容易误解他们，如果我们粗疏地以自己的态度来代替他们的态度，尤其是如果我们尽力想探索他们的思想活动。这一切还由于下面的事实而变得更为糟糕，那就是从事分析的观察者自己也是一定社会环境的产物——而且是他在这个环境中的特殊位置的产物——这会决定他看到某些事物而看不到另一些事物，而且是从一定角度去看的。问题还不止于此；环境因素甚至可以赋予观察者以一种下意识的渴望从一定角度来看待事物。这就把我们带到了经济分析中意识形态偏见的问题上来了。

现代心理学与心理疗法使我们熟悉我们思维的一种习惯，叫做“理性化”(Rationalization)。[②] 这种习惯就是为我们自己、我们

① 让我们把这一点完全弄清楚。像马克斯·韦伯之流的社会学家，是主张对社会状态或社会变动采取解释方法的——就是说，他们相信，试图了解事物对有关人们意味着什么，这就是我们主要的或唯一的任务——他们很容易滑到这样一个错误立场，那就是在使用他们研究对象的那些人所不熟悉的任何概念时，总是假定这些人的头脑也恰巧和我们自己的头脑一样地活动。这个错误可能会产生，但不是必然的：使用一个对我们有意义而对我们所观察的人们没有意义的概念，这是一回事；假定这个概念对后者也有意义，这又是另一回事。为了说明这个问题，我们不必跑到原始部落去验证：如果照我们自己的概念来建立使利润最大化的条件，我们不一定设想商人自己也采用这些概念；即使我们明知商人不采用这些概念，我们的“理论”也还是完全有意义的。

② 我将要就我的意思加以解释的“理性化”，必须和这个词的其他含义加以仔细区分，特别是下面两种：(1) 我们有时指的是合理化，就是采取旨在改进某些事物的行动，例如使一个工业企业符合于顾问专家们满意的标准。(2) 在科研工作中我们有时也提到合理化，指的是把一系列经验事实的发现和解释这些发现的某种理论原理联系起来。例如我们说，把观察到的商业行为用利润最大化的原理加以合理化。上述含义都和我们正在讨论的理性化没有关系。

的动机、我们的朋友、我们的敌人、我们的职业、我们的教会、我们的国家画一幅图画，借以安慰我们自己和感动别人；画出来的东西也许更多地表现了我们喜欢它们是什么样子，而不一定表现它们实际是什么样子。比我们自己更为成功的竞争者，很可能是由于通过我们鄙视的手法而取胜的。说不定异党的领袖是一个骗子。我们所爱的女子就是毫无人类弱点的安琪儿。敌国之内全都是怪物，而我们自己的国家却是可歌可泣的英雄之邦。如此等等。这种习惯对于正常人的心理健康和愉快的重要性自然十分明显，[①]可是对于这种习惯在言词上的表现形式加以正确的判断，其重要性同样也十分明显。

〔**(b) 马克思对意识形态偏见的阐释。**〕　在这种现象的全部重要性得到行家的认识并加以运用以前半个世纪，马克思和恩格斯就已经发现了它，并用来批判他们那个时代的"资产阶级"经济学。马克思认识到人们的观念或观念体系，并不像编史工作现在仍然不加区别地设想的那样，是历史过程的主要动力；它们只是更为根本性的因素的"上层建筑"，这一点在我们叙述中的适当地方还要加以说明。马克思进一步认识到，任何时间在任何特定的社会集团中流行的观念或观念体系，只要它们包含关于事实的命题或者从事实得出的推论，都很容易受到玷污，其理由正和一个人关于他自己个人行为的理论容易受到玷污一样。那就是说，人们的观念易于赞美那些处于上升地位的阶级的利益和它们的行动，因

① 在我看来，这似乎是理性化做法的要点：它们为我们的心理机能提供了一种自卫，这就使许多人难以忍受的生活变得容易忍受一些。不过让我补充一句，这种理性化还有另外一面，那就是它们在心理分析工作中的作用。

而容易为它们描绘或暗示出可能与事实严重不符的图画来。例如中世纪的骑士自以为是扶贫济弱、保护基督教信仰的卫士，而他们的实际行为，尤其是产生以及维护他们那个世界的社会结构的其他因素，在另一个时代、另一个阶级的观察者心目中一定会有非常不同的看法。这些观念体系马克思称之为意识形态。[①] 他的论点是，他那个时代大部分经济学不是别的，全都是工商业资产阶级的意识形态。这个对于我们透视历史过程以及理解社会科学的伟大贡献，它的真正价值要受到三个缺点的损害，但还不足以毁灭它，现在立即注意一下也好。

第一，虽然马克思对他不赞成的观念体系的意识形态特点是这样敏感，但对存在于他自己观念体系中的意识形态因素却完全没有觉察。可是他所讲的意识形态概念原则上又是普遍适用的。显然我们不能说，其他地方都是意识形态，[②]只有我们自己站在一块代表绝对真理的岩石之上。劳工组织的意识形态比起其他任何意识形态既不是更好，也不是更坏。

第二，马克思主义对思想的各种意识形态体系的分析归结为阶级利益的不同，而阶级利益又只是用经济利益来解释。照马克思的说法，资本主义社会的意识形态，赤裸裸地说，就是对他所谓

① 这个名词起源于法国，最初不过就是指观念的分析，特别是指孔狄亚克的理论。偶尔它似乎也用于和“道德哲学”这个名词大致相同的意思，也就是差不多相当于社会科学。德斯蒂·德特拉西使用这个词时用的就是这种含义。拿破仑一世也用过这个词，但意思不同，带有一种贬义；他把反对他的政府的那些人，例如拉斐特，称为空想理论家(idéologues)，他认为这些人是不切实际的幻想家。

② 〔熊彼特在这里以及上一段倒数第二句提到意识形态时，都用铅笔在旁边注上“虚妄？”的字样。〕

的资本家阶级利益的讴歌，而他们的阶级利益又是围绕着金钱利润的追逐。那些不是赞美从事商业的资本家的行为而是赞美其他东西，例如民族性格与民族行为之类的意识形态，因而也必须能归结到统治阶级的经济利益上面去，无论是如何间接地关联起来。可是这一层意思并没有包含在意识形态的解释原则之内，而是构成了一种另外的、更值得怀疑的理论。上述的原则本身只包含两个意思：意识形态是上层建筑，由它们下面的客观社会结构的实体所产生，并建立在这些实体之上；同时它们以一种特有的倾向性来反映这些现实。这些现实能不能完全用纯经济的意义来加以描述，又是另一个问题。我们在这里不想深入下去，只须记住一点，就是我们准备对“意识形态影响”这个概念赋予一种更为广泛得多的含义。社会地位对于塑造我们的思想无疑是一个有力的因素；但这并不等于说我们的思想完全是我们阶级地位中的经济因素所塑造；即使是这样，也并非完全由一种界限十分明确的阶级或集团利益所塑造。[①]

第三，马克思，特别是他的大部分信徒，过于轻易地认为所有受到意识形态影响的陈述因此都应受到谴责。但是有一点无论怎样强调也不会过分，那就是意识形态也和个别的理性化一样，并不是扯谎。还必须加上一句，受意识形态制约的有关事实的陈述也不一定都错。人们往往很容易抓住机会把自己不喜欢的一整套命题简单地称之为意识形态，加以一笔勾销。这种手法无疑非常有效，就像攻击一个对手时只要攻击他的个人动机就行了。但逻辑

① 〔这个问题在本书全书中都会不时提到。〕

上这是不允许的。前面已经指出，解释一个人为什么说他所说的话，不管解释得怎样有理有据，都不能告诉我们他说的是真话还是假话。同样，出于一种意识形态背景的论述虽然值得怀疑，但也可能是完全正确的。伽利略本人和反对伽利略的人，双方都可能受到意识形态的支配，但这并不能妨碍我们说他是“正确的”。我们这样说到底有什么逻辑的保证呢？有没有什么方法来找出，识别，以及可能的话，消除经济分析中受到意识形态玷污的因素？当我们这样做了以后，还有足够的东西保留下来吗？

我们将会了解，上述问题的答案虽然已经用例子加以说明，目前还是暂时性的；同时，我将要制定的原则是否站得住脚，只能用它们在整个这本书中的应用情况来判断。不过在我们着手进行这项工作以前，必须首先澄清一个初步的认识问题。

有些最强烈地主张经济学说以及原则上整个科学都是受了意识形态谬误玷污的人，试图通过一道安全梯，像避开火灾一样逃避有可能存在“科学真理”这一显然不可避免的结论。不幸得很，我们必须把这道安全梯堵死。K. 曼海姆教授说过，尽管意识形态谬误是人类的共同命运，总还有些“不偏不倚的知识分子”在空间自由飘荡；他们享有免于这种命运的特权。比较现实一点地说，每个人都是意识形态谬误之下的牺牲品，只有站在真理岩石之上的现代激进知识分子不是，而他是人间一切事物最公正的审判官。我们说，这方面至少有一点是明显的：那就是这位知识分子事实上不过是一堆偏见，在大多数情况下是靠虔诚的信仰力量全力维持的。除此而外，我们不能跟着曼海姆走下他的安全梯，因为我们已经充分接受了意识形态偏见无所不在的主张，因而看不出某些集团可以超然于这种偏见之外，只看出他们自己谬误的体系中特别恶劣的部分。① 现在我们转到正题上。

我们对马克思主义的原定义加以修改后的所谓意识形态偏见，显然不是威胁经济分析的唯一危险。特别有另外两种危险应该指出，因为它们很容易与意识形态偏见相混淆。一个是“特殊的辩护者”有可能对事实或程序的规则加以窜改。这方面需要说的都已经说了。这里我只想提醒读者，特殊的辩护与受意识形态玷污的分析不是一回事。另一个危险来自经济学家对他们观察的过程给予价值判断这一根深蒂固的习惯。一个经济学家的价值判断常常流露了他的意识形态，但那并不是他的意识形态：对于无可非难地早已成立的事实以及它们之间的关系，有可能给予价值判断；而另一方面，对于带着意识形态偏差所看到的事实，也有可能不给予任何价值判断。我们在这里不打算讨论价值判断问题。在其他场合再谈更方便一些，特别是我在第四编第四章对这个问题进行正式辩论时，将要提出详细报告。②

〔(c) 经济分析史如何与政治经济学体系史区分？如何与经济思想史区分？〕 但是，上面对于带有意识形态偏见的陈述与价

① 有些集团，例如官僚集团，更容易有这种意识形态，其中就包括在清晰的意识形态意义上否认他们自己有什么集团利益，或者至少不承认他们倡议或协助制订的政策是受了他们这个集团的影响。这可以用来作为说明意识形态对分析的影响的第一个事例。因为这种官僚的意识形态是造成经济学家非科学习惯的一个重要因素。他们对国家采取一种明显的意识形态的理论，把国家抬高成为一个谋求公众利益的超人机构，而忽视了现代政治科学所提供的有关公共行政真相的所有事实。

② 〔不幸得很，这一章只有 1943 年所写的未完成稿。这是熊彼特抽出来准备重写和扩大的几节之一。〕

值判断所作的区分，不应解释为对它们之间同源关系的否定。这种同源关系甚至是为什么我想到要把经济学史——经济分析史——和政治经济学体系史以及经济思想史加以区分的一个主要理由。所谓政治经济学体系，我是指一整套经济政策的阐述，而这些政策是作者根据某种统一的（规范的）原则，例如经济自由主义原则、社会主义原则等等，而极力主张的。这些体系就其包含有真正分析工作在内而言，的确还属于我们研究的范围之内。举例说，A. 斯密的《国富论》从事实上和意愿上说，都是我们刚才定义的一套政治经济学体系，因此与我们无关。它之所以使我们感到兴趣，是因为 A. 斯密的政治原则和方案——他谨慎提出的自由贸易及其他主张——仅仅是一项伟大分析工作成就的外套。换言之，我们对他为什么主张进行辩护倒没有多大兴趣，我们注意的是他怎样辩护以及他使用了哪些分析工具。他的政治原则和方案本身（包括意识形态——流露的价值判断）无疑对他自己和他的读者们是至关重要的，而且也是他的著作在公众中取得成功、在人类思想史上占有崇高地位的主要原因。可是我准备把所有这些当作只是他的时代和国家的意识形态的表述，除此而外，就没有什么价值。

上面所说的同样也适用于所谓“经济思想”，经济思想是有关经济问题特别是有关公共政策的所有意见与愿望的总和，而公共政策是与特定时间与地点浮现于公众舆论中的那些问题有关的。可是公众舆论从来不是什么无差别或者清一色的东西，而是当时社会划分为各种性质的集团和阶级的结果。换言之，公众舆论多多少少不可靠地反映了社会的阶级结构，以及在这个社会中所形成的集团意向或态度，而且有的时候较另外一些时候更不可靠。

既然这些集团意向有不同的机会表现它们自己，特别是有不同的机会在可供后代观察的文献著作中留下它们的烙印，于是怎样加以解释就成了问题，这一问题一般很难解决，有时甚至无法解决。一时一地的公众舆论不仅随阶层不同而有所差别，而且在同一水平或同一垂直阶层中，又因个人地位与知识而有所差别。对政治家是一回事，对这些政治家所“代表”的店主、农民与工人又是另一回事。这种公众舆论也可以由隶属于或依附于特殊社会阶层的作家把它形成政治经济学的体系。另一方面，它可以和分析工作紧紧相接或互相重叠，像常常出现于工商业资产阶级成员所写的论著那样。就后一种情况来说，我们当然要尽量从表达时代习尚的陈词滥调中挑出这种分析的成就，因为这些陈词滥调与改进我们的理论工具的努力无关，因而我们对其不感兴趣。无论在任何具体情况下实现这个想法有多大困难，我们对不同的思想素材所作的区分，原则上还是十分清晰的。

我想，和经济分析史相平行，另外再写一部有关经济问题的流行看法的历史，也是可以做到的。根据同样理由，也能写出一部经济思想史，追溯人们所抱的态度在历史上演变的线索，顺便提一提分析上的成就。这样一部历史倒是真的可以显示我们所说的舆论态度与当时使分析家感到兴趣的问题之间的密切联系，而分析家正是在这些问题所形成的一般态度与时代精神之下研究他们的问题的。我们自己的计划正好相反。当然，我们绝对不会忽视分析家在各个时期进行他们工作时所处的一般经济思想的环境，可是这些环境及其历史变迁绝不是我们的主要兴趣所在。这些东西有时对分析工作起促进作用，有时起阻碍作用，而在我们这台戏里，自始至终都是分析工作在扮演主角。从经常产生影响的舆论背景与分析工作的相互纠缠之中，理出分析工作的线索，我们将发现一个事实，在这里不妨立即加以注意。

分析工作的发展，无论受到市场上各种利益与态度的干扰有多大，都显示出一种特性，完全不存在于我们所说的经济思想与政治经济学体系的历史演变之中。这种特性最好用一个例子来说明：自古至今，经济分析家对于我们所谓竞争价格的现象都或多或少感到兴趣。当现代的一个学生在比较高深的研究水平上碰到这个现象，例如说在希克斯或萨缪尔森的著作中，他会接触到一大堆概念和问题，这些东西可能一开始使他感到困难，而对于比较晚近的作家如约翰·斯图亚特·穆勒来说，肯定是完全不能理解的。但是这个学生不久也会发现，一种新的工具所提出与解决的问题，是老一辈的作家们很难找到答案的，即使他们已经意识到这些问题的存在。这虽然是常识，却毫不含糊地说明了在穆勒与萨缪尔森之间已经有了“科学进步”是什么意思。这就和我们说在穆勒与我们这个时代之间拔牙的技术有了进步是一个意思。

我们之所以能说竞争价格理论取得了进步，显然是基于这样一个事实，就是说已经有一套公认的标准，当然这是存在于一个专家内行圈子里面的标准，使我们有可能把各种竞争价格的理论排出一个顺序，其中每项理论都可以毫不含糊地标明比前面的一项更为高明。我们还可以发现这个顺序是和时间的推移联系在一起的，也就是说，后来的竞争价格理论几乎在分析的完善程度上总是比前面的理论高一等；如果不是这种情况，就可能归咎于分析工作以外的干扰。不过，虽然我们能够谈到分析的进步，同时不能否认

“进步”一词所指的事实，可是在经济思想领域和任何政治经济学体系的历史演变中，却没有进步可言。举个例子，说从查理曼大帝立法与行政措施中表现的他对经济政策的观念，要比汉谟拉比王的经济思想优越一些；或者说斯图亚特王朝的公告所表现的一般政策原则要比查理曼大帝的政策原则高明一些；或者说有时写在英国国会法案前面的政策宣言更要比斯图亚特王朝的公告高明一些，这都是没有意义的。当然我们可以同情于上述任何情况下某些受惠阶层的利益，而不大同情于另一些情况下另一些阶层的利益，从而按照我们偏好的顺序把这些文件加以排队。但是任何一套经济思想在这种排队中占据的地位会由于判断者的价值观而有所不同，其余则留待我们在情绪上、在审美观点上对于这些文件所表现的各种生活方式的褒贬来决定，那时我们所处的地位，就很像人们问起高更与蒂希安两位画家谁更伟大一样。也就是说，对于这样一个问题，唯一合理的回答是：你这个问题根本没有意义。同样的情况当然也适用于一切政治经济学的体系，如果我们把它们技术上的优缺点排除在外的话。我们甚至可以选择现代独裁式的社会主义而不要亚当·斯密理想中的社会秩序，或者相反。但任何这一类选择都属于同一主观判断的范畴，就像桑巴特所说的，一个人喜欢金发女郎甚于喜欢褐发女郎一样。换言之，在经济政策或其他任何政策问题上，进步这个名词是没有客观意义的，因为人与人之间在比较时没有一个适当的标准。不消说，以上论证看来可以满意地澄清经济学史家之间在这一点上的分歧。他们有些人想的是技术上的分析与掌握更多的资料，这时谈到我们这个领域的科学进步是完全正确的。还有些人谈的是习尚的变迁，而习尚本身一方面是社会条件变化的产物；另一方面又改变了对政策的意见以及各种愿望；这对否认在我们这个领域有什么进步不进步的问题，则是正确的。这两部分人错就只错在忽视除了他们专门考虑的一个方面外，人类对经济主题的思考还有另一个方面。如果认为经济分析的发展不是别的，只是不断变化的公众舆论倾向的反映，或者沉溺于一种天真幼稚的信仰，认为政治态度只是进步的洞察力的表现，那就完全错了。

〔**(d) 科学方法：想象和程序的规则。**〕 现在，我们在探讨意识形态偏见方面已经可以进行第二步了，也就是在我们称为“经济分析”的这个狭窄领域内，这种偏见对研究成果的正确性到底有多大威胁。有些读者也许甚至认为，既然我们已经把所有各种政治经济学体系都看成是受到意识形态局限的，又因为我们把任何时间、任何地点“浮现于公众舆论”中有关经济主题的较为零星的看法也认为都属于意识形态，我们似乎已经承认了所有需要承认的东西，因而就不存在什么第二步了。特别是有些读者，他们的主要兴趣是研究那些形成政策或至少与之有密切关系的思想史，或者与人们对于经济事务管理中什么才叫公平或者可取的想法有密切关系的思想史，而对技术性经济分析的发展的兴趣仅居于次要地位，这些人很可能会承认——也许把肩膀一耸——我们这一套工具箱也和其他任何科学的技巧一样，是不受意识形态的影响的。对不起得很，我们还不能这样认为。现在让我们分析一下科学方法本身，以便弄清在什么地方意识形态的因素会进入科学方法，以及我们如何去识别或者消除这些因素的影响。

实际上，我们都是在前人工作的基础上开始我们的研究的，也就是说，我们很少是从头做起的。但是假定我们确实是白手起家，我们应该采取什么步骤呢？显然，为了给我们自己安排任何课题，我们首先必须具体确定一套互相关联的现象作为我们分析工作值得努力的目标。换句话说，分析工作必然要有一种分析前的认识行为作前导，借以提供分析工作所需的素材。本书中把这种分析前的认识行为称之为“想象”(Vision)。有意思的是，这种想象不仅必须在历史上先于任何领域中分析努力的出现，而且每当有人告诉我们从某一角度去观察事物，而这个角度的来源不能从这门科学原有水平的事实、方法与结果中找到时，那么这种想象也许会重新进入每一门已经确立的科学的历史之中。

让我们立即以我们这门学科和我们这个时代的一个明显事例来说明这个问题。已故的凯恩斯爵士科学成果的批评者与赞美者都会同意一种说法，就是他的《就业、利息与货币通论》(1936)是二十世纪三十年代一个突出的成就，而且它至少支配了它出版以后十年的分析工作。《通论》提供了一个分析工具，由作者在第 18 章中加以总结。如果我们跟着他的阐述一步步走下去(特别是看他书上第 249—254 页)，我们会发现设计这个工具是为了方便地表达“我们生活的这个世界”的某些事实——虽然凯恩斯自己也强调过，发现这些事实应归功于他作为特殊性而不是作为“逻辑的必然性”的几张基本表式(消费倾向、流动偏好、资本边际效率)。这种分析方式将在适当的地方[①]予以讨论，届时将指出，我们所说的特

① 参阅第五编第五章。〔对凯恩斯《通论》的评价，显然是为了写《经济分析史》而做的最后一件工作。〕

殊性也就是一个英国知识分子心目中英国日趋衰老的资本主义的特性。这些特性无疑是以前根据事实研究而确定的。“基于我们对当代人类性格的一般知识”，它们“看来是可以归属于我们〔英国〕这个世界的”(见第250页)。这里不是讨论这个概念优点与缺点的地方。在这里要紧的是：它乃是一种概念的形成或我们所说的想象，这在凯恩斯和其他人对它作出分析的努力以前即已存在。在这里，这种方法以无比的清晰性呈现出来，因为我们可以在凯恩斯的《和约的经济后果》(1919)一书颇具卓识的短短几页中看到这种想象的形成，虽然在分析上尚未成熟。就一个有广泛兴趣的人在这一方面所作的努力来说，他在1919至1936年这整个时期都在致力于完成他对我们这个时代经济过程的特殊想象，而这种想象至迟在1919年就已经固定在凯恩斯的脑海中了。他的这些努力开始时并不顺利，以后就愈益成功。从我们这门学科以及其他许多学科还可以举出其他事例借以说明我们这种“思想方法”。但这个例子也许最能说明问题。

当我们从引起我们注意的一套现象中看到了我们想象的图景时，无论这套现象是在处女地还是在以前已经耕耘过的土地上，我们的分析努力就开始了。第一步工作是把想象化为语言或概念，使它的组成部分在一幅多少有点秩序的图形或图画中各得其所，并且给它们各起一个名字，以便识别和加以摆布。但是在这样做的过程中，我们几乎自动地做了其他两项工作。一方面，除了那些已经抓住的事实外，我们又收集了更多的事实，同时学会抛弃原先想象中存在的其他一些事实；另一方面，构筑我们的图型或图画的工作本身，就会在我们原有的概念及其相互关系基础上加上新的概念与关系，同时也会消除另外一些概念与关系。收集事实的工作与“理论”工作在永无休止的取舍关系中，自然会互相检验，互相提出新的要求，最后产生“科学的模式”；这就是它们与原有想象中保留下来的成分相互作用的暂时联合产品，现在就可以用越来越严格的连贯性、适当性标准来要求于它了。以上就是对于我们琢磨出所谓科学命题的过程的一种粗浅的、但我想不会引入歧途的陈述。现在应该完全可以看清，这里有一扇大门可以让意识形态进入这个方法之中。事实上它在楼下就已登堂入室，进到我们曾经说过的分析前的认识行为中。分析工作是用我们对事物的想象所提供的材料开始的。而这种想象几乎从定义来说就是意识形态的。它把我们所看到的事物的形象体现出来，不管什么地方，只要有任何可能的动机希望从某种角度而不从另一角度去看待事物，那么我们实际怎样看事物和我们希望怎样看事物之间的界限就很难划清。我们的想象越是诚实和朴质，对于最后是否能出现可以称之为普遍真理的东西就越让人怀疑。由此而得出的有关社会科学的推论是很明显的；有人认为痛恨一种社会制度的人能够比热爱它的人形成更为客观的想象，甚至这种看法也不正确。因为热爱固然会造成歪曲，但痛恨会歪曲得更厉害。我们唯一的安慰是，幸而有大量现象不能这样或那样地影响我们的情绪，因而在某一个人和另一个人心目中看来都很相同。但是我们也发现我们分析工作中所使用的程序规则之不受意识形态干扰，差不多与相反情况下想象之深受其干扰同样明显。固然坚贞的忠诚与强烈的憎恨都可能影响这些规则，但这些规则本身能相当有效地揭露出误用的地方，因为这些规则中有许多是从很少或完全不受意识形态影响的学科的科研实践中产生并强制我们接受的。还有一点也同样重要:那就是这些规则有助于从我们开始工作的想象中消除因受意识形态的影响而犯的错误。这就是它们特有的长处,而它们这样做是出于自动,与研究工作者个人的愿望无关。他不得不积累起来的新事实,会自行强加于他的图式之上。那些如果他不去建立别人也会建立的新概念和新关系,必然要来证实他的意识形态,否则就会把它们毁掉。如果让这个过程充分发生作用,那就不能保证我们心中不出现新的意识形态,但最终会把现有意识形态中的错误清除出去。当然,在经济学中,更多地在其他社会科学中,这种严格可以证明的事物范围是有限的,因为凡属于个人经验和印象的事物总有些边缘末梢的部分,事实上不可能把其中的意识形态或者故意的不诚实[①]因素完全驱除出去。因此从我们的论证中所能得到的安慰永远是不完全的。但是我们已经大大缩小了为意识形态所玷污的命题的领域;也就是说,已经把它压缩下来使我们经常能够找到意识形态可能活动的地点。在这个意义上,我们的论证确实也已经相当彻底地处理了这个问题。

〔熊彼特没有完成他的导论,写到这里就停止了。下面三段是我们在这一编的笔记与手稿中发现的,尚未打字。〕

虽然我希望上面对意识形态问题的处理会帮助读者了解我们

① 上述的故意不诚实,其作用由于下列事实而大大加强:那就是许多足以干扰逻辑效果的事情,在我们这门学科领域内,对于实际搞干扰的那种人并不一定表现为不诚实。他可能在根本上过于相信他所拥护的真理,甚至宁死也不愿对相反的事实或分析材料给予新的重视。一个人为他的理想所做的第一件事就是说谎。现在我们不打算像谈到意识形态偏见时一样在这里解释这个因素,但可想而知,这种不诚实肯定会增加意识形态偏见的有害影响。

不得不在其中进行工作的处境，一方面使他提高警惕，一方面又不要使他对我们的方法与结果的“客观有效性”产生无谓的悲观情绪，但必须承认，我们对这个问题的回答，其中包括搜索、诊断和消除意识形态虚妄的一套规则，不能搞得那样简单明确，像通常人们所做的那样肯定科学的经济学史是，或者不是，一部意识形态史。对于前一种意见，即认为经济学史是一部意识形态史的看法，我们不得不作出很大的让步，这些让步会使所有那些有关经济生活的广泛哲学——例如自由主义的政治经济学——的科学性受到怀疑，而这些哲学对我们很多人来说，正是在经济思想的创造中最令人感兴趣和富有魅力的部分。更糟的是我们一方面不得不承认虽然有一种机制倾向于自动地摧毁意识形态，但也许这是一个消耗时间的过程，会遇到许多阻力，而另一方面还得承认，我们从来也难以保证不会有新的意识形态侵入以取代正在消逝的旧意识形态。在这种情况下，举出几个例子借以告诉人们如何使用我们的规则，也许对上面的讨论是一种有益的补充。下面把我们的例子分成四组：

第一，当我们查看我们的理论或统计工具箱的内容时，我们发现其中有许多在意识形态上是中性的。例如，我们发现叫作边际代替率的概念，从 1900 年以来就代替比较旧的边际效用概念，在价值理论中愈来愈多地被人们使用。那些愿意用边际代替率而不用边际效用概念的人，纯粹是出于技术上的原因，这与经济生活的任何意识形态是完全不相干的，而且事实上也没有谁提出相反的意见。同样，一般的显著性测定是否适用于时间数列之间的相关，这个问题对经济分析来说是很重要的。但是如果要从建立否定答案的论证中寻找意识形态偏见，那将是浪费时间，因为从一开始这种显著性测定在性质上就显然不受意识形态的影响。不过，使用这些不锈钢式的概念或理论来推理所取得的结果，仍然可能受到意识形态的玷污。但我们至少可以肯定，如果还有什么意识形态偏见的话，那就应该从我们推理的其他因素中去寻找了。

第二，有些工具或理论虽然可以说实际上是中性的，但由于人们错误地相信它们和他们的意识形态有关，仍然具有假定的意识形态上的重要意义。我们刚才已经指出一个无可置疑的事实，就是从边际效用价值论过渡到以边际代替率概念为基础的价值论，在意识形态上是中性的，因为每一种理论都可以同等地与任何意识形态并行不悖。但是在价值理论发展的上一个阶段，情况就不是这样了。在反对边际效用价值论的人们之中就有马克思主义的劳动价值论者，他们认为——也和许多边际效用论者想的一样——以劳动还是以边际效用来"解释"经济价值，这种选择取决于我们对经济过程的想象或者看法，这和意识形态是有关系的。特别是马克思主义者认为除工资而外一切收入的来源都是剥削，为了证明这一点，他们关于价值就是凝聚的劳动这个观念就是证据中的首要环节。可是第三编将指出，意识形态……

〔熊彼特差不多已经写完了第四章的第一节(经济学史是一部意识形态史吗?)。关于这些问题的进一步讨论，请参阅熊彼特在就任美国经济协会会长时发表的演说"科学与意识形态"，见《美国经济评论》1949 年 3 月号。

第四章看来是导论部分的最后一章。本来还有两节(2. 科学努力的动力与科学发展的机制，3. 一般科学人员和经济科学人员)。这两个题目在这本分析史全书中时常有所论述(可查阅这些标题下的索引),而且是结合作者关于“学派”的概念来谈的。例如关于李嘉图学派,他说:“而且这个集团是我们意念中的一个真正学派:有一个祖师,一种学说,成员之间团结一致;有一个核心;有它的影响范围;有边缘末梢。”

有几段初稿(也许是口授的),在某种程度上对于科学人员有所论述,是在作者的笔记中找出来的,附印于后。〕

把科学定义为一种由一个社会集团专门从事研究而发展起来的技术,这一定义同这个集团的“科学”活动所产生的方法与结果的意识形态方面有什么关系,读者是不难看出的。显然在其成员之间必定有某种程度的凝聚力,至少在这个集团已经取得相当确定的存在地位时,会有一种合作精神,产生出明显的或者下意识的规则,依照这些规则,成员可以彼此互相承认,而且允许某些人加入,而把另一些人排斥在外。看一下这些事实所引起的一些现象,就可以了解我们关于科学的社会学这个题目所能说的仅有的一点看法。

如果有可能设想有这么一个人,这个人不管出于什么原因,着手自行研究已成为科学努力目标的那些现象中的任何一套现象,他必然也能体会到一条非常简单而又非常基本的真理。这个人首先必须认识他预备研究的现象,而且要认识这些现象之间有些关联,以及它们与其他现象有所区别。这种认识是一种认识行为,但并不构成分析工作的一部分。反之,它只是向分析工作提供对象或素材,因而是分析的先决条件。于是分析工作本身就含有两种不同的然而又不可分割的活动。一个在于使想象的内容概念化。

所谓概念化，我们的意思就是说，把想象中的各种组成成分以准确的概念来加以固定，给它们一定的标志或名称以便于识别，同时（用定理或命题）确立它们之间的关系。另一种活动就是猎取更多的经验资料（事实），借以丰富和核对原先已经掌握的资料。应该说这两种活动并不是各自独立进行的，而在两者之间一定有一个不断取舍的过程。为了概念化，往往引起对更多的事实的猎取；而新发现的事实又一定被插进来和加以概念化。在一种永无休止的连续过程中，这两种活动改进、加深和修正了原先的想象，同时也互相改进了彼此的结果。在我们科学努力的任何特定阶段，我们确实试图建立图式、体系或模式，以便尽量妥善地描述我们感兴趣的整套现象，然后以"演绎的"或"归纳的"方式加以发展。但是这些模式在本质上都是暂时的、相对的，总是和我们所能掌握的事实有关。以上是关于科学程序的一个很不完全的描述，但揭示了一个我们还要反复强调的事实：在"理论"与"寻找事实"之间并没有、也不可能存在任何根本的对立，更不要说在演绎与归纳之间了。我们的任务之一，就是要说明为什么有时又会出现这种对立。

实际上当前没有一个科学工作者是从他自己独立的想象开始，而经历了所有这些工作阶段的。只要一门科学是活生生的，就永远会不断有人直观地看到它的新奇的方面。可是足以产生新鲜方法、命题或者导致新奇事实的发现——此时这些事实就以新假说或限制条件的形式进入这门科学——的那种想象，仅能添加在现有的科学结构之上，或也许只能部分地替代这些结构，而这些结构的大部分自然而然是会世代相传下去的。实际上，并不是整个社会，甚至也不是任意一部分人把科学知识的财产传下去的，而是有一个或多或少确定的专家集团，不仅把他们的方法与结果，而且把有关今后发展的方向、手段的意见传授给继起的后代。在大部分情况下，从事科学工作的能力是不能从公认的专家传授以外的任何来源获得的；如果能够的话，也必然是具有非凡的创造性与毅力的人。让我们简单看一看这个事实所产生的若干后果。

首先应该注意到，这个社会机制是极其节省劳动的。利用这个社会机制，任何初学者只要遵循他所受到的劝告并从事指定给他的工作，都可以获得有关事实的知识，抓住问题，掌握方法，而节省很多精力，以便腾出大部分力量去开拓他老师力所能及的边界以外的土地。所以应该可以相信，上述社会机制主要地不仅对概念工具的发展与事实知识的积累有利，而且甚至提供了通常所谓科学进步的最强有力的推动力量。不过事情显然还有另外的一面。传授任何已确立的科学都会给初学者的头脑套上框框，使他或许具有的创造性受到压抑。这将产生另一种不那么明显的后果。由于现有科学结构所产生的抵抗力，视野与方法的重大改变最先是受到阻碍，接着就不是通过改造而是以革命的方式来临，而旧结构中也许具有永恒价值或至少还没有来得及充分产生成果的那些成分，很可能就在这个过程中消失。因此，正像革命者有大量理由憎恨某些人强调科学的连续性、捍卫旧的见解、对抗新的看法一样，另一方面也有大量理由证明这样做是完全正当的。本书将指出这方面的很多例子。

其次，现存的结构一旦建立以后就有延续下去的倾向，这一事实在科学努力的领域中也和在其他领域中一样，说明了一个不易解释的现象，也就是“传代”的现象。举例说，有一个年龄分布比例不变的人口，其中进入科学行业的人数恰好等于退休的人数。某一行业，例如说科学的经济学家们也就显示出一个固定的年龄分布比例。无疑，我们可以按年龄划分出一些小组，他们的视野和方法也许还有发展前途，而在这些年龄组之内我们还看不出有什么对抗性的问题存在。然而这不是科学的传代问题，因为我们也看到在任何特定的时间，所有年龄组的大多数人都显示某些态度相似之处，所以可以说有 1880—1900 年的一代人，而且可以把这一代与 1920—1940 年的一代作对比，虽然年青与年老的人在第一个时期大致上的区别同他们在第二个时期的区别一样大。如果方法与结果的变动以均匀的速度发生，那么这一点就没有什么重要。就经济学家的情况来说，人们倾向于以社会与经济环境的变迁，以及由此而产生的吸引两个时代注意的实际问题的变化，来解释这种现象。但是我们发现在不变的环境里活动的科学也具有同样的现象。正是这种情况提供了我们弄清问题性质和寻求解决办法的线索。问题与方法不仅因为环境的变迁而变化。它们还由于包含在一种科学结构内的分析工作有一种抵制变化的方式而发生变化。

最后那些献身于一种特定学科的科学工作专家，以及甚至献身于任何学科的科学工作专家，都倾向于变成一个社会学的集团。也就是说，除了对于科学工作或某种特殊科学本身的兴趣而外，他们还有其他的共同之点。在大多数情况下，他们讲授一门他们正在培育的科学，并依靠教书为生。自然而然，这就会产生一种社会与经济类型的人。这个集团也会用是否能胜任工作以外的理由来接受或拒绝接受共同工作的人员。在经济学方面，这种集团的形成要花很长一段时间才能成熟，但一旦成熟，它的意义就远较物理学方面的集团大得多。我们会看到在大多数国家中，在经济课题方面发表著作的人几乎来自社会的各个部门。在早先年代，确实有促成集团化的一些因素，最重要的一个例子就是天主教经院派的博士们，但在所有其余的情况下，各种类型的人由社会各阶层、各种不同的收入等级而来。在英国，甚至十九世纪上半叶，情况就是如此。在这种情况下，我们必须要加上“但书”才能用“职业”这个名词。当时英国确实有一个经济学家的职业，就是说有些撰写经济课题的作家，他们互相承认他们职业上的资格。但后来科学工作就和教书合在一起，产生了一种经济学的职业，在这里职业这个名词的含义就比较完备了，而且这种经济学的职业对社会与政治问题产生的态度大致相似，同样是基于相似的科学观点以外的其他一些理由。这种生活环境的相似与社会地位的相似，产生了相似的生活哲学以及对社会现象相似的价值判断。如果不是因为它和科学的学派现象有密切联系，就没有必要详细叙述它的后果。既然这个概念在我们的分析史中将不可避免地要起重要作用，我们最好还是停下来研究一下它的意义。

第二编

从开始到初期古典学派境地（约到1790年）

第一章　希腊—罗马的经济学

〔1. 本编的计划〕

〔2. 从开始到柏拉图〕

〔3. 亚里士多德的分析成就〕

〔4. 论国家、私有财产与奴隶制的起源〕

〔5. 亚里士多德的"纯"经济学〕

(a) 价值

(b) 货币

(c) 利息

〔6. 希腊哲学〕

〔7. 罗马人的贡献〕

〔(a) 分析工作的缺乏〕

〔(b) 罗马法的重要性〕

〔(c) 农业方面的著作〕

〔8. 早期基督教思想〕

1. 本编的计划

在第一编中就曾经说明过，按照我们在那里对"科学"所下的定义,从来没有一门科学是由一个人或一个集体创立或缔造出来的,一般也不可能确定它"诞生"的准确日期。我们现今的所谓"经济学",其为人们所承认是经历了一个从十七世纪中期到十八世纪末的缓慢发展过程的。不过在第一编中提出的一个概念,也许有助于我们变得比较精确一些,至少就阐述的需要来说是如此:那就是"古典学派境地"这个概念。① 这种古典学派境地出现于十八世纪的后半叶,而以前从未出现过。根据这一点,我们也许可以大胆决定从1750年到1800年之间的某时开始,而这一时期的顶峰也许是A.斯密的《国富论》(1776)。然而,每一部古典学派境地的著作都要总结或巩固那些导致这一境地所做的工作——真正有创造性的工作——因而无法根据它本身来了解它。所以,在本编中我们将试图叙述从"开始"到《国富论》出版后二十年这整个二千多年的历史。既然这段历史时期中许多世纪没有文字记载,叙述起来反倒方便不少。

十八世纪后半叶的古典学派境地是两种类型研究成果合并的

---

① 〔熊彼特本打算在第一编若干章节中详述他关于"古典学派境地"的概念(以及分期问题所包含的困难),特别是他为什么要把经济分析史的内容安排在第二、第三和第四编三个主要部分加以阐述。这些章节他未能完成。不过读者可以在全书中间断地发现他提到这些问题,特别是在第三编第一章以及第四编第一章。

正如熊彼特所指出,本书中所谓"古典"一词有三种含义,彼此应加以区别。以前它是指从亚当·斯密到约翰·穆勒这一段时期的经济学文献。"它一直保留这个标记,直到'古典'这个词失去了尊崇的含义,开始代表'陈腐'为止,这时凯恩斯勋爵就用这个词指A.马歇尔与当时他的追随者的学说(或者简单地说,凯恩斯以前的经济学)。"熊彼特本人用"古典学派境地"这个名词来描述经过长期论战所造成的实质性的一致看法,也就是新做的工作和以前开创性工作的统一。当他想用古典这个名词于第一种意义时(即从亚当·斯密到约翰·穆勒)他就加上引号,"以免混淆"(见第三编第一章第1节)。〕

产物，彼此有一定区别，有必要分开考虑。[①] 一种是哲学家在几百年研究工作中缓慢积累起来的事实资料和理论工具。另一种与此稍不相干，是由实际工作人员在讨论当时政治问题过程中积累起来的事实和理论。我们不能把这种未成熟的经济学的两个来源严格区分开来。一方面既有许多情况界乎两者之间，如不采取快刀斩乱麻的办法就无法分类；另一方面，直到重农学派的时代，那些学者的分析技巧还很简单，属于常识的范围，即使没有学问的实际工作者也能掌握它们，因而这些学者的著作并不能视为与我们的目的无关而加以摒弃；相反地，它们常常具有本书中所谓的科学水平。不过广义地说，我们这样区分还是站得住脚的。

让我们回顾一下“经济思想”——即任何特定时间，任何特定社会中流行的对于经济事务的意见，与其说属于经济学史的范围，毋宁说属于经济史的范围——和“经济分析”——即我们所说的科学努力的结果间的区别。经济思想史起始于有关古代神权政治国家的记载，其经济所呈现的现象和我们所处的社会并非完全不同，处理问题的出发点从根本上说也不是那样毫不相同。可是经济分析史则仅从希腊人开始。

古代埃及具有一种依赖于灌溉系统的计划经济。亚述人与巴比伦人的神权政治国家拥有庞大的军事与官僚机构以及复杂的司法制度，其中汉谟拉比王的法典（约在公元前二千年）是最早的法制里程碑；它们采取一种活跃的对外政策；它们还把货币制度发展

① 像分期一样，设置这种类型只是为了说明问题的方便。虽然这样做的确是有事实根据的，却不必看得太认真，否则旨在帮助读者，倒成了误解的来源。只有记住这一点，分期与分类才会有用。

到高度完善的程度，而且知道借贷与银行业务。以色列的《圣经》，特别是其中有关立法的部分，显示出当时已经完全掌握了希伯来国家的实际经济问题。但是看不出分析方面努力的痕迹。我们也许最能在古代中国找到这种痕迹，因为那是我们所知道的具有最古老文字文化的地方。在中国我们确实发现有一套处理当时农业、商业与财政问题的高度发展的公共行政制度。尚存的中国古典文献常论及这些问题，主要是从伦理观点论述，例如孔夫子(公元前 551—479 年)和孟子(公元前 372—289 年，其著作已在 1932 年由 L. A. 里亚尔译成英文)的教义都曾涉及这些问题。孔夫子一生有两个阶段曾担任实际行政工作，又是一个改革家。从他们的著作中可以编出一套经济政策的完整体系，而且那里还有一些货币管理与兑换管制的方法，这似乎先得有相当的分析才行。由一再发生的通货膨胀所引起的现象，无疑曾经受到文化修养远比我们高的人的注意和讨论。但是没有留传下来对严格的经济课题进行推理的著作，没有可以称得上我们所谓“科学”著作的。①

这样明确的推断当然是很不可靠的。也许有些分析没有留下记载。但是可以想象这种分析工作不会很多。前面我们已经看到，相对于科学知识来说，普通常识在经济学领域要比在其他几乎任何领域内流传得更广。因此完全可以理解，不管经济问题多么重要，要激起特殊的科学好奇心，较之自然现象所需要的时间要长得多。自然界蕴藏的奥秘探索起来非常令人兴奋；而经济生活则

① 不过请参阅 E. D. 托马斯所著《中国政治思想》(1927)；S. Y. 李的《古代中国经济思想大纲》(1936)；以及黄昌辰(译音)的《孔子及其学派的经济原理》。

是最普通的、最单调的经验的总和。社会问题主要是从哲学与政治方面使学者感兴趣；而从科学角度来说，这些问题一开始并不显得那么有趣，甚至根本不成其为“问题”。

〔2. 从开始到柏拉图〕

就我们所知，在我们的文化祖先古希腊人留给我们的遗产中，初步的经济分析是一个微小的——甚至很微小的——成分。像他们的数学与几何学、他们的天文学、力学、光学一样，他们的经济学实际上也是以后所有进一步工作的本源。不过不像他们在上述学科中取得的成绩，他们的经济学未能取得独立的地位，甚至没有与其他学科相区别的标签：他们的所谓经济（Oeconomicus，οἶχος 即家庭，νόμος 即法律或规则），仅指管理家庭的实际智慧；亚里士多德派的所谓 Chrematistics（χεῆμα 即所有物或财富）与经济学这个标签最为接近，主要系指商业活动的金钱方面。他们把经济推理与他们有关国家与社会的一般哲学思想糅在一起，很少为经济课题本身而研究经济课题。这也许正说明了，与他们在其他学科内的灿烂成果相比，为什么他们在经济学领域内的成就如此微小。对这种成就给以较高评价的古典派学者和经济学家们，实际想到的是一般的哲学，而不是严格意义上的经济学。他们还很容易错误地把任何与后来发展似乎有关的想法都当作一种发明来加以喝彩，忘记了在经济学中，也和其他地方一样，大部分有关基本事实的陈述之所以重要，仅仅是由于它们所负荷的上层结构的缘故；如果没有这种上层结构，它们就平淡无奇了。情况既然如此，那么遗留给我们的希腊经济思想①,也许在柏拉图(公元前 427—347 年)与亚里士多德(公元前 384—322 年)著作中可以发现一鳞半爪。

希腊人的思想即使在最抽象的地方也总是围绕人类生活的具体问题而展开的。这些生活问题又总是集中体现在希腊城邦(polis)观念上,因为对希腊人来说,城邦是文明生活存在的唯一可能的形式。因此,通过独特地综合处理在不同世界中总是与我们在一起的各种因素,希腊哲学家实质上是政治哲学家;他是从城邦的角度来观察宇宙的,他认为反映在城邦中的就是整个宇宙(其中包括全部思想世界和其他一切与人类有关的事物)。诡辩学者似乎是最先像我们现在这样来分析宇宙的一些人;他们事实上是我们

① 我们这里不考虑经济背景和当时社会上的舆论,但是读者在上述两方面可以很容易地从 G. M. 卡尔霍恩所著《古代雅典人的商业生活》(1926)一书中得到启发。这本书还能使读者深切地感到,在对商业行为的反应方面,我们和古代希腊人有着多么惊人的相似之处。仅仅从这一观点出发,希腊的诗人和史学家的著作才和我们相干;虽然史学家中有些人,特别是苏西戴兹与波利比亚斯可以引起任何研究社会的人的兴趣,在这里就不需要考虑了。这里也不需要谈论色诺芬,虽然他的《经济学》(*Oeconomicus*)正是有关家庭管理的一种论著,直到十六世纪这类问题都是以相似的名称为题目;还有他有关雅典财政的论著 Foroi,当然也使经济史学家很感兴趣(就像伪造的色诺芬论雅典共和国政治的一本著作,亦复如此,这似乎主要是在佩里克尔以后雅典激进政体的反对派所写的一部大书中残存的一部分)。在"哲学家"中间,柏拉图与亚里士多德处于极为重要的地位,在我们这样一本简略的评介中,只要引述他们这两个人就够了。有关他们的大量文献资料,对经济学当然很少注意,有时是粗浅地谈到。一般读者只要仔细看看 M. G. W. 莱思特纳的《希腊经济学》(1923)中代表作的部分译文,也就够了。同时请参阅奥古斯特·索琼的《古希腊的经济理论》(1898)。不过,似乎不能不提到以下几部经典著作,如菲斯台尔·德·库朗的《古代城邦》(英译本第 12 版,由 W. 斯莫尔翻译,1921 年);T. 冈珀茨的《希腊人的空想》(由马格纳斯和贝里翻译,1901—1902 年),以及 U. 冯·维拉莫维茨—默伦多夫的《希腊人和罗马人的国家与社会》(第 2 版,1923 年),这些著作很好地描述了经济分析以及其他许许多多重要事情赖以产生的文化背景。

自己思想方法(其中包括逻辑实证主义)的始祖。但柏拉图的目的完全不是分析而是一种理想城邦的超经验的想象,或者可以说是一种作为艺术创作的城邦。他在《理想国》[①]一书中为“理想国”所描绘的画图没有什么分析,就像画家笔下的维纳斯不是什么科学解剖一样。不用说,就这一点而言,实际怎样和应该怎样之间的差别就没有什么意义了。《理想国》和以它为最高成就的全部文献(大部分已经散失),其艺术性质最好用一个德文名词 staatsromane (从字义上来说就是国家传奇)来表述。由于英语中没有一个适当的同义词,我们只好用“乌托邦”这个词。读者也许知道,多多少少是在柏拉图的影响下,这种类型的文献在文艺复兴时期又时行起来,以后零零星星地继续出现,直到十九世纪末期为止。[②]

然而经济分析终于出现了。在画家笔下的维纳斯与科学解剖学描述的事实之间是有关系的。正如柏拉图的“马性”观念显然与看得见的马的特性有某种关系那样,理想国的观念与他观察实际的国家所得到的资料也是有关联的。对于这种明示的或隐含在柏拉图体系内的事实或事实之间关系的观察,其分析性或科学性(记住:对这两个词我们都没有附加任何补充解释)决没有任何理由可以否认。在稍后一部著作《法律篇》中,分析性质的推理更为显著,但是没有一个地方是把它本身作为一种目的来追求的,因此也就

---

① 这是 B.乔伊特的一个标准英译本,其中包括对柏拉图的生平、著述、哲学的介绍文章以及对这部著作的分析。

② 就我所知,对希腊“国家传奇”最好的一部解释——其本身就是一件艺术作品——是埃德加·萨林的《柏拉图及其希腊乌托邦》(1921),这部著作自然反映了它那个时代的社会运动。关于这一点我们不可能在这里讨论。同时参看罗伯特·冯·波尔曼的《古代世界社会问题和社会主义史》(1912)。

没有走得很远。

柏拉图把其理想国设想为一个小城邦,其公民数目尽量保持不变。财富也和人口一样是固定的。一切经济与非经济活动都是严格规定的——战士、农民、工匠等等都组织在永恒的社会等级之内,男女待遇完全一样。政府即依托于其中一个等级,也就是监护人或统治者这一等级;他们共同生活,没有个人财产或家庭关系。在《法律篇》这本书中对此作了很大的变革——主要是为了和现实相协调——但并没有触及根本原则。我们知道这些就够了。虽然柏拉图对后世许多共产主义的设想有明显影响,但把他说成是共产主义者或社会主义者或者这些运动的先驱是没有意义的。这样一种充满力量与光辉的创造物是无法归类的,而必须作为独一无二的范例来加以理解,假使可以理解的话。基于同样理由,也不可能把他当作法西斯主义者。但是如果我们坚持要用我们自己制造的紧身衣或框框强加于他,则法西斯主义的紧身衣似乎比共产主义的紧身衣更为适合:柏拉图的"宪法"除了对于代表最完美理想的最高阶层外,并不排斥私有财产;同时,它对个人生活实行严格的管制,包括限制个人财富和严格限制言论自由;它在本质上是"团体的";它承认领导阶级存在的必要性——这些特征都非常有助于给法西斯主义下定义。

像这样的分析背景,当我们提出"为什么有这种僵硬的静止状态"时,就会显现在眼前了。我们很难不这样回答(不管对于真正的柏拉图主义者这种回答是如何单调平淡):柏拉图之所以把他的理想加以静态化,是因为他不喜欢他那个时代的混乱多变。他对当时发生的事变显然持否定态度。他憎恨西西里岛的僭主(tyrannos)(虽然我们决不能把这个词译成暴君〔tyrant〕)。他几乎肯定是鄙视雅典民主政治的。不过他知道僭主政治是从民主政治产生的,而且归根到底是民主政治的实际可行的替代办法。他转而又将民主政治解释成对寡头政治不可避免的反动,而寡头政治又是财富不均的结果;财富的不均,他认为是商业企业所造成(《理想国》VIII)。从寡头政治到民主,从民主发展到(一个人心所向的领袖的)僭主政治,这一切发展过程的根源是变动,是经济变动,而僭主政治则很不合他的口味。柏拉图主张的静止状态作为救治之方,不管我们怎样想,在这种诊断后面,不是有点儿类似马克思主义经济学—社会学的分析吗?

我们不需要继续考虑柏拉图偶尔接触到的许多经济课题,只要举出两个例子就够了。他的等级制度,是根源于对某种分工的必要性的认识(《理想国》II,第 370 页)。他对经济学上这个永恒的、显而易见的现象特别小心地加以发挥。在这方面假使有什么令人感兴趣的地方,那就是他(以及亚里士多德)强调的不是分工本身所引起的效率提高,而是由于分工使每个人专做最适合他性格的工作而带来的效率提高;这种对人们内在能力差别的认识值得一提,因为后来几乎完全被人遗忘了。再就是柏拉图顺便提到了货币是为了便利交换而设计的一种“符号”(《理想国》II,第 371 页;朱厄特曾将他的希腊文译作“货币—符号”)。这种偶然的说法其实没有多大意义,不足以把有关货币性质的任何明确看法归功于柏拉图。但是应该注意到的是他的货币政策——例如他反对使用金银,他认为国内货币拿到国外是无用的——在原理上确实是与一种理论的逻辑推断相吻合的;依照这个理论,货币价值原则上与制造货币的材料无关。鉴于这一事实,我觉得如果我们主张柏拉图是货币的两个基本理论之一的最先为人所知的倡导人,正如主张亚里士多德是另一理论的最先为人所知的倡导人,大概不算过分吧(参阅下面第 5b 节)。当然,这些理论不可能起源于他们,不过他们确实传授过这些理论,而且他们赋予这些理论的含义,与中世纪末期以来重新捡起这些理论的作者们所理解的是完全一致的。我们可以有信心地这样认为,因为那些作者们所显示的柏拉图与亚里士多德的影响已经够清楚了。这种继承关系事实上是经得起严格考证的。

柏拉图的对话录(Eryxias)并非他本人所著,但却已夹杂在他的著作中传给了我们,其中并没有什么内容与他通常的看法相矛盾。在这里之所以提到它,是因为它是柏拉图唯一残存下来的、专门谈论经济的著作,而且是为了经济而谈经济。否则对话录的内容——主要是和欲望联系起来研究财富的性质,同时小心地与货币相区别——就不会引起我们多大兴趣了。

〔3. 亚里士多德的分析成就〕

亚里士多德的成就大不一样。在他的著作中不仅缺乏柏拉图的那种吸引人的魅力,我们所发现的反而是(如果这样说不致冒犯这样一位伟人的话)一套斯文尔雅、平淡无奇、带有庸人气味,而且很有点浮夸的常识。也不仅是亚里士多德远较柏拉图善于调和——无论如何,他远较柏拉图坦白——与论述当时浩繁的文献中盛行的意见。主要的不同在于一种分析的意向,这在柏拉图头脑中可说是不存在的，但却是亚里士多德的原动力，这从他论证的逻辑结构可以看出来。若观察一下他的工作方法，那就更清楚了。举例来说，他的政治概念和学说就是从他辛苦收集的希腊各国宪法中提炼出来的。当然他也追求"最完善的国家"①以实现"善良的生活"，追求"至善"与正义。他也满怀善恶的判断，而且和我们一样，看得很绝对。他也和我们一样对他的行为结果赋予规范的形式。最后，他还承担改恶从善的劝导责任（这是我们所不为的）。② 可是，不管所有这一切对他，以及对二千多年以后所有的读者是如何重要，在这里和我们是完全无关的；我已经说过，而且还要利用每一个机会一再重复，这一切只能影响分析的目标和动机，而不能影响分析的本质。③

但是他的分析成就中仅有一小部分与经济问题有关。他主要的工作以及他主要的兴趣，就社会现象而言，都在我们称之为经济

① 有一点值得注意，他也是主要对希腊城邦进行哲理研究的一个人。不管他杰出的学生作出什么功绩，城邦制对他来说仍然是值得认真注意的唯一生活方式。亚历山大在政治建设方面搞的大规模试验丝毫没有动摇他的理想，使他思考那个试验所展示的广阔远景，这一事实充分说明了他这个人的特点。

② 因此他不同意当时在希腊逐渐流行的关于行为的苦乐学说。虽然他没有对快乐下一个功利主义的定义，他却把快乐的观念作为他社会哲学的中心。谁要是这样做了，就已经采取了决定性的步骤，也已经犯下了原罪：至于他是否重视美德与恶行或快乐与痛苦，那是第二性的——从第一性到第二性，道路是铺平了的。

③ 如果对于亚里士多德的分析意向有任何怀疑，只要看一看他的纲领性声明就可以消除："一如其他科学部门，在政治学中，这种〔特定的〕〔现象的〕复合体必须经常分解为构成整体的简单要素或最小的成分。"（《政治学》I. 1）不错，"分解"仅仅是在字意上等于"分析"，而且实际上只是指我们所谓的分析活动的一种特殊形式。不过重要的是这一段话的精神而不是它的特殊措辞。整个这一段话清楚地说明了一个事实，即亚里士多德有意识地运用了一种分析的方法。

社会学或者毋宁说是政治社会学的领域之内,而他将经济社会学与技术意义上的经济学都隶属于政治社会学之下。他所著的《政治学》应该作为他对国家与社会的一篇论文或教科书来加以评价。他的《尼科马奇伦理学》(相传这本书是以这位哲学家的儿子尼科马奇的名字来命名的——译注)——这是从规范的角度对人类行为全面论述的一篇著作——也是如此偏重于对政治人、城邦中的人的讨论,以致我们必须视为《政治学》的姊妹篇。这两本书在一起,构成了对统一的社会科学最早的系统论述。读者也许知道,在霍布斯的时代以前,所有称为政治科学和政治哲学的东西都是从亚里士多德那里摄取营养的。为了我们的目的,只须指出以下几点就够了:(1)亚里士多德作为一个优秀的分析家,不仅非常注意所用的概念,而且他还将他的概念综合成一套理论工具,也就是一套互相关联、结合使用的分析工具,这是他对后代的一个不可估量的贡献;(2)上面所提到的他的"归纳法"确实意味着他不仅研究了变化的状态,而且研究了变化的过程;(3)他曾试图区分根源于普遍的、内在的必然性而存在的社会有机体或行为的特征,与法律或习俗规定的社会有机体或行为的特征之间的差别;(4)他曾从目的性及其所呈现的利弊来讨论社会制度,以致使他本人和他的追随者屈服于一种特殊的唯理论亦即目的论①的错误。我们现在把他

① 目的论试图以社会需要或社会目的来解释制度与行为方式,找出因果关系,显然也不是全然错误的。当然,社会上很多现象不仅可以从它们的目的来理解,也可以用目的来解释,从而确定其因果关系:在一切研究人类有目的的行为的科学中,目的论都有一定地位。不过必须谨慎从事;因为误用目的论的危险是经常存在的。最通常的误用莫过于过分夸大人们在行动或制定制度时,总是以最理智的方式,自觉地以他们所希望实现的明确目标为根据。这就是为什么目的论的错误可以说是更大范围内的唯理

有关自然法则的概念暂时搁在一旁，先来考察他的三个典型分析样本。

〔4. 论国家、私有财产与奴隶制的起源〕

与人们普遍的印象相反，亚里士多德并不接受柏拉图关于国家从族长制的家庭或氏族发展起来的观点。他也不完全接受当时诡辩学家中流行的所谓"社会契约"的思想，不过这种思想却经常出现在他的头脑中。他甚至偶尔谈到一种原始的盟约，所以社会契约的思想就很容易地被他的弟子所接受。这一点很有意思，原因有二：首先，十七、十八世纪，社会契约说成了一种思潮的中心内容，其拥护者最恨人们称他们为亚里士多德派。其次，亚里士多德对这个问题的处理可以代表他对诡辩学派的一般态度。亚里士多德有许多地方看来很像是受了诡辩学派的影响，可是他始终反对他们，或者毋宁说是反对他们持有的观点。要解释这种态度也许并不困难，因为持有这种态度的人并非罕见。不管怎样，我们不能让它抹杀这一事实：那就是他吸收了他们的某些思想，而且主要也是通过他的著作，才使诡辩学派的某些影响传到了中世纪。

在《政治学》的第二册中，亚里士多德讨论了私有财产、共产主义和家庭，主要出于对柏拉图、费里阿斯与希波达马斯的批判。他

论错误的一个特殊例证。不过，有趣的是，亚里士多德在社会科学领域以外的其他方面倒没有犯目的论的错误。例如在《生理听诊》(II. 8)中他承认，我们的牙齿之所以适合咀嚼食物，不是因为它们是为了这个目的而产生的，而是因为有些人偶然天赋有一副好用的牙齿，他们就比那些没有好牙齿的人更具备生存的机会。好一个达尔文主义的论调啊！

对柏拉图的批判——柏拉图是上述三人中唯一有文章可以和批判材料对照阅读的人——显然很不公平，而且完全误解了柏拉图创作的本质与含义。可是他举出的赞成私有财产、家庭和反对共产主义的理由反而更具有说服力——读起来几乎和十九世纪的中产阶级自由主义者的论调完全一样。

在亚里士多德所处的社会与文化环境中，奴隶制占据极为重要的位置。但他又是生活在奴隶制受到社会猛烈抨击的一个时代。换言之，奴隶制已经成了一个问题。亚里士多德试图解决这个问题。他设想了一条原则，既能作为解释，又可作为一种辩护。他认为人类"自然的"不平等是一个无可置疑的事实：由于先天的品质，有些人注定被统治，有些人注定统治人。他看出了把这个命题与另一个十分不同的命题一致起来有困难：后一命题是说前一类人实际上提供现实生活中的奴隶，而后一种人实际上提供现实生活中的主人。但他承认有"非自然的"和"非正义的"奴隶制现象，例如把(希腊的)战俘一律贬为奴隶时发生的情况，他通过这种方法消除了上述困难。我们大多数人可以在这个理论中看出一个意识形态偏见和辩解意图(我们知道这两个东西并不是一回事)相配合的最好例证。更为重要的是要弄清到底为什么我们会产生这个印象。我们不喜欢奴隶制是由于被奴役者在某些方面天生下贱这个命题。当然这不是理由。说亚里士多德的理论包含几个不是从前提演绎出来的推论，也不够充分。这只能暴露分析工作的毛病，而不是意识形态的偏见。同时，如果在一个论证中所犯的错误都朝着同一方向，而这一方向与我们所看到的分析者的意识形态相一致，那么我们也许有权怀疑有意识形态的偏见。即使如此，摒弃某一论证的理由也应是证实其有错误，而不是怀疑其有偏见。

〔5. 亚里士多德的“纯”经济学〕

记住这些解释的原则，我们现在就来看一看亚里士多德萌芽形态的“纯”经济学，其要领主要包含在《政治学》I. 8—11 和《伦理学》V. 5 里面。显而易见，他主要关心的是“自然”和“公正”，这是从他对于善良生活的理想出发观察的，他所考察和评价的经济事实及其相互关系，也是从他这个生活在有教养的有闲阶级之中并且为他们写作的人的意识形态偏见所能想象的。这个有闲阶级的特点是鄙视工作和商业逐利行为，喜欢那些养活他们的农民，而憎恨剥削他们的高利贷者。这些事与现代知识分子相应但又不同的价值观及意识形态相比起来同样有趣，但并不见得更加有趣。与我们有关的是下面这些：亚里士多德老老实实把欲望及其满足作为他经济分析的基础，从自给自足的家庭经济出发，接着谈到分工、物物交换以及为了克服直接交换的困难而使用的货币——这里他恰好混淆了财富与货币而受到苛责。他没有提出“分配”理论。这些可能从已经散失的大量文献中摘出来的东西，也就是希腊在经济理论方面留给我们的遗产。我们将跟踪这个精神财富直到 A. 斯密的《国富论》，这本书的前五章仅仅是循着同一思路的继续发展。所以让我们先对这份希腊遗产作较仔细的考察。

(a) 价值。　亚里士多德不仅像后来的经济学家那样清楚地区分使用价值与交换价值，而且他还看出交换价值似乎是从使用价值派生出来的。不过单就这一点来说，不仅是常识，而且是老生常谈,而他并没有向前迈进一步。他所没有做到的,由后来的经院哲学家们补上了。可以说是他们发展了价格理论,而亚里士多德却谈不上。有人认为这是由于他过多地注意定价的正义——即所谓“交换的”正义——这一道德问题,因而转移了他对实际定价这一分析性问题的兴趣。这是完全不符合事实的。对于定价道德的注意正是一个人在分析实际市场机制时可能具有的最强烈的一种动机,后来的经院哲学家的例子足以说明这一点。事实上有些段落说明亚里士多德想这样做,但没有成功。[①] 可是他考虑到了垄断现象(《政治学》I,II 与《伦理学》V. 5),他所下的定义就是市场上仅有一个卖主的情况(μ όυος,指单独或独立的;πωχεῖν,指出售),以后也一直是这样定义的。[②] 他认为这种垄断是“不公正”的。

这些事实似乎使某些价值理论历史学家感到头痛的问题得到了解决。亚里士多德无疑在寻求一种定价的公正原则,他发现公正原则就是一个人的予取必须“相等”。既然在参加物物交换或买卖时,当事的双方必定有利可图,也就是说他们愿意接受交易以后的经济状况而不要以前的状况——否则他们就不会有任何交易的动机——所以交换的货物或买卖时发生的钱货交易,其“主观”价值或效用价值就不可能相等。因为亚里士多德没有提出任何交换价值或价格的理论,那些历史家就下结论说他头脑里一定存在某

① 这些段落中最典型的一段见于《伦理学》(V. 1133)。我可以解释如下:“正如农民的劳动可以和鞋匠的劳动相比较一样,农民的产品也可以和鞋匠的产品相比较。”我至少不能从这段话中得出其他意思。如果我是对的,那么亚里士多德正在摸索某种劳动一成本价格理论,但他没有能够讲明白。

② 琼·罗宾逊加上了与此相对应的“独买”概念,即市场上只有一个买主的情况。

种神秘的"客观价值"或"绝对价值"，也就是物品所固有而不受环境或人类估价或行为影响的价值——这是有哲学倾向的人们最欢迎的一种形而上学实体，而具有较多"实证"头脑的人则最讨厌这种实体。但是结论肯定不能这样下。不能解释交换价值并不等于否认它的存在。我们倒不如说亚里士多德只想到市场上用货币表示的交换价值，而不是某种神秘的、用那些交换价值度量的价值本体。然而，这是否意味着他接受了实际商品价格作为他交易公平的准绳，因而失去了断定其公正与否的手段呢？一点也不。上面已经说过他谴责垄断价格。就亚里士多德的目的来说，把垄断价格看成就是某些个人或集团为了私利而制定的价格，并非牵强附会。给私人规定而不允许他任意改变的价格，也就是正常情况下自由市场上出现的竞争价格，并不在禁止之列。所以毫不奇怪地可以这样猜测：亚里士多德可能把正常的竞争价格作为交易公正的准绳。或者准确一点说，他打算承认任何按此价格而进行的交易都是"公正的"——这实际上也就是经院哲学的学者们想明确做到的。倘若这样解释正确，那么他对于商品公正价值的概念的确是"客观的"，不过所谓客观，意思只是说没有任何个人自己的行动能够改变它。而且他的所谓公正价值是指社会价值——正如他几乎肯定所想的，是代表社会对每种商品的估价①——不过仅仅意味着这些价值是超越个人能力的、一群有理智的人行动的结果。

① 这种想法在历史上不断出现，在 J. B. 克拉克那里也可以发现（见下面第四编）。虽然它对于某些人很有吸引力，但并没有什么帮助；断言任何非社会主义的社会是这样评定商品价值的，并没有什么现实意义，虽然有一点是正确的：即社会影响形成了个人的主观评价并左右他的行为，从而产生了价格及"客观价值"。

在任何情况下，它们就和商品的数量乘以正常的竞争价格一样地既非形而上学、也不是什么绝对的东西。读者不难看到，如果对价值这样加以定义，那么亚里士多德对于交易公正的要求就有了一个健全和十分简单的含义。每项交换或买卖行为中，价值的相等就满足了公正的要求：如果甲以鞋换取乙的面包，亚里士多德式的公正要求鞋与面包各自乘以其正常竞争价格时正好相等：如果甲把鞋卖给乙，同样的规则就可以决定他应该得到多少钱。既然在上述情况下甲会实际上得到这笔钱，我们就得到了一个富有启发意义的例子足以说明亚里士多德自己和他的追随者所谓逻辑的与正常的理想之间、“自然的”与“公正的”之间所存在的关系。

我们在这个问题上如此仔细推敲，因为它一劳永逸地解决了对于客观的或绝对的价值所作的形而上学的推测，不管何时何地有这种推测出现。我们既然把这个事实上不存在的问题抛开了，就可以把商品的客观价值理解为上述定义所确定的数值，而非别有所指。同样，我们也不去管“内在价值”的概念可能有什么形而上学的含义，因为我们总是能够(而且在大部分情况下很容易)赋予它一个完全非形而上学的含义——例如当一个作者提到一枚硬币的内在价值这种最重要的情况时。

(b) 货币。　亚里士多德所倡导的货币理论，依我看来，是有意针对柏拉图倡导的另一种理论的。其内容是说，任何非共产主义社会的存在都牵涉到货物与劳务的交换；最初，这种交换“自然地”采取物物交换的形式。但是需要别人货物的人可能没有别人所需要的东西，因此常常有必要在交换中接受自己不需要的东西，以便通过进一步的交换行为(间接交换)去获得他真正需要的东西。明显的方便就会诱导人们默契地或通过立法行为去选择一种商品——亚里士多德不考虑人们有选择多种商品的可能——作为交换的媒介。亚里士多德只是提到，有些商品——例如金属——比其他商品更适合这种职能，从而预示了十九世纪教科书中关于价值的同质性、可分割性、便于携带、相对的稳定性[①]等等最陈旧的一套说法。而且，他关于交易要等价这项规则的要求，自然而然也使他注意到交易的媒介也可以用作价值的尺度。最后，他至少隐含地承认货币在价值贮藏上的用处。因此，十九世纪的教科书列举的货币的四种传统职能——第四种职能是作为延期支付的标准——有三种都可以追溯到亚里士多德那里。

实质上，这个理论包含两个命题。第一，不管货币还能用于其他什么目的，其根本的职能，作为它的定义并且能说明它存在根据的，是交易的媒介。所以这个理论属于冯·米塞斯教授所说的"交易的"货币理论。第二，要在商品市场上成为一种交易的媒介，货币本身必须也是一种商品；换言之，它必须是有用的东西，而且具有不依赖其货币职能的交换价值——这就是内在价值在这方面的全部含义——一种可以与其他价值比较的价值。因此货币商品也和其他商品一样要讲重量、质量。为方便起见，人们也许决定在上面加个印记，以避免每次要称重量的麻烦。但这个印记仅能说明并保证硬币中包含的这种商品的数量与质量，而不是它的价值的原因。这个命题当然既与第一个命题不同，也不隐含于第一个命题之内，将与以后我们称为金属主义的或金属论的货币理论相一

① 不过他承认金银的价值也不是不变的。

致,而与卡托尔的理论相对立;柏拉图的理论即为这种卡托尔理论的一个例子。[①]

不管这个理论有什么缺点,而且不断受到责难,却一直流行到十九世纪末,甚至超过这个时期。这是货币问题领域内大部分分析工作的基础,因此我们有一切动机要把亚里士多德的理论解释清楚;因为他在这个问题上的个人影响至少一直到亚当·斯密还是可以识别出来的。除非我们将亚里士多德提到过但明确地归功于他人的某些观点仍归于他自己,在《政治学》中没有一段文字会有其他任何解释。但在《伦理学》中,他利用一个希腊字表示通用的钱币(νόωσμα),他确实指出货币的存在不是由于"自然"而是由于习惯或立法(νόμω),这好像指向另一个方向。不过,在解释他的意思时,他曾加上一句话,货币也可以由社会改变或废止。这似乎意味着他只是讲习惯与立法决定铸造货币所用的材料以及这些硬币的具体形状而已[②]。

最后,关于方法方面很有趣的一点应该引起我们的注意。亚里士多德的货币理论是指"货币"这个词的通常意义。换言之,他是想解释货币是什么,货币做些什么。但他和对待任何社会制度的惯常做法一样,是从它的起源谈起的;他使货币的发展遵循一种所谓历史的顺序,从没有货币的情况或阶段开始。当然,我们可以

① 参阅本编第六章。

② 我们不能照我们应该做的去进一步讨论其他段落,但指出一点就够了:即使在最坏的情况下,那几段与亚里士多德所强调的制造货币的材料本身也应该是一种商品这一明确的含义相比较,也是无足轻重的。在《伦理学》V,5,11 中有这样一句话,即货币是 ὑπάλλανμα τὴsχσείαsχατὰ συνsήχην,其意思是,货币是按照习惯(使用的)一种交易手段,否则就是我没有理解这句话。

把这一点只看作是阐述的需要。事实上读者应该记住这一个可能的解释，这将使许多在纯想象的“历史”外衣下出现的论证免于陷入荒谬绝伦的深渊，就像那些采用原始的社会契约来解释国家的理论一样。只要不把这种解释看得过于认真，即使亚当·斯密的“早期与未开化的社会状态”也可以从中得到好处。但货币的情形有所不同：因为亚里士多德派关于货币逻辑的起源理论——在没有别的办法时——也可以作为货币历史起源的一种可供考证的理论，例如闪米族的钱币或蒙古游牧民族的茶币（tea-money）都足以说明这一点。正是在这些情况下产生了我们的方法问题。如果我们对一种制度的历史尽量追溯下去，借以找出它的根本的或最简单的含义，这能不能算是一个合理的程序？显然不能。原始的存在形式通常并不比以后的形式简单而是更为复杂：集法官、僧侣、行政人员、武士于一身的酋长，较之后代任何一个专职的人员，显然是更为复杂的现象；中世纪的采邑在概念上也是比美国钢铁公司更为复杂的现象。所以逻辑起源与历史起源一定要区分清楚。不过这种区别仅在高级的分析阶段才会出现。除了高明老练的分析家而外，一般人总是将两者混为一谈[①]。这种混淆无疑也隐含于亚里士多德的货币理论及其他社会制度的理论。他将它传给他后代的全部思想家，包括英国的功利主义者在内。直到今天它还时时出现。

(c) 利息。　亚里士多德“纯”经济学的其余部分，从我们的

① 不过，应该注意，把历史演进与逻辑演进等同起来不一定包含着混淆，但如果不包含混淆，那么就需要在每个具体事例中提供其偶合的证明，或者接受一种像黑格尔的演进逻辑或“发散主义的”(emanatistic)逻辑。

观点来考虑,就不值得一提了。后代经济学认为是问题的许多(如果不是大部分)事物,他都以近代科学勃兴以前的常识精神视为理所当然;而他对客观现实作价值判断时,这个客观现实的大部分内容他从未涉猎。他那个时代士绅阶层主要来自土地的收入显然对他没有提出什么问题;在他的奴隶经济中,自由劳动者是一种反常现象而被草率地处理掉了;工匠除了涉及他的产品的公正价格外,也没有受到重视;对于商人(船主)、店主、放债者,主要是从伦理与政治的评价出发来考虑他们的行为与利得,[①]其中没有一项需要作解释性的分析。这也没有什么奇怪和值得责备的地方。以经验为根据的客观世界中,一切自然与社会现实都要通过缓慢的进度才能进入分析性探照灯的照射范围之内。在科学分析的开始,大部分现象都原封不动地停留在常识的范围之内,只有一鳞半爪激起科学的好奇心因而成为"问题"。

对亚里士多德来说,利息不属于这类鳞爪。他接受了借款付息这一经验事实,没有发现什么问题。他甚至没有把债款按其使用的不同目的分类,没有注意到用于消费的债款与融通海上贸易(foenus nauticum)的债款是大不相同的。他谴责利息——在所有情况下他都看成是"高利贷"——的理由是,货币只不过是交易的

① 注意:我并不反对亚里士多德的生活理想或他的任何具体价值判断,更不是主张对经济活动加以歌颂。相反地,我赞扬这位哲学家拒绝将理智的行为与财富的追逐混同起来。我所要证实的只是亚里士多德一方面在政治事项中充分注意到在作出判断以前有进行分析和寻求事实的必要;另一方面在"纯"经济事项中除了涉及价值、价格与货币问题外,他似乎从来没有为这种事前工作费心。例如他发现商人与生产者利得的根本不同在本质上是先于分析的。这个事实,与另一事实,就是他不赞成商人获利而赞成生产者获利,是没有关系的。

媒介，转手之间就增殖是毫无道理的（事实上当然并未增殖）。但他从未提出问题，为什么人们还是支付利息呢？[①] 这个问题是经院派学者们首先提出的。首先收集有关利息的事实以及描绘出利息理论的轮廓，也应归功于他们。亚里士多德自己没有利息理论。特别是他不应该被推崇为现代货币利息理论的先驱。虽然他把利息与货币联系在一起，但这并不是由于分析方面的努力而正由于他缺少这种努力：后来终于回到一种分析前的观点的那种分析，而这种观点似乎已经被早先的分析证明是错误的，这时就对这一观点赋予了一种不同的含义。

〔6. 希腊哲学〕

就技术意义的经济学来说，我们从这里开始就不再讨论希腊的思想，也不会有任何损失。可惜的是我们在另一方面要失去很多。在哲学领域内几乎没有一种观念不是从希腊流传下来的，而许多这些观念虽然与经济分析没有直接关系，但却和分析家的一般态度与精神有较大关系，尽管我已小心地指出不应过分强调这些背景的影响。特别是各种后亚里士多德学派如怀疑论者、斯多葛派（禁欲主义）、伊壁鸠鲁派（或享乐主义）与新柏拉图主义者，不仅影响了罗马的折中主义者如西塞罗、塞尼卡之流，而且有助于直接塑造中世纪和更为晚近的思想。例如斯多

① 为了把这一点弄清楚，让我们比较一下亚里士多德和卡尔·马克思对于利息的不同态度。马克思至少和亚里士多德一样强烈谴责利息但如何分析利息的问题对他来说却显得更为重要。

葛派关于理性宇宙[①]由不变法则所控制这一观念所反映的思想态度，当然对我们不是毫无意义的。不过我们只能对伊壁鸠鲁（约公元前341—270年）[②]的说法作一简略回顾。

伊壁鸠鲁（或享乐主义）哲学可以作为一个典型的例子说明一条真理，即一套观念经过一定时间逐渐取得的含义和原先创始人所指的意思只有很疏远的关系。伊壁鸠鲁生于希腊文化时代，目睹城邦的迅速衰落。对希腊人来说，积极的生活意味着积极参加城邦的行政管理和政治。对于一个文化人来说，这种生活当时已不再可能。像其他许多人一样，伊壁鸠鲁对于由此而产生的伦理问题——也许可以称之为精神上不能使用精细头脑的问题——所作的回答就是遗世而独立，采取"宽容的隐退"以达到超然的宁静（ατασασια）。产生这种特殊态度——没有适当的词来代表德文Lebensstimmung——的原因，在历史上是独特的，实际上就和那个态度本身一样特殊——或者至少直到今天都是如此。但伊壁鸠鲁思想体系的三个要素，在中世纪后期，在文艺复兴时期以及以后都不断显现。三个要素中第一个是他的原子唯物主义，这与后来机械论的宇宙哲学相吻合，也许还影响了后者。第二个要素是：伊壁鸠鲁对待社会环境的态度可说是高度升华的、以自我为核心的享乐主义或幸福主义；虽然他的享乐主义或幸福主义与后代的享乐主义或幸福主义有很大的差别，特别是对快乐与痛苦所下的定义很不相同，但是从伊壁鸠鲁到赫尔维提斯与边沁，仍然是一脉相

① 理性的（rational）这个词在这里的意义，见下面第二章第5c节。

② 见C.贝利：《伊壁鸠鲁遗稿》（1926）；W.华莱士：《享乐主义》（1880）。

承的。边沁喧嚣的与粗俗的功利主义无疑地会使这位老哲人感到震惊。可是，不管我们多么不喜欢把他们联系在一起，我们还得把他们一同称为广义的享乐主义者。第三个要素是社会契约说，伊壁鸠鲁虽然不是创始人，但却是一个重要的倡导者。但这个观念由经院哲学派的前辈传给了倡导自然法则的哲学家，后者于十七、十八世纪采用了这个观念，这一事实与伊壁鸠鲁无关。

〔7. 罗马人的贡献〕

现在让我们来看一看罗马人更小的贡献。实际的需要——而不是如我所主张的知识冒险的引诱——是科学研究的主要动力这一学说，可以放在古代罗马的事例中加以检验。甚至在最早的时代，当罗马实质上是一个农民社会的时候，也有一些头等重要的经济问题曾经引起激烈的阶级斗争。第一次罗马与迦太基的布诺战争时期，重要的商业阶层已经发展起来了。到了共和国的末期，贸易、货币与金融、殖民地的管理、意大利农业的困境、首都的粮食供应、大庄园的成长、奴隶劳动等等都成了问题，这些问题在一个由军事征服与连年不断的战争的全部后果所造成的人为政治组织中，也许需要雇用一大批经济学家来设法解决。在文化成就的高峰，在哈德里恩与安东尼纳斯·庇亚士的时代，这种困难有许多暂时被搁置一旁。和平与繁荣在这块广大的领土上统治了一段时期，它的能干的统治者以及他们周围的才能出众的将军和行政官员也许可以使用智囊团。然而这种事并没有发生——只是偶尔有人对帝国的贸易逆差或大庄园带来意大利的衰败[①]发出呻吟。

〔**(a) 分析工作的缺乏。**〕 但这并不难以理解。在罗马的社会结构中,纯知识阶层没有自然的归宿。虽然它的复杂性与时俱增,但是为了我们的目的,可以把罗马的社会结构概括为农民、城市平民(包括商人与手工匠人)及奴隶。在他们之上有一个“社会”,无疑也有其业务阶层(大体上由骑士等级所代表),但主要由贵族组成。这些贵族不像伯里克利斯以后那个时代的雅典贵族,从未退居反对的地位过一种优雅的悠闲生活,而是把全部身心投入民事与军事的社会活动中。“共和国”就是它生存与它一切活动的中心。随着视野的不断扩大和文化教养水平的提高,它培养出一种对希腊哲学与艺术的兴趣,发展了一种自己的(主要是派生的)文学。不过这些事都只是稍加涉猎,肯定是当作消遣,其本身基本上是没有价值的。在任何科学领域内,都没有留下多少精力进行严肃的工作。西塞罗(公元前 106—前 43 年)的代表作即足以显示这一点。[②] 这一缺陷未能也不可能由鼓励外国人和自由人去做而得到弥补,因为这两种人主要从事于逐利的实际工作。

当然,这种结构的社会一定会热衷于历史,主要是它本身的历

① 这句话——大庄园带来意大利的衰败——是老普林尼(23—79 年)讲的。他除了显而易见的事情以外,一无所见,特别是他没有看到大庄园既是意大利衰败的原因,也是其衰败的结果。这一事实本身就说明了对于一个既能干、又很有教养的罗马人来说,需要有一种什么样的经济学才合适(虽然它并不比我们自己的大众经济学更糟)。

② 《论共和国》是和我们学科最接近的一本书。然而除去它直接和间接地告诉我们那个时代的经济状况而外,其中很少有什么能引起经济学家的兴趣。这个说法对于《致阿狄卡斯的书信》更为适用。

史。事实上这是罗马人满足其科学好奇心的两种途径之一。但这种好奇心的特点是它只局限于政治史与军事史，对社会与经济方面的背景只是草草地勾画一下——甚至恺撒时代亦复如此——社会骚动情况仅以极其简要的一般性考虑来加以报道。唯一重要的例外是泰西塔斯(约 55—120 年)的《日耳曼尼亚》。

〔**(b) 罗马法的重要性。**〕 满足科学好奇心的另外一个途径是法律。为了弄清罗马在这方面所取得的成就的性质，以及为什么罗马法不像其他法律体系，竟能在经济分析史中占有地位，我们必须回顾几个事实。读者也许熟悉英国将法律材料分为普通法与衡平法的做法。古代罗马也有类似的区分。有一种老的、形式主义的民法(jus civile, jus quiritium)，可是与英国的习惯法不同，只适用于公民(quirites)的事务。直到公元 212 年，公民只构成帝国自由居民的一部分。这个民法[①]是通过一个高僧团(pontifices)和一个负责司法行政的执政官(praetor urbanus)的"解释"发展起来的。这种增加出来的法律材料与英国的衡平法有些相似。但是在某种程度上可以和英国衡平法相提并论的材料，大部分来自另一个根源，即非公民(peregrini)之间或公民与非公民之间的商务与其他关系。应用于这些方面的一套法规叫做 jus gentium。请注意这个名词在罗马时代的用法和它从十七世纪以来开始获得的含义，即国际法(droit des gens, völkerrecht)，并没有什么关系。因为这一套法律系由负责另一行政部门的另一个执政官(praetor

① 读者不要把这里所说的民法与现代英美法学家所谓的民法相混淆。照后者的说法，他们的所谓民法单纯指保存于《民法集成》(参阅下一个脚注)的全部罗马法，并由中世纪与现代的实际应用发展而成者。

peregrinus)所建立并主要由他创立,所以它与负责司法行政的执政官所建立或创立的法规统称为“执政官法”(jus honorarium);每一个执政官都在其任期内通过法律公告颁布并实施执政官法。当然,此外还不断有各种特别法规。公元四世纪前没有人把这些法律全面地加以法典化或者汇编在一起,虽然在哈德里恩王朝那些执政官的法律公告曾被一项法令融合和固定下来。不过我们有一本第二世纪的教科书,名叫《法典教科书》(*Institutions*),系由一位教名为盖叶厄斯的法学家所著。

英美传统的法理学,亦即他们进行法律推理的技术以及应用于个别案件的一般原则的总和,大部分属于最高法院的工作。人所共知,他们的决定连同所根据的论证具有一种类似于法令的权威。同样的实际需要在罗马也产生过类似的成就,但方式不同。英美最高级的法官都是职业法学家,而且至少在原则上是非常著名的法学家——具有高度个人权威的法律界领袖。罗马的法官都是外行——类似我们的陪审员——必须别人告诉他们法律是什么东西。除去一群没有多高地位的职业辩护士(Causidici)而外,执业的律师们也是外行。弥补这种缺陷的方法,是没有类似的例子可以比拟的。有地位和闲暇时间的人对法律问题发生了兴趣,差不多成了一种嗜好(除非他们是教法律的;就我们所知,第一个教授法理学的是 M. 安替修斯·拉比奥;第一个设立学校的是马休里厄思·沙宾纳斯,约公元 30 年)。他们感兴趣的不是个别的案件而是与解决这些案件有关的逻辑原理。他们既不做辩护工作,也不做其他的法律工作,只是当他们接受当事两造、律师或法官的咨询时,就有关法律要旨发表意见。他们权威之大,可以与英国的法官相比。奥古斯塔斯首先对这种权威给以官方的承认。对于这些"法学家"中较为著名的人士,他授予一种发表上述意见的特权,叫做 jus respondendi。这些意见形成一篇篇短小的专论,连同比较全面的著作(例如对法律公告的解释),构成了极为丰富的文献,其残存的大部分都保存在为贾斯蒂尼安《全集》(528—533 年)[①]所作的摘录中,直至今日还受到人们的赞赏。

我们提及上述这一文献,是因为它具有纯粹的科学性。那些法学家分析了事实,提出了一些原理,不仅带有规范性而且至少隐含着解释性。他们创立了一套法理逻辑,可以应用于各种各样的社会形态——实际上适用于任何承认私有财产与"资本主义"商业的社会形态。如果事实是属于经济性质的,他们的分析就是经济分析。不幸的是,这种分析的范围受到他们眼前实际目的的严格局限。这就是为什么他们归纳出来的是法学原理而非经济原理。我们受益于他们的主要是一些定义——例如价格、货币、买卖、各

① 对这个汇编简单说一说也许有些读者是欢迎的。公元 528 年贾斯蒂尼安皇帝指派了一个法学家委员会,由他的财政部长(quaestor sacri palatii)特里邦尼亚纳斯任主席,以便将枝节繁多的法规与法律文献削减整理成便于掌握的形式。除了以后加上去的皇帝敕令(Novellae)而外,名为《民法集成》(*corpus juris civilis*)的这个汇编首先包括《法典教科书》,这是根据盖叶厄斯的著作为初学者编写的一本教科书;其次是《罗马法典》,包括从那些咨询法学家的著作中摘录的大量引文;第三是抄本,这是现行皇帝敕令的转载。我们感兴趣的仅是《罗马法典》。不幸得很,贾斯蒂尼安下令将所有不包括在上述文献中的东西一律销毁。但是法学家委员会至少还算有头脑,没有把包括在《民法集成》中的引文弄得支离破碎。因此《罗马法典》虽具有法律的效力,但所包含的并不是碾碎的宝石——割裂成法典的一段段条文——而是保留了宝石本身,这是一种独特的法典化的方法。让我们向其中最伟大的几位执笔者致敬:朱利叶斯·保罗斯,塞尔萨斯,潘平尼亚纳斯,摩德斯廷纳斯,亚非利肯纳斯与萨尔维厄斯·朱利亚纳斯——这个顺序是按照我个人的喜爱排列的,不能指望人人同意。

种贷款(mutuum与commodatum)、两种类型的存款(定期与不定期)等等——这些定义为后来的分析提供了起点。不过他们并没有超过这些起点。任何定理——例如关于价格的变化或"不规则"存款的经济重要性,所谓不定期存款并不规定必须偿返原物,只要求归还"同样多的同类物品"(tantundem in genere)——都是不相干的离题话。所以如果说《民法集成》[①]有什么经济理论,是不大确切的——无论如何谈不上有清晰的经济理论——虽然确实可以说罗马的法学家在弄清概念方面做了初步的工作。[②]

这项工作的重要性——以及每个研究这一文献的人清晰思考方面所受的训练的重要意义——由于一个奇妙的事实而大为增加,那就是《民法集成》的法学从十二世纪以来又开始传授,随后就恢复了它在大多数欧洲国家法庭上的权威(即所谓"接受"了罗马法)。直到十八世纪末期,大多数论述经济问题的作家,假如不是商人,就是僧侣或职业法学家;这两种类型的经济学家的学术训练

① 不过还请参阅保罗·奥尔特曼的《民法集成的国民经济学》(1891)。这本书虽然有些部分已嫌陈旧,仍不失为这个课题的权威性著作。

② 不过有一点值得提出。朱利叶斯·保罗斯(1.罗马法典,XVIII,I)基本上像亚里士多德那样(从直接物物交换的不方便出发)解释货币的性质。他的话说得很明确,不须再加评论,可他加了下面一句话,就不同了:他说制造货币的材料(materia forma publica percussa),usum dominiumque(这可以有把握地译成购买力)non tam exsubstantia praebet quam ex quantitate,这一段话曾经困惑了许多评论家,成了十八世纪引起争论的一个问题。看来它好像抛弃了前一句话明确指出的金属主义理论。但我认为不必把这句"旁白"看得太重。此外还有quantitus这个词,使得有些人将货币数量理论归功于保罗斯。但是这段话并没有指出在货币数量与其购买力之间有相反的关系。而且quantitus这个词很可能是指"名义价值"而不是数量,这是它在中世纪与十六世纪有关货币的文献中的含义。保罗斯可能是说,人们在日常交易中使用货币时,通常只注意硬币的名义价值,而不会自觉地想到它的材料的商品价值。

大部分来自罗马法与宗教法规，所以有一条自然的渠道使得罗马法学家的概念、精神、甚至某些癖性、习气，都一齐进入了经济分析的领域。自然法则是这些概念中基本的一个。不过就像在讨论亚里士多德时曾经遇到它一样，我们还得推迟一下，暂不考虑，以后对它的发展加以连贯的叙述，也许更为合适。

〔**(c) 农业方面的著作。**〕 现在我们暂时转入一个次要的问题，即罗马在农业方面的著作(De re rustica)。这方面的经济文献罗马人似乎曾经广泛地下过工夫，不过研究经济史的人要比我们更感兴趣。它讨论的是农田管理或者不如说是地产管理的实际工作原则，但对于我们研究范围内的问题则很少涉及。举例说，老加图劝告土地所有者趁上了年纪的奴隶还能干话儿赶紧把他们卖掉，并劝告土地所有者视察农庄时尽可能显得严厉。这些忠告无疑在许多方面很有启发意义，然而这里面并没有任何经济分析。有些作家，其中我们只需提到瓦罗与科卢梅拉，偶尔也提出一些与后来的经济分析有关的看法。例如，最有利地利用一块土地，除了其他因素外，取决于它与消费中心的距离。但是在这些场合，也和其他场合一样，光是叙述一些众所周知的常识，是没有科学意义的；除非它们能成为分析的起点，从中得出更为有趣的结果。①

① M.德仑休斯·瓦罗(公元前116—前27年)是一个相当著名的人物。在他漫长的一生中，他就各种各样的课题，写出了几乎令人难以置信的大量著作。尚存的遗作中有《论农业》，上述看法就见于这一著作中。L.胡尼厄斯·莫德拉塔斯·科卢梅拉(公元一世纪)所著的《论农业》，则远没有瓦罗的著作令人感兴趣，这本书主要讨论蔬菜、树木、花卉等等的栽培以及动物的养殖。

〔8. 早期基督教思想〕

我们现在暂时转向公元一至六世纪的基督教思想,在这样做的时候,我们并没有脱离希腊—罗马的世界。在谈过我们目标的性质以后,显然要从宗教著作本身中去寻找"经济学"是没有意义的。我们所能发现的有关经济问题的看法——例如信徒们应该出售他们自己的东西,并且布施给穷人,或者他们应该借钱给别人而不指望从中得到任何东西(甚至可能不指望偿还)——都是一些理想的要求。这些要求构成了一般生活方式的组成部分,并且表达了这种一般的生活方式,除此以外,没有任何其他东西,根本谈不上有什么科学的命题。

但是在这几个世纪中奠定了基督教传统的那些伟大人物的著作中,同样也没有任何值得积累的精神财富。这倒需要简单解释几句,因为基督教既然以社会改革为目标,我们也许可以指望这个运动会推动人们去进行分析,就像我们这个时代的社会主义运动一样。然而无论在亚历山大的克莱门特(约150—215年),或在特吐里安(155—222年),或在西普里安(200—258年)的著作中都没有这类东西,虽然其中有少数几个人对周围经济现象的道德方面确实很关心。他们劝诫人们反对荒唐无度的奢侈与不负责任的发财致富;他们乐善好施,对世俗的财货持克制态度。但是他们完全不搞什么分析。进一步说,假如在特吐里安劝告人们满足于国内农业工业的简单产品而不去追求进口奢侈品这些话后面怀疑有什么重商主义理论,或者从他观察丰富与稀少对物价有关这一点怀疑有什么价值论，那就荒谬可笑了。后来的基督教教士们亦复如此。对于他们所重视的课题，他们并不缺乏精密性，而且的确发展了推理的技巧——部分地来自希腊的哲学与罗马的法律。可是无论拉克坦蒂厄斯（260—340 年），或者安布罗修斯（340—397 年）——他曾说过富人认为他们自己所持有的公共财货是他们合法的财产，这一点也许本来可以说得稍许详细一些——或者克里索斯托马斯（347—407 年），或者写作《上帝之城》与《忏悔录》的那位造诣很高的圣奥古斯丁（354—430 年）——他的“附论”显示了他有分析问题的习惯——都从未涉猎经济问题，虽然他们确实触及基督教国家的政治问题。

似乎可以作这样的解释：不管我们对早期基督教的世俗方面作什么样的社会学诊断，显然基督教会除去力图从道德上改造个人行为外，并没有什么社会改革的目标。没有一个时期，甚至在它胜利以前，大致从君士坦丁的米兰敕令（313 年）算起，教会曾经试图对现存的社会制度或任何较重要的习俗作正面攻击。它从未向人们许诺来生有一个经济的天堂，或者是今生的经济乐园。当时无论它的领袖或它的作家都对经济机制如何起作用和为什么会起作用的问题不感兴趣。

第二章　经院学者和自然法哲学家

1. 大缺口
2. 封建主义和经院哲学
3. 经院哲学与资本主义
4. 经院社会学与经济学

　〔(a) 从九世纪到十二世纪末〕

　〔(b) 十三世纪〕

　〔(c) 从十四世纪到十七世纪〕

5. 自然法概念

　(a) 伦理—法律概念

　(b) 分析概念

　(c) 自然法和社会学上的唯理论

6. 自然法哲学家:十七世纪的自然法分析

　(a) 新教或世俗经院学者

　(b) 数学与物理学

　(c) 经济的和政治的社会学

　(d) 对经济学的贡献

7. 自然法哲学家:十八世纪及其以后的自然法分析

　(a) 人性科学:心理主义

(b) 分析美学与伦理学

(c) 自身利益、共同利益以及功利主义

(d) 历史社会学

〔(e) 百科全书派〕

〔(f) 半社会主义作家〕

〔(g) 道德哲学〕

1. 大缺口

西罗马帝国覆亡后，东罗马帝国凭借世人所见到的最令人感兴趣、最为成功的官僚政治，又存在了一千年。拜占庭诸皇朝中的许多运筹决策人士，都是当时知识界的精英。他们处理了法律、货币、商业、农业和财政方面的大量问题。我们不能不感到他们一定从哲学观点探讨了这些问题。不过，即使他们探讨了，探讨结果也已散失。这里应该提到的推理文件，一件也没有保存下来。

在西部日耳曼语系诸邦里，甚至在查理曼时代以前，就出现了同样的问题，我们可以从文学作品和官方文件中相当清楚地了解它们如何处理这些问题。但是，查理曼的广大帝国遇到的内政和国际关系方面的问题，却是在他之前的日耳曼统治者所未曾见过的。不过，查理曼时代的实际智慧虽说不低于任何其他时代，却只反映在所采取的措施上。点缀查理曼宫廷的历史学家和哲学家，即使提到经济问题，也只是偶然提到。① 就我们的题目来说，我们完全可以跳过五百年，而进入圣·托马斯·阿奎纳(1225—1274

① 读者可以参阅 M. L. W. 莱斯特纳的《公元500至900年西欧的思想与文学》(1931年)一书，该书对当时知识界的情况作了富有启发意义的描述。

年)的时代。圣·托马斯的《神学大全》[①]在思想史上的地位,犹如卡尔特大教堂的西南塔尖在建筑史上的地位。

2. 封建主义和经院哲学

圣·托马斯生活在封建文明的鼎盛时期。封建文明这个词使人想到一特殊类型的武士社会,即一种由武士阶层统治的社会。武士阶层是按照臣属原则,即按照封有采邑的领主和骑士这种等级制度组织起来的。从这种武士等级制度的观点来看,自由人和非自由人之间的区别,已在很大程度上丧失了其原来的意义。重要的不再是一个人是不是自由的,而是一个人是不是骑士。即使是"德意志籍的神圣罗马帝国的皇帝"——这是他的正式称呼——也首先是骑士,而且他也感到自己是骑士,他在理论上被看作是整个基督教世界最高的封建领主。即使是非自由人,一旦有了马和武器,学会了怎样使用它们,也就成了骑士。骑马和使用武器本来是很简单的事,但到了圣·托马斯时代却变成了技术性很强的工作。武士阶级享有至高无上的权力和尊严,因而封建时代的文明便打上了武士阶级的文化烙印。

① 新版:《天使博士圣·托马斯·阿奎纳著神学大全,由鲁比斯、比留亚特和阿利奥拉姆仔细校订》(陶里尼,1932年)。这部著作虽说没有写完,却随着岁月的流逝获得了至高无上的权威地位。但它包含许多在圣·托马斯的时代看来是革命的内容,因而他死后不久,书中的许多命题便被宣布为异端,虽然作此种决定的只是某些地区。1932年对托马斯的加圣典礼标志着潮流的转向。不过,直到十六世纪,天主教才明确无误地团结在他的学说周围。教皇利奥十三世颁布的《永恒之父》通谕(1879年)把他的学说定为天主教的官方教义。

这种社会金字塔的经济基础，是依附于领主的农民和从属于采邑的工匠，他们养活了武士。我们因此而似乎看到了一种结构性单位，它乍看起来正是“社会金字塔”这个词所要表达的意思。但这一画面很不真实。也许除了原始部落和成熟的社会主义外，社会并不是结构性单位，社会提出的问题，有一半产生于社会不是结构性单位这一事实。正如资本主义时代的社会不能用资本家和无产者来描述那样，封建时代的社会也不能用骑士和农民来描述。罗马的工业、商业和金融业并没有在所有地方都被摧毁。即使在它们已被摧毁的地方，或者在它们从不曾存在的地方，它们——从而具有资产阶级性质的阶级——在圣·托马斯时代以前也已发展了起来，或再一次发展了起来。在许多地方，这些阶级已很强大，超出了封建组织的框架。由于骑士的战争艺术一般攻不破设防良好的城市，这些阶级已成功地反抗了封建领主的统治，最为引人注目的例子便是伦巴第诸城市反抗封建领主的斗争取得了胜利。所以，从历史现实来看，封建主义指的是两种社会制度的共生，这两种制度在本质上是不同的，而且在很大程度上是相互对立的，尽管不是完全相互对立。

但还有另一个并非源自封建主义、也不具有封建性质的因素，即罗马天主教会。这个因素对于我们来说是最重要的因素，而武士阶级既未能同化它也未能征服它。我们不能讨论中世纪教会与封建势力之间极为复杂的关系。需要掌握的基本要点是，教会不单纯是封建社会的一个器官，而是有别于封建社会的有机体，总是凭借自身的力量就是一种势力。无论教会有时与封建国王或封建领主联合得多么紧密，或对他们的依附多么严重，也无论教会有时多么接近于失败或接近于被迫为武士阶级效劳，它都从来没有放弃自己的权力，也从来没有成为武士阶级或任何其他阶级的工具。既然教会不仅总是能够表明自己的存在，而且还能经常向封建势力宣战并取得胜利，所以上述事实应该是显而易见的，无需费口舌来加以说明。但实际情况却不是这样，编史工作常常受到通俗马克思主义社会学的影响，很容易给人造成一种印象，用尽可能不加修饰的语言来说，这种印象就是：中世纪的思想仅仅是拥有土地的武士阶级的思想，只不过由其牧师来表达而已。这种印象不仅从拒绝接受马克思主义社会学观念的那些人的观点来看是错误的，而且从马克思本人的观点来看也是错误的。即便我们愿意把天主教的思想体系看作一种意识形态，它也是牧师的意识形态，而决不会与武士阶级的意识形态融为一体。记住这一点很重要，因为直到文艺复兴时期，天主教会几乎完全垄断着学术。这种垄断主要来自于天主教会在宗教上享有的权威地位。但那时的条件也大大加强了这种垄断，当时只有在修道院里，专业学者才有可能安下心来做学问。结果，那时的几乎所有“知识分子”要么是修士，要么是托钵修士。让我们简略看一下其中的一些含义。

所有这些修士和托钵修士都讲相同的非古典拉丁语；无论走到哪里，他们都听相同的弥撒音乐；他们所受的教育在所有国家是相同的；他们信奉相同的基本信仰体系；而且他们都承认教皇的最高权威。教皇的权威本质上是国际性的，因为修士和托钵修士的国土是整个基督教世界，他们的政府是教会。但事情到此并没有完。他们的国际化影响还因为封建社会本身也是国际性的而得到了加强。不仅教皇的权威在原则上是国际性的，而且皇帝的权威在原则上也是国际性的，同时在某种不同程度上，他们的权威事实上也是国际性的。这并非只是古罗马帝国和查理曼帝国使人产生的联想。当时人们不仅熟悉宗教上的超国家观念，而且也熟悉世俗的超国家观念。民族的划分在当时并不像后来十六世纪时具有那么大意义；在但丁的全部政治思想中最引人注目之处，莫过于完全没有民族主义色彩。由此而出现了实质上的国际文明和国际学术界，这并不是空洞的词句，而是活生生的现实。圣·托马斯是意大利人，约翰·邓斯·斯科特斯是苏格兰人，但两人都在巴黎和科隆教书，并没有遇到在飞机时代会遇到的困难。

不仅在原则上而且在事实上，几乎每个人只要愿意，就可以加入修士会，或加入托钵修士会。但教会内部的提升只是在原则上对每个人开放，因为武士阶级出身的人事实上占据了主教和修道院长的大部分职位。不过，非武士阶级出身的人并没有被完全排除在高级职位之外，甚至没有被排除在最高级职位之外；对我们来说比这重要得多的一点是，没有什么阻止他成为对思想和政策有影响的“核心人物”。可以说，修士和托钵修士就是教会的参谋部。而且在修道院里，不同阶层的人是平等的。因而很自然地，知识氛围常常充满了社会和政治上的激进主义，当然，激进主义在一些时候要比在另一些时候强烈得多，在托钵修士那里要比在修士那里强烈得多。在我们将要考察的文献中，我们只能看到一种高度稀释的激进主义，但毕竟还是看到了激进主义。

但是，怎样才能把激进的，从而也是批判性的思想态度，归之于一个其成员必须听从最高绝对权威指挥的社会集团呢？这种显而易见的自相矛盾很容易解决。修士和托钵修士的生活和信仰固然要服从教皇的权威,教皇的权威至少在理论上是绝对的,教皇说的话是不可更改的真理。但是,在教规和基本宗教信仰以外的领域,在不涉及信条的事情上,教皇并不负责指导修士和托钵修士的思想,也不规定结果。[①] 特别是,一般说来,教皇并不想在政治和经济思想领域里这样做,也就是说,他并不想迫使宗教界知识分子阐述和捍卫事物的某种世俗秩序,也不想迫使他们把这种秩序说成是不可更改的。教会是人间一切事情的法官;总是存在着与世俗权威发生冲突的可能性,而且这种可能性常常变为现实;修士会是教皇权威的重要工具,但这些并没有妨碍修士把世俗制度看作是人类创造的、从历史上看可以更改的事物。我并不想贬低基督教理想本身和戒律本身的重要性。但我们并不需要借助于基督教理想和戒律来认识到,修士在信仰和教规上服从权威,与他们在所有其他事情上享有广泛发表意见的自由毫无矛盾。我们甚至应当走得更远。修士由于其所处的社会地位——可以说,这种地位在阶级结构之外——而可以对许多事情采取超然的批判态度;不仅如此,在他们身后还有一种力量保护着这种自由。就政治和经济方面的问题来说,同后来的世俗知识分子相比,那时的宗教界知识分子受政治权力机构和"压力集团"的干涉,不是较多而是较少。

因此,我们认为,一些人指责宗教界学者由于盲目服从神学权威而无法进行科学推理,是没有根据的。不过,我们还是应该讨论一下一种特殊形式的指责。一些人否认宗教界学者的推理具有分析性质,其理由是,他们的论证只能是依据权威观点所作的论证:

① 后面将讨论显然与这种说法相矛盾的事实。

由于他们必须服从教皇的权威，因而他们要想证实或反驳某一命题，只能靠引证那一最高权威所承认的学术权威的观点来支持或反对该命题，别无其他办法。但情况并不是这样。只要引述一下圣·托马斯的话，便可以澄清这一点。他固然教导说，在涉及神启的事情上，权威——也就是受到神明启示的那些人的权威——具有决定性的重要意义，但他还教导说，在所有其他事情上（这当然包括整个经济学领域），根据权威观点所作的论证都是“极端没有力量的”。[①]

学术上的垄断伴随着“高等”教育上的垄断。在自七世纪以来由世俗领主和宗教领主建立的学校中，都是由教士来讲授希腊—罗马科学的片断知识以及他们自己的神学和哲学学说——像阿伯拉尔那样的杰出教师吸引了大批学生，偶尔也给主管当局带来许多麻烦。到十二、十三世纪，便建立起了自治的“大学”，其中一些是在上述学校的基础上建立起来的，另一些则是独立建立起来的。当时所谓的大学只不过是法人组织[②]，或者像在巴黎那样由教师组成，或者像在博洛尼亚那样由学生组成。没过多久，这些大学便分成了神学、哲学、法律和医学等“学院”。最初，王公贵族和主教同大学的关系，仅仅是授予法人特权和进行宗教上的监督。因此，

① “Nam licet locus ab auctoritate quae fundatur super ratione humana, sit infirmissimus...”《神学大全》第一卷，问题一，第八条，ad secundum。当然，经院哲学家都引证得很多，但我们也是如此。他们之所以——在他们同意权威观点的方面——要比我们更加遵从于权威，是因为他们强调的是集体意见而不是个人意见，而且他们非常重视教义的连续性。但仅此而已。

② Universitas 的最初含义只是法人。当时许多人加入这种自治的法人团体，仅仅是为了享有法律特权。这个词具有现在这种含义，是后来的事。

大学享有很大的自由和独立；它们给予每个教师的自由，要大于今天装备有仪器设备的大学给予每个教师的自由；它们是社会各阶层聚会的场所；它们本质上是国际性的。但自十四世纪起，政府创办的大学愈来愈多，而且逐渐控制了以前独立的学府。最后，情况发生了根本性变化。政府不仅使纯粹的功利主义目的在大学占了上风，而且还限制了大学的自由，特别是在讲授政治学说方面的自由。但是，由于宗教界教师有所倚仗，大学还是保持了相当大的独立性，直到十六世纪宗教分裂为止。

大学提供的机会自然加强了学者转变为教师这种久已存在的倾向。因为当时和现在一样，人们往往过分强调知识的传授而忽视知识的生产，所以中世纪的科学家当时而且现在仍然常常被称为教师或经院哲学家。为了消除流行的偏见，读者最好把经院学者仅仅看作是学院或大学的教授。圣·托马斯当时就是教授。他的《神学大全》，正如他在序言中告诉我们的，是为初学者写的教科书。

3. 经院哲学与资本主义

最终摧毁了圣·托马斯·阿奎纳世界的那些过程，通常可以用“资本主义的兴起”这个短语来概括。这些过程虽然无限复杂，却可以用概括性很强的几句话来概述，而不至于有很大错误。而且，虽然这些过程没有发轫的日期，却可以说其发展至少经历了几个世纪。虽说以前并非不存在资本主义企业，但只是从十三世纪起，它们才慢慢开始动摇多少年代以来束缚了但也保护了农民和手工业者的封建制度的基础，并开始画出现在或直到最近仍然是我们自己的经济形态的轮廓。到十五世纪末，习惯上与“资本主义”这个意思模糊的词相关联的大多数现象都已显露了出来，其中包括大企业、股票和商品投机以及“资金高速流转”。当时人们对所有这些现象作出的反应同我们现在作出的反应是一样的。[①] 即使在那时，这些现象也并非都是新的。真正前所未有的仅仅是它们的绝对的和相对的重要性。

不过，资本主义企业的成长不仅带来了新的经济形态和问题，而且还使人们对所有问题采取了新的态度。商业、金融和工业资产阶级的兴起，自然改变了欧洲社会的结构，从而改变了它的精神，如果愿意的话，也可以说改变了它的文明。在这方面最显眼的一点是，资产阶级获得了维护自身利益的权力。这是个从不同观点和不同角度看待工商业事实的阶级；总之，是个从事工商业活动的阶级，因而它决不会以经院学者的冷漠态度来看工商业方面的问题。但这一点却不如另一点重要。正如我们在本书第一编所看到的，更为重要的是要认识到，完全与维护其利益无关，随着工商业者在社会结构中的地位不断上升，他的思想也愈来愈多地灌输给了社会，正如在他之前骑士所做的那样。事务所的工作造成的特殊思想习惯、这种工作带来的价值图式以及这种工作对公众和私人生活采取的特殊态度，慢慢地扩散到了所有阶级那里，扩散到

① 金融业务在促进资本主义生产和商业的发展方面具有重要作用，因而对于确定资本主义兴起的日期来说，我们能够得到的最好指示物，就是有关流通票据和“派生”存款的法律和惯例的发展。在地中海沿岸，流通票据和派生存款都出现于十四世纪，虽然直到十六世纪票据的流通才得到完全的确立。参看 A. P. 厄谢尔：《欧洲地中海沿岸存款银行业务的早期历史》(1943 年)，以及 R. 德·鲁弗尔：《中世纪布鲁日的货币、银行业务和信用》，载于《经济史杂志》，增刊，1942 年 12 月。

了人类思想和行动的所有领域。叫人实在难以理解的是,这种转变被误称为文艺复兴。[①]

其中最重要的一个结果就是世俗知识分子(laical intellectual)的出现,[②]从而世俗科学的出现。我们可以区分出三种不同的发展。首先,以前一直就有世俗医生和律师;但在文艺复兴时期,他们开始排挤宗教分子。其次,世俗艺术家和工匠——当时这两者实际上没有社会学上的区别——从其职业上的需要和问题出发,开始(在例如解剖学、透视学、机械学等方面)积累用工具加过工的丰富知识,这种知识是现代科学的重要来源,但产生于经院科学之外:像列奥纳多·达·芬奇这样的人物就说明了这一点;而像伽利略这样的人物则说明了另外一点,也就是说明了这种发展是如何产生世俗物理学家的。经济学方面的情况与此相类似;工商

① 对古希腊和古罗马思想和艺术的兴趣的"复活",在那时的知识生活中之所以是一个非常有力量的因素,只是因为古代的形式为表达新的需要和意图提供了方便的工具。那一时期的真正文化成就并不在于修复了祖传的宝物。

② 选用"laical"(世俗的)这个词是经过一番斟酌的。secular、laymen、laicist 等词也都有"世俗"的含义,这里不使用它们的理由是:secular 在"secular clergy(寺院外教士)"与 regular clergy(寺院内教士)这一对词组中有另一种含义;laymen's science(俗人科学)与我们把 layman 这个词当作"外行人"(没有受过科学方法训练的人)来使用相冲突;laicist 有同教会相对抗的意思(例如比较一下"laicist state"〔世俗政权〕、"laicism"〔政权还俗主义〕等短语)。所以我们选用了"laical"这个词,用来表示未担任圣职的人,或表示这些人从事的(科学或宣传)活动。它的名词形式是"laics"。不过,还有一个更为严重的困难。一方面,天主教会的教育体系非常强大,致使许多世俗知识分子仍然受它的影响。许多世俗知识分子的思想习惯,实质上与宗教界知识分子的思想习惯没有什么不同。另一方面,越来越多的宗教界知识分子完全像俗人那样,不再忠于经院思想体系,鹿特丹的伊拉斯谟(1467—1536年)就是早期的例子。所以,我们所作的区分虽然以真实的差别为依据,但掌握起来却不那么容易。这不仅仅是穿不穿黑色教士服的问题。

业者和公务员同艺术家和工匠一样，也从其实际需要和问题出发，开始积累丰富的经济学知识，这一点将在下一章讨论。最后，产生了古典文学研究者。从职业上说，他们是研究古典文学的学者。他们的科学工作在于批判性地编辑、翻译和解释十五、十六世纪可以获得的希腊文和拉丁文原文。但他们喜欢认为，一个人只要掌握了希腊语和拉丁语，就会无所不能；这种看法加上他们——在经院之外——享有的社会地位，使他们不仅对希腊文和拉丁文原文品头论足，而且对人类、对风俗、对信仰、对各种制度也品头论足，他们由此而成了全知全能的文人。不过，他们并没有对经济学本身发展作出贡献。对于我们来说，他们之所以重要，只是因为他们影响了其时代的一般知识环境。

就世俗医生或律师本身来说，天主教会没有理由嫌恶他们，而且实际上也没有嫌恶他们；教会是艺术家和工匠最慷慨的保护人，因为艺术家和工匠的工作在很长一段时间内仍然主要是宗教性质的；在教皇的办事机构内和另一些地方都雇用有古典文学研究者，而且文艺复兴时期的教皇和主教一向鼓励古典文学研究工作，因为一些教皇和主教本身就是著名的古典文学研究者。尽管如此，最终还是发生了冲突，所以这是个值得研究的问题。把画面全部涂成黑色和白色，丝毫无助于判断问题的性质。人们常常听到的传说是，一道新阳光照射到了人间，黑暗势力拼命反抗，或者是，对权威顶礼膜拜的人们气量狭小，枉费心机地力图扼杀自由探索的新精神。这类英雄传说是毫无意义的。把这种冲突与宗教改革这一与其相关联但完全不同的现象搅和在一起，也无助于我们理解这种冲突——知识革命和宗教革命固然是相互促进的，但它们却具有不同的根源;它们相互之间并没有单纯的因果关系。

所谓“资本主义的新精神”这样的东西是根本不存在的,也就是说,并非人们得先具有新的思维方法,然后才能把封建经济转变成与其完全不同的资本主义经济。一旦我们认识到纯粹的封建主义和纯粹的资本主义是我们自己的头脑凭空捏造出来的东西,那么,是什么把封建经济转变成了资本主义经济这样的问题也就不复存在了。[①] 封建社会包含着资本主义社会的所有胚芽。这些胚芽缓慢地生长,但每一步都留下了自己的脚印,每一步都使资本主义方法和资本主义“精神”有所发展。同样,所谓“自由探索的新精神”这样的东西也是根本不存在的,因而也就不需要对它的出现作出解释。中世纪的经院科学包含着文艺复兴时期的世俗科学的所有胚芽。这些胚芽在经院思想体系内虽然生长得很缓慢,但却一点一点地在生长,所以十六、十七世纪的俗人是继承了而不是摧毁

① 这个问题是所谓“虚构问题”的一个典型例子。所谓虚构问题就是分析家自己使用的分析方法带来的问题。为了叙述的简明,我们常常为各种社会“制度”构想抽象的画面,赋予这些画面以一些界线分明的特征,使各种社会制度形成鲜明的对照。当然,这种(在逻辑上)建立理想类型的方法(我们将在下面讨论这种方法)是有用的,虽然它不可避免地会使事实扭曲变形。但是,如果我们忘记了所构想的画面在方法论上的性质,使“理想的”封建人与“理想的”资本主义人面对面地站在一起,那么,就会产生一种人如何转变为另一种人的问题,尽管从实际历史情况来看,并不存在这样的问题。令人遗憾的是,马克斯·韦伯利用其崇高的权威地位,提倡这样一种思维方法,这种方法只不过是对理想类型方法的滥用而已。因而,他着手为一个过程寻找解释,而实际上只要充分注意历史细节,这个过程是不解自明的。他在宗教改革带来的新精神——即对生活和其价值采取的不同态度——中找到了解释(《新教伦理与资本主义精神》,塔尔科特·帕森斯译,1930年;并参看R. H. 托尼:《宗教与资本主义的兴起》,1926年;与此观点相反的著作,参看H. M. 罗伯逊:《经济个人主义兴起面面观:对马克斯·韦伯及其学派的批判》,1933年)。历史对这种解释的反驳是非常明显的,我们无需再多啰唆。重要得多的一点是看出其中包含的方法论上的根本错误。

了经院哲学家的工作。即使在人们最坚决地否认这一点的领域中，情况也是如此。甚至在十三世纪，大阿尔伯图斯就曾观察，罗格·培根就曾试验和发明并坚决认为需要有更强有力的数学方法，尼穆尔人约尔丹纳斯就曾以不折不扣的"现代"精神进行推理。① 甚至日心说也不是从外部投向经院哲学堡垒的炸弹，而是产生于堡垒内部。尼古拉·库萨纳斯(1401—1464年)是个枢机主教。哥白尼本人是司铎团司铎(虽然他实际上没有接受圣职)，是宗教法规博士，终生都生活在教会圈子里，而且克雷芒七世曾称许他的著作，希望看到它的出版。② 这丝毫没有什么令人惊奇的，

① 例如参看皮埃尔·迪昂的《物理理论的起源》(1905年)和《静力学的起源》(1905—1906年)；并参看《列奥纳多·达·芬奇研究》(1906—1913年)。

② 这里应简单谈一谈后来围绕哥白尼的天文学体系展开的斗争，一方面是为了展示传统英雄传说中的真理因素；另一方面也是为了还这种传说的本来面目。尼古拉斯·哥白尼(1473—1543年)的手稿完成于1530年或1530年前后。在随后的几十年中，他的思想的传播没有遇到任何阻障。固然那些仍然坚持托勒密体系的教授们反对，甚至嘲笑哥白尼的思想，但对于具有如此重大意义的学说来说，这是我们应该预料到的。十六世纪末叶伽利略成为哥白尼学说的虔诚信徒时，他所惧怕的正是这种嘲笑，而不是宗教法庭。另一个哥白尼学说的信徒奇奥达诺·布鲁诺被宗教法庭处以极刑(1600年)，并不是反证，因为他还坚持纯粹神学上的异端观点，而且对基督教公开表示蔑视。但是，当伽利略(1613和1632年)最后决定站出来支持哥白尼学说时，该学说确实已被宗教法庭的一些神学顾问——不过，不是被贝拉明枢机主教——宣布为异端了，因而禁止他坚持或讲授这种学说；当他未能遵守诺言服从宗教法庭时，他被强制公开宣布放弃这一学说，并被监禁了两个星期。重要之点不仅在于在这个事例中，一种纯粹的物理理论被认为是冒犯神学的，倡导这种理论的科学家受到了迫害，而且还在于，在或多或少按字面含义解释经文的时代，总是存在发生这种事情的可能性。这就是英雄传说中的真理成分。但很显然，这个事例是很特殊的；对于大部分科学工作来说，并不存在这种可能性。另外，就伽利略来说，使情况复杂化的是，他很容易感情激动，并且不幸在性格上桀骜不驯，天生就具有招惹权贵怨恨的才能。而哥白尼本人的情况，以及直到1613年他的学说的整部命运史则表明，假如在这件事情上采取较为圆滑的处理方法，本来是可以避免遭受迫害的。

因为正如我们已经看到的,教会的权威并不像人们所认为的那样是自由研究的绝对障碍。流行的印象之所以与此相反,是因为直到最近,世人只乐于接受教会的敌人提供的证词,而这种证词却是盲目仇恨和过分夸张个别事件的产物。在最近二十年左右的时间内,较为公正的意见慢慢占据了优势。这对我们来说是件好事,我们因此而可以比较容易地评价经院学者在经济分析领域取得的科学成就。

因此,如果剥掉带有党派色彩的外衣,冲突的真面目就很容易显露出来。冲突主要是政治性的。世俗知识分子,无论是天主教徒还是新教徒,常常把教会当作一种政治力量来反对,而在政治上反对教会很容易转变为异端。教会在世俗知识分子的著作中嗅到的,正是这种政治上的反对态度以及转变成异端的附带危险。教会的感觉有时是错的,但也常常是对的。这使教会过于敏感,甚至是与教会政治或宗教毫无关系的著作,也会使它作出反应,而假如是政治上和宗教上可靠的教士发表的著作,就不会受到教会的注意。不过还有另外一点,这一点虽然重要性有限,但对于我们来说却具有重大意义。科学界似乎并不总是善于接受新事物。而且,教授是这样一种人,他们在气质上不愿承认别人是对的。所有时代和所有地方的情况都是如此。然而,在伽利略时代,除了已经改信新教或正在改信新教的国家外,大学都掌握在修士会手中。修士会乐于接受新修士,愿意向他们敞开从事科学事业的大门。但他们却不欢迎那些没有加入修士会的人从事科学工作。因此,在这两派知识分子之间便发生了利害冲突,彼此相互对立。所有时代都提供了令人发笑的例子,说明科学界同行是如何反对标新立异者的，可是在大学虽然并不总是听命于教皇但总是听命于宗教法庭的时代，这方面的例子有时却叫人笑不出来，反而使人感到痛心。但这并不意味着那些教授仅仅是背诵亚里士多德的原文。

4. 经院社会学与经济学[①]

圣·托马斯把用工具加过工的知识领域分为仅仅依赖人类理智的科学（其中包括“自然神学”）和“超自然神学”两部分。后者也是一门科学，不过是一门很特殊的科学，因为与所有其他科学不同，它不仅要利用人类的理智，而且还仰仗启示（《神学大全》，

① 在最近的半个世纪，有关中世纪经济情况和经济发展过程的研究著作急剧增加，多得除专家外人们只能望洋兴叹。这些文献常常提及中世纪的经济思想甚至经济分析，但它们是以另一种态度或从另一种观点提到经济思想或经济分析的，致使它们提到的东西对于我们的目的来说几乎没有用处。据我所知，这类著作中最有用的一本是 W. J. 阿什利的《英国经济史与经济理论导论》（1888 年和 1893 年；特别是第一卷第 3 章和第二卷第 6 章），该书虽然已经过时，却是一本很有特色的著作。W. 恩德曼的《有关罗马法典的经济研究和法学研究》（1874 年和 1883 年），仍然是论述经院经济学说的权威著作，尽管该书存在一些严重缺陷。G. A. L. 西布拉里奥的《论中世纪的政治经济学》（1839 年）一书写作年代更早，但也仍然是有用的。V. 布兰特斯的《中世纪的政治经济学。十三和十四世纪经济理论概述》（1895 年）和 H. 皮伦内的《中世纪欧洲经济社会史》（英译本 1936 年）合在一起，用欧洲大陆的材料补充了阿什利的著作。J. W. 汤普森的《中世纪经济社会史》（300—1300 年）和（1300—1530 年）〔1928 和 1931 年版〕也补充了阿什利的著作。还可参看 G. A. T. 奥布赖恩：《论中世纪的经济学说》；E. 施赖伯尔：《经院学者的国民经济观……》（1913 年）；M. 比尔：《十三世纪至十八世纪中叶的英国早期经济学》（1938 年）；H. 加尼尔：《公平价格观念》（1900 年）；B. 贾勒特：《中世纪的社会学说》（1926 年）；后面还将提到另外一些著作。关于“背景”，特别参看 M. 德·伍尔夫：《中世纪哲学史》（梅辛杰的英译本，1925—1926 年），既然经院哲学在当代的复兴是一种谁也不能忽视的现象，所以还请读者参看他的《新经院哲学导论》（1904 年；科菲的英译本，1907 年）。我并不认为上面列出的著作是最好的书目，而只是认为它足以充当进一步研究的起点。

问题一)。[①] 在这个似乎已被普遍接受的图式中,社会学和经济学没有自己独立的位置。最初,它们是道德神学或伦理学的组成部分,而道德神学本身又是超自然神学和自然神学的组成部分。后来,特别是在十六世纪,社会学和经济学方面的问题归入了经院法学体系。个别问题,主要是有关货币和利息的问题,偶尔也单独讨论。政治问题也是这样。但经济学作为一个整体却从来没有被单独讨论过。对于我们的目的来说,最好是根据经济问题受到注意的程度,把经院思想的历史演进分为三个时期。

〔(a)从九世纪到十二世纪末。〕 三个时期中的第一个时期是从九世纪到十二世纪末,这是经院思想积聚力量的时期。除了纯神学问题外,引起那时的思想家注意的,主要是有关知识的理论或哲学问题。就我所知,在像埃里金纳、阿伯拉尔、圣·安塞姆或索尔兹伯里的约翰(暂且只举这几个例子)那样的领袖人物的著作中,没有一段推理文字可以归入经济分析的领域。所以,我们的计划使我们不能讨论他们的功绩,虽然这不可避免地会限制我们对经院思想的一般发展的了解。尽管如此,还是要提到两件事。我们将称他们的功绩具有(I)柏拉图倾向和(II)个人主义倾向。

I. 欧洲在一连几个世纪遭受野蛮部落的蹂躏之后,必须

① 关于这个问题有两点值得注意。首先,亚里士多德是根据所研究的对象给每一门科学下定义的。而圣·托马斯则认识到,不同的科学常常研究相同的事物,使一门科学区别于其他科学的不是研究对象而是认识过程。其次,圣·托马斯当然没有否认,超自然神学也使用逻辑方法(第一卷,问题一,第8节)。真正的区别在起点上,超自然神学与其他科学一样,认为起点是给定的,无需加以讨论。就超自然神学来说,起点是启示,而就所有其他科学来说,也许除纯形式科学外,起点则是其他科学,或者是对事实的直接观察。圣·托马斯没有提出后一个命题,但这个命题显然包含在他的论述中。假如他明确提出这个命题,本来是可以避免对经院思想的许多误解的。

重建自己的文化。在缓慢而艰苦地重建文化的过程中，残留的古代文献自然享有至高无上的重要地位。不过，残留的文献大都直到十二世纪人们才能得到，能够得到的又有许多当时的学者看不懂，或者只有很糟糕的译文。在这些残留的少量文献中，柏拉图的影响和新柏拉图派的影响，或者直接居于支配地位，或者通过圣·奥古斯丁哲学而间接居于支配地位。而柏拉图的影响又不可避免地使柏拉图提出的理念问题，即有关一般概念性质的问题处于显著地位。因此，经院学者在纯哲学方面首先是就这个问题展开了最著名的讨论，而且直到十五世纪末，这种讨论一次又一次地复燃。对此我们不应感到惊讶，也不应认为由此而确凿地证明了经院思想的贫乏。因为很显然，提出这个问题只不过是以特殊形式提出了一般纯哲学问题。所以，说经院学者从未停止讨论这个问题，只不过是说，虽然他们也关心许许多多其他事情，但他们却从未放弃对纯哲学的兴趣。总的来看，可以这样说，“唯实论”观点——根据这种观点，只有理念或概念本身具有真实的存在，所以这种观点的含义同**我们**现在所谓唯实论观点的含义正好相反——直到十四世纪都或多或少地占据支配地位，十四世纪以后，斗争形势才变得有利于与其对立的“唯名论”观点。①

① 重要的是要记住，在经院时代，某一思想学派往往被认为，甚至自认为是属于某一修士会的。例如，方济各会就是唯名论哲学的堡垒。这种现象很好理解，我想无需加以解释，但却需要强调其重要性，因为它还表现在其他一些事情上：后期经院学者对邓斯·司各脱的经济学采取了极为严厉的态度，其动机叫人很难理解，也许可以在修士会之间的对立中找到原因，正如在以后的时代，有时必须借助于各国经济学家之间的对立来解释一些经济学家之间的敌对那样——这是一件与科学社会学有关的重要事实。

但是,阿伯拉尔(1074—1142 年)的调和论似乎在整个这一时期享有虽然变化不定但却是很高的声誉。他认为,理念或一般概念不依赖于与其相对应的任何个体事物而存在于上帝的心中(从这个意义上说,一般概念在事物之前);但它们也包含在个体事物之中(所以一般概念也在事物之中);人类理智只能通过观察和抽象瞥见它们(从这个意义上说,它们在事物之后)。

这种争论在性质上纯粹是方法论上的争论,对经济分析或任何其他分析实践毫无影响。这里之所以要提到它,是因为在我们的时代,经院学者的唯实论和唯名论已同另外两个概念即全体主义和个人主义联系在了一起,一些作家认为全体主义和个人主义同分析实践相关联。这些作家甚至把全体主义和个人主义说成是对社会过程的两种根本不同的看法,认为两者之间的冲突贯穿于社会学和经济学的整部分析史,认为这种冲突实际上是隐藏在各个时代所有其他方面的意见分歧背后的基本事实。[①] 无论从经济思想的观点或者从对分

① 全体主义学说通常认为是 O. 斯潘提出来的,事实上他只不过使该学说在德国流行开来而已(关于他和他的学派出版的著作,参看《社会科学百科全书》上的《经济学:浪漫主义和全体主义经济学》这一词条)。该学说实际上是 K. 普里布拉姆提出来的(例如参看他的《个人主义社会哲学的产生》,1912 年),他还把全体主义与经院哲学的唯实论联系在了一起,把个人主义与经院哲学的唯名论联系在了一起。我并不认为全体主义和个人主义这两个范畴对经济分析以外的其他目的也没有用。经济思想的一些重要方面,特别是伦理和宗教方面,或许可以用它们来描述。而且全体主义这个词要比社会主义这个词好,因为后者的含义较窄。我所反对的只是不适当地扩大这两个概念的应用范围,出现这种情况完全是由于不能把经济思想和经济分析区别开来的缘故。正是由于未能看出这两者之间认识论上的界限,一些人才谈论什么全体主义方法甚或全体主义科学的,这种提法只能产生混乱。

析方法进行哲学解释的观点能为这种理论作什么样的论证，它都与分析方法本身毫无关系，本书其余部分将证明这一点。这里我们只想指出，全体主义和个人主义与经院哲学的唯实论和唯名论毫不相干。全体主义与个人主义相对，指的是，诸如社会、民族、教会这样的“社会集体”在概念上先于其个别成员；前者是社会科学应该研究的真正有关的实体；后者只不过是前者的产物；因而分析应该从集体着手而不是从个人行为着手。由此来看，如果我们愿意把这种集体称作社会学上的共相，那么确实可以说这种学说使共相和个别处于相互对立的地位。但经院哲学的唯实论是在完全不同的意义上使共相和个别相对立的。假如我采取经院哲学的唯实论观点，那么我关于例如社会的理念在逻辑上便先于我观察到的任何经验上的个别社会，而不是先于个别人；从经院哲学的意义上说，关于人的理念是另一个共相，它在逻辑上先于经验上的个人。很显然，这意味着，在经院哲学的这两个共相之间，或者在任何经验上的社会（全体主义学说意义上的共相）和构成该社会的经验上的个人之间没有任何关系。特别是，即使如此，无论从政治上说还是从任何其他意义上说，我都仍然能够随心所欲地是个坚定的个人主义者。由此可见，相反的观点完全是由一个错误造成的，这个错误就是赋予了“共相”和“个别”以双重含义。[①]

① 由于同样原因，我们不能因为阿伯拉尔似乎说过“除个别事物之外没有别的东西”这句话，就把他称为个人主义者。

II. 在考察文明史时,我们有时谈到客观文明和主观文明。所谓客观文明指的是这样一种社会的文明,在这种社会中,每个人都处于被指定的位置,不管个人爱好如何,都得服从超个人的法规;这种社会把某种伦理和宗教准则看作是具有普遍约束力的准则,在这种社会中,艺术被标准化了,所有创作活动都表现并服务于超个人的理想。所谓主观文明指的是具有相反特征的文明;在这种文明中,社会为个人服务,而不是相反;简言之,就是社会以主观爱好为转移,为主观爱好服务,允许每个人建立自己的文化价值体系。我们不必讨论这种分析图式是否具有分析意义。这里我们关心的只是常常见到的这样一种结论,即:在上面所解释的意义上,中世纪文明是客观的,而现代文明则是(或直到最近曾经是)主观的或个人主义的。我们之所以关心这个结论,是因为它牵涉到,或者可以想象它牵涉到中世纪或现在人们从事经济分析时的"精神状态"。毫无疑问,一些特征是符合这一结论的,"一个上帝、一个教会"时代的宗教生活,与教派林立时代的宗教生活相比较,就是一个典型例子,但也毫无疑问,整个看来,这些抽象的画面也不完整得叫人发笑。难道能够想象有比骑士更为狂热的个人主义者吗?中世纪文明在军事和政治方面遇到的全部麻烦(这些麻烦应对中世纪文明的衰落负主要责任)不正是产生于这一事实吗?难道现代工会的会员或当今操作农业机械的农民,真的比中世纪的行会会员或中世纪的农民具有多得多的个人主义倾向吗?所以,读者听到我的以下见解不应感到吃惊,我认为,中世纪思想中的个人主义倾向要比人们通常想象的强烈得多。从以下两种意义上说，我的见解是正确的，一方面，中世纪的思想要比人们所认为的纷繁复杂得多；另一方面，当时（在有关社会的讨论中）对个别现象和个别人的注意要比人们所认为的仔细得多。特别是，经院社会学和经济学严格地说是个人主义的，因为经院学者在描述和解释经济事实时，总是从个人爱好和个人行为着手。他们把超个人的公平教规应用于这些事实，与他们的分析具有逻辑性毫不相关；而且就是这些教规也得自于一种道德图式，在这种图式中，目的是个人本身，中心思想是拯救个人灵魂。

〔**(b) 十三世纪。**〕　粗略地说，按照我们的划分，第二个时期是十三世纪。就神学和哲学来说，有理由把这一时期称为经院哲学的古典时期。神学和哲学思想不仅发生了革命，而且还合并成了一种新的体系，“古典”一词的全部含义正在于此。概括地说，这场革命一方面是由格罗斯泰斯特、黑尔斯的亚历山大、圣波拿文都拉和邓斯·司各脱（方济各会）完成的；另一方面是由大阿伯图斯及其门徒圣·托马斯（多明我会）完成的。神学和哲学的合并即新体系的创立，是圣·托马斯一人的辉煌成就。但在其他方面，则只有革命，而没有合并。固然，该世纪诞生了有别于神学和哲学的经院科学，人们所从事的工作为以后的工作开辟了道路，奠定了基础，但是，全部成就仅仅是确立了起点而已。不仅自然科学的情况是这样，社会科学的情况也是这样。特别应该指出，正如格罗斯泰斯特的例子所表明的，即使是不亲身研究数学和物理的人，也普遍对这类研究感兴趣。罗格·培根是一座山峰，但并不是一座孤立的山峰；无论在方济各会外部还是内部，都有许多人准备继续走他的道路。这一点之所以表现得不明显,是因为随后四个世纪的经院物理学家和数学家往往成为其研究领域内的专家,而使人们很容易看不清其经院哲学的背景。举例来说,我们仅仅把弗朗西斯科·卡瓦列里(1598—1647 年)看作是个大数学家。我们没有想到应把积分学的起源一般地与经院哲学,特殊地与耶稣会联系在一起,尽管卡瓦列里实际上是这两者的产物。[①]

神学和哲学革命本身不是我们关心的事。但这场革命的一个方面,即亚里士多德思想的复活,对于社会学和经济学的分析史来说,却具有重大意义。十二世纪,西方基督教世界的知识阶层,部分通过闪米特人即阿拉伯人和犹太人这一中介,逐渐较为全面地了解了亚里士多德的著作。[②] 对于经院学者来说,这有两层含义。第一,通过阿拉伯人这一中介所了解的亚里士多德,是阿拉伯人对亚里士多德的解释,这种解释在某些方面无论从认识论上说还是从神学上说都是经院学者所不能接受的。第二,无论在形而上学方面,还是在自然科学和社会科学方面,了解了亚里士多德的思想后,极大地便利了摆在经院学者面前的大量工作,因为如果不了解

① 罗格·培根(1214? —1292 年),被称为“非凡博士”,提供了另外一个实例,说明当时的一些著名物理学家曾遇到什么麻烦以及为什么会遇到麻烦。培根要比四百年以后的伽利略更加咄咄逼人。无论在哪个时代,人们若被称为傻瓜,都会作出令人不愉快的反应。在野蛮时代,人们作出的反应也是野蛮的。

② 这里应该提到的是阿拉伯人阿维森纳(伊本·西拿,980—1037 年)、科尔多瓦的阿威罗伊(伊本·鲁什德,1126—1198 年)以及希伯来人摩西·迈蒙尼德(1135—1204 年)。阿维森纳是医生和哲学家,阿威罗伊是法学家和哲学家,迈蒙尼德是神学家和哲学家(特别参看他的《迷途指津》,弗里德兰德于 1881—1885 年将其译成了英文)。如何把亚里士多德的学说同希伯来神学调和在一起这个问题,在迈蒙尼德那里和类似的问题在基督教学者那里基本相同。

亚里士多德的思想，在形而上学方面，他们就必须开辟新的道路，在自然科学和社会科学方面就几乎得从零开始。

读者应注意到，我并没有认为亚里士多德著作的重新发现是十三世纪事物发展的主要原因。事物的发展从来就不仅仅是由外部的影响引起的。亚里士多德只不过是一强大的助手，帮助了事物的发展并提供了工具。而经院学者意识到自己面前的工作并决意完成这些工作，则完全与亚里士多德无关。作个类比就可以说明这一点。我们已经提到，中世纪后期和文艺复兴时期，部分采用或“接受了”古罗马的《民法大全》。从因果关系上说，不能把这一现象解释为人们幸运地发现了几本旧书，恰巧一些没有批判眼光的人天真地相信这几本书包含的法律条款仍然有效。当时经济过程正在塑造一种生活方式，这种生活方式要求建立法律制度，特别是在订立契约方面，而古罗马法学家制订的法律正好适应了这一需要。毫无疑问，假如没有发现古罗马的法典，中世纪的法学家自己最终也会制订出类似的法律。罗马法之所以有用，并不是因为它带来了某种与当时的精神和需要格格不入的东西——要是这样的话，接受罗马法倒的的确确是有害的——而是因为它提供了一件现成的东西，假如没有这件东西，就得花费力气制作它。同样，人们之所以接受亚里士多德的学说，是因为这是一种最为重要的节约时间和劳动的方法，特别是在那些尚未开发的领域。我们正是应该用这种眼光来看亚里士多德学说与经院哲学的关系，而不应认为当时幸运地发现了罗马法，人们只是被动地接受了它。

> 但是,一旦经院学者认识到,在亚里士多德的著作中有他们想得到的几乎全部东西,认识到借助于亚里士多德的著作可以完成否则要花一百年的时间才能完成的工作,他们很自然地就会充分利用这一机会。对于他们来说,亚里士多德是举世无双的哲学家,是无所不知、无所不晓的导师,他们的大部分工作就是向学生和广大公众讲解和评论亚里士多德的学说。而且,亚里士多德的著作可以很好地用在教学方面,因为他的著作实际上是概括性和系统性很强的教科书。结果,在当时和后来的公众看来,格罗斯泰斯特、大阿尔伯图斯以及前面提到的另外一些领袖,只不过是亚里士多德学说的讲解者和评论者。在许多人看来,圣·托马斯也只不过是成功地利用亚里士多德的学说来为教会服务罢了。其后三百年的科学实践,非但没有纠正,反而助长了这种对十三世纪的革命,特别是对圣·托马斯的成就的误解。因为亚里士多德的著作继续为不断增加的科学材料提供理论框架,继续充当正统而陈腐的教科书;所以,一切仍是用亚里士多德的模子铸造的,而且经院经济学比任何其他学科都更加是用亚里士多德的模子铸造的。经院经济学还说明了为什么经院学者采取了这种便利方法之后,即使取得了创造性成就,也不会把功劳记在他们头上。

这不仅是叫人完全无法理解的亚里士多德学说在这三百年中获得成功的原因,而且还是这位先哲最终要为这种成功付出代价的原因。我们最好还是把这个故事讲完,因为对于研究人类思想曲折发展道路的人来说,这个故事是很有趣的。我们已经看到,在经院哲学体系内部，并没有什么东西妨碍新的发展，即便这种发展偏离经院哲学古典著作所采取的立场，也没有受到妨碍。笛卡尔的哲学便可以充当说明这种发展的例子。① 他没有对旧的经院哲学表示敌意，特别是接受了圣·安塞姆对上帝的存在所作的证明——圣·托马斯则不接受这种证明——把它当作“我思，故我在”学说的基础。这到底有多大分量，当然很值得怀疑。但我们因此而确实可以谈论经院哲学背景下的和平演变了。不过，我们也已经看到，当世俗知识分子的影响显露出来时，经院哲学就成了怪物。哪里仇视经院哲学，哪里也就仇视亚里士多德，因为亚里士多德的学说是经院思想的载体，仇恨亚里士多德的学说就等于仇视经院学者。甚至出现了反经院哲学派和反亚里士多德派，伽桑狄就是其中突出的例子。② 伽桑狄的数学和哲学著作本身完全是中立的。在这些著作中，他并没有公开鼓吹实验的——“经验主义的”或“归纳的”方法，但他实际上却采用了这种方法，因而这些著作具有批判经院哲学的内涵。在哲学方面，他用实质上的伊壁鸠鲁学说取代了（实质上的）亚里士多德学说。当然，在天主教学者的世俗敌人中间，把亚里士多德看作是陈腐和无用的化身，已成为一种时尚。帕拉切尔苏斯当众焚烧了亚里士多德的著作，才开始

① 勒内·笛卡尔（1596—1650 年）。与我们的讨论有关的仅仅是他的《哲学论文》。他是中世纪哲学和现代哲学之间的调解人，是耶稣会教育的产物。

② 皮埃尔·伽桑狄（1592—1655 年）是哲学家、数学家和物理学家，是任圣职的教授。看一下他发表的著作，谁也不会想到应把他排除在经院哲学的圈子外。但他实际上却有意与经院哲学保持距离。对于我们来说，他的最重要的著作有：《对亚里士多德的诘难》（1624 年）；《伊壁鸠鲁哲学大全》，1649 年（蒙莫尔编全集，1658 年）；并参看 G. S. 布雷特：《伽桑狄哲学》（1908 年）。

作医学讲演;伽利略在那篇有关太阳中心说的著名对话中,尽情嘲弄了那个愚昧地反对太阳中心说的亚里士多德派成员;弗朗西斯·培根在鼓吹“归纳”方法时,把这种方法同经院哲学和亚里士多德派的思辨作了对比。所有这些对于经院学者来说都是不公平的,对于那位先哲来说就更不公平了。如果说亚里士多德的著作对我们有什么启示的话,那肯定是经验研究方面的启示。① 因而可以这样说,在科学方面同在其他方面一样,我们所拥护和反对的并不是人和事的本来面目,而是我们为其所作的漫画。② 不过,还是让我们回到十三世纪这一古典时期,来寻找社会学和经济学方面的分析因素。

我们只能见到很小的源头,社会学的源头很小,经济学的源头就更小了。毫无疑问,这部分是由于缺乏兴趣。特别是就圣·托马斯来说,他固然对政治社会学感兴趣,但对于他来说,所有经济

① 自称为帕拉切尔苏斯(赛过切尔苏斯——1 世纪罗马名医)的西奥菲拉斯特斯·博姆巴斯特斯·冯·霍亨海姆(1490? —1541 年),是个著名医师和药剂师,虽然不无吹牛的成分。弗朗西斯·培根(1561—1626 年;斯佩丁、埃利斯和希思于 1857—1862 年编辑出版了他的著作集)也许无需加以介绍。他的著作的巨大成功,与其说是在当时取得的,还不如说是在启蒙时代和十九世纪取得的。这种成功完全可以用以下事实来解释,即:他以最卓越的才能表达了迅速增多的人们实际上将要相信的事情。他是名副其实的“代表性人物”。但正因为他是代表性人物,正因为他由此而显得很突出,所以他的思想现在看起来要比当时看起来新颖得多,与以前的发展所具有的联系也少得多。因此,他的著作向公众灌输了这样一种不符合实际的看法,即归纳研究与经院哲学是相互对立的。培根本人连同其同时代的人深信这种相互对立,而因为培根也许对经院学者的著作知道得很少,他的这种信念更为强烈。培根比任何其他人都更多地助长了这种错觉,思想史至今仍被这种错觉所歪曲。

② 经济学史上的突出例子是 A. 斯密对“重商主义者”的批判和施穆勒对英国“古典派”的批判。我们将在适当的地方讨论这两个例子。

问题加在一起，还不如神学或哲学理论中最微末的问题重要，只是当经济现象提出道德神学方面的问题时，他才对其有所论述。即便在他论述经济现象的地方，我们也感到他不像在其他方面那样，把其全部超人的智力都用在那里，满怀激情地探讨事物的本质，而只是为了论述的完整而在写作。或多或少，与他同时代的所有人都是这样。因此，对于他们来说，亚里士多德的学说已经足够了，他们几乎从不超越这一学说。固然，由于他们所看到的文化形态与以前有所不同，道德风气和文化价值观发生了变化，强调重点也发生了转变。但是，这两者都不像我预料的那么重要。既然这些事情对经济分析史没有多大意义，我们指出以下几点也就够了：经院学者把体力劳动看作是有利于培养基督教品德的一种训练，看作是使人免于犯罪的一种手段，这意味着他们采取了一种完全不同于亚里士多德的态度；对于他们来说，奴隶制已不再是正常的制度，更不是根本的制度了；他们赞同施舍，赞同自愿过贫苦生活；当然，在他们那里，沉思生活的理想所具有的含义，与亚里士多德的生活理想有很大不同，虽然两者之间也有重要的相似之处；他们重复了但也修改了亚里士多德对商业和商业利润的看法。

上述各点适用于一切时代的经院学说，只是最后一点仅仅适用于古典时期的经院学说。十三世纪以后，经院学者对商业活动的态度发生了重要变化。但毫无疑问，十三世纪的经院学者坚持的是圣·托马斯的观点，即商业活动本身有“某种卑鄙的东西”（《神学大全》第二卷，第二篇，问题七十七，第四节），不过可以根据以下理由来为商业利润辩护：(a) 为谋生所必需；(b) 想用它们搞慈善事业；(c) 想用它们为公益事业服务，条件是赚的钱不太多，可以看作是劳动的报酬；(d) 利润来自对所买卖的物品的改进；(e) 利润来自不同时间和不同地点之间的价值差额;(f) 利润来自所冒的风险。圣·托马斯的措辞使人怀疑他是否愿意接受理由(d)—(f),而且可以说,另外一些人,特别是邓斯·司各脱(1266—1308 年)以及我尚未提到的一位学者即米德尔顿的理查德(1249—1306 年)走得更远一些,特别是怀疑低价买进高价卖出这种做法是否对社会有用。然而,即使是理由(b)和(c)也超出了亚里士多德的学说。所有这些作家都强调凡对社会有用的活动都应该得到报酬,这一方面产生了一种可能是正确的看法,认为是经院学者首先提出了人们(在道德上)享有对自己劳动产品的要求权;另一方面则产生了一种谬见,认为经院学者持有(分析上的)劳动价值理论,也就是说,他们用(大多数)商品需要花费劳动这个事实来解释价值现象。这里,读者只需注意,单纯强调从道德上说或经济上说必须给劳动(不管是把 labor 这个拉丁词翻译成英文的“劳动”、“活动”、“努力”,还是翻译成“麻烦”,都没有多大关系)以报酬同严格意义上的所谓劳动价值理论毫无逻辑关系。

假如读者习惯于把政治和社会学说追溯到洛克那里,或追溯到法国启蒙时期的作家或英国的功利主义者那里,那么圣·托马斯关于政治制度和其他制度的社会学[①]就肯定不是这些读者所想象的那种样子。在政治和社会学说方面,圣·托马斯的学说不仅代表了其同时代人的学说,而且后来的所有经院学者都接受了他的学说,因而我们应简要介绍一下其主要内容。这里有天主教会的神圣禁地。但在其他方面则把社会完全看作是人间事务,看作是仅仅由于世俗的需要而由个人组成的集团。政府也完全被看作产生于功利目的,而且完全为功利目的而存在,若没有政府,个人

① 关于圣·托马斯的政治社会学,我们的主要资料来源是整个中世纪广泛使用的一本小册子,题为《行政原理》,和写给布拉邦特的一个女公爵的一封信。但那本小册子只有一部分可以肯定是圣·托马斯所写,其余部分则出自多明我会的另一个修士即卢卡的托勒密(死于 1327 年)之手。

便无法实现这些目的。政府为公共利益而存在。统治者的权力来自人民，或者说是人民授予的。人民拥有至高无上的权力，不称职的统治者可以被废黜。关于国家的起源，邓斯·司各脱向前更迈进了一步，他的理论更加类似于社会契约说。[①] 这种社会学分析和规范论证的混合，显然是个人主义的、功利主义的和（在某种意义上）理性主义的，我们应记住这一事实，因为我们将试图把这套思想同十八世纪世俗的和反天主教的政治哲学联系在一起。这部分经院学说没有丝毫形而上学的成分。天主教学者也没有鼓吹政治上的独裁主义。具体地说，君主的神授权利和全能国家的概念，是鼓吹专制主义的新教徒创造出来的，后来的民族国家便表现出了这种专制主义倾向。

圣·托马斯的全部社会学，都具有个人主义倾向和功利主义倾向，都始终强调凭理智可以察觉的公共利益。这里只举一个例子，也是最重要的例子即他的财产理论，便足以说明问题。圣·托马斯先消除了这个问题的神学色彩，接着便指出，私人财产并不违

① 这种理论当然不适用于天主教会的管理。当帕多瓦的马西利乌斯（约1270—1342；1326年发表《和平保卫者》）这样做时，这种理论便被认为是异端邪说。从我们的观点来看，应该指出以下两点：第一，这个事例说明，只要在一些方面默认超世俗的权威；在另一些方面实际上就可以享有思想和行动的绝对自由；第二，这个事例还说明为什么超世俗权威对于分析有什么影响这个问题不能笼统地加以回答，而必须根据具体情况分别加以回答。既然这一点说得越细越好，那就让我们再作以下三种区分，以此作为对上述论点的补充。这三种区分适用于过去曾经试图左右舆论或现在正试图左右舆论的所有权威。第一，正如上面的事例所表明的，有些事情是天主教会作出规定的，它禁止对这些事情进行分析，以免得出与规定相反的结论。第二，有许多事情同舆论和分析不相关，因而教会对这些事情不加丝毫干涉。第三，有些事情（例如利息）教会在道德判断的意义上作出了规定，但并不禁止人们分析事实。

反自然法则,而是人类理智的发明。[①] 私人财产之所以合理,是因为人们对自己拥有的东西,要比对许多人或所有人拥有的东西照看得好得多;是因为人们为自己干活要比为别人干活卖劲得多;是因为如果财产划分清楚,就不会为如何使用公共财物而争吵,就会维持良好的社会秩序。圣·托马斯列举的这几条理由界说了私人财产的社会"职能",这种界说非常像他以前的亚里士多德所作的界说,也非常像他以后十九世纪的教科书所作的界说。因为他在亚里士多德那里找到了自己想说的话,所以他就参照并接受了亚里士多德的说法。

这一点更加适用于圣·托马斯的"纯经济学"(不过,对于他来说,经济学只不过是家务管理)。他的经济学尚处于萌芽状态,实际上只包含他有关公平价格(《神学大全》第二卷,第二篇,问题七十七,第一节)和利息(《神学大全》第二卷,第二篇,问题七十八)的一部分论述。严格说来,圣·托马斯有关公平价格——即确保交换的公平"相等"的价格——的论述,是亚里士多德派的论述,因而我们应该像解释亚里士多德的公平价格那样来解释圣·托马斯的公平价格。圣·托马斯和亚里士多德一样,没有假设存在一种形而上学的或固定不变的"客观价值"。他的价值量并不是与价格不同的东西,只不过是正常竞争价格。他对价格和价值所作的区分,不是价格与某种非价格的价值之间的区分,而是个别交易中支付的价格与估计价格之间的区分。估计价格"存在于"公众对商品的

① 《神学大全》第二卷,第二篇,问题六十六,第二节。关于自然法则的含义,参看下节。

估价中，指的只不过是正常竞争价格，或指的只不过是在存在正常竞争价格的情形下，这种价格意义上的价值。[①] 在不存在正常竞争价格的情形下，圣·托马斯在其公平价格概念的范围内，承认了某一物品对卖者的主观价值因素，虽然没有承认该物品对买者的主观价值因素。这一点对于经院学者论述利息问题很重要。以上便是圣·托马斯在我们所提到的那一节的论述。但另一些段落也许支持了以下意见，即至少是隐含地，他超越了亚里士多德，而邓斯·司各脱、米德尔顿的理查德以及另外一些人则较为明确地超越了亚里士多德。不管怎么说，可以认为是邓斯·司各脱把公平价格与成本联系在了一起，所谓成本就是生产者或商人付出的货币和努力。虽然他心里想的也许仅仅是为经院学者的交换公平提供一较为精确的标准——后来的经院学者抛弃这个标准是正确的——但我们却应该认为他发现了竞争均衡的条件，这种均衡条件就是后来十九世纪的所谓"成本定律"。我们这样做并不算过分，因为如果我们像邓斯·司各脱所做的那样，认为某件物品的公平价格等于该物品的竞争性共同价值，如果我们进一步认为该物品的公平价格等于物品的成本(像他那样也计入风险)，那么，我们实际上就至少是隐含地把成本定律不仅当作规范命题而且当作分析命题叙述了出来。

① 这种解释得到了以下事实的支持，即提出公平价格理论的那一节(第二卷，第二篇，问题七十七)题目是《论欺诈》，而且讨论的实际上主要是卖者的欺诈行为。假如公平价格不是正常竞争价格而是别的东西，那么讨论的就应该是欺诈以外的事情。但如果圣·托马斯心里想的正是我们所谓的正常竞争价格，那么欺诈便是所要讨论的主要现象。因为如果存在某种竞争性的市场价格，那么除非在数量和质量上弄虚作假，否则便很难偏离这种价格。

圣·托马斯追随黑尔斯的亚历山大和大阿尔伯图斯，谴责利息违反交换公平，所依据的理由对继他之后的几乎所有经院学者来说都是个难解的谜：利息是为使用货币支付的价格；但从货币持有者的观点来看，货币在使用过程中被消费掉了；所以同酒一样，货币没有像例如房屋那样的可以与其实体分开来的用途；所以对使用货币收费就是对不存在的东西收费，这是非法的(是进行高利剥削)。这种论点特别忽视了一种可能性，即“纯利息”可能是货币本身的一种价格要素，而不是对可以与其实体分开来的用途收取的费用。[①] 不管对这种论点有什么看法，有一点是清楚的，就是它丝毫未触及实际上为什么要支付利息这个问题。既然这个唯一与经济分析有关的问题实际上是由后来的经院学者提出来的，所以我们将推迟考察解答这个问题的线索，尽管圣·托马斯的推理也提示了一些线索。

〔(c) 从十四世纪到十七世纪。〕 前面我们已决定把经院哲学的历史划分为三个时期，其最后一个时期从十四世纪初延续到十七世纪的最初几十年。该时期实际上包含了经院经济学的全部历史。但我们已充分解释了经院学者的工作背景和工作性质，现在就可以论述得简短一些了。特别是，似乎不需要再解释为什么经院学者的经济学可以很容易地容纳新生资本主义的所有现象，从而也不需要再解释为什么由此而为包括A.斯密在内的后继者

① 圣·托马斯之所以没有想到这种可能性，显然是由于他盲目相信了以下命题，即凡被选作价值标准的商品，根据定义，其价格都是一。由此而推论，很容易得出以下结论，即“纯”酬金只能是欺诈，是对不存在的用途收取的费用，因为实体或“资本”的价格必然等于资本本身。

开展分析工作奠定了良好的基础。

为了最大限度地节省篇幅，我将仅仅提及少数代表性人物，然后试着按照我想象的样子，系统而简略地描述1600年前后经院经济学的状况。当然，若为了其他目的，还应该提到另外一些人；我们有意把本来很宽很深的一条河弄窄弄浅。

我们为十四世纪挑选的代表性人物是比里当纳斯和奥雷米斯。① 后者的那本有关货币的论著，通常被认为是第一本专门讨论某一经济问题的专著。但它在性质上主要是法律的和政治的，实际上没有多少严格意义上的经济材料，特别是丝毫未超出当时经院学者的货币学说。写作这部论著的主要目的是反对当时盛行的降低货币成色的做法，这个题目后来人们在大量文献中进行了讨论，我们也马上将要简单地谈到它。我们为十五世纪挑选的代

① 乔安妮斯·比里当纳斯（琼·比里当，1328—1358年处于鼎盛期），巴黎大学教授。著述颇多，但都不脱亚里士多德学派的窠臼。对于我们来说，他的最重要的著作是：《亚里士多德道德哲学十卷中的问题》（我用的是1637年版）和《亚里士多德政治哲学八卷中的问题》（我用的是1513年版，该版附有G.巴特雷尔的注释）。他的意志学说（《辩证法纲要》1487年版和《逻辑概要》1487年版）导致了大家所熟知的选择逻辑悖论。这种悖论可以用一头完全具有理性的驴来说明，这头驴面前放着两捆具有同样吸引力的干草，但由于它下不了决心先吃哪一捆，竟活活饿死了。尼科尔·奥雷斯姆（1320？—1382年），利济厄的主教，是个具有多方面兴趣的博学者，除经济学方面的著作外，他还发表有神学、数学和天文学方面的著作。他的与我们有关的著作是《货币论》，该书写于1350至1360年（我用的是1605年版）。门罗在其《早期经济思想》一书的第79—102页选录了该书的一些章节。奥雷斯姆的这本书当时获得了巨大成功，但后来似乎就湮没无闻了。使它重见天日的是F.默尼埃（《尼科尔·奥雷斯姆的生平与著作》，1857年），特别是W.罗雪尔（《十四世纪的一个伟大的国民经济学家》，载于《联邦国家科学杂志》，1863年）。罗雪尔像被人遗忘的优秀人物的发现者惯常做的那样，过分夸大了该书的价值，特别是过分夸大了该书的独创性。罗雪尔的赞扬自然引起了反响。有不少关于奥雷斯姆的文献，但这里我们只提及C.A.科尼格里尼的《中世纪的法国货币学说》（1890年）。

表性人物是佛罗伦萨的圣·安东尼和比尔。[1] 也许可以这样说，圣·安东尼第一个全面考察了经济过程的所有主要方面。至于十六世纪，我们挑选的代表性人物是梅尔卡多以及三位伟大的耶稣会会士莱西于、莫利纳和德·卢戈。后三位是公平与法律文献的代表性作者，十六世纪经院学者所作的经济论述，大都包含在这种文献中。最后，登普西教授对这三个人的著作进行了分析研究。[2]

---

① 圣·安东尼(安东尼奥·皮罗齐，也称佛西格里奥尼；1389—1459 年)，佛罗伦萨的大主教，著有《神学纲要》(我用的第一编和第二编是里昂 1516 年版；第三编是威尼斯 1477 年版)和《伦理学纲要》(维拉诺，1740 年)。参看 B. 贾勒特：《圣·安东尼与中世纪经济学》(1914 年)。加布里埃尔·比尔(1425？—1495 年)，蒂宾根大学教授，罗雪尔发现的另一个被遗忘的人(《德意志国民经济学史》，1874 年)。不过，他的《论货币的能力与利用》(1541 年；英译本 1930 年)一书所讲的，在早期作家的著作里都能找到。我弄不明白人们为什么把他称为最后一位经院学者。我之所以挑选他作为十五世纪的代表性人物，是因为仔细阅读他的著作，可以特别有效地消除人们对经院哲学的精神实质抱有的偏见。实际上，从后期经院哲学文献引证前人著作的情况来看，更为重要的人物似乎是潘诺米坦努斯(尼古拉斯·德伊·特蒂齐或图蒂斯，巴勒莫的大主教，1386—1445 年)。

② 为十六世纪挑选代表性人物是很困难的，人们有理由对我们的选择提出异议，特别是有理由提出为什么不把以下经院学者当作代表性人物：约翰·梅杰(卒于 1549 年；参看阿什利在《经济史》第一卷第二编中对他的评述)、纳瓦鲁斯(马蒂努斯·德·亚瑟皮居塔，卒于 1586 年)、多明戈·德·索托(《论公平与法律》，1553 年)以及加埃塔诺(卡迪纳尔·卡西坦，托马索·德·维奥，1468—1534 年)等人，这些人我都将不得不提到。托马斯·德·梅尔卡多著有《论印度的商业和商人》(1569 年；我所知道的仅仅是 1571 年的增订版)一书。之所以把他当作代表性人物，仅仅是因为他的"货币数量说"，而在所有其他方面，却不能把他与莱西于、莫利纳和德·卢戈放在同一水平上。但可以肯定，任何一部经济学史都必然会提到莱西于、莫利纳和德·卢戈，不过我把他们当作代表性人物还有另外一个原因，那就是登普西教授的著作(B. W. 登普西：《利息与高利贷》，1943 年，第 6 章至第 8 章)全面论述了这三个人的经济学；而登普西的这部著作一方面对经院思想有极为透彻的理解，同时对经济理论也有极为透彻的理解，所以对于感兴趣的读者肯定将有所助益。莱西于(莱昂纳德·德·莱耶斯，1554—1623 年)、路易·莫利纳(1535—1600 年)和德·卢戈(胡安·德·卢戈，1583—1660 年)都写

关于后期经院学者的社会学，我要说的仅仅是，他们在更加充分地理解前人思想的基础上，进一步发展了其十三世纪的前辈已经提出的那些思想。特别是他们的政治社会学，对于国家和政府等现象，仍然采用了与以前相同的分析方法，仍然采取了与以前相同的"激进"态度。①他们的经济社会学，特别是他们的财产理论，仍然把世俗制度看作是功利手段，可以从它们是否有益于社会的观点来解释或辩护，而这种观点的核心便是"公共利益"。根据历史条件的不同，这种观点有时有利于私有财产，有时不利于私有财产。毫无疑问，他们认为，在文明社会（所谓文明社会就是超越了初期状态或自然状态的社会，在自然状态中，全部财产为大家所共有），从是否有益于社会的观点来考虑，私有财产是有益于社会的；但只要出现新的事实，就没有理论上的原则或道德上的原则妨碍他们得出相反的结论。②某些方法论方面的问题将在下一节讨论，但这里应简要谈一谈另一个问题。

经院学者关心的主要不是与民族国家有关的问题，也不是与

有关于公平与法律的论著。我们将主要讨论莫利纳。他的论著分别发表于1593年、1597年和1600年及其以后（我使用的是1659年版《论公平与法律》）。

① 如果对这一点有怀疑，那只要读一读胡安·德·马利安娜的《论君主和君主制度》（1599年）就可以消除这种怀疑。但即使是没有走得这么远的经院学者，也从未拜倒在专制君主或万能的官僚政治的脚下，例如参看莫利纳的《第二篇论文》，第22节和第26节。因此，应该把追随早期传统的经院学者看作是十六世纪最重要的"君主犯罪革除论者"。关于这些问题，特别参看J. W. 艾伦：《十六世纪政治思想史》，1928年。

② 在登普西的《利息与高利贷》一书的第132页，读者可以看到莱西于的一段很有代表性的话。当然，不能由此而推论说，假如莱西斯还活着的话，他会信奉政治上的共产主义。要点是，根据健全的逻辑，他可以得出这样的结论，即私有财产不再能满足有益于社会的要求，而经济上的共产主义则能满足这种要求。

民族国家的强权政治有关的问题。这正是他们与十八世纪甚或十九世纪的"自由主义者"最重要的联系之一。尽管如此,伴随着民族国家的兴起而出现的一些现象,还是不可避免地引起了他们的极大注意,而财政政策就是其中之一。我之所以在这里提到这个问题,而不是在讨论经院学者的经济学时提到这个问题,是因为他们几乎根本没有研究国家财政所特有的经济问题,例如赋税的归宿,政府支出对经济的影响等,而且,尽管他们确实讨论了政府借债问题(大多数经院学者都追随圣·托马斯,谴责政府借债),讨论了是应该对财富征税还是应该对消费征税的问题(莫利纳、莱西于、德·卢戈等人都接触到了这个问题),但他们却没有得出什么称得上是经济分析的东西。他们最关心的是最广泛意义上的赋税"公平",如是否应该课税,应该什么时候课税,由谁课税,对谁课税,为何课税以及课多少税等问题。在他们的规范命题背后,他们对赋税的性质以及国家与公民的关系作了一些社会学方面的分析。无论是这些规范命题,还是这种分析,连同他们其余的政治社会学和经济社会学,都影响了其世俗后继者的分析工作,虽然后来的财政科学主要产生于其他根源。①

然而,虽说该时期经院学者的经济社会学实质上只不过是十三世纪经济社会学的翻版,但该时期经院学者的"纯"经济学实际上却完全是他们自己创造出来的,这种纯经济学他们也传给了其

① 不过,应该记录下以下事实,即尼古拉·库萨纳斯(在谈到太阳中心说时,我们曾提到过他)以一般的所得税为基础,为德意志帝国的财政改革制定了一项内容广泛的计划(该计划实际上于 1920 年在整个德意志帝国而不是在构成帝国的各个州得到了实施)。

世俗后继者。正是在该时期经院学者的道德神学和道德法规体系内，经济学才获得了即使不是独立的也是确定无疑的存在，正是他们比任何其他人都更接近于“创立”科学经济学。不仅如此，他们为确立一整套配合得很好的有用的分析工具和命题而奠定的基础，似乎要比后来人们力图为此而奠定的基础牢固得多，也就是说，后来十九世纪的很大一部分经济学，本来可以从这些基础之上更快、更容易地发展起来，因而可以这样说，后来的一些分析工作实际上走了弯路，白白浪费了时间和精力。

在经院学者的所谓应用经济学中，核心概念仍然是支配其经济社会学的“公共利益”。这种公共利益是在独特的功利主义气氛中构想出来的，指的是个人经济欲望的满足，这种经济欲望是观察者的理性或理性的指导所能察觉出来的（参看下面一节），因而撇开技术细节不谈，这种公共利益与现代福利经济学例如庇古教授的福利经济学中的福利概念是完全相同的东西。现代福利经济学与经院福利经济学之间最重要的连接环节，是十八世纪意大利经济学家的福利经济学（参看下面第三章）。在评价经济政策和商业活动时，经院学者总是把他们所谓的“不公平”这一观念与他们所谓在该意义上公共福利受到损害这一观念联系在一起，虽然从来没有把这两者等同起来。至少可以举出以下一个例子：莫纳利曾宣称，垄断一般是不公平的，而且是有损于公共福利的（《第二篇论文》，第 345 节）；虽然他并没有把这两者等同起来，但他把它们并列在一起却具有重大意义。

经院学者的福利经济学与经院学者的“纯”经济学，是通过后者的核心概念即价值联系在一起的，而价值概念的基础也是“欲望和欲望的满足”。当然，这一起点本身并没有什么新东西。但是，亚里士多德对使用价值和交换价值所作的区分，被深化并被发展成了一种虽然是不完全的但却是真正主观的交换价值或价格理论，也就是说被发展成了一种效用理论，无论是在亚里士多德那里还是在圣·托马斯那里都没有与这种理论相类似的东西，尽管在他们两人那里都有可以称之为指路牌的东西。首先，后期经院学者特别是莫利纳在批判邓斯·司各脱及其追随者时，非常明确地指出，成本虽然是决定交换价值(或价格)的一个因素，但并不是交换价值的逻辑根源或“原因”。[①] 其次，他们明确无误地勾画出了效用理论的轮廓，认为效用是价值的根源或原因。举例来说，莫利纳和卢戈同C.门格尔一样周密严谨，指出这种效用不是货物本身的属性，也不等于货物固有的任何特性，而是有关的个人打算对货物加以利用并赋予这种利用以重要性的反映。但早在一百年以前，圣·安东尼显然由于想消除与此有关的概念所具有的令人讨厌的“客观”含义，就已使用了“喜欢”这个虽然并非古典派的但却是极好的词语。这个词的含义与欧文·费雪教授使用的“欲望”一词的含义完全相同，也仅仅表示人们想得到某物这一事实。第三，后期经院学者虽然没有明确解决“价值悖论”——水虽然有用，但

① 我认为，只要适当注意“公平”一词的分析内核，这种说法便很好地表达出了莫利纳在其《第二篇论文》的第348节所作的论证的含义。既然不能把成本价值理论归之于后期经院学者，那就更不能把劳动价值理论归之于他们了，尽管一直有人在这样做。我们在后面将会看到，劳动价值理论所具有的感情魅力，诱使一些历史学家按这种意义解释尽可能多的作家。所以，应该记住，仅仅强调劳动因素、努力因素或辛苦因素在经济过程中的重要性，并不等于提出了以下命题，即所耗费的劳动可以**解释**价值或者可以认为是价值的**原因**，而这正是本书中的劳动价值理论所具有的含义。

在正常情况下却没有交换价值——但他们从一开始就使效用概念与丰富或稀缺相挂钩，从而避免了价值悖论的出现；他们的效用不是抽象货物的效用，而是个人在具体情况下可以得到或可以生产出来的一定数量的货物的效用。第四，也是最后一点，他们列出了决定价格的所有因素，[1]虽然他们未能把这些因素相互结合在一起，提出一完整的供求理论。但他们已具备了建立这种理论所需要的全部因素，所缺乏的实际上仅仅是十九世纪发展起来的供给需求表和边际概念等专门工具。

关于这种交换价值理论，还应该提到以下两点。一方面，后期经院学者与亚里士多德以及邓斯·司各脱不同，不是把公平价格等同于正常竞争价格，而是等同于任何竞争价格。只要存在这种价格，则不管将给交易双方带来什么样的后果，支付和接受这种价格都是"公平的"。如果商人支付和接受市场价格而获利，那当然很好，如果因此而亏损，那是运气不好，或者是由于无能而受到的惩罚，但无论是获利还是亏损，都应是市场机制不受阻碍地运行的结果，而不应是公共机构或垄断企业操纵价格的结果。[2] 莫利纳反对哪怕是有限度地操纵价格，赞成商人在物品短缺时从高额竞争价格中获利，无疑地是出于伦理方面的判断。但他的这种态度表明他察觉到了商业利润的有机职能和产生商业利润的价格波动的有机职能，这标志着在分析上向前迈进了一大步。我们应该记住这一点，因为我们通常不习惯于在经院学者那里寻找与十九世纪的自由放任主义相关联的那些理论的起源。

---

① 特别参看登普西在其《利息与高利贷》一书的第151页引录的莱西于的一段话。

② 例如参看莫利纳：《第二篇论文》，第348和364节。

另一方面,后期经院学者从与亚里士多德完全相反的观点出发,分析了经济活动本身即圣·安东尼的所谓“工业活动”,特别是分析了商业活动和投机活动。后来的所谓“经济人”已出现在“审慎的经济理性”这一概念中。审慎的经济理性本来是托马斯创造的短语,但通过德·卢戈的解释,获得了完全不同的含义。根据德·卢戈的解释,这种理性指的是用一切合法手段获利的意图。这并不意味着在道德上赞同追求利润的行为。就这一点来说,可以有把握地说,无论是德·卢戈还是任何其他经院学者的看法,都与亚里士多德的看法相同;例如圣·安东尼对这一点的态度就很鲜明。但它确实表明对商业事实的分析有了改进,这种改进自然是部分通过观察正在兴起的资本主义这一现象而引起的。后期经院学者的分析工作所具有的这种现实性是应该加以特别强调的。他们并非仅仅进行思辨。在没有统计机构的时代,他们尽最大可能进行了实地调查工作。他们的概括性论述都得自于对事实的讨论,都用大量实例加以具体说明。莱西于描述了安特卫普交易所的情况。莫利纳走出书斋,实地考察了工商业者的经营方法。他考察了当时的经济情况和他所在国家的经济情况,他的一些考察报告,例如他有关毛织业的考察报告,可以说就是篇幅不长的专著。

关于货币,记录下以下四点就够了。第一,后期经院学者从亚里士多德的理论出发,几乎无一例外地都提出了严格意义上的金属货币理论,这种理论实质上与A.斯密的货币理论没有什么不同;我们可以看到,他们对货币的起源所作的推论,同A.斯密的推论一样,是从人们需要避免直接物物交换的不便这一并非有历史事实作依据的前提出发的,他们同样把货币看作是最好卖的商品,而且还有另外一些相同之处。第二，他们不仅是理论上的金属主义者，而且还是实践上的金属主义者，以程度不同的坚决态度，反对降低货币成色，反对国王占有降低货币成色带来的收益。如前所述，这方面最著名的权威奥雷斯姆，仅仅表述了经院学者的共同意见，但在这个问题上，显然大多数人都持有相同的意见。[①] 现代

① 奥雷斯姆，前引书，第十五章：《国王通过改革货币以牟利是不法行为》。参看让·博丹在其《国家论》第六卷中提出的告诫：要尽量避免货币贬值。这种告诫以及与此相类似的告诫，是抗议呼声组成的大合唱发出的回声，在货币经常陷于混乱状态的那几个世纪，人们一致抗议政府的违法行为。但一些加入这种大合唱的作家并不是理论上的金属主义者。举例来说，虽然弗朗索瓦·格里莫格（《货币论》，1576 年）坚持认为，除了收取铸币费和赚取很少的利润外，硬币的名义价值不应超过材料的价值，但他却明确指出，"货币的本质"在于其名义价值，而不在于其材料。总的来说，我认为，应把 valor impositus 译为名义价值，把 valor intrinsecus 译为材料价值，把 valor extrinsecus（也称为 potestas）译为购买力。Quantitas 指的也是名义价值，而不是数量。贬值用 mutatio、corruptela 或 augmentum 来表示。最后一个词与十六、十七世纪（甚至更晚的）英国的习惯用法一致，当时"增加"货币就意味着降低货币成色或贬值。

在这种由抗议呼声组成的大合唱中，我听不出什么值得记录下来的曲调。但我还是要提及几位当时似乎享有很大名声的作家，他们并非都是经院学者。C. A. 塞索鲁斯的《货币增加及其贬值新论》（1607 年）和 M. 弗雷埃的《论铸币》（1605 年），的确表现出了某些迹象，把降低成色与贬值区别了开来，因此而享有特殊地位。还可以从另外许多经院学者和世俗学者当中举出以下人物：勒内·比代、乔安尼斯·阿奎拉、马丁努斯·加雷提乌斯、弗朗西斯库斯·库尔提乌斯、约安尼斯·勒纳杜斯、约阿希姆斯·迈辛格、迪达库斯（迪戈）·考瓦路维亚斯（著名法学家）、亨利库斯·何尔曼努斯、弗朗西斯库斯·德·阿雷蒂奥、乔安尼斯·塞发鲁斯。对于偿还债务的问题，他们提出的解决办法各不相同，这部分是因为他们各自考虑的具体情况不同。这里的所谓偿还债务问题指的是，如果规定用某种货币偿还债务，那么该货币的成色降低之后应如何偿还债务。这是当时公众所实际关心的问题，由此而引出了数不清的讨论这一问题的出版物。但是所作出的回答都带有权宜性质，因而与我们的讨论毫无关系。不过，还应该补充一位作家，因为他对高利贷所作的论证，使他在经济学史上占据了一永久性地位，而他之所以能永久性地占有这一地位，只不过是因为没有人肯花力气修改他的主张。查尔斯·迪穆兰（卡罗鲁斯·莫利纳乌斯，1500—1566 年）是法国著名的法学家，其著作《论商业和货币利得》（我使用的是 1546 年第一版），获得了巨大成功并享有国际声誉。然而，该书却没有对经济分析作出任何贡献。

货币理论学者也许同情那些国王,倾向于把他们看作是当代政府理所当然的前身。这些学者应看到,后期经院学者对于货币成色的降低对经济产生的影响,只作了很肤浅的研究。后期经院学者看到了货币成色的降低对物价的影响,感到债权人和货币持有者受了骗,但仅此而已。即使在这些事情上,他们的分析也停留在表面现象上,降低货币成色——以及其他增加流通货币单位的方法——也许会刺激贸易和就业的思想,与他们根本无缘;最先想到这一点的是十七世纪讨论货币政策的商人(参看下面第六章)。因为在十九世纪的英国"古典学派"那里几乎完全没有这种思想,所以在这里我们又看到了在约翰·穆勒与莫利纳神父之间存在着一种学说上的令人难以理解的亲缘关系。第三,为以后参考方便,我们在这里指出,一些经院学者,其中最为重要的例子是梅尔卡多,较为清晰地勾画出了后来所谓货币数量说的轮廓,他们勾画出的货币数量说至少与博丹持有的货币数量说含义相同。第四,他们探讨了铸币、[①]外汇、国际金银移动、复本位制以及信贷等方面的许多问题,探讨方式很值得人们注意,而且在一些方面要优于后人的探讨方式。

与一些人持有的观点相反,经院学者并没有提出任何有关物质财货("实物资本")的生产理论,尽管他们最终——自圣·安东尼以来——的确勾画出了一种理论的轮廓,用来说明货币资本在生产和商业中的作用。他们也没有任何完整的分配理论,也就是

① 哥白尼在其他领域也取得了卓越成就,请特别注意他的 Monetae cudendae ratio (1526年)。

说，他们未能运用其尚处于萌芽状态的供求工具来分析整个收入形成过程。而且，地租和工资也还没有成为需要他们加以分析的问题。就地租而言，这也许是因为对于耕种自己土地的农民来说，地租这一因素还没有清晰地显露出其特性，同时因为在经院学者生活的时代，付给地主的地租是与其他性质不同的付给地主的款项混在一起的，以致经济地租尽管在传统上是固定不变的，却没有引起人们的特别注意。就工资而言，经院学者也没有提出理论上的问题；他们也许觉得没有人想知道为什么要支付工资。他们对于政策确实提出了道德方面的考虑与建议。然而，即使是圣·安东尼的建议，也不是建立在我们所感兴趣的那类分析基础之上，尽管这些建议由于是出于广泛的社会同情提出来的，因而很值得人们注意。十七世纪出现的有关济贫、失业、行乞等问题的大量文献，情况也是这样，经院学者论述此类问题的著作极为丰富。① 远为重要的是他们对建立营业利润理论和利息理论作出的贡献，他们认为这两类收入才是值得分析的。毫无疑问，是他们提出了营业利润产生于风险与努力的理论。特别值得一提的是，德·卢戈根据圣·托马斯的提示，把营业利润说成是付给社会服务的“一种工资”。同样可以肯定，是他们首创了利息理论。

至此，我们概述经院经济学，没有特别注意其方法论（我们将在下一节讨论方法论问题），也没有特别注意逻辑过程，尽管在展示经院学者的推理包含的分析因素时应该涉及这种逻辑过程。经院学者是根据规范方面的考虑进

① 德·索托的《论贫困的原因》（1545 年）以及胡安·德·梅迪纳的《论依靠施舍者》（1545 年），就是这类著作的例子。下面还将简要谈论这一主题（参看下面第五章）。

行推理的，分析因素就嵌在这种规范考虑之中。为了展示这种逻辑过程，确切说明怎么会是经院学者首先提出为什么要支付利息的问题，我们将借助于利息这个问题，作较为仔细的讨论。

经院学者的分析动机显然不是纯粹的科学好奇心，而是想要了解那些要求他们从道德观点作出判断的事物。① 现代经济学家谈到"价值判断"时，指的是从道德上和文化上评价各项制度。正如我们已经看到的，经院学者也作这种价值判断。然而，总的来看，就他们的实际工作而言，他们关心的不是制度的好与坏，而是在特定制度和环境下个人行为的好与坏。他们首先是个人良心的指导者，或者更确切地说，首先是个人良心指导者的老师。他们为多种目的而写作，但主要还是为教导忏悔神父而写作。所以，首先，他们得阐述原则上不可更改的道德戒律。其次，他们得告诉人们在千差万别的情形中如何应用这些戒律。② 但这还不够。为了确保为数众多的忏悔神父在言行上保持某种程度的一致性，就得具体规定在实际出现的较为重要的情形中如何行事。而且，在依据某个人的观点来确定某一行为是否有罪，如果有罪，罪有多大时，最有帮助的考虑之一是看这种行为是不是人们的普遍行为。由于以上两个原因，经院学者就不得不考察典型的经济行为，考察在特定情况下人们如何行事。这一工作常常很简单，不费劲就可以完成，但当涉及利息这一

① 对于我们的讨论来说，利息立法史，无论是世俗当局的立法还是宗教当局的立法，都没有多大意义。况且，读者可以从《社会科学百科全书》或《帕尔格雷夫词典》中，了解自己想知道的一般情况。不过，关于天主教会的利息政策，这里也许应该提到以下几桩事实。在罗马帝国时代，尽管亚里士多德和圣·路加反对收取利息，但天主教会对于利息问题还是采取了很谨慎的态度。尼西亚会议(325 年)只是禁止教士收取利息，虽然也较为一般地非难了收取利息的行为。直到 1311 年才采取了决定性的一步，其中包括宣布世俗当局的一切相反的法令是无效的(圣·托马斯肯定没有料到会出现这种情况)。后来禁令被多次重申，而且现在仍然有效。但正如正文将要说明的那样，其实际重要性随着适用于该禁令的情形的重要性不断降低而降低。1745 年颁布的通谕终于在某种程度上注意到了这种情况。1838 年的一项通告指示忏悔神父不要干扰那些按流行利率收取利息的忏悔者。

② 举例来说，圣·托马斯就曾阐述过这方面的理论(《神学大全》，第一卷，问题七)。就道德神学而言，下面的正文依据的主要参考著作是圣·阿尔方索·德·利戈里(1696—1787 年)的《道德神学》，见《著作集》，英文版，1887—1895 年。

复杂现象时，这一工作却异常艰难。

因此，规范动机虽然是细致的分析工作的大敌，但在这个事例中却为经院分析家确定了任务和完成任务的方法。任务一经确定，严格说来便具有了科学性质，而且在逻辑上也就与其服务对象道德神学脱离了关系。同时，所确定的方法严格说来也是科学的；特别是，所确定的方法突出地具有现实主义色彩，仅仅要求观察事实和解释事实。这种方法在某种程度上类似于英国法学采用的方法，仅仅根据“案例”来制定一般原则。只是在分析完某一种情形之后，才把分析结果归在道德神学的某一戒条之下。

不过，毫不奇怪，对于不同情经院学者的分析工作的批评者来说，经院学者对利息所作的研究，不仅显得是贬义上“诡辩术”，甚至还显得是一系列的企图，想用逻辑上的伎俩或手法掩护天主教会从难以守住的阵地上退却下来，想为每一既成事实作事后的辩解。读者可以自己来判断这种看法是否正确。但也不妨指出一件似乎支持这种看法的事实。一方面，道德戒律无论怎样不可更改，应用于不同环境都会产生不同的结果；而资本主义的发展确实创造出了这样的环境，在这种环境中，虽然仍有一些情形适用于不准放高利贷的禁令，但其重要性却不断降低。另一方面，资本主义的发展不可避免地伴随着当事人采用各种手法逃避禁令，他们会利用越来越复杂的规章制度和例外提供的各种可能性；最著名的规避手法恐怕就是正文将提到的滥用债务人不履行契约义务这一因素，但也还有另外许多手法。这种情况肯定会给只观察表面现象的人留下印象，特别是如果他不那么熟悉经院学者的著作和经济理论的话。况且，我们谈论的是顶峰时期的经院学说。当然，不可否认，普通神父与官僚一样，犯了许许多多错误，对于那些要他们执行的规定，他们或者愚蠢地加以过于严格的解释，或者对规避行为睁一只眼闭一只眼，这些都怂恿了人们以各种手法逃避禁令。

那时，放高利贷是有罪的。但什么是高利贷呢？一方面，高利贷并不必然是对穷人的剥削，虽然从道德上说这一要素在其他方面与高利贷有关系，但它却不是经院学者的高利贷概念的组成要素。另一方面，并非只要规定偿还的金额多于贷出的金额，就是高利贷;简单解释一下圣·托马斯的学说,便足以证明,补偿贷款者因放款而招致的风险和麻烦是正当的,当以低于票面价值的价格购买票据时,这一点表现得特别明显,同时还证明,当贷款人并非出于自愿而放款,例如被迫放款时,或者当债务人不能在规定时间偿还借款时,给予补偿也是正当的。托马斯的学说甚至暗示了莫利纳的命题,那就是,既然人们不管借出什么物品,都有权收回该物品在借出时的全部价值,所以偿还的单位也许就应该多于借出的单位,尽管据我所知,托马斯并没有把这一命题应用在货币的贷放上。根据所有这些情形便得出了这样一条原则,即只要贷款者遭受损失,便应该认为收费是正常的,是无可非议的。一些经院学者认为,贷款者暂时放弃货币就不可避免地遭受了损失。但大多数经院学者却不肯接受这种观点。大多数经院学者也不承认,贷款者因贷出货币而放弃的利得本身就是收取费用的理由。不过,他们确实承认,如我们说的那样,当获利的机会是一个人正常环境的组成部分时,所放弃的利得就转变成了实际的损失。这意味着两件事。首先,由于为经商而持有货币的商人是根据预期的利得估价所持有的货币,因而他们对纯粹的贷款或赊销商品的款项收取利息,就被认为是正当的。其次,如果由于拥有货币而可能获利的机会很大,换句话说,如果存在着金融市场,那么,不管是谁,即便不经商,也可以接受由市场机制决定的利率。必须谨慎对待这一命题,因为它显然为所有逃避禁令的行为敞开了大门。但它并不是特别创造出来的,只不过是以下原则的一个特例,即每个人都可以正当地为每件东西支付和索取时价。如果它在十三世纪表现得不明显,而在十六世纪表现得很明显的话,那仅仅是由于十三世纪金融市场不普遍，而十六世纪金融市场十分普遍的缘故。[①] 应该看到，只要每个人在正常情况下都有可以选择的获利机会，那么，从放弃利得的角度为利息所作的论证，就与从"剥夺"利得的角度为利息所作的论证相一致，因为在这种情形下，所放弃的利得正是被剥夺的利得。还应该看到，在上面提到的所有情形中，都是根据具体情况来为利息辩护，这些情况不管在特定环境下多么常见甚或多么普遍存在，在逻辑上对于纯贷款契约来说也是偶然的，人们从未利用贷款契约本身来为利息辩护。最后应该看到，人们从来没有或几乎从来没有根据借款者可能从贷款中获得的利益来为利息辩护，而全都是根据放款给贷款者带来的损失来为利息辩护。

现在我们剥掉经院学者利息分析的规范外衣，撇开推动他们

① 利息理论的发展是多彩多姿的，以上叙述无疑很不全面。不过，限于篇幅，不可能叙述得更为令人满意，读者如果感兴趣，可以在邓普西教授的著作中看到较为令人满意的叙述。还可以参看 A. M. 诺尔的《经院哲学中的利息理论》(1933 年)。但这里还应提到另一种对利息的解释，即所谓三重契约论。这种解释曾引起人们广泛的讨论，是由著名的埃克博士(1486—1543 年)提出来的，并得到了纳瓦鲁斯和梅杰的赞同。加入合伙企业并取得收入，当然是合法的。企业的合伙人当然可以给自己的资本保亏损险；因而他也可以在合伙企业中这样做，在这种情况下，支付保险费便等于减少自己在利润中所占的份额。最后，他可以正当地把自己在变化不定的利润中所占有的这种减少了的份额转变为固定不变的年金，这种固定不变的年金就是纯利息。这种解释之所以从分析的观点来看令人感兴趣，是因为它展示了利息与营业利润之间的联系，给人以很大的启迪。然而，作为对高利贷的一种辩护，它是应该受到谴责的。其原因是，一方面，如果我们接受前面提到的那种论点，认为该合伙人具有可以选择的营业机会来证明收取利息是正当的，那么三重契约论就是多余的；另一方面，如果我们不接受那一论点，那么只要第二重契约未能把该合伙人的利润份额降至零(刨除他的工作报酬)，就已证明了高利贷的存在。这就是埃克的论证所犯的逻辑错误，值得读者加以注意。

研究利息问题的道德教义,而可以把他们的研究揭示的各种利息理论重述如下,不过应该认识到,我们的叙述无法十分令人满意,因为当时经院学者对于利息理论的看法,并不比我们现在更为一致。

I. 虽然可以用借出“消费品”这一较为一般的模式解释利息,但利息实质上是货币现象。这毫无分析价值。经院学者完全与亚里士多德一样,仅仅承认了一表面上的事实。他们的确有时把货币利息与货物、土地和采矿权等的收益联系在一起,这些正是可以用货币买到、能够产生收入的东西。但是,虽说十七和十八世纪的一些利息理论采用了这种方法,可它却没有分析价值,因为产生收入的货物的价格从而这种货物的净收益,已经以利息的存在为先决条件了。

II. 利息是货币价格的一个要素。把利息称为使用货币的价格没有解释任何东西,顶多只是重述了一遍问题,没有给人以任何启发。这种叫法本身是很空洞的。把利息比作异地间货币的升水或贴水也只不过是重述了问题而已。因为异地间货币的升水或贴水要用转移货币所冒的风险和所花的费用来解释,而纯利息有别于对风险和费用的补偿,是跨时的升水,是上述类比不能解释的。不加鉴别地求助于时间的流逝,是毫无价值的,因为我们可以很容易地想象出这样一些情形,在这些情形中,时间的流逝并不会产生利息。这些命题虽然不正确,却具有很高的分析价值。它们为分析工作的开展扫清了道路。证明经院学者看到了分析利息问题所实际牵涉到的逻辑问题。在这方面,经院学者要比十九世纪的绝大多数利息分析家强得多。实际上,这些命题给利息下了定义。正是由于这一原因，我们应该认为它们开创了利息理论。

III. 因此，只有通过分析产生正利率的具体情况，才能回答为什么会产生利息的问题。分析结果表明，产生利息的根本原因是营业利润的普遍存在。所有其他可能产生利息的原因，都不一定是资本主义过程所固有的。该命题是经院学者对利息分析作出的主要贡献。如前所述，该命题是由圣·安东尼最先明确提出来的，他说，虽然流通铸币也许不生殖，但货币资本却不是这样，因为掌握货币资本是从事经营活动的一个条件。[①] 莫利纳和其同时代人虽然正确地坚持认为货币"本身"是非生产性的，不是生产要素，但也接受了与上面相类似的看法，创造了货币是"商人的工具"这一寓意深刻的短语。而且，他们很清楚，如果资本主义的商业活动足够活跃并相对于其他经济活动而言足够重要的话，则货币升水就会趋于成为普遍而正常的现象。而他们对放弃的利得和遭受的损失所抱的看法，则从金融市场的供给方面补充了他们的分析。

他们没有再向前推进。特别是，他们的营业利润理论没有得到充分发展，以致他们未能充分利用自己的洞察力，尽管他们凭借

① 该命题当然正面攻击了亚里士多德的所谓"货币不生殖"的说法。应该指出，圣·托马斯的论点为提出该命题提供了线索。圣·托马斯先是教导说货币一般没有理由升水，紧接着又说，货币有一些次要用途，为此也许可以索取某种报酬。举例来说，如果某人放款是为了使借款者能把它存起来作为押金或保证金，则情况就是这样。圣·托马斯确实没有把营业贷款包括进货币的这种"次要用途"。但雅各布斯·费拉留斯在其《漫谈……》(1623 年)中却这样做了，而且做得很彻底，认为贷款不管用于什么目的，只要用得正当，就可以归入货币的次要用途。

这种洞察力已把利息的起源追溯到了利润那里。而且,由于他们是这一领域的开创者,因而他们往往摸索着概括事实,而不是陈述事实。在这一漫长的摸索过程中,他们时常跌倒,时常使用不适当的、甚至错误的论证方法。但是,如果我们像对待其他分析工作者那样对待他们,特别是如果我们像应该做的那样,把后继者甚至反对者从他们的分析中学到的许多东西归功于他们的话,则我们便会看到,他们的功劳远远大于他们的过失。

但如果情况是这样的话,那么经院学者与经院学者的反对派就利息问题展开的那场大论战的情况又如何呢?据认为,这场论战在十六和十七世纪进行得很激烈。就经济分析史而言,唯一的答案是根本就没有什么论战。在很长一段时期内,人们对于利息问题没有取得任何分析上的进展,也没有提出任何分析上的新见解。在经院学者的反对派方面,甚至像莫利诺或萨马休斯[①]这样的最著名的领袖人物也没有提出什么新见解。粗略地说,莫利诺和纳瓦鲁斯是同一时代的人,两人在理论上对利息问题的理解基本上处于同一水平。萨马休斯只不过重述了经院学者关于贷款者由于放弃了可得到的营业机会因此而放弃了利得的理论,这种理论我们已在莫利纳那里见到过了。就所牵涉的道德问题来说,新教神学家和世俗法学家本身对利息问题意见也不一致,但不管他们采取什么观点,他们都满足于重复经院学者提出的观

① 前面已讨论了莫利诺(查理斯·杜莫林)。萨马休斯(克劳德·德·索梅斯,1588—1653年)写有许多本论述利息问题的小册子,这里只提到以下两本就够了,一本名为《论高利贷》(1638年;但似乎1630年就出了一版),另一本名为《论贷放者得到的利息》(1640年)。

点。[①] 但除此之外，还有立法或行政方面的问题，人们争论的正是这方面的问题。正如我们已经看到的，经院学者认为，利息存在的理由不应在贷款契约本身中寻找。但这等于是说，收取利息的每一情形，或至少是每一类情形，都需要加以审查，未经审查，不准收取利息。虽然他们并非总是反对允许收取利息的世俗立法，但我们很容易想象，在利息成为正常现象之后，[②]应用上述审查原则带来了多么大的不便。由此便很自然地出现了这样的问题，即在这种情况下，一套虽然在逻辑上正确但过分复杂的规则是否应该被取代，而普遍允许接受市场利率。这个问题最终得到了教皇庇护八世和格列高利十六世的肯定回答。这实际上正是日益增多的世俗作家和宗教界作家所要求回答的问题。但他们却没有明确提出这个问题，一方面是因为他们无法理解经院学者的精致逻辑，因而把它看作是纯粹的诡辩；另一方面是因为他们大都出于政治和宗教方面的原因而对天主教会或经院学者采取敌视态度，因而在辩

① 我们还是彻底了结了这个问题为好。经院学者的利息学说是由理查德·巴克斯特讲授的(1615—1691年；例如参看他的《基督教指南》)。在较低的水平上，大量有关利息的文献也满足于重复经院学者提出的观点，这些文献仅仅根据道德理由反对高利贷，反映了公众对新兴资本主义的金融业务所抱的态度。下面列举的几本英文著作，我认为很有代表性：托马斯·威尔逊的《论高利贷》(1584年，但根据克雷斯图书馆的目录，1572年还有一较早的版本；1925年的新版本附有R. H. 托尼撰写的引言)；菲利普斯·西泽的《泛论该死的高利贷阶级》(1578年)，该书完全是从道德上抨击高利贷；无名氏：《高利贷的消亡或不光彩的高利贷者……》(1594年)，无名氏：《对高利贷的控告和审判》(1625年)。当然，还有许多布道集我没有考察。罗杰·芬顿在其《论高利贷》(1612年)一书中为高利贷辩护时所依据的理由是，借款者会从贷款中获利，经院学者可能知道这一理由，但他们认为这一理由与道德问题无关而不予以考虑。

② 圣·托马斯甚至说(《神学大全》，问题三)，在人类不完善的情况下，如果用人类的法律严格禁止所有罪恶，那么许多有用的事情也会受到妨碍。

论政策问题时往往采取嘲笑或谩骂的手法。这给人造成了这样的印象,即在新旧理论原则之间曾有过一场论战。这种印象歪曲了经济分析史上一个阶段的真实情况,因而值得加以消除。

5. 自然法概念[①]

我们现在要讨论的题目,前面我们已两次推迟了对它的考察。这个题目讨论起来困难重重,曾产生过无穷无尽的误解,而在现有的篇幅内是无法完全消除这些误解的。不过,这个题目对于所有社会科学的起源和早期历史都具有极为重要的意义,因而有理由要求读者与我们进行耐心的合作。每一门科学的首次发现都是其自身的发现。意识到"问题"产生于一系列相互关联的现象,是一切分析工作的先决条件。就社会科学来说,这种意识便表现在自然法这一概念中,我们将试图澄清它的各种含义,把握其微妙的变化与联系。

(a) 伦理—法律概念。　经院学者自己把自然法概念追溯到了亚里士多德和罗马法学家那里,不过正如我们马上将要看到的,他们的自然法概念完全不同于亚里士多德和罗马法学家的自然法

---

①　在有关这个题目的大量文献中,我挑选出弗雷德里克·波洛克爵士的《自然法史》(见他的《法律文集》,1922 年再版)一文供一般读者参考。并参看 P. 斯特拉夫:《经济科学中的自然法概念》,载《政治经济学评论》,1921 年 7 月。说到正确评价在自然法概念指引下所做的分析工作(做这种工作的实际上是经院学者的后继者,而不是经院学者本身),我所能推荐的仅仅是 O. H. 泰勒的《经济学与自然法概念》,载《经济学季刊》,1929 年 11 月。维诺格拉多夫撰写的那本著名的《历史法学大纲》(1920—1922 年)可能也很有用。

概念。亚里士多德谈到公正时，把“自然的公正”与“制度的公正”区别了开来(《伦理学》第5卷，第7章)。但在那段文字中，“自然的”这个词必须按很窄的意义来理解。亚里士多德在那段文字中指的仅仅是人类和其他动物为获取很一般的生活必需品而不得不具有的行为方式。但在别的地方，亚里士多德却在广泛得多的意义上使用“自然的”这个词，实际上是在这个词所获得的全部意义上使用的，而没有对这些意义进行区分，更不用说把它们界说清楚了。而且，他还把这种广义的自然与公正联系在了一起，从而为后世开了先例，就连英国的“古典派”经济学家有时也把自然和公正混淆在一起。但他前后并不完全一致，他有时赞同未被他称为自然的事物，却从未不赞同被他贴上自然标签的事物。

罗马人不善于推理，只是接受了亚里士多德的界说。盖尤斯(《法学总论》第一篇，第2章)天真地说，自然法“就是自然教给所有动物的法则”。乌尔比安也这样说。他们仅仅把这种自然法看作是法律规定的根源，与实在法、法令等的根源一样好，而且实际上还优于后者。但以下两点也很重要，应该加以注意。第一，罗马人养成了舞文弄墨的倾向，例如西塞罗把“自然法”这个词加在了官方所谓的国际法上。理由是，国际法包含有衡平法的规定，因而似乎要比拘泥于形式的民法更为“自然”。读者应该注意到，自然法的这种最后流行开来的意义(与此同时，正如我们所看到的，“国际法”这个词在十七世纪获得了万国法的含义)，与亚里士多德在《伦理学》第五卷第7章中规定的意义不一致，虽然与亚里士多德实际使用这个词时赋予它的其他意义有更多的关系。第二，罗马法学家把各种不同的含义与“自然”和“自然的”这两个词联系在了一起,其中一种含义对于我们来说是重要的,[①]那就是"事情的性质"(the nature of the case)。举例来说,当我们遇到一产生于契约的法律问题时,我们首先必须弄清缔约双方想通过契约做什么交易,也就是弄清"交易的性质"。乍看起来,事情的这种性质似乎与任何意义上的自然法都没有关系,许多法学论著正是试图这样解释的,撰写这些论著的法学家受历史学派的影响,已开始憎恨"自然法"这个词。但我们马上就将看到,两者之间有很多关系。

圣·托马斯[②]接受了罗马法学家死板地表述的亚里士多德的定义,但他仅仅把这种定义看作是一种形式。实际上,他试图使亚里士多德对自然法的各种用法具有逻辑性,这样做的结果是产生了某种既非亚里士多德的又非罗马法学家的东西。[③] 首先,自然

① 其他含义包含在诸如"自然营业"和"自然契约"这样的术语中,我不想用这些术语搅乱读者的头脑。所有这些含义以及另外一些含义,虽然互有区别,但也相互关联。

② 圣·托马斯的自然法和实在法理论,见《神学大全》第二卷,第一篇,问题九十四、九十五和九十七;第二卷,第二篇,问题五十七,第2和第3节。解释托马斯的理论不那么容易。我认为自然法是可变的,这种观点得自一种试图证明相反观点的论证,这种论证在原则问题上采取骑墙态度,以致正文中接下来的说法似乎是有道理的。圣·托马斯还认为,自然法就是 apud omnes,而且实际结果具有相对性:他强调所谓 loco temporique conveniens 就足以证明这一点,虽然从哲学或神学观点出发,与此不同的解释也很恰当。

③ 许多批评者可能不同意这种看法。他们会指出,圣·托马斯经常引证亚里士多德和乌尔比安的话来为自己的论述提供证据。我和这些批评者很可能只好各自保留自己的不同意见,因为在必然渗入个人观测误差的事情上,不可能取得一致意见。在这个事例中,个人观测误差指的是我们赋予圣·托马斯顺便说的一些话和提供的暗示以不同的重要性。我承认,在亚里士多德和罗马法学家(以及西塞罗)那里,可以找到圣·托马斯学说的线索。但这些线索的分量之所以显得很大,仅仅是因为圣·托马斯恰好把引证的这些话放在了一起。而从他单独对这些话的理解来看,它们就不算什么了。

法或“自然的公正”可能是一套规则，由自然强加在所有动物身上，而且根据亚里士多德的定义可能在原则上是不可改变的。但是，因为在不同时间和不同地点以及针对不同的人运用这些规则会产生不同的结果，同时也因为可以对这些规则进行增减，所以即使是这种自然法，从历史上看实际上也是可以变化的（特别参看《神学大全》第二卷，第一篇，问题九十四，第4和第5节）。其次，自然法还有另一种含义，圣·托马斯只是举例说明了这种含义，根据这一含义，自然法实际上就是符合于社会需要或便利的一套法则，圣·托马斯不厌其烦地强调其历史相对性。该意义上的自然法，虽然不完全是，但却几乎是罗马官方意义上的国际法。最后，人们认为，人类的实在法必然来自于根据这种自然法所作的推论，或者来自于根据具体情况对自然法所作的调整。一项法令若违反这种自然法，就决不会成为有效的法律。读者应注意到这种学说的政治含义。

为简洁起见，我们从圣·托马斯跳到莫利纳。莫利纳一方面明确地把自然法等同于健全的理性；另一方面又把自然法等同于社会便利或需要。这只不过是更为明确地表述了托马斯的观点。但他确实向前迈进了一步（《第一篇论文》，第4节）：他在重复了亚里士多德的定义后，显然为了解释其含义而补充道：“也就是说”，自然的公正就是事情的性质迫使我们做的事。但这根本不是亚里士多德的意思。他并不是在解释亚里士多德的意思，而是添加了一个新意思：他明确地把自然法与我们根据公共利益所作的理性判断结合在了一起，而所谓公共利益则是我们在研究工作中或实践中所观察到的各种具体情形下的公共利益，无论是个人契约还是社会制度。我们提及莫利纳对"自然法的性质"所抱的看法,仅仅是为了说明与他同时代的或比他更早的经院学者的一般看法。德·索托的所谓"理性的指引"也是同一种东西。

对于这种结果,我们可以这样来表达,即:所有思辨的、形而上学的或非经验的因素,都已从莫利纳的自然法概念中消失了,剩下来的只是运用于具体事实的理性,虽然到那时为止,还只是从规范观点出发运用理性。然而,不幸的是,这个题目要比这复杂。经院学者的理论还包含另外两股思潮的根源,这两股思潮是与严肃认真的实事求是态度相对立的。之所以要提到它们,是因为它们大大助长了普遍流行的有关自然法的糊涂看法。首先是往往把自然法与原始状态联系在一起。我们已经看到,像 A. 斯密那样的学者,常常追随亚里士多德,采用拟历史的表述方法:他们在解释诸如财产或货币这样的社会现象时,喜欢从假想的"早期社会状态"说起。就我所知,他们并没有滥用这种方法。但自然就是公正,如果像那种表述方法所暗示的那样,自然在原始状态下表露得最清晰,那么原始状态就不仅是自然的,而且还是公正的。从这种观点出发,不断产生与此相关联的观点,一直到卢梭赞美原始意义上的自然的人性状态。这种把自然状态与原始状态联系起来的做法毫无重要意义,并没有提高原始状态这一概念的地位。不用说,经院学者本身并没有显示出赞美原始状态的倾向。

其次,在经院学者的自然法和人权及包括劳动者对其产品的自然权利在内的类似概念之间,存在着某种关系。这种关系的存在是不容置疑的。因为经院学者的自然法被认为是有关权利和义务的有效法律规定的来源,同时关于文明人的政治权利,人权的所有制定者自称要做的事,就是借助于自然法寻求理性的指引。而且,在所有这些权利中,有些权利是经院作家所明确承认的。然而,这些权利以及与此相类似的权利,显然具有思辨性质。正是这类东西比任何其他东西,在更大的程度上导致了许多第一流的经济学家厌恶自然法这一概念,使自然法成了非历史的、非科学的形而上学的代名词。因此,对于我们当中的一些人来说,要把某一主张打入地狱,只需把它与自然法联系在一起就行了;实际上,人们至今全盘否定经济理论的一个最常见的理由就是，经济理论只不过是非科学的自然法哲学的一个分支。所以，我们完全有理由较为仔细地考察这一指控。我们将在下一个标题下做这一工作。

(b) 分析概念。 至此，我们考察的是自然法概念在伦理和法律领域内的发展，或者换句话说，是把自然法看作是在道德和法律上有效的命令的来源而对其发展进行考察。经过本章前几节的论述，我们便可以很容易地发现自然法概念所起的分析作用。实际上，只需概括一下我们在利息理论这一特例中所发现的东西就行了。为此目的，让我们提出这样的问题，亚里士多德为什么按照其狭义的定义认为某些种类的行为是“自然的公正”？显然是因为（在他看来）这类行为是一般动物生存的必要条件。对于广义的“自然的公正”，也适用于上述回答。这种公正涉及在特定人类社会的实际历史环境中社会生活得以存在的必要条件。所以，要发现特定情形中“自然的公正”，首先就得分析实际历史环境。通过这种分析而得到的结论，可以称之为分析意义上的自然法，也就是说，规范性的自然法总是以解释性的自然法为前提。前者只不过是对后者发现的事实和事实之间的关系所作的一种特殊价值判断。这两者在逻辑上是不同的，在实践上也是可以区别开来的，正像任何一位经济学家所作的价值判断和提出的经济命题那样。举例来说，A. 斯密的工资理论是由对事实的陈述和由此而得到的结论构成的。但他还说（《国富论》，第一篇，第 8 章），“劳动的产品构成劳动的自然报酬或工资”。因为他所谓的劳动产品指的是全部产品，因为据他自己说，工资在正常情况下不等于全部产品，所以他的上述说法显然是一哲学意义上的或价值判断意义上的自然法命题。但是,当我们仅仅对科学分析感兴趣的时候,我们便可以毫无困难地撇开那句话。再举另一个例子,现代经济学家既可以分析价格差别现象,又可以对其作出价值判断。如果他作价值判断,认为价格差别是不公正的,那他便采用了自然法规则,而在这个事例中,他采用的自然法规则与经院学者的自然法规则没有什么不同。如果他赞同禁止差别待遇的鲁宾逊一帕特曼法案,那他所做的就与经院学者在其时代可能做的一样,经院学者会说,该法案是有效的法律,因为它遵从了自然法的命令。我们固然可以把这种做法或所有价值判断称为非科学的或超科学的。但却没有理由把分析的婴儿连同哲学的洗澡水一起倒掉。而这恰恰是一些人正在做的事情,他们一笔勾销经院学者及其世俗后继者的经济学,仅仅因为这种经济学与道德和法律命令体系有关系,一笔勾销分析意义上的自然法,仅仅因为这种自然法与规范意义上的自然法体系有关系。

不过,历史学派反对自然法法学和经济学,主要不是出于上述理由,而是出于一与此不同但与此有关联的理由,他们认为自然法与历史现实毫不沾边。我们已经看到,就经院学者来说,这种反对意见是没有根据的,因为经院学者一向强调社会现象的历史相对性。就经院学者的某些后继者来说,这种反对意见则有一定道理。但应该指出,不管这种反对意见理由充足与否,它都仅仅涉及自然法概念的使用,而不涉及这一概念本身。任何概念都可能被错误地使用。而且,任何理论都可能是不恰当的或错误的。特别是,任何理论都可能夸大其命题的适用范围。举例来说,有关人权的理论观点实际上就是如此。但是,不恰当的、甚或错误的科学理论,无论如何仍是科学理论。另一方面,我们应该明白,十八世纪人们曾把时间和地点等条件撇在一边,为一些立法计划说了许多绝对的话,这致使人们对自然法分析的真正性质产生了各种各样的误解。

我曾说过,社会科学起源于自然法概念。如果我们按照莫利纳的定义来理解自然法,这一点就会特别清楚。莫利纳的定义提取自“事情的性质”。在这个意义上,自然法这一理想包含有这样一个发现,即社会状况方面的事实——在最有利的情形之下唯一地——决定了事情发生的某种先后次序,即逻辑上一致的过程或状态,或者说,如果不干扰社会状况方面的事实,让它们自由发展,它们就会决定事情发生的某种先后次序。这是用现代术语表达自然法概念。但不管这种思想多么粗糙,我们之所以可以把它归之于经院学者,却是他们的公正概念所致。圣·托马斯解释这种(亚里士多德的)公正概念时,把“公正”一词与调整相联系,把“公正的”一词与经过调整的相联系。公正的就是经过调整的,或符合于某一标准的,但究竟根据什么进行调整,或符合什么标准呢?如果利用莫利纳的“事情的性质”提供的线索,则我们所能给出的唯一答案就是,根据所涉及的社会形态进行调整,而这里的社会形态是从功利主义的公共利益或社会便利来考虑的。由此便有了这样两个等式:公正的等于自然的,自然的等于正常的。[①] 由此经院学者便很容易地从规范学说转到了分析定理,或从分析定理转到了规范学说,我们也可以很容易地例如从他们的公平价格转到(短期或长期的)竞争性均衡价格。由此在经院学者所作的辩护与解释之间就发生了关系,当然两者并不相等。所以,虽然正像现代经济学的批评者所认为的那样,从历史上说,现代经济学产生于经院作家,但这一事实并不构成反对现代经济学的理由。[②]

(c) 自然法和社会学上的唯理论。 Ⅰ. 评哲学上的唯理论。

① 正常意义上的自然和公正意义上的自然之间的这种关系,说明了正常意义上的"自然"一词为何使用得这么久,几乎一直使用到马歇尔,还说明了一些对"天赋自由权"抱有哲学观念的作家,为何一直把它与公正联系在一起。事情到此并没有完。在前面的正文中出现过"如果不干扰社会状况方面的事实"这样的条件,这意味着,像自然价格、自然工资这样的短语具有略微不同的但有关联的含义,在这些短语中,"自然的"就是指除了可能已经包含在事实中的干扰因素外,我们排除所有其他干扰因素,或者说,我们想考察一种不受干扰的、自由发展的过程或状态。另外,如果一遇到"自然的"这个词,便认为与自然法哲学相关联,那当然是荒唐的。特别是,"自然地"与"显然地"含义相同。当我们说一个人被称为傻子,"自然"会生气时,我们并没有涉及任何哲学。似乎还应该补充一句,我们不应该在统计学的意义上理解"正常的"这个词,而应该在我们谈论正常视力的意义上理解这个词。在这个有关人眼构造的事例中,生理学家可以从他对"事情性质"的理解,得到一有关正常视力的概念,这种正常视力可能远远不同于在任何给定人口中所能观察到的、统计意义上的实际正常视力。

② 一些研究经济学历史的学者认为,这种规范要素由于具有神学性质而增加了分量(顺便请注意这句话中"性质"的含义)。有人甚至认为,在评价重农派体系时,也应考虑到神学性质(参看下面第四章第3节)。不过,这也是错误的。因为经院学者所说的事物的秩序,无论是物质的还是社会的,都完全独立于经院神学,其影响除了道德命令外,只涉及奇迹和创世等方面的问题。除了奇迹和创世,事物的秩序完全可以用人类的理性来理解。毫无疑问,进一步分析一下,理性也是上帝创造的分析零件。但是,因为无论是上帝的哪一种计划,都包含有一定量的"罪恶",所以即便是评价工作也不会受到神学的严重限制,分析工作就更加是完全自由的了。解释上所犯的与此正好相反的错误,见下一节。

为了展示对于我们来说重要的那一点，对于唯理论这个变化多端的词，我们选定了它的以下含义。我们认为哲学上的唯理论是这样一种信念，它不仅认为我们的理智（"自然理性"）是真理的来源，真理先于经验，而且认为我们的理智可以就超越现世的问题如上帝的存在得出结论。[①] 从这一意义上说，圣·托马斯是个形而上学的唯理论者，因为他与其他（主要是司各脱派）经院学者不同，认为上帝的存在是能够在逻辑上予以证明的。但在十七和十八世纪，"唯理论"这个词具有了这样的含义，即在神学问题上，人类理性是知识的唯一可以承认的来源，从这一意义上说，圣·托马斯又不是形而上学的唯理论者，因为他还承认启示。于是，如果一个人相信自己同样仅仅依靠逻辑推理，便能证明上帝不存在，那么他在这个问题上的观点就与圣·托马斯截然相反。尽管如此，他们在以下一点上却有极为密切的关系：无论是唯理论的自然神论者还是唯理论的无神论者，都仍然是前面规定意义上的唯理论者，他们共同反对不像他们那样崇拜理性的人，共同反对当今的逻辑实证主义者。这当然没有什么可奇怪的。持有不同观点的人，却承认并求助于同一权威，是很常见的事。之所以要提到这一事实，是因为它会帮助我们看清理论发展的连续性，而如果没有这一事实的帮助，则我们只会看到理论发展的中断和不同理论之间的对抗。

II. 社会学上的唯理论。科学活动常常被看作是理性活动的典型例子，因为科学工作者无论最终要达到什么目的，都得服从逻

① 我不得不为这个定义的无数缺点请求读者原谅。不过，这个定义虽然简洁，却足以表达出与我们讨论的问题有关的那一点。

辑推理规则的指导。这种观点实际上并不完全正确:最辉煌的科学成就恰恰不产生于观察或试验,也不产生于逻辑推理,而是产生于某种最好称之为想象力的东西,与艺术创作很相像。不过,所得到的结果还得用专业标准指导下的逻辑方法或理性方法来“检验”,而这便足以使这一意义上的理性——这种理性与前面所讨论的那种理性毫无关系——影响我们在任何时候拥有的科学知识。但这种科学上的理性概念仅仅涉及分析者的态度,而不涉及被分析的客体的行为。精神病医生可以“合乎理性地”研究疯子的反应,社会学家可以“合乎理性地”研究好战心理或发狂的群众的行为,但这并不意味着所观察的言语和行为是“合理的”。就这一点来说,我们大家,其中既包括经院学者又包括最坚决地反对经院学者的人,都不可避免地是方法论上的唯理论者,也就是说,我们大家都认为,某些合乎理性的方法可以用来描述社会现象。使用这种方法得到的结论可以称为自然法,这是自然法概念和“健全理性”之间唯一必不可少的联系。

但社会学上的或经济学上的唯理论却具有另外的含义。

正如我们可以采用斯多葛派首创的方法,把自然界看作是一个按照严格计划塑造出来的、逻辑上协调一致的整体那样,我们也可以把社会看作是一个具有内在逻辑一致性的宇宙。一些人认为,这种秩序是神意加在社会上的,由一只看不见的手指引来达到某种确定的目的,另一些人则认为,这种秩序完全是内在的,计划和目的是观察者从社会中发现的,与他的分析推理能力无关。对于我们来说,无论是哪种情况,都没有多大关系,因为无论是在哪种情况下,除了理性之光所能理解的东西外,再没有别的东西可以进入那一"理性"世界。不过,我们应进一步把社会学或经济学上的客观唯理论同主观唯理论区别开来,后者认为构成社会的个人或集团的理性行为就是或可以实现这种秩序或计划,前者则不这样认为。两者显然都产生于经院学者及其直到当代的大多数继承者。这给经院学者的自然法概念增添了另一层色彩,并在这一概念与他们的健全理性之间建立了另一种关系,完全不同于前面一段提到的那种关系,圣·托马斯对那种关系所作的永久性表述是:理性的最高标准是自然法(《神学大全》,第二卷,第一篇,问题九十五,第二条)。

从现代实证主义的观点来说,这种看法当然是不能接受的。它实际上不仅是在自然法的规范概念中,而且还在自然法的分析概念中,为寻找"思辨因素"作辩护。更为重要的是再一次指出,社会学上或经济学上的唯理论,只影响对自然法命题的解释,而不一定影响这些命题的内容。我们可以丢掉前者,而保留后者。不过,主观唯理论的看法确实夸大了理性行为的解释价值,诱使我们过于相信从目的论出发所作的论证,并诱使我们也犯类似的错误。如果主观唯理论的看法与经济学家的习惯结合在一起,则会产生特别严重的后果。经济学家不仅习惯于把自己看作评判手段是否合理的法官,而且还习惯于把自己看作评判目的(动机)是否合理的法官,也就是说,凡是在他们看来是"合理的"目的(动机),他们就一口咬定是合理的,而把所有其他目的斥之为不合理的。经院学者在所有这些方面都是有罪的。但应该指出,我们也是有罪的,因为在这方面以及在其他许多方面,我们是他们的继承者。说明这一点的最好例子就是艾尔弗雷德·马歇尔。

III. 健全理性与理性。请注意,社会学上的或经济学上的唯理论并不一定导致实践上的"保守"态度。与形而上学的唯理论一样,社会学上的或经济学上的唯理论也可以作两种解释。的确,如果我们相信存在着经济秩序或经济世界,我们便可以依据这一信仰推论出,现实世界的一切都总是最好的,这正是伏尔泰(在《天真汉》中)所嘲笑的那个邦葛罗斯博士持有的观点。但我们不必认为,事物的理性秩序存在于现存事物中,而可以认为,理性秩序仅仅存在于理性王国,理性本身正召唤我们反对偏离正轨的现实。这正是社会学上的或经济学上的唯理论所具有的含义,所有那些主张“把理性应于社会现象”的改革集团也这样认为,无论是对于启蒙运动者(他们信仰的正是这种理性),边沁主义者,还是对于当今的大多数自由主义者、激进主义者和社会主义者来说都是如此。**而且他们都是经院学者的后裔**。因为经院学者的政治社会学本身就足以证明,关于社会秩序或自然法,他们持有的是第二种观点,而不是第一种观点。就我们所讨论的那一点来说,应用“理性之光”所产生的一切不同结果都无关紧要,这些不同结果实际上完全可以用立场和环境的不同来解释。所有社会学的和政治学的思想,只要不反对理智,便采用的是相同的方法论原则。最先明确表达出这一原则的是希腊人。但在日耳曼世界最先采用这一原则的却是经院学者。不管理性在十八世纪反对的是什么,所反对的都不是思想方法。从认识论上说,存在着完美的连续性,健全理性(等于自然理性)是理性之母。

这不应使任何人感到吃惊或震惊。天使铸造的宝剑很容易落入魔鬼手中。而魔鬼铸造的宝剑也很容易被天使夺得,只是在这种情况下,魔鬼也有资格得到每个文明的社会主义者对资本主义的成就所给予的那种承认。

6. 自然法哲学家:十七世纪的自然法分析

我们现在不得不与经院学者分手,以考察其直接继承者的分析工作。当然,有关人类管理的永恒问题仍然被不断地提出来,而且从十七世纪各种新兴政治形态的斗争中还产生了另外一些问题。特别是在英国,这些问题产生了各种各样的小册子,从严密的推理论证到对《启示录》的高声朗诵,应有尽有。我认为,在严密的推理论证方面,最高成就便是人称"骑墙派"的(乔治·萨维尔)哈利法克斯侯爵的著作。但是,一些作家还在一般原理的水平上,满足了人们寻求答案的热望,我们将把这些作家称为"自然法哲学家"。①

(a) 新教或世俗经院学者。 虽然宗教分裂和政治情况的改变把自然法哲学家和经院学者区分了开来,但自然法哲学家却与经院学者属于同一职业阶层,以相同的方法和基本相同的态度从事相同的工作。两者实际上如此相像,以致描述自然法哲学家特征的最好方法,就是把他们称为新教(或世俗)经院学者。他们当然不会同意这种诊断。无论是同情天主教还是同情新教或"自由主义"的现代学者,也不会同意这种诊断。现代学者都强调两者在宗教和政治信仰或学说方面的不同,而从他们的立场出发,他们在我们认为是相同的地方看到不同,是完全正当的。在本书中,我们只关心方法和分析的结果,所有其他东西只是在有助于说明方法

① 我是根据 A. P. 厄谢尔教授的劝告采用这一名称的。

和分析的结果时我们才论及到，这一点无论怎样重复也不过分。而自然法哲学家的方法和分析结果实质上与后期经院学者的方法和分析结果没有什么不同。这并不是说自然法哲学家暗中抄袭了经院学者。虽然在许多方面经院学者的影响是显而易见，不容置疑的，但自然法哲学家也可能依据相同的来源，特别是从罗马法学家那里，重新发现了一些东西，或对经院学者的理论有所发展。

自然法哲学家代表的那种思潮太重要了，所有受过教育的人都不能不受到它的影响。而且，正如马上就会清楚地显示出来的那样，自然法哲学家只不过是链条上的一个环节，这个链条一直延伸至十九世纪。由于这两个原因，我们就不能把自然法哲学家看作是一范围确定的集团。眼下我们不仅将把所有那些通常被看作是纯经济学家的作家排除在外，而且还将把自然法哲学家撰写的所有那些与自然法哲学没有关系的著作排除在外。在此条件下，只提及十七世纪的若干代表性人物就够了，他们是格罗秀斯、霍布斯、洛克以及普芬多夫。

雨果·格罗秀斯或惠夫·德·格鲁特(1583—1645 年,《战争与和平法》,1625 年第一版;1631 年第二修订版)总的说来是个大法学家，主要以国际法方面的突出成就闻名于世。他在其著作的第二卷第 12 章，只是简略地论述了一些经济问题，如价格、垄断、货币、利息以及高利贷。他的论述无疑很精辟，但并没有为后期经院学者的学说增添什么新东西。

托马斯·霍布斯(1588—1679 年;除《利维坦》〔1651 年〕外，还应该提到《论公民》〔1642 年〕和《论政体》〔1650 年〕;莱斯利·斯蒂芬写的传记对当时的文化背景作了最好的概述，可以推荐给读者参考)毕业于牛津大学，一度担任私人教师，总的说来是个政治社会学家。他并不比格罗秀斯对经济学更感兴趣，不过他也论及过经济问题，特别是货币。对于我们来说，他的重要性与其说在于他的政治哲学具有巨大的创造性(这实际上是更适合于下一节讨论的题目),还不如说在于他乐于接受当时刚刚出现的机械唯物论,在于他特别通过他的(感觉论的)伦理学说和心理学说,使社会科学受到了机械唯物论的影响。应该指出,虽然他不是一个好的,更不是一个有创造性的数学家和物理学家,但他对这两个领域都不只是具有业余爱好者的兴趣;而所有这一切并没有妨碍他除了在社会学的分析中运用神学论点和引用《圣经》外,还一次又一次地涉猎思辨神学。

哲学家约翰·洛克(1632—1704 年;第一部不完整的著作集出版于 1714 年,1853 年出版了九卷本著作集;还有许多传记)也毕业于牛津大学。最初担任私人教师和大学教师,后来进入政府部门工作,在辉格党的庇护下,最后升至商务部大臣,对于我们来说,他的分析工作在以下几方面具有头等重要意义。首先,作为狭义的哲学家,他领导经验论展开了反对笛卡尔的唯理论的斗争,先是在英国取得了胜利,随后在欧洲大陆,特别是在法国也取得了胜利(这方面最为重要的著作是他 1690 年发表的《人类理解论》)。这实际上是与(亚里士多德的)经院哲学传统的决裂,而且是决定性的决裂。不过,读者应意识到,这并不意味着在政治或经济理论方面也发生了类似的决裂:把这两者区分开来是至关重要的。其次,洛克鼓吹(一定范围内的)宽容、出版自由和发展教育事业,从而帮助制订了后来政治自由主义的总纲领。之所以要顺便提到这一事实,是因为它与经济自由主义有关系。第三,作为政治理论家(特别参看他 1690 年发表的《两篇关于政府的论文》),他有权在自然法哲学家当中享有最高地位,虽然他并没有为格罗秀斯的学说和普芬多夫的学说增添什么新内容。第四,作为经济学家(参看下面第六章),他作出了一些具有深远意义的贡献,不过,我们将在别处讨论这些贡献,因为它们与他的哲学或政治理论没有关系。最后,我们还要提到他对神学也很感兴趣(特别参看他 1695 年发表的《基督教的合理性》)。

萨缪尔·冯·普芬多夫(1632—1694 年)是个学究气很浓的法学家,历任海德尔堡大学、(瑞典)隆德大学以及柏林大学教授。他只不过是格罗秀斯的追随者而已。但他的《自然和族类法》(第一版(我使用的就是这一版),1672 年)却是一部享有国际声誉的教科书,同上面提到的那些更伟大的人物撰写的著作相比,该书更加完善得多地表现出了自然法哲学家的社会科学所具有的整体结构。这本书要比他早些时候发表的《法学知识要义》(1660 年)更为重要。读了这本书,便可以对自然法哲学家的社会科学涉及的范围和达到的水平有一概括的了解。而且,普芬多夫比格罗秀斯深入得多地研究了经济学(第五卷,第 1—8 章),不过我认为,他并没有给后期经院学者掌握的经济学知识和分析工具增添多少东西。但他对材料进行了系统的整理。他还写了一本神学小册子,题为《论基督教在市民生活中的地位》,这颇能表明他的气质。

还可以提到另外一些人的名字,因为读者很可能漏掉其中一些人的名字。但不提莱布尼茨的大名和他的忠实追随者克里斯琴·沃尔夫的大名是经过考虑的。他们固然很有学问,对当时的经济活动和经济政策也极为感兴趣,但他们却没有对我们讨论的题目作出贡献。不过,也许我应该提到托马西乌斯(1655—1728 年),他的著作对自然法哲学家使用的自然法概念作了令人感兴趣的说明。

正像经院哲学家那样,自然法哲学家也试图建立一门综合性的社会科学,即试图创立一种有关社会的综合性理论,涉及社会的所有方面和所有问题,经济学在这种理论中既不是一很重要的部分,也不是一独立的部分。自然法哲学家的这种社会科学,最初是以法学体系的形式出现的,这种体系类似于经院学者在论述正义和法律的那类论著中提出的体系。格罗秀斯和普芬多夫主要是法学家,因而他们的论著也主要是法学论著。他们在讨论法律原则和政治原则时,认为这类原则具有普遍的适用性,因为它们是自然的,即它们是从人类本性的一般性质推导出来的,而不像实在法那样,是从个别国家的具体情况推导出来的[①]。我们在上一节论述

① 霍布斯在《利维坦》一书的第十四章和第十五章,举出了十九条这样的原则。他把这些原则称为自然法,把关于这些原则的“科学”称为道德哲学。关于道德哲学这个词,我们马上将引入一不同的含义。

了后期经院学者的自然法所具有的各种含义和方法论上的性质，特别是论述了这种自然法的规范意义与分析意义之间的关系，这些论述也适用于世俗哲学家的自然法。然而，虽然把自然法这一概念的形成以及这一概念在纯分析上的应用归功于世俗哲学家，或把世俗哲学家看作是反对经院思想方法的革新者，是大错而特错的，但是，世俗哲学家也作出了值得记录下来的贡献，其中有一些很有意义的贡献。

(b) 数学与物理学。 自然法哲学家生活在数学与物理学的英雄时代。伴随着在当时所谓的——我们不这样称呼——“新实验哲学”领域中的惊人发现，物理学以同样惊人的程度流行了开来，甚至在文人和贵妇人当中也很流行。先是在意大利，接着便在其他各处，实验家和数学家常常聚集在一起讨论所发现的结果和差异所在；但他们的聚会也吸引了一些具有好奇心的人，这些人希望事物能够得到解释，他们受到了实验家和物理学家的欢迎，因为他们能够在资金和其他方面提供帮助①。物理学家和数学家取得

① 对于我们的目的来说，只需举出英国皇家学会这个例子就够了。该学会于1662年正式成立，在此之前已非正式地存在了二十年左右。英王查理二世对它很感兴趣，这种兴趣虽说是业余爱好者式的，但却表现出了很强的理解力。正式成立后的一个世纪，该学会实际上就是职业物理学家和感兴趣的外行人聚会的场所。艾萨克·牛顿爵士(1642—1727年)从1703年至逝世曾任该学会的会长，并在该学会的赞助下出版了他的《自然哲学的数学原理》(1687年)。正式成立后不久，该学会便开始出版其机关刊物《哲学通讯》。直到十九世纪初，人们都用“自然哲学”这个词来表示我们的所谓自然科学(有别于社会科学)。这样使用“自然”一词更助长了混乱。

我认为，正是自然科学的成就激起的好奇心，超越其最初的范围，创造了对一种全新著作即百科全书的需求。该领域的最初成就是比埃尔·贝尔(1647—1706年)的《历史与批判词典》(1697年)——这是十八世纪的百科全书派编写的那部更为全面得多的著作的前身，后面我们将谈到百科全书派——以及约翰·哈里斯的《技术词典》。

的成就和采用的研究方法,不能不影响自然法哲学家。他们或他们当中的一些人也开始查看自己的工具,想知道它们究竟与物理学家取得成功的工具有什么不同。普芬多夫宣称使用了数学方法,虽然他实际上并没有使用。霍布斯宣称,“公民哲学”——使用这个词显然是为了与自然科学意义上的自然哲学保持平行——起源于他的那本题为《论公民》的著作的发表,并宣称他第一个把哥白尼和伽利略的方法(不过,他把这种方法看作是根据一抽象而普遍的“运动规律”进行演绎推理)应用在了这种公民哲学上。他们的话虽然只不过是空谈,但却招致了非常不幸的后果。

我们已经看到,后来的批评者,特别是那些赞同历史学派的批评者,抨击自然法概念的理由就是,这一概念是形而上学的,是思辨的。十九世纪的另一些作家与这些批评者一样,往往只看那种空谈的表面价值,谴责自然法概念具有“自然主义”倾向,意思是说,自然法概念试图照搬物理学的分析方法。有的批评者甚至同时提出这两种反对意见。这两种反对意见不但毫无根据,而且是互不相容的。这样,不幸的自然法概念在这两种对立的反对意见的夹击之下便遭难了。或者更确切地说,是自然法这一短语遭难了,因为有关自然法的观念依然存在。

甚至不能断言世俗哲学家的神学倾向比后期经院学者少,尽管他们的神学是另一种神学。他们也撰写有关神学问题的著作,并引用《圣经》中的话来支持自己的论点。霍布斯的《利维坦》(1651 年)一书第四编的标题就是“论黑暗王国”,其中有一章专门讨论了魔鬼,虽然这些魔鬼像第三编中的天使那样被说成是象征性的存在。

(c) 经济的和政治的社会学。 自然法哲学家把一些要素引入了人的本性这一概念中,这些要素虽然不是全新的,但所受到重视却是全新的。其中比较重要的要素是霍布斯引入的。在此之前，经院学者曾暗示，私有财产在某种程度上起源于人们必须避免对财物的你争我夺，政府起源于人们必须维持和平与秩序。但他们没有露骨地谈到一切人反对一切人的原始战争，也没有谈到人对人是狼。这类看法并没有成为一般理论，因而几乎不能说是在分析上取得了进展。同样，社会契约论在经院学者和格罗秀斯那里阐述得很巧妙，但在霍布斯的体系中却显得过分天真。在《利维坦》一书(第二编第 17 和 18 章)中，霍布斯假设国家即“那个大利维坦”实际产生于一项协议或契约，大家签订这项契约是为了把每个人自己管理自己的权利转交给某一个人或某一管理机构。这一学说洛克后来以最赤裸裸的和最有影响的方式加以了重新表述，确实赢得了人们几乎普遍的赞同。但霍布斯赋予这种政府的无限权力却没有赢得普遍的赞同；特别是洛克并不认为人民不能改变政府的形式，政府的权力不能被剥夺。总之，政府拥有无限权力的论点毫无分析意义可言。因为它与经院学者和自然法哲学家的一些法律论点一样，不是分析命题的伪装，而只不过是一法律论点，仅此而已；霍布斯完全是从那一虚构的契约中推导出这一论点的，他武断地解释那一契约，说公民都无条件地投降了。最后应特别提到，洛克为私有财产“辩护”的依据是，人人都拥有支配自己人身的权利，这种权利包括支配自己劳动的权利，而这又包括支配自己劳动果实的权利。这种论点也纯粹是法律上的论点，而且显然是不妥当的论点。几乎无需补充说明，这一论点与劳动价值理论毫无关系。

假如这就是所有的一切，那么自然法哲学家对政治的和经济的社会学作出的贡献就太可怜了。但还有别的贡献，就是对我们可以称之为“社会玄学”或“哲学人类学”的领域作出的贡献；一些自然法哲学家考察了人类的本性，根据人类的本性推出了自然法。[①] 在这方面，霍布斯又是一突出例子。《利维坦》一书第一编的标题就是“论人”，这一编勾画出了有关人类心智的全部哲学，讨论了有关思想、想象、言语、宗教等等的心理学或社会心理学，由此而引出了自然法的概念。霍布斯的许多观点都可以追溯到亚里士多德和经院学者那里，虽然在只是对前人的观点有所发展的地方，他往往说自己的观点与前人的观点相对立。但他确实在以下方面比亚里士多德和经院学者走的远得多。他把思想——即某个人的思想，与洛克的“观念”含义相同——定义为“外在客体的表象”，认为人的心灵是由感官印象填装起来的。我们确实可以这样说，霍布斯预见到了洛克经验论的实质和联想主义心理学原理。联想主义心理学在穆勒父子时代将与经济学发生非常密切的关系(见后面第三编第三章第 5 节)。

我们所谓的“哲学经验论”，指的是由希腊人(亚里士多德、伊壁鸠鲁派、斯多葛派)勾画出来但主要由十七、十八世纪的英国思想家(特别是霍布斯、洛克和休谟)发展起来的那种学说。该学说认为：(a)个人的一切知识都得自于自己一生的经验；(b) 这种经验可以说就等于人的心灵所得到的感官印

① 社会玄学指的是对人类本性或人类行为的考察，或者更一般地说，指的是对以下所有事实的考察，这些事实虽然与社会学有关，但从专业意义上说，并不属于社会学，而是超出了社会学的范围，或隐藏在社会学的背后，例如对习惯形成的考察或对自然环境性质的考察。类似地，我们也可以说经济玄学。“哲学人类学”一词的含义与社会玄学相同，加上“哲学”二字是为了把它与通常意义上的人类学(对自然特征的研究)区别开来。

象；(c) 没有发生这种经验以前，人的心灵不仅完全是空白，而且甚至没有“意动”，也没有感官印象意义上的先天观念，因而也许可以合乎逻辑地说，“心灵”本身根本不存在。(d) 感官印象是终极要素，所有精神现象都可以分解为这种要素，不仅是记忆、关注、推理，其中包括因果顺序的建立，而且还有感情现象即“激情”，所有这些都只不过是基本感官印象的聚合，都产生于感官印象的随机“联想”。这种把人类“心灵”或“灵魂”分解为基本印象的做法，可以与把所有自然现象分解为原子力学的做法相类比，这种经常采用的类比使一些人喜欢经验论，而使另一些人憎恨经验论。读者应注意，“经验主义”一词有许多种含义，这里使用的只是其中一种含义，这就是为什么要加上“哲学”二字的原因。哲学经验论特别与科学经验论毫无关系。“科学经验论”一词仅仅表示一种态度，这种态度赞美实验和观察的作用，而忽视“理论”的作用。经验论的更为具体的标签是“感觉论”。

作为一种哲学，经验论或感觉论虽然在十八世纪得到了休谟的大力捍卫，在十九世纪得到了约翰·穆勒的大力捍卫，虽然在英国的非哲学界人士当中很流行，但它的日子也并不那么好过。十八世纪初，莱布尼茨就提出了那个明显的但并非决定性的反对理由，即经验论究竟是什么？稍后，伯克利主教提出了一种不同的论点，等于抛弃了经验论(《人类知识原理》,1710 年)。且莫说在苏格兰或德国，就是在英格兰，专业哲学家之间的论战也往往使经验论处于不利地位。但是，联想主义心理学的日子却好过得多，直到 1900 年左右，英国经济学家及其大陆同盟者都公开或暗中信奉联想主义心理学。十九世纪这一学说最严格的解释,甚至是由杰出的经济学家詹姆斯·穆勒完成的。所谓“心理联想主义”和前面的所谓“哲学经验论”含义完全相同。之所以要使用不同的称呼,差别在于哲学经验论在严格意义上是或自称是一种哲学,同时也是一种认识论或知识理论,而心理联想主义虽然表示相同的学说,但却被看作是一项基本的假设,用于研究专业心理学领域之内的各种问题,例如用于研究有关想象、关注或语言等等的理论。希望读者记住所有这些以备将来参考。

另有一点,无论给读者留下多么强烈的印象,也不过分。经院学者曾讲授过人类天赋自由和天赋平等的学说。不过,在他们那里,天赋平等并不涉及有关人类本性的事实,而只是一种道德理想或假设,其依据是基督教信仰,例如相信救世主是为拯救所有人而死的。但霍布斯在说明是哪些条件产生了一切人反对一切人的原始战争状态时,则断言,人类心灵和身体的天赋才能是大致相等的,相互之间的差别极为有限,以致可以假定它们完全相等,他把这看作是一个事实。这也是自然法哲学家的普遍看法。因此,我们可以用“分析平等主义”这个短语来表示霍布斯的上述看法,以把它和基督教信仰区别开来,我们将把基督教信仰称为“规范平等主义”。首先,应该指出,分析平等主义不仅对于经济社会学,不仅对于经济学本身所包含的较为广泛的内容具有极为重要的意义,而且对于经济理论本身的许多问题也具有极为重要的意义。要认识到这会改变经济过程的整个面貌,只需用相反的观点取代它就行了。其次,除少数例外和作少量修改外,无论过去还是现在,大多数经济学家都接受了分析平等主义。但他们却从未做过认真的努力来证实它，虽然人们可能认为他们有一切理由弄清其分析结构中如此重要的一根支柱的可靠性。考察《国富论》时，我们将再次谈到这一叫人很难理解的事实。

(d) 对经济学的贡献。 自然法哲学家的经济学可能源于莫利纳。这里只提及普芬多夫在其论著中所作的周密论述就行了。他把使用价值和交换价值区别开来，认为交换价值取决于财物和货币的相对稀缺和充裕。因而市场价格便趋向于生产所耗费的正常成本。他对利息所作的分析不厌其烦地引证《圣经》，显然不如后期经院学者的分析。接着，他讨论了有关公共政策的各种问题，例如，如何通过节约法令来抑制奢华，如何管理和控制垄断企业、手工业行会、继承、限定性继承以及人口。这种讨论处处显得明辨事理，稳健温和，具有历史感，而且时时不忘福利问题。这里，我们再一次看到了《国富论》的雏形。

7. 自然法哲学家：十八世纪及其以后的自然法分析

到 1700 年，下一章将要考察的事物的发展，已把自然法哲学家的经济学远远地抛在了后面。不过，这里应稍稍追踪一下自然法哲学家的那点经济真理在 1700 年以后的命运，直到它渐渐变模糊，与广阔的河流相汇合，而从我们的视野中消失。我们这样做将会证明是有益处的。（参看下面 g 小节）

法国大革命以前的六七十年，通常被称为启蒙时期。“启蒙”

这个词意味着许多方面的进步加快了速度,或者更确切地说,进步的意识得到了激发,人们普遍热衷于进步和改革。这个时代所要上演的节目,是把理性应用在过去遗留下来的一大堆似乎没有价值的东西上。宗教上的、政治上的和经济上的批判浪潮,席卷了欧洲各个文化中心,而这种浪潮却可悲地对自己的教条主义标准不加批判。特别是法国社会在迅速解体,而它自己却丝毫没有这样的感觉。正像所有那些正在瓦解但又不愿正视这一危险的社会那样,它乐于保护自己的敌人,从而提供了具有独特魅力的社会环境,产生了这样一些著作,在我们翻阅这些洋洋自得的旧书时,尽管我们会闻到腐朽味,更糟的是,有时还会闻到平庸味,但我们还是会被它们吸引住。在这一自称为理性的时代,人们总喜欢自吹自擂,对此最好的解毒药就是阅读他们的著作。幸运的是,有一些比伏尔泰和卢梭的作品更好的著作值得记录下来。可是,在现有的篇幅内,我们不可能描绘当时知识界的情况,也不可能描绘当时的社会背景。① 我们只能论及少得不能再少的基本要点。

〔**(a) 人性科学:心理主义。**〕 神学方面需要提到的仅仅是这

① 两者都已被人们作了无数次描绘。不过,很难提出一精选的、有帮助的书单。我们所能提出的最好建议也许是请读者参阅伊波利特·泰恩的名著《当代法国的起源》(1876—1893 年),或参阅亨利·西伊的《法国十八世纪的政治思想》(1920 年)。但是,利顿·斯特拉奇在一篇论述莫雷莱的短文(见《人物缩影》,1931 年)中,不仅极为精彩地描绘了莫雷莱这个人,而且还极为精彩地描绘了当时的文化背景。读者花半小时看看这篇短文,再花半小时默想一下,收获可能要大于花许多小时读大部头著作。关于英国的情况,我们向读者推荐莱斯利·斯蒂芬爵士的老牌权威性著作《十八世纪英国思想史》(1876 年),或他的《十八世纪的英国文学与社会》(1904 年),以及 H. J. 拉斯基的《从洛克到边沁的英国政治思想》(1920 年)。当然,J. 博纳的《哲学与政治经济学》(第三版,1922 年)是一本随时可以参考的著作。

样一个事实，即有别于圣典学说的自然神学(应该记住，这种区别可以追溯到十三世纪)，已确立为世俗社会科学的一个独立领域。它的严格意义上的神学内容已缩减为毫无生气的自然神论。[①] 但更加令人感兴趣的是宗教社会学的发展。宗教社会学是关于宗教观念的起源和社会实践的理论，我们认为，它实际上是由霍布斯创立的。就哲学思想来说，最重要的事实是，英国的经验论或感觉论即霍布斯和洛克的学说，不断发展并取得了胜利。这种胜利特别瞩目的原因是，在方法论上，英国的经验论与哲学上的唯理论一样，不同意神学理论和其他理论为理性要求的所有那些东西。这当然非常有利于联想主义心理学取得胜利。这里让我们停下来看看三位人物，即孔狄亚克、休谟和哈特利。他们不仅对于我们具有突出的重要意义，而且还代表了那一时代鼎盛时期的精神。在单纯讨论经济学家的作用时，我们还将谈到孔狄亚克和休谟。哈特利的成就直接导致了詹姆斯·穆勒 1829 年的成就。[②] 这三个人

① 我的这种陈述很好地说明了在作这样的简略描述时必然会遇到的困难。为了不漏掉一重要的背景事实，作这样的陈述是必要的，当然它也是真实的。然而在效果上，它却会使人产生严重误解。一方面，它没有提到纯粹的自然神论与直言不讳的哲学唯物论的密切关系，从而也就没有提到自然神论的真正本质。所以，让我们指出以下事实，即哲学唯物论也以中世纪不曾见过的形式发展了起来。霍尔巴赫的《自然体系》(1770 年)一书就是这方面的例子。另一方面，正文中的陈述忽略了这样一个事实，即在十八世纪，许多宗教信仰都得到了复兴，这代表了当时的潮流，也许并不是自然神论和唯物论两者所能概括的。即使法国的情况也是如此 。法国教会内部的思想活动，当然不能完全由那些担任圣职主要是为了领取俸禄的不虔诚的教士来代表。在这方面，我们应该提到圣日耳曼草地寺院会的活动，其中心人物是琼·马比隆。不过我们不能多作论述，还得赶紧讨论正题。

② 艾斯蒂安·博诺·德·孔狄亚克(1714—1780 年；《全集》，1821—1822 年，欲知孔狄亚克的一般情况，请参看 R. 勒努瓦撰写的《孔狄亚克传》，1924 年)，发展了洛克

都不单纯是为哲学推理而哲学推理,而是为了发展"人类科学"或"人性科学",这种科学将成为社会科学的基础:他们首先是社会玄学家和哲学人类学家。毫无疑问,他们确信,无论在目的上还是在方法(即"实验"方法,为此他们抬出了弗朗西斯·培根作证据)上,

---

的感觉论,使其形成了精致的体系(《论人类知识的起源》,1746 年;《感觉论》,1754 年)。无论从哲学方面说还是从心理学方面说,该体系都是大陆学者对英国的领先地位作出的最重要的反应。但孔狄亚克的成就并不仅仅在于系统地阐述了洛克的学说,他的著作中有许多独创因素,其中有一些,例如关于语言和其他符号系统的作用的理论(《计算的语言》,1789 年),虽然使用的是反省方法,但却对未来产生了深远影响,甚至影响到了当代沃森的行为主义。

大卫·休谟(1711—1776 年),特别对 A. 斯密产生了极大影响。需要我们给予注意的是他在以下三个完全不同又几乎互不相关的领域取得的成就。作为经济学家,他处于我们现在讨论的自然法潮流之外;作为历史学家,他取得的成就我们马上就将讨论到;作为哲学家和社会玄学家,他取得的成就正是我们现在要讨论的。他年轻时的著作《人性论》(前两卷出版于 1739 年,第三卷出版于 1740 年),是洛克和康德之间最重要的阶梯。从该书可以看出,休谟的智力水平远远高于洛克,而几乎与康德平起平坐。该书试图把实验推理方法〔熊彼特的原稿如此〕引入道德领域,于 1748 年(不妥当地)改写成《哲学论文集》(1758 年再版时改为《人类理解力研究》)。《人性论》一书突出地说明了奥斯特瓦尔德的以下论点是正确的,即创造活动是三十岁以下的人享有的特权,同时还说明以下一点也是正确的,即休谟的主观创造性,部分应归因于这位年轻作家很幸运,不知道前人在他讨论的题目上已经取得的成就。休谟所作出的最重要贡献是在因果理论方面。这也是他自己的看法,因为在《人性论摘要》一书中他较为充分地论述的正是这个题目,该书出版于 1740 年,1938 年再版时,J. M. 凯恩斯和 P. 斯拉法为它作了序。休谟的现代版《著作集》,由格林和格劳斯编辑出版,附有引言和参考书目;1846 年,J. H. 伯顿出版了休谟《生平和书信集》;1888 年,J. 伯克贝克·希尔出版了休谟《致斯特拉恩书信集》。1932 年,J. Y. T. 格雷格编辑出版了休谟的另一本《书信集》,收录的都是非常重要的书信。

大卫·哈特利(1705—1757 年)与孔迪亚克一样,也不是联想主义心理学的创始人。但他的《对人……的观察》(1749 年)对联想主义心理学作出的贡献,用经济学上的类比来说,正像马尔萨斯的《人口论》为其所包含的理论作出的贡献一样,读者将会欣赏我们所作的这种类比。哈特利还为联想主义心理学增添了一种内容,据我所知,这是一新内容。他把感官印象及其种种联想与"神经震颤"联系在了一起,从而把心理学与生理学联系在了一起。最后,在这一基础之上,他还提出了有关伦理,甚至有关自然神学的理论。

他们所做的分析工作都是一新开端。特别重要的是要认识到，情况并非如此。在目的和方法上，霍布斯显然走在他们前面。但我们知道，霍布斯虽然在一些重要方面具有独创性，但却像格罗秀斯和普芬多夫一样，是自然法哲学家，在根本目的和基本方法上，他与这些人没有什么不同。孔狄亚克、休谟和哈特利确实更加清晰有力地阐述了自己的理论；由于目的较为明确，他们更加充分地发展了人性科学。然而，有关这门科学的观念以及从这门科学中推导出各门社会科学的基本命题的计划，却是自然法哲学家的，从而间接地也是经院学者的观念和计划。这种亲密关系表现在许多细节上，举例来说，联想主义心理学的胚芽便可以在亚里士多德的与此相类似和相接近的概念中找到，也可以在经院心理学的相应概念中找到。而且，十八世纪的这些作家实际使用的方法，与其前辈使用的方法完全一样，并不具有更多的"实验"性。所以，正如我们曾把自然法哲学家称作世俗经院学者以此来说明他们的分析工作的一个重要方面那样，现在我们也可以把孔狄亚克、休谟和哈特利称作十八世纪的自然法哲学家以此来说明他们的分析工作的一个重要方面。[①] 关于这种人类科学，以下两点对我们具有特别重要的意义。

首先，孔狄亚克、哈特利和休谟的社会玄学实质上是心理学

① 只要作以下对比，便可以显示出我要说明的那种亲密关系：现代各门社会科学的专家从未想到要寻求根本的人性科学作指导。他们径直考察其特殊领域内的事实和问题，采用对其特殊目的最有用的方法和假设。实际上，如果说像休谟这样的作家有什么特殊的"现代性"的话，那么除了他们对形而上学抱有敌意外，就只能在以下两个事实中去寻找，一个事实是，他们未能实施自己的计划，另一事实是，例如作为经济学家，他们的推理实际上并没有怎么借助于他们的人性科学。正是由于这一原因，我们才能单独讨论他们的经济学。

的。而他们的联想主义心理学实质上是内省的,也就是说,它把分析者对自己心理过程的观察看作是知识的有效来源。这两个特征显然都对经济分析史具有重要意义,但我们现在只对前者特别感兴趣。这些作家以及与他们同时代的大多数作家显然认为,考察心理过程不仅能解释个人和集体行为的心理机制,能解释社会事实如何反映在个人和集体的心灵上,如何被个人和集体的心灵所理解,而且还能解释这些社会事实本身。当然,他们不会否认,为了解释某一实际事件、制度或过程,除心理事实外,还必须考虑其他事实。但他们并没有提出有关这些事实的一般性理论,也没有把它们纳入社会玄学中。与人的行为或态度有关的各个学科所需要的一般知识,仅仅是心理学,所有这些学科只不过是应用心理学。然而,这并不是唯一可能的观点。我们可以认为,对于实际分析工作来说,心理事实以外的事实,例如地理、技术和生物等方面的事实,要比侧重于心理学的人性科学重要得多。因而应该用心理学以外的材料建立社会玄学;甚至可以像例如卡尔·马克思那样认为,社会过程受超个人的自身逻辑的支配,对于理解这种逻辑来说,有关个人和集体的心理学毫无帮助,这种心理学只能使人了解表面现象,而要了解表面现象,并不需要多么深入地研究心理学。以上是有关社会科学的性质和方法的两种观点,不管我们采取其中的哪一种,我们都决不应忘记,不能简单地认为我们的代表性作家鼓吹的那种观点是理所当然的。为了突出这一点,我们给它加上了心理主义这一与众不同的标签。

200

其次,以人类科学为基础的社会学正像亚里士多德的学说那样,往往过分注重人类行为中的理性因素。所以注意到一些最杰出的人物开始反其道而行之是饶有趣味的。举例来说，一非常奇妙的滞后现象是，当社会契约论在卢梭等作家的大力鼓吹下最为深入人心的时候，休谟则把它斥之为十足虚构的而又不为人们所需要的理论。而且他还写下了以下精辟的语句，“所以，指导生活的不是理性而是习俗”（《摘要》第 16 页），以此攻击了与社会契约论相类似的目标。

〔**(b) 分析美学与伦理学。**〕　根本的人类科学，即关于人性、人类知识和人类行为的科学，究竟是如何提出各种“自然法”的，这最好也许是用英国十八世纪的所谓“自然美学”和“自然伦理学”来加以说明。当然，并不是所有关于美学和伦理学的思辨都是人类科学的衍生物，即使在英国也不例外，但我们却只对那些衍生于人类科学的思辨感兴趣，因为它们用可能对后来一个多世纪的经济分析有用的方法，提供了很有启发意义的分析实例。

首先，自然美学和伦理学是分析美学和伦理学。人们虽然从未放弃规范目的，但也没有让规范目的干扰解释实际行为的首要任务。就美学来说，这种分析观点在十七世纪就已由一些意大利作家提到显著地位了，就伦理学来说，这种分析观点是由霍布斯和斯宾诺莎提到显著地位的。① 其次，人们是以上述所谓心理主义

① 巴吕赫·斯宾诺莎（1632—1677 年）。与我们正在讨论的题目有关的两部著作是他的《伦理学》和《政治论》（两者都是在 1677 年他死后发表的）。斯宾诺莎的伦理学最后与高度形而上学的体系融合在了一起，这一事实使我们正在讨论的那种纯科学纲领大为减色。但他确实强调应该如实分析感情，而不应对感情进行说教。因为这是我们向这位大思想家致敬的唯一机会，所以让我们在这里引录他的一句话，这句话虽然是针对政治学和伦理学而说的，但每一个经济学家在临终时都应该能够重复它：“我一直孜孜不倦地试图以我们在教学中所惯常采取的那种宁静的超然态度来对待这门科学。”

的态度着手完成这种分析任务的。心理学不仅提供了研究美学现象和伦理学现象的方法,而且还将解释所有这些现象。最后,实际采用的心理学,虽然并不总是联想主义的,但却总是个人的、内省的、最原始的心理学。这种心理学几乎只涉及一些有关个人心理反应的简单假设,其余的一切都根据这些假设推论出来。因而便以这样一种方式来解释美学价值和伦理价值,这种方式使人想到了十八世纪意大利和法国经济学家以及十九世纪所有国家的大多数经济学家用以解释经济价值的那种方式。这种方式被认为是经验性的,从某种意义上说确实如此,但仅仅在例如说杰文斯一门格尔一瓦尔拉的边际效用理论的意义上是这样。尽管有所有那些纲领性言论、响亮的口号和对弗朗西斯·培根的引证,但这种方法却根本不是"实验的"或"归纳的",事实上也不那么符合客观情况。

于是,就这一学派来说,美学涉及的范围便逐渐缩小,最后只分析艺术作品引起的快感,而不那么注重分析艺术家创作活动的心理。[①] 为了展示我们感兴趣的那种相似之处,我们将把某件艺术品在某一社会圈子内被认为是"美的"这一客观事实与市场价格这一客观事实作一比较。于是人们会看到,我们正在讨论的那种美学理论会用那一社会圈子内成员的主观评价来解释前一事实,正像与其相类似的经济理论用市场参与者的主观评价来解释后一事实那样。在这两种情形中,都是主观评价创造了客观价值。我

① 情况只是大致如此,即使对于我们所考察的英国的美学理论来说也只是大致如此。霍布斯就曾论及艺术创作的心理社会学含义,维科也对此作过透彻的分析。

们知道，就商品来说，经院学者也是这样教导的，而不是相反。一件东西之所以美是因为中人的意，一件东西并不会因为"客观上"是美的而中人的意。当然，我们可以接着问为什么某些东西会中某些人的意，于是我们可以探究我们关于美的观念的起源。但是，不管我们多么深入地探讨这些问题以及与其相类似的问题，我们也还是在有关事物含义的特定概念的范围内兜圈子，即使我们根据特殊假设"引入"美的"感觉"，情况也仍然是这样。在使美学"主观化"方面，不同作家作出了不同的努力。然而，我们正在讨论的这一学派作出的主要贡献正是这种主观化，而且其成员认为这种主观化是该学派具有的一个特别现实的、"实验的"、"非思辨的"要素。应该提到的主要英国作家是沙夫茨伯里、哈奇森、休谟和艾利森。前三个人的伦理学要比美学重要得多。[①]

虽然上述论点也完全适用于伦理学，但却应该补充以下几点。就分析伦理学即对实际行为的分析来说，其要点可以简述如下。霍布斯是用他所谓的决定性因素即个人贪图享乐的利己主义来描述实际行为。这在他看来也许是最最符合实际情况的，但事实上

① A.阿什利·库珀，即沙夫茨伯里第三伯爵（1671—1713年），是沙夫茨伯里第一伯爵这个声誉不大好的政治家之孙。他的《人的特征、风习、见解和时代》（1711年），包含了他早期著作中的观点，因而是需要提及的唯一一本著作。弗朗西斯·哈奇森（1694—1746年），曾是A.斯密的老师（和格拉斯哥讲座的一位前任），因而对于我们来说是个"关键人物"。作为一充满了活力和非常成功的老师，他产生了广泛的影响，而获得成功的一个原因也许是，他似乎并不鄙视偶尔用华丽辞藻表现激情的做法。他的主要著作《道德哲学体系》（发表于他死后的1755年；参看下面第e小节），包含了他多年教学的成果。对于现在正讨论的题目以及后面将要讨论的一些题目来说，我们应该提及他的《美善观念起源之研究》（1725年）。参看W.R.司各脱的《弗朗西斯·哈奇森……》（1900年）。阿奇博尔德·艾利森的《论审美的性质与原则》（1790年）一书，特别鲜明地显示出了注重心理研究的方法所具有的可能性和局限性。

只不过是一假设或假说，而且是一显然不符合实际情况的假设。针对这种理论，沙夫茨伯里提出了另一种假说，即利他主义假说。他认为，对于习惯于在社会中生活的人来说，产生同情心和重视他人利益的自然程度，丝毫不亚于产生自私心和重视自身利益的自然程度。在这一假说之上，他还添加了另一也是得自于内省的假说，根据这一假说，有德的人会从行善中感到快乐，而不管他们对行善的结果有何看法。这就是特别著名的沙夫茨伯里的道德观念论。虽然这种理论的解释价值不是很大，但因为所涉及的"心理学"极为简单，所以他获得了很大成功。哈奇森系统阐述了沙夫茨伯里的观点。在这三个人的影响之下，休谟创造出了和蔼可亲、放荡不羁、仁慈厚道、有节制地追求享乐的道德典型，而这一道德典型正是他自身的写照。对于他来说，不存在什么禁欲主义或任何其他"苦行僧的"道德，确确实实不存在！因而对于任何其他人来说，当然也不存在。他完全没有想到，不抱偏见地分析这种苦行僧的道德，或许会找到解释道德现象的真正钥匙。同样，亚伯拉罕·塔克(1705—1774年)[①]也把个人欲望的满足看作是个人行为的最终目的和普遍动机。认为边沁也持有休谟和塔克的观点，我想是不会错的。边沁认为，一个人唯一能够信赖的就是他自己的利益，但他加了一个限制条件，强调人们追求私利是有理性的或开明的，也会考虑到他人的利益、感情和反应。

不过，十八世纪英国的道德家与过去的所有道德家一样，愿意采用某种规范的行为标准和规范的判断标准。其中一些人甘愿求

① 《追求自然之光》(初版于1768—1777年，再版于1805年)。

助于某种人们直觉地知道并接受的道德规律，这预示了康德的道德命令。甚至洛克也求助于这种直觉知识，虽然对于一个经验论者来说，这很有失体面。但休谟或边沁却从未采用这种解决办法。他们认为所有这些都是空洞无聊的形而上学。但他们却很愿意把人道的利己主义转变为一种理想，也就是说，把他们的行为理论转变为行为规范的来源。我们已看到，休谟是按照他自己的形象来塑造道德世界的。[①] 显而易见，他以可爱的天真态度对自己的形象表示十二分的满意。他自己的偏好图式就是合理的图式。另一方面，理性已消除了除社会福利外的所有超个人的价值。从这种人类价值哲学的观点来看，社会福利不正是实现每个人的享乐主义的偏好图式而给每个人带来的满足的总和吗？假如真是这样，我们不就一举发现了社会价值的理论基础，发现了社会价值与个人价值之间的关系，并发现了唯一可能有意义的道德规范吗？十七世纪已有人对这些问题作了肯定的回答，特别是坎伯兰主教[②]和格罗秀斯，尽管格罗秀斯回答得不那么明确，而且没有超出经院学者的公共福利概念很远。十八世纪的作家，特别是介于休谟和边沁之间的那些作家，只是详尽阐述了功利主义伦理学的以下基

① 社会哲学家往往拔高自己的生活价值图式，使其成为一种伦理规范，据此判断所有其他人的习惯和趣味，这种倾向之所以值得注意，是因为它贯穿于全部经济文献，并可以解释经济学家的大部分价值判断。举例来说，马歇尔对于“高尚的生活”就有很明确的看法(参看下面第四编)。不难想象，这种看法产生于他在剑桥所过的那种典型的教授生活。对于那些与这种模式有很大差异的趣味、追求以及舒适水平，他至多采取宽容的态度，而从来没有完全理解它们。毋须强调指出，这一点对于正确评价经济学家对自己生活在其中的社会采取的态度，是极为重要的。

② 《论自然法》(1672年)。

本原则，即：凡是增进社会福利的行为就是好的，凡是损害社会福利的行为就是坏的。在较为广泛地考察这一原则之前，我们应该先看一部对经济学家具有特殊重要意义的著作，即 A. 斯密的《道德情操论》。[①]

我认为，也许除了沙夫茨伯里的著作外，斯密的这部著作要比所有其他这方面的著作强得多。第一，他和哈奇森一样但比任何其他人都更为明确地把两种伦理学区别了开来，一种是有关行为的理论，另一种是有关人们判断行为的理论，他把全部注意力放在后者身上。第二，这种道德判断理论的基础是，我们能够设身处地地为别人着想(也就是说我们具有"同情心")，而且能够理解别人，所以便可以依据判断他人行为的原则，来判断我们自己的行为。第三，自然的行为被认为是心理上正常的行为，应该以现实的态度对其进行分析，这种行为不但不符合，而且是违背理想的理性规则的(参看第一卷，第 128 页，第 6 版)。第四，效用对美学上和伦理学上的赞同具有的影响，不单单被看作是一种假设，而且被看作是人们实际进行判断时所遇到的一个问题(第四编)。第五，不仅承认风俗习惯是相关的因素，而且对其作了系统的考察(第五编)。"道德哲学体系"，也就是不属于 A. 斯密自己的那些理论，受到了批判，这种批判虽然有时显得很陈腐，但总的来看还是极为成功的(第七编)。这部著作的编排和写法与《国富论》十分相似。

---

① 《道德情操论；或论人们先对邻人然后再对自己的行为和品德作出自然判断所依据的原则。兼论语言的起源》。这是 1790 年第 6 版的标题。第 1 版出版于 1759 年，标题为《道德情操论》。这两个版本虽然差异很大，但(除了《兼论语言的起源》那部分外)并没有多么重大的意义。

〔**(c) 自身利益、共同利益以及功利主义。**〕　我们知道,“自身利益”和“共同利益”都是老演员。但大约在十八世纪中叶,它们不仅在伦理学领域,而且在社会思想的整个领域表现出了新的活力。特别是,它们当时是,或者被认为是把各门社会科学统一在一起的基本原则,实际上是“理性”所支持的最好原则。爱尔维修[①](1715—1771 年)认为,自身利益原则在人类世界中起的作用,就如同万有引力定律在物理世界中起的作用。就连伟大的贝卡里亚[②]也宣称,人完全是自私而以自我为中心的,丝毫不关心他人的(或共同的)利益。应该再一次指出,这种个人私利就是个人对快乐和痛苦的合理预期[③],而这种预期又必须用狭义享乐主义来解释。的确,十八世纪的作家增添了一些限制条件,认识到通常还有一些与享乐主义无关的快乐,例如产生于作恶的快乐、产生于获取权力的快乐以及甚至产生于宗教信仰与实践的快乐。享乐主义学说的捍卫者因此而在某种程度上成功地回击了这样一种论点,这种论点认为享乐主义依赖的是牛排。但就任何过分强调人类行为中的理性因素的理论来说,这种回击并未触及人们可能提出的所有其他反对论点,即使撇

① 《论精神》(1758 年),第二篇论文,第 2 章。该书是英国功利主义在欧洲大陆上的先驱之一,其出版获得了极大成功。几乎没有哪位作家比爱尔维修更加朴素而无条件地相信教育和立法,他认为教育和立法必然会对人这种完全可塑的材料产生作用,因为人这种材料会机械地对外部条件作出反应。

② 与我们正在讨论的题目有关的是他的名著《犯罪与刑罚》(1764 年)。该书是现代刑法史上的一座灯塔,并说明了这样一条真理,即分析价值和实践价值并不一定连在一起。

③ 有关这个题目的权威性参考著作是维里论述快乐和痛苦的性质的论文,该文是在流传和产生影响很久以后,才发表在他的《论哲学问题》(1781 年)上的。对各种快乐和痛苦的系统分类和分析,则应归功于边沁。

开这一点不谈,这种回击也只是取得了表面上的而非实际上的胜利。因为如果我们远远超越最简单的欲望所得到的最粗劣的满足,我们就会危险地接近于把“快乐”的预期等同于所有可能的动机,甚至等同于有意遭受痛苦,于是这种学说就会自然而然地成为毫无意义的同义反复。更糟的是,如果我们给产生于努力、胜利或残忍等等的“快乐”留太多的余地,我们得到的关于人类行为和社会的图景就会完全不同于十八世纪的那些作家实际想象的图景。因此,如果我们想要得到他们从快乐和痛苦的观念中得到的那种结论,我们就别无其他选择,而只有接受他们的解释,他们的解释固然允许人们在某种程度上超越牛排提供的快乐,但只允许超越有限的程度;也就是说,我们别无其他选择,而只有接受他们的那种行为理论,尽管这种理论违背最明显的事实。那么,为什么许多杰出人物会那么痛快地接受它呢?答案似乎是,这些杰出人物是注重实际的改革者,他们在与在他们看来是“不合理的”给定历史现状作斗争。在这种斗争中,某一论点要想取胜,关键是要简单明了,甚至陈腐平庸,而牛排哲学正是对超现世的神圣权利与义务体系作出的最好回答。我并不是说这些作家缺乏严肃认真的态度,因为我们大家都会很快相信自己经常说的没有根据的话。

我们在前面已经看到,经院学者的公共利益或社会便利如何被十八世纪的理性信徒转变成了一种特殊形式。这里让我们重新表述一遍。每个人的快乐和痛苦被认为是可以测量的量。可以用代数方法相加为一称作个人幸福(felicità)的量;德语中常用的词是 Glückseligkeit。这些个人“幸福”又可以加总为一社会总和:所有个人幸福是相等的,“每人一份,不多也不少。”最后,这种社会总和被代之以或被等同于共同利益或社会福利。因此，社会福利可以分解为个人快乐或痛苦的感觉，这种感觉便是最终的实体。由此而产生了功利主义的规范原则，即“最大多数人的最大幸福”。边沁积极鼓吹，详尽阐述并广泛应用了这一原则，因而该原则主要是与边沁的名字连在一起。[①] 尽管该口号所包含的思想源远流长，发展极为缓慢，无从确定其产生的日期，但这一口号本身产生的日期却可以较为准确地予以确定。就我所知，它最先出现在哈奇森的著作（前引书，1725 年）中，然后出现在贝卡里亚的著作（前引书，1764 年）中，在这之后才出现在普里斯特利的著作（前引书，

① 杰里米·边沁（1748—1832 年）是学法律的，但很早就放弃了律师生涯，转而从事学术研究和宣传活动，成了功利学派无可争议的领袖和所谓“哲学激进派”的核心人物。我们将在别的地方提到他在经济学领域取得的成就。这里我们只对他作为哲学家、社会学家和立法理论家取得的成就感兴趣。在他的许多巨著（1838—1843 年由约翰·鲍林编辑出版）中，需要提到的仅仅是《道德和立法原则导论》（1789 年）。该书对立法思想和立法实践产生了广泛影响，尽管在欧洲大陆类似的思想产生于欧洲大陆本身，特别是产生于意大利和法国。

不过，在边沁之前，威廉·佩利（1743—1805 年）在《道德和政治哲学原理》（1785 年）一书中就已提出了功利主义体系的要点。约瑟夫·普里斯特利（1733—1804 年）在《论行政管理的基本原理》（1768 年）一书中也提出了一些要点。普里斯特利是个多才多艺的神学家和科学家，他不仅是有名的教会史学家和著名的神学辩论家，而且还是人所公认的电学和化学研究工作者。他的上述论著，可以说是洛克的政府理论和詹姆斯·穆勒的令人遗憾的政府理论之间的桥梁。然而，无论是佩利还是普里斯特利，他们的观点基本上都可以在前人的著作中见到，例如可以在已经提到的坎伯兰的著作中见到。在欧洲大陆的“先驱者”当中，只需再次提到贝卡里亚、维里和爱尔维修就够了。在贝卡里亚那里，功利主义与早期自然法体系的关系特别明显，我们马上就将讨论到这一点。

在论述英国功利主义和哲学激进派的大量文献中，值得读者首先注意的，是约翰·穆勒的那篇题为《功利主义》（发表于 1863 年）的论著。并参看莱斯利·斯蒂芬爵士的《英国的功利主义者》（1900 年）一书，前面已经提到的 H. J. 拉斯基的《……政治思想》、W. L. 戴维森的《英国的政治思想：从边沁到约翰·穆勒的功利主义者》（1915 年）以及格雷厄姆·华莱斯的那本题为《弗朗西斯·普莱斯》的使人着迷的书。

1768 年)中,而边沁却把发现他所谓的"神圣真理"的功劳记在了普里斯特利的名下。虽然休谟没有感知这一口号,但却应该把他包含在这些人中。"功利主义"这个词是边沁提出来的。①

应该掌握的基本要点是,功利主义只不过是另一自然法体系。这种说法不仅在以下两种意义上是正确的,一是功利主义者是十七世纪自然法哲学家的历史继承者,二是功利主义体系源于自然法哲学家的体系(这一点是显而易见的,一方面可以用伦理学史加以详尽证明;另一方面可以用共同利益这一概念的发展史来加以详尽证明);而且在以下重要得多的意义上也是正确的,即功利主义在研究问题的态度上,在方法论上以及在所取得的研究成果的性质上,实际上都是另一个,也是最后一个自然法体系。运用理性从非常稳定的、高度简化的人性中推出有关社会中的人的"法则",不仅是自然法哲学家或经院学者的行动纲领,而且也是功利主义者的行动纲领;而如果我们像前面所做的那样,考察一下这种人性,考察一下自然法哲学家和功利主义者所认为的这种人性起作用的方式,我们就会认识到,两者之间的密切关系远不止于此。

> 和自然法哲学家或经院学者的体系一样,功利主义也有三处引人注意的地方。首先,它是一种人生哲学,展示了有关"最终价值"的图式。我们正是在这里可以找到以下根深蒂固的看法的根源,即功利主义,特别是边沁的功利主义,是某种

① 这里应该记录下 A. 斯密在他的一句名言中表露出的令人感兴趣的怀疑主义情调。他在说那句名言时附带提到,就被意识到的幸福而言,我们所认为的永久状态与任何其他状态并没有多大区别。

新东西，与旧体系是根本对立的。但是，正如读者现在应该知道的那样，就现时日常生活事务的哲学而言，两者的差别并不很大。在马厩、粮仓、工场和市场的范围内，经院学者是十足的功利主义者。真正的差别是，经院学者把功利主义观点局限于基本（并不是完全）适合采用这种观点的实利活动，而功利主义者则把整个人类价值世界都归结为功利主义图式，不顾理性的反对，把一切在人看来真正重要的事情都排除在外。因此，他们确实创作出了某种新东西，创作权应归于他们，而不应归于伊壁鸠鲁。他们创作出了一种人生哲学，这种哲学在所有可以想象出来的人生哲学中是最最浅薄的，而且处于与其他人生哲学不可调和的对立地位。

其次，功利主义是一种具有强烈法律倾向的体系。它与经院学者的体系一样，一方面是道德命令体系；另一方面是立法原则体系。边沁认为自己主要是道德家和立法家，[①]对于他来说，最大多数人的最大利益这一原则之所以具有头等重要意义，是因为它是衡量立法"好"与"坏"的标准。让我们再一次指出，在这一原则中，平均主义要素与幸福要素同样重要。边沁主义者不仅相信每个人没有太大的区别，而且相信每个人几乎没有或根本没有天生的性格，因而是难以分类的可锻材料。平均主义要素和幸福要素与这种信念相结合，就产生了边沁主义的基本政治纲领：使人们接受教育，让他们自

① 在边沁之前，功利主义道德家的人名录与功利主义立法家的人名录并不完全一致，若进行较全面的论述，最好是把道德功利主义和政治功利主义的历史区别开来。不过，重要人物大都既是道德家又是立法家，鉴于两者关系极为密切，我们用不着坚持作那种区分。

由选举,所有其他问题就会自行解决。[①]

第三,功利主义与自然法哲学家和经院学者的自然法一样,也是一采用统一分析方法的综合性社会科学体系。而且功利主义的这一方面可以和上述另外两方面分开来,正像经院学者和自然法哲学家的分析工作可以和他们的其他思想分开来那样。换言之,从逻辑上说,对于作为人生哲学和政治纲领的功利主义,我们完全可以采取轻视态度,但在所有或某些社会科学领域,却仍然可以把它看作是一种分析工具。然而,一方面因为功利主义作为分析工具的价值不会比它在另外两方面的价值大许多;另一方面因为许多经济学家毫不犹豫地宣称功利主义对于经济理论具有头等重要意义,杰文斯甚至把经济理论定义为“快乐和痛苦的计算”,所以我们应该立即弄清功利主义究竟对分析工作产生了多大影响。

外行人、哲学家和思想史学家的共同弱点是过分看重所谓基本原理。实际上,人们在科学工作中并不比在实际生活中更多地使用自己信奉的基本原理。功利主义既然是一套这样的基本原理,那我们就必须考察它在各种情形中所起的作

① 应该指出,这类政治原则并不唯一决定一个人对某一政党的忠诚,也不唯一决定一个人在实际政治问题上采取的立场。边沁把他自己的偏好强加在了一群追随者身上,这些追随者的团结一致,产生了一明确的纲领(实质上是自由放任与普选权的结合),并给人留下了这样的印象,即这一纲领不可抗拒地产生于分析前提。但在其他时代和其他国家,边沁主义者则既可能是保守主义者,例如休谟和意大利的大多数功利主义者就是保守主义者,也可能是社会主义者。只要认识到个人偏好对于得出有关实际政策的结论具有极大作用,认识到几乎所有分析结构都屈从于个人偏好,人们就不会对以上一点感到奇怪了。一个人可以完全接受马克思的分析理论,但在实践上却可以是个保守主义者。

用。不过，就经济学而言，我们只须对以下四种情形给予粗略的回答。第一，功利主义的假设对于解释经济史，对于解释经济的推动力毫无价值。第二，功利主义的假设对于解释所有涉及实际动机的问题，例如对于解释遗产的经济影响问题，要比没有价值更糟糕。第三，功利主义的假设实际上只对经济理论的一部分即通常所谓的"福利经济学"具有根本性的重要意义，福利经济学继承了十八世纪意大利的公共幸福理论。我们采用功利主义的假设，通常是在讨论"财富"从富人那里转移到穷人那里会产生什么经济影响等问题的时候。正是由于这一原因，福利经济学的命题从未使那些不相信功利主义的人信服。因为虽然功利主义方法适用于这类问题的某一方面（假如我们认为从方法论上说它是可以采用的话），但这个方面显然不是唯一的方面。即使我们能够证明富人的钱转移给穷人可以增加功利意义上福利，我们也没有证明多少东西。第四，在最狭义的经济理论领域内，功利主义的假设不仅是多余的，而且是有害的。举例来说，不引入功利主义的假设，我们也能陈述和讨论经济均衡的各种性质。引入它们，并不影响和损害所得到的结果。这就使我们有可能拯救许许多多乍看起来被功利主义偏见弄得不可救药的经济分析。

〔**(d) 历史社会学。**〕　人们常常指责十八世纪的作家缺少"历史感"，甚至指责其中的一些作家对以往的文化具有的价值视而不见。但特别需要指出的是，出现这种病症的同时，也产生了医治它的药物。如果我们发现一些作家极为愚蠢地对希腊艺术采取轻蔑态度，例如把伏尔泰抬到荷马之上，那我们同样也可以发现当代崇拜希腊艺术的滥觞。如果我们十分吃惊地发现一些作家对历史毫无兴趣,那我们同样也可以发现许许多多严肃的历史著作,十九世纪历史研究工作取得发展的基础正是由这些著作奠定的。关于十八世纪的历史研究情况,这里我们只能列出以下五个基本要点:一些作家着手系统地收集资料,因而历史研究工作有了一良好的开端;提出了一些解释和批判这些资料的新方法;①以前人们把注意力几乎都集中在政治史和军事史上,现在开始注意经济史和文化史;提供书面证据的(相对而言)较为公正的报道(例如休谟、威廉·罗伯逊、吉本等人的历史著作),开始取代史诗或说教;②通俗世界史和民族史的流行,表明已唤醒了公众对历史的关心。当然有所谓非历史的历史学,也就是说,有的人不以历史观点研究历史。但休谟的《英国史》(八卷本,1763 年)不属于此类。这部著作虽然现在已经完全过时,但却永远是编史工作的一个里程碑。该书表明,休谟至少不是其功利主义的奴隶。

从我们的观点来看,更值得注意的是"历史社会学"的出现。历史社会学有时也称作"历史哲学",③是这样一种社会学理论,它一方面利用历史材料力求得出一般性结论;另一方面又力图解释个别历史状态和过程。这类工作大都做得很浅薄,是严肃的历史学家所厌恶的。而且其中有些工作在刚刚提到的意义上是非历史

① 参看 F. A. 沃尔夫(1759—1824 年)的富有创造力的《荷马引论》,该书出版于 1795 年,是作者早先研究工作的成果。

② 时至今日,历史学家一直没有停止过说教,没有停止过赞扬和责备,也没有停止过宣扬和表示他们个人的、社会的以及民族的骄傲和憎恨。我要表达的意思是,十八世纪在用某种科学的而非史诗的态度表述事实方面取得了很大进步。

③ 参看罗伯特·弗林特:《历史哲学史》(1893 年)。

的，即常常歪曲历史事实来适应理性的偏见。尽管如此，还是取得了一些重大的、甚至开创性的成就。作为例子，我可以举出孔多塞、孟德斯鸠以及维科。[①] 在社会科学领域，维科是所有时代最伟大的思想家之一。孔多塞的《纲要》明确提出了有关历史进化或

① 孔多塞侯爵(1743—1794 年；《全集》，1847—1849 年版；英文读者也许最好是参看莫莱勋爵撰写的论述孔多塞的文章，再版于《评论杂集》，1886—1908 年，第二卷)，百科全书派(参看下面第 e 小节)的成员之一，涉猎了几乎所有科学和政策领域。特别是，他是受过专门训练的数学家；他大胆地把概率计算应用于法律方面和政治方面的决断，这一尝试虽然没有取得完全令人满意的结果，但却对概率的发展起了重要的推动作用。他鼓吹人民享有天赋权利，享有自主权，鼓吹妇女享有与男人平等的权利，并对基督教深恶痛绝，在所有这些方面，炽热的感情都淹没了批判才能。他对经济学的贡献不值一提。与正在讨论的题目有关联的，是他的《人类精神进步史纲要》(1795 年；英译本，1802 年)。

孟德斯鸠(1689—1755 年)也许不需要我们多加介绍，而只需指出，他是所有时代最有影响的思想家之一，特别是，虽然他的经济学无足轻重，也就是说没有创见，没有说服力，也没有学术气味，但他却在其他方面对 A. 斯密产生了极大影响。这里应该提到的他的三部著作也无足轻重，它们是《波斯人信札》(1721 年)、《罗马盛衰原因论》(1734 年)以及他的巨著《论法的精神》(1748 年)。最后那部著作的论述远远超出了“法的精神”。

贾姆巴蒂斯塔·维科(1668—1744 年；最新版《维科全集》于 1911—1931 年由尼科利尼编辑出版；维科著作目录于 1904 年由 B. 克罗塞出版，增订版于 1947—1948 年出版)。许多作家都力图借助于维科的大名来抬高自己著作的地位，这在某种程度上损害了维科内容广泛的著作的声誉。读者可以参看克罗塞撰写的论述维科的文章(1913 年科林伍德发表了该文的英译本)、R. 弗林特的《维科传》以及塔格利亚科佐在其《那不勒斯的经济学家》(1937 年)一书中精彩地论述维科的那几页；还有几本写得很好的德文书，特别是维尔纳和克勒姆写的书。维科是那不勒斯的教授，声称讲授“所有可知的事物”。他还是律师，总强调法律的作用(在他看来，法律史就是人类思想史)，这一事实之所以重要，是因为由此可以看清他与自然法哲学家的关系。要弄清形成维科思想的各种因素，要回答为什么在他之前会出现与他的思想相类似的思想，对于我们来说太复杂了。希腊人、罗马法学家、格罗秀斯、英国经验主义者、(作为对立面的)笛卡尔、经院学者以及其他许多学派都应该提到，还应该提到阿拉伯历史学家阿布·萨德·伊本·卡尔顿(1332—1406 年；他的史学著作的导论部分)，参看德·斯拉内的法文译本，1863—1868 年版，我只知道该版本。在维科的著作中，唯一需要特别提到的是他的《……新科学原理》(1725 年；1730 年的第二版几乎全部重写了一遍)。

“进步”的理论,根据这一理论,历史进化的目标是平等,[①]推动力是可以无限臻于完善的人类大脑所掌握的愈来愈多的知识。当然,这是很浅薄的社会学。但这部著作是个突出例子,说明不妥协的“唯理智论者”如何看待历史进程。与此形成鲜明对照的是,孟德斯鸠的《论法的精神》则是严肃的社会学,尽管该书的写作手法欠佳,特别是在材料的取舍上有欠妥之处。从写作方法和取得的成就这两方面说,该书的主要优点是,它是根据许多客观因素来设想社会历史状态及其变化,[②]由此而得出了符合实际的解释,并在这一意义上得出了分析理论,而不是只得出简单的,特别是唯理主义的一般公式。这确实是一新开端,在方法论上意味着与自然法观念发生了重大决裂。这种社会学依靠的是对不同时间和不同地点的各种形态的人性所作的实际观察,而不是仅仅依靠对人性的一般性质所作的实际观察。对于我们讨论的题目来说,这是孟德斯鸠所取得的最主要的成就,他在讨论古罗马盛衰的原因时就已采用了这种分析方法。当然,无论是在当时还是在后来,孟德斯鸠的声誉都来自他的“立宪”理论,而所谓立宪理论是由权力均衡等理论构成的,但我们对这类理论毫不感兴趣。

维科的成就迥然不同于上面两个人的成就,直到十九世纪后期才得到人们的承认。我们最好是用“思想与社会的进化科学”这个短语来形容他的“新科学”。但不应把这理解为人类思想的进化决定人类社会的进化;也不应把这理解为社会的历史进化决定人

① 当然,有思想的社会学家会把这看作是世俗化的救世学说。

② 强调地理环境的影响这一点值得特别注意,这种作法可能源于修昔底德,并可能激励了后来像韦达·白兰士那样的人从事人类地理学的研究工作。

类思想的进化，虽然这样理解较为接近真理；而应该理解为人类思想和社会是同一进化过程的两方面。从人类思想合情合理、合乎逻辑地起作用这个意义上说，理性并不是这个过程的决定性因素，维科是以完全反理智的态度看待这种过程的。从目标或意图全靠观察者的理性来领悟这个意义上说，理性也与这种过程完全无关，维科的循环过程理论断然否认这种过程会趋向于这种目标和意图，实际上是否认存在这种目标和意图。在维科的理论中，哲学与社会学已合二为一，也就是说，思想与行动已合二为一，而这种合并实质上是历史性的。① 的确，维科远远超越了十八世纪的一般思想潮流，但他毕竟还是生活在十八世纪。

〔**(e) 百科全书派。**〕 我们在前面已提到，十七世纪人们对词典和百科全书的需要日益增长。到十八世纪，这种需要进一步增长，一些愈来愈大胆的尝试，例如钱伯斯编的《百科全书》和泽德勒编的《通用词典》等著作，满足了这种需要。凌驾于所有这些著作之上的是那部伟大的法文《百科全书》(1751 年开始发行)。② 这部著作尤其是在经济条目的数量和质量上超过了当时同一类型的其他著作。但我们在这里提到它，却是出于一完全不同的原因，即无论是谁，只要他相信有时代"精神"这种东西，就会把这部《百科全书》看作是十八世纪的时代精神的化身。如果这一点是正确的，那么这部

① 维科的理论很明显地预示了黑格尔的理论，不那么明显地预示了胡塞尔的理论。这一事实既说明了维科为什么在当时默默无闻，又说明了为什么在几乎二百年后他获得了很高声誉。但我们不应因此而一笔勾销维科在其著作中所做的纯分析工作。这种分析工作在某些方面，特别是在注重环境因素方面，平行于(或领先于)孟德斯鸠所做的相对来说涉及面不那么广、不那么深的分析工作。

② 读者可以从《不列颠百科全书》的"百科全书"条中了解更多的情况。

著作本身就是我们正在试图如实介绍的文化背景的重要组成部分。但这一点究竟在多大程度上是正确的呢？像所有这类百科全书一样,这部百科全书中的条目不仅在质量上而且在观点上存在很大差异。例如上面提到的经济条目,是由像魁奈和福尔邦内这样一些极不相同的作家撰写的,虽然不允许大部分条目,特别是物理学和工业技术方面的条目,有哲学或政治意义上的互不相同的观点。尽管如此,主编狄德罗的坚强个性还是赋予了敌对批评者所称作的"通天塔"以某种一致性。要认识到这一点,只需举出聚集在狄德罗周围的那批人中的几位主要人物:达朗伯、伏尔泰、孔多塞、霍尔巴赫、爱尔维修。他们发誓效忠于理性,这里的所谓理性特别是指反对基督教信仰,尤其是反对天主教会。他们以不同程度利用撰写历史、哲学和宗教条目提供的机会,开展了这方面的宣传工作。但仅此而已。在其他方面,既没有瞄准也没有取得多大一致性。哲学主要是经验主义的,但也并不完全如此。政治学反映的是有关国家、行政和政策的见解,但这些见解复杂多样,远远不是百科全书派的见解所能容纳的。除此之外,就没有明确的纲领了。尤其是没有革命性纲领:这些知识分子固然对路易十五的统治进行了冷嘲热讽,有时把矛头指向它的某些弊端;但总的来说,他们是心满意足的,不想煽动暴乱;其中一些人甚至在当时进行改革的开明专制君主身上看到了可取之处,因此而得到了君主的赏识;那些生前看到革命现实的人,并没有为革命感到欢欣鼓舞。因此,虽然仍可以把法国人的这一伟大壮举看作是一重要思潮的象征,但它的重要性对于我们来说却不像对于它当时的敌人来说那么大。正是敌人的反对,使法国人的百科全书反而更加受到人们欢迎。

不过，有一点应加以强调或再次加以强调（参看上面第5节），那就是百科全书派的思想与十七世纪自然法哲学家的思想的关系。后者的学说在前者的手里得到了很好的运用。百科全书派以及所有可以在广义上冠以这一名称的作家，总是不肯像应该做的那样，把荣誉归于自然法哲学家。但他们并没有对自然法体系表现出敌意，实际上还发展了自然法体系的思想。这并没有什么好奇怪的。自然法不正是凭借理性从人类本性中推出来的吗，这不正好体现了百科全书派的纲领吗？因而自然法哲学家的天赋权利之说当然完全适合百科全书派的口味。宗教方面的障碍使百科全书派没有看到这些思想的真正源头。他们不可能引证圣·托马斯的说法：自然法是理性的规则。但在并非天主教徒的自然法哲学家那里却没有这种障碍。所以，百科全书派，无论是不是百科全书的撰稿人，以及许多其他（尽管是百科全书的撰稿人，但）在严格意义上不是百科全书派的人士例如魁奈，仍在使用自然法哲学家的分析图式，有时甚至仍在使用自然法哲学家的似是而非的论点。人们会认出，魁奈的自然秩序是自然法这个树干上的一个分枝，尽管魁奈从未写过论述天赋权利的文章。热忱的自由贸易论者莫雷莱神甫仅仅满足于这样的论证：因为人天生是自由的，因为这意味着人可以按照自己的意愿买卖货物，所以保护措施因违反自然法而应该受到谴责。这样的论证也出现在另一些作家的著作中，因而肯定给一些人留下了很深的印象，①这是对理性时代的一个非常有趣的注释。

〔(f) 半社会主义作家。〕 前面已指出，作为一个整体，百科全书派在政治上并不是革命的。他们也不是社会主义者。当时的平均主义，无论是规范的还是分析的平均主义，都促使人们批判财

① 固然，安德雷·莫雷莱神甫（1727—1819年）在百科全书派的成员当中很不显眼，只不过是个给人以深刻印象的小册子作家。我们无需提及他的经济著作。但是，他作为一类人的代表，还是很令人感兴趣的，正由于这一原因，我才在前面建议读者仔细读一下斯特拉奇写的关于他的文章。不过，莫雷莱神甫还为珀谢编纂的《商业地理通用词典》（1799—1800年）收集了许多材料。该词典是当时许许多多经济或半经济词典中的一部重要著作。

富的不均等,特别是严重的不均等。我们可以在爱尔维修以及其他许多作家的著作中看到这种批判。而且关于人们对财产拥有的天赋权利,自然法哲学所作的论证,无论是以洛克的方式所作的论证,还是以重农学派的那种特殊方式所作的论证(参看下面第四章),都有明显的缺陷,从而招致了人们的批判,而这种批判往往从抨击某些为财产辩护的具体论点转而抨击财产本身。然而,虽然社会主义思想史学家毫无疑问可以列出一长串对十九世纪的社会主义不无影响的社会主义或共产主义或接近于共产主义的出版物,但经济分析史学家却对它们毫无兴趣。经济分析史学家完全同意卡尔·马克思对这类文献的看法。不过,应该指出,社会主义或半社会主义作家在驳斥用自然法方法从自然法前提得出的结论时,自己却往往在使用这些前提和方法。例如,正像理性的鼓吹者在与经院哲学作斗争时就所采用的分析方法和所取得的分析成果而言仍是经院哲学的信徒那样,十八世纪的社会主义或半社会主义作家从思想方法上来说也仍是自然法哲学家。自然法和天赋权利这两个概念,完全可以为相反的实际目的服务,几乎没有哪位作家想到要抨击这两个概念所体现的方法。卢梭、布里索、莫雷利和马布利都是可以说明这一点的例子。为方便起见,我们在这里还可以加上戈德温这个迥然不同的人物,不过他对经济分析所作出的那一独一无二的贡献,后面还要加以讨论。

卢梭(1712—1778 年)崇拜社会的自然状态和平等,却称不上是社会主义者,而是典型的"半社会主义者"。也不能把他称为经济学家。他为《百科全书》撰写的有关政治经济学的条目,毫无经济学内容可言。他论述不平等的起源的那部著作(1755

年)，并没有为说明不平等现象作出严肃的努力。特别是，尽管在所使用的词句上有某些表面的相似之处，但他却不是重农主义者，也不是重农学派的先驱。不过，他对经济问题所抱的看法，却对公众产生了很大影响。J. P. 布里索·德·马维尔(1754—1793 年)，为吉伦特派政治家，于 1793 年被处决，在刑法改革家中占有一席地位。他的与我们的论题有关的著作《财产权与盗窃……的哲学研究》(1780 年)，纯粹是依据自然法所作的思辨，正是这种思辨使后来自然法社会学和经济学的批评者完全忽略了该书所取得的重要成就。该书所要证明的主题是不存在私人财产权。布里索似乎没有意识到，人们会提出一些真正有分量的实际论点来反驳他的观点。该书提出的主要学说是:财产是盗窃，这一学说在十九世纪由于蒲鲁东的宣扬而颇为有名。莫雷利的《自然法典》(1755 年)很有价值，是有关彻底的国家共产主义的纲领性文件。该书详尽提出了组织和管理共产主义社会的方法。其中许多方法后来都重新出现在十九世纪的社会主义文献中，尽管大都没有指出其出处，而且这些方法大都反映出作者对“可行性”有清醒的认识。据我所知，正是该书首先提出了这样的学说，即所有那些被认为是不道德的非正常行为都是资本主义社会的生活条件造成的。这一学说后来更多地是被人们所暗示，而不是加以明确的表述。这里我们只能指出，该书也纯粹是自然法哲学:由国家严格控制的共产主义，是完全符合理性所觉察到的自然法的存在形式。加布里埃尔·博诺·德·马布利(1709—1785 年)，虽然开头不是共产主义者，虽然最终投身于实行极为平常的实际改革计划,但从这里能够唯一提及的他的那本著作《对经济哲学家的所谓政治社会的自然秩序和本质的怀疑》(1768 年)来看,还是应该把他算作彻底的共产主义者。该书不仅极为认真地抨击了重农学派的私有财产理论,而且还抨击了私有财产本身,认为私有财产是不折不扣的罪恶。但是,尽管马布利的论证是片面的,有这样那样的缺陷,却终究是对事实的分析,而不仅仅是对"权利"的讨论。马布利认为,土地所有权是财富不均等的终极原因。这一理论在十九世纪得到了许多人的支持,在二十世纪得到了 F. 奥本海默的支持。这个理论可能是错误的,但毕竟是分析命题或分析理论。上述作家以及另外许多作家,已受到了思想史学家,其中包括主要对思想史感兴趣的经济学家的很大关注。例如参看 A. 利希滕伯格的《十八世纪的社会主义》(1895 年)。

法国的启蒙思想传播得很快,轻而易举地就传到了英吉利海峡的对岸。因为英国有启蒙思想的重要根源,特别是有经验主义和联想主义,所以启蒙思想在英国传播得尤为迅速。在一般人对启蒙思想表现出来的热情之上,高高地耸立着威廉·戈德温的《政治正义的研究》一书,我们将把该书看作是启蒙思想的代表作。该书仅仅是半社会主义的,而说它是半社会主义的,也只是因为它提出了这样的教条,即占有他人劳动的产品是"不公正的"。戈德温极端厌恶任何种类的暴力和强制,因而一些人把他算作无政府主义者,这些人也许是对的。不管怎么说,关于人类本性的观点,在戈德温以前或以后,从未如此彻底地被用来为绝对平均主义服务。根据这种关于人类本性的观点，人类的心灵是一片空白，但可以无限地臻于完善，有待于用受社会制度制约的经验来填补。马尔萨斯的攻击固然促使戈德温做了一点分析工作，但戈德温的著作本身实质上是非分析性质的，因而不在科学批评的范围之内。该书提出的信条不受论证的影响，而且现在信奉这一信条的人比以往任何时候都多。

〔**(g) 道德哲学。**〕　上述所有关于十八世纪思想的事实表明，研究社会学和经济学的自然法方法在很大程度上仍能保持原有的地位，并表明，以下两种看法是同样不真实的，一种看法是，十八世纪人们忽然采取了一种新的“实验”态度而摒弃了自然法方法，或者说，对理性的崇拜是一种全新的东西，另一种看法是，十七世纪自然法哲学家的分析工作与经院学者的分析工作是泾渭分明的。换句话说，这些事实告诉人们：发展是连续的。然而，自然法思想体系却崩溃了，或至少发生了某种转变。我们知道，自然法思想体系最初是一法学体系，所有非法律的材料都作为辅助材料塞入了这一法律的框架。但到十八世纪，非法律材料的增加和新研究领域的出现却冲破了这一框架。“自然法学”原来处于统一和协调一切的控股公司的地位，现在却仅仅是一基本上不再具有法律性质的新综合体系中的一个研究领域。[①] 这一新的综合体系，特别是

①　我们知道，法学中的历史学派非常仇视这种自然法学，认为它只不过是纯粹的思辨，毫无科学价值。这种观点很有影响；实际上，人们正是从该学派的法学家那里学会了蔑视一切与自然法概念有关联的事物。不过，应该再次指出，虽然考虑到人们对自然法概念的各种各样的滥用，这种观点是完全可以理解的，但它忽略了自然法分析具有一重要的非思辨性质的内核。我在正文中谈到的自然法学虽然有欠缺，但却是关于法律的科学理论或一般逻辑。我们可以证明这种理论是有道理的，正如我们可以证明经济理论是有道理的那样。

在德国和苏格兰,被称为“道德哲学”。其中“哲学”这个词取旧意,指各门科学的总和(即圣·托马斯的所谓“哲学体系”)。因而,粗略地说,道德哲学指的是与“自然哲学”相对的社会科学(即有关“心灵与社会”的科学),自然哲学指的是自然科学加数学。当时道德哲学是大学课程中的一个学科,主要由自然神学、自然伦理学、自然法学以及政策学(或“治安学”)构成,而政策学又分为经济学和财政学(“税收”)。[①] A. 斯密的老师弗朗西斯·哈奇森在格拉斯哥大学讲授的就是该意义上的道德哲学,A. 斯密也是如此。《道德情操论》和《国富论》都是从一较大的有系统的整体上分割出来的部分。由此可见,经院学者和自然法哲学家的古老而无所不包的社会科学,以新的形式存活了下来。但存活的时间并不很长。虽然道德哲学课程甚至在十九世纪上半叶还出现在大学的课程表中(大学毕竟是保守的),但在十八世纪末,它在大多数地方就已迅速丧失了其原有的意义和地位。

这种情况是由冲破自然法体系的相同原因造成的。随着道德哲学各学科的材料不断增多,各学科便越来越多地掌握在专家手中,而每个专家都不可避免地把注意力集中在自己的学科上,从而忽略了其他学科,同时也忽略了总的指导原则。经济学的情况尤其是这样,因为经济学的新材料都来自外部(参看下一章)。意味深长的是,A. 斯密感到无法完成哈奇森所自然而然地完成的工作,也就是说,无法一下子提出一完整的自然哲学或社会科学体

① 不过,大学课程的内容常常变化。而且,把所有科学划分为道德哲学和自然哲学这两大类既不全面,也不是一成不变的。狭义的纯哲学就不属于这两大类,逻辑学、语文文献学、历史学以及另外一些学科也是这样。

系。这样做的时代一去不复返了。吸收和消化新的材料,已成为专职工作,新材料既包括事实又包括研究成果。

在这种消化吸收的工作尚未完成的时候,从经院学者那里继承的而为自然法哲学家培育起来的那点科学的经济知识,不仅保持了其独立的存在,而且还具有自己的鲜明特征。由于创立这种知识的人比较善于推理论辩,而不那么关心经济政策方面紧迫的实际问题,因而他们的经济分析不同于其他人的经济分析。看一下这种知识,我们就会注意到,它对基本原理的表述较为正确,对实际问题的看法较为宽泛,在这两方面,它都远远地走在了时代的前面。但这种消化吸收工作一完成,我们很自然地就看不到这种知识了,虽然它所作出的贡献并没有因此而消失。粗略地说,这种消化吸收的过程发生在1776年至1848年之间,在此期间,最后一个自然法体系即功利主义没有能够像以前的自然法体系那样有效地控制经济专家,因为该体系形成的时候,经济专家已赢得了自主权。

第三章　顾问行政官和小册子作家

1. 社会史上更多的事实

〔(a) 民族国家出现的偶然因素〕

〔(b) 为什么民族国家具有侵略性〕

〔(c) 特殊环境对当时经济文献的影响〕

2. 该时期的经济文献

〔(a) 被排除的材料〕

〔(b) 顾问行政官〕

〔(c) 小册子作家〕

3. 十六世纪的各种体系

〔(a) 卡拉法的著作〕

〔(b) 代表性著作:博丹和博特罗〕

〔(c) 西班牙和英国〕

4. 1600—1776 年的各种体系

〔(a) 早期代表性人物〕

〔(b) 尤斯蒂:福利国家〕

〔(c) 法国和英国〕

〔(d) 意大利的高水平贡献〕

〔(e) 亚当·斯密和《国富论》〕

1. 社会史上更多的事实

我们已经知道，随着十八世纪的消逝，经济学便进入了我们所谓的“古典状态”，从而也就公认为是一需要使用工具的知识领域。但是，该时期去粗取精，汇总协调的著作（《国富论》是其中的佼佼者），不仅加宽加深了经院学者和自然法哲学家的研究成果汇集的小溪，而且还容纳了另一条较为湍急的小河的水流，这条小河发源于实干家、小册子作家以及后来教师对当时各种政策的辩论。本章将对这些辩论所产生的各类经济文献作一鸟瞰，而把一些看来需要作较充分论述的著作和论题留待后面各章讨论。

这类文献不是一逻辑单位或历史单位。这类文献的作者与自然法哲学家不同，没有形成一个集团。不过应该强调指出，他们之间还是有共同点的，那就是他们都讨论与经济政策有直接关系的实际问题，而这些问题又是新兴民族国家所面临的问题。所以，如果想理解鼓舞这些作家的精神，理解他们的推理方法，理解他们所毫不怀疑的论据，就必须暂时脱离主题而看一看这些国家的社会学。正是这些国家的结构、行为和变化，塑造了欧洲十五世纪以后的历史，这种历史既涉及思想又涉及行动。需要掌握的要点是：无论是这些国家的出现还是这些国家的行为（即“政策”），都不单纯是资本主义进化的表现形式。不管我们愿意不愿意，我们都不得不面对这样一个事实，即这些国家是环境结合的产物，而这种结合，从资本主义过程本身来看，应当看作是偶然的。[①]

〔**(a) 民族国家出现的偶然因素。**〕　首先，资本主义冲击一仍然非常稳固的社会结构而蓬勃兴起，就是一偶然事件。“封建主义”无疑衰败了，但支配封建有机体的武士阶级却没有衰败。相反，他们继续统治了几个世纪之久，而新兴资产阶级不得不服从这种统治。他们为了达到自己的目的，甚至成功地攫取了很大一部分新创造的财富。由此而确立的政治结构虽然增进了但同时也损害了资产阶级的利益，在性质和精神上都不是资产阶级的，而是运行在资本主义基础之上的封建主义，是依靠资本主义为生的贵族军事社会，是一种两栖物，完全不受资产阶级的控制。这种结构所产生的问题和看待这些问题的——“军国主义的”——角度，完全不同于我们仅仅根据基本过程的逻辑所想象出来的东西。[②] 例如，不管大多数经济学家怎么看，主要隶属于军阀和贵族地主阶级的君主，一直到十八世纪中叶仍然是社会体系的中枢，至少在欧洲大陆上是如此。所以，读者应该给在前一章所读到的资产阶级的

①　像所有理论家一样，社会史理论家不仅不愿承认其理论以外的因果要素的重要性，而且也不愿承认偶然性对于实际过程的发展所具有的重要意义。但我们却不能像许多观察者，特别是马克思主义者那样，把造成当时那种形势、产生当时那些问题和影响人们态度(这种态度反映在上面提到的那类文献中)的历史过程看作是资本主义兴起的结果。即使可以把这些历史过程归因于资本主义的发展，它们展开的方式也根本不同于资本主义利益或资本主义心理所规定的方式。让我们顺便指出，这一点不仅对于我们当前有限的目的来说极为重要，而且对于判断一般资本主义体系的性质和运行方式也极为重要，甚至对于一般历史哲学来说也很重要。

②　我在《资本主义、社会主义和民主》一书的第十二章，曾简要地分析了路易十四统治时期法国的情况，试图用这一突出例子来说明这一点。

社会势力日益增长的论断加上这一必要的限制条件。

而且，征服南美洲后，贵金属源源不断地涌入欧洲，这也是一偶然事件。资本主义的发展也许终归会带来通货膨胀，但贵金属的涌入却大大改变了事物的发展过程。贵金属的涌入加速了资本主义的发展，这是显而易见而无需加以详细叙述的。比这重要得多的是与贵金属的涌入相关联的另外两个事实，这两个事实所指的方向正好相反。一方面，流动资金的增加极大地加强了那些能掌握这些流动资金的统治者的地位。在当时的情况下，这为策划军事冒险提供了很大的便利，而这种军事冒险与资产阶级在其广大帝国的各个地区享有的利益常常毫不相关，或者说与资本主义过程的逻辑毫不相关，例如西班牙的哈普斯堡王室策划的军事冒险就是这样。另一方面，随之而来的[①]价格剧变则导致了社会的解体，因而不仅是推动资本主义发展的因素，而且也是使资本主义发展变形的因素。许多本来如果只有基本过程起作用的话是渐变的事情，在通货膨胀的燥热空气中，都变得具有了爆炸性。特别应该注意这种价格剧变对农民的影响。在欧洲大陆，通货膨胀开始时，地租已大都须用货币缴纳。随着货币购买力的急速下降，许多国家的地主都试图提高地租。农民进行了反抗。结果爆发了农民革命，由此而产生的革命气氛对该时代的政治动乱和宗教动乱起了重要的推动作用。但是，由于封建统治者的力量仍很强大，这些革命并没有像我们所期望的那样加速社会沿着基本过程的路线向前发展。农民和其他同情农民的集团

---

① 在新流入欧洲的金银发生影响之前，这种价格剧变就已开始了，而且价格剧变在任何时候都不会仅仅是金银流入的函数。不过，对于我们的目的来说，则可以把一般人的看法看作是基本正确的，也就是说，暂且可以认为价格剧变仅仅是金银流入的函数。

的起义,被无情地镇压了下去。宗教运动只是在得到贵族支持的限度内取得了成功,而且一些最重要的宗教运动很快就不再坚持最初与其相关联的社会上和政治上的激进主义。经过这场考验,君主、贵族、军人以及僧侣的威望和权力反而增加了,而资产阶级的威望和政治权力特别是在德国、法国和西班牙却削弱了。在欧洲大陆,荷兰是一很大的例外。

第三个具有头等——而持久——重要意义的历史事件,是世界历史上唯一最有效的国际权威的崩溃。前面已指出,中世纪的世界是一文化统一体,至少在原则上宣称忠于罗马帝国和天主教会。虽然关于罗马帝国和天主教会之间的真正关系,人们的看法迥然不同,但它们结合在一起却构成了一种超国家的权力,不仅得到了普遍承认,而且只要它们结合在一起时,在政治上也是不可战胜的。传统观点认为,资本主义的强酸一开始溶解中世纪社会的基础及其信仰,这种权力就必然会衰落。但实际情况并不是这样。不管资本主义的强酸最终会对这种双重权力产生什么影响,它们都与这种权力的实际崩溃毫不相干。早在中世纪的信仰动摇之前,超国家的权力就已崩溃了,其原因仅仅是,罗马帝国由于某些无法在这里加以分析的原因,既不肯承认教皇的无上权威,又不能战胜教皇,从基本过程的观点来看,这又是偶然的。在腓特烈二世(1194—1250年)时代,一场从根本上动摇了基督教世界的持久斗争,最后以教皇付出极大代价而取得胜利宣告结束。但在这场斗争中,双方都耗尽了各自的政治资源,所以更为正确地说是两败俱伤:教皇丧失了权威,罗马帝国开始瓦解。结果,中世纪的国际主义寿终正寝了,民族国家开始维护自身的独立,与那种超国家的权威相对抗。这种超国家的权威只有在罗马教会与德意志的“世俗之剑”结合在一起，才是令人生畏的。[①]

〔**(b) 为什么民族国家具有侵略性。**〕　这个问题的全部含义，应该让读者去发掘。但应该指出，正是贵族统治的延续、可随意支配的财富的增加以及中世纪超国家权力的崩溃，而不是可以从资本主义过程本身推导出来的东西，一方面说明了现代国家的出现，另一方面说明了现代国家的政治面貌。特别是，这些事实说明了现代国家为什么从一开始就是“民族的”，就力图摆脱超国家的控制；说明了现代国家为什么坚持而且不得不坚持拥有绝对主权；说明了现代国家为什么即使在天主教国家也要扶植本国的教会(法国的高卢主义就说明了这一点)；尤其是说明了现代国家为什么侵略成性。社会结构决定了这些新的主权国家是好战的。它们是偶然出现的。它们当中没有一个拥有自己所需要的一切，而是彼此拥有所需要的东西。而且它们很快就被新世界所包围，诱使它们竞相去征服和掠夺。在这种情况下和在当时的社会结构下，侵略或所谓“防务”就成了政策的重点。在当时动乱不安的世界上，和

---

①　强调这一变化中的民族因素也许会使人产生误解。虽然在一些最重要的情形中，即在法国、西班牙以及比其他地方都要早的英国的情形中，民族因素表现得很充分，但是，如果我们考虑到在德国和意大利这两个直接屈服于帝国权力的国家，这类小国或“诸侯之国”是在非民族的基础之上出现的，那么我们就会更清楚地看清这种现象的本质：最初并不是民族感情而是王公贵族的利益把这些单位结合成了一个整体，这些王公贵族强大得足以组织、保卫和统治一块领地。腓特烈二世自己的那不勒斯和西西里王国是这方面最早的例子，另一个腓特烈二世的普鲁士王国则是最能说明问题的例子。民众的支持虽然可以同资本主义利益和民族感情挂上钩，但获得这支持却是后来的事。民众的支持既是养成习惯的条件所带来的结果，又是后来这些条件发展的动因。不过，为方便起见，我们仍将把这些国家称为“民族国家”。

平只不过是休战,战争是医治政治不平衡的一般方法,像在原始时代那样,外国人实际上就是敌人。所有这些都有助于建立强大的政府;而强大的政府往往具有自己的经济力量无法实现的政治野心,于是便努力开发和利用本国的资源,试图以此增强实力。它们的这种努力获得了越来越大的成功。这反过来说明了许多事情,其中包括说明了为什么税收不仅具有比以前大得多的意义,而且还具有新的意义(参看本章第 6 节)。

这些事实虽然在整个西欧和中欧基本上是一样的,但在不同国家的环境下却产生了不尽相同的结果。略去小国,我们会发现,区别主要存在于英国和欧洲大陆之间。在德国,“三十年战争”(1618—1648 年)中断了经济和政治的发展,带来了一种全新的形势,永远改变了德国的政治和文化形态。在这块遭受蹂躏的土地上,有些地方的人口减少到不到原来的百分之十,大多数地方所保存下来的政治势力实际上仅仅是王公贵族和其士兵及其官僚机构。在意大利,异族统治和破坏造成的情况,与德国只有程度上的差别。法国和西班牙没有遭受这样的经历,但宗教纷争和无休止的战争努力却使西班牙陷于与德国相类似的贫困境地,而且使法国和西班牙两国的政治情况和管理情况也与德国相类似。

自十六世纪起,在大多数这类国家(一个例外是瑞士,另一个例外是匈牙利),君主都变成了国家和民族的化身。君主成功地使各阶级服从于自己的权威,不仅资产阶级和农民要服从,贵族和僧侣也得服从,只不过贵族和僧侣的服从带有这样一个条件,即他们继续享有社会和经济上的特权地位。毫无疑问,增加国家的财富和权力是政策目标:经济政策的目标是获得最大的公共收入,供宫廷和军队消费,对外政策的目标则是征服。这里无需说明,对于这种社会体系赖以生存的阶级的福利的关心，是如何成为这类国家政策的一部分的。这种福利没有仅仅被看作是达到目的的手段；对于许多伟大的君主和行政官来说，这种福利本身就是目的，恰如对于当时和现在的许多大工业家来说，工人的福利本身就是目的那样；但这种福利必须适应当时既定的政治形态和既定的社会制度。正是在真正最关心制造商、农民和工人的福利的地方，所有这些便意味着管理一切，而这又意味着官僚政治的兴起。官僚政治的兴起所具有的重要意义不亚于商业阶级的兴起所具有的重要意义。由此便产生了“计划经济”，主要是为战争而开展计划工作。[①]

① 这可以用许多享有国际声誉和历史声誉的杰出行政官的事迹和政策来加以说明。比较研究一下这些人物和他们的措施，还可以使人看出一些有趣的差异，特别是可以使人看清这样一个事实，即他们当中最杰出的人物根本没有采用过任何首尾一致的原则体系。我们在正文中马上就将提到这个问题的一个方面。这里我们只能简要地谈一谈柯尔贝尔，因为许多历史学家过去一直而且现在仍然把他看作是那一虚构的实体即“重商主义体系”的典型代表人物，以致特别是在意大利，柯尔贝尔主义常常被当作重商主义的同义语来使用。让·巴蒂斯特·柯尔贝尔（1619—1683 年），出身于资产阶级家庭，在路易十四统治初期从普通文职人员升至财政大臣（虽然不断授予他新的职位，但这一职位最能说明他所起的主要作用，不过，读者应该知道，当时的财政大臣还要管理工业、商业以及农业等方面的事务）。他是个诚实、能干、精力充沛的行政官员，知道如何筹措款项，恫吓债权人，改进行政管理和会计核算方法，刺激工业，建造宫殿和港口，发展海军，等等，但他在实施其较大的计划例如殖民计划方面却很不顺利。他的殖民计划的历史告诉人们，国家计划造成的浪费往往比私人企业造成的浪费大得多。没有理由吹捧他的成就，特别是没有理由像他的某些赞美者那样，硬把他看作是某些伟大原则的倡导者。关于柯尔贝尔及其直接后继者的情况，参看 C. W. 科尔：《柯尔贝尔和法国重商主义的一个世纪》（1939 年）以及《1683—1700 年法国的重商主义》（1943 年）。约翰·克拉潘爵士在《经济史》杂志（1940 年 2 月号）上评论前一本书时，对一些无知的、叫人好笑的溢美之词提出了反对意见，克拉潘认为，柯尔贝尔“没有任何独创性见解”（确实是这样，但不应该以此来评价行政官员），是个“大笨蛋”，暴虐，残忍，爱小题大做。关于柯尔贝尔执政前的那个时期的情况，参看 J. U. 内夫：《1540—1640 年法国和英国的工业和政府》（1940 年）。

在英国,我们可以看到同样的趋势。但在英国,这种趋势较弱,而抵抗这种趋势的力量则较强,因为英国没有遭受其他国家那样的经历,即贵族和资产阶级的脊梁骨都没有被折断。这恐怕不仅仅是与欧洲大陆相隔几英里海峡的缘故;但为了叙述的简洁,我们不妨采用一种不全面的但并非不正确的理论,这种理论认为,正是由于英国实际上没有遭受过外来的侵略,也很少受到外来侵略的严重威胁,因而英国不那么需要强大的军队(海军所具有的政治分量当然要轻得多),结果王室的权力和威望以及依赖于王室的行政机构的权力和威望也就较小。由此而造成的最明显的差异表现在古老的半封建制度只是在英国保存了下来,这一事实本身对于我们来说并不重要。特别重要的是,在整个这一时期,英国未能像其他国家那样控制国民生活,尤其是,国民生活的经济部门,包括殖民事业在内,处于较为自主的状态。即使开展计划工作,其范围也比较有限,主要涉及与爱尔兰和殖民地的经济关系以及对外贸易,而与我们的讨论关系较大的一点是,这种计划不像在大多数欧洲大陆国家那样执行得那么严格。但对于当时讨论经济问题的作家来说,这却不像我们认为的那么重要。其中一些人仍然沉溺在对计划的幻想中。一些人为企业家说话,另一些人则为官僚说话。而且,如果我们想理解他们的话,我们就绝不应忘记,尽管他们有上述不同之处,但几乎所有这些作家在写作时都念念不忘战争和征服。不管怎么说,虽然英国所处的地理位置相对来说较为安全,但它当时毕竟正处于帝国主义的海盗阶段。

〔**(c) 特殊环境对当时经济文献的影响。**〕 不幸的是,我们不能仅仅根据上面提到的事实来理解将要考察的文献。其中很多文献都受到了作家没有加以明确说明的各个国家的具体情况以及产生于这些情况的各种问题的影响。即使一些书籍和小册子讨论的不是某一法案或措施带来的问题，如果我们对作者所讨论的国家的具体情况没有全面的了解，我们也无法评价这些书籍和小册子。为了说明这一点，我们可以列举出特别是十九世纪的“自由主义”批评家以及近来的批评家在解释和评价这类文献时所犯的许许多多错误。但在这里，我们只能向读者介绍以下一般情况。① 另一些事实只能在论述的过程中根据需要随时加以补充。

I. 当时的全部经济学——也许经济学在荷兰的分支除外——都是在那时很穷的国家写出来的，或者是为那时很穷的国家而写的。即使把这里的所谓“穷”看作是“未开发”，上述说法也完全有效。当时所有欧洲国家都处于工业乃至农业发展的初级阶段，而且每个人都认识到了这一点。对于我们来说，经济扩张主要是与新的需要和新的生产方法联系在一起的；不过，那个时代即使在当时的需要和技术条件下，也具有几乎无穷无尽的发展可能性，更何况还有技术发展和征服可能带来的东西。但我们的命题在一不同的意义上以更大的效力适用于欧洲大陆上的大国，这些国家在十七世纪后半叶还面临着艰巨的重建任务。它们当时甚至比十六世纪还要穷。人们应该清楚，政策和推理在这种情况下所具有

① 甚至无法开列一份加注释的阅读书目，因为这得写厚厚一大本书。所以我走向另一极端，只提两部著名的权威性著书，每个学生无论如何都应该读一读这两本书，一本是 E. F. 赫克谢尔的《重商主义》(1931 年出版，M. 夏皮罗的英译本于 1935 年出版)，另一本是 P. 芒图的《十八世纪的工业革命》(1927 年修订版，M. 弗蒙的英译本)。读者应该知道的大部分东西，都包含在这两本书中。

的意义,对于那些从十九世纪的情况出发进行观察的人来说,可能是极为荒谬的。

II. 在整个这一时期,在所有国家,甚至包括英国在内,都是农业占主导地位。经济问题主要是农业问题,人民大众主要由农民构成,其中包括自耕农、农场主以及农业工人。在十六、十七和十八世纪,这一农业世界经历了种种变化,完全改变了其面貌,经济史学家说得很正确,是发生了一场农业革命,或者更确切地说,是发生了几场农业革命。这里,农业革命这一短语指的是两种不同的但相互关联的变化,它们相互促进,即使工业部门不发生任何变化,也会摧毁中世纪的社会结构。一方面,在农业生产的所有领域,发生了一连串技术变革;这一过程虽然在十八世纪最为明显,但却发端于十六世纪初。另一方面,伴随着技术革命,还发生了组织变革,这一过程把中世纪的庄园转变成了生产粮食、羊毛和肉类的工厂,摧毁了领主与农民之间的旧关系。这里只需提及这种变化在英国的主要表现形式"圈地运动"就够了。各国政府,从而各位作家,对这种变革采取了两种截然不同的态度。在欧洲大陆,特别是在德国,政府采取了坚决的措施来拯救农民,并基本上获得了成功,最后使农民转变成了小土地所有者阶级。在英国,则听凭拥有土地和耕种土地的自耕农慢慢消失,一个个村庄被抛弃,而到处都建立起大庄园,然而这种大庄园并不是生产单位,而是行政单位,生产活动留给了工人—资本家即农民去从事。

III. 制造业和国际贸易虽然相对来说重要性要小一些,但却比农业吸引了更多作家的注意,这是不足为奇的。它们是年轻的一代,是家庭的未来依靠的主要对象。而且,它们比土地所有者和农民更想，也更有机会为自己挥笔泼墨。对于经济学来说，这仅仅意味着“工商业”经济学家的数目多于“农业”经济学家。但与现在的情形一样，存在两个作家集团，只不过是一种分工现象，不应把他们之间很自然的对立上升为人生哲学或经济哲学之间的对立，除非有可以证明的理由这样做，唯一适合这样做的重要例子就是重农学派(参看下面第四章)。

十四世纪在意大利，十五世纪在德国，十六世纪在(伊丽莎白统治下的)英国，先是在金融和商业领域，然后是在生产领域，出现了相当多的大企业(这里的所谓大企业是相对于周围企业的规模而言的)。但实际上，当时经济学家所看到和讨论的制造业，始终是(仍以行会形式组织起来的)手工业、家庭工业以及自有自营的工厂(当时这种工厂的数目很少，而且大都很小)。在西欧，特别是在英国，这种情况在十八世纪最后几十年的工业革命中才发生(重大的但并非根本性的)变化，而其全部结果直到十九世纪的最初几十年才全部显露出来。当时许多经济学家都把制造商看作是工人，甚至 A. 斯密有时也是如此。对于经济史学家称之为工业革命的那些过程究竟意味着什么，没有一位作家，甚至包括 A. 斯密在内，具有很明确的认识。A. 斯密认为，除了像开凿运河那样的事情外，以公司的形式组织生产是一种反常现象。对于他以及与他同时代的人来说，大企业仍然是指商业和金融方面的大企业，特别是指在殖民地开办的企业。他们与现代经济学家一样，不仅不信任大企业，而且对大企业很反感。

IV. 工业和商业的这种发展，几乎一直到该时期结束时，始终伴随着“垄断”政策和商业惯例。垄断政策和商业惯例是该时期的经济文献讨论的主要题目之一，并遭到了自A.斯密以来的经济学家和经济史学家的一致谴责。所谓公共“垄断”政策和私人商业惯例，指的是这样一些措施和行为方式，它们试图通过以下方法使某一个人或集团的产品或服务具有“销路”，从而赚得利润：(1)不让外国人进入国内和国际市场，如果国土尚未成为经济单位的话，常常还要排斥邻近城市或地区的生产者和商人；(2)除了得到特许的个人或集团外，尽量防止其他人进入某一行业，例如不准零售商从事批发业务；(3)限制得到特许的个人和集团的产量，把这种产量分配给各个市场，并对其进行调节。让我们暂且花一点时间，根据前面考察的情况，分析一下这种政策和做法盛行的原因。

首先，人们也许认为，假如资本主义一下子发展成熟而降临到世界上，假如资本主义不受上面提到的那些因素的阻碍而自由发展，那么企业行为和公共政策也许从一开始就像十九世纪的企业行为和公共政策那样。也就是说，人们也许认为，在这种情况下，在那些极为缺乏商品而具有很大发展潜力的国家，竞争性企业会像雨后春笋那样涌现出来。然而，这种看法只是在某种程度上有道理。贫穷是万恶之源，如果赖以产生需求的财富不仅需要加以引诱而且还需要加以创造，那么办企业的风险通常就会大大增加。在工商业领域同在其他领域一样，向前推进的战略常常要辅之以防守战术，可是所有时代的大多数经济学家都顽固地拒绝这样看问题。在长期发展不可避免地很缓慢的情况下，人们必然会特别小心谨慎地捍卫每一发展阶段，以获得超越这一阶段所需要的手段和时间。因而很自然地，同长期发展过程相比，那些每时每刻处于支配地位的、旨在实行保护性限制的做法和政策，会给具有敏锐观察力的历史学家留下深刻得多的印象。[①] 然而，即使是完全按照理性办事的政府，即使其动机仅仅是促进工业的发展，它在许多情况下也不得不授予企业以垄断特权，因为有时没有垄断特权，企业根本无法生存下去，在另一些情况下，政府则将不得不对有关的工商业者的垄断行为采取默认态度。在那些屡遭战争蹂躏的国家，例如在德国，情况尤其是这样，因为在这些国家，人民处于痛苦和绝望的境地，只有在感到有可能赚大钱的时候，才会创办企业。

其次，资本主义并不是一下子降临到世界上的，世界也不是一片空白。资本主义是从以前存在的社会形态中慢慢生长出来的，当时的社会形态，在我们所讨论的方面，无论在精神上，制度上，还是在实践上，都被行会控制着。无论在什么环境下，新产品、新的生产方法以及企业的新的组织形式都会受到抵制；但在我们所讨论的那几个世纪，还存在着一种自动进行抵抗的法律机制。这在以下两方面影响了我们所讨论的题目。一方面，在所有国家，立法和行政机关，在手工业行会的压力下，同时也为了自己的利益，把新的"自由"企业置于各种规章制度的控制之下，而这也就意味着企业的产量受到限制。另一方面，虽然这些规章制度与资本主义制度相抵触，从而扭曲了资本主义制度，但是受其影响的商人、厂主以及其他一些人都能顺应这些规章制度，把损失减到最低程度。

① 最能说明这种态度的著作，是已故的乔治·昂温在《经济史研究》(1927年)杂志上发表的那篇讨论冒险商公司的杰出论文。赫克谢尔教授(前引书)虽然在某种程度上愿意超越这种短期观点，但却用两个截然相反的概念描述当时的情况，说一方面是"对财货的渴望"，另一方面是"对财货的恐惧"，这种说法并没有很好地说明当时的情况。

他们为什么能很容易地做到这一点,除了可以利用限制性规章制度来赚取利润外,还有以下几个原因:商人和厂主本身是这样一个世界的产物,在这个世界上,建立组织和共同行动是天经地义的,而且商人和厂主不反对接受"道德"准则和宗教准则,不反对按一个模子行事,不反对加入祷告会。他们作为单独的个人,是没有地位,也没有政治影响的,而组织起来则使他们具有政治力量。最为重要的是海外贸易,在这方面,商人想得到实际的保护,也想进行侵略,当时成立的一些股份公司甚至专门从事海盗活动,这使商人走到了一起,并使他们在其他方面也采取共同行动。特许公司就是为满足所有这些需要而建立起来的,是一种天然工具,有助于最充分地利用该时代的贸易保护主义提供的各种机会。这种公司本身并不从事贸易活动,而只是其成员从事贸易活动的组织外壳,既区别于又类似于中世纪的中心市场制度。[①]

第三,各民族国家建立垄断组织或维持垄断局面,都有自己的特殊目的。其中一个目的前面已提到过了,就是重建经济。另一个目的是给统治者本人带来收益。伊丽莎白女王本人就曾分享过"垄断"冒险企业的收益(和损失),甚至曾分享过明火执仗的抢劫

① 很遗憾,我们不能较为充分地讨论特许公司和中心市场制度的意义和结构。读者看一下赫克谢尔教授的著作就行了。不过,这里应该指出一点。中心市场制度之所以一直被称为中世纪的制度,是因为它产生于手工业的生产结构(这种制度在爱德华三世统治时期就已传到了英国,爱德华三世颁布的有关中心市场的诏书表明了这一点)。但是,这种制度不断适应情况的变化,在我们所考察的这个时期的大部分时间,仍然是管理国际贸易的一般方法,在威尼斯,甚至直到拿破仑占领时期,人们仍使用它管理国际贸易。在英国,1558 年加来的丧失结束了这种制度,但它却以另一种形式被广泛加以采用:实际上,1660 年颁布的航海法(该法案奉行的只不过是一种特殊的中心市场政策)以及 1663 年颁布的中心市场法案反而使中心市场制度得到了充分发展。

带来的收入。这位伟大的君主还以自己的所作所为，提供了一些突出的事例，告诉人们君主是如何用颁发垄断特许证书的方法来养活宠臣的。而且，"垄断"组织是海绵，压榨它们要比压榨许许多多独立的企业家容易得多。最后，假如政府很强大，那么政府不仅很容易剥削而且还很容易控制垄断组织，因为垄断组织本身的许多管理机构实际上是供政府抓扶的现成把手。如果我们记得各国政府所采取的政策的性质，这一点的重要性就会充分显示出来。对于各国政府来说，贸易方面的措施，只不过是实行其侵略性的强权政治的一个工具而已。有时促进某一方面的贸易而完全停止另一方面的贸易，会取得打一场仗的效果。另外，在政府不正式宣战的情况下，各国的殖民公司却可以相互开战。①

① 我们可以再次借助于昂温博士的讲义（前引书），来说明为什么对这种态度和政策作"自由主义的"批判是不妥当的。这种批判本身虽然并无不对之处，但却有碍于人们了解历史。昂温博士提出了一些有力的论据，试图使人们相信，英国实行"垄断"政策和从事海盗活动，并没有给整个国家带来好处（不过，如果断言掠夺财宝由于毁坏了信誉这一最重要的东西而没有给国家带来好处，那就太过分了），就这一点而言，他所犯的错误仅仅在于忽视了"垄断限制"和"垄断收益"的长期性。但是，他的论点是十九世纪自由主义者的论点，正是由于这一原因，他的论点即使更加有根据，也仍然不能使人信服。十六和十七世纪的行为模式，必须根据十六和十七世纪的事实和人的观点来考察。如果我们这样做的话，那么当时人们行为的不合理性就不那么明显了，即使从纯经济的角度来考虑也是如此。但是在战争连绵不断、损害他人本身便是一种目的的情况下，单纯从经济方面来考虑显然是不适当的。而且还有另外一些东西。在讨论历史情况时，我们必须时时把隐藏在这种行为方式后面的原则和执行这些原则的效率区别开来。这一点很重要。举例来说，A. 斯密不仅反对他自己的时代和他以前的时代的国家管理所带来的腐败和所犯的错误，而且还反对国家管理本身。现在的情况也是这样，当今人们反对社会主义或反对扩大官僚控制，不仅是由于人们认为执行社会主义原则或控制原则的效率低下，而且还由于人们反对这些原则本身。这两种反对论点虽然都有其地位，但必须把它们区分开来。

很自然地，不管是用上述方法中的哪一种方法，为了上述目的中的哪一种目的来剥削人民，人民都会感到不满。人们并不去区分这些方法和目的，也不想一想垄断是否有时也会带来好处，例如有些物品若没有垄断，就根本得不到供应。有关这个题目的文献虽然很多，但读者如果对当今有关这个题目的一般文献有所了解的话，也就知道了当时大部分这类文献的内容，它们仅仅反映了上述那种不满，很少超出谴责受宠爱的个人和集团的范围[①]，在英国，最招物议的对象是东印度公司和冒险商公司。甚至工商业者也参加了每一场不涉及自身利益的反对限制和特权的斗争：人人都是他人特权的死敌。因此，分析研究大都出自那些为具体事例辩护的"诡辩家"之手。[②] 然而，正如第一编所说，分析者的动机与他提出的事实或所作的论证真实与否或有没有价值这一问题无关；不管"不纯的动机"在公众讨论中多么明显地暴露出来，一个人的论证也不会仅仅因为存在这种动机而无效，正如一个人的论证不会仅仅因为不存在这种动机而有效那样。对于我们来说，诡辩家提出的事实和所作的论证与"采取超然态度的哲学家"(假如有的话)提出的事实和所作的论证，好坏完全相同。

英国公众对限制性做法作出的反应要比欧洲大陆上的公众作

① 超出这一范围的最重要的例子是人们"发现"了寡头垄断(参看下面第六章第 3c 节)。

② 作为例子，我们可以提到其中最杰出的一本著作，即约翰·惠勒的《论商业(1601 年)。本书告诉人们像冒险商公司从事的那种井井有条的贸易活动会带来什么商品。撰写本书主要是为了使这样一些人对情况有更好的了解，这些人怀疑是否有必要让冒险商公司在英国存在下去》。我们应该加上一句，这本书也是为了反对即将付诸表决的敌视该公司的法案而写的。

出的反应强烈得多，原因是显而易见的，无需我们加以说明。这里只提一下这种反应的一种表现形式，即自由贸易得到了国会的支持，而且早在 1604 年人们就提出了一项相当彻底的反对限制贸易——当然不是赞成后来意义上的自由贸易——的法案，虽然没有被通过。在十七世纪，实行自由贸易特别意味着废除中心市场制度或废除特许公司，或至少意味着每个商人有权成为特许公司的成员。但还有对我们具有重大意义的另一不同之点。读者也许已经注意到了，尽管大多数限制性做法和立法措施招致了公众的强烈反对，但这些做法和措施并没有带来“单个卖者”这一严格意义上的垄断者，[①]也没有造成垄断所特有的定价局面。尽管如此，当时人们所强烈反对的却是垄断。原因是不难找到的。虽然伊丽莎白女王时代的公众不会受到亚里士多德和经院学者谴责垄断的影响，但他们却对囤积居奇之类的行为深恶痛绝，这种情绪可以一直追溯到中世纪。当伊丽莎白和詹姆斯一世采取措施，创立了为数众多的名副其实的垄断组织，而这些垄断组织又大都没有表现出足以弥补其缺陷的特征时，公众的怨恨情绪便燃烧成了怒火。

① 严格意义上的垄断指的是某一单个卖者(个人或公司)所处的地位，他所面对的是一不以他自己的行动，也不以与他竞争的其他物品的卖者的行动为转移的既定的需求表。在十六和十七世纪的英国，可以把葡萄酒的专卖权看作是一个几乎接近于严格的或真正的垄断的好例子，尽管一般说来，当与其类似的饮料的价格发生变化时，葡萄酒的需求表便不会固定不变。然而，像冒险商公司这样的大贸易公司却不是该意义上的垄断者，因为它们虽然控制其成员的业务，但一般说来却不规定价格。经济学家之所以限定垄断一词的含义，只是用它来指上述那种真正的垄断情形，其原因是他们的垄断价格理论只适用于这种情形——或者换句话说，是因为只有在这种情形下，才有可能实施垄断所特有的价格政策——因而较宽泛地解释垄断这个词，只会带来混乱。

在反对垄断组织的斗争中,垄断一词越来越带有感情色彩,成了未来所有时代的怪物,这个怪物在普通英国人的心目中是与皇室特权、徇私枉法、压迫百姓联系在一起的;同时垄断者一词也成了骂人的话。一个词一旦具有富于感情的褒义或贬义,就会自然而然地使几乎每个听到或看到它的作出反应,演说家和作家就会尽可能多地使用这个词,以利用这种心理机制。因而垄断一词就被用来表示人们所不喜欢的与资本主义有关的几乎所有东西。因为大部分从英国移居到美国的人由于其他原因而坚决反对都铎—斯图亚特王朝的统治,所以很自然地,这种富于感情的态度较为迅速地传到了美国。无论在英国还是在美国,这种态度都延续了下来,而且至今仍强有力地影响着舆论、立法乃至专业人员的分析工作。①

本节论述的大部分事实,显示出了明确的行为方式,促使人们把它们升华为"原则"。这一工作实际上早就由敌对的批评者做了,他们创造出了重商主义、重商主义体系、重商主义政策等词语来表示这种行为方式所带来的结果。然而,到目前为止,我一直尽力避免使用这些词语,其理由将在第七章中加以说明,第七章将把重商主义这个词语和现实作为中心论题。我希望读者在阅读那一章时,摆脱旧观念的束缚,忘掉自己以前对重商主义的所有了解,也就是

① 与通常所谓英国人特别热爱自由和公平,或通常所谓欧洲大陆人民特别易于接受严格的管制等说法相比较,我们的解释似乎更加有说服力。为了说明我想引起读者注意的这个现象及其延续,这里举一个例子,即十九世纪英国主张在粮食方面实行自由贸易的人,常常把反对他们的人称作"垄断者",虽然无论从这个词的哪一种意义上说,英国的农民和土地所有者都不是垄断者。甚至只是偶尔使用煽动性词语的罗伯特·皮尔爵士,1846 年在下议院发表讲演,宣布解散他的内阁时也使用了垄断者这个词。

说，我希望读者的头脑不要受没有历史根据的先入之见的影响。

〔2. 该时期的经济文献〕

现在我们将试图对浩繁的材料加以分类，从这些材料中我们将试图筛选出一些或多或少有意义的分析成果。这项工作是很困难的。即使在今天，经济学家对于哪些文献符合专业标准，哪些文献不符合专业标准，意见也并不总是一致的。而我们讨论的是经济学刚刚出现的时期，在这一时期，根本就没有专业标准，不管怎么说，在该时期末经济学进入“古典派境地”以前，是没有专业标准的。而且，当时没有给经济学下定义，仅仅由于这一事实，它那时所涉及的范围就比现在大得多，例如技术就包括在经济学的范围内。然而，为了便于进行我们的工作，我们将不考虑某些文献，这些文献按照现代方法衡量也应被排除在外，不过不应讳言，由此而被排除在外的一些分析著作，也许毫不逊色于那些毫无疑问地被包括在经济学内的著作。我们将在以下四个段落中为我们的材料实施这种手术。

〔(a) 被排除的材料。〕 I. 在十六世纪乃至更晚一些时候，经济学指的仍然是家务管理。这类文献当时似乎非常受欢迎。我很粗略地浏览了一下这类书籍，没有发现任何值得本书注意的东西。但可以提到两本有代表性的著作。一本是约翰·科尔厄斯撰写的那本著名的《农业和家庭经济学》(1593—1607 年)，该书流传了一个多世纪，对家务管理，其中包括农艺、园艺和家庭医疗方法等，提出了各种各样的指导性意见。另一本是 B. 弗里赫里奥的《精明的管家》(1629 年)。

弗里赫里奥把经济学定义为“治家的精明”(例如第九章讨论的是如何管束妻子),他的这本书也许会使一些经济学家感兴趣,因为它试图描述国民经济的情况,实际上,该书中“管家”这一概念,显然是“经济人”这一概念的先驱。与此相同,B.凯克尔曼在《政治教育体系》(1606)一书中把经济学定义为“有关房宅和家务的学问”。

II. 比这重要得多的是有关会计和商业算术的文献。这些文献逐渐同与其相邻的文献融合在了一起,后者讨论的是商业管理、商业法、商业地理以及各国的商业情况。虽然这些文献中确实有些纯经济方面的分析著作,但我们还是把它们排除在外。这里举几个例子便可以说明这些文献的内容。法拉·卢卡·帕西奥利的《算术、几何、比例和成比例概论》(威尼斯,1494 年),不仅讨论了有关利息、票据和兑换的一般商业计算问题,而且还论述了复式簿记方法。我所看到的有关复式簿记的第一本德文书是 W. 施韦克尔的《复式簿记》(1549 年)。这类教科书在十六和十七世纪很常见。在欧洲的各贸易中心,商业活动指南之类的书籍也很常见。读者可以在坎宁安的《英国工商业的发展》(第 5 版,第一卷,第 618 页及以下各页)一书中看到这类书中最早和最有名的一本,即 F. B. 佩戈洛蒂的《商业实践》(约 1315 年)。十七世纪的这类出版物,常常包含一些粗糙的经济论证 。例如参看约翰·罗伯茨的《工商业的发展》(1615 年)和刘易斯·罗伯茨的《商人商业概要》(1638 年)。在十七和十八世纪,一方面出现了许多专著,特别是论述银行的专著,其中的一些我们将在后面加以考察;另一方面则出现了许多综合性的汇编。我们应该提及雅克·萨瓦里的《完美的商人》(1675年),这本书很有生命力,多次再版,一直到1800年为止,可我认为,该书在较大的程度上只是重复了G.D.佩里在《商人》(1638—1665年)一书中的论述和B.科特鲁格利·劳格在《论商业和完美的商人》(1573年)一书中更早的论述;还应该提及萨瓦里的儿子(雅克·萨瓦里·德斯·布吕斯隆)编写的《……商业通用词典》(1723—1730年由他的兄弟菲雷蒙一路易斯完成并出版)。马尔基·波斯特勒特韦特的《贸易和商业通用词典》(1751—1755年),虽然以萨瓦里的词典为蓝本,但并不像一些人所说的那样,仅仅是萨瓦里的词典的译本(两者的差异,参看E.A.J.约翰逊的《亚当·斯密的前驱者》,1937年,附录B。人们还指责波斯特勒特韦特的词典剽窃他人的著作,约翰逊在上述著作的附录C中也使这种指责显得恰如其分,尽管情况对于波斯特勒特韦特仍然很不利)。然而,这两本词典的主要内容都与我们的所谓经济学无关。两者都是为了满足商人的实际需要而编写的,只是偶尔涉及经济问题。除了统计学方面的补充外,正是这一原则上的差别,把这些著作同后来与其相类似的著作,特别是麦卡洛克的《商业与商业航海实用、理论和历史词典》(1832年)区别了开来。

III. 我怀着不安的心情把有关农业(农业管理,农业技术)的文献也排除在了考察范围之外;不过,排除其他技术材料并不会引起不安,尽管一些作家,例如论述采矿技术问题的作家,也论述到了经济问题(参看G.阿格里科拉的《论矿业》,1556年出版,后来被翻译成了德文,这显然是一部很成功的论著)。该时期农业文献的发展情况可以简述如下。十三世纪,一些英国作家——迄今还没有人能把他们与其前辈或直接后继者联系在一起——出版了若干本有关庄园管理和耕作的杰出著作(伊丽莎白·拉蒙德女士把它们从诺尔曼法语翻译为英文,并于 1890 年为皇家历史学会有选择地加以编辑和出版);这里只举出一本题为《农业》的著作就够了,该书写于 1250 年以前,作者据认为是汉利的瓦尔特。撇开这些作家,我们会发现,自十五世纪起,人们又重新开始热衷于撰写农业书籍,古罗马农学家特别是科卢梅拉的著作的新版本(我所见到的最早的新版本是 1472 年出版的)似乎非常受欢迎。当时,农业中出现了新的商业精神,同时农村的社会结构在发生巨变,由此而在各地出现了一些旨在讲授新生产方法的著作,新生产方法的采用通常被称为农业革命。在英国,这类文献的发展是连续的,从菲茨赫伯特的《农书》(1523 年),到韦斯顿的《论布拉班特佛兰德地区的农艺》(1650 年),再到沃利奇的《农业制度》(1669 年)、莫蒂默的《农艺大全》(1707 年)以及杰思罗·塔尔的《马力耕作法》(1731 年)。这些著作是一系列著述活动的源头,这种著述活动在整个十八世纪从未间断,从某种意义上说,其顶点是阿瑟·扬的大量著作(例如参看他 1770 年出版的《农业经济》一书和他创办的刊物《农业编年史》)。这类文献涉及的题目很广,从圈地到排水、播种、轮作、芜菁和苜蓿的种植以及牲口的饲养。在欧洲大陆,荷兰人在农业生产方面领先,而意大利人则在撰写农业著作方面领先。这里我们只提及几位仍深受古人影响的前驱者,一位是 P.

德·克雷桑西(《农业文集》,我只知道 1471 年的版本),接下来是 A. 加洛(《农作十天》,1566 年),以及特别是很有创见的卡米洛·塔雷洛(《农业实录》,1567 年,但我只知道 1772 年的版本),他在许多重要方面预示了几乎两个世纪的发展。关于德国人的贡献,我们只提及黑雷斯巴赫的《农事四卷》(1570 年,于 1577 年首次译成英文)以及科尔厄斯的著作(见前面)。随后发展便中断了,但到十七世纪末又开始稳步发展,一直到 J. C. 舒巴特(1734—1787 年)的农业经济著作问世,约瑟夫二世皇帝曾授予他"苜蓿园"这一意味深长的称号。还应该提到西班牙人 G. A. 德·赫雷拉(《……农书》,1563 年新版)以及法国人查尔斯·埃斯蒂安(《农业与农家》,1750 年;1581 年意大利文译本;我不知道原版发表于何时)和奥利维尔·德·塞拉斯(《农业舞台》,1600 年)。到此便列举完了早期有影响的农业著作,这些著作对于近代经济学形成自己特有的思想习惯起了很大作用。林业文献的情况与此相同,我未能对林业文献作任何研究。不过,应该指出,一直到十九世纪,讨论一般经济学的德文著作仍把林业看作是经济学的一个分支。

IV. 由于当时没有常设机构对经济情况作定期报道,因而旅行家对自己在国外甚或国内看到的经济情况所作的描述,就构成了该时期经济文献的一个重要组成部分。这种报道事实和解释事实的文献差别很大,有些只是对经济情况作零星的观察,有些则对经济情况作仔细的分析,偶尔还具有相当多的理论。忽略这类文献,会严重歪曲我们对那几个世纪的经济学所作的描述,尤其是会掩盖当时已经做的实地调查工作的真相。

然而,我们却不得不把这类文献排除在外。这里只提及英国的两个著名例子就够了:一是威廉·坦普尔爵士的《联省共和国见闻》(1672 年;1676 年增订第三版),该书从一种明确的财富观(核心为“节俭和勤劳”)出发,描述了荷兰的情况;一是阿瑟·扬的各种游记(其中最为重要的是他的《法国游记》,1792 年),这些游记包含许多可以称之为“行动理论”的东西。无论是坦普尔的著作,还是扬的游记,都值得仔细读一读。

〔熊彼特本来打算用小号字排印这一节,因为该小节只是专家感兴趣。本节提到的许多书籍,他都在(哈佛工商管理学院的)克雷斯图书馆作了核对,他和我都把这个图书馆看作是学者的天堂。

我从亚历山大·格申克龙教授那里得知,(上面III中提到的)乔治·阿格里科拉的《论矿务》一书已由赫伯特·克拉克·胡佛和卢·亨利·胡佛翻译成了英文(1912 年;1950 年新版)。〕

〔**(b) 顾问行政官。**〕 我们将把其余材料的作者粗略地分为截然不同的两大类,一类叫作顾问行政官,[①]另一类叫作小册子作

① 顾问行政官这个词的含义,大致与西班牙语中的 politicos (政治家)的含义相同。在德文文献中,一般使用的是 Cameralist 或 Kameralist(官房学派)这个词,该词源于 camerae (地方国库)。但官房学派这个词含义很窄,容易引起误解,不适用于我们的目的,我们所指的那类人,虽然包括德国的官房学派,但又不局限于这一学派。德国官房学派文献的历史和书目,早在 1758 年就由 J. J. 莫泽尔以及在 1781—1782 年由 K. G. 勒西希出版了(《有关经济、治安和官房学的史实研究》)。我从 R. 冯·莫尔的《政治学的历史与文献》(1855—1858 年)和马格达勒尼·汉珀特女士的很全面的《官房学派文献目录》(1935—1937 年)那里得到了很大帮助,汉珀特女士列出了大约一万四千本书,幸亏大多数与本书的论题无关。并参看 K. 齐伦齐格尔的《旧德意志的官房学派》(1914 年)和路易斯·萨默的《奥地利的官房学派》(1920—1925 年)。还可以添上美国的一本书,即 A. W. 斯莫尔的《官房学派》(1909 年)。

家。在顾问行政官中，那些写有或多或少自成体系的著作的教师和作家又构成一比较容易区分的小类别。当时特别是在像德国和意大利这样的官僚乐园中，越来越需要对那些准备从事行政管理工作的年轻人，或那些想提高知识水平的中年人进行训练。于是在十八世纪，便开始设立教授职位讲授德国的所谓"官房学"或"国家科学"，并讲授可以较为确切地称之为是"经济管理和政策原理"的课程（德文为 Polizeiwissenschaft）。① 从那时起，上述教师和作家的著作在很大程度上就纯粹是教科书和讲义了。不过，在这以前很久，就显露出了这种需要，早在经济学作为一门独立的学科得到官方承认，因此而设立经济学教授职位以前，欧洲大陆各国就已有了适用于教学的系统性著作。

但从十五世纪起，先是在意大利，然后在其他各国，各级各类的行政官员——其中既有地位低下的苦役，又有名声赫赫的贵族——就已开始把自己想到的关于应该如何管理政府和经济，特

① 特别参看威廉·施蒂达的《作为大学课程的国民经济学》(1906 年)。设立这种教授职位的大学，我们可以举出以下一些，如哈雷大学(1727 年设立这种职位后，立即招致了人们的诋毁，对新任教授的资格提出了疑问)、乌普萨拉大学(1740 年设立这种职位)以及那不勒斯大学(1754 年为吉诺维西设立"经济学和商学"教授职位)。当然，我们知道，讲授经济学并非始于上述教授职位的设立。在此之前，无论是在法律课程中还是在道德哲学课程中，经院哲学家和自然法哲学家都讲授过经济学。而训练文职人员的工作也在十八世纪以前就开始了。在那不勒斯(1224 年创办)、牛津、布拉格、克拉考、维也纳、萨拉曼卡等大学，训练文职人员的工作早在十三和十四世纪就开始了，到十六世纪，在马尔堡、柯尼斯堡、维尔茨堡和格拉茨等大学，这种工作的重要性仅次于训练牧师的工作。而且在十七世纪就设立了"统计学"教授职位。有意思的是，在十八世纪，英格兰和苏格兰都未设立经济学教授职位。然而，1792 年爱丁堡大学却任命了农业教授，1796 年牛津大学也任命了农业教授。在爱丁堡大学，政治经济学教授职位的设立始于 1871 年；在牛津大学，政治经济学教授职位的设立始于 1825 年。

别是如何管理财政的意见写出来发表。这些行政官都是实干家，熟悉行政事务，而且大都不是僧侣。因此，他们写的书、报告和备忘录完全不同于经院学者和自然法哲学家的著作，也不同于大学教授的著作。

这些实干家不像专业研究人员那么善于作系统的分析和表述，学识也没有专业研究人员渊博，虽然他们以自己掌握的事实和所提出的新颖观点弥补了这些缺陷。尽管如此，我们还是把他们和教师一起包括在顾问行政官这一大类中。他们毕竟大都是为其他公务人员而写作的公务人员。不过，我们应该再向前迈进一步，应该把另一些人，即工商业者、经济学以外的其他学科的教授以及各种背景和地位的民间人士也包括在内，虽然他们不是公务人员，但他们却像公务人员那样关心公共事务，或者做得更好，以真正的科学分析态度来写作。于是，除职业顾问行政官外，还有另一类顾问行政官，他们并不是在社会学的意义上而是由于其著作的性质而形成了一个整体。正是他们发表了该时期的许多最重要的，特别是最有创见的著作。这些著作虽然在形式上很少显示出系统性，但在内容上却往往是有系统的。在英国，这类出版物在十七世纪大量涌现，构成了一种很容易辨认的标准出版物；它们还有一标准名称，即“贸易论文”。并不是只有英国有这类出版物，不过在其他地方，这类出版物却没有标准名称，也许十八世纪法国的所谓“商业原理”书籍是例外。我们将把这些著作提出的理论称为“准体系”。正是在这些著作中，“一般经济学”第一次具有了独立形态。

〔(c) 小册子作家。〕　小册子作家的构成很复杂，其中有银行、运河、工业和殖民冒险事业的发起人;支持或反对某一利益集团(如冒险商公司或东印度公司)的人士;鼓吹或攻击某一措施或政策的人士;想入非非的计划者(常常是具有怪念头的人);以及不属于上述任何一类,只是想澄清和分析某一问题的人士。随着印刷和出版机会的迅速增加,小册子作家在各国如雨后春笋般涌现。报纸这种在十六世纪很珍奇的东西,到十七世纪也越来越多了,十八世纪仅仅在德国,注册登记的登载经济文献的报纸和刊物就有一百七十家。[①] 但正如我们所料,英国仍是小册子的真正发源地。因为哪里也不像英国有那么大的诱惑力,诱使别有用心的人想方设法影响舆论。

讨论这些小册子作家时,本节开头指出的困难显得最为严重。由于他们的著作反映的是当时人们的处境、心情、追求和特质,因而很自然地,经济史学家和经济思想史学家对他们的著作很感兴趣,而我们却对它们毫不感兴趣。在描述经济学的现状时,谁也不会想到要把现时的"通俗"经济学或马克思的所谓"庸俗"经济学包括在内。但直到 1750 年左右,还不可能作这种区分。当时全部"科学"经济学都包含在自然法哲学家的体系所具有的小小内核中,而聪明的工商业者只要了解事实,即使不掌握任何专门技术,也能同这种科学经济学相抗衡。况且,小册子作家也慢慢掌

① 这当然是整个十八世纪的总计数。其中许多报纸和刊物的寿命都很短。某一时候出版的报纸和刊物也许不超过这一总计数的百分之十。而且它们的质量也不如法国的报纸和刊物。专门的经济刊物实际上是法国首先创办的。第一份这类刊物是法国的《经济杂志》(1751 年);接下来是《商业杂志》(1763 年),该刊物后来被政府买下,其增刊《农业、商业和财政杂志》(1764 年)一度成为重农学派的喉舌。

握了自己所需要的简单技术。其中一些人发表了具有严格科学性质的小册子。早期古典经济学从他们那里得到了很多帮助。所以我们不能忽视他们。但我们每个人应该在自己掌握的材料范围内,[①]对这些小册子的质量作出自己的判断,尽管这种判断难免有错误。

3. 十六世纪的各种体系

我们再一次把《国富论》当作所要达到的目标。在上一章,我们曾把 A. 斯密看作是自然法哲学家。在这一章,我们将把斯密看作是顾问行政官。在向斯密迈进的过程中,我们将尽力避免空洞无谓的、只会造成混乱的列举,尽可能少地引入人名。但本章和以下各章将充分详尽地讨论少数重要的、或特别具有代表性的著作,以使人们对它们的性质和重要意义有所了解。就整个这一时期来说,我认为最高荣誉应归于意大利。假如这种说法有意义的话,则我们或许可以说,直至十八世纪最后二十五年,经济学主要是意大利的科学。二等荣誉应由西班牙、法国和英国分享,不过它们在不同时候应按很不相同的比例分享这种荣誉。上面把顾问行政官分成了两小类,本章其余部分将主要讨论其中的第一小类,即大学教授们,不过有时也要谈到准体系的创立者。这样安排并不是因为前者的著作具有压倒一切的重要性。与此相反,虽然他们有一些

① 就我所知,而且就对经济分析的贡献来说,欧洲十六、十七和十八世纪的小册子文献,可以归并为二十来种。不过,读者应该记住,一些人我们列为顾问行政官,其他作家则可能把他们列为小册子作家。

较为鼓舞人心的著作，但总的说来，他们的著作比任何其他人的著作都更冗长乏味。确切地说，我们先讨论它们是为了把它们清除掉，省得碍手碍脚。

〔**(a) 卡拉法的著作。**〕 到中世纪后期，经济史已提供了充足证据，证明人们对实际经济政策问题具有深刻理解，即使用今天的标准来衡量，这种理解也是高水平的。这里只举出英国的一个经常被人引用的例子[①]便足以说明这一点。1382 年，英国就货币外流和其他货币问题举行了一次所谓"听证会"。读者很容易看出，当时被询问的专家所作的回答是完全合乎情理的，实际上与当今类似的专家在类似情况下所作的回答没有什么两样，虽然毫无疑问当今的专家所使用的术语要复杂一些。如果说这类文件表明当时的专家具有一定的分析能力的话，那么也有迹象表明他们对收集事实也很感兴趣。艾蒂安·布瓦路的有关各行业规章制度的汇编《行业手册》(约 1628 年)，[②]就是这种研究工作的一个里程碑，这种研究工作的势头自十六世纪起越来越大。本章所要讨论的那类著作也可以追溯得很远，在某种意义上，可以追溯到圣·托马斯的《论行政原理》和《英国治理宝鉴》(1894 年由默桑编辑出版)以及十三和十四世纪的另外一些著作，如埃吉丢斯·科隆纳的《行政原理文献》，或法拉·保利诺的《论文集》(1868 年由穆萨菲亚编辑出版)，或佩特拉奇的《论共和国的最佳治理》。

① 参看《造币厂官员对 1381—1382 年英国货币状况的看法》，见《英国经济史：文件选辑》(由 A. E. 布兰德、P. A. 布朗和 R. H. 托尼汇集和编辑，1914 年出版)，第 220 页及以下各页。

② 见德平编的《未刊行的法国历史文件》(1837 年)。

十五世纪，在这类文献中出现了一部著作，超越了以前出版的所有这类著作，其作者卡拉法①当之无愧地是最伟大的顾问行政官，虽然他主要是个注重实际的行政官，是那不勒斯的伯爵和公爵。他的思想所涉及的范围可以从他的一些建议中看出来。他希望预算保持平衡，以便有余款用于福利开支，从而也可以避免强制性借款，他把强制性借款比作抢劫和偷窃；他希望赋税是确定的、公平的、适中的，这样才不会使资本外流，不会压迫劳动，而劳动正是财富的源泉；他希望工商业自由发展，不受干预，虽然他补充说，应该用贷款和其他方法鼓励工业、农业和商业的发展；他希望外国商人过得轻松自在，因为他们对于国家非常有用。毫无疑问，所有这些建议都非常有见识，显然没有任何谬误和偏见，但同样也没有任何分析上的尝试。在卡拉法看来，经济生活的正常过程不存在什么问题。唯一的问题就是如何管理和改善这种过程。卡拉法说劳动是财富的源泉，我们特别不要以为在这句话的后面隐藏着价值理论。这种问题只会困扰与他同时代的经院学者的敏捷头脑，而绝不会出现在这位军人兼政治家的头脑中。

尽管如此，他的著作在经济分析史上还是占有突出地位。单是他有条有理的安排就足以表明这一点。该书第一编讨论一般政

① 迪奥梅德·卡拉法(1406—1487年)：《论王权和好国王……的作用》(我使用的是1668年的版本；原本为意大利文，十五世纪七十年代写成，我未见到)。与卡拉法同时代的马特奥·帕尔米里(1405—1475年)写了一本名为《论市民生活》的书，于1529年(作者死后)出版。该书对赋税问题的论述要比卡拉法的论述明确得多(特别是提出了这样的学说，即之所以应该纳税，是因为国家为个人的经济活动提供了帮助和保护，他由此推出了按比例纳税的原则)，但我认为，总的来看，这部著作还是不如卡拉法的著作。

策原理和防务原理(请与 A. 斯密的军备讲义对照比较一下),第二编讨论司法裁判。第三编简要讨论了财政问题,这一编的论述与《国富论》第五编“论君主或国家的收入”的距离虽然仍很遥远,但却是可以测量出来的。在第四编也就是最后一编中,卡拉法发表了他对经济政策本身的看法,后来十八世纪的许多论著读起来像是这些看法的延伸。没有证据表明后来的作家曾把卡拉法的著作当作模式,因而不能说他在这一意义上创造了一种系统模式,顾问行政官的很大一部分著作都是根据这一模式铸造出来的。但事实上,就我所知,他第一个全面论述了近代新兴国家所遇到的经济问题,在接下来的三个世纪,许多作家都步他的后尘,以他所最充分地表现出来的那种精神从事写作,采用相同的系统观念,对研究领域作相同的划分。毫无疑问,他们不仅学会了耕种新的土地,而且学会了精耕细作。但他们并没有改变总的布局。特别是,他们不仅坚持了而且最终还发展了卡拉法的“开明君主”所包含的根本思想(后来詹姆斯·斯图尔特爵士用“政治家”这一形象使这种思想人格化了)。这种拟人实体正是“国民经济”(德文为 Volkswirtschaft 或 Staatswirtschaft)概念的萌芽,很好地反映出了我们在本章第一节所试图描述的那种历史过程。这种国民经济并不仅仅是一国境内家庭和企业或集团和阶级的总和,而被认为是一种理想化的企业单位,具有自己独特的存在方式和独特的利益,需要像大农场那样来管理。那个时代正是这样来看待政府和官僚机构所实际获得的重要地位的,也正是这样把政治经济学和商业经济学区分开来的,这种区分一直延续至今,尽管从纯粹分析的观点来说,这种区分并没有什么可称道的。

〔**(b)代表性著作:博丹和博特罗。**〕　十六世纪,这种经济学盛行于欧洲大陆所有国家。我们将把博丹和博特罗的两部著作看作是这种经济学的代表性著作。[①] 它们不仅具有代表性,而且对当时和后来的作家也产生了很大影响。这两部著作都是"政治科学"著作,是仿照亚里士多德的《政治学》一书写出来的,因而是马基雅弗利和孟德斯鸠之间的重要桥梁。他们的经济学和卡拉法的经济学没有什么两样,是有关公共政策和行政管理的经济学,其地位与政治学的其他分支是平等的。不过,博丹在《共和六书》第六卷中所作的经济分析,并未超越当时的思想,也没有远远超越卡拉法的思想,尽管他提出的课税原则确实向《国富论》第五卷迈进了一步。[②] 博特罗在某些方面可以看作是博丹的追随者,但在经济分析方面却作出了重要得多的贡献,我们将在讨论人口问题的下

① 让·博丹(1530—1596年):《共和六书》(1576年;1577年第2版;我使用的是1580年的版本)。关于博丹及其著作,参看亨利·博德里拉的《让·博丹及其时代》(1853年),该书出版已将近一个世纪,但仍未丧失其权威地位。在博丹的著作中,《共和六书》是这里需要提及的唯一的一本;他的与本书主题有关的另一本著作将在后面(第六章)提及。为了不使读者感到本书正文的论述对博丹有失公道,我要强调指出,我们考察的只是他对经济分析作出的贡献,他的这种贡献我认为是很有限的,而没有考察他在其他领域,特别是在君权理论方面所作出的大得多的贡献。

乔瓦尼·博特罗(1544—1617年):《论国家的理性》(1589年;该书有许多版本和译本;最近一版为1930年版,附有C.莫兰迪撰写的引言,列入了《古典政治思想》丛书)。为了正确评价这位伟大人物的著作所具有的全部意义,还应该提到他的另外两本著作:一本是《城市盛衰原因论》(1588年),该书在某些方面预示了孟德斯鸠的《论罗马盛衰的原因》,也预示了《国富论》的第三编;另一本是根据他的游记编写的《各国情况报告》,论述了欧洲和亚洲各国的实力和资源,出版于1591—1596年。

② 我认为,如果要证明A.斯密的财政思想起源于欧洲大陆,特别是法国的话,那么这两位作家的著作肯定是最好的证据。

一章介绍他的贡献。这里应补充一点。博特罗的著作，特别是如果同他的其他著作联系起来看的话，显示出了非常注重事实的倾向。他是个卓越的分析家。但他却把大部分精力用在了收集、整理和解释过去和当时的经济资料、社会资料和政治资料上。在这方面，他并没有什么与众不同。我们已经看到，十六世纪的经院学者都热心于收集资料。他们远比人们想象的要更多地依靠观察进行推理，而不是依靠抽象的前提进行推理。不过，我们正在讨论的文献尤其是这样，可以说，这种文献的主要内容和主要价值就在于对“实际情况”的考察。当时和整个经济学史上的情况一样，绝大多数经济学家都把主要精力用在实况调查上。除了博特罗的人口理论外，特别是在货币领域，意大利在十六世纪还产生了几部比我们现在考察的系统性文献重要得多的著作（达万萨蒂，斯卡鲁菲。参看下面第六章）。

〔**(c) 西班牙和英国。**〕　十六世纪西班牙的经济学①达到很高

① 参看 E. 卡斯特洛：《十六和十七世纪西班牙经济文献一览》（载于《经济学家杂志》，第 45 卷，1901 年）；曼纽尔·科尔梅罗：《西班牙政治经济学史》（1863 年）和《西班牙经济学家丛书》（1880 年）；另一套丛书也很有用，即胡安·森佩雷－瓜尔里诺斯的《西班牙经济—政治丛书》（1802—1821 年），西班牙的这套丛书相当于意大利人库斯托迪出版的那套丛书；A. V. 卡斯蒂略：《西班牙的重商主义》（1930 年）；E. 汉密尔顿：《1700 年以前西班牙的重商主义》（见 E. F. 盖伊以前的学生出版的《经济史上的事实与因素》一书）；何塞·拉腊斯·洛佩斯：《1500—1700 年卡斯蒂利亚的重商主义时代》（道德与政治科学皇家学会，1943 年）以及 J. 马克斯在 1944 年的《经济史评论》上发表的评论这篇讲演稿的文章。拉腊斯先生认为在十六世纪的经济学家中有个西班牙学派，即所谓“萨拉曼卡学派”。这样认为确实有一些道理。但是，该学派的核心却是由后期经院学者构成的，其中许多最杰出的人物为西班牙人完全是由于巧合；而且他们的学说也丝毫不带有西班牙色彩；十六世纪西班牙其余的经济学家虽然大都也是僧侣，却没有形成一个学派。

的水平,主要得归功于经院学者的贡献。但我们应特别提到奥尔特斯的著作,[①]我认为这部著作可算作是一个早期的“准体系”,它主要是一项考虑得很周全的工业发展计划,这种计划后来在十七世纪的西班牙和英国很常见。至于德国,则没有什么可以记录下来的东西。不过,我们在下面的脚注中还是要提到两个似乎取得了成功的德国准体系。[②]

乍一看,人们也许会得到这样的印象,即十六世纪的英国没有我们现在考察的那种著作。但情况并不是这样。是有与此相似的著作的,只不过由于英国的政治结构不同于其他国家,这类著作采取了其他表现形式。国会和政府作为例行公事而召开的调查会,鼓励并且也训练了人们讨论当时的经济问题,有关经济问题的讨论由此而在整个十六世纪得到了很大改进,有时甚至具有“科学”意义。当时讨论的问题有:圈地、行会、公司、中心市场制度、垄断、税收、通货、关税、济贫、工资、工业管理等许许多多问题。人们就这些问题向各皇家委员会(例如 1564 年建立的皇家汇兑委员会)作证,发表讲演,递交请愿书,出版小册子。我们也许可以根据这些文件编写出一部有关经济分析和经济政策的著作,足以和当时

① 路易斯·奥尔蒂斯:《呈献给国王的备忘录,论如何阻止货币流出西班牙国境》(1558 年;参看科尔梅罗的《丛书》)。不要在意该书的书名,这本书也许会由于其书名具有“重商主义”色彩而遭到人们的谴责。实际上,此书的书名几乎与书中所作的论证的真正意图没有关系,作者选择这个书名也许是为了引起外行人的注意。

② 梅尔希奥尔·冯·奥瑟(约 1506—1551 年):《政治誓约》,该书写成于 1556 年,但直到 1607 年才以《统治知识》的名称出版,1717 年托马西乌斯又加以重印,供课堂教学使用。格奥尔格·奥布雷希特(1547—1612 年):经济问题论文集(他在法学方面要比在经济学方面重要),该书于 1617 年作者死后以《冯夫政治秘诀》的书名出版,博丹的影响十分明显。

欧洲大陆的系统性著作相媲美。[①] 不过，我们不准备这样做，我们将走一条幸好向我们敞开的便捷得多的道路。十六世纪的英国有一些出版物，可以看作是对当时的经济学作了全面考察。它们至少可以在某种程度上满足我们的需要。我们将仅仅考察这些著作中最著名的一部。[②]

《论公共福利》这本书包含三篇对话，讨论了各种各样的问题。对于"年轻学生总是急于作出判断"，对于"宗教陷于四分五裂的状态"，作者感到遗憾；建议对年轻学生进行更加良好的全面训练，甚至认为"学问"上的优势是朱利叶斯·恺撒战胜庞培的原因之一；谴责圈地把良田变成了牧场；批评正在兴起的工商业公司及其垄

① 读者要迅速弄清这一点，最好是浏览一下前面已经提到的那本史料集，即布兰德、布朗和托尼编辑出版的《英国经济史：文件选辑》(1914 年)，并浏览一本更为有用的资料汇编，即托尼和鲍尔的《都铎王朝的经济文献》(共三卷，1924 年)，选入该书的文献，为我们描述了英国都铎王朝的经济和社会历史，其中第三卷包含有"小册子、备忘录和文件摘要"。

② 该书的名称是《简论当今各种各样的人提出的申诉：这些申诉虽然有些是没有道理的，琐碎的，但本书以对话形式透彻地讨论了所有这些申诉》。我们应感谢伊丽莎白·拉蒙德女士，她为该书出版了一个极好的、附有评注的版本，题为《论英格兰王国的公共福利》(1893 年)。该版本除正文外，还载有仔细研究该书的性质和由来所取得的成果。她认为该书的作者是约翰·海尔斯，并认为该书写于 1549 年。海尔斯是个在国会和 1548 年的圈地委员会供职的政府官员。她的这两种说法均受到了人们怀疑。但对于我们来说，更为重要的是，1581 年的版本(后来的所有版本，如 1751、1808、1813、1876 年的版本，都依据的是这个版本)不同于 1565 年的早期版本，最重要的差异是加上了一段论述一般价格上涨原因的话：1565 年的版本只谈到铸币成色的降低，而 1581 年的版本则提到了贵金属供应量的增加。所以，无论是谁加上了这段话，都可以分享这一"发现"所应该得到的荣誉，但由于有 1565 年的版本，博丹(《答马勒斯特鲁瓦先生的悖论》，1568 年；参看下面第六章)不仅就发表日期来说而且就发现本身来说都毫无疑问地处于领先地位。克莱门·阿姆斯特朗或阿姆斯顿的著作也同样可以为我们的目的服务，关于此人的著作，可以参看 S. T. 宾道夫发表在 1944 年的《经济史评论》上的论文。

断行为;反对货币贬值和通货膨胀,认为这会使劳动者、[①]地主,甚至国王陛下受到损害,因为他们的收入不会对物价上涨迅速作出反应;主张扶植新兴工业和积蓄货币以备急需——货币可以说是"商品的仓库"和进行战争的力量;不赞成出口原料,特别是不赞成出口羊毛;不满意于"外国人",因为他们出售的全是不值钱的劣质货物,却卖高价,用赚得的钱购买英国实实在在的货物(假如他们真的买东西,而不是带钱回去的话,近来他们很愿意这样做);认为应对外国商品课税,以使国内的生产者能同外国生产者竞争;希望本国的货币留在国内,并将流到外国的货币收回来,如此等等。

根据以上陈述,读者便可以想象出该书作者的经济学是什么样子。毫无疑问,是通俗经济学,是分析前的经济学。其内容大都是健全的常识。对话中的那个"博士"显然是个非常有理性的人,他所说的似乎句句是当今聪明的普通人和政治家所要说的话。不过,对于他那个时代来说,他在以下一点上显得特别具有理性。虽然他不像十九世纪的自由主义者那么厌恶管制,但他却要比我们更加厌恶管制。他不喜欢强制。他认为应该利用利润动机而不是消除利润动机,认为利润动机是十分必要的。而且,他有时能看到事物表面以下的东西。举例来说,他十分正确地看出,羊群侵占耕地会对旨在通过限价和禁止出口来压低小麦价格的政策产生很大影响,他认为由于羊群侵占耕地改变了小麦生产和羊毛生产的相对获利能力,因而上述政策的目标会落空。这样的推理(在顾问行

① 不过,伊丽莎白女王1562年3月颁布的学徒法令(5Eliz. c. 4)引入了我们应称之为指数工资的东西,也就是规定了工资率每年应根据生活费用的变化而加以调整。

政官的著作中经常可以看到与此相类似的推理)已超越了常识水平,实际上已接近于分析。

4. 1600—1776 年的各种体系

〔(a) **早期代表性人物。**〕 经济学在十七和十八世纪获得了较为充分的发展,描述这种发展要比描述十七世纪以前的发展困难得多。我们将遵守作战计划,暂时不考虑其他事情,而把这两个世纪的"系统性"文献考察完,直到接近《国富论》为止。早期的系统性著作,在法国可由蒙特克里因代表,在德国可由博尼茨和贝佐尔德代表,在西班牙可由费尔南德斯·纳瓦雷特代表。

安东尼·德·蒙特克里因,马特维尔先生(约 1575—1621 年),著有《论政治经济学》(1615 年)。此人似乎是第一个用政治经济学这一名称出书的人。不过,这是他唯一的功绩。该书是平庸之作,毫无创见。虽然该书提出的各项建议显示出作者具有粗浅的常识,但书中却充满了基本的推理错误,这表明该书所达到的分析水平远远低于而不是高于当时的水平。关于与此完全不同的评价,参看 T. 芬克—布伦坦诺为该书的 1889 年版所写的导言,并参看 P. 拉瓦利的专题论文《安东尼·德·蒙特克里因的经济著作》(1903 年)。

雅各布·博尼茨的《富国富民的政治管理》(1625 年),是一本没有加以很好整理的经济资料汇编;克里斯托夫·贝佐尔德(1577—1638 年)是个著名的、学识渊博的教师,他的《政治社会》(1614 年)、《论证二书》(1618 年)以及他的许多著作中另一本著作《政治学说概要》(1623 年),其水平都高于博尼茨的著作,虽然他对事实的了解不如博尼茨;他论述利息的方式,预示了萨尔马修斯的论述方式;博丹的影响是显而易见的。

佩德罗·费尔南德斯·纳瓦雷特的著作是《演说集》(1621 年第一版;1626 年版的标题为《为君主政体辩护》)。这位作家是宗教法庭的官员,他出人意料地没有当时(以及现在)的经济学家所表现出来的那种过分看重货币因素的倾向,并同样出人意料地作出了以下正确的判断,认为正常的工业化过程将大大有助于消除当时西班牙遭受的灾难(因为人类的劳动为原料增添的价值要比金银重要得多,参看他的五十篇演说稿中的第十六篇),认为只要消除各种障碍就可以加速这一过程。我从分析能力上着眼选择了费尔南德斯·纳瓦雷特,而没有选择同样著名的蒙卡达(《演说集》,1619 年出版,直到 1746 年还再版了一次,再版时标题改为《西班牙的政治复兴》),我确信这样做是对的。

要说明稍后的系统性著作所具有的特征,只要再举出四个人就够了:马蒂内斯·德·拉·马塔沿着费尔南德斯·纳瓦雷特的路线提出了一项工业政策计划;塞肯多夫写出了有关德意志各公国的行政管理和政策的第一部杰出论著;这里暂且不讨论伟大的苏利;迪·苏菲热(菲利普·德·贝休恩)远远超越了博丹和蒙特克里因。

弗朗西斯科·马蒂内斯·德·拉·马塔以其《论如何救治西班牙人口的减少、贫穷和不育》(1650 年;我只见到了 1701 年的《……原论摘要》;前引森佩雷—瓜尔里诺斯的著作的第三卷也包含有该书的摘录)一书而知名。马塔自称是"穷苦人的奴仆",他的这部著作肯定获得了很大成功。该书的主要论点与纳瓦雷特的论点一样,无疑基本上是正确的,后来的许多经济学家都重复了这一论点。

法伊特·路德维希·冯·塞肯多夫(1626—1692 年),是个杰出的行政官员,于 1656 年发表了《德意志公国》。此书系这类著作的经典作品。该书在说明性的教学纲要的背后,还有明确的社会发展计划和明确的政策。所确定的目标是使人口增多并得到良好的就业机会,所设想的达到这一目标的主要手段是保护工商业并确保工商业在国内自由发展(过时的手工业行会因此将自行消亡),实施义务初等教育以及建立以货物税为基础的税收制度(这种税制加在高收入者身上的负担很轻,从而将增加就业)。我们马上就会看到,这在当时是而且后来继续是具有代表性的纲领，实际上这也是德国和意大利的“官房学派”在其整个存在时期即直到十九世纪初叶所作的典型分析。第一个清晰而明确地表述了这一纲领，从而在某些方面预示了未来一个多世纪发展的人，绝非平庸之辈。相反，他无论作为一个人还是作为一有识之士，都高高地耸立在本书提到的许多作家之上，尽管在本书中这些作家享有比他重要得多的地位。但在他的著作中却很难看到清晰明确的分析，也就是说很难看到他有意识地说明因果关系或相互依存关系。即使有一点这方面的说明，水平也不高。

马克西米利安·德·贝休恩（1560—1641 年），被亨利四世封为沙里公爵，是亨利四世的财政大臣，是比他的最著名的后继者柯尔贝尔伟大得多，特别是强硬得多的人物。他极为成功地改革了法国的财政制度，而且他的视野远远超越了他所取得的实际成就。此外，他还知道如何使财政政策成为一般经济政策的组成部分和工具，而这正是衡量财政官员伟大与否的标准。他的《皇家经济》（1638 年第一版；我所知道的是一本选集，收入吉约曼编的《经济小丛书》）一书，实际上是他从事行政管理工作的回忆录，该书文笔优雅，饶有趣味，极富启发意义。固然他致力于研究农业人口的福利问题并曾说农业和牧业是法兰西的一对乳房，但因此而把他称为重农学派的先驱，却毫无意义。他对理论一窍不通，这再明显不过了。

厄斯塔舍·迪·雷菲热*的著作《国务顾问或近代政事总集》（1645 年），继承了博丹的衣钵。该书前四十章讨论了各种政体、宽容、地方官的职责、征兵等事项；第 41 至 44 章实际上概括论述了经济学和经济政策；其余各章讨论了财政，特别是税收等许多问题，标志着向 A. 斯密的《国富论》第五编又迈进了一步。迪·雷菲热的经济学在若干方面很值得注意。特别是，据我所知，他第一个把以下两者的作用既区别了开来又联系在了一起，一是保存财富的节俭（第 44 章），一是妨碍商业活动的囤积（第 49 章）。在这方面以及在其他方面，他作出了值得赞扬的分析努力。

---

* 〔熊彼特在克雷斯图书馆参考此书时，这本匿名发表的著作被认为出自迪·雷菲热之手；最近则被认为出自菲利普·德·贝休恩即塞尔·德·卡罗斯特伯爵之手。该书早在 1634 年就有了英译本，因而法文原版的出版日期还要早些。〕

在十七世纪剩下来的时间里以及在整个十八世纪，发表这类著作的作家越来越多，其中大学教师很快就占了多数。在一些国家，特别是在德国，甚至直到十九世纪初叶，这类著作仍是主要的经济教材。但可悲的是，其中许多著作毫无创见，显然是为了满足一时之需，不是由于创作冲动而写出来的，所以详尽描述其发展也就没有意义了。对于我们的目的来说，也就是说为了了解这些著作的一般性质，看看它们在斯密时代的前夕究竟向前迈进了多少，只介绍两位享有国际声誉的十八世纪作家乌茨塔里兹和尤斯蒂，只讨论后者的一本著作就够了。

热罗尼莫·乌茨塔里兹(1670—1732 年)写有一部题为《商业与航运的理论和实践》(1724 年第一版，后来又印行了两版，均由作者本人作了改进)的论著，该书与马蒂内斯·德·拉·马塔著作的关系，可以说一如后者的著作与费尔南德斯·纳瓦雷特著作的关系。该书被译成了英文和法文，赢得了很多读者，受到了广泛赞扬。此书的书名在以下两方面很容易使人产生误解。首先，人们会以为此书讨论的只是国际贸易问题，实际上它广泛地讨论了“应用”经济学范围内的税收、垄断、人口等几乎所有问题。其次，人们还会以为此书进行了理论分析，实际上在这本书中根本看不到理论分析；在他那里同在许多后来的经济学家那里一样，所谓理论就是进行批判和提出建议，只是有别于陈述事实而已。该书给读者的第一个印象是，作者非常注重陈述事实，不惜为此而使用大量篇幅(他重印或节选的文件多得可以使此书充当资料汇编)。对于我们来说，该书提出的各项建议具有较大的历史意义，因为乌茨塔里兹在阿尔伯罗尼红衣主教当政时曾充任制定政策的官职。阿尔伯罗尼红衣主教在军备和工业化方面正是按照乌茨塔里兹在该书中提出的政策建议行事的,并取得了一些重大的成功。该书出版于阿尔伯罗尼红衣主教垮台后的第五年。不管这一事实可能意味着什么(读者和我都可以驰骋自己的想象),考虑到西班牙当时的形势和作者观察这种形势的角度,我们都不能不称赞隐藏在其建议背后的正确分析。

〔**(b) 尤斯蒂:福利国家。**〕　约翰·海因里希·戈特利布·冯·尤斯蒂(1717—1771 年)在其一生中一半时间担任大学教授,一半时间担任公营企业的管理人。他一方面懂得当时和他以前的全部自然法哲学,同时又具有实际经验,两者罕见地结合在了一起。当然,我们必须承认,这位教授的著作有点过于冗长琐碎,而且他常常是迂回地、通过很成问题的政治哲学得出其常识性结论。这里可以举一个例子来说明后一点:尤斯蒂认为,根据自然法来说,自由是绝对的;不过,正如这位教授在某处故弄玄虚地说明的,所谓绝对的自由只不过是服从法律和官僚统治的自由;而根据尤斯蒂的教导,正是官僚统治使我们摆脱了困境并带来了正文将提到的那种结果。从尤斯蒂为数众多的著作中,门罗教授挑选出《财政学体系》(1766 年)摘登在《早期经济思想》(1924 年)一书中。我们在正文中所作的概述依据的是《国家权力和福利的基础或公共政策学总论》(两卷本,1760—1761 年出版)一书。只是第一卷与我们的论题有关。第二卷属于行政管理学的范畴,论述了宗教、科学、家庭管理、公民品德、消防队、保险(尤斯蒂是保险制的热烈拥护者)、服饰管理等问题。他的《国家经济》(1755 年)一书也同样可以为我们的论题服务。

我如果不选择尤斯蒂的话,或许可以选择约瑟夫·冯·宗南费尔斯(1732—1817年;《治安、商业和财政科学原理》,1765—1767年)。宗南费尔斯在一些方面要高尤斯蒂一筹,虽然他实际所遵循的是尤斯蒂和福尔邦纳的路线。他是柏林的一个犹太教教士的儿子,迁移到维也纳之后,便成为那个“理性时代”的显赫人物之一,并作为大学老师(他是维也纳大学政策和官房学的第一位教授)同时也作为公职人员,参与了当时的许多立法改革。用现在的话来说,他是约瑟夫二世智囊团的成员。在奥匈帝国境内,他的上述著作一直到1848年仍是官方批准的教科书。还应注意他就任维也纳大学教授时发表的那篇演说,题为《论经济学纯粹经验之不足》。

尤斯蒂讨论的题目,无论是从其历史特征来看还是从其他各个方面来看,都是德国历史学家的所谓“福利国家”。也就是说,他是从政府的观点出发来考察经济问题的,这种政府完全与现代政府一样,对生活的精神条件和经济条件负有责任,特别是对每个人的就业和生计,对生产方法和组织的改进,对原料和食品的充足供应,对城市的美化、火灾保险、教育、卫生等许许多多事项负有责任。农业、制造业、商业、货币、银行业都依据这种观点作了考察,并特别注意到了它们的技术和组织方面的问题。然而,尽管他坚信政府全面规划的原则,但他却与塞肯多夫以及在他们两人之间的大多数经济学家一样,没有得出我们可能依据这一原则得出的实际结论。与此相反,他并没有对经济现象的固有逻辑视而不见,并不希望用政府命令来取代这种逻辑。举例来说,在他看来,限定价格固然是政府在特殊情况下为了特殊目的而有权也有义务采取的一项措施,但却应该尽量避免采取这一措施。他谴责米拉波在讲授其他“虚伪的、毫无意义的和荒谬的学说”的同时，还宣扬降低利息取决于政府的意志，而实际上利息“比任何其他东西都更少受政府意志的影响”。他也没有对自由企业的潜力视而不见，而是以超然的、毫无敌意的态度看待这种潜力。实际上，尽管他赞成政府管制，甚至认为有时应通过政府命令来强制生产某些物品，但他却指出，工商业所真正需要的是自由与安全，并认为这是一条一般性原则。虽然他不主张取消手工业行会，因为它们已经存在，也许可以利用它们来行使某些他认为有用的职能，但他却讨厌它们，劝告政府不要苛待行会以外的人。而且，虽然他教导说高额保护性关税甚或禁止进口和强迫人们购买国内产品“有时”也许是符合公众利益的，但他宣称他认为，“一般说来”，除了百分之十的从价税外，不应再对进口设置任何其他障碍——这实际上与不受限制的自由贸易没有什么两样。

我们还可以引证另外许多这类例子。在十九世纪的自由主义者看来，尤斯蒂的这些看法简直自相矛盾得叫人无法相信。他们往往把这归因于尤斯蒂生活在过渡时代，也就是说，尽管他仍然身受许多已遭到驳斥的错误思想的影响，他却不能对新思想完全视而不见。但是，如果我们较为仔细地观察一下他应用规划原则的具体事例，我们就会得到一种很不相同的解释。他与 A. 斯密同样清楚地看到了实行自由放任的实际理由，而且他所说的官僚机构虽然在需要时可以提供指导和帮助，但在不需指导和帮助时，随时都准备让位。[①] 不过，他要比斯密清楚得多地看到了阻碍自由放

① 这不仅仅是一种梦想。正如下文将要指出的，典型的德意志公国的官僚机构就力图这样行事。

任顺利发挥作用的各种障碍。此外,他远比A.斯密更加关心政府为阻止当时德国经济的短期波动而采取行动所遇到的实际问题,也更加关心在当时德国的那种工业条件下发挥个人主动性所遇到的特殊困难。他的自由放任是政府监护下的自由放任,他的私人企业经济是这样一部机器,这部机器虽然从逻辑上说是自动的,但却经常出毛病,需要政府随时加以修理。举例来说,他实际上承认采用节省劳动的机器会带来失业,但这没有构成反对生产机械化的理由,因为他的政府实际上会为失业者找到和以前一样好的就业机会。这并不自相矛盾,而是表现出了作者所具有的理智。而且,对于我们这些观点更接近于尤斯蒂而不是接近A.斯密的人来,尤斯蒂的经济政策主张看起来像是去除了糟粕的自由放任主义。① 不过,还可以举出两位西班牙作家,他们比尤斯蒂更好地说明了当时的一流思想家对"应用经济学"的深刻理解。我指的是坎波马内斯和乔卫兰诺斯,②他们是在查理三世的改革时期上升到

① 这类当时极为普通的主张,很自然地披有反斯密的外衣,从而夸大了两者之间的差别。举例来说,尤斯图斯·冯·莫泽尔(《爱国梦想》,1774—1786年)的情形就是这样,我还要为另一件事情提到他。由于他热衷于描述个别历史形态,也就是说热衷于描绘历史细节,一些思想史学家便称他为早期浪漫主义者或历史学派的先驱。这是个乱加称号的例子,这样做会搅乱人们对学派和学派的发展的看法。毫无疑问,莫泽尔是个出类拔萃的人物,但他根本不是经济学家。

② 佩德罗·罗德里格斯·坎波马内斯伯爵(1723—1802年),从所受的教育来说,是大陆型的法学家和经济学家。他是个学识很高、能力很强的人,无论在职与否,他都试图插手当时西班牙的一切重大经济问题。在他的著作中,与我们的论题关系最大的是他的《论民间工业的发展》(1774年),该书得到了麦卡洛克的热烈赞扬。还应提到他论述谷物贸易的《财政问答》(1764年)一书。

加斯帕·梅尔基奥尔·德·乔卫兰诺斯(1744—1811年),是与坎波马内斯同一类型的人,只不过官运不那么亨通。他著述甚丰,特别值得一提的是他的两篇报告,一

显要地位的。他们是信奉经济自由主义的实际改革家，既不关心经济分析的进步，也没有对经济分析的进步作出贡献。但他们却比许多理论家更理解经济过程。而且应该注意到，坎波马内斯的《讲演录》发表于1774年，因而他能从《国富论》那里学到的东西，即使有的话也是很少的。

以上论述涉及了，实际上是概括了十七和十八世纪欧洲大陆的很大一部分经济学。不过，读者应认识到，虽然这种经济学（至少就其最后被讲授的那种样子来说）在实际洞察力和实际有用性方面几乎不比《国富论》差，但是，除去下面即将提到的那个例外，从所取得的分析成就来说，它却被《国富论》远远地抛在了后面。尤斯蒂的著作既可以作为例子来清楚地说明这种经济学的优点，也可以同样清楚地说明上述弱点。我已说过，尤斯蒂看到了经济现象的固有逻辑。但这仅仅是先知式的直觉。他丝毫未说明经济现象是如何相互关系，相互决定的，而科学经济学恰恰发轫于这样的说明。他未感到需要对命题（例如他的机械化造成失业的命题）加以证明，也未感到需要使用外行人所不熟悉的工具。他的论点都是朴素的，常识性的；只有当他驳斥另一位作家时，他才尝试着作一些分析。而在这样做的时候，他常常出很大的错。他时常犯非常严重而愚蠢的错误，例如他论证说：假设有A、B两个国家，它们在各个方面都完全一样，只是A国拥有的银币数量是B国的两

篇论述的是工业技术的自由问题（1785年），另一篇是为马德里皇家经济学会写的，论述的是农业立法问题（1794年）。两篇报告都阐述了经济自由主义原则，但都明智地从实际出发对其作了调和。1859年它们作为《西班牙作家丛书》而重新发表。不过，对于经济思想史学家来说，由于它们的出版日期较晚，它们的重要性不如坎波马内斯的论著那么大。

倍;那么,尽管两国的福利水平完全相等,A国的物价水平却是B国的两倍;但由于A国的货币数量是B国的两倍,A国的利率却只是B国的一半,所以A国生产的物品较便宜,能以低价销售给B国,从而A国不断从B国那里得到货币。由此而将增加本国的就业人数,等等(见《国家权力和福利的基础》第611页)。这样的论证是极为荒谬的,尽管他有关利息的推理是十分正确的,尽管他一般说来并没有过高估计充足的贵金属给国家带来的益处,尽管他也像A.斯密那样强调消费具有根本性的重要意义。

〔(c)法国和英国。〕　法国的公职人员所受的都是神学和法学方面的教育。一直到大革命期间及大革命以后,经济学仍未被当作一门独立的学科来讲授。这种巨大的缺陷是否得到了某种补偿呢?不管怎么说,十八世纪法国的系统性文献虽然数量要少得多,但其质量却远远高于德国的系统性文献。因为我们将在下一章中讨论像布阿吉尔贝尔、坎梯隆、杜尔阁这样的一流人物以及重农学派,所以这里只讨论以下五个人就行了,即福尔邦内、梅隆、米拉波、格拉斯林和孔狄亚克。福尔邦内[①]也许可以和尤斯蒂或宗

① 弗朗索瓦·维隆·德·福尔邦内(1722—1800年)是商人和公职人员。作为法国人,他所面对的是不同的公众和不同的环境,因而他的著作和尤斯蒂的著作乍一看似乎没有什么相似之处。然而,从根本上说,他所(非常成功地)做的事情与尤斯蒂做的事情是一样的。同尤斯蒂一样,他的主要长处是对当时的社会和经济情况有实际的了解。他最擅长于分析特定的历史事实,例如1595至1721年法国的财政状况(1758年)或西班牙的财政状况(1753年)。在他的著作中,最令我们感兴趣的是:《商业原理》(1754和1766年)和《经济原理与观察》(1767年;后者见吉约曼丛书,值得一读,其水平不低于十九世纪的一般教科书,而优于十九世纪的许多教科书)。这里应该提到,他也曾建议课征百分之十五的从价进口税,这是他与尤斯蒂的观点相类似的若干例子中的一个。他的《商业原理》第一卷也许对尤斯蒂产生了影响。与此相同,他也对宗南费尔斯产生了影响,这可以从宗南费尔斯在其著作的开头撰写的鸣谢文字中看得很清楚。

南费尔斯作比较，是所谓“有用的”或“健全的”经济学的典型代表，这种经济学很受公众的欢迎。历史学家绝不会颂扬他，因为如果历史学家只关心一个人赞成或反对什么样的政策的话，那他们是不会对福尔邦内满意的，而会把他称为没有创见的折中主义者；如果历史学家想看到对经济分析的贡献，那他们也同样不会满意，因为他们看不到这种贡献，而只会看到福尔邦内一接触棘手的理论问题，就表现得又笨拙，又缺乏想象力。但是，很少有经济学家像福尔邦内那样，在其所作的论述或暗示中，无论在事实方面还是在逻辑方面，确凿无疑的和可以证明的错误都那么少。他是个突出例子，可以用来说明这样一条真理，即当经济学家或医生是一回事，而当理论家或生理学家则完全是另一回事。

梅隆①在这些方面明显地不如福尔邦内，在分析的熟练程度上只略强于福尔邦内。但在后来的批评家手中，他的运气却要好一些。不过，就“原理”而言，他所取得的成就虽然在时间上领先于福尔邦内，但性质基本上是一样的。我们将在下一章讨论他对货币理论的贡献。老米拉波②主要是以继魁奈之后重农学派的首领

① 让·弗朗索瓦·梅隆(1675—1738年)是个公职人员，在短暂的约翰·劳“制度”时期，曾与约翰·劳共事，因而对这一制度有直接的了解。他的《商业政策论》(1734年，1738年英译本)在法国国内和国外都取得了巨大成功，产生了很大影响。人们有时用“新重商主义”这一很容易使人产生误解的词来指梅隆和十八世纪的其他作家在外贸和财政方面所持的观点(参看下面第七章)。参看G.迪翁的《十八世纪和十九世纪初的新重商主义》(1901年)以及L.德·拉韦涅的《十八世纪的法国经济学家》(1870年)。

② 维克托·里凯蒂·德·米拉波侯爵(1715—1789年)，之所以被称为老米拉波，是为了把他与他的儿子即大革命时期的米拉波区别开来。他是个充满了活力、激情荡漾而行为古怪的贵族。除非假设性格的力量和华丽的辞藻能压倒一切，否则便很难理解，为什么这个由于缺乏判断力而毁掉了其无可置疑的能力的人，竟会在法国国

而知名,但在此之前,他就凭借一部著作奠定了自己的地位。这部著作是以个人色彩很强的观点写成的,可以说系统地讨论了应用经济学的所有问题。它是通过围绕人口与农业讨论所有问题来保持系统性和统一性的。它的分析成就微不足道,尽管如此它却取得了较大的成功。格拉斯林①从未享有因有的声誉,因为他把大部分精力放在了对重农学派的批判上(他实际上对重农学派作了最有力的批判),读者因此而往往忽略他的积极贡献。实际上,他的《分析》一书概要提出的财富理论,是有关总收入(不是刨除了包括工资在内的全部生产费用的收入)的理论。鉴于总收入后来所起的作用,这的确是一不小的进步。最后,孔狄亚克的那部著作②根本不配得到 W. S. 杰文斯和 H. D. 麦克劳德的那种颂扬,杰文斯称它是“富有创见而意义深远的”著作,麦克劳德认为它“要比斯密

内和国外享有比在他以前和以后的、包括斯密和马克思在内的任何其他经济学家大得多的声誉,虽然只是短短的几年。这发生在他一生事业的初期,即他加入重农学派以前,凭借的是一本除了慷慨激昂的词语外没有给人留下任何其他印象的著作。这部著作分三部分以《人类之友或人口论》的名称于 1756 年匿名发表。下面论述人口问题的那一章还将提到此书。在米拉波的所有其他著作中(除了大量未发表的材料外,他留下了几十本著作),本书应该提到的仅仅是《人类之友》的续篇(4—6;1758 和 1760 年出版)、《农村哲学》(1763 年)以及《赋税理论》(1760 年)。不过,后两本著作至少从原理上说是重农主义的,不需要在这里多加论述。参看 L 和 C. 德・洛梅尼的《米拉波父子》(1879—1891 年)以及布罗卡尔的《米拉波侯爵在人类之友中提出的经济和社会学说》(1902 年)。

① 让・J. L. 格拉斯林(1727—1790 年):《对财富和赋税的分析》(1767 年;1911 年 A. 杜波依斯出了该书的新版)。参看 J. 戴马斯:《A. 斯密在法国的先驱者格拉斯林》(1900 年)。他与博道的通信很有意义(两卷本,1777—1779 年)。

② 即这位感觉主义哲学家和心理学家的《……商业和政府》(1776 年)一书,前面已提到过此书。我们不应过分强调他的心理学和他的效用价值理论之间的关系。正如我们已经知道的并在后面将会更充分地看到的那样,它的效用价值理论有其自己完全独立的历史,其源头应追溯到经院学者那里,而不应追溯到哈特利那里。也不应过分强调孔狄亚克与重农学派的关系。相反,他倒是从杜尔阁那里学到了一些东西。不过,请参看 A. 勒博的《经济学家孔迪亚克》(1903 年)。

的著作强无数倍”。孔狄亚克的著作受到这样的颂扬，完全是因为这两位作家对他们所认为的自己的价值理论的早期表述形式过于热心的缘故。实际上，孔狄亚克的效用价值理论毫无创见。考虑到在他以前有许许多多先驱者，我们倒应该对他的蹩脚论述感到惊奇，而不应对他鼓吹这种理论感到惊奇。不过，该书仍很好地尽管有些肤浅地论述了“经济理论与政策”，其水平远远高于当时的一般著作。

英国要比法国对“系统病”更有免疫力。除《国富论》外，英国严格说来只有一本系统性著作，即斯图尔特的《原理》[①]但此书却具有头等重要意义。斯图尔特苦心孤诣要使该书成为系统性著作，力图把当时的实际知识和分析知识结合在一起，形成一门“正规的科学”，也就是说，他的目标与斯密的目标完全一样。以下两个事实使该书很难和《国富论》进行比较。首先，斯图尔特的著作没有像斯密的著作那样，采用一种简单明了的方法来迅速征服舆论。相反，斯图尔特假想出了一位爱国的政治家并把所有与公众有关的事情都聚集到了这位老式人物的周围，而这位爱国的政治家则以无穷的智慧照管经济过程，随时准备为了国家的利益干预

① 詹姆斯·斯图尔特爵士(1712—1780年)，系苏格兰名门之后，学的是法律，由于拥护斯图亚特王朝而在1745—1763年过着流亡生活。这三个事实在某种程度上有助于说明他的著作所具有的性质和所引起的反应；一方面，他的观点和表述方式有某些非英格兰的(不仅仅是苏格兰的)成分，而且表述方式显得很生硬，很不自然；另一方面，他的处境一直特别糟，甚至在重新获得公民权后仍是如此。这些很重要。尤其是，竞争对手因此而可以对他视而不见，A.斯密正是这样做的。因此，斯图尔特的《政治经济学原理研究》(1767年)一书在英国从未受到多大注意，甚至在完全被《国富论》所遮盖以前也是这样。但它却受到了一些德国人的过分重视。后面还将提到斯图尔特的另一些著作。1805年他的儿子出版了他的《全集》。

经济过程。斯图尔特的这种假想人物使人想到了尤斯蒂假想的政府,但却完全不合当时英国的国情。不过,这不应影响我们的论述。其次,浏览一下(这正是读者应该做的)该书(该书分为人口、商业与工业、纸币与铸币、放款与借款以及赋税等五编),我们不能不对以下两点感到惊奇,一是该书在许多方面要比《国富论》更有创见,思想也更为深刻,二是该书却有大量显而易见的错误和不恰当的表述。在人口、价格、货币和税收等理论方面,斯图尔特的论述所达到的深度,远远超过了斯密所达到的深度。但他只是在人口理论方面作出了有意义的贡献;在其他理论方面则很难从其糟粕中取其精华,甚或有时很难说有没有精华。

〔**(d) 意大利的高水平贡献。**〕 但是,就斯密以前的系统性著作来说,荣誉则应归于十八世纪的意大利人。在宗旨、范围和计划上,他们的著作承袭了前面用卡拉法和尤斯蒂的例子说明的那种传统。这些著作所提出来的是福利经济学意义上的政治经济学体系。他们的福利概念,融合了经院学者的所谓“公共利益”和功利主义者的所谓“幸福”。虽然他们在积极进行实地考察和了解实际问题方面没有超过德国人,但他们在分析能力和所取得的分析成就上却超过了与他们同时代的大多数西班牙人、英国人和法国人。他们大都是教授和公职人员,因而是以教授和公职人员的观点来写作的。意大利生活中的地方主义[①]把他们分成了许多派别。但

① 正是这种地方主义使意大利具有所谓“地方”经济学史,除西班牙外,哪个国家也没有与此相类似的现象。这里可以提到两个例子:即奥古斯托·格拉齐阿尼的《1848 年以前艾米利亚和罗马涅作家的经济思想》(1893 年),以及 T. 福尔纳里的《十三世纪至 1734 年那不勒斯地区的经济学说》(1882 年),其续编将在下一个脚注中提到。

是，根据“学派”这个词所具有的严格意义来说，也就是从作家经常相互接触并由于相互影响而彼此的学说相类似这两方面来说，我只能辨认出两个学派，即那不勒斯学派和米兰学派。吉诺维西和帕尔米里代表前一派；①其他成员，特别是它的最耀眼的明星加利亚尼，将在后面加以介绍。

米兰学派的代表人物是维里和贝卡里亚。不过，我们还将借此机会介绍一个卓然独立的人，即威尼斯的奥特斯。

皮特罗·维里伯爵(1728—1797 年)，不是教师，而是奥地利统治米兰的行政机构的官员。任何大经济学家的名单，

① 安东尼奥·吉诺维西(1712—1769 年)，先是在那不勒斯大学任伦理学和道德哲学教授，后来又在该大学任经济学和商学教授，总的说来是个了不起的大学老师，就连诋毁他的人也不能否认他在这方面所取得的巨大成就。我认为，是 F. 费拉拉开了诋毁吉诺维西的先例，这也许是因为谁不坚决拥护自由贸易，他就把谁看得一无是处的缘故。吉诺维西培养出了许多著名的经济学家，他们的名单，参看 G. 塔格利亚科佐的《那不勒斯的经济学家》(第 26 页注)。塔格利亚科佐还生动描绘了吉诺维西的科学倾向和背景(关于这些方面，也可以参看 A. 库托洛的《安东尼奥·吉诺维西》，1926 年)，并对他所取得的成就作了恰当的评价。吉诺维西是个多产作家。不过，与我们有关的只是他的《国民经济学教程》(1765 年；再版于 P. 库斯托迪的《意大利古典政治经济学家丛书》，共 50 卷，1803—1816 年出版)。该书可以说是囊括了他的全部经济思想的一个不成系统的体系。从这本书中确实可以看出，吉诺维西受到了当时和以前的作家的影响，更糟的是可以看出，他的论证往往缺乏严密性。但在该书出版以前，还没有谁如此全面地论述过那个时代所孕育的功利主义福利经济学。吉诺维西的学说中具有“重商主义”成分只不过证明了他的学说是与实际相结合的。

朱塞佩·帕尔米里·迪·马蒂纳诺侯爵(1721—1794? 年)，是声名显赫的那不勒斯学派的成员，该学派最著名的人物也许是弗兰希埃里(参看 P. 詹蒂莱:《盖塔诺·弗兰希埃里全集》，1914 年)。帕尔米里(B. 德·里纳尔蒂斯为他写有传记，1850 年出版；并参看 F. 福尔纳里的《1735—1830 年那不勒斯地区的经济学说》，1888 年)主要是个注重实际的行政官。不过，读一读他的《对那不勒斯王国福利的考察》(1787 年)，或他的《……经济思想》(1789 年)，或他的《论国家的财富》(1792 年)，也许可以最好地了解十八世纪顾问行政官的福利经济学。

都不得不列入他的名字。然而,虽然详述一下他的各项政策建议很容易(他认为提出政策建议是重要的事情;他在其主要著作的前言中喊道:我多么想说些有用的话,做些有用的事情呵!),但要使人对他的纯科学成就有一了解就不那么容易了;后面将提到他的一些科学成就。在他的许多著作中,这里只需提到两本,一本名为《商业原理》(1760年),该书奠定了他的地位,另一本是《政治经济学沉思录》(1771年:重印于库斯托迪的丛书;有法文译本和德文译本),由前一本书扩充而成。这两本著作除了对已有的理论作了强有力的综合外,还包含许多富有独创性的贡献(例如他的不变支出需求曲线)。特别是,维里对经济均衡的看法很明确,虽然不太成熟,认为经济均衡最终取决于"快乐和痛苦的计算"(他先于杰文斯使用了这个短语)。就这一点来说,他在斯密以上,而不是在斯密以下。强调他热心于研究事实的倾向,也很重要。他不仅从事过重要的历史研究工作(《历史回忆录》,死后出版),而且还是名副其实的计量经济学家(例如,他是最先计算出国际收支差额表的经济学家当中的一个),也就是说,他知道如何把实地调查和理论编织成结实的锦缎。这个方法论上的问题,困扰了后来几代经济学家,维里却成功地解决了它。维里的生平事迹。可参看E.布维的《皮特罗·维里伯爵》(1889年)和M.R.曼弗拉的《……皮特罗·维里》(1932年)。不过,还是艾瑙迪教授对维里的著作作出了最恰当的解释和评价,见他为维里的《米兰共和国的贸易平衡》一书的新版(1932年)撰写的那篇精彩的导言。

吉阿马里亚·奥特斯(1713—1790年)主要因为对“马尔萨斯”人口论作出了贡献而知名(参看下面第五章)。他的系统性著作(《国民经济学》,1774年;重印于库斯托蒂的丛书)在下述理论的历史上将永远享有突出地位,这种理论把消费看作是总产量的限制因素,并由此得出其经济诊断。这也是把他与马尔萨斯联系在一起的另一因素。在这方面同在另外一些方面一样,他的成就是富有创见的,也就是说他不随大流。但除此之外就没有什么可称道的了。一方面,奥特斯的成就使批评家和历史学家困惑不解;另一方面,他对“重商主义者”把货币和财富“混为一谈”所作的抨击和他所持有的自由贸易观点,又使批评家和历史学家心悦诚服。人们因此而习惯于以一种有保留的态度称赞他。应该补充一句,奥特斯似乎从詹姆斯·斯图尔特爵士那里学到了许多东西。从有关奥特斯的文献中,举出以下几本就够了,一本是A.福里的《……吉阿马里亚·奥特斯》(1916年),另一本是F.兰佩蒂科的那本老书《……G.奥特斯》(1865年),还有一本是C.德·弗朗西斯的《G.奥特斯的数理经济学体系……》(1930年),不过,我从奥特斯的著作中却看不出有多少数学。

塞扎尔·博尼桑那·迪·贝卡里亚侯爵(1738—1794年),米兰人,耶稣会教育的产物。作为刑罚学家,三十岁左右(其生年还不能完全确定)便赢得了国际声誉,前面已提到了他附带在功利主义发展史上获得的地位。1768年,主要由于他在刑罚学上取得的成就——此时他在经济学方面尚未取得什么成就——奥地利政府(考尼茨亲王)专门为他在米兰设立了经济学讲座。任教仅两年,贝卡里亚便转而在米兰行政管理部门任职,直到其过早地去世。在此期间,他不断高升,一直升到仅次于总督的地位,参与了而且有时发起了当时的许多改革运动,写出了大量有关粮食储藏、货币政策、度量制度以及人口等问题的报告和备忘录,同时还广泛涉猎了许多知识领域。特别是,他仿效英国的《旁观者》杂志,与人共同创办了《咖啡》杂志,并为该杂志撰稿。1770 年,他发表了其第一本也是唯一的一本美学著作(《论风格》)。而且,他似乎还是个很不错的数学家。

贝卡里亚的经济著作大都是为政府写的报告。他自己发表的唯一一篇经济推理文章(见 1764 年的《咖啡》杂志)论述的是走私问题。该文有两点值得注意:第一,贝卡里亚是用代数方法来处理走私问题的;第二,他提出了这样的问题,即:若给定有关当局平均缉获的走私物品所占的比例,那么走私者不赔不赚的总走私量应是多少?这个问题所包含的分析手法正是他的纯走私理论的核心。这等于发现了现代无差异变化分析的指导思想。塞利奥于 1792 年发展了贝卡里亚的论证(参看奥古斯特·蒙塔纳里的《应用于政治经济学的数学》,1892 年)。与我们有关的是贝卡里亚的讲稿(写于 1769—1770 年)。这些讲稿沉睡了将近二十五年,不是贝卡里亚自己发表的,是库斯托蒂的丛书最先发表了它们,题为《公共经济学要义》(1804 年)。

贝卡里亚的《犯罪与刑罚》(1764 年第一版;1767 年英译本)一书取得的巨大成功,在某种程度上湮没了他在其他方面取得的成就。该书出版后,人们就一直主要把他看作是刑罚学家。有关贝卡里亚的文献很少涉及其他方面,因而对于我们来说只具有表面上的价值。不过,还是应该提到P.库斯托蒂为贝卡里亚写的传记(《塞扎尔·贝卡里亚》,1811年)以及P.维拉里编辑出版的贝卡里亚著作集(《全集》,1854年)。

这里,我们暂且把注意力集中在贝卡里亚身上。贝卡里亚是意大利的A.斯密。这两个人以及他们的成就确实具有惊人的相似之处。甚至他们的社会背景和地位也有些相似。他们的生活以及受各自职业的影响而对事物采取的态度,同样也有相似之处,尽管同仅担任过下级官吏因而毫无创造机会的斯密相比,贝卡里亚主要是公职人员,而同仅教过两年书的贝卡里亚相比,斯密主要是教授。两人都是普通人所望尘莫及的广阔知识领域的主宰。贝卡里亚也许比斯密懂得更多数学。但斯密似乎比贝卡里亚懂得更多天文学和物理学。两人都不单纯是经济学家。斯密的著作中没有可以与《犯罪与刑罚》相比较的东西,但斯密的《道德情操论》却要比贝卡里亚的美学强。两人都欢快地遨游在时代潮流中,但也有不同:一方面,贝卡里亚不仅接受了功利主义的所有主张,而且还是功利主义的主要创立者之一,而斯密则十分明显地对功利主义表现出了某种带有批判意味的冷淡;另一方面,斯密不仅接受了自由贸易论和自由放任主义的(几乎)所有主张,而且还是使它们获得胜利(就经济文献而言)的主要人物之一,而贝卡里亚则对自由贸易论和自由放任主义表现出了某种带有批判意味的冷淡。两人都是杰出人物。但至少在1770年以后,天赋肯定较高的贝卡里亚把才智贡献给了米兰共和国,而斯密则把才智贡献给了全人类。

贝卡里亚在《公共经济学要义》一书中，先是以斯密在《国富论》第四编引论中所采用的那种规范方式给经济学下了定义，随后便着手考察技术、分工以及人口的演变，他把人口的增加看作是生存资料增加的函数。我们已经知道，他毫无保留地接受了以享乐主义和利己主义为基础的功利主义学说，把它看作是指导经济行为的原则。实际上贝卡里亚对这种学说的发展作出了很大的贡献，而后来证明，这种学说作为经济学的同盟者叫人很头痛。该书第二编和第三编讨论的是农业和制造业；第四编讨论的是商业，包含有丰富的价值和价格理论，依次考察了物物交换、货币、竞争、利息、外汇、银行、私人信贷以及国际信贷，这种讨论的顺序和整编的结构不禁使人想到了十九世纪的经济学教科书。在细节方面，贝卡里亚的论证，特别是有关成本理论和资本理论的论证，并非总是完美无缺，也并非总是在逻辑上很严密。但贝卡里亚却看到了所有主要问题，而且看到了它们之间的相互关系。下面几章将提到其中的一些问题。不过，我们往往把一些贡献——例如孤立的物物交换的不确定性，从这种情形向确定的竞争性市场从而向间接交换的转变——同晚得多的时代，特别是同斯密以后的时代联系在一起。重农学派的影响是显而易见的，但并不很深。作为经济学家，苏格兰的贝卡里亚(指斯密——译者)是否更加伟大？如果根据摆在我们面前的这两个人的著作来判断，斯密当然更伟大。但这样做是不公平的。我们不仅应考虑到次序问题，而且还应考虑到，1770 至 1776 年对于经济思想的发展来说是意义非常重大的时期；尤为重要的是，《国富论》是毕生劳动的成果,而《要义》只是讲稿,而且是作者不愿发表的讲稿。就主观成就来说,不应该拿这些讲稿与《国富论》相比较,而应该与斯密在格拉斯哥大学使用的经济学讲稿相比较,如果作这样的比较,贝卡里亚会轻而易举地获胜。或者也许可以设想贝卡里亚迁居到柯卡尔迪,在其讲稿上另外再花六年功夫,而不是埋头处理米兰共和国的问题;我们应该拿《国富论》与这种花费了更多时间的讲稿相比较。我们认为,《公共经济学要义》与《国富论》的差别主要是由所投入的劳动量造成的,这无论如何是理解斯密成功奥秘的一条重要线索。

〔(e) 亚当·斯密和《国富论》。〕[①]　前面我们常常提到亚当·斯密,而且后面我们还将常常提到他。读者也许因此而会感到是否有必要再在某个地方全面考察他的著作。实际上,对于我们的目的来说,本书各处对《国富论》所作的引证,要比本节将要作的论述更为重要。尽管如此,似乎仍有必要停下来看一看这位最著名的经济学家,以对他是个什么样的人有个了解,并似乎有必要看一看他的《国富论》,该书不仅是最为成功的经济学著作,而且也是或许除了达尔文的《物种起源》外迄今出版的最为成功的科学著作。另外,提供一简要的"读者指南"也很有用。

① 〔熊彼特没有说明应把这篇亚当·斯密传略及随后的《国富论》"读者指南"放在哪里,但把它们放在这里即"1600—1776 年的各种体系"的结尾处似乎很合适。该小节本来是为这本《经济分析史》写的,但后来熊彼特把它抽了出来,也许是因为他想压缩这本书的篇幅,也许是因为他觉得"本书各处都引证了《国富论》",再加上这一节恐怕过于重复了。这是初稿,甚至还没有用打字机打出来。不过,既然本书为其他著名经济学家都写了传略,似乎就应恢复对亚当·斯密和《国富论》的这一概述。读者会看到,下面第六章第 3d 节("对《国富论》中价值和价格理论的整理")提到了这里的"读者指南"。〕

关于斯密及其平平稳稳的一生(1723—1790年),无需细加介绍,[①]仅仅指出以下几点就够了:第一,他是个地地道道的苏格兰人;第二,他出身于苏格兰文职官员家庭,要理解他对社会生活和商业活动的看法(与通常人们所认为的有很大不同),重要的是绝不要忘记造就他的环境所具有的那些特色,即温文尔雅,富于理智,对商业活动抱批判态度,生活俭朴而富裕;第三,他是个天生的,也是后天培养出来的教授,不仅在爱丁堡大学(1748—1751年)和格拉斯哥大学(1751—1763年)教书时是如此,而且从天性上来说一直是如此;第四,我不能不认为有一件事情是有关系的,当然不是与他的纯经济学有关,而是与他对人性的理解有关,那就是除了他的母亲外,没有一位女性进入他的生活:在这方面和在其他方面一样,对于他来说,生活所具有的全部魅力和激情就是著述。1764—1766年,斯密作为"私人教师",陪同年轻的巴克勒公爵游历了法国。经济学应感谢巴克勒公爵,正是他使斯密能够在经济上自立,从而有闲暇来写《国富论》。1778年任命他担任半挂名的职务,更增加了其晚年生活的闲适。他办事认真,勤奋努力,讲究方法,充满自信,高尚正直。对于前人,该感谢的他都表示了感谢,但却不很大方,从不像达尔文那样坦白地使人知道前人的足迹。批评他人时,斯密显得气量狭小,不那么宽宏大量。他所具有

① 亚当·斯密的传记很多,感兴趣的读者可以参看约翰·雷写的那一本。还有许多书籍补充了有关斯密的材料并对斯密其人作了解释,其中最重要的一本是W.R.司各脱的《学生时期和教授时期的亚当·斯密》(1937年),正文将提到此书,读者可以从这本书中得到很多教益,或许还可以得到一些乐趣。后面将列出有关《国富论》的最低限度的参考文献。

的勇气和活力以及所表现出来的小心谨慎的态度，刚好适合学者的工作需要。

当时博学多识的时代尚未结束，人们还能在整个科学知识领域遨游，甚至能在迥然不同的领域从事研究工作而不会遇到灾难。斯密丝毫不逊色于贝卡里亚或杜尔阁，驾驭着广阔的知识领域，经济学只是其中的一部分。前面已提到了他的《道德情操论》(1759年)，该书1767年的第三版附有《论语言的起源》一文。《道德情操论》是他的第一项伟大成就，是他在格拉斯哥大学任教的初期，根据他在爱丁堡大学讲课时使用的讲稿写成的。一些人批评他对道德力量的重要性注意不够，读者只要看一看这本书，就不会相信这种胡言乱语了。而且，正是在这本书中而不是在《国富论》中，斯密提出了其有关财富和经济活动的哲学。不过，除了该书以及他有关自然法、“自然神学”和文学的著述外，还应加上另外六篇论文。[①] 其中几篇是一项宏伟计划的片断，这项计划就是要写一部“有关各门文理学科和各种优雅艺术的历史”，但“由于其过于庞大”，斯密放弃了它。这六篇论文中最为重要的是第一篇，题为“指导哲学研究的原则：以天文学史为例来加以说明”。我敢冒昧地说，谁不知道这些论文，谁就不会充分了解斯密所具有的智力水平。我还敢冒昧地说，要不是有这一不可否认的事实，谁都不会相

① 《已故亚当·斯密的哲学论文集》(1795年第一版)，由其遗嘱执行人布莱克和赫顿编辑出版，书前附有杜戈尔德·斯图尔特写的《对作者生平和著述的说明》。顺便说一句，斯图尔特1785—1810年任爱丁堡大学道德哲学教授，就他已出版的著作来说，很难说他取得了什么成就，但他却是个具有坚强个性的人，同时也是个很出色的教师，因而更为全面的经济分析史不应像我们这样放过他。

信《国富论》的作者有能力写这些论文。

我们已知道,斯密的分析骨架师承于经院学者和自然法哲学家,不仅格罗秀斯和普芬多夫的著作中有现成的这种骨架,而且斯密的老师哈奇森也向斯密作了传授。[①] 固然,无论是经院学者还

① 关于弗朗西斯·哈奇森,参看上面第二章第7b节。并参看W.R.司各脱:《弗朗西斯·哈奇森》(1900年)。正如我们所预料的那样,斯密经济学的渊源成了许多人研究的题目。一件大事情是,E.坎南发现并随后出版了《1763年亚当·斯密在格拉斯哥大学讲课时使用的关于法律、警察、岁入及军备的讲稿,根据一个学生的笔记整理而成》(1896年),我将称该书为"格拉斯哥讲稿"。另一件大事情是,司各脱发现并在其上面提到的那本书中发表了《国富论》的所谓初稿,司各脱教授认为,这是斯密临去法国前写成的,因而也许可以反映出斯密与法国经济学家接触以前其著作的一般情况。后面我们将称其为"初稿"。《国富论》有许多版本,其中最好的是坎南教授编辑出版的版本(1904年版;后来多次重印,1950年第六次重印),该版本包含一篇非常有价值的引言,澄清了一些有关《国富论》渊源的问题。詹姆斯·博纳也对"斯密学"作出了许多贡献,其中之一是出版了附有导言的《亚当·斯密藏书目录》(1894年第一版;1932年第二版)。

限于篇幅,我不能讨论有关《国富论》的版次、译本、摘要、释义以及选录等方面的问题。这使我感到很遗憾,因为我本来可以借助于克雷斯图书馆收藏的"范德布鲁编斯密纪念文库"(参看克雷斯图书馆1939年出版的一本小册子,小册子中附有该文库的目录和查尔斯·J.布洛克写的序言)来研究这些问题。这里也不可能讨论有关《国富论》的浩瀚文献。最有价值的解释性和批判性论述,散见于十九世纪的全部经济论著和论文中。正是这些论著和论文给科学经济学家斯密建立了真正的纪念碑。那些论述斯密和"斯密主义"的经济学家和非经济学家,特别是德国人,其兴趣所在通常不是或主要不是斯密的分析成就,而是他对实际问题的看法、他的哲学背景以及他的社会主张。我们可以暂且不提一般经济思想史对《国富论》的评论,但却不能不提到马克思在《剩余价值学说史》和坎南在《生产和分配学说史》中对斯密的著作所作的分析。此外,我们还应该提到J.F.贝尔特的《亚当·斯密和他的国富论》(1858年);A.德拉图尔的《亚当·斯密》(1886年);W.哈斯巴什的《亚当·斯密研究》(1891年);S.法伊博根的《斯密与杜尔阁》(1892年);G.R.莫罗的《亚当·斯密的伦理学说和经济学说》(1932年);W.巴奇霍特的《亚当·斯密和近代经济学》(拉塞尔·巴林顿夫人编辑出版的《全集》第7卷);埃德温·埃南的《作为经济学家的亚当·斯密》,载于《经济学》,1926年6月;以及芝加哥大学为纪念《国富论》问世一百五十周年出版的《讲演集》(1928年)。

是自然法哲学家都从未提出过明确清晰的分配图式，更没有分配于各生产要素之间的社会产品或“国民总所得”的概念，这一很容易造成误解的概念后来在十九世纪的分配理论中发挥了巨大作用。但是，他们已提出了这种图式的所有组成部分，而斯密无疑不需要任何人的帮助就能把这些组成部分很好地协调成一个整体。坎南认为，“格拉斯哥讲稿”无论在哪一方面都不比哈奇森的讲稿强多少，“毫无《国富论》提出的那种分配图式的踪影”。但并不一定能由此而推论说，斯密(暗暗地)从重农学派那里学到了许多东西，因为他定居于柯卡尔迪从事著述以前(于1764—1766年)拜访过重农学派的成员，并或许读过他们的著作。司各脱发现的“初稿”证明，作这样的推论也许太过分了。人们可以清楚地看到，“初稿”包含有《国富论》的分配图式。然而，另一方面，不应忘记，自然法哲学家的遗产以及与斯密同时代的法国作家的成就，并不是斯密可以依赖的全部东西。还有另外一股潮流汇入了《国富论》，这股潮流为顾问行政官和小册子作家所代表。斯密了解配第和洛克；或许也熟悉坎梯隆，至少在写作初期可以通过波斯特勒特韦特的《词典》对坎梯隆有所了解；他承认哈里斯和德克尔对他有所帮助；也一定熟悉他的朋友休谟和梅西的著作；在一大长串因犯有“重商主义错误”而为他轻视的作家中，也许有些作家例如蔡尔德、达文南特、波勒克斯芬，使他学到了许多东西，更不用说像巴贲和诺思那样的“反重商主义的”作家了。[①] 但不管他实际上从前人

① 还有另外两位作家经常被人提及，所以这里也应该提一下。亚当·弗格森(1723—1816年)，先任爱丁堡大学“自然”哲学教授，后来任“道德”哲学教授，主要是个“历史社会学家”。在他的许多著作中，这里需要提及的仅仅是《文明社会史论》(1767年

那里学到了东西没有,事实都是:《国富论》中所包含的分析思想、分析原则或分析方法,没有一个在 1776 年是全新的。

一些人把斯密的著作吹捧为具有划时代意义的开创性著作,这些人心里想到的,当然主要是斯密所鼓吹的各项政策,如自由贸易、自由放任、殖民政策等等。但是,现在读者应该看得很清楚,而且随着讨论的深入,读者会看得更清楚,即使斯密所鼓吹的政策与本书的论题有关,也不会因此而得出与上面不同的结论。据杜戈尔德·斯图尔特说,斯密本人确曾(在 1755 年写的一篇论文中)认为自己最先提出了天赋自由原则,理由是他早在 1749 年就讲授了这一原则。他的所谓天赋自由原则,一方面是政策原则,即废除法律约束外的所有限制;另一方面也是分析命题,即个人之间的相互自由作用,不仅不会带来混乱局面,反而会带来由逻辑所决定的井井有条的秩序。斯密从来没有把这两者十分清楚地区别开来。不

第一版)。该书从孟德斯鸠那里学到了不少东西(斯密也受益于孟德斯鸠),并获得了像《论法的精神》那样的成功,虽然规模要小一些。在德国,部分由于受到了马克思的赞扬,该书在十九世纪享有很高的声誉,而我认为该书不配享有这么高的声誉。几乎没有理由像马克思那样认为斯密从这本书中学到了许多东西,也没有理由像另外一些人那样认为弗格森从斯密的讲稿中或与斯密的交谈中学到了许多东西。用来支持这两种观点的证据是,斯密和弗格森对分工和税收的看法相类似,实际上他们的看法是当时普遍流行的看法,而且也可以在许多比他们老的作家那里看到。

伯纳德·德·曼德维尔于 1705 年发表了一首劝世诗,题为《怨声喧腾的蜂房》(更为世人所知的是后来的标题《蜜蜂寓言——私人的罪恶与公众的利益》,1714 年)。在该书中,他力图证明,个人动机即使可以产生对社会有利的行动,在道德上也并非是无可指摘的。亚当·斯密像其他注重道德的人一样,对该书提出了严厉批评。该书固然赞美了花费,谴责了储蓄,并犯了某些“重商主义的错误”,使斯密感到不快,但还有另一原因使斯密对该书抱有敌意。斯密肯定感觉到了,曼德维尔的论点正是斯密自己的纯天赋自由论的一种特殊形式。读者不难体会到,这一事实一定会严重震动这位可敬的教授,特别是假如他真的从这本触怒了众人的小册中学到了一些东西的话。

过，无论取这两种意义中的哪一种意义，前人例如格罗秀斯和普芬多夫都已十分清楚地阐述了天赋自由原则。正是由于上述原因，既不能把剽窃的罪名加在斯密的头上，也不能指责别人剽窃了斯密。这当然不排除这样的可能性，即斯密在比前人更加有力而全面地陈述这一原则时，在主观上感受到了发现新事物的那种颤栗，或者甚至在 1749 年以前的某个时候，斯密确实独立地“发现”了这一原则。

但是，虽然《国富论》不含有真正的新思想，虽然它作为智力上的成就不能与牛顿的《自然哲学的数学原理》或达尔文的《物种起源》相提并论，它却仍是一部伟大的著作，仍无愧于它所取得的成功。该书的性质和取得成功的原因是不难看出的。当时正是做协调整理工作的时候。斯密极为出色地完成了这一工作。他天生适宜做这一工作。除了讲究方法的教授外，谁也无法完成这一工作。斯密尽了自己最大的努力。《国富论》是他辛勤劳作了二十五年的产物，其中大约十年他把全部精力都用在了这本书上。他的智力水平，正好适合驾驭来自许多方面的浩繁材料，强有力地使这些材料受几条统一的原则的支配。不计成本地尽可能建造得坚固的建筑家，也是伟大的。斯密所具有的局限性正好有助于他取得成功。假如他更有才华的话，人们就不会那么认真看待他了。假如他挖掘得更深，发掘出较为深奥的真理，假如他使用复杂而精巧的方法，他就不会被理解了。但他没有这种野心；他实际上不喜欢普通常识以外的任何东西。他的论述从未使哪怕是最呆笨的读者听不懂。他对他们循循善诱，用平凡琐事和常见的事情鼓励他们，使他们始终感到很舒服。当时的经济学家和“有教养的”读者觉得这足以使人对他的学识肃然起敬，同时斯密自己也总是这样认为。虽然斯密用大量的历史材料和统计材料考验了读者的忍耐力,但他却没有考验读者的推理能力。他干得出色,不仅是因为他所做的事情,而且也因为他未能做的事情。最后但并非最不重要的一点是,斯密常常鼓吹一些观点,从而使他自己的论点和材料显得很生动,这正是引起更多公众注意的方法。他时常把讲台变为审判台,对各种事物大加褒贬。而亚当·斯密的运气很好,他的好恶与当时的社会风尚完全一致。他鼓吹的是现成的东西,所作的分析也是为这些东西服务的。我们无需探究这对斯密所取得的成就和所获得的成功意味着什么,也就是说无需探究,如果斯密没有鼓吹自由贸易和自由放任,《国富论》会怎么样?《国富论》这台戏还强调:地主不劳而获,是冷酷无情和懒惰的,雇主聚在一起就会捣鬼,商人只知道自己享乐而让其店员和管账先生干活,穷苦的劳动者养活着社会其他成员过奢侈生活。有人认为,斯密远远超越了其时代,冒着遭人辱骂的危险,表明了自己的社会观点。实际上,情况不是这样。对于斯密的真诚,我毫不怀疑。但斯密的观点并非很特殊,而是当时流行的观点。他的经济社会学所表现出来的那种平均主义倾向,显然含有适当稀释了的卢梭主义。在他看来,人生下来基本上是一样的,对一些很简单的刺激会作出同样的反应,差异主要是由不同的教育和不同的环境造成的。考虑到斯密对十九世纪经济学的影响,这一点是很重要的。正是通过斯密的著作,十八世纪关于人性的思想才传到了经济学家手里。

现在让我们为《国民财富的性质和原因的研究》作一"读者指南"。作者亚当·斯密为法学博士,皇家学会会员,曾任格拉斯哥大学道德哲学教授。该书于1776年在伦敦出版,共两卷。它通过书名给科学经济学下了很好的定义，同时该书引言的最后一段也给科学经济学下了几乎同样恰当的虽然不那么精确的定义。但在第四编的引言中我们却读到，政治经济学的“目的在于富国富民”。正是这一定义表达了斯密认为最重要的东西，同时也表达了当时读者所最感兴趣的东西。该定义使经济学成了供“政治家”使用的处方本。更为重要的是应该记住，《国富论》中并不缺少分析观点，不管斯密怎么认为，我们都可以把分析与处方区别开来而毫不损害斯密的原意。

《国富论》共分五编。最长的第五编占全书篇幅的百分之二十八点六，是一篇自成体系的关于财政学的论文，后来成了十九世纪所有财政学论著的基础，直到财政学上的“社会”观点出现为止。所谓社会观点就是把税收看作是改革的工具，这种观点主要出现于德国。第五编之所以占这么大的篇幅，是因为它含有大量材料，主要从历史角度论述了公共支出、公共收入以及公债。该编的理论探讨不那么充分，也不那么深入。但值得称赞的是，理论探讨与事实材料以及事实材料所显示出来的一般发展趋势结合得很紧密。自那时以来，已积累了更多的材料，理论工具也有所改进，但至今还没有人像斯密那样成功地把这两者——外加一点政治社会学——结合在一起。第四编与第五编几乎一样长，[①]对“重商主义体系”作了著名的指控，最后一章即第九章还以高傲而仁慈的态度批判了重农学说，这里无需对这种批判加以评论。正是从这种被指控的重商主义体系的灰烬中，产生出了斯密自己的政治体系。读者可以再一次看到，斯密辛勤收集整理出了大量事实材料，而理

① 第四编和第五编占《国富论》总篇幅的将近57%。

论却很少,很简单(在这方面,他甚至丝毫没有超越古代的"前辈"),但这点理论却得到了极好的利用,用来照亮了用事实材料拼成的图案,并用来把事实材料加热到了发光的程度。事实材料太多了,以致相互磕绊,不得不在第四编不伦不类地插入了两篇脱离主题的专论(论储蓄银行和论谷物贸易)。论殖民地那一章(应与该书最后几页比较对照一下)很了不起,也很著名,只是放得不是位置,显得很不协调,但这无关紧要,摆在我们面前的是一篇杰作,不仅是一篇辩护的杰作,也是一篇分析的杰作。第三编所占的篇幅还不到总篇幅的百分之四点五,可以说是第四编的前奏曲,主要从历史角度考察了"财富的自然增长",考察了各利益集团所支持的政策是如何扭曲——不论是阻碍还是推动——城市的兴起和城市商业活动的。第三编没有引起人们应有的注意。虽然这一编所表现出来的智慧有点干瘪和缺少灵感,但它却本可以成为前所未有的关于经济生活的历史社会学的极好起点。第一编和第二编分别占总篇幅的大约百分之二十五和百分之十四。这两编尽管也充满了说明性事实材料,却包含着斯密的基本分析图式。固然可以单独阅读这两编,但如果那些对理论比对"应用"更感兴趣的读者仅仅阅读这两编而不看另外几编的话,那他们就看不到许多东西,而这些东西对于完整地理解斯密的理论是必不可少的。

第一编的前三章讨论的是分工。[①] 这是整座建筑物中最古老的一部分,在初稿中就已完成了。而且,也许由于斯密在教学中经

① 请读者记住,本书能提及的斯密的所有分析成就,都将在有关的地方加以讨论,这里讨论的只是其他地方无法提及的一些分析成就。这不过是一很不成熟而又极为简略的读者指南。

常讲授它，它是《国富论》全书最精练的部分。我们知道，该部分没有任何富有创见的东西，但却应该提到，有一点一直没有得到应有的注意，那就是，无论在斯密以前还是在斯密以后，都没有人想到要如此重视分工。在斯密看来，分工是导致经济进步的唯一原因。仅仅用分工便可以说明，为什么尽管文明社会存在着"叫人难以忍受的不平等"，"但文明社会中最卑贱、最被人瞧不起的成员，却要比最受人尊敬、最勤劳的野蛮人生活得好"（初稿，见司各脱：前引书，第 328 页）。技术进步、"各种机器的发明"甚或投资，都是由分工引起的，实际上只不过是分工的附属品。我们将在读者指南的结尾处考察斯密的分析图式表现出来的这一特征。

分工本身被认为产生于一种人们喜欢以物易物的先天倾向，分工的发展则被归因于市场的逐步扩大，某一时刻的市场规模决定着分工所能达到的程度（第三章）。因而分工是作为一种完全非人格的力量而出现和发展起来的，而因为分工是经济进步的巨大原动力，所以经济进步也就被非人格化了。

在第四章中，斯密完整地提出了从分工到物物交换再到货币这一经得起时间考验的发展顺序，但却远远不如他以前的许多作家特别是不如加利亚尼，而把"交换价值"与"使用价值"完全割裂了开来。在第五章（该章从坎梯隆给财富所下的定义出发）中，斯密力图找到一种比用货币表示的价格更为可靠的衡量交换价值的尺度。斯密把交换价值等同于价格，并注意到"货币价格"是随着纯货币量的变化而波动的，于是他便为了进行不同地区和不同时期之间的比较，用一种真实价格取代了每种商品的货币价格或"名义价格"。他的所谓真实价格，其含义类似于例如我们现在的所谓有别于货币工资的实际工资,①也就是用所有其他商品表示的价格。他不知道当时已发明了指数方法,进而又以用劳动(在考虑了用谷物充当这一角色之后)表示的价格来取代这种真实价格,换句话说,他选择了劳动这种商品而不是白银或黄金等商品来充当“价值标准(numéraire)”——是瓦尔拉使这个词流行开来的。不管这样做有没有好处,在逻辑上都没有什么可以指摘的。但是,斯密在表达这一思想时却犯了严重错误,把它同不同意义上的旨在解释价值和真实价格的性质的哲学(例如他在第五章第2段认为“辛劳和麻烦”是每一样东西的真实价格,在第五章第7段中认为只有劳动“本身的价值绝不变动”)混淆在了一起,以致连李嘉图都误解了他的这一极为简单的思想。因此,人们便认为是斯密提出了劳动价值理论,或准确地说提出了三种互不相容的劳动价值理论,②但

① 例如参看第五章第9段。

② 虽然本编第六章和第三编还要讨论斯密的价值观点,但在此处简要说明一下这个问题也许是有用的。实际上,以劳动本身的价值绝不变动(情况并非如此)为理由或出于任何其他理由,选择劳动时数或天数作为表示商品价值或价格的单位,并不等于提出了交换价值或价格理论,正如选择牛作为表示商品价值或价格的单位并不等于提出了交换价值或价格理论那样。但斯密(正像R.欧文和其他主张把劳动券当作流通媒介的人那样)似乎没有清楚地认识到这一点,在一些地方似乎确实认为把劳动当作价值标准就等于提出了价值理论。而且,他似乎一再把某种商品可以交换到的劳动量同生产该商品所花费的劳动量混淆在一起,这正是李嘉图所批评的。正是由于这一原因,斯密才在第六章的开头举出了著名的海狸和鹿的例子,突出强调了生产某种商品所花费的劳动量规定了该商品的价格,尽管应该补充一句,斯密明确认为,这一命题仅仅适用于“早期原始社会状态”,在这种社会状态中,没有任何其他分配份额需要加以考虑。最后,斯密认为“每样东西的真实价格”是“辛苦和麻烦”,这一尺度与他的另外两个尺度是不相容的,至少将其解释为近来的所谓劳动负效用概念时是如此。以上便是人们认为斯密持有的三种劳动价值或价格理论。不过,因为第一种理论在逻辑上无法用来解释价值现象(读者可以看出,这种理论本身是循环论证),同时因为斯密没有发

从第六章看得十分清楚。斯密是想用生产成本来解释商品价格。在第六章中，他把生产成本分为工资、利润和地租，认为这三者是“所有收入以及所有交换价值的原始来源”。这作为对价值的一种解释，无疑令人很不满意，但却可以很好地用它来研究均衡价格理论和分配理论。

第七章的均衡理论虽说很粗浅，却是斯密所提出来的最优秀的经济理论，实际上预示了萨伊的理论，并通过萨伊的著作，预示了瓦尔拉的理论。十九世纪，人们在很大程度上正是依靠对这一理论的改进，才使经济理论得到了发展。用短期供求来加以说明的市场价格，被认为是围绕“自然”价格(即约翰·穆勒的“必要”价格，A. 马歇尔的“正常”价格)而波动的。这种自然价格刚好能补偿“地租、工资和利润的全部价值，若要使”每一种商品的供给量“满足有效需求”即满足在自然价格之下有效的需求，“就必须支付这种价格”。该章没有提出垄断价格理论，只有这样一句毫无意义的(甚或错误的)话，即“垄断价格总是所能得到的最高价格”，而“自由竞争价格……最终总是所能接受的最低价格”。这是一重要定理，但斯密似乎没有意识到，要令人满意地证明这一定理，是很困难的。第八至十一章完成了第一编自成一体的论证。虽然这种论证的轮廓被大量说明性事实所遮盖，而这些事实又常常迫使作

挥负效用这一主题，使我们可以忽略第三种理论，所以，真正剩下来的只是第二种即劳动数量价值理论。最后，因为斯密与李嘉图和马克思不同，并不认为第二种理论适用于所有情况，而认为它只适用于一种特殊情况，所以我们可以得出这样的结论，即尽管斯密强调了劳动这一因素，但他的价值理论根本不是劳动价值理论。只要稍加思考就可以看出，《国富论》引论中的第一句话把国民收入总额看作是“劳动的产物”，并不会对上述结论产生什么影响。

者的论述脱离主题,但它还是很美的。这几章讨论的是"什么情况自然而然地决定"工资率和利润率以及什么情况"支配"地租(第 56 页)。[①] 这几章总结和协调了十八世纪的分配理论,把它传给了十九世纪的经济学家,而十九世纪的经济学家则感到从这几章起步较容易,因为亚当·斯密的学说很松散,在许多方面都能加以发展。斯密身上的种种弱点凑在一起,反而使他当之无愧地居于领导地位。读者应注意的是以下几点。

论述工资问题的第八章,勾画出了工资基金说(第 16 页)和最低生活费用说(第 71、76 页)的雏形,这两种学说也许是斯密从杜尔阁和重农学派那里学来的,斯密的英国后继者们极为重视这两种学说。不仅如此,该章还包含有另一成分,而斯密的后继者却没有充分认识到这一成分的重要性。这一成分隐藏在他的一句很精辟的话中,即:"丰厚的劳动报酬"既是"国民财富增加〔着重号系熊彼特所加〕的必然结果",又是国民财富增加的"自然征兆"(第 65 页)。虽然斯密讲这句话的意图不十分清楚,但这句话却是从完全不同于李嘉图的角度来说明工资问题的。论述利润问题的第九章,从许多方面讨论了决定利润率的因素(例如第 83 页),特别是讨论了相对于工资的利润率,但却没有触及根本问题。如果认为斯密提出了利润理论的话,那就必须把分散在头两编中有关利润的论述拼凑到一起,而这些论述大都很含糊,甚至是相互矛盾的。首先,他明确支持了一种后来在十九世纪的经济学中特别是

① 〔本"读者指南"提到的页数,是"人人文库版"的页数。该版本由伦敦的 J. M. 登特公司和纽约的 E. P. 达顿公司于 1910 年出版。塔科尼克的图书馆藏有一本人人文库版《国富论》。在其他地方,熊彼特使用的是坎南版。〕

在英国很流行的理论倾向，并帮助它取得了胜利。这种理论把利润看作是资本家阶级的基本收入，因而认为利润（实质上）是由于在生产活动中使用资本家阶级提供的实物（包括劳动者的生活资料在内）而得到的收益，认为贷款利息只不过是这种收益的派生物。撇开纯粹的放款人（“有钱人”）不谈，即便是企业家——斯密确实也使用过“经营者”这个字眼——或实业家也没有任何特殊职能，他们除了“监督与指挥”外，从根本上说只不过是“驱使勤劳的人干活”从而侵吞其一部分“劳动”产品的资本家或雇主（第六章）。这种观点显然具有马克思主义意味，而斯密又特别强调了这种观点。然而却不能说亚当·斯密持有剥削利润理论，虽然可以说他对这种理论作了提示。因为他也强调了风险因素，并谈到雇主垫付了“全部物质材料和工资”（第 42 页），这就指向了一完全不同的方向。而且，凡是像斯密那样强调储蓄具有重要社会意义的人，都不会抱怨把斯密同忍欲说联系在一起。

斯密在论述“工资与利润随劳动与资本用途的不同而不同”时（第十章），沉溺于一些陈旧的事实和论点，只是改进了坎梯隆的理论，为十九世纪的教科书写出了一标准章节。第十一章“论地租”——斯密以及在他之后直到马歇尔时代的几乎所有英国经济学家，都只对土地和矿山使用租金这一概念——很臃肿，因为该章包含有一占全书篇幅百分之七点六的长篇离题论述（或者说是一组离题论述或专题论述）。假如抽掉大量事实材料，抽掉对具体问题的几乎数不清的专门论述，就会显现出一由各种思想拼成的图案，其引人注目之点有如下述。第一，斯密从其成本价值理论出发，自然而然地——虽然是错误地——得出了这样的结论，即地租现象只能归因于对土地的"垄断"(第 131 页),这种思想一出笼,便一再得到人们的支持,而且至今仍未销声匿迹。可是第二,我们在第 132 页上却可以看到这样的说法,即"工资和利润的高低是价格高低的原因,而地租的高低则是价格高低的结果",这种说法不那么符合垄断理论,而指向了李嘉图的方向。所谓李嘉图的地租理论,也许只不过是赋予斯密混乱不堪的地租理论以逻辑顺序罢了。第三,斯密的门徒甚至可以根据书中的暗示用生产力理论(例如参看第 133 页)来清理其混乱不堪的地租理论。所有这些都同另一些好的和坏的思想掺杂在一起,它们就像《亨利四世》一剧中的法尔斯塔夫那样频繁地上台和下台。例如其中有这样一个既顽固又无用的古老思想,我们在马尔萨斯那里还将看到它,这种思想认为,粮食生产享有独特地位,其原因是,随着粮食生产的扩大,人口会不断增殖,因而粮食生产可以自己创造自己的需求。甚至没有等到离题论述白银的价值和金银价值之间的关系,该章就已对斯密的货币理论作出了许多贡献,不过,若不看完整个这本书,是不可能全面了解斯密的货币理论的(特别参看第二编第二章和第四编第三章关于储蓄银行的重要离题论述)。还应该补充两点。在离题论述白银的结尾处,斯密试图说明,为什么至少总的说来,农产品的真实价格会随着改良的推进而上涨(参看第 198 页及以下各页),同时在另一篇离题论述中(第 224 页及以下各页),斯密试图说明为什么制造品的真实价格会下跌。从某种意义上说,这预示了十九世纪的农业收益递减和工业收益递增的学说。可以这么说,当时斯密已在小心翼翼地朝着这一学说的方向摸索了,而且这一学说本来是可以从他的著作中提炼出来的。另外,斯密还得出了李嘉图的结论(第 229 页),尽管并不能令人信服地从斯密混乱的论证中得出这种结论,即:地主在改良过程中直接得到了好处,这一方面是因为土地产品的真实价值上升;另一方面是因为地主得到了土地产品更大的相对份额;此外,地主还由于制造品的真实价格下跌而间接地得到了好处。劳动者也得到了好处(第 230 页),因为他们的工资上升,而他们所购买的一部分商品的价格则有所下降。但是,第三个阶级即“商人和制造业者”(第 231 页)却遭受了损失,因为正如斯密所说,利率在富裕的国家趋于下降,在贫穷的国家趋于上升,因而该阶级的利益既与另外两个阶级的利益相冲突,又与“社会的一般利益”相冲突。这显然是想建立一经济阶级利益的图式,正像后来的许多经济学家试图做的那样,这些经济学家也许是受了斯密例子的鼓舞想纠正斯密的错误而这样做的。

第二编提出了有关资本、储蓄和投资的理论。不管后来的发展和批判使该理论发生了多么大的变化,直到庞巴维克为止,甚至部分地到庞巴维克以后,它都一直是几乎所有这类著作的基础。它实际上看起来像是在一座老房子旁边盖的新厢房。尽管斯密在该编引论中再一次令人很不信服地求助于“分工”,软弱无力地试图把该编与第一编联结起来,但没有理由认为该编的哪一重要部分是在斯密居留法国以前撰写的或计划的。特别是,同第一编相比,无论在细节上还是在整个观念上,重农学派的影响都可以清楚得多地辨认出来。不过,千万不要误解我的这种说法。斯密不习惯于消极地接受所读到或听到的东西,而总是以审判官的态度读书和听人讲话,对所读到或听到的东西进行积极的批判,由此而形成自己的观念。正是由于这一原因,我才仅仅说斯密受到了重农学派的影响,而不说他受到了杜尔阁的影响。杜尔阁固然在一些重要方面领先于斯密,但并不能由此而推论说,斯密的观点是从杜尔阁那里派生来的。因为只要斯密对魁奈的学说作一番创造性的批判,这些观点就会自然而然地出现在他的头脑中,所以除非有叫人信服的相反的证据,否则似乎就应该说杜尔阁和斯密之间是平行关系而不是依存关系。限于篇幅,这里只能举一个例子来加以说明。出于苏格兰人具有的常识,斯密不喜欢魁奈的只有农业(和采掘业)劳动是生产性劳动的说法。他本来可以仿效杜尔阁,对这种奇怪的想法耸耸肩,一笑置之。但这不合他的脾性。他对待事物不仅严肃认真,而且刻板僵硬。对于魁奈的这种说法,不得不作冗长的批判。但再三思考后,他也许感到把生产性劳动和非生产性劳动区分开来是有道理的。① 于是他便对这种区分作出了自己的解释,并用自己所作的区分取代了魁奈的区分。从某种意义上说,这种区分是魁奈揭示给斯密的,这一点可以从以下事实看出,即在应该作这种区分的第一编,却毫无它的踪影。但从另一种意义上说,这种区分又是斯密自己的。

① 这里也许最好指出道理何在,因为斯密蹩脚而前后矛盾的论述以及十九世纪对这个问题的争论,不必要地模糊了这种区分的含义。根据斯密的说法,生产性劳动者可以再生产出雇用他们的资本所具有的价值外加利润;而非生产性劳动者或是出卖劳务,或是所生产的东西不产生利润。这可以看作是马克思的剩余价值理论的萌芽。用这种意义来解释,把劳动分为生产性劳动和非生产性劳动也不无道理。如果这种含义显得模糊不清,那得怨斯密自己,因为这一含义本来在第三章第一段中说得很清楚,但后来斯密却把它与许多不相干的问题扯在了一起。从另一种表面上不同但实质上相同的观点来看,劳动之间的区别在于是否生产出某种必须卖掉才能完成交易过程的产品:如果某人充当家仆,把其劳务出售给雇主,那他会从雇主的收入中得到报酬,交易过程到此也就中止了;但如果此人在鞋厂做工,他的报酬则从资本中支付,他所参与的过程直到鞋子找到买主才会结束。

第二编第一章把个人的和社会的全部存货中被称为资本的那部分（不仅仅是有形货物，因为“全体居民后天获得的有用才能”也是资本）同其余部分区别了开来；引入了固定资本和流动资本的概念；并对属于这两种资本的各种货物进行了分类，把货币包括在了流动资本之内，却没有把生产性劳动者的生活资料包括在流动资本之内，尽管斯密的论证需要把后者包括在流动资本之内，而且实际上也包括在内了。第二章很长，是该书最重要的篇章之一，斯密的大部分货币理论都在这一章中。这一章要比第一编的第四章强得多，肯定是斯密后期劳动的成果。但从这一章中却看不出重农学派的影响，可以辨认出来的仅仅是英国作家的影响。第三章对生产性劳动和非生产性劳动作了区分，特别强调了储蓄倾向是物质资本的真正创造者（“资本增加的直接原因是节俭，不是勤劳”，第 301 页；“每个浪费者似乎都是公众的敌人，每个节俭者似乎都是公众的恩人”，第 304 页），从而使提倡储蓄的理论在后来的一百五十年中很得势。“每年储蓄的像每年花费的一样，经常被消费掉，而且几乎是同时被消费掉；但消费的人不同”（第 302 页），是由生产性劳动者消费的。因此，生产性劳动者的工资和就业人数同储蓄率成正比，而储蓄率又等于或至少相当于资本即投资的增长率。在这一章，收入指的是利润加地租，恰与马克思所说的收入含义相同。第四章讨论的是利息问题。既然正如上面所指出的，利润被看作是基本现象，而这一点在本章中又被看作是理所当然的，所以也就可以用以下事实来解释利息，即货币（在斯密看来，实际上是可用货币购买的生产者的货物和劳务）之所以总是按高于票面的价值满足需求，是由于人们预期借款人可以获得利润。斯密以及直到最近为止的他的所有后继者,都认为解释利息本身没有什么困难。他与其十九世纪的后继者之间的区别仅仅在于,他认为解释企业利润也没有多大困难,而随着时间的推移,他的十九世纪的后继者却越来越多地开始为企业利润烦恼。因此,这里只需提及以下三点:第一,他认为利息率之所以呈下降趋势,是由于资本越来越多,竞争越来越激烈,这种解释是不能令人信服的;第二,他坚决反对货币利息理论,这种理论试图用货币金属数量的增加来解释利息率的下降趋势,斯密的反对论点在后来的一百五十年一直处于不败之地;第三,他对法定最高利率作了适当而审慎的论证,却招致了边沁毫无道理的攻击。

〔本“读者指南”没有写完。例如没有讨论《国富论》第二编的第五章即最后一章“论资本的各种用途”。最后一段写在单独一张纸上,没有说明想把它放在哪里。〕

十八世纪结束以前,《国富论》就已出了九个英文版本,这还不算爱尔兰和美国出的版本,并(就我所知)已被译成了丹麦文、荷兰文、法文、德文、意大利文和西班牙文(加着重点的不止有一种译本;俄文的第一个译本出版于 1802—1806 年)。由此可以看出《国富论》一发表,就取得了巨大成功。对于这种类型和这种水平的著作(它完全没有《论法的精神》一书所具有的那种优雅气质)来说,我认为这可以称作是奇观。但这与不那么好衡量的、真正有意义的成功比较起来,根本不算什么。从大约 1790 年起,斯密就成了导师,不是初学者或公众的导师,而是专业人员特别是教授们的导师。包括李嘉图在内,这些人中大部分人的思想,都源于斯密,而且他们大都也从未超越斯密。在大约五十年中,直到约翰·穆勒的《原理》(1848 年)问世为止,普通经济学家的思想大都是由斯密提供的。在英国,李嘉图的《原理》(1817 年)对斯密是一严重挑战。但在英国以外的地方,大多数经济学家还跟不上李嘉图的步伐,斯密仍享有支配地位。于是斯密便被授予了“创立者”的称号(没有哪一个与他同时代的人会想到授予他这一称号),而他以前的经济学家则成了所谓“前驱者”,但如果抽掉这些前驱者的思想,是否还能剩下斯密的思想,是很值得怀疑的。

5. 准体系

为了免得读者得到完全错误的印象,有必要立即对前一节的叙述进行补充,至少有必要叙述一下与前一节论述的各种体系相平行的各种准体系,因为一旦让错误的印象在读者头脑中扎下根,后面的章节就没有力量加以消除了。我们知道,大多数准体系是发展工商业的纲领。其作者要么提出有利于实施这种纲领的政策,要么抨击不利于实施这种纲领的政策,并就具体问题进行推理。但他们的思想在连贯一致的意义上并非没有系统。他们知道如何把一个问题与另一个问题联系起来,知道如何用统一的原则说明各种问题,所谓统一的原则,不仅包括政策原则,而且还包括分析原则。尽管没有随时阐明这些分析原则,但它们却得到了有效的运用,这类似于英国法律的发展情况。本节只从十七世纪的作家中挑选出一些加以讨论,这些作家随着我们的讨论不断深入,还将被再次提到。下面一章和以后各章将介绍更多的这种类型的作家。

如果说这类文献取得了成就的话,则荣誉应归于英国的工商业者和文职人员，但最高荣誉却应归于意大利人塞拉。[①] 我认为，正是此人第一个写出了有关经济原理和政策的论著，虽然不是系统性论著。这部论著的主要价值，不在于用国际收支状况解释了那不勒斯王国金银的外流，而在于没有就此止步，而是进一步对决定经济有机体状况的各种条件作了一般性分析，以此来解释国际收支状况。实质上，这部论著讨论的不是货币的充裕而是物品的充裕所依赖的诸因素，即自然资源、人口素质、工商业的发展水平以及政府的办事效率。所得出的结论是，如果整个经济过程运行正常，则货币因素无需加以任何特殊治疗，就会自行健全起来。这一论点对于当时刚刚发展起来的那些理论工具作出了若干贡献，我们将在下面提到这些理论工具。[②]

① 安东尼·塞拉：《简论可以使无矿之国金银充裕的原因》(1613年；重印于库斯托迪的丛书和A.格拉齐阿尼1913年出版的《十六和十七世纪的经济学家》；G.塔格利亚科佐1937年出版的《十七和十八世纪那不勒斯的经济学家》也选录了该书的一些章节，并附有摘要和评价，英译本见门罗的《早期经济思想》)。对于塞拉的生平，我们一无所知，只知道这部论著是在那不勒斯的一所监狱内写的，题献给了西班牙总督，也许希望由此重获自由。同L.奥尔蒂斯的情形一样——此人和另一个西班牙人冈萨雷斯·德·塞罗里戈(《札记。西班牙共和国……必须采取的政策》，1600年)，也许可以称为塞拉的前驱者，但这两个人都不像塞拉那样掌握有统一的原则——再次希望读者不要把书名放在心上，因为选择这个书名显然是为了引起总督的兴趣，它并没有很好地显示出该书的要旨和重要性。不过，选择这个书名也有一定道理，作者详尽地(虽然并非完全成功地)论述了为什么应反对德·桑蒂斯鼓吹的外汇管制政策，因而该书在"重商主义"论战史上也占有一席地位(参看下面第七章)。关于塞拉及其著作，参看R.贝尼尼：《论安东尼·塞拉的经济学说》，载于1892年的《经济学家杂志》。另外一些参考材料，见塔格利亚科佐的版本。

② 1600年左右从事经济著述活动的B.德·拉菲马斯，在掌握经济原理方面和分析能力方面，远远不如塞拉，但他对实际政策问题的看法却与塞拉相同。他的著作目录，参看F.海姆：《亨利四世的裁剪师巴泰莱迈·德·拉菲马斯》，1905年；并参看H.豪泽：《亨利四世统治时期的商业自由和劳动自由》，载于《历史杂志》，1902年。

一连几十年,任何地方都没有出现与此相类似的著作。但到十六世纪下半叶,却在英国出现了大量与此相类似的著作,其标准书名正如前面已经提到的,是"贸易论"。渐渐地,这类著作的作者独立地发现了经济过程所固有的逻辑,而本来他们是可以从经院学者及其后继者那里学到这些东西的。他们所发现的经济过程的逻辑,后来在不同的环境条件下,并因而服从于不同政治目的的需要,变成了经济自由主义学说的理论基础。这条发展道路上的一块里程碑是蔡尔德的"贸易论"。[①] 这本杰出著作过去和现在常常被斥之为许多"重商主义"著作中的一种,这曾经而且(在某种程度上)现在仍足以妨碍许多历史学家看到它所具有的价值。不管该书的书名取得是否合适,我们都应该承认,该书根据资本主义的市场机制所清楚地显示出来的"规律",讨论了当时的各种实际问题,例如就业、工资、货币、汇兑、进出口等问题,我们称之为均衡理论的工具,虽然没有被明确地表述出来,但可以说,它就在帷幕的后

① 乔赛亚·蔡尔德爵士(1630—1699年)。这部著作最后是以《贸易新论》(1693年)的名称出版的,但为了对其历史功绩作出公平的评价,我们必须考虑到,该书最后以《贸易新论》的名称出版,其间经历了几十年的时间。初稿《关于贸易和货币利息的简要考察》连同《简短的补充》发表于1668年。1669—1670年增添了十章。这些年份与确定该书的出版时间有关联,因为1690年出版的《论贸易》增添或修改的内容都不是很多,1693年出版的《贸易新论》所作的修改就更少了,除了一篇新的导言外,没有增添任何东西。蔡尔德为东印度公司的贸易辩护的一本小册子,也值得人们注意。蔡尔德作为经济学家的声誉,既受到了人们一般对"重商主义"著作抱有偏见的损害,又受到了一桩在科学社会学家看来具有重大意义的事实的损害。蔡尔德是个大商人,实际上是那个时代最受人憎恨的大公司的化身,他不但非常富有,而且还是东印度公司的董事长,有几年甚至独揽了该公司的大权。因此,他当时很不得人心。这种情况一直持续了二百五十多年,历史学家才小心谨慎地为他洗刷了"垄断者"和"特别辩护人"的恶名。

面。巴贲、达文南特、诺思、波勒克斯芬等人的著作,可以和这本著作相匹敌,而且在许多方面超过了这本著作。[①] 在这些人的著作中,我们可以看出,作者们都或多或少地意识到了存在着一种分析工具,无论用这种分析工具解决什么样的实际问题,它都以实质上相同的方式起作用,同时我们还可以看出,作者们都或多或少地愿意而且也有能力运用这种工具。对我们来说,这正是最要紧的,而我们喜欢不喜欢作者从其分析中得出的实际建议,则完全无关紧要。

我要借此机会提及艾萨克·杰维斯的《国际贸易体系或理论》(1720 年)一书。这是一本虽然鲜为人知但很出色的有关对外贸易的论著。福克斯韦尔教授(见哈佛大学企业管理研究院克雷斯工商业与经济学图书馆目录)称它是"政治经济学最早的正式体系之一,为自由贸易作了最有力的实际论证"。不过我认为,福克斯韦尔这种说法的后半部分要比前半部分更为正确。维纳教授(见下面第七章)已对杰维斯为国际贸易理论作出的这一杰出贡献

① 参考书籍将在后面各章列出。不过,查尔斯·达文南特的贡献,不应根据他的《论英国的财政收入和贸易》(1698 年)一书来加以评价,而应综合他发表的所有著作来加以评价,这些著作合在一起,便是一内容广泛的准体系。下面我们谈一谈波勒克斯芬。约翰·波勒克斯芬是商人,下院议员,并曾在商务部任职。他的主要著作是《论贸易、铸币和纸币》(1697 年,1700 年再版),除此之外,他还写有《英国和东印度公司在制造业方面的矛盾》(1697 年),这是一本小册子,是为答复达文南特的《论东印度公司的贸易》(1696 年)而写的,除抨击了他最厌恶的东印度公司外,还在某种程度上补充了他的《论贸易、铸币和纸币》一书的论证。就分析能力来说,波勒克斯芬的《论贸易……》确实是一本杰作。因而便出现了这样一个有意思的问题,即为什么他得到的承认如此之少,特别是为什么人们总是指责他缺乏创造性,指责他犯有这样那样的"重商主义"错误,致使他所得到的承认也丧失了光彩。说他犯有重商主义错误似乎是毫无根据的,而说他缺乏创造性,则只要提出以下问题就够了:如果判断一个经济学家卓越与否的标准仅仅是看他的著作中是否有全新的研究成果,那么应把斯密、李嘉图或穆勒放在什么样的位置上呢?

作了完全公正的评价。杰维斯除讨论国际贸易问题外，还概述了一些与此有关的一般经济理论问题，当然没有“正式”铺开来谈。

然而，这类著作一般说来却远远低于蔡尔德所达到的水平。它们大都仅仅是目的明确的发展英国工商业的纲领。既然自由贸易在这类纲领中占首要地位和大部分篇幅，所以我们将在本编最后一章有选择地提及几本这类著作。这里作为例子，只要提及孟、卡里和佩蒂特的几本小册子就够了。① 其中孟常常得到过高的评价，他的小册子的名称不是“贸易论”，而是《英国得自对外贸易的财富》(1664 年)。就政治眼光来说，这几本小册子不无一致之处。它们的这种眼光都十分广阔，触及了英国的所有经济问题。但却没有取得任何分析成果，推理错误比比皆是。举例来说，卡里认真讨论了英国与其他各国，与爱尔兰及各殖民地开展贸易活动的情况和可能性(这正是其著作中最有价值的部分)，除此之外，他还讨论了垄断(即各大贸易公司的垄断)、失业的原因及其救治方法、铸币、信用以及其他许多问题，乃至讨论了(见第 162 页)如何使女仆“更加懂规矩、更加顺从”的问题(这也许是卡里夫人的贡献)。但他的分析一超出常识范围，就糟得一塌糊涂。例如他认为，英国货

① 约翰·卡里是布里斯托尔市的商人，著有《论英国与其贸易、贫困和赋税的关系》一书，这里使用的是 1695 年版本。还有另外几个版本，1745 年版的名称是《论贸易》。该书取得了巨大成功。至于洛克为何称赞此书，我只能说是因为卡里主张根据旧的重量和成色标准重新铸造货币，而洛克在 1695 年会对任何持有这种见解的作家表示欢迎(参看下面第六章)。不过，卡里对英国与各国的贸易所作的详尽讨论，或许也吸引了洛克。另外一本著作《病弱的不列颠，或论……的贸易》(1680 年)，是以菲兰格鲁斯这一笔名发表的，福克斯韦尔教授认为此书出自威廉·佩蒂特之手(见克雷斯图书馆的目录)。

物在国际市场上价格过高,是由高地租造成的,同时高利率也是一个原因,但他却未作更多的论证,来使这一理论超过一般人的见识。他强调要保持出超,但却建议物价和工资保持高水平,其理由读者是想象不出来的。如此等等。然而,他却对所有问题都很敏锐,不仅是敏锐,而且还带有狭隘的民族主义气味以及质朴与粗暴(例如参看他在第 76 页对奴隶贸易和英国"银矿"所作的赞美,以及他在书中各处对如何对待爱尔兰发表的见解)。

一旦我们学会如何在那些声称只讨论特殊问题的著作中或其背后辨认出"准体系",我们就会在各处发现这类著作。譬如在荷兰,格拉斯温克尔的著作和德·拉·库特的著作[①]就属于此类,尽管前者讨论的只是谷物贸易。许多历史学家对他们的评价,会高于对当时英国作家的评价,因为这两位荷兰作家在国内贸易和国际贸易(尽管德·拉·库特的国际贸易观点不那么值得称道)、政府干预、中世纪公司等问题上采取了"自由主义"观点。但我们对这些作家的评价却基本上是一样的,因为他们都清楚地看到了价格机制在各方面的因果作用。如果一个人像格拉斯温克尔那样在 1651 年认识到"囤积"和投机的经济作用,那么一直到 1751 年这都可以说是一项发现(我并不是说这真的是一项发现),尽管到 1851 年就是老生常谈了,而现在听起来则是完全错误的。

① 德克·格拉斯温克尔(1600—1666 年),是律师和公职人员,写有一部论著,讨论了粮食贸易方面的经济问题,但书名却起得很糟糕,叫《粮食法规汇编》(1651 年)。彼得·德·拉·库特(1618—1685 年)是制造商。他的著作我们只需提及《荷兰的利息……》(1662 年;1669 年第二版书名改为《……指南》)。

十七世纪德国的这类著作，当然采取了不同的政策观点，撇开这一点不谈，它们都没有达到蔡尔德的水平，但却有许多类似于或优于卡里的著作。这里只需举出奥地利的代表人物著名的霍尼克就够了。[①] 霍尼克同比他重要得多的比彻等人一样，在任何一部经济学史中都占有显著地位。他的著作也是鼓吹经济发展的纲领，不过是为一个穷国写的，这个穷国不断受到土耳其的侵略威胁并缺乏英国的资源和成功的可能性。然而，如果我们适当考虑到这一事实，我们就会清楚地看到霍尼克的建议与其同时代的英国人的建议，甚或与《论公共福利》一书中那位博士提出的建议如出一辙。霍尼克建议开发利用荒地和其他未得到利用的资源；更好地训练劳力以提高劳动效率；促使消费者购买本国产品以此扶助国内工业；鼓励出口工业品和进口必要的原料，限制原料出口和工业品进口；与各国保持贸易平衡(参看本编最后一章)，如此等等。所有这些建议或大部分建议都很有道理，而且作为这位贤达官僚的思想记录也很令人感兴趣，但它们也不免太有道理了，致使作者甚至没有想到可以通过分析来增强建议的说服力。

至于美国，十九世纪以前没有一本系统性著作。这是可以预料到的，美国当时的环境条件不可能产生对一般性论著的需求或供给。但甚至在殖民地时代，人们就已积极地讨论当时的各种实际问题了，到十八世纪，各种报告、小册子和论文大量涌现，讨论的

① 《奥地利富强论》(1684 年)。菲利普·冯·霍尼克(1638—1712 年)是公职人员。A. E. 门罗的《早期经济思想》对该书作了摘录。

主要是纸币、铸币、信用、贸易和财政政策等问题。[①] 其中一些著作是符合我们的"准体系"观念的。这里有三个例子,美国读者可以自己看看是不是准体系。首先,汉密尔顿的著名的《工业报告》(1791年),[②]虽然无疑是想描述美国工业的情况并提出一项发展纲领,但实际上却包含有极好的"应用经济学",十分清晰地显示出了分析结构的骨架。这种分析结构后来在D.雷蒙德、F.李斯特等作家的著作中清楚地表现了出来,其源头则可以一直上溯到蔡

① 已故塞利格曼教授的论文《经济学在美国》(该文后来作为他1925年出版的《经济学论文集》一书的第四章而重印),有选择地列出了一份书目(遗憾的是仅仅列出了书名),一份再好不过的书目,我主要就是根据它来阅读美国十八世纪的经济著作的。并参看C.F.邓巴的《1776—1876年美国的经济科学》,载于1876年的《北美评论》,以及普林斯学会1911年重印的一些较为重要的小册子(麦克法兰·戴维斯版)。总的说来,美国的经济学家似乎总是从科学观点出发低估这些早期文献的重要性,他们的注意力主要集中在这些文献所鼓吹或抨击的具体政策或措施上。因而喜欢吹毛求疵的历史学家便根据自己对这些政策或措施的看法,褒贬早期的经济文献。每一作家所作出的特殊分析贡献通常也就被丢在了一边,特别是当"不健全的"实践与健全的理论相并行或者反过来不健全的理论与健全的实践相并行时,在货币领域中就常常出现这种情况。但在本书的计划范围内却无法纠正这种状态。〔熊彼特写这章时,约瑟夫·H.多尔夫曼的著作《美国文明中的经济思想》尚未出版,该书的头两卷讨论的就是1606—1865年这段时期。熊彼特读了第一卷,并作了笔记,拟用来修改这一章。〕

② 亚历山大·汉密尔顿(1757—1804年)这位卓越人物,读者是很熟悉的,无需介绍其生平,也无需介绍其著作。对于本书的目的来说,需要指出的仅仅是,他是个杰出的经济政策执行者,认为与其用一知半解的知识来取悦于某些听众,倒不如多学习点分析经济学。他很熟悉斯密派经济学(不仅仅是斯密本人的经济学),事实上熟悉得可以根据自己对实际可能性和必要性的看法来改造这种经济学,熟悉得觉察到了这种经济学的局限性。他的所有报告,不单单是正文提到的那份,而且还有讨论进口税、公债、建立国家银行、建立造币厂等问题的报告,都远远超过了粗浅的常识水平。我特别建议读者仔细读一读汉密尔顿与麦迪逊和杰伊合办的杂志《联邦党人》,美国读者可以从这份杂志中学到远比经济学更多的东西。作为开始研读汉密尔顿著作的指南,请参看P.L.福特的《汉密尔顿著作目录》(1886年),以及H.C.洛奇的汉密尔顿传(1882年)。

尔德和达文南特等作家那里。其次，考克斯的著作几乎可以说是系统性著作。[①] 第三，本杰明·富兰克林（1706—1790 年）讨论经济问题的各种小册子[②]提供了大量材料，足以为他建立起一个体系，一个在实践方面基本上是自由放任的体系，尽管没有什么纯分析价值可言。

6. 再论财政

本章第一节曾强调指出，在那些新兴国家中，财政问题不仅占有至高无上的地位，而且还获得了新的重要意义。可以毫不夸张地说，至少就我们已经考察过的欧洲大陆的经济文献而言，财政问题是中心论题，其余论题大都围绕着这一中心论题。所以，最好是回过头来更仔细地看一看这几个世纪的财政问题。

我们所谓的财政，特别是现代的赋税，是在十五世纪意大利的城市共和国尤其是佛罗伦萨以及德国的自由城市中首先发展起来的。但对于我们来说，更为重要的却是诸民族国家以及意大利和

① 坦奇·考克斯（1755—1824 年），曾任税收专员，其著作《合众国概观……》（1794 年），是一本由许多篇论文和讲演稿结成的集子。

② 特别是《略论纸币的性质和必要性》（1729 年）；《关于人口增长的考察》（1751 年）；《论有关国民财富的各种观点》（1769 年；正是由于这本书的缘故，一些人才把这位伟大的现实主义者看作是重农主义者的）。不过，尽管也许除了他的《论工资增长》外，以上是他可以列入经济研究范围的全部著作，但他以通俗形式发表在通俗出版物（如《穷理查历书》）上的另一些东西，也有助于完善我们对他的见解和分析努力的了解（参看约翰·比奇洛 1887—1888 年编辑出版的《本杰明·富兰克林全集》）。当然，详细介绍这位家喻户晓的人物的生平事迹，要比介绍汉密尔顿的生平事迹，更为荒唐可笑，特别是既然最近卡尔·范·多伦为富兰克林出版了一本优秀传记，情况就更是这样了。

德国的各个公国的财政制度的发展。为了简洁和具体起见,我们将主要考察后者的财政制度,或者更为确切地说,将主要考察财政制度在德国的某一典型世俗公国中的发展。当然,人们一向承认,某一政治单位的所有成员具有某些共同的利益,经院学说就特别促进了人们认识到公共福利的存在。然而,当时公共事务从法律原则上说却是统治者的事。特别是战争,更是统治者个人之间的争斗(在英国,现在仍使用像"国王的敌人"这样的官方用语)。因此,当臣仆提供的兵役不足时(此项资源在十六世纪曾一度枯竭),统治者就不得不用自己的收入来维持战争。统治者的收入包括,第一,从其自己的土地上得到的封建收入,第二,伴随君权而来的许多传统课税权,诸如课征铸币税和通行税的权利、对旅客和商队课征保安税的权利、对犹太人居住区课证治安税的权利以及课征其他各种捐税的权利。

物价的上涨、维持雇佣军队和后来的常备军队的费用、养活宫廷贵族和官僚的巨大开销以及另外一些开支项目,所有这些都与君主的政治野心有关,或与其国土上的社会结构有关,使得传统的收入来源不足以应付开支,致使债务迅速增长。在接下来的危急形势下,君主便不得不向僧侣、贵族和资产阶级求救,求救的理由可以是,例如,土耳其的入侵毕竟不完全是君主的私事。于是僧侣、贵族和资产阶级便答应给予补助金。除城市的捐助外,这种补助金取自上述三个社会等级自己的封建收入,也就是取自农民缴纳给他们的租税(他们自己经营的土地仍不纳税)。最初,他们每次都宣称,他们给予补助金是自愿的,是为了对某一请求作出反应,仅仅是为了应付某一紧急事件;但实际上却是他们自己承受了这种税务负担。然而，他们很快就不得不承认，这种直接税是经常不断地反复出现的。于是，他们在接受这一事实的同时，一方面建立起了自己的税收和支出机构；另一方面自己不再承受税务负担，而是向依附于他们的农民课征这种税。这种做法除了欠妥当外，当然也不适合君主及其官僚机构的口味。因而君主便同僧侣、贵族和资产阶级展开了争夺战，力图控制这种在其官僚机构旁边成长起来的新的官僚机构。读者知道，英国国会成功地控制了这种新财源，从而最终在十七世纪夺取了国王的权力。然而在十八世纪，在其他国家，则大都是国王和君主，或更确切地说是其官僚机构取得了胜利，虽然法国的旧制度由于试图进行财政改革而崩溃。

在此期间，也就是说在官僚机构攻克僧侣、贵族和资产阶级的财政堡垒之前，愈来愈庞大的官僚机构不得不依赖旧财源。因此，扩展旧财源，特别是扩展各种财政权，就成了政府及其支持者的主要任务。这最终导致了间接税的过分发展，特别是导致了一般货物税和一般营业税（其突出例子是西班牙的周转税）的过分发展。因为虽然开征或增加间接税在原则上也得征得僧侣、贵族和资产阶级的同意，但事实证明，在英国以外的几乎所有地方，征收间接税都要比征收直接税容易。君主和官僚机构偏爱间接税还有另一个原因。我们现在习惯于把间接税看作是有害于穷人的。但在十七和十八世纪，“社会”舆论却有利于间接税，因为至少贵族和僧侣也得缴纳间接税，尽管他们可以不缴纳直接税。不过，因为开征或改革间接税也不是件容易事（由此可以看出，当时的君主远非享有“绝对”权力），所以不得不依靠机遇而不是合理的计划来增加得自间接税的收入。再者,因为无论旧财政权多么不合理,多么沉重,多么纷乱,政府也无法放弃得自这种权利的收入,所以由此而带来的结果只能用一个词来形容,就是令人难以置信的“混乱”。澄清这种混乱局面就是一项极为困难的工作。当十七、十八世纪的行政官员和作家承担起这一工作时,他们不得不充分发挥自己的聪明才智。由此而涌现出了大量文献,其中一些分析了像赋税归宿这样的问题,我们在后面将对其加以简要的介绍,还有一些文献则作了另外一种分析,我们最好马上对其加以介绍,但绝大部分文献都与分析经济学的历史无关,这里提到它们只是为了以后不再提它们。

首先,上面提到的争夺战,产生了无数论述课税权、课税“公平”以及与课税有关的宪法问题的书籍和小册子。前面我们已讨论了这类文献的重要前奏曲,这种前奏曲包含在经院学者的著作中。世俗作家的这类文献,在其英国分支和欧洲大陆分支之间,表现出了明显不同的趋势:大陆作家大都站在官僚机构一边,常常认为出于阶级利益的抵抗是愚蠢的、反社会的,而绝大多数英国作家,特别是在反对查理一世征收造舰税的斗争中,则认为争取自由的立场是值得赞扬的。不过,所有这些都仅仅是政治斗争或政治哲学,与我们讨论的题目无关。其次,有关公共收入来源和管理实践的纯描述,可以上溯到很久以前。举例来说,英国在十二世纪就有一部这方面的著作。[①] 这类文献自十六世纪起获得了很大发展,特别是在欧洲大陆,但就我们的目的来说,却无需加以进一步

① 即理查德·菲茨尼尔的《财政对话录》,1902年由休斯、克伦普和约翰逊编辑出版。

的论述。[①] 第三，由于必须充分利用现有的财政权，政府部门中便产生了一种特殊类型的法学家，其任务是通过适当解释财政权来捍卫和扩大财政权并使其系统化。很自然地，这些法学家还教书和写作，由此而产生了所谓“财政法学”。[②] 第四类是财政设计家，即无数鼓吹财政改革方案的作家。自十五世纪起，每次财政危机或财政论战都很自然地产生了大批这类作家。参照这些作家的思想，不仅可以写出一部财政史，而且还可以写出一部政治社会史，因为政治领域内发生的每件事，往往最为真实地反映在有关财政政策的流行思想上。不过，这些设计家大都没有做分析工作。特别是他们当中一些像库萨纳斯枢机主教这样的最为杰出的人物，没有做分析工作。库萨纳斯枢机主教提出了一项计划，该计划实际上可以拯救十五、十六世纪正在衰败的德意志帝国。但有些设计家则确实做了分析工作。他们分析了税收的性质(前面已提到

① 作为例子，我们可以提及以下著作：无名氏的《论法国财政》(1580年)；N. 佛罗芒陶的《法国财政秘史》(1581年)，这本书令人感兴趣的地方是作者对世俗权贵和宗教权贵的收支情况所作的描述，而不是对国王的收支情况所作的描述；让·库姆的《论人头税和其他捐税》(1586年)；让·昂纳坎的《财政概论》(1585第一版，以后多次再版，甚至直到1644年还再版了一次)；J. 马赛厄斯的《论赋税……的管理方法》(1632年)；H. 康林(后面还将提到此人)的《论赋税与财政》(1663年)。虽然这些著作的兴趣都在描述上，但最后两本却并不完全是描述性著作。

② 财政文献这一分支，在十九世纪急速膨胀，除专家外，人们只能对其望洋兴叹。确实不应那么满不在乎地略过这些文献，但我们却没有其他选择。依照我的很可能是错误的看法，这类文献的典范是卡斯珀·克洛克的《财政的法律、政治和哲学史》(1651年)。这一古怪书名的优点是，恰好表达了书的内容。不过，还应提到C. 贝佐尔德(参看前面第4节)更早发表的《财政论》(1615年)。该书与克洛克的书一样，包含许多有关税收政策的箴言，但可惜的是，这些箴言正像人们听到的大多数箴言那样，是很陈腐的。

了这方面的一个早期例子,即马特奥·帕尔米里的理论)、税收的经济作用、不同税收制度所产生的压力的强度、公共支出的作用、课征直接税和间接税的利弊、靠课税、借款和抬高物价筹措军费的利弊,等等。十七、十八世纪西班牙就赋税问题展开的讨论,特别有意思,[①]十七、十八世纪英国就军费筹措问题和罗伯特·沃波尔爵士的货物税计划展开的讨论也很有意思。但从大量这类文献中,我们只挑选出两部头等重要的著作加以介绍。配第论述赋税问题的那部著作(将在下一章讨论)不在此列,因为虽然它具有重大意义,但它讨论的却是一般经济学领域内的问题,而不是财政政策领域内的问题。

① 讨论的问题主要是,应采用什么方法来纠正周转税、百一税和千一税造成的不公平现象。巴蒂斯塔·达维拉(《振兴王国的一般实施办法提要》,写作日期不详,1651 年出版;参看科尔梅罗的《丛书》)似乎是最早把单一税看作是可以用来整顿财政秩序的魔杖的经济学家。由于缺乏这方面的知识,我无法作更为精确的说明。但不管怎么说,他的《提要》是单一税思想发展道路上的一块里程碑。按照他的看法,单一税应是累进人头税,这显然类似于比例所得税。在随后的一百年中,人们经常讨论类似的思想。恩塞纳达首相(参看 A. 罗德里格斯·维拉:《唐·塞农·德·索莫德维利亚,恩塞纳达侯爵》,1878 年)修改了这种思想,提出了自己的计划,于 1729 年(在加泰罗尼亚)开征了所得与财产税。但在其他地方,特别是在德国,十七世纪的议论则赞成征收一般货物税而反对征收直接税,理由是货物税会减轻税收压力。这种思想倾向的有趣表现,是一个自称为克里斯蒂安努斯·托特菲勒斯的作者写的一部题为《在货物税中发现金矿》(1685 年第一版,1719 年印行第五版)的书取得了成功。在英国的货物税拥护者中,要数达文南特最有名。但他认为,这种税最终会由土地承担。出于同样理由,后来 F. 福基尔(《论岁入……》,1756 年)主张课征房产税。福基尔认为,既然穷人缴纳的间接税会由于货币工资的提高而转移给富人,所以课税对象就应该是赋税的归宿,以避免转移过程中的损失。请注意,这预示了后来斯密和李嘉图就这个题目发表的许多意见。在评价有关土地税的各种观点时,不应忘记,十八世纪以前没有测量土地的有效方法。课征耕地税的历史是在测量方法得到改进后进入新阶段的。十八世纪初对米兰的土地作了普查,是测量方法改进后所取得的第一批成果之一。

第一部著作是在路易十四统治时期最后二十年法国的经济形势下产生的许多本著作中的一本。大同盟战争之后，紧接着爆发了西班牙主位继承战争，贫困不断加剧，整个法国陷入了灾难。正是在此时，法国的一位伟大人物，军事工程师沃邦冒失地在《什一税计划》(1707 年)一书中发表了自己考虑很久的想法。① 这是财政领域内的一本杰出著作，在论证的简洁巧妙和切中要害方面，都是空前绝后的。在这里建议本身并不那么重要。他的建议的内容实质上是，应该废除所有那些毫无计划地发展起来的杂乱而不合

① 塞巴斯蒂安·德·沃邦(1633—1707 年)，法国元帅，(直到该书出版为止)路易十四的宠臣。沃邦著述甚丰，在出版《什一税计划》一书以前，就写有大量关于筑城、作战、海军事务、财政、宗教、货币、农业和开拓殖民地等问题的论著。1698 年他奏请进行人口普查，1695 年首次提出了 1707 年发表的那项计划。他有点像比他早四百五十年的艾蒂安·布瓦路，热衷于收集和整理经济事实和数字。因此，一些人很推崇他，认为他是统计学的创始人(E. 达勒在他编辑出版《什一税计划》中就这样认为，见 1843 年出版的《十八世纪的经济学家和财政学家》，我使用的就是该版本)。《什一税计划》一书已译成英文。F. 盖曾于 1933 年出版了沃邦著作目录。并参看 D. 哈勒维的《沃邦》(1923 年)、J. B. M. 维格尼斯的《法国赋税学说史》(1909 年)以及 F. K. 曼的《沃邦元帅……》(1914 年)。

沃邦进行财政改革，有两个同盟者，虽然我们不清楚他与同盟者的关系。一个同盟者是布阿吉尔贝尔，此人的经济学家成分要比沃邦多得多，其著作我们将在本编第四章和第六章加以考察。这里只需指出两点，第一，他的建议虽然不同于沃邦的建议，但精神实质却是一样的，所表达的经济观点和财政观点也是一样的；第二，布阿吉尔贝尔总是很直率，或者更确切地说，总是很尖刻，对于这一点，他的第一部著作《法国详情》的副标题《法国在路易十四统治下已破产》可以作为证据，而且他常常看不到实施其建议的实际困难，对于这一点，他的另一部著作的副标题《通过人头税使国王得到八千万法郎很容易〔!〕只需财政大臣工作两小时〔!!〕》可以作为证据，他的这些特点当然使当时倒霉地担任财政大臣的那些可怜虫(庞恰特雷恩、沙米亚尔、德马雷)很恼火。而另一个同盟者则与财政大臣们处得较好。这个同盟者就是圣-皮埃尔神甫，此人是著名的道德家、彻底的改革者和最先提出建立国际联盟的人，他作为注重实际的经济学家所取得的巨大成就，正逐渐得到世人的承认。参看 P. 哈辛《经济学家圣-皮埃尔神甫》，载于《经济和社会史评论》(1932 年)。

理的赋税(只保留经过整顿的盐税、某些货物税和进出口税),而代之以一般所得税;这种所得税适用于所有收入,只是税率有所不同,最高税率为百分之十(正是由于这个原因,才使用"什一税"〔dixme〕这个词的)。在他以前,已有人提出过类似的思想。重要的是以下两点。首先,沃邦攀登到了前人很少达到的高度,从这一高度,他全面考察了经济过程,结论是,可以把财政政策看作是经济治疗学的一个工具。他以格拉德斯通所具有的那种远见卓识认识到,财政措施会影响经济有机体的每一个细胞,认识到如何筹措一定数量的资金关系很大,会带来截然不同的结果,要么使经济陷于瘫痪,要么使经济繁荣兴旺。其次,他的结论的每一细节依据的都是用数字表示的事实。他的工程师头脑,使他不善于猜测,而善于计算。有目的地整理所有可以得到的资料,是他的分析的精髓。没有人比他更理解事实和论证之间的真正关系。正是这一点,使他成了褒义上的经济学经典作家,成了经济学现代发展趋势的前驱,尽管他没有对经济学的理论工具作出任何贡献。① 沃邦的情况提供了又一实例,说明了这样一条真理,即一个人可以是卓越的经济学家而不一定是好的理论家。不幸的是,这句话也可以反过来说。

应该提及的第二部著作,是布罗吉亚②讨论税收问题的那部

① 他一直被认为是重农学派的前驱者,这是毫无根据的。正如前面已指出的,一个作家关心农业问题,并不因此而就是重农主义者。

② 卡洛·安东尼奥·布罗吉亚(1683—1763 年)的《论赋税、货币和公共卫生政策》(1743 年),是一本教科书式的著作,全面论述了书名所示的三个题目。在库斯托第的文选中,该书被分成了三部分,我们只对自成体系的第一部分感兴趣(虽然布罗吉

论著。这是一本性质完全不同的著作,我们选中它也是由于完全不同的原因。该书也概略地提出了一种"理想的"税收制度,这种税收制度本可以通过批判地发展沃邦的税收制度而得到,因为两者除一点外,主要的实际思想基本是一样的。但意大利作家提出的税收制度,无论是比布罗吉亚早的还是与他同时代的,从其每一细节,特别是从其"课税原则"(参看第1章)上可以看出,经过维里在《政治经济学沉思录》中加以进一步阐述,实质上预示了亚当·斯密提出的税收制度。因而,布罗吉亚的著作不像沃邦的《什一税计划》那样具有新鲜感("主观"创造性),读起来令人感到愉快。也没有事实和数字,而沃邦的著作的主要优点,正是有事实和数字。但布罗吉亚的著作却有完整的体系,所进行的分析也更为仔细,其结果至少是,不仅系统地整理出了十八世纪财政文献中所有最优秀的东西,而且还整理出了十九世纪大部分财政文献中最优秀的东西。布罗吉亚像十五世纪的作家那样,在理论上把赋税看作是对安全的回报,是对政府提供的服务给予的报酬。他认为,直接税和间接税是相互补充的,是财政的左右两只手(如果是格拉德斯通的话,他也许会说,直接税和间接税是非常相像的姐妹俩,以致人

亚就货币和公共卫生问题发表的看法也很有价值)。对于此人的生平,我们几乎一无所知。他似乎是个商人,或是个歇业的商人,学识渊博。他是个那不勒斯人,因而也许可以归入我们所谓的那不勒斯学派。塔格利亚科佐的《那不勒斯的经济学家》一书,重印了布罗吉亚就赋税问题所作的最令人感兴趣的论述;塔格利亚科佐还对布罗吉亚的书作了摘要和评价,并介绍了布罗吉亚的直接意大利前辈,特别是介绍了帕斯科里和班蒂尼——这些人是财政学说和分析发展过程中的重要环节,但我们的简要描述却不得不略而不谈他们,尽管这会严重损害我们的描述。G.里卡·萨莱尔诺的《意大利财政学说史》(1881年),对布罗吉亚的著作及有关的发展,作了虽然不十分令人满意但却是更为全面的描述。

们不知该向哪一个求婚)。他主张,对确定的收入(主要是得自土地、房屋〔包括自住的在内〕以及公债的收入;亚当·斯密也特别主张课征土地税和房产税)课征(百分之十的)不可转移的比例税,同时建立起一套课征可以转移给买者的间接税的制度,而对所有不确定的收入(利润、工资等)给予免税待遇。这里,令人感兴趣的是布罗吉亚对经济形势所作的根本判断,他的税收制度是要通过工商业活动来促进财富的增加;为此,应对已经获得的财富课税,以迫使人们从事工商业活动,而对正在形成的财富和劳动则只课征很轻的税。正是由于这一原因,他建议给予商业贷款或商业资金免税待遇,也正是由于这一原因,他的所谓直接税甚至不触及个人收入,而只触及"实际的"或"客观的"收益。在这方面,他固然像博丹和博特罗已经做的那样,很重视管理的方便与否,但他的着眼点仍是避免束缚工商业活动,避免加重"导致冲突的贫困"。布罗吉亚的税收制度是由以下三方面的内容构成的,首先是一整套目标与估价标准,对此我们不感兴趣,正如我们对他就"公平"问题发表的所有议论不感兴趣那样;其次是对社会经济情况及其未来发展的看法,他的看法是很深刻的;第三是对经济因果关系的分析,尽管分析得不是一清二楚。正是由于有这第三方面的内容,布罗吉亚的著作才具有科学价值的。①

① 卢伊季·埃瑙迪教授认为重农学派"创立了"纯税收理论(参看 1931—1932 年的《都灵皇家科学院报告》)。不过,虽然我十分尊重埃瑙迪教授的看法,但我却倾向于认为,纯税收理论的许多较有价值的组成部分,似乎可以在布罗吉亚和他以后的著作中找到,尽管由于他和十八世纪的其他作家没有令人满意地分析赋税的归宿,我们不应说他创立了这种理论本身。

7. 有关乌托邦的注释

这里谈一谈十六、十七世纪的国家传奇(Staatsromane)。[①] 这种传奇的名称“乌托邦”,源自这类作品中最为成功的那部作品的标题,即托马斯·莫尔的《乌托邦》。我们必须把乌托邦一词的这种含义同马克思的“乌托邦社会主义”这个短语所要表达的意思区别开来。根据F.恩格斯(1892年)的定义,“乌托邦”社会主义是与“科学”社会主义相对而言的,指的是这样一些社会主义思想,这些思想(a)脱离于实际群众运动,(b)不去证明存在着有助于实现社会主义思想的可以观察到的经济力量。从这个意义上说,莫雷利的《自然法典》(1755年)确实是乌托邦社会主义。但我们却没有把它称作乌托邦,这不仅是因为这样做会把这一概念限定在社会主义乌托邦的意义上,而且还因为,除特别加以说明的地方外,我们想在本书中用乌托邦这个词来指与此完全不同的作品,指一种独具特色的文学作品,也就是指国家传奇这个词所表示的而且可以用柏拉图的《理想国》来说明的那种艺术作品。从这个意义上说,对社会主义社会或任何其他社会(例如像莫雷利所描绘的那种实际上不存在的社会)的蓝图所作的描述,并不是乌托邦。这类作品无疑是受古希腊人的影响而产生的,在我们所考察的这一时期相当流行,[②]但却很难对它

① 〔参看本编第一章第2节对“国家传奇”所作的解释。〕

② 不过,读者大概知道,这类作品从未绝过迹,贝拉米的《回顾2000—1887年》(1888年)一书所取得的巨大成功就可以作为证明。但本书却没有必要提及任何这类较为现代的乌托邦。

们的产生作出解释。一部文学作品可以包含一切东西,从融入散文诗的白日梦到最为现实的分析,无所不有。幸运的是,我们总是能够看出有没有后一因素,尽管我们并非总能说出,那表现为事实陈述的东西或表现为命令的东西,究竟应被理解为"诗篇"呢,还是应被理解为"真理"。这里只需提及弗朗西斯·培根、哈林顿、康帕内拉和莫尔等四个人的作品。而前三个人的作品与我们讨论的题目不相干,可以立刻搁在一边:培根未写完的《新大西岛》(1627 年)——同他鼓吹的"归纳科学"信条背道而驰——利哈林顿的《大洋共和国》,毫无重要意义可言;柏拉图的光芒确实使康帕内拉的《太阳城》(1623 年)具有某种魅力,这种魅力却不是《太阳城》本身所固有的,而且柏拉图的光芒也只是照亮了一些相当平凡琐碎的事情;[①]莫尔的《乌托邦》一书的情况与此就不同了。[②]

这本内容丰富的书充满了成熟的智慧,人们很自然地对其作出了许多种解释。既然我们只关心该书的一个方面,而且是很小的一个方面,我们也就不必讨论这些解释。也不必讨论莫尔对当

① 托马索·康帕内拉(1568—1639 年);乔伊特在他为柏拉图的《理想国》所作的序言中,摘录了《太阳城》一书的要点,而且该书还被翻译成了英文(见莫莱的《万有文库》)。所有讨论乌托邦的著作和大多数社会主义和共产主义思想史以及这方面的各种专著,都对康帕内拉作了相当全面的论述。

② 托马斯·莫尔爵士(1478—1535 年),英国大法官,为亨利八世斩首,四百年后被追谥为圣徒。此人智力过人,(古典)学识渊博,经验丰富,而这些并未损害他温厚的性情;这四种品质为他写作《乌托邦》奠定了基础;该书于 1516 年用拉丁文发表,1551 年被译为英文(在此之前已出了德文、意大利文和法文译本)。就粗略的考察所能作出的判断来说,有关莫尔的浩繁文献大都与我们的讨论无关。博纳的《哲学与政治经济学》会告诉感兴趣的读者所有与经济学有关的东西。不过,也可以参考 E. 德门盖姆的《托马斯·莫尔与文艺复兴时期的乌托邦主义者》(1927 年)。

时的社会所作的批判，不必讨论他的共产主义生活方式的一般特征。在这种生活方式下，由于居民的爱好是简单而不变的，因而大多数经济问题很容易得到解决，而且通过有组织的移民或者更确切地说通过强制性的移民，人口是固定不变的或几乎固定不变的——这正是与柏拉图的《理想国》相类似的许多方面的一个方面。不过，有两件事情与分析有关。首先是生产和分配商品的一般方法。按照这种方法，人们的爱好是给定的，商品应根据政府规定，由所有成年人生产出来，只是享有特权的"学者"不参加生产，这里的学者不完全是柏拉图的所谓卫国者，因为在莫尔的乌托邦中国王是选举产生的；所生产出来的东西应根据当时的生产统计数字，通过公共储藏系统进行分配，以使所有地区得到平等待遇。不管这种方法有其他什么含义，它都很好地揭示了经济有机体的运行的实质。特别是，可以从这一概念中推导出有用的货币理论，而莫尔通过嘲讽拜金主义和拜银主义也对这种理论作了暗示。在莫尔的乌托邦中，金银除用来偿付入超外，只用于莫尔所轻视的那些用途。这种构想的主要目的之一，很可能就是批判当时流行的经济学。其次是他对当时的经济状况所作的批判，这种批判虽然大都侧重于法律问题，特别是刑罚问题，但也搀杂有对经济因果关系的判断和表述，其中一些可以看作是对经济分析的贡献。莫尔把失业归因于圈地，虽然这只是一半正确，但在1516年却不像随后那样，还很少有人这样做。他还引入了寡头垄断这个词和概念，其含义正和我们现在使用这个词的含义一样。

第四章　计量经济学家与杜尔阁①

1. 政治算术

2. 布阿吉尔贝尔与坎梯隆

3. 重农学派

　〔(a) 魁奈及其门徒〕

　〔(b) 自然法、农业、自由放任与单一税〕

　〔(c) 魁奈的经济分析〕

　(d) 经济表

324 4. 杜尔阁

本章所要讨论的个人与集团也是顾问行政官，不过，不属于学究类型；同时有一些人还有资格称得上自然法哲学家。然而，我们不仅因为前一章涉及的人物已经太多，为了减轻负担，才保留下来单独加以处理；同时还因为除了要在本章末讨论的伟大人物杜尔阁以外，本章介绍的人物有些相同的地方。所以最好把他们相互联系地排列在一起——这相同的地方就是数字分析的精神。他们都是计量经济学家。事实上，他们的著作充分地阐明了计量经济

---

① 〔熊彼特原先给这一章加的标题是"计量经济学家"；在打字稿上，他用铅笔加上了"以及杜尔阁?"的字样。〕

学是什么，以及计量经济学家想做些什么。[①]

1. 政治算术

我们曾一再有机会看到，对于所有类型的经济学家，特别是顾问行政官，调查事实是主要的工作，它吸引了大部分可供使用的人力，并较之当时所谓的“理论”取得了更令人满意的进步。这在一开始就是如此，只要举出博特罗与奥尔蒂斯这两个有代表性的例子，就足以说明这一点。可是在十七、十八世纪，出现了一种新的讲授经济学的方式，特别是在德国的大学里，其特点是对那些与公共行政有关的事实作纯粹描述性的介绍。有一位名叫赫尔曼·康林的德国教授(1606—1681 年)通常被认为是首先这样讲授经济学的人。另外一位采取同样方式的教授戈特弗里德·阿亨瓦尔(1719—1772 年)则引进了“统计学”(statistics)这个名词。这些“统计”主要不是提供数字，而是非数字的事实，因而在这些教授们手中并没有什么工具类似于我们现在的所谓统计方法，但是提供这种情报资料的目的，与我们利用更精细的方法处理数字所要达到的目的，是十分相同的。直到 1838 年，皇家统计学会——这是它现在的名称——所采用的统计学的定义，仍然是在于“社会情况与发展前途的表述”，正好概括了康林与阿亨瓦尔的

① 计量经济学(Econometrics)这个名词，我想是弗里施教授引进的，是仿照 Biometrics(统计生物学)而创造出来的。在这种情况下，有充分理由要求有一个特殊的名称把一项特殊的纲领体现出来(请参阅 1933 年 1 月份《计量经济学》第一期论计量经济学会的建立与目标的文章)。因此我们就这样采用了，虽然这个名词由于语言学的原因而遭到反对：它应该叫做 Ecometrics 或 Economometrics。

工作。① 但是——对于学术界是多么不幸！——真正有意义的进展并没有从这里开始。

决定性的推动力来自威廉·配第爵士所领导和鼓动的一个英国小团体。② 他所称的政治算术，以及他个人对它所作贡献的性质，由他最有才能的追随者之一达文南特③以无比公正的态度陈

① 既然统计有时指各种事实的罗列，有时又指各种方法，无怪乎不同的工作人员从他们不同的立场提出许多不同的定义。以后我们还要着重提到的德国统计学家恩格尔，曾指出不同的定义多达 180 条。请参阅 G. 罗约的《统计学定义的演变》，巴拿马地理历史研究院出版物第 44 种(1939)。

② 配第(1623—1687 年)是个靠个人奋斗而成功的人——他是内科医生、外科医生、数学家、理论工程师、国会议员、政府官员和商人——他是那种精力充沛、几乎任何事都能做成功，甚至能转败为胜的人。虽然他因为多才多艺而有所失，但他在经济学史上仍不失为伟大的人物之一。但是说到他的身后盛名，除去他的成就外，运气也帮了他的忙。马克思认定配第是经济学的创始人，使他除了在 1857 年受到罗雪尔发起的资产阶级对他的赞扬之外，又加上了社会主义者的喝彩。因此那些没有其他课题可以把他们联系在一起的经济学家们，包括许多对配第的启示真谛一无所知的人，也都跟在后面吹捧他，其中德国人更甚于英国人。我建议细读一下 E. 菲茨莫里斯勋爵所写的《传记》(1895 年)。配第著作中对我们最为重要的有下列几种：《赋税论》(1662 年)；《献给英明人士》(1665 年写成，1691 年出版)；《爱尔兰的政治解剖》(1692 年)；《政治算术》(1676 年写成，1690 年出版)；《货币略论》(1682 年著)；《政治算术论文集》(1671—1687 年著)；所有这些都由 C. M. 赫尔的《威廉·配第爵士经济文集》(1899 年)收集在一起重新出版。这个版本还包括了著名的《对死亡人员清单的自然与政治观察……》，最初由约翰·格劳特出版(1662 年)。这是一本可以看成现代人口统计学起源的著作，其中配第究竟有多大贡献，是长时期争论不休的问题；不管怎样，格劳特不应因此而被称为统计学的"创始人"。兰斯多恩侯爵编纂的《配第文稿》(1927 年)与《配第与索思韦尔通讯集，1676—1687 年》(1928 年)的出版对 E. 菲茨莫里斯勋爵的《传记》有所补充。

③ 查尔斯·达文南特(1656—1714 年)的名字本应列于和他的贡献相称的显著地位。现在他虽逐渐受到注意，但还很不够。他是一个政府官员，但也是一位政治家，三次被选为国会议员；而作为一个议员，与其说他是一个过激的保守党人，毋宁说他是自由党的过激敌人。也许就是因为这一点，以及这一点对他某些著作的影响，而阻挠了人们对他的承认。不过还有别的原因。那些提出"某某人到底赞成什么?"这个问题的历史学家，并不十分清楚怎样来看待他。一方面当这些历史学家中的"自由主义分子"

述如下(见《论政治算术的功用》,全集第一卷,第128页。):“所谓政治算术,意指运用数字,对于与政府有关的事务进行推理的技巧……这种技巧本身无疑是很古老的……〔但是配第〕首先给它起了这个名字,并且理出了一些规则和方法。”我们将会看到,这些“方法”——当然也不是他发明的,但他似乎曾有助于使它们进入自觉的领域——并不是要以事实的收集来代替推理。配第并没有被“让事实自己来说明问题”这句口号所误。配第总的说来是一位理论家;不过他属于这么一种理论家:对他们来说,科学实际上就是测量;他们创造出处理数据的分析工具,而从心里鄙视其他任何工具;他们概括出来的规律是数字与推理的联合产物,绝不允许把数字与推理分开。这种方法与自然科学的方法——特别是与牛顿从事研究的方法——的关系是如此明显,以致必须强调指出,配第

在达文南特的著作中,偶尔遇到贸易在本质上是自由的,贸易会自己找到渠道,限制或管制贸易的法规很少对公众有利(虽然也许适合个别人的利益),以及货币仅是一种计算的筹码等等词句时,他们感到很高兴。另一方面,当他们发现他如此拥护管制政策,以致不得不把他划到(并不存在的)“重商主义理论”的信徒那里去,这时他们又感到悲哀了。有些人推测达文南特持这种看来自相矛盾的态度,是因为在那些出现“自由主义”语句的早期著作中,他是毫无拘束地暴露了思想;而在以后,特别是担任公职时,他就变成机会主义者了。下面(第七章)我们还可以看到另一种解释,就是说他是一位很好的经济学家。他的著作已由查尔斯·惠特沃思爵士编印(不全)和出版(1771年)。从那以后,继续有新的发现,其中最近的发现以《查尔斯·达文南特的两篇手稿》为题出版,1942年(见小G.赫伯顿·伊文思教授所编《经济短文重刊》,附有厄谢尔教授一篇很有启发意义的引论)。同时请参阅Y.巴利埃尔的《查尔斯·达文南特的经济著作》(1913年)。他对经济分析的贡献在数量上相当可观,可以分成以下几类:(1)在他所有著作中,他都含蓄而清晰地意识到经济事件结合在一起的逻辑关系。这个优点由于有蔡尔德、巴贲等人走在前面而略见逊色,但也不一定因此而逊色多少;(2)他只通过所谓“案例研究”的方法,就把他那个时代的货币、国际贸易与财政理论大大推进了一步;(3)他是当时最初的财政学——赋税、公债等问题——的权威之一;(4)他是理解并参加政治算术工作的少数人物之一。在以后几章我们还要分别加以评介。

从未显示出要向自然科学借鉴甚或牵强附会借以强化自己论点的倾向。他仅是指出:“与其用比较级、最高级的形容词和凭借智力的争辩……不如用数字、重量、度量来表达自己的想法。”同样明显的是,他深知他这套方法论的纲领尚有疑难未决的地方。他已充分准备应战,并且展开也许是关于“方法”的第一场辩论。但是没有人攻击他。有几个人追随他。很多人赞扬他。而绝大多数人则很快就丢在脑后。也就是说,经济学家并没有忘记“政治算术”这个名词;他们甚至记得配第在各种实际问题上的观点,以及他的若干理论——正是那些在纯粹的口号中隐含的理论。而那个鼓舞人心的启示,那个富有启发性的纲领,在亚当·斯密宣称他对政治算术没有多大信心(见《国富论》第四编第五章)并且选择了和他口味如此相投的安全老路时,就全部断送在这位苏格兰教授笨拙的手里了,结果是二百五十年来大多数经济学家对此可说是一无所知。

不过配第给人口统计因而间接地给一般统计工作带来的推动力并没有丧失。这方面首要的、甚至唯一的功绩现在通常都归之于格劳特(请看第317页注①)。

下一章我们将谈到那一时期有关人口增长(或减少!)问题的争论。在1801年人口普查以前,关于人口的变化至少在英国还只是一种猜测。不过人口变化问题只是格劳特或配第利用得自教区记录簿的“死亡统计表”而力图解决的许多问题之一。存活率的计算及其在保险上的应用,预防注射对寿命的影响,婴儿出生的性别比例,配偶平均维持时间的长短与夫妻年龄的关系等等,这些都是从一个广泛研究领域中随意举出的几个例子。这种研究在以后几百年中将沿着格劳特的著作所勾画出的路线而不断发展。称他为“死亡统计表的哥伦布”并没有充分显示他贡献的特征;也许更应该归功于他的是他对纷繁的现象所显示的一种方法论上的领悟,这些现象中的个别成分虽然难于捉摸，但其总体大致是可以用“法则”来加以描述的。以后的进展只要提一下几个主要的阶段就够了。首先精确探讨存活机会问题的是 E. 哈利(《人类死亡率的估计》，1693 年)。J. P. 聚斯米尔希(《人口变化的神圣规律》，1740 年)可以说是发展了他的英国前辈的成就并加以系统化、使人口统计确立起来的一个人。作为统计方法基础的概率论，是由雅克·伯诺里(1654—1705 年；《预测技术》，1713 年)创立的，后来又为他的侄儿们尼古拉(1687—1759 年)及丹尼尔·伯诺里(1700—1782 年)所进一步发展和应用。令人遗憾的是，尽管现代经济学不仅与统计资料而且也与统计方法有密切关系，我们却不能沿着这一路线继续加以探索。不过这里没有谈到的，读者大部分可以从 H. L. 韦斯特加德的《对统计学历史的贡献》(1932 年)这部杰出著作中一一找到。

另外一个对经济学本身更为重要的成就，也说明了经济学家们令人惊奇的愚钝(刚才我们还为之慨叹)，那就是格雷戈里·金(1648—1712 年)的“小麦需求规律”。[①] 它是指偏离一假设的正常值的现象，意思是说，如果收获量比正常值减少一成、二成、三成，四成或五成，价格就会上升到我们所说的“趋势价值”之上——不过，金假设这个趋势价值是固定的，至少把许多年算在一起是如此——超过的比例是 10 分之 3、8、16、28 或 45。由此可以很容易

① 见《对 1696 年英国状况的自然观察、政治观察与结论》(第七节)。这是一本数量经济学的开创性著作，极明白地说明了政治算术主张什么。但作者并没有把它出版。达文南特把这本书部分地糅合于他的文章《使一个民族在国际贸易中可能获利的方法》(1699 年)，但是全书没有向外公开。直到 1804 年乔治·查默斯才将它出版，并附以著者的小传。前五节巧妙地从当时壁炉税的统计数字中推出了居民人口数、年龄分布、婚姻状况、城市与乡村的死亡率以及与此类似的一些事项。第八节至第十三节讨论财政事项。从我们的角度来看，第六、七两节最重要。除了有名的需求表外，这两节还包括其他值得注意的贡献，例如对 1688 年国家岁入与岁出的估计，对肉类消费量的估计、对英国与其他国家金银数量的估计。

地求出一个方程式,把隐含的需求规律表示出来。① 值得注意的是:金虽然没有试图进一步仔细研究,显然他对这个问题是完全了解的;他能研究离开常态的误差,这是特别有意义的一着。更值得注意的一件事是,尽管"金氏法则"逐渐为一般人所知,但经济学家既没有对它作任何改进——虽然只需沿着确定不移地勾画好的线索继续前进就行了——也没有以同样的方法应用于其他商品,一直到 1914 年 H. L. 穆尔(见下面第四编第五、七两章)才把现代的统计需求曲线像雪崩一样地突然展现在我们面前——整整推迟了二百多年。但是让我们也不要忘记其他地方所做的计量经济工作,例如意大利的维里 · 卡利等人。

现在回到配第。他所有的或大部分的著作,都是在他那个时代和他那个国家实际问题的推动下写成的——赋税问题、货币问题、特别是旨在压倒荷兰人的国际贸易政策等问题。他思想的卓越品质表现在他所有的评论与建议中,但是并没有什么非常突出、非常有创造性以及与众不同的见解:它们代表当时最优秀的英国经济学家中流行的或即将流行的观点。同样没有什么出奇的是:配第的推理是从多多少少已经清晰感觉到的一套原理或理论框架出发;他同时代的人有的也那样做了,他的理论框架并不比他们的表达得更为清晰有力。不过他也有些他自己独有的东西,足以显示出他的思考能力和理论才能。刚才已经说过,他从统计调查中并结合这些调查锤炼出一些概念,并且在这样做的过程中,他在某

① G. U. 尤鲁已经把这个方程式算出来了:$y=-2.33x+0.05x^2-0.00167x^3$(见《谷物的生产与价格:评格雷戈里 · 金法则》,载于《皇家统计学会杂志》,1915 年,第 296 页及相继各页)。

几点上比同时代的人要走得远些。他关于货币流通速度的概念——公正地说——是最有名的例子，在第六章中还要提到这个概念。还有一个例子是他对国民收入的研究：他没有在定义上多费气力，但他意识到国民收入在分析上的重要性，而且试图把它算出来。从这个意义上说，现代的国民收入分析可以说是从他开始的，虽然整个看来似乎还应追溯到魁奈（见下面第 3 节）。第三个例子是：每个人都知道一句听得令人作呕的老生常谈："劳动是财富之父……就像土地是财富之母一样。"这说明他为后代的理论家确立了两个"原始的生产要素"。他在另外一个地方不合逻辑地把这个母亲去掉，而宣称资本（"国家的财富、存货或储备"）是过去劳动的产品——这使人想起了詹姆士·穆勒对李嘉图体系所作的冒失的修改。[①] 但是可以不厌其烦地再说一句：这些建议如果没有以后进一步的发展而使之成为有价值的东西，其本身是没有多大价值的。真正有点价值的是他对土地与劳力之间的"自然平价"的研究，也就是他认为可以生产一个成年人一天口粮（附带若干修正）的一块土地等于这个人一天的劳动，从而将土地与劳动的价值联系了起来。坎梯隆后来在此基础上进行了比这要彻底得多的研究。假如生产与消费的技术条件以及其他所有条件严格保持不变，那么这个程序也许可以把这位经济哲学家的点金石交到我们手里——将两种"原始生产要素"土地与劳动的现有数量化成一个同质的"生产力"数量，用一个数字来表示，其单位可以作为土地—劳动价值的一种标准。不过，这个有趣的尝试和所有类似的尝试

① 参看后面第三编第六章。

一样,最后证明都是走不通的死胡同。

当然,这并不是对价值现象的解释,更不是一种劳动价值论——只可以说是一种土地价值论。至于分工问题,我们发现,亚当·斯密要说的,这里全都有了,其中包括分工对市场大小的依存关系问题。他只是粗略地谈到定价问题。和马克思主义的意见相反,他没有工资理论(除非我们愿意把下面的命题尊称为工资理论:劳动者的所得"应该"永远不高于他们最低的生存水平,因为如果多挣一倍,他们的工作就会少干一半!)他也没有剩余价值或地租剥削的理论(除非我们愿意把下面微不足道的命题也尊称为这种理论:如果劳动者要求得到全部产品,就不会有剩余;地租是支付生产成本后的剩余;随着需求增加,谷物必须从远处购买,地租也就上涨)。[①] 不过,至少在一个构想得不太成熟的特殊例子里,配第对于产业之间报酬趋于均等的趋势倒有所理解。[②] 虽然要使这个定理站得住,就必须谈到边际,而配第却没有谈到,不过在这里他实际上对于解释企业活动机制作出了贡献。

① 见《赋税论》第五章。这个区位地租的"发现",热心的捧场者很容易认为具有报酬递减的意思,最后形成李嘉图的"全部"理论。不过,这样认识就未免违背历史了。

② 这个说法作为原始的分析方法实例,倒很有意思。简言之,假如以同样数量的劳动,一个人生产谷物而另一人生产白银,然后在作过某些通常的扣减以后(他还要扣掉生产者必需的消费,或者假设白银生产者除了生产白银外,还自己供应必需的消费资料),这两个人一般都会剩下一些谷物或白银。于是配第就认为,这两种净报酬的价值必然相等;而且既然白银是一种货币金属,这种相等关系就会决定谷物的货币价格,因而也决定谷物"地租"的货币价值。作为一种有益的练习,读者应该准确地弄清为什么这种论证不够充分,特别是为什么说它没有对地租作出任何解释。这种论证有时使人把劳动价值论归功于配第——用谷物与白银所包含的劳动小时来比较两者的价值。我们对这种事的意见,要看我们对这一比较标准的偶然使用到底打算怎样衡量。配第的"劳动为财富之父,土地为财富之母"的口号说明他的思路指的不是这个方向。

最后，假如能够说配第有利息理论的话，他的利息论应该追溯到经院哲学派那里去。直接的影响也不是十分不可能的，因为他曾在康尼的耶稣会神学院受过一段教育。一方面他有所谓外汇是“地区利息”的说法，虽然没有说得十分明显，这意味着他会同意说利息是“时间的交易”——经院哲学派虽然没有接受，却是沿着这条思路想过的。另一方面配第有一个明白的陈述，大意是说利息是“在协商同意的一段时间内，无论你有什么需要，都要忍住不使用你自己的钱”的一种补偿。这简直就是晚近的经院哲学派的学说，特别是考虑到他曾经反对支付利息，如果贷款人有权随时收回债款的话。他对于利息与地租之间的关系——这里他显然没有能作出什么引人注目的贡献，也就是说他未能按现行利率对土地净报酬进行折现以求出土地的价值——所产生的各种各样但并不总是恰当的想法，也使人联想到经院哲学派的论证；虽然对任何一位分析家来说，这个问题为什么会闯入他的头脑，是不必从外界影响去寻找原因的。

2. 布阿吉尔贝尔与坎梯隆

虽然作为财政这个研究领域的领袖人物，我们已经提到过布阿吉尔贝尔，同时作为货币研究领域的领袖，我们不久即将和他重逢，但是在我们现在试图展示的图景中[①]，最好也不要忘记他是

① 皮埃尔·勒·佩桑·德·布阿吉尔贝尔（1646—1714 年）是革命前法国半世袭的穿袍贵族中热心公益事业的一员。他一生大部分时间住在诺曼底，因而没有受到那种来自巴黎、可能干扰他思想独创性的外界影响。虽然我们知道他主要专注于法国

“一般理论”研究领域中的一个重要人物。他曾被称为重农学派的前驱，原因很容易理解：一方面他积极支持农业利益；另一方面我们可以在他的著作中发现“所需要的只是听任自然，享有充分的自由”这一类语句。虽然这些事实足以使他与重农学派的政治思想合辙，但并不足以使他成为重农学派特有的分析方法的始祖。虽然他与魁奈的货币观点在分析方法上很接近(见下面第六章)，但总的说来似乎不宜过分强调这种关系。他是下面这类作者中的又一个代表：他们把经济有机体看成是互相关联的经济量的一个均衡体系，并从消费的角度来建立这个体系——这要比坎梯隆以前的任何人都走得远些。他的经济社会学几乎以马克思主义的精神，从贫富两个社会阶级立论，而他对这两个阶级的存在所作的解

财政政策问题，而且几乎和沃邦一样重视事实，但他与后者不同之处是，不仅他的兴趣范围要广泛得多，而且他在理论上更为清晰有力——也许比坎梯隆以前的任何作者都更为清晰有力。他的主要著作(《法国详情》、《法国的辩护书》、《论谷物的性质、种植、交易和利益》、《货币缺乏的原因》、《论财富、货币和赋税的性质》)由尤金·达勒重辑于《十八世纪的财政经济学家》(《大经济学家文集》，吉约曼于 1843 年出版)中。就我所知，达勒为这一版作的序，是第一篇对布阿吉尔贝尔表示崇拜的文章，其表现形式与绝大多数经济学家对布阿吉尔贝尔成就的长期忽视形成了奇特的对比(这种表现形式事实上也只能由过去的忽视来解释)。达勒认为他是“学术链条”中的第一环；其他的环节就魁奈、亚当·斯密、李嘉图与罗西(!)；布阿吉尔贝尔是经济学界的哥伦布等等。H. W. C. 博德维克教授在其卓越的著作《经济学的理论与历史序论》(1931 年)中，以一种比较理智的方式，再一次掀起了这种崇拜。但是罗巴茨小姐在她的一本本来值得称赞的书(《布阿吉尔贝尔：路易十四统治时期的经济学家》1935 年)中，表现了麦考利勋爵所说的传记家的通病，亦即对传记中主人公过分美化的癖好。不过 A. 格雷在评述罗巴茨小姐的《经济史》(1937 年)时责备我过去有一篇文章没有对布阿吉尔贝尔表示应有的尊敬，促使我重读布阿吉尔贝尔的著作并且事实上改变了我对他的看法。同时请参阅 F. 卡德特的《皮埃尔·德·布阿吉尔贝尔，经济学家的先驱〔也就是重农学派的先驱〕》(1870 年)；A. 塔尔博特的《布阿吉尔贝尔的理论及其在经济学说史中的地位》(1903 年)；R. 杜兰德的《论布阿吉尔贝尔的货币理论》(1922 年)。

释，随着十八世纪的推移就变得十分普遍了：强者以犯罪行为和暴力掌握了生产手段，然后他们就不愿再干活了；同时——这是一个非常现代的讽示，读者不要加以忽略——这些强盗在变富之后，宁愿存钱而不愿存货（窖藏的货币，这个人世间的莫洛克*啊！）从而使真正的财富贬值，扰乱经济生活之流。他和半个多世纪以后亚当·斯密看得同样清楚，发现经济秩序的原则在于竞争。从分析的立场出发，这是具有决定意义的发现。基于这一点，他不像亚当·斯密那样拥护无条件的自由贸易，这倒无关紧要，因为得出这个实际结论，需要涉及其他许多方面的考虑，此外还涉及许多个人的偏好，所以对这个结论本身的赞成或反对，并不足以成为肯定或否定一个人的分析的理由。虽然他关于竞争的"成比例的均衡"概念与亚当·斯密的一样明确，但仅此而已，他没有想到要给它下定义或研究它的性质。他像坎梯隆一样，给财富所下的定义是对每一项能产生"满足"的东西的"享受"；他也和配第一样，宣称这种财富除了土地与劳动外没有其他来源；①然后简单地宣称。假如所有的商品与劳务都是由互相竞争的生产者自由地去进行生产，那么把土地与劳动不间断地转变为消费品的过程将正常运行无阻——似乎这不需要任何证明。第一个试图给均衡下一个（粗略的）数学定义并对这一命题加以（也是粗略的）数学证明的是伊斯

* 莫洛克是古代腓尼基人所信奉的火神，以儿童作为献祭品。——译注

① 配第仍然认为资本是积累起来的劳动。不过布阿吉尔贝尔的理论是把被生产出来的生产手段"分解"为自然要素与劳动所提供的服务的一个早期事例；这将成为庞巴维克理论体系的一个主要特点（参阅下面第四编第六章），但布阿吉尔贝尔没有打算对这个观点进一步展开分析。

纳尔。这个人作为莱昂·瓦尔拉的先驱,尚未取得他在经济理论史中应该享有的地位。[①]

坎梯隆的巨著[②]命运较佳,一方面是因为它计划周密的、系统化的、甚至带有教导性的形式;一方面是因为早在实际出版以前(参看注②)就有幸得到两位很有影响的人物古尔内与米拉波

---

① 艾基利·尼古拉斯·伊斯纳尔是一位工程师,关于他的情况我们实际上一无所知,甚至生卒的准确日期也不清楚,《社会科学百科全书》中也没有关于他的条目。除了写有一本与我们无关的著作外,他还写过一本题为《论财富》(1781 年)的著作,该书侥幸没有失传:杰文斯在他《政治经济学理论》附录中把这本书列入了计量经济学著作的清单中。不过,对于伊斯纳尔著作的(几乎)完全忽视,是可以理解的;因为本书中所提到的历史性成就,包含在反对重农主义学说的老一套论证以及其他既无创见、又不十分有趣的事情里面。由于在我们这个领域中人们对严格科学性的兴趣比较淡薄,沿着这条基本路线所取得的进展几乎慢得令人难以相信。

② 理查德·坎梯隆(出生日期不能确定,但通常认为是 1680 年;他死于 1734 年,可能是被谋害的)是一个在爱尔兰出生的巴黎银行家。他对法国经济学家的影响大于对英国经济学家的影响。他的著作确实被某些英国人剽窃,另一些人则承认引用过他的著作,其中包括亚当·斯密。但是实际上他这个人不得不由杰文斯来重新发现(见《理查德·坎梯隆与政治经济学的国籍》,载于《当代评论》,1881 年),而在法国他却从未完全被人遗忘。例如在卡纳德的《政治经济学原理》(1801 年)中,他的影响就很明显。不过,这本书以后只能简略地提到,这一点我们要对授予它荣誉的"科学院"表示歉意——正是这个"科学院"忽视了库尔诺与瓦尔拉。基于这些理由,我把他算作法国人。但是我承认,任何对于科学的国籍之类的问题感兴趣的人,都有充足的理由称这位法国籍的爱尔兰人是英国经济学家,因为他承袭的是配第的学说。《商业性质概论》一书估计写于 1730 年前后,不久就"出版"了,虽然所谓出版不是按通常意义说的;也就是说他的手稿开始流传并产生了影响。(这在一个范围狭小、高度集中的同行圈子里所起的作用还是很大的。)因此这本书(在作者死后)实际出版的时间,即 1775 年,已经没有通常那种正式出版的意义了。哈佛大学有一个重印的版本(1892 年),在皇家经济学会的主持下还有一种英译本(1932 年)。请参阅 H. 希格斯所写的《理查德·坎梯隆》,载于《经济杂志》1891 年 6 月号。除了帕尔格雷夫的词典中有一非常有用的条目外,我不知道有没有研究这位作家的其他好材料。杰文斯的评价失之于过奖,特别是称他的《概论》是经济学的"摇篮",再没有比这更加不恰当的了,因为它恰恰不是摇篮。约瑟夫·霍恩有一篇短文《理查德·坎梯隆生平简介》,载于《经济杂志》1944 年 4 月号。

的热情赞许与有效的支持。配第所未能完成的——但是在这些方面他几乎提出了全部基本观念——在坎梯隆的《概论》里都完成了。当然他不像学生那样每走一步都要回头向老师请教，而是作为具有同等知识水平的人，尽自己的能力、充满信心地向前迈进。正如坎梯隆不仅仅是配第的学生一样，魁奈也是尽自己的能力大步前进，而不仅仅是坎梯隆的学生。然而，在经济分析史中很少有像配第—坎梯隆—魁奈一脉相承的例子这样值得我们注意、了解和牢记。坎梯隆对计量经济学的热忱是从配第那里得到启示的。他的《概论》附录中包括他的数学计算部分，不幸已经散失。但我们马上就会看到，该书正文中描述的计算结果，已足以显示正是受了配第的问题——主要是土地与劳力之间的“平价”——和配第的方法的启发。而且这种依存关系，或者说可能存在的依存关系——这是无法确定的——超过了某些个别重要的论点如流通速度理论或人口理论，而扩展到一般理论结构的基本特点方面。我们将会看到，完全相同的论断也适用于魁奈著作与坎梯隆著作之间的相互关系。亲缘关系是明显的，不一致的地方也和一致的地方同样足以显示这种亲缘关系：因为一个人从批评另一个人和接受他的教诲中都可以学到一些东西，而魁奈有些观点看来好像就是通过前一种方法从坎梯隆那里引导出来的。而且魁奈分析结构的基本特点，正是在坎梯隆的著作中已经明明白白地预示出来的特点。打一个比喻也许有助于说明问题：坎梯隆之于魁奈、配第之于坎梯隆，正如李嘉图之于马克思。这里把布阿吉尔贝尔撇开了，虽然他与坎梯隆之间有重要的亲缘关系，而在货币方面又与魁奈之间有重要的亲缘关系。但目前重要的似乎是把读者的注意力集中在一条强有力的和单纯的发展线索上。为了不使上面所说的这一切停留在含糊的概论阶段,唯一的办法是对坎梯隆的著述作一鸟瞰,或者换句话说,提出一个读者指南。这就是我所要做的。

第一编包括分析结构的要领。第一章是用关键性的概念——土地、劳动与财富——所作的一般性安排。恰好和配第一样,而且也同样容易引起误解,这里作为物质来源的土地,与赋予物质形态的或作为生产要素的劳动,是处于同等地位来制造财富的,而财富只不过是食物、生活的舒适和享受(布阿吉尔贝尔的定义)。第二至六章实质上是一套经济社会学,首先有一个社会阶级的理论:土地所有权——其本身就建立在征服与暴力之上,和布阿吉尔贝尔主张的一样——创造了地主、农民和劳工三个基本的“自然”阶级(商人与企业主,连同艺人、强盗,律师、乞丐也算在里面,但他们是加在这个体系上面而不是真正融合在里面的)。然后我们得到关于乡村的起源、城镇(坎梯隆采纳了城镇的“市场学说”,认为城镇首先是从定期开放的市场、然后从永久性的市场发展起来的)、城市以及都市的出现这一套很有意思的理论。坎梯隆除去创立了那种为十九世纪的许多教科书所采用的论述形式(在某种意义上甚至包括马歇尔的论著)外,还清楚地证明了他注意到通常目光短浅的人所难于掌握的事实,那就是任何分析性的社会科学方面的问题,在处理方法上必须分成两类,一类回答人们的实际行为是如何产生我们所看到的社会现象的,一类则回答这些行为又是怎样形成的。在第三章中我们也学到有关区位的一些知识——这也许是想在这个领域中取得进展的初步尝试(假如我们不谈农业文献中处于萌芽状态的一些想法)。

第七至九章转到了纯经济学——也就是讨论上述社会结构内人类行为的经济学。坎梯隆为了以后参考的方便,在这里先确定了许多初步的问题,涉及(a)劳工与工匠之间以及不同行业的工匠相互之间报酬的差异;(b)人口。(a)项是后来的作家们喜爱的题目,特别是亚当·斯密,而在十九世纪的标准教科书中成了标准的课题。(b)项我们将在后面“论人口、工资与就业”一章中加以讨论。但这里不妨先提一下,坎梯隆(显然是在发展配第的主张)一方面让人口适应对劳动力的需求;另一方面则受最低生存工资律的约束,所以假如不是他也把劳动看作是一个国家的“自然财富”(见第十六章,在这一点上他更像配第),那么马尔萨斯的主张也可以说就是起源于他了。后面这一点指向一个不同的方向,但这两种观念之间并无真正的矛盾。两者都成了十七世纪的通俗学说。

这样作了准备以后,我们的作家就在第十章提出一个正常价格或价值(“内在价值”:这里不要管他这个讨厌的用词,它并不害事)的成本理论。坎梯隆除了按照配第的理论,以生产每一商品所用的土地与劳动数量给他的成本下定义而外,这一套理论实际上还达不到烦琐哲学派理论的水平。由此而产生的一个明显问题——我们可称之为配第的问题——也就是李嘉图打算避开的一个问题,其办法是去掉土地因素(见后面第三编第六章)以便只留下一个生产要素,而坎梯隆则在第十一章以另一种权宜的办法来解决:劳动也可以化为土地,因为最低贱的奴隶的劳动至少值……必须被用来供应他的需要的土地数量。或者更确切地说,既然按照哈利的表,约有一半儿童十七岁以前死亡(以及基于其他理由),它大约是该数量的一倍。其他的劳动者所得较之最低贱的奴隶为多,但这或者是因为他们的劳动要用更多的土地来生产,或者是因为他们的报酬要冒风险。坎梯隆用来证明他这种估计的工人家庭预算数字,在附录中已被散失。但我们必须将这一特殊研究领域内所迈出的重要的第一步归功于坎梯隆。这方面在该世纪结束以前曾有很大发展。至于其他方面,我们既不须在这里对土地—劳动价值论本身(如果可以这样称呼的话),也不须对那种使它可以进行数字运算的企图加以批评。尽管如此,但必须说这种企图并非像它表面看来那样毫无意义。在遥远的将来这一方面并非没有成功的可能。不过让我们重复一下:第一,真正重要的是这种企图给我们带来了计量经济学研究的启示——任何科学无论是怎样"理论性的",只要本质上可以计量,那么数字计算就必然是这门科学的基础;第二,每年土地的亚彭(arpent,每一亚彭等于330平方英尺)数在坎梯隆的分析中所起的作用,恰好等于李嘉图分析中劳动日数所起的作用。同时让我们补充一句,这里有魁奈的正常价值论的积极的核心。他关于自然有创造价值的力量的哲学,对于配第—坎梯隆理论的有效内容并没有增添多少东西,正如马克思关于劳动有创造价值的力量的哲学,对李嘉图理论的有效内容也没有增添什么一样。

坎梯隆对于实际价格脱离这个标准的现象——他把这个标准从土地与劳动两项所表示的成本化成以土地一项所表示的成本——讨论得很仔细。在《商业性质概论》中没有称得上独占理论的东西；这需要较为认真的加以对待，因为从我们叙述的其余部分可以看出，坎梯隆的推理是以完全竞争中最完全的情况作为前提条件的，所以任何不完全性就自然而然具有特殊重要性了。但他也谈到由于其他原因而产生的许多暂时偏离正常的现象，也就是说，坎梯隆对于有别于正常价格的市场价格问题给予很大注意——正如亚当·斯密后来所做的一样。他处理这个问题有一个特点值得一提，因为这一特点实际持续到约翰·穆勒。像十九世纪所有的“古典学派”特别是李嘉图一样，坎梯隆从来不问市场价格怎样和正常价格关联在一起，正常价格又是怎样从产生市场价格的供求机制中出现的——如果它确实出现过的话。他把这种关联视为当然，于是把市场价格看成一独立的现象，而把供求关系的解释仅仅局限于市场价格上。这样就出现了一个肤浅的、而且被价值论后来的发展显示为容易引起误解的公式——正常价格由成本决定，市场价格由供求决定——这一点我们在第三编中将更多地加以说明。

再继续下去，我们可以更清楚地看到魁奈的影子浮现于未来，而布阿吉尔贝尔的影子也同样清楚地浮现于过去。社会上所有的阶级（等级）以及一个国家所有的人生存或致富都是靠了地主（第十二章）。根据第十四章的论点，这就是说虽然每一其他收入项目都有一个相应的成本项目相抵,成本中包括接受收入者必需的生活费在内,而地主的地租却是唯一不被抵消的收入项目,用以后的说法来说,这是因为地租是对“无成本的”、不是生产出来的、自然的要素的报酬。所以,得自土地的收入,由于事先没有或多或少规定了的用途,就可以由地主任意花销。这种收入的花法是不确定的;正因为如此,它也就成为国民总消费中决定性的、活动的因素——而在国民生产总额中也是决定性的与活动的因素,以致每个人的经济命运都取决于君主与拥有土地的贵族的生活旨趣和生活方式。这种旨趣决定了人们利用土地的方式,特别是决定了多少人能被雇用而能在一个国家内维持生活(第十五章),以及一国的贸易收支会呈现什么状况,如果收支两方都用土地来衡量的话——这是他用来判断一国从外贸中获利或受损的标准。并非所有这些都重现于重农学派的著作,例如最后提到的一点就没有。但大部分是重现了的,因此我们对地租怎样看法,有必要弄得很清楚。有几方面一定要辨别清楚。第一,有一条定理说纯地租是一种净报酬,它可以用稀缺的自然生产要素的生产力来解释:这是一个真实和有价值的命题,经过多次徘徊歧路以后,理论的发展约在 1870 年左右又回到这个命题上来了。第二,有这样一种说法,认为这种净报酬是唯一的报酬,所以正是农业生产了社会的全部净收入,其他经济活动不生产任何净收入。这一点表面看来是错误的,但是——像劳动价值论一样——如果加上足够的辅助条件与假设——例如绝对完全竞争、静止状态、没有城市地租、工资仅足以维持最低生存因而使劳动变成劳工消费的东西的产品以及其他等等[①]——也就可以使它变为正确。不过加上这些假定条件，就破坏了这个说法的实用价值。第三，这里强调了净收入迅速用掉以维持经济过程持续运行的重要性。这一点在坎梯隆那里所起的作用不大，但在他以前的布阿吉尔贝尔那里与他以后的魁奈那里，作用就要大些。第四，这里还强调了净收入的花销方式——这种强调是坎梯隆所特有的。对此，特别是对于坎梯隆眼中的社会来说，可以用常识来加以证明。

接着，坎梯隆断言：土地产品被分成三个大体相等的部分，1/3 用来补偿农民的支出，其中包括他自己必要的生计；1/3 属于他的“利润”；1/3 则归于地主。地主把相当于他们土地产品的 1/3 花在城市，这里约居住着总人口的一半。农民也花些钱购买城市生产的制造品，也就是他们分得的2/3的1/4。因此相当于农业总产品的一半（1/3＋1/6）最后流入城市，流到商人和企业家的手中，他们回过头来又用以购买食物和原料等等。坎梯隆自称上述这幅图景价值不大，不过是一个粗略的轮廓。我们如果要加以解释，还会遇到各种困难，不能深入下去。不过它也有不少有意思的地方，我们想举出两点。

第一，坎梯隆关于企业家的职能有一个清楚的概念（第十三章）。那是很一般的概念，但他结合农民的情况作了特别细致的分析。农民向地主和劳工按合同支付一部分收入，这是

① 读者把这些方面充分推导出来是很有裨益的。

"确定的";他卖出的部分,卖价是"不确定的"。布贩和其他的"商人"亦复如此,他们全都是先付出一笔钱而期望得到的收入是不确定的,因此他们实质上是生产与贸易中担负风险的指挥者,竞争往往会减少他们劳务的正常价值应得的报酬。这当然是经院哲学派的学说;但坎梯隆以前没有人这样充分加以阐述。也许就是因为有了他,法国经济学家才从来没有像英国经济学家那样忽视企业家的职能及其关键性的重要地位。虽然坎梯隆很可能不知道莫利纳,也没有迹象说明他实际上影响过 J. B. 萨伊,可是他在这一点上的成就——这是配第既未提示、魁奈也没有发展过的论点——"客观上"成了那两人之间的一个环节。第二,如果我们再一次地观察坎梯隆关于付款与交货的顺序,他从农业总产品分成三份开始,通过许多确定的阶段,又把我们带回到这个过程的起点农民那里,我们就会立即感到看见了一些新鲜的东西,一些坎梯隆以前或同时代的人——甚至配第——理论结构中没有明白显示的东西,或者说任何时代大部分理论家的理论结构中都没有的东西。从他们这些人那里,我们确实得到了关于控制经济过程的一般原理的陈述。但是这个过程本身是怎样在社会集团或阶级之间运行的,他们却留待我们去想象。坎梯隆是把这种循环流转弄得具体而明白的第一个人。他提供给我们一幅经济生活的鸟瞰图;换言之,他才是第一个编出"经济表"的人。而且,除了一些无关宏旨的差异而外,他这张经济表和魁奈的相同,不过坎梯隆没有把它浓缩为一张表格的形式而已。因此关于这项"发明",坎梯隆的领先地位是无可置疑的。米拉波出于他一贯的慷慨热情，曾把这个成就的重要性和“发明”文字的重要性相提并论。但是由于魁奈的公式更要著名得多，将来谈到他的著作时我们将加上应该加添的东西。

理所当然，列表的方法为研究货币现象提供了特殊的机会，特别是在流通速度方面——这是它的主要优点之一。事实上坎梯隆最擅长于此。第一编第十七章提出的货币理论的基础，并不见得有什么创见：还是那老一套，包括金银的可分割性、可携带性等使它们得以担负货币职能的属性。但是整个第二编（其中也包括物物交换、市场价格等理论）都是讲货币、信用和利息。第三编（主要谈对外贸易）也是如此。这里可以看到坎梯隆对银行、银行信用与货币铸造的分析。这种辉煌成就的绝大部分差不多历经一个世纪都没有人能够超过——例如对国际间货币金属分配的自动机制，就描述得完美无缺，这一成就往往被人们归功于休谟——不过其主要内容我们将留待以下各章加以研讨。[①]

3. 重农学派

〔(a) 魁奈及其门徒。〕 在他们那个时代以“经济学家”著称而在经济学史上被人叫做重农学派的一个法国经济学家与政治哲

① A. 马歇尔(《经济学原理》第 55 页，注 1)说坎梯隆在一些重要的方面被巴贲抢在前面了(见下面第七章)。除非这是指坎梯隆与巴贲在对外贸易观点上——他们两人与其他许多作家也都有共同的地方——有某些相似之处(绝不是很接近的)，我看不出马歇尔说的是什么意思。

学家的小集团,即使最不经意地回顾一下,也可以发现其显著的特色。但是我们从经济分析的观点出发,这个集团实际上可以归结为魁奈一个人。所有的经济学家都把他看作他们这门科学中最伟大的人物之一,这是毫无例外的,虽然不同的人对这个一致同意的看法持赞成态度无疑有其不同的理由。这个集团的其他成员中,我们只需注意米拉波、默西埃·德·拉·里维埃、勒特罗斯内、博道和杜邦,他们都是魁奈的门徒,甚至说是学生,这是从这两个名称最严格、最意味深长的含义来说的——他们忠实地吸收和接受了宗师的教诲,其忠诚的程度在整个经济学史中只有两个例子可以与之相比:那就是正统马克思主义者对马克思的启示的忠诚,以及正统凯恩斯主义者对凯恩斯的启示的忠诚。这些人在学术上、在个人关系上形成一派,总是集体行动,互相标榜,共同奋斗,每个人都在集体宣传中尽自己的一份力量。即使他们没有超过科学上的一个派别,他们实际上也充分表现了这种社会学现象的性质。他们是统一在可以说是一个信条之下的一个集团;他们确实是当时人们常说的一种所谓宗派。这一事实自然会阻碍他们对每一个不打算宣誓只忠于一个宗师和一种学说的法国或外国经济学家产生影响,而且这一事实还引起一部分人干脆全盘抛弃他们的教导,尽管这些人在理论与政策上有很多地方和他们是一致的,甚至是身受他们教益的。有些严肃的外国学者,特别是一些有影响的意大利人——其中有吉诺维西、贝卡里西和维里——确实表现得很友好。但仅就分析而言而不涉及政策,那么这种友好也不过是口头上对重农学派所特有的教义表示同意,我们不应误认为他们也是重农学派。较有一点重要性的热情追随者只能在德国找到:这里只须提到巴登的马格雷夫、施莱特魏因、莫维隆以及瑞士人赫伦施万德。现在把上面提到的这些人最简略的情况介绍如下。

弗朗索瓦·魁奈(1694—1774),一个普通律师的儿子,首先是一位内外科医生。他出色的职业生涯占用了他的大部分精力,剩下来用于经济学的仅仅是一个人能够花费在他热爱的嗜好上的那一部分精力。他写过一篇关于放血的医学论文,当了外科医学院的秘书长及院刊的编辑、国王的外科医生、最后成了首席御医。事实上他是德·邦巴多夫人的医药顾问,而她又是魁奈的女保护人。这位保护人不但极为和善,而且通情达理,这一事实保证了他能在凡尔赛和巴黎的知识界活动中占据战略地位,永远值得经济学家们对这位贵夫人缅怀谢意。他自矜博学而喜欢高谈阔论,很可能迂腐得令人讨厌;但他也具有这种迂腐的人所常有的性格感染力。我们还要高兴地提到一点,那就是他是一个十分正直与诚实的人。他对他的女保护人忠心耿耿,对周围环境各种特有的诱惑一尘不染,这些都已被马蒙退尔叙述的一件轶事所充分证实。不过这件轶事虽然有趣,却不一定真实。他在他那个圈子里是唯一有创造力的人。但由于他不善于或不愿意把他的观念充分地、有系统地加以发挥,所以这一点表现得不是那么明显。我们将要提到的他的经济著作(他唯一的巨著是《动物经济论》1736 年)有百科全书上的词条《租地农场主论》(1756 年)、《谷物论》(1757 年)、《人口论》(1757 年);有《经济表》(1758 年;见下文 d 小节);有论文《自然权利》(1765 年)与对话录《论商业》(1766 年),均见于《农业、商业与财政杂志》;还有一篇《中国的专制制度》(1767年《每日记事》),这篇文章曾引起人们推测中国人对重农学派的影响(例如L. A. 马弗里克以此为题写过一篇文章,载于1938年二月份《经济杂志》的增刊《经济史》)。最后,还有魁奈的《准则》,这是对《经济表》(1758年)的一篇有高度启发性的补充性论文或者可说是一个政治性的评注(1758年)以及奥古斯特·翁肯编辑的《经济与哲学文集》,前面附有一篇很有意思的引言(1888年)。所有经济学史的著作当然都要讨论魁奈,其中季德与里斯特的处理方法特别值得注意。请参阅H. 希格斯的《重农学派》(1897年);G. 舍尔的《魁奈医生》(1907年);G. 沃伊莱尔泽的《1756—1770年法国的重农主义运动》(1910年)以及《重农学派》(1931年);还有M. 比尔的《对重农主义的探索》(1939年),该书用几乎全部篇幅来讨论魁奈本人,这是完全适当的。

上面我们已经谈到过米拉波(见第三章)。他受魁奈的影响转变过来以后,就全心全意致力于重农主义的事业,但他并没有完全放弃他的独立判断。前面提到的他的两部著作,即《赋税论》和《农村哲学》,可能是和魁奈合作或商讨后写成的,但肯定不是纯魁奈主义的,而包含魁奈所不能赞同的东西在内。尽管如此,《农村哲学》(1763年)一般还是被公认为重农学派正统的四本教科书中的第一本。《人民之友》一书的第六编特别提出了米拉波对"经济表"的解释。

皮埃尔·保罗·默西埃·德·拉·里维埃(也称莱默塞,1720—1793年)是一个容易冲动和风度欠佳的人,但也因为如此而使他分外受人注意。他是重农学派正统的四本教科书的第二本的著者，题为《政治社会的自然秩序与原理》(1767年；1909年重印，由E.德皮特附了一篇有用的引论)。此书由杜邦·德·内穆尔摘要再版，书名改称《论一个新社会的起源和进步》(1768年)，很能揭示出这个集团的思想结构。默西埃著作的前三十五章是讨论政治理论课题的，这是他的主要兴趣所在——即魁奈的《专制政体》的体系，实际上这一体系根本不是专制政体。其余讨论经济学的九章是无足轻重的。可是迪德罗与亚当·斯密两人都对这本书给予很高的评价。

G. F. 勒特罗斯内(1728—1780年)是个很有才能的人。但他是一位律师，他的主要兴趣是重农学派体系中有关自然法的那些方面。在经济学领域中他承袭重农学派的正统观念而有所保留。他的《谷物贸易的自由》(1765年)、《论社会利益》以及《论社会秩序》第二卷(1777年)都是值得赞扬的成就，但也仅此而已。

尼古拉斯·博道神父(1730—1792年)开始是(重农主义的)一个敌人，但自从1766年他的大马士革之日起，他在普及重农主义和为它辩护方面作了非常有益的贡献，同时他又是一个很能干的编辑。他的《……引论》(1771年；后来由A.杜波伊斯于1910年重印，并附有一篇很有教益的序言)是这一学派教科书中的第三本，也许是论证最不充分的一本。

这套教科书中的第四本，也是最好的一本，就是简短的《政治经济学原理摘要》(最先于1772年在《每日记事》第一卷上发表)，作者是巴登-杜拉赫。

皮埃尔·S.杜邦·德·内穆尔(1739—1817年)以一个全

面发展的自由作家涉世。他是这一伙人里面最能干的一员。拿破仑一世有一次曾称维拉元帅为“以名誉担保的夸口者”。我们也同样可以把杜邦称为从不忘记荣誉与原则的“进取者”。特别是他既对于纯科学问题怀有真正的兴趣,而又能在其整个一生保持他对重农学派教义的忠诚,虽然他的遭遇很有可能使他把这两者都加以抛弃。他献身于重农学派的事业是狡黠的老魁奈本人争取过来的。魁奈充分了解他要打交道的对手,从来不把缰绳拉得太紧。杜邦很快就开始进行卓有成效的写作。在许多著作中特别值得一提的是1764年出版的一本关于谷物进出口自由贸易的小册子。由于他在著述和编辑工作上的成功,他在杜尔阁以及后来在旧制度最后一位伟大部长韦热内之下,都担负过许多重要职务。关于他一生的浮沉以及怎样通过制宪会议和督政府最后——用一句罗马人的话来说,“孑然一身”——在美国登陆,我们就不需要细说了。我们也用不着记载那些显示他才华的无数著作,即使这都是演奏者而不是作曲家的才华。除了他的信件以外,有兴趣的读者可以在G.舍尔的《杜邦·德·内穆尔及重农学派》(1888年)中找到他的全部著作;同时也请参阅前引的沃伊勒泽的著作。

前面已经提到,这个学派充分注意到宣传的重要性。有些成员,特别是博道与杜邦,都很擅长于此。他们建立了讨论小组,对占据关键性地位(特别是议会)的个人和机构做工作,产生了大量通俗的与引起争论的文献。他们在经济刊物方面的贡献,无论其本身怎样有意义,如果不是因为他们超出了这一点而为经济学史最初的科学刊物提供了大量材料,我们也不会在这里提到。《经济杂志》(1751—1772 年)从一开始就享有很高的声誉,对科学的经济学作了很大贡献,例如它刊印了休谟(这是要牢记的一件大事)以及乔赛亚·塔克著作的译文。《农业·商业与财政杂志》(1764—1783 年)的意图,从一开始就是登载"比较有分量的"文章作为报纸的补充。在1765—1766 年及 1774—1783 年间,重农学派部分地控制了该杂志,部分地可以随时利用它。可是 1765 年博道创办了著名的《公民每日记事》(虽然是一种周刊),该刊物在 1766 年博道由贸易保护主义者转变为重农主义者以后,就和重农主义分不开了。1768 年杜邦接管了该刊物。由于这种刊物对埃居隆-莫普-泰雷政府的政策采取强烈的敌对态度而被迫停刊。1774 年杜尔阁又把它复刊了。对于杜尔阁的政策它当然表示支持,并对他的某些政敌加以攻击。《新每日记事》于1776 年停办,虽曾几度力图复刊,很快就归于失败。但从某种意义上说,虽然寿命不长的《财政学、伦理学和政治学杂志》(创立于 1796 年)既不代表重农学派观点,也够不上说是重农学派的刊物,但它却属于这种类型——就像后来的《经济学家杂志》一样。所以从许多方面来说,研究经济学史的人应该把《每日记事》作为魁奈和他那个集团的重大成就之一。读者会在帕尔格雷夫的《政治经济学词典》中找到 S. 鲍尔所写的"每日记事"词条,这是概述这个杂志历史的一篇极好的材料,它以简短的篇幅,把所有重要事实都提到了。I. 艾斯林在德国也创立了一个翻版(《人类每日记事》,1776—1782 年),但比不上原版。

读者在勉强读完《每日记事》各卷后(我仅能读到 1772 年的为止),当然各人会有不同的感受。就我个人而言,我印象最深的是它们与十九世纪末马克思主义正统的科学刊物,特别是与《新时代》有一定程度的相似:同样热烈的信仰,同样的辩才,在任何事情上除了正统观念外同样不能容纳其他见解,同样怀着敌意的憎恨,以及同样地缺乏自我批评精神。这特别表现在那些评论文章之中。但是由于有充实的内容,倒也能掩盖这许多缺点。即使不谈杜尔阁独具一格的《考察》以及对于《经济表》的解释,也还有许多非常优秀的东西。例如杜邦就刊登过我所知道的第一部真正的经济学史。大量的史料曾被刊载。当时世界每个角落发生的事件都随时有所论述,虽然总是从狭隘的派别观点出发。总之,《每日记事》是经济学的第一种长期连续出刊的科学性杂志,它为后来很长一段时期树立了一个高标准,它的国际声誉是完全当之无愧的。

上面提到的三个德国人我们就不必多谈了。至于巴登—杜拉赫侯爵(即后来的巴登大众,1728—1811 年),在政治上他是当时担任公职的最能干的人物之一,我们在这里只需要提一下他和米拉波与杜邦的通信(由 K. 克尼斯汇编并作序言,1892 年出版)是值得细读的。J. A. 施莱特魏因(1731—1802 年)是这位侯爵把重农学派的方案试行于迪特林村的合作者;关于这个试验他曾在《消除公众贫困的方法》(1772 年)一书中报道过。我们不准备多谈后来他对这次试验更详细的叙述,只要提到他的《国家或政治经济学的基础》(1778 年)就够了。他为重农主义服务的活动几乎是带有扰乱性的。他实际上搞的是农村改革方案，所到之处都引起一阵骚动，这就使他在科学的经济学史中获得了这样一种传统地位，这种传统地位从已经公开的成果加以分析是站不住脚的。无疑他自己有些卓越之处，不过只有一点能引起我们的兴趣：他十足地表现了这么一种类型的经济学家，这种经济学家我想是不会绝迹的，他们总是使经济学在明达之士的心目中得不到信任。这种类型的经济学家说：我这里有一种专卖的良药，能治百病，是"对于大众最重要的东西"（这句话是他发表的一篇文章的名称）；事实上，人类只要把它吞下去就行了，这是最重要的。雅各布·莫维伦（1743—1794 年）在许多方面都是更为杰出的人，但作为一个经济学家，却更要差些。他有一篇论奢侈的文章，收在他的《论文集》（1776—1777 年）中，不值得一提；他的《重农学派致多姆教授的信》（1780 年）却正是德国有关重农学派争论的中心，或接近于这个中心。仅因如此，这本书就值得提一下。但这场争论本身也需要提一提，因为重农学派学说的真正科学意义虽然人们不甚了解，而主要只讨论了它的实践方面，竟能在 1780 年左右掀起一场正式的辩论，这个事实倒是引人注意的。不过我们要借此机会提到重农主义最优秀的代表作，即 K. G. 菲尔施特瑙的《重农主义体系辩护书》（1779 年）。在反对派方面则只要提到 G. K. W. 冯·多姆（《重农主义体系简介》，1778 年）与 J. F. 冯·普法伊弗（《反重农主义》，1780 年），后者大部头、成系统的著作，无疑有强烈的实践意义，这使他赢得好些史学家的赞扬。琼·赫伦施万德（1728—1811 年）是一位后起的重农主义者。也许他根本不该被称作重农主义者，因为他不是正统的。但他是一位很有才能的经济学家。他的主要著作是《现代政治经济学》(1786年)；《政治经济学与人类的道德》(1796年)；《政治经济学的真实有效的原理》(1797年)。有一篇德文的专著，是A.约尔所写的《琼·赫伦施万德》(1901年)。

一个具有教义与政治纲领的集团，自然会有多方面的表现，因此除了要求从我们这个角度加以解释性的分析外，还要求从其他许多角度加以解释性的分析。我们首先就从这些方面粗略地扫视一遍，然后再讨论魁奈经济分析的精髓所在，特别是他的《经济表》。

354

〔**(b) 自然法、农业、自由放任与单一税。**〕 1750年还没有重农主义。[①] 从1760到1770年全巴黎的上层人物都谈论它，而在凡尔赛则谈得更多。到了1780年，每一个人(除了自命为经济学家的人以外)都把它忘了。一旦我们认识了这种成功的性质和范围，也就是说，一旦我们准确地弄清了差不多二十年间获得如此显著成功的究竟是怎么一回事，它是如何成功的，又是为什么成功，我们就可以很容易地理解这一转瞬即逝的业绩。

上面(第二章)我们曾把魁奈看作是自然法哲学家。事实上魁奈的国家与社会理论，只不过是经院哲学派学说的翻版而已。“遵从自然法律、自然秩序和自然规则”(Ex natura jus, ordo, et leges)这句名言也许出于圣汤姆斯，虽然过去人们不这样认为。重农学派的所谓“自然秩序”(在真实现象的世界里有一个“人为秩

① 这个名词意指自然的规则，由杜邦于1767年用作一本书的名称。但根据昂肯的说法，博道早些时候也曾用过，而且可能是导源于魁奈本人。这个问题关系不大。

序"与之相对应)是由人类理性所显示的人性的理想命令。魁奈与经院哲学之间的差异,并不能使魁奈增光。我们已经知道圣汤姆斯与较晚的经院哲学家如莱西厄之流都完全了解社会阶级与制度的历史相对性;我们也知道他们一般不承认世间事物具有不变的秩序。但魁奈的理想秩序则是不变的。尤有进者,在他论述自然法的文章中,他把物理法则定义为"所有自然现象被规定的过程,而这一过程显然是对人类最有利的"。他又把道德法则定义为"人类每一行为的规则,而这种行为也是服从显然对人类最为有利的自然秩序";以上这两种法则合起来构成所谓"自然法",它们都是不变的、"尽可能好的法则"。就经院学者来说,这些法则仅限于在形而上学范围内有效,而不能直接应用于历史条件所制约的形态。就魁奈来说,它们可以直接适用于具体的制度,例如财产所有制。魁奈的政治理论以一种不加批判和非历史的方法——无论是从分析方面或规范方面——对准君主专制主义。这对于经院哲学家们也是十分陌生的。① 现在我们知道这套旧的自然法体系在十八世纪如何走运,以及它主要的特点怎样为理性所接受。所以魁奈特殊形式的自然法除去有些次要的装腔作势而外,与当时知识界的风尚是合拍的;每个人很容易理解他教义的这一部分,一开始就会同情它,讨论的时候也感到安闲自在。同时,魁奈和其他理性的崇

① 不过这里必须指出,在魁奈的时代和他的国家,在这一点上也许包含着很大的实用性的智慧。因为在十八世纪法国的具体情况下,重农学派所主张的改革只有通过专制君主强有力的支持才能(不经过革命)付诸实施。因此重农学派对于任何种类的"特权"的敌视,并不是如人们所想象的与他们对君主的忠顺相抵触,而恰好相反,正是这种忠顺的理由。

拜者不同,他对于天主教会与君主并无敌意。因而,魁奈的理性虽然对于进步事业怀着毫无保留的信念,但却没有那反对宗教的和政治性的锋芒。这使得宫廷与全社会皆大欢喜,难道还需要我多说吗?

在魁奈的经济政策纲领和他的分析体系中,农业再一次占据中心地位。而他教义的这一特色也和当时的风尚很合拍。在那个时期恰好人人都热衷于农业。这种热情出于两个来源,互相推波助澜,虽然它们实际上是两个独立的来源。第一,农业技术的革命赋予农业问题以一种新奇的现实性。它在法国产生的影响不如英国大,但它在巴黎引起的茶余酒后的谈论并不少于伦敦。第二,把人类的自然权利与美化了的原始社会状态不合逻辑地联系在一起,以后又把这种状态与务农不合逻辑地联系在一起,使农业成了闲谈中流行的话题,这些肯定和魁奈严肃的教义毫不相干,但却也为他的帆船吹来了一股顺风。假如下面我们再添上一笔,整个情况就更清楚了:这位固执己见的医生在凡尔赛宫阁楼中的房间,距离所有荣华富贵的源泉的那位邦巴多夫人的一套住房是不远的。处于社会等级阶梯下层的野心家决不会理解不到这个事实。而其中有些人也许会想到,在那个医生那里无聊地待上一个小时,借以换取向夫人面前进一句美言,这是一个便宜的代价。马蒙退尔对于这一点是毫不隐讳的,而且我们可以有把握地说发现这个秘密的绝不止他一个。

这些事在任何时代都很重要,虽然不同的环境有不同的方法来赞助某种学说而并没有消化或者关心这些学说的真正科学意义,假如确实有科学意义的话。用当时特殊环境里的说法来表达:

魁奈的成功主要是“沙龙社交”的成功。上层社会对重农主义谈论了一阵子，但外界除了讥笑而外，就很少有人多加注意了。因此尽管有一阵重农主义的风尚，却没有像过去以及现在仍然流行的马克思主义运动那样的重农主义运动，特别是没有扎根在农业阶层之中的重农主义运动。关于重农学派我们已经读了这么多，但它在政治上的影响到底如何呢？在反对特权、暴虐以及各种令人厌恶的保护制度方面，它起了什么历史作用呢？如果读者根据上文所述认为这种影响等于零，那他就完全误解了这里所提出的论证的要旨以及为什么必须这样提出了。任何像重农学派这样有良好纪律和致力于宣传的团体，不产生某些影响是不可能的。举例说，我们这个时代的妇女选民同盟这样一个团体，在政治机器中不过是一个小小的齿轮。但是对我们的时代要作出符合事实的分析，却不能完全忽视它。问题在于重农主义集团只产生了这种影响而别无其他，而他们作为政治推动力所起的作用是微小的。下面对魁奈的建议加以考察，就可以证明这种看法。

为了论述的方便，我们可以把他的建议压缩为两类：一是实行自由放任，包括自由贸易在内，二是对土地净收入征收单一税。为了对魁奈作为一个“务实的”经济学家的才能作出正确的估价，有必要根据上述两类建议，把他学说表面上的装腔作势和背后实际的常识区别开来。例如魁奈把自由放任与自由贸易说成是政治智慧的绝对规范；但是我们必须从重农学派对各种特权以及许多他们认为是暴虐的行为所抱的敌视，其中特别是对垄断地位的敌视来考察这些规范。既然这些现象没有政府的大量“干预”就不能废止，魁奈奉劝于政府的，就绝不是消极无为而实际上是一种积极行动的政策。再说,尽管他笼统地谴责政府的管制或控制,但应注意他实际上所反对的是从过去留传下来而不再适合于当前情况的管制;自由放任的绝对规范在这里具有一种相对的意义而和它的绝对性的含义大不相同。最后,我们不应忘记1760年时法国的农业对于保护政策不感兴趣:正常情况下并无小麦大量进口的危险,而农产品的自由贸易假使有什么影响的话,就是只会提高它们的价格。我们马上就会看到,我们有理由怀疑,假使魁奈是在1890年写作,他是否会成为一个彻底的自由贸易者。同样,在单一税问题上我们必须把一望而知的观念和使它成为嘲笑对象的外表装饰区别开来。以净所得为课税的基础,把法国的赋税制度加以简单化和合理化,显然是一个明智的想法。而将税制完全放在这样一种税收上,是空谈理论家处理问题的方式。魁奈的理论认为土地的净地租是当时存在的唯一的这类所得,而任何税收最后无论如何都要落在这种所得上。所以把整个税制完全放在对土地净地租课税的基础上,就是魁奈应用他理论的方式。这种理论也许站不住脚。即使它作为一个抽象的命题尚有可取之处,但应用于实际赋税问题也是行不通的。因为仅仅在这种制度中存在的摩擦,就足以产生地租以外的净报酬。但这个基本观念的价值并不因为这种特殊的枝节而被完全破坏。再说,考虑到当时根本没有向土地纯地租课税这一事实,提出向土地纯地租征税的建议,不管它有什么装腔作势的地方,还是有意义的——这种意义是后来类似性质的建议,例如亨利·乔治的建议所没有的。重农学派对财政学的贡献,事实上最后由这个集团所写的财政学教科书表现出来,这就是米拉波的《赋税理论》(1760年)。这本著作——杜邦曾誉之为"卓绝的"贡献——由于适当强调了行政的改革，从领地、造币厂、邮政局取得收入，对烟草生产征收特别税，以及征收盐税的重要性，这就减轻了对于单一税这副万应灵药的压力，并有助于消除人们对单一税所寄予的不切实际的幻想。

但是要注意在重农学派的一般纲领中实质上并没有什么新东西。传统上与此相反的主张也许可以归因于：(1)这个集团的史学家要求胜过亚当·斯密以保护自己的领先地位，这种愿望是可以理解的，当然也很正确；(2)一种足以欺骗任何经济学说史专家的视错觉，如果他集中视线于一群特殊的对象而不注意周围的情况和历史背景；(3)魁奈阐述问题与众不同的奇特方式，这种方式以一种过分强调的但却是人为的界线，表示他的看法与类似观点的区别。举例说，如我们所知，单一税制是一种旧有的观念；如果说魁奈加进去什么新鲜东西的话，那么他的贡献只在于增添了那个特殊的枝节，而很少有人会认为那是一个改进。在自由贸易问题上，重农学派也许真正是第一个主张无条件自由贸易的集团。不过有些人如达德利·诺思爵士也已经在他们之前提到无条件的自由贸易。不过对我们来说这并不重要。比这个重要得多的是：如果谈到对其中科学原理的掌握，那么有许多同时代的人，其中包括他们公开的敌手如福尔邦内，都和他们站在同等地位上。也许值得一再提醒的是，对于某种特殊的、实际的结论的赞同，既不能肯定也不能否定一个人对经济因果关系的洞察力。事实上如果对于这些人洞察力的不相上下有任何怀疑的话，这种怀疑倒应该针对魁奈。因为对极端的论调虽然有许多其他的解释，但通常是缺乏洞察力的表现，而非相反。

不管怎样,就魁奈关于经济过程的观点与他的政策意见而论,十九世纪自由主义的全部理论武器实际上当然都可以追溯到他那里。但是这股波及十九世纪经济学家与政治家的思潮要壮阔得多,而重农主义成分不过是其中的一小部分而已。对于制宪会议和整个大革命时代的政治家,也可以这样说。同时也没有更多的理由足以声称杜尔阁的任命或他的政见应该归功于重农学派的影响(参阅下面第 4 节)。重农学派实际影响仅有的一个例子是巴登一杜拉赫的卡尔·弗里德里希和塔斯肯尼大公彼得·利奥波德所做的单一税试验。不过我们在前面已经讲过,如果说魁奈作为一个经济自由主义的守护神被抬得过高了,但作为一个科学的经济学者,如果我们不谈他的直系信徒对他的热烈颂扬,则至今没有受到应有的重视。特别是那些有资格的学者在某些具体论点上感谢他的教益或至少承认他的领先地位时——这种承认是唯一严肃认真的表示——都显得异常审慎。一个原因是他的分析工作很少为人们理解,因而后来的经济学家实际得益于他的不如想象之多。还有一个原因是他的教义有一种使人们感到古怪的成分。在亚当·斯密那里,似乎这两个原因都起了作用:几乎可以肯定,他没有充分理解《经济表》的重要意义;同样也可以说,他过于希图避免和任何显得古怪的东西有什么瓜葛。只有马克思是唯一给予魁奈以正确评价的第一流经济学家。

〔(c) **魁奈的经济分析。**〕 请回忆一下魁奈关于自然法的定义。一当我们弄清它的全部含义以后,我们就可以理解下面一些历史学家到底是什么意思,这些历史学家指出魁奈的思想中有神学倾向,或者否认他的著作有分析的性质,或者至少认为魁奈的宗教信仰是形成他经济学的一个因素。[①] 如果只涉及魁奈的经济政策观点和价值判断，这也许有点道理。但就他的经济理论而言，情况就完全不是这样。当然，具有决定意义的不在于魁奈自己一再声明他忠实地描述了事实。[②] 但是通过我们自己的试验也产生了同样的结论，并且证明以下说法是正当的：读者即将看到，魁奈没有一个经济命题是建立在任何神学的前提之上，或者当我们抛弃他的宗教信仰时他的经济命题会受到什么影响。这在事实上证明了他经济著作的纯分析的或“科学的”性质，而没有超经验的影响发生作用的余地。现在让我们简要地看一看他的理论结构的特征。

I. 所有对经济课题的推理，必然暗中意味着对某种经济原理的承认。正因为如此，所以很难说这样的原理最先是在什么时候、由什么人提出的。但是如果我们强调的是明确提出这种原理的人，那么我想魁奈的行为法则应处于领先地位（相对于意大利人而言）；这个法则就是：以最小的牺牲，或者像他继续说明的，以最小的劳动、痛苦，以求得最大的满足。这一法则或原理的重要性，如果从理论形式——或者也可以称为经济学的纯粹逻辑——的角度来考虑，主要在于提出了一个事实，那就是这个理论的基本问题是最大化的问题。魁奈用以提出这一原理的享乐主义的外衣，其重

① 如果我们把魁奈的定义和孟德斯鸠的比较一下，这一点便十分明显。孟德斯鸠对自然法的定义仅仅是“产生于事物性质的必要关系”，对这个定义不能给予过高的评价。

② 有两种参考资料也许有用：第一，在《论商业》（1766 年）的对话中魁奈部分地阐述了他的资本理论，他请他的读者去参观农场和工厂以验证他理论的现实性；第二，谈到阶级之间的经济关系时，他告诉我们：不同阶级之间商业的发展及其必要条件并不是想象出来的。任何人只要好好想一想都会看到，它们忠实地仿效了自然。

要性在于,从时间上来说,它使他在功利主义社会哲学史中占据显著地位;毫无疑问他是功利主义的创始人之一,虽然他没有用很多话来阐述这个最大幸福的原理。

但他还是另一学说的创始人中最重要的一个,这就是后来所谓完全竞争的最大化学说(请参阅马歇尔《经济学原理》第 531 页)。也就是说,他认为如果具备完全竞争的条件,让每一个人自由追求他一生的私利,那么全社会所有成员合在一起,其欲望就可以得到最大的满足。在整个十九世纪,这种学说被大部分非社会主义的知名理论家无条件地或略经修改地加以传播,其中包括许多拒绝接受功利主义哲学的人;真正的批评是从 A. 马歇尔开始的,虽然起先他很审慎。必须指出,这种学说的基础一开始就多么脆弱。严格地讲,在任何情况下它都不是十分正确的。不过在一定的历史条件下,根据某些假定也可以举出对它有利的证据。虽然这些假定的确很严格,但还不至于严格到完全取消其实用意义的地步。可是有一点我希望引起读者注意,那就是魁奈从来没有打算证明它。在他看来,它似乎不需要加以明确证明。他显然这样想:如果每一个人都力求实现最大的满足,则所有的人都自然而然地得到最大的满足。我们这门科学中最优秀的头脑之一,竟能满足于这样一个显然没有前提的推理方式,这一点很发人深省:在经济科学中思想缺乏严密性和条理性,其危害性比政治上的偏见还要大。

不过,请注意,对于重农学派的口号——"个人利益是为公共利益服务的"——本身,我们并不反对。这不过相当于后来亚当·斯密所说我们之所以有面包,不是由于面包师的仁慈,而是由于他的自利之心;这个平凡的真理值得一再提起,是因为人们有一个根深蒂固的偏见，认为任何旨在追逐私利的行为，单从这一事实出发就必然是反社会的。A. 斯密小心谨慎，没有在这一点上过多地做文章。特别是他敏锐地意识到社会各阶级之间的对抗。可是魁奈断言了竞争社会中各种利益之间的普遍协调——或者甚至是相辅相成的关系——从这一点出发，进一步断言阶级利益的普遍和谐，因而使他成为十九世纪调和主义(萨伊、凯里、巴师夏)的前驱。不过在这里我们看到他试图加以论证：经济表告诉人们每个阶级如何依赖于其他每一个阶级，特别是地主阶级的繁荣兴旺如何决定其他阶级的繁荣兴旺。这种论证——来自坎梯隆——受到人们明显的反对甚至嘲笑。但魁奈的调和主义并不是一句空话，也不必求助于对天命的信仰来加以解释。

II. 魁奈有一幅很全面的分析图景，虽然他是用互不连贯的草图把它表达出来的。有些部分，特别是那些涉及人口、工资、利息、货币的部分，将在下面几章提出来。不过为了现在保持一个完整的全貌，我将指出他在下述这些课题上的地位：他的人口理论在所有主要方面都比马尔萨斯先走了一步；他的工资理论以最低生存水平的命题为核心；他几乎可以说没有什么利息理论，而且完全没有能说明这种现象；他的货币理论和坎梯隆的不同，我们已经决定称之为交换论(cartalist)的货币理论。

对于物物交换与定价，他是遵照严格的“主观”路线来分析的——他把他的理论坚决地建立在消费者欲望的基础上。这是有一定重要性的——虽然他对以前经院哲学的价格理论没有增加什么东西——因为他对这一问题的处理(像孔迪亚克一样)所产生的影响，与这种理论始终活跃在法国是有关系的；它直接指向 J. B.

萨伊。不过还有一点需要在这里记载下来。A. 马歇尔否认消费理论是经济学的科学基础,这也许很对。可是它肯定是魁奈经济学的基础。十九世纪的"自由主义"经济学家惯于赞扬十八世纪自由贸易论者,特别是 A. 斯密,因为他正确地强调了消费是"生产的唯一目的"这一真理,从而消除了一个"重商主义的谬误"。这一点其实算不了什么,即便是真理也不是什么了不起的真理,而那个谬误也主要是想象出来的。但是魁奈同时也用了一种不同的意义来处理消费,这很不合于那些"自由主义"经济学家的口味;而如果有点什么的话,那就是使人想到"重商主义"的思想路线①:和杜尔阁与 A. 斯密不同,他认为经济过程平稳运行的一个明显的条件是:每个人迅速把他的净收入用在消费品上,或者用一句近年来在华盛顿流行的话来说,每个人充分"利用"他的所得。他认为如果不这样做,特别是如果有些人为了增加他们个人的货币存量而储蓄的话,那么所有的阶级都会衰落下去,总产量将会缩减,因为只要有人不愿花钱,就一定有人得不到收入。魁奈教义中这个带有"凯恩斯主义"气味的一面,以后还要谈到。

---

① 由于魁奈的自由贸易建议,当然产生了一种传统的做法,就是把他放在和"重商主义"学说不可调和的敌对地位上。实际上我们已经看到,即使在那些建议中也有一个因素使他的自由贸易有别于十九世纪"自由主义者"的自由贸易;那就是他强调农产品的高价格。但其本身也许可以解释为基于政治偏好的理由把一个实际的考虑插进一种学说的结构,而它在理论上是和这个结构无关的。不过如果我们进一步仔细考察,就会发现问题不止限于高价格。A. 斯密把"廉价和丰富"的学说论证得很成功(因此,如果我们采纳凯恩斯勋爵的观点,他就成了"廉价论谬误"的受害者),而魁奈则主张把高价和丰富的观点作为一种分析的原则(见下面第六章第 1 节)。这一点和我将要在正文中提请注意的一点联系在一起,如果只谈分析方法而不涉及政策,就使他成了那些通常所谓"重商主义者"的作家们精神上的兄弟,同时至少在一个非常重要的方面使他与那些追随 A. 斯密的十九世纪的作家以及斯密本人拉开了距离。

III. 作为一种创造性的贡献,特别重要的是魁奈的资本理论。尽管有坎梯隆与其他的先驱,仍可以说他为经济理论的这个部分奠定了基础。这个成就提供了一个有趣的例证,说明在这位天生的理论家头脑中,由于关心实际问题,引起了观察,而从观察就可以产生分析性的概括。魁奈的农业纲领实际上等于经济政策的总和,是切合相当大规模的农业的需要而制定的;和坎梯隆一样,除了那个建立在充分掌握当时所有技术与商业机会的有知识、有活力的农业阶级的进取精神之上并为之所推动的农业社会而外,他从未认真考虑过任何其他的农业社会。这些有知识的农户他并不看成是他们土地的所有主,但他们却不受地主的一切干预,只是从地主那里长期租佃大片土地——已经开垦,而且盖好了房屋建筑——可以随心所欲地进行耕作。公地应该取消,也像其余土地一样分给个人;封建权利和义务——特别是在农耕地上打猎的权利——应予废止;同样要废除妨碍产品出售的内外关税以及打击人们积极性的赋税(这也就是为什么要征收单一税并由地主支付的实际原因);乡村似乎要分解成为一大群繁荣兴旺的企业,听由它们自己活动,按高价出售,熙熙攘攘,自身充满着活力,并且把整个国民经济都搞得活跃起来。①

① 为了补充上述魁奈经济哲学的许多常识,可以提出一点,那就是在 1750 或 1760 年左右法国国内外的形势下,这种政策较之将资源浪费在殖民事业的冒险方面似乎是一项更为合理的建议。殖民地的冒险即使成功,也不过为英国舰队提供了竞争的目标;它也比把资源用在金融企业上更为合理,这种企业的结局将和约翰·劳的企业一样;同时它也比把资源用在军事设施方面更为合理,因为这会产生另一个罗斯巴克。魁奈是向一个受到严重挫折的国家提出建议的;对这样一个国家的心理状态必须有所了解。

现在,如果读者能够想象出这种特殊类型的纲领,他会立即发现它的成功有赖于三个先决条件的实现:第一,这些农业企业家必须充满活力,孜孜不息。这个条件魁奈看得很轻松,因为作为他那个时代的典型人物,他对于个人内在品质的问题并不十分重视;第二,这个农户的天堂必须不受外来商品廉价倾销的压力。这个条件在十八世纪的法国是不必担心的;第三,必须拥有充足的资本——低廉的资本——以供这些基本上属于资本主义性质的农业企业家使用。魁奈所担心的是最后那个条件。他有一切理由为此而担心,因为他对实际情况作了研究,弄清了耕种技术和经营政策的所有细节,这使他真正懂得了这种类型的农业对资本的需要到底是怎么一回事。正是根据这些调查研究,他才把他的发现加以概念化,发展成他的资本理论。其直接的结果体现在他把农户对资本的需要划分为"土地预付",即开办费(其中包括开垦、排水、做栅栏、建房以及其他不再发生或仅在很长时间后才会再发生的项目);"基本预付",即设备购置费(其中包括牛马);以及"年度预付",即种子、劳力等经常费用支出。①

魁奈不想花费脑筋把这些概念加以普遍化。把它们扩展到工业部门,并不见得有什么困难。但这些预付是由什么组成的呢?毫无疑问是排水设备、房屋、牛、犁、种子、劳力等农民所需要的东西。因此就是一些商品和劳务吗?假若如此,那么对于以下事实又如何解释呢,即"所需要的资本"或"所投入的资本"至少要用货币来表示,以及事实上这种资本也是用货币买来的,而货币才是地主(为了

① 此外还有"公共预付",包括对道路等等的公共支出。

土地预付)与农人首先所实际需要的。魁奈碰到了潜伏在这些问题后面的所有问题,而他解决这些问题的初步尝试也许是——即便实际上不是,因为这一点无法肯定——以后所有进一步研究这些问题的工作的起点。下面将讨论我们为什么认为A.斯密的资本理论产生于对魁奈理论的批判吸收,这样就在事实上使魁奈成为约翰·穆勒以前所有资本理论的始祖了。既然首先探讨一个课题的人常常会提出各种各样的想法,涉及的方面较他本人觉察到的要多,我们甚至很想把后来与瓦尔拉、欧文·费雪以及另一方面与杰文斯、庞巴维克的名字有联系的一些理论发展都追溯到魁奈那里去。但这是不能允许的;因为这样做所根据的逻辑可能性,仅仅是蕴藏在预付这个词里面丰富的与不确定的可能解释——正确的、错误的都有。当然没有一个论述经济问题的人会怀疑这样一个简单的事实,即"资本家"所做的仅是提供商品或货币用以开创和进行生产,而"资本家"本人总是明白他们正是为这些目的而"预付"货币。但是在分析的成就方面,基本的形态之一恰恰是把某一简单的事实(例如苹果脱离树枝后会落到地面)提到理论自觉性的高度来考察。魁奈对资本理论的贡献在于:由于他了解到除非事先供给农业企业家以所有各类的东西,否则他们就不能开始他们的事业,因而他把资本看作是上述生产过程开始以前所积累的财富而引入经济理论中。他仅仅做到了这一点,但从这一起点却开辟了许多相互之间有很大距离的岔路。特别是他没有把货币资本作为和"真实"资本不同的东西——而且是一种会玩弄自己花招的东西——来分析它的形成与行为。他接受了非货币资本的两面神的两个侧面,一面是价值,另一面是物质财富,而没有把所牵涉的问题理清楚,特别是价值概念具有而物质概念不具有的利息问题。

IV. 马歇尔《经济学原理》第二编第三章开头的一句话就是："人不能创造物质的东西。"这句话来自约翰·穆勒、雷与许多早期的作家。因为经济学与效用或市场价值的"创造"或生产联系在一起，所以很难看出上面这句话与经济学有什么相干，而且事实上那些作家没有一个人曾经利用它说明过什么问题。但是众所周知，重农学派确实曾经用之于分析。他们追随坎梯隆从这句话引出了"净产品"的理论。仅仅由于这一原因，我们才重又讨论这个题目。因为不管是对他们视为物质的事实所作的陈述，或者是他们所醉心的与这一陈述有关的哲学，其本身都不值得我们花费时间去讨论。魁奈以这种事实为理由，说农业活动是"生产的"(这是指农人的活动而不是农业劳工的活动)，而其他活动都是"非生产的"(当然不是说无用的)。关于这种名词上的选择，也没有什么特殊的意义，虽然正是这一点使人感到古怪，因而引起了过度的批评性的注意。不过让我们指出，如果把经济社会看成一座大机器，它从自然的怀抱中获取物质资源，然后只是单纯地进行加工而并不增添什么东西，这样实际上也就不见得怎样古怪了。唯一的问题是这种比喻有没有用处。我们在论述坎梯隆的著作时已对这个题目发表了看法，因而我们现在可以很快地解决这个问题。

在论述坎梯隆的著作时，我们已经看到，坎梯隆所说的"土地产品"——魁奈的所谓"净产品"和这个是一回事——的理论，无非是表达下述事实的一种方法，即地租就是(或者含有)净报酬，虽然这肯定不是最正确或最方便的表达方法。但是我们也已经看到，这种理论到此并没有止步。它认为地租是唯一存在的净报酬，它和社会全部可支配的净收入的范围是一样大的；而所有其他报酬都和费用支出相抵消，因为这些报酬仅足以补偿生产所消耗掉的东西。工人所得到的不超过恢复其工作能力之所需。资本家担负风险，其收入不超过抵偿他的垫头和他工作能力之所需。说劳动、管理和资本是“非生产性的”，意思是指虽然它们产生效用，但并不生产任何剩余价值。

就一般概念来说，这套理论与马克思的理论有显著的相似之处。正如魁奈说只有土地才能生产剩余价值，马克思说只有劳动才能生产剩余价值。两种理论结构都不承认资本——即厂房、设备、原料——有任何生产能力。资本确实只成了土地或劳动所创造的价值的导体或体现，但不能增添什么。到此为止，马克思的理论所做到的，似乎是根据配第的两个原始生产要素，从魁奈的体系所抓住的一个，转到了另外一个。但是他们两者之间似乎也有一个根本不同的地方。我们将看到，马克思表述生产力仅存在于劳动这一假定的方式，是受到反对的。但是对他来说，劳动的生产力从开始就是一种生产价值的能力；同时他试图以他的价值法则为基础，说明剩余价值如何从竞争性的市场机制中出现。魁奈没有做过这种尝试。他的起点是物质的生产力，也就是“创造”东西而不是创造价值。他理所当然地认为，物质的生产力也就意味着价值的生产力，所以在问题探讨的中流他从这一面转到了那一面。从表面上看，这个明显的错误马克思没有犯过。但是我们在上面已经看到，在适当的假定之下，同样也可以使地租是唯一的净报酬这一命题正式成立。而这又意味着，如果我们承认这些假定——这些假定较之那些为了使劳动价值论成立所必须允许的假定，也不会坏到哪里去——那么把魁奈从物质生产力所得出的不相干的论证，转到从价值生产力所得出的一种切题的论证，也是可能的。根据假定，稀缺的自然生产要素只在农业方面发生作用，生产出来的价值超过那里雇用的其他要素的价值而有剩余；制造业对于这种剩余价值并不能增添什么，因为竞争会使其对于原料所增加的价值降到制造商和他们的雇工所消费的那部分农产品的价值水平。假如我们硬是要把这个论证进行到底，甚至也可以把利息解释为从“净产品”派生出来的，这就完成了可以和马克思类比的一套推论。

(d)经济表。 我们已经评述过的分析结构，在逻辑上是十分完整的。知道怎样把它拼凑在一起的人——魁奈没有这样做过——是不会遗漏应包括在一本全面的理论与应用经济学论著中的任何要点的。魁奈在他的经济表中对一个静态经济过程的全面描述，并不像他的学生以及实际上所有批评者所认为的是他的分析结构的核心，而是一种外加的、可以与其余部分区分开的东西——好像是画在一单独的画布上——因而可以单独加以处理。它所描述的是社会各阶级之间支出与产品的流动，这些阶级在这里变成经济剧本中的演员——但在魁奈著作的其余部分，他们却不是。

当然，经济学家在他们脑海中总是有社会阶级结构的某种图景，不过坎梯隆看来似乎是第一个明白地摆出这幅图景、并用作分析工具的人。这幅图景被魁奈所采用。据此，他区分了地主(有时称为“业主阶级”或“统治阶级”，或者另一种有意义的叫法：“分配阶级”)、农人(生产阶级)以及大体上相当于自由民的所有从事非农业活动的人(非生产阶级)这几个类别。劳动者或作为第四阶级看待，或按适当比例加入第二与第三阶级中。后一种分类法似乎比较可取，因为它可以表明这幅图景的性质，这幅图景与其说是作为社会学的实体的阶级结构图景，不如说是我们在通常统计中遇到的那种经济群体的图景，例如把人口分别“归属”于农业、矿业或制造工业这几类。不管怎样，劳动者在他看来完全是处于“被动”地位，就像在坎梯隆那里一样。支出与产品于是就在“农人流域”、“地主流域”和“非生产阶级流域”之间流动。在这里把魁奈的图再画一遍或详细讨论就没有必要了。[①] 读者所需要留下的印象仅止于此。

假设在单位期间 t—1 内，地主分许多次从农人那里接受并积聚应收的地租，所以在 t 期间开始时，他们以现金方式持有全部净国民收入（按魁奈的解释）而其他的人都已准备停当从事销售与生产。我们就来跟踪那个地租或净收入在经济社会中曲折的流程。设其数量为 1000 个货币单位。再假设地主把 500 个单位用在农产品上，另外 500 个单位用在制造品上（即非生产阶级或不生产剩余价值的阶级的产品）。农人由此途径收回的 500 个单位（因为这些单位就是从他们在 t—1 期间内所作的支付而来的），由于他们生产剩余价值的活动，而首先在他们手里增加一倍，变成 1000 个

① 上面已经讲过，经济表（通常称作“表”，实际上叫它经济“图”更为确切）最先于 1758 年在凡尔赛印行，很是堂皇壮观——据说路易十五曾亲自校阅样本。原稿失落一百多年后又被发现，并于 1895 年由不列颠经济学会（这是皇家经济学会当时的名称）复印，附有 H. 希格斯一篇有价值的导论，此后即一再重印。但魁奈本人则在“分析”篇（见其《著作集》）发表了另一个简化的形式，为杜邦在他的《重农主义》一书中所采用。读者可以在 A. E. 门罗的《早期经济思想》中找到魁奈注释的译文。米拉波在《人民之友》的第六编中提出了他自己的版本，因此至少有两种经济表（不算那些略有差别的其他版本），彼此不仅使用不同的数字，而且在理论上有关的特点方面也有些差别。我们不想详加考证。如果要花费最少的气力抓住它的要领，最好是看一下 P. M 斯威齐的《资本主义发展理论》（1942 年）一书的附录 A 中鹤成人所作的卓越介绍。

单位，然后其中一半向地主缴纳地租(这要到 t+1 期间才花出去)，四分之一在农业部门内“消费掉”，其余四分之一则作为支付农人所用的制造品的价款而流入“非生产者”手中。“非生产者”不增加任何价值，而仅能补足原数。他们从地主那里得来的 500 个单位，有 250 个单位被他们自己和他们的工人消费其本身的制造品所吸收，其余 250 个单位则用于从农人那里购买食物与原料，而这 250 个单位在农人手里又扩大为 500 个单位。“非生产者”从农人那里所得到的 250 个单位以及以后的任何数目都会发生同样的情况。农人所接到的数目总是会增加一倍，一部分作为地租付给地主以便在 t+1 期间为了消费而用于农业部门，一部分再从“非生产者”那里购买东西。显而易见，如果时间单位的长短选得适当，我们就会发现期间终了时这 1000 个单位的净收入又回到了地主手中，而他们在 t+1 期间开始时又会花费出去，使整个过程重新开始。读者会发现，除了图解的形式而外，所有这些都不过是对坎梯隆的体系加以较详细的发挥而已。[①] 可是这幅图景有什么用

① 关于这个“功绩”应该如何在坎梯隆和魁奈之间进行划分的问题，既很困难，而且从科学发明和科学成就的社会学观念来说，又很有趣。坎梯隆无疑感到对这种工具有科学上的需要；他想过怎样创立一种这样的工具，而且事实上指出了这样做的途径。假如确定个人对发明的贡献的这三条标准缺少一条，那么事情就要好办得多了：实际情况是，坎梯隆在经济表方面所做到的，正是纽克门和瓦特两人加在一起在蒸汽机方面所做到的。可是如果认为魁奈的贡献仅在于把坎梯隆的概念磨得更锐利一些，并将结果表现在令人困惑而又具有吸引力的经济表形式中，那么坦白地说，我觉得有些勉强。一个人对别人的著作深入了解和衷心吸收到这样的程度是很少见到的，除非被他自己对同一事物的创见所推动。而且，正如正文即将指出的，其成就有一个很基本的部分，就是循环流转的观念。我们倾向于相信，这种观念是独立地出于魁奈这位医生对人体血液循环的类比。当时距威廉・哈维(1578—1657 年)发现血液循环已达一世纪之久，但丝毫未失去其新颖的意义(《动物心血运动的解剖研究》，1628 年)。

处呢？它所包含的分析成就是什么性质呢？

在一开始就必须指出，如果仅就这样一个图式的观念来说，坎梯隆—魁奈经济表中重农学派所独具的特点是与之无关的。我们已经谈过了这些特点，因此不再对坎梯隆与魁奈给予地主及其支出的中心地位感兴趣；我们也可以从另外两个“流域”之一着手。至于魁奈认为占首要地位的一条原理，即每一笔到了农人手中的钱都会增殖(加倍)而到制造商那里就不会增殖，我们也不再感兴趣。每一个分析家都可以利用这些论点，以适合自己的理论结构。我们现在感兴趣的是把“表”当作工具的想法，也就是列表方法本身。它有三方面值得特别注意：

首先，列表的方法可以达到极大的简化。实际上，一个非社会主义社会的经济生活，是由个别的企业与家庭之间千丝万缕的关系或流程组成的。我们可以确立一些有关它们的定律，但我们永远不能观察到它们的全体。但是如果代之以阶级之间的关系，或者代之以阶级(或其他)总体的流量，那么这个经济问题中多得无法处理的变量就会立即减少到少数几个，这就容易掌握和跟踪了。这个问题我们留待以后再谈，现在趁此机会提出一个同源而不同性质的问题。看一眼“经济表”就会使人得到关于社会产品或总产出的观念，这个总产出由一系列的步骤生产出来，又由另一系列的步骤“分配”出去。我们现在对这种观念已经非常熟悉，以致即或可能也极少意识到它是多么不真实的一种抽象。在社会主义社会中生产与分配确实是不同的过程。可是在资本主义社会它们是同一过程的不同侧面：资本家的大部分收入是在交易过程中形成的，而这种交易构成经济意义(区别于技术意义而言)上的生产。然而,这种符合实际情况的收入形成观念——而且这种现实性的优点并不带有任何不利因素可以作为疏忽它的借口——只是偶尔出现。[①] 在法国的经济学家中,重农学派的分配观念一直很流行;在英国的经济学家中也是如此,他们也许是在十九世纪初叶受J. B. 萨伊的影响而采纳这种观念的。每年总产出及其价值的概念当然有它独立的用途。A. 斯密就采用了这一概念。

其次,列表方法所达到的分析方式的简化,为数量理论开辟了广大的可能性。魁奈比坎梯隆对这种可能性的感受更深;他在这个特殊的方面把坎梯隆的工作更推进了一步。他不厌其烦地收集统计资料,而且实际上试图估算年产值和其他有关整个经济的数字。也就是说,他做了真正的计量经济工作。这方面在我们这个时代通过里昂惕夫的伟大工作已获得了新的现实意义;[②]虽然在目的、在技巧方面这项工作都和魁奈完全不同,但可以说是复活了"经济表"的基本原则。马克思在时间上处于他们两人之间,他却没有试图使他的体系能够在统计的基础上加以运算。[③]

第三,也是最重要的一点,坎梯隆—魁奈的"表"是最先设计出来、用以表达明确的经济均衡概念的一种方法。假如不是那些赞美它的信徒对这一成就的夸大实际上得到了成功,那么要把它的

① 第一个极力主张把收入形成与分配分开的,我想是E. 冯·菲利波维奇(见他的教科书《政治经济学原理》的后几版,第一版,1893—1907年)。

② 瓦西里·W. 里昂惕夫:《美国经济机构》(1941年;新修订版,1951年)。

③ 关于马克思的再生产图式,见前面引述的P. M. 斯威齐著作,附录A。

重要意义说得言过其实看来是不可能的。经济学也和其他任何科学一样,起源于研究两个或两个以上的经济数量之间的“局部”关系,例如某种商品的价格与市场供应量的关系,换言之,起源于局部分析(参阅下面第四编第七章第6节)。人们之所以进行这种互不关联的努力,有时是出于实用的兴趣,有时是由于其他原因引起我们的好奇心所致。至于一切经济现象之间充满着广泛的相互依存关系,以及它们不知怎么地都联系在一起的这个事实,是慢慢才被分析家醒悟的。我们已经看到,十七世纪的一些最优秀的“商业论文”,如蔡尔德或波勒克斯芬的著作,或者更进一步达文南特的著作,都明确地显示了他们对这个事实逐渐有所觉察。但他们从来不愿找麻烦去研究这些现象是怎样联系在一起的。他们认为这是理所当然的,谁也没有把这种相互依存的关系提高到明明白白阐述出来的水平,或者看不出这样做有什么必要。他们还远远没有认识到,这种无所不在的互相依存关系乃是根本性的事实,分析这个事实正是严格的科学态度增加实际工作者关于经济现象的知识的主要来源;而所有严格属于科学问题中的最根本的一个问题,就是对这种相互依存关系的分析会不会产生一系列联系,足以决定——如果可能的话,唯一地决定——构成经济“系统”的一切产品与生产性劳务的价格与数量。我在前面一个地方已经说过,最初发现一种科学,就是发现它自身。但这并不意味着发现了它的根本问题;那要晚得多。就经济学而言,尤其来得更晚。经院哲学家对它略微有所觉察。十七世纪的商人—经济学家接近了一点。伊斯纳尔、A. 斯密、J. B. 萨伊、李嘉图等人都竭尽全力,或者毋宁说是乱碰乱撞一番,各以自己的方式去追求它。但一直到瓦尔拉这项发现才算充分完成。他的方程组以一套相互依存的数量体系规定了(静态的)均衡,成为经济理论的"大宪章"——那部宪法史上的不朽之作在技术上不完善的地方,同样也可以和瓦尔拉体系进行类比(见下面第四编第七章第7节)。从蔡尔德到瓦尔拉的经济分析历史,或者至少是这部历史的"纯粹"核心,可以写成经济成分相互依存这个概念逐渐被人们所意识的历史。

现在,坎梯隆和魁奈有了经济过程中所有部门与所有成分之间的普遍相互依存关系的概念。在这一过程中——正如杜邦实际提出的——没有一件事是孤立的,而是所有的事物都联系在一起。他们的显著贡献——在某种程度上布阿吉尔贝尔也有功劳——则在于尚未认识到后来由伊斯纳尔所勾画出的方法的可能性之前,他们就以自己的列表方法把这个概念明白显示出来。虽然以一套联立方程式的体系来表述经济过程的纯逻辑的想法当时还远在他们的视线之外,他们却以一张图表代替了它。在某种意义上,这种方法比较粗糙而不够严谨——这就是为什么它最后退出了比赛,以及为什么经济分析在历史上沿着另一条路线向前发展的原因。但是在一个方面它却优越于逻辑上比较令人满意的方法;它把(静态的)经济过程看成一种在每一时期会周而复始的循环流转。这种方法不仅表达了一个事实,即经济过程在逻辑上是自成系统的,是本身就很完整的一个明晰的现象,而且也是表达这个过程特点的一种方法——特别是一定的先后次序——而在联立方程式体系中这些特点就不是这样突出。当然,还有就是上面已经提到的一般均衡理论的简化:魁奈曾经把一般均衡,即区别于任何特定的细小局部均衡的整个经济体的均衡,看成是社会总量之间的均衡——正如现代凯恩斯主义者所做的一样。[1]

4. 杜尔阁

虽然杜尔阁不是计量经济学家，但在我们历史博物馆的这一部位却给他的大名留出一席之地，那是因为人们常常把他和重农学派划在一起，虽然大都附加一些条件。乍看起来，这好像是有足够理由的，因为他的主要著作有许多地方显然是想强调他是忠于重农学派教义的。我们可以读到这样一些语句：土地是财富的唯一泉源；农耕者不但生产他自己应得的报酬，而且也提供用以酬劳工匠阶级和其他被雇佣者的收入；农事活动是社会发动机的原动力，而制造商的活动仅在于改变形状；农人支持和养活了所有其他阶级，等等。但是如果再仔细一看，我们就会有一个惊人的发现；上述语句所安插的地方同论证本身是格格不入的。我们可以删掉它们而不会影响其余的内容，事实上反而增加了前后的一致性。因此，如果我们坚守本书在解释这类信念的表白时一贯采用的原则，就是说要与分析过程和分析结果有关为原则，那么我们除了略去这些语句外，别无其他选择。我们对此应作何想法呢？首先，如果我们是在研究一篇古代的文献，考证工作中普遍被接受的规则会使我们对这些语句产生怀疑。碰巧在这个特殊场合，这种怀疑并非完全没有根据。因为我们知道，在杜邦与杜尔阁之间关于后

① 特别请参看琼·罗宾逊：《货币理论与产出分析》，载于《经济研究评论》，1933年10月号。

者手稿的出版问题曾经有过一场不十分友好的讨论，结果究竟如何，我们不大清楚，可是我愿意撇开这一点。与此无关的另一点是，根据我们所知道的杜尔阁的慷慨性格，不难理解为什么在等待出版的那个特殊时刻，他会不嫌麻烦地对一个他在科学的经济学的许多问题上持相同看法的集团表示敬意——他也许从他们那里学到不少东西，例如有关资本理论的问题——在与经济政策直接有关的一切实际问题上他也完全赞同这个集团，虽然对他们政治哲学的某些地方他是不同意的。这种设想把他放在道德上高人一等的地位，不像一般人为了标新立异，故意强调和同伙们不同的地方，虽然他们从这些同伙那里获益匪浅。根据这种设想，不应把杜尔阁看成有保留的重农学派，而应列为同情重农学派的非重农主义者。这样说似乎比较符合事实。

我们不怕麻烦地把杜尔阁和重农学派分开，不仅是要用他的形象理所当然地屹立在它自己的柱脚之上，而且是为了要把这个柱脚安放在正当的位置。因为他与另一个集团的联系较之与重农学派的联系更为密切，如果“集团”一词仅代表很松散的关联，而不是严格意义上的“学派”。这个集团的中心是一位坚强而有影响的人物，但不是空头理论家，也不是任何“体系”的代表人——他就是古尔内[①]这一事实，作为杜尔阁这个经济学家的背景，对我们很有启发。古尔内到过很多地方，对英国的情况很了解。我们所知道的他的观点，具有一种道地的英国气味。他的著作中有几部译著，

① 雅克·C.M.文森特·德·古尔内(1712—1759 年)是一位中产阶级商人(“德·古尔内”这个姓来自一个经商的亲戚遗留给他的一笔地产)；晚年，他买了一个商务监督的职位而成了政府官员。他完全属于那种高傲自负的人，而这种人在英国以外是很少

特别是蔡尔德的《新谈话录》。杜尔阁是他个人的朋友，同时杜尔阁也对英国经济学家的著作感兴趣，其中尤其是休谟与乔赛亚·塔克，这两个人的著作他也翻译过。假如这个明显的推论可以信赖，我们这里就有一个例证足以说明，不仅政治观念，而且科学思想也是可以越过英伦海峡而互相交流的。这种可能存在于蔡尔德、休谟、杜尔阁之间一脉相承的关系是特别有意思的——如果我们在杜尔阁的名字之后加上 A. 斯密的名字就更有意思了。[①] 至于他背景的法国部分，最重要的人物要算是坎梯隆。

杜尔阁的辉煌成就，他在我们这门科学的历史中不可动摇的地位，以及他当之无愧地在由他和贝卡里亚、A. 斯密组成的三位一体中作为一分子的权利，都是充分的理由足以说明为什么要对这个人和他的事业考察一番。安内·罗伯特·雅

见到的。他对经济学作出的伟大贡献很难归类。这些贡献并不体现在出版物中(虽然他也写过报告，并给英国经济著作的译本作过注)。他的信札与各种演说(有一篇题为《自由放任》的著名演说稿据说就是出自他的手笔)也不能适当表达他在我们这门科学历史中的地位。我们深知他对当时最有头脑的一些人物施加影响并在形成经济政策的意见中所起的作用；我们也一般地知道他拥护什么，例如放宽公共管制的枷锁，提供适度的保护等类似的主张。但我们只能感觉到，或从少数迹象中构想出他对分析工作的建设性的影响。他自命为他的朋友们的导师，他知道如何选择这些朋友；同时像一名好导师那样，他宁愿不表露自己，以便使别人的学说增加一些激发性的启示。他有两项已经证实、值得我们感谢的贡献，那就是他对坎梯隆的著作卓有成效的宣传，以及对杜尔阁作为一个经济学家所进行的教育。可是在这两项最高的成就外，必然还有比较广泛的中等贡献。从“教师”这个词最崇高的含义来说，这个人虽然就技术意义而言从来没有教过书，但他也许是曾经活着的最伟大的经济学教师之一。因此每一本经济学史或经济思想史的教科书给予他的传统地位是完全正当的，不管这样做的直接依据是多么微少。所有论述重农主义的文献都要谈到他。G. 舍勒的《文森特·德·古尔内》(1897 年)仍然是这方面的权威著作。同时参阅杜尔阁著作集中的《文森特·德·古尔内颂词》和 A. 昂肯的《准则：自由放任……》(1886 年)。

①请参阅下面第六章第 6 节。

克·杜尔阁,劳恩男爵(1727—1781年,他同时代的人称他为杜尔阁先生,1750年前,他以勃鲁古尔神甫知名),出身于一个诺尔曼的家庭。这是一个古老的、如果不是地位很高的贵族;家道如果不算富有,也算是小康。按照社会学上的分类,他的家庭可以用英文的"绅士"和德文的"容克"来形容。他是第三个儿子,受的是教会教育,这种僧侣教育给他聪明与早熟的天才以充分活动的自由。我们在列举他成功的因素时,这一点应受到承认,虽然通常人们没有这样做。作为索邦神学院的一个神父,他满怀宏伟的计划并具有广阔的眼界(在科学和其他方面),在该学院成为很有威望的人物。他写作,参加讨论,经受了他青年时代第二次塑造他性格的深刻影响,那就是"百科全书派"的影响,虽然不久他就摆脱了这种影响。然后他从牧师的生涯转到了公职;在他一生的其余工作岁月中,他一直都在政府任职。所有时代和国家的官僚政治也许都会为他这样的公职人员感到骄傲,因为他不仅是法国大革命前旧制度下官僚政治的一件装饰品,而且这种官僚制度也是塑造他这个人的第三次环境影响。在1761—1774年担任里摩日州州长时,他取得了巨大的成功;他的热情、智谋与公忠体国的精神得到了最完美的表现。由于这方面的成功,1774年他被任命为海军大臣,几个月后又任财政大臣。财政大臣他只当了二十个月,大部分时间为风湿病所苦。下台后,他过着隐退生活一直到他去世。

除了我们经济学家应该为有这样一位富有才华的同行而感到骄傲外,他的上述生涯对经济分析史的主要意义在于说明了为什么杜尔阁的科学工作未能产生充分的结果。不过经济思想的传记家与历史家总是以大部分篇幅来叙述他做财政大臣的业绩，并在叙述时传播两个故事，这两个故事与我们这门科学的社会学有关，因此必须简单地提一下。不过在这样做以前，我要否认自己对经济学史可以炫耀的这位不可多得的人物有任何贬低的企图；不消说，没有一个人会想到写一部有关伟大的财政部长们的书而不包括杜尔阁在内的。故事中的每一篇可以命题为"行动中的经济学家"。它说的是一个人从科学分析中找到了治国的良方；一旦掌握了政权，就急于付诸实施。其实根本不是这么一回事。杜尔阁自始至终是个伟大的公职人员。他也是以公职人员的眼光来看待国家与社会。所以当他取得了内阁中的职位——这里如果使用"权力"这个名词将会引起误解——他就着手改进财政管理以及濒于绝望的皇室财政状况。他在这两方面都获得了很大的——事实上几乎难以令人置信的——成功，这就是他的主要业绩。他还通过皇家教会建立了谷物的国内自由贸易，以及——这是与我们有关的唯一另一条措施——废除了手工业行会制度。这些以及其他次要的措施从政治上说并不成功，因为他没有考虑到策略方面，因此直接引起了强烈的反抗，而对于谷物贸易的反抗则是由于运气不佳——碰上了农业歉收。这里需要注意的一点是，杜尔阁实际做到或打算要做的没有一件和任何科学的或非科学的学说有什么特殊的关系。这都是一个非常能干的公职人员的分内之事，只要他能认识时代潮流而且以务实的精神去迎合这种潮流。他很不习惯于遵守抽象的原则——当然这更增添了他的声誉——以至有一次他实际采用了保护关税,而在另一个时候又(在化学工业部门)开办过国营企业。重农学派当然为他喝彩,为他宣传,但对他的政策没有多大影响,和他出任部长更没有关系,因为1774年他们所处的地位不能产生任何影响。因此他的下台也不意味着任何他们特有的学说遭到了失败。

另一个故事是从法国大革命的传说引导出来的。既然大部分论述杜尔阁的人都同情革命,他们过去和现在都受情感驱使,必然要选择少数在革命前旧政权时代供职的官员,把他们吹捧成"在专制的黑暗中为光明而战斗的英雄"。杜尔阁就是革命者自己首创的这种传统的主要受惠者。这些人甚至有时正式称杜尔阁为"好公民";而有些作者还加上一句,说杜尔阁是由于民意而被提升为大臣,又由一个策划阴谋的宫廷的紧急命令而被革职。事实上杜尔阁之被任命为财政大臣,是由于一位十分善意的君主要在他的官吏中物色一位最佳人选来担任这项工作。假如有什么其他势力的影响,那就是莫拉帕大臣的影响。杜尔阁上任后,无疑就怀着最值得称赞的动机,开始大量依赖皇室的特权来做工作。这时,当一位部长受到了君主的支持,就很容易起草极好的敕令,而迫使拒绝接受敕令的国会通过和施行。既然政府的政策要在活着的人民和团体中间推行,因而困难在于使那些敕令为人们所接受。路易十六一开始给予全力支持。他虽有很多好的品质,麻烦正在于他不是一个暴君而且很不愿意使用强制手段。虽然杜尔阁也是宫廷和其他阴谋要对付的目标——对宫廷来说,主要是由于他的紧缩政策——但农村无产阶级和手工业行会的普遍抵制后来却成了整个局势中的主要因素；当时甚至发生了地方性的叛乱，被杜尔阁用高压手段加以镇压。说杜尔阁是被国王提升为大臣又被人民所推翻，那也不真实，不过要比相反的说法更接近于事实。从我们的目的来说，这个问题和我们的关系，是它有助于我们更清楚地了解这位自古以来最伟大的经济科学家之一的个性。上面提出的解释使国王变成比通常的形象更好的一个人，但是这里有关重要的只是它也没有使杜尔阁变得更坏。它仅仅使他变为另一种不同的人物。我们看到这位卓越的公职人员是一个好的行政官和（也许是）好的顾问，但不是一个领袖或者策略家。我们也看到他的诚实和坚定（这与其他解释者所见略同），同时（这也许没有给这些解释者留下同样深刻的印象）还有对国王的忠诚。曾经有人提出一个学究气味的问题说，如果他继续在位，他是否会阻止大革命的发生？回答要看我们讲的革命是什么意思。如果我们指君主的推翻与过度的流血，那么答案应该是肯定的；不过这与其说是由于在那种情况下他也许会实行改革，倒不如说是由于他乐于动用军队来实行镇压。无论如何，没有一顶自由的帽子是适合杜尔阁戴的。

他的主要著作《关于财富的形成与分配的考察》是 1766 年为了帮助两个中国学生而写的，发表于《每日记事》（1769—1770 年，英译本，1898 年。上面已经说过，由于杜邦在编辑方面的干预，可能是为了重农学派正统的利益，出版时曾遇到一些阻力）。对这本书作有益补充的一些其他出版物，最重要的是《古尔内颂词》，给西塞神甫论纸币的一封信(这是他第一篇有关经济的出版材料,1749年),对于圣佩拉维(1767年)与格拉斯林(1767年)论间接税的文章的《评述》,以及一篇论货币贷款的文章(1769年)。他对百科全书的贡献包括撰写"存在"、"膨胀性"、"语源学"之类的条目,以及对伯克利哲学的批判——还有其他许多文章——也很有意思,说明了他的知识领域是多么广阔。杜尔阁的文集先由杜邦·德内穆尔(1808—1811年)、后由G.舍尔(1913—1923年)两次加以编纂,后者就是现在采用的版本。里昂·萨伊的《杜尔阁》已由M.B.安德森(1888年)译成英文。同时可参阅艾尔弗雷德·内马克的《杜尔阁……》(1885年);S.法伊博根的《斯密与杜尔阁》(1892年);W.W.斯蒂温斯的《杜尔阁生平及著作》(1895年);特别是G.舍尔的《杜尔阁》(1909年)。

如果我们现在试把杜尔阁的科学品格与贝卡里亚、A.斯密的加以比较,他们重要的相似之处首先很令人吃惊。这三个人都很渊博;都站在商业与政治舞台之外;都专心致志地尽力于本职工作。杜尔阁无疑是三人中最有才华的;虽然他的才华有些浅薄,但不是在经济学方面,而是表现在外围的知识领域。从科学成就来说,主要不同的地方是A.斯密在非科学性的工作上很少花费精力,贝卡里亚则用得很多,而杜尔阁从1761年起几乎花费了全部精力。在居住于里摩日的十三年中,杜尔阁极少闲暇;在他(接近于)两年的部长任内,实际上没有闲暇。他创造性的工作肯定是在18岁至34岁之间完成的。这就把需要解释的都解释了。这倒不是关于有关的三种著作的价值的互相比较,而是关于它们能不能算是完成的作品在程度上的差别。

以杜尔阁这个人的才干,他是不会写出任何没有重大意义的东西的。不过只有研究杜尔阁的专家才需要除去《考察》而外还去涉猎他的其余著作。除了一个例外情况,我们的研究将以此书为限。这本薄薄的著作显然是在极其匆促的情况下写成,从未彻底修改。如果把马歇尔的《经济学原理》的正文、注释、附录全部删去,只保留每页旁边的提要——并不是全部提要都要保留——那么杜尔阁这本书看起来就很像《经济学原理》了。事实上它比一本巨著非常详细的、带有分析性的目录多不了什么,不过这本巨著并不存在而已。然而,就像这个样子,杜尔阁的理论骨架,即使不谈它比《国富论》在时间上领先,也显然比《国富论》的理论骨架更高一筹。为了形成这种看法,并不需要把杜尔阁实际上没有说过的任何东西算在他头上,也不需要把他说过而可能没有意识到的含义归功于他。他事实上做到了他该做的一切。说他这本书没有完成或仅是一副骨架,我并不是意味着需要作一些难以确定的推断,或者加以慷慨大方的、添枝加叶的解释来完成它。它已经提出了一套完整的经济理论体系;它所缺少的,任何合格的经济学家都可以补足而不需要从他自己的知识宝库中取出什么东西添上去(批评意见除外)。当然,没有人仅仅为了《国富论》的理论骨架而佩服《国富论》。它之所以有它的地位,是由于它成熟的智慧、丰富的实例和有力的政策主张。对于这位大学者的这部巨著,还要说的是:它是恒心、小心和严于律己的产物——而我们很难说,即使杜尔阁有一切的闲暇时间,他是否会搞出像《国富论》这样的巨著。还有,从这两本著作所取得的大不相同的成就,确实可以得出一条教训:至少在经济学方面,智力上的成就是不够的;有始有终这一点很重要;精细的雕琢、具体的应用、实例的说明也同样起作用;即使在我们这个时代,距离那种用不消一页纸的短文就能像物理学上那样形成国际思想的日子,也还远得很呢!杜尔阁的著作总算命运还好,那是由于他一生在另一个方面的显赫地位。即使如此,它也从来没有结出它本来很容易结的果实。

既然把他那本提要加以总结的最好方法是照抄一遍,同时由于它最重要的地方将在下面各章谈到,在这里我们只提出几点一般性的评论而不搞什么"读者指南"。大致说来,这部论著的前三分之一——即前三十一节[①]——提供了理论基础,包括坎梯隆—魁奈的阶级结构图式,并对各阶级在生产与分配中的关系作了分析,这种分析带有重农主义色彩。有些基本命题,例如说竞争总是把工资降到生存最低水平,是他一直坚持的。第三十二节至五十节包括物物交换、价格与货币理论,写得无懈可击,而除去没有把边际原理以确定的形式明白表述外,和庞巴维克理论的距离是不远的。论著的其余部分主要致力于资本理论,时间居于十九世纪大部分著作之前,还有利息、储蓄与投资以及资本价值等课题。在个别论点上的独创性既难肯定,也难否定;由于杜尔阁不注明出处,所以更是如此——对他这样一本粗略的论著,那也是无可指责的。但对于一切基本事实及其相互关系的全面想象,加上卓越的阐述方式,其所达到的程度显然足以使整部著作成为一个创造性的贡献,即使个别论点没有一个是杜尔阁独有的。而且,在所有论

① 〔看来很明显,舍尔的《文集》版本各节编号与《每日记事》中的原文略有不同,在后者中有一节或更多节被删去了。见第六章第7节。〕

述"价值"与"分配"的、后来在十九世纪后期变得如此行时的著作中，他的著作是第一本，其中实际上找不出有什么明显的错误。如果我们说分析性的经济学花了一个世纪才走完了它的发展历程，而如果杜尔阁的论著发表后碰上一个反应灵敏的经济学专业能对它的内容加以正确的理解和吸收，只消二十年就行了，那也不算是过甚其词。实际情况是，甚至J. B. 萨伊——杜尔阁与瓦尔拉之间最重要的一个环节——也不知道怎样去充分利用它。

第五章　人口、报酬、工资与就业

1. 人口原理

所谓人口问题,就是这样一些问题:决定人类社会大小的是什么,随着一国居民人数的增减而产生的后果是什么;当一个完全处于超然地位的旁观者一旦以科学的好奇心去考察人类社会时,上述问题也许是他首先想到的问题。认为历史发展过程的关键在于人口的变化虽然是片面的看法，但比起任何其他出于偏见的历史理论，亦即相信总会有一个推动社会或经济前进的单一的、主要的因素——例如技术、宗教、种族、阶级斗争、资本形成等等——至少是同样有道理的。因此完全可以理解，人口问题在经济分析工作一开始就受到注意，在我们所讨论的时期所有主要的经济学家的思想中都赫然耸现，在斯密以前英国所产生的一个伟大的经济学体系即詹姆士·斯图亚特爵士的《原理》中占有最重要的地位。

但是人口问题的突出还有一个实际的原因。自从原始部落以堕胎与杀害婴孩的办法解决他们的人口问题以来，一般人民，尤其是社会哲学家，从来没有停止过对这些问题的忧虑。大体说来，直到十六世纪末，所存在的问题是，出生率与死亡率之间的关系同静止的或接近于静止的经济环境不相适应：人口问题就是一个事实上的或即将来临的人口过剩的威胁。它也就是从这个角度呈现于柏拉图和亚里士多德面前的。与此相反的另一种问题是十分例外的——突出的例子是"共和国"的最后一个世纪与整个罗马帝国时代土著罗马种族的衰落。在中世纪没有十字军东征、玫瑰战争、瘟疫等等足以减少人口的因素时，较低的武士阶层亦即微贱骑士们居住的地方，就苦于过分拥挤；而手工业行会仅能为有限的人提供生计，手工业工人也经历了不断扩大的"待业人员名单"所带来的永无穷尽的困难。但到了十七与十八世纪一切情况都变了。我们已经知道那两个世纪的实际经济问题是那些缺少货物、而前途充满希望的国家的问题。针对这些前景来看，人口问题就变成了人口不足的问题。尤有进者，有些国家，特别是德国和西班牙，实际上好几十年处于人口减少的状态。① 我们也已经看到,这些情况盛行的时期,也正是每个人的思想和心里装满了国家或领土权利与扩张观念的时期。

〔**(a) 人口主义者的态度。**〕 据此,各国政府开始以他们所能运用的各种手段奖励人口的增加。措施随时间、随国家而有所不同,但在某些场合——例如科尔培尔统治下的法国——其强有力的程度不下于任何现代独裁者所采取的手段。经济学家也适应了他们时代的潮流。除了极少数例外,他们都热心于"人口稠密"与人口的迅速增加。实际上,直到十八世纪中叶,他们在这个"人口主义"态度上的一致性,仍与他们在任何其他问题上的一致性相类似。众多和不断增加的人口是财富最重要的象征,是财富的主要原因;它本身就是财富——是任何民族最大的资产。这类说法很多很多,在这里引证是多余的。特别是在英国,根据记载,那些代表人口主义情绪的主要人物,如蔡尔德、配第、巴贲、达文南特,几乎得到所有各阶层的响应。② 德国和西班牙的作家比其他人走得更远,这是根据他们的国情可以充分解释的。由于意大利人口比较稠密,国家向外扩张的机会最差,所以意大利的经济学家

① 德国,特别是西班牙的作家,也许夸大了人口减少的程度。不过这一事实本身是无可置疑的。

② 这些作家大部分属于传统的"重商主义者"的范畴。人们认为,对于把财富同货币或金银混为一谈,他们这个集团要负主要责任。这一点以后还要谈到。有趣的是,有些似乎犯混淆之罪最深的人,像《虚弱的不列颠》的作者(W. 佩蒂特),同时又把财富和人口的多少混为一谈。例如这位作者明确宣称"人民是……最主要的、最根本的、宝贵的商品。"在我们对这两种"混淆"过于从字面上来理解以前,难道不应该停下来想一想吗? 不过也有不同的意见,其中最早的有马利内,他已经指出,人口的增加最终会使"积极抑制"发生作用。

在这方面没有走得很远，而以后在相反的方向也没有他们的英国和法国同行们走得那么远。我们所关切的唯一问题总是：所有这一切，其经济理论的基础是什么，如果经济分析确实和它有什么关系的话，答案应该是明显的。人口主义的态度，如果从分析的角度来补充，说到底就是这样一个命题：在当时条件下，人口的增加会提高每人平均的实际收入。这个命题当时显然是正确的。

除了一些次要的例外，上述情况在十八世纪甚至十九世纪的前几十年中都没有什么重大的改变。所以要解释为什么一种相反的态度——我们可以称之为反人口主义，或者把它和十九世纪使这种态度大为流行的一个人的名字联系起来，称之为马尔萨斯主义——竟能从十八世纪中叶起就在经济学家中间冒了出来。为什么经济学家竟被一个稻草人吓了一跳？要解决这个问题，第一步是把马尔萨斯主义态度的出现划定一个范围。德国和西班牙的经济学家就不怕这个稻草人。事实上在德国或西班牙从来没有什么土生土长的马尔萨斯主义：这些地方的马尔萨斯主义是十九世纪前半叶英国传授的产物。上面说过，意大利人倒有些真正的理由感到（轻度的）恐惧，而事实上也是如此。但是反人口主义学说真正的摇篮是法国。第二步就得找出原因。法国的经济和政治处境中是否有什么因素，“客观的”机会除外，使人对这个国家的经济前途产生悲观，因而可以解释这种态度的转变？事实上是有的。整个十八世纪法国总是以劣势和英国作战，它的许多领导人物到了1760年开始承认失败，同时对国家向外扩张的机会产生了怀疑。而且该国君主政权最后半个世纪过时了的制度形式也不利于国内大力发展经济。因此人们的思想从大胆的冒险转向于农业所能提供的机会,从不断进化的梦想转向一幅“成熟的”或接近静止的经济的图景。第三步,也是最后一步,就是解释为什么反人口主义的情绪也在英国人头脑里占据地位而不顾当时英国的处境正好相反。要理解这一点,我们必须认识到,一种演进过程的长期趋势是一回事,这种趋势赖以为自己开辟道路的一连串短期处境又是另一回事。因此,十七、十八世纪的英国人口主义者把人口的迅速增加视为经济发展的动力、条件和象征也许是完全正确的,而同时,像他们大多数人实际上做的那样,为短期处境的盛衰无常、特别是伴随着那个发展而来的失业而感到忧虑,同样也是正确的;这无论在他们的分析或者在他们的政策性建议中并不能认为是犯了自相矛盾的错误。但在十八世纪末的产业革命期间,这些短期波动之所以变得比以前更为严重,正是因为经济发展的步伐加快了。有些经济学家——不久就要指出,这些人仅占少数——受到的触动竟如此强烈,以致忘记了长期趋势。由此而产生的反人口主义的基调就产生了一套分析的命题,在十九世纪被人们称为马尔萨斯原理或人口理论。在研讨它的早期历史以前,我们必须注意另一件事情。

〔(b) 事实知识的增长。〕 美国第一次人口普查是 1790 年进行的;英国是在 1801 年。加拿大和欧洲大陆有些国家比它们早些,但也只是到十九世纪初才有定期的有关人口数字的可靠资料。所以十七、十八世纪的作家是在不知道统计事实的情况下建立人口理论的。如果我们撇开极少数根据局部地区观察产生一定结果的事例,那么他们赖以进行工作的是一些不可靠的指标与含糊不清的印象。所以像英国人口从1650至1750年的百年之间是增是减这么一个问题,在英国作家之间居然还有不同的意见。同时,旨在驱散这种迷雾所进行的研究及其产生的争论,就成了一种特殊理论形态的事例。通常的理论分析总是关注于已知的或设想为已知的事实;它整理、解释这些事实或"数据",建立它们之间的关系,并且形成概念。这当然也是十九世纪人口理论打算要做的。但十七与十八世纪人口研究的主要任务不是去分析已知的事实,而是尽可能弄清实际情况。这一种理论不像别的理论;它会在逐渐发展的事实知识的面前退却,而终于为事实知识所代替。但是那些研究工作——首先是政治算术家做的——也为以后的人口理论打下了基础。因为许多原先推敲出来以求对事实形成一种观念的考虑,后来也有助于解释这些事实。这就是为什么要把那些争论中的一些例子列举在下面的理由。

威廉·配第爵士的《人类增殖论》(第二版,经过修订与扩大,1686年版)是十七世纪对于人口事实进行推测的一个标准实例。马修·海尔爵士的《人类的起源》(1677年;其中部分以《论人口》为书名在1782年再版;关于作者,请参阅J. B. 威廉斯的《马修·海尔爵士生平、性格与著作回忆录》,1835年)也可以提一下。这两个作者都根据贫乏的观察,主要从一般考虑导出的"法则"来推断事实。

在十八世纪的争论中,我们首先要注意的是孟德斯鸠在《波斯人信札》中的一句话所引起的争论。他说古代世界比他那个时代西方世界的人口更为稠密。在他的一篇文章《论古代民族人口的稠密》(《政治谈话录》,1752年)中,休谟对相反的意见提出理由,而受到罗伯特·华莱士《论人口数字》(1753年)附录的批评。在这个附录中,他坚持孟德斯鸠的论点。华莱士找到了威廉·贝尔做他的追随者,贝尔把人口数字的讨论扩大为原因与结果的讨论。在他的论文《使一国人口众多的主要是什么原因?人口众多对贸易有何影响?》(1756年)中,他提出了一个理论,认为制造业与贸易的发展把人力物力从粮食生产方面移走,使人口发生减少的趋势(他认为这是一个事实,这件事他是不赞成的);据此,他主张促进农业和按农户均分土地。这篇短文引出了W.坦普尔(他是一个呢绒商人,不要与十七世纪的政治家、作家威廉·坦普尔爵士相混淆)的一篇短文《商业与手工业的辩护书》(1758年)。无论是贝尔还是坦普尔的著作,都无关宏旨。这里之所以提到它们,仅因半个世纪以后对于类似的课题又发生了更为著名的一场类似的讨论:和贝尔差不多的主张只是由于托马斯·斯彭斯重新提出,又引起了詹姆士·穆勒的答辩。这一举使穆勒赢得了经济学家的声誉。

还有一场争论更有意思。主要以建议设立偿债基金消除国债而知名的理查德·普赖斯在1779年出版了一本题为《论英格兰人口》的书,他说自从1688年革命以来,人口已经减少四分之一,而城市的集中化是主要原因。这当然受到许多作家的攻击,特别是W.韦尔斯(《对英格兰和威尔士人口现状的探索》,1781年)、约翰·豪利特(《对普赖斯博士一文的考察……》,1781年)、还有其他人,包括A.杨在内。豪利特的文章最有意思,不仅因为它是根据不充分的事实从事推理艺术的一个好例子，而且因为他像贝尔一样，开始对有关的经济现象进行分析。特别是他把圈地运动解释为人口增加的结果，同时也是农业中一些改进的一个"原因"，这些改进正是人口增加引起的——这是一种具有重要真理成分的理论。

〔**(c)"马尔萨斯"原理的出现。**〕　然而，十九世纪人们所理解的人口理论，即决定人口增减数字及增减率的因素——或"法则"——的理论，其最初出现的时间要早得多。[①] 把一些不重要的部分去掉，那么"马尔萨斯"人口原理在 1589 年就从博特罗的头脑中产生并得到了充分的发展。他说人口倾向于超越任何可以指定的限度而增加，直到人类生殖能力所能达到的最大范围；相反地，生存的手段及其增加的可能性则有一定限度，因而对人口的增长加上了一道限制，而且是唯一的限制；这个限制表现为匮乏；这就促使人们不要结婚（就是马尔萨斯所说的消极抑制、审慎的控制、"道德的约束"），除非人口数字周期性地被战争、瘟疫等因素（马尔萨斯所说的积极抑制）压缩下来。这个开创性的成就——整个人口理论史上值得赞扬的唯一成就——远在它的启示能够得到传播的时代以前就出现了；实际上它消失在了十七世纪人口主义的浪潮之中。可是在博特罗以后二百年，马尔萨斯除了对生殖力和生存手段的作用采取特殊的数学法则外，只是重复了一下这个原理；他说人口"按几何比例或级数"——即发散几何级数——增加，食

① 请特别参阅雷内·戈纳尔的《人口学说史》(1923 年)；J. 博纳的《从雷利到阿瑟·杨的人口理论》(1931 年)；C. E. 斯坦格兰德的《马尔萨斯以前的人口学说》(1904 年)；J. 斯彭格勒的《马尔萨斯的法国前辈……》(1942 年)；F. 比尔希利的《人口问题》(1924 年)。如果读者想知道这里无法提出的故事详情，请参阅这些著作。

物按“算术比例或级数”增加。① 可是,“几何级数法则”虽然博特罗的著作里没有,配第在《人类增殖论》一文(1686年)中以及聚斯米尔希、R. 华莱士(1753年)和奥特斯(1774年)都提到了,所以上述思想范围内马尔萨斯所说的没有一项不是别人以前说过的。在十八世纪的作者中间,没有局限于这种特殊的数学形式而说过人口总是会增加到生存手段供应所确定的限度的人,这里只要提到富兰克林②(1751年)、米拉波(1756年)——他以很形象的方式说,人类会繁殖到最低生存的限度,就像“谷仓中的老鼠”一样——J. 斯图亚特爵士(1767年)、夏特吕(1772年)③和汤森(1786年)④就够了。斯图亚特尤其说得明白,他的领先地位马尔萨斯是承认的。他和博特罗一样,把“生殖能力”看成一种不变的力量,就好像弹簧被一个重量拉下去,只要重量一减,弹簧就马上缩回去。汤森认为限制因素是“饥饿,那倒不是一个人自己直接感受或者害怕的饥饿,而是为他直接的后代而预感到或惧怕的饥饿”。就我所知,奥特斯是唯一承认“理性”比害怕匮乏更有影响的一位作家——这种影响可以由天主教会僧侣的独身主义来说明。

因此,正是博特罗第一个弹起那种悲观的调子,而到了马尔萨

① 如果初值用a来表示,另一个常数以b表示,则几何级数如下:a,ab,ab^2,ab^3,……这个级数是发散的,就是说如果b等于或大于1,各项数字之和可以大于我们所能指出的任何数字。一个算术级数的形式是:a,a+b,a+2b,a+3b,……它永远是发散的。

② 见本杰明·富兰克林的《对人类增殖的观察》。他比任何人更多地根据所有动物的一般情形来处理人口问题。另一方面,他强调“空间”和“敌人”两者是限制因素,而粮食不是。

③ 弗朗斯瓦·让·夏特吕侯爵是一个军人,他出版过一本题为《论公众幸福》的书,有一定价值。

④ 约瑟夫·汤森,请特别参阅他的《论济贫法》,1786年。

斯时代就成了如此有名的争论中心。我们已经看到，他把人口的增加和实际的或潜在的悲惨不幸联系在一起了。但是大部分相信人口倾向于无止境增加的作者，并不同意博特罗的悲观论点，反而同意他们那个时代和国家的人口主义的观点。配第以及没有转变到博特罗-马尔萨斯观点以前的米拉波和佩利可以作为例证。[①] 这种立场当然不牵涉到推理的错误。因为人口在肉体上可以繁殖下去直到不仅缺少粮食而且无地容身这个事实是不足为虑的，除非加上另一个命题，即认为人口实际上会趋于这样增加下去，而不仅仅是随着经济的增长而增长（或者甚至有可能出现这样的情况，随着经济的增长，出生率反而下降）。换言之，人口实际上必然会向粮食供应"施加压力"。但是，即使承认有这种趋势，也不必为可以预见的将来感到忧虑，或者，对我们更重要的是，它和解释当前的现象有什么关系。如果要它有关系，显然不仅需要相信人口在某个不确定的遥远未来会对粮食供应"施加压力"；我们还必须相信这种压力确实存在或者迫在眉睫。除非这一点能够成立，否则关于任何一定情况的现状或者对于它的前景的展望，相信那种趋势同相信与此相反的趋势是可以并行不悖的。读者也许会认为我对于这些明显的区别作了不必要的强调，不过正是因为忽略了这种区别，才引起了十八、十九世纪关于人口问题的许多无谓的争论。

① 配第把人口众多列为尼德兰的主要资产，使他们成为英国的可怕竞争对手。米拉波在其 1756 年出版的《人民之友或人口论》的那些部分中，宣称人口众多是一件好事，是财富的来源：农业应该受到鼓励，正是因为这会使人们像老鼠那样繁殖。使米拉波改变了财产与人口的因果关系的正是魁奈。威廉·佩利（《道德与政治哲学原理》，1785 年，第六篇第十一章）持相同见解。他受马尔萨斯人口论文章的影响而改变了观点，在《自然神学》（1802 年）中放弃了他的主张。

不过R. 华莱士的一本著作[①]却也说明,仅仅相信不确定的遥远未来会出现人口压力,也可以和经济分析关联起来。华莱士认为平均主义的共产主义是社会的绝对理想形式。然而他否决了这种形式。他所以这样做的唯一理由,是因为在这个社会里人类肉体繁殖能力的作用将失去控制,以致共产主义社会的发展最后会以人口过度拥挤的悲惨结局而告终——这种观点显然并不隐含华莱士对当时实际存在的情况的意见。不管我们对这种论证作何想法,它有两个特点我们是无论怎样强调都不算过分的。第一,如果关于无节制的繁殖这个命题有效,则将显然接近于严格意义上的"自然法则"。其后一百多年大部分英国经济学家是按自然法则来接受这个命题的——认为它确立了一种不可抗拒的、半自然的必然性。同样是这些经济学家也惯于宣称类似的必然性和普遍的正确性不仅适用于一些纯粹属于应用逻辑的经济命题,而且也适用于其他方面,例如他们的"工资法则"。因此我们怀疑英国经济学家的这种习惯和他们相信那个生物学的"法则"有一定关系,显然不是没有理由的。如果是这样,那么古典的"经济学的永恒法则"就不应该看作是科学方法的哲学问题,而仅仅成了个别命题是否正确或是否贴切的问题了。第二,华莱士似乎从来没有想到除了这种繁殖能力外再去寻找妨碍人类达到至善境界的其他因素:除

① 《人类、自然与节俭的各种展望》(1761年)。这部著作受到戈德温的批评,而既然马尔萨斯的著作又转而从批评戈德温的思想开始,所以华莱士也许比其他任何先于马尔萨斯的学说对所谓马尔萨斯主义有更多的影响。马尔萨斯对华莱士的著作给予了充分公正的评价,但也明确宣称,他和华莱士不同而和魁奈一样,相信那种压力并非出于臆想,而是确实经常存在的一个事实。

了这种繁殖力的危险足以造成威胁外，他对于人类臻于至善的可能性不比孔多塞有更多的怀疑。这和启蒙运动时期肤浅的社会学是一致的，但有趣的是马尔萨斯以及事实上所有“古典学派”似乎都有同样的见解。我只知道一位作家至少唱过优生学的调子，那就是汤森。在上面提到过的著作中，他争辩说，对“懒人和坏人”的布施会增加“比较节俭、谨慎和勤劳者”的负担，使他们不愿结婚；“农人只从牛群中挑出最好的来进行繁殖，而我们的法律却把最坏的保存下来了……”

另一种意见认为，1750 年左右人口的压力实际上就已存在——而且事实上是一个经常存在的现象。代表这种意见的杰出权威是魁奈。正是在这一点上[①]他背离了坎梯隆。和坎梯隆不同，他不仅认为人口的繁殖除去生存条件的限制外别无其他限制，而且认为它总是倾向于要超过生存条件的限制。他为这一武断的说法所提供的唯一证据，就是不管什么时间和什么地方总有人生活在贫困和匮乏之中。这种认为人口过剩导致贫困的理论正是“马尔萨斯主义”的精髓。但是在马尔萨斯《人口论》发表以前，拥护这个主张的人太少了，以至直到今天，大多数历史学家仍把这种主张归功于马尔萨斯。人口主义没有真正站住脚——至少在德国和西班牙之外。但各国的经济学家都拒绝接受相反的意见。大部分人似乎都像伯克利主教那样，看到欢乐热闹的人群而感到高兴，或者同意休谟把社会的幸福和人口的兴旺叫做“必要的伴随条

① 坎梯隆实质上是一个人口主义者。但是他顺带提出了这样的问题：“是有一大群穷人好呢？还是人少些而富些好呢？”

件”。据此,A. 斯密进行了概括,把人口原理简化成了一句老生常谈,但保留了它作为一条自然法则的特性:“每一种动物都自然而然地和它们的生存手段成比例地繁衍,而没有一种动物的繁衍能超过它。”(《国富论》第一编第八章)同时他又以老人口主义的态度宣称,“任何国家繁荣的最具有决定性的标志是其居民人数的增长。”(同前引著作)贝卡里亚对经济学家们关于人口增长的热情和悲观同时都很轻视。他认识到人口增加并不是任何时候都值得祈求的一种幸事,可是也没有理由在任何时候都感到害怕。事实上他是明白提出这种显然明智的看法的唯一权威。吉诺维西更进了一步。他把两种相反的看法综合在一起。他发现如果从一定条件下生活的人口的观点出发,人数既有可能太少,也有可能太多,因而增加或减少都可能增加“幸福”。这就使得吉诺维西重新弹起最适度人口的老调(《市民经济学讲义》第一编第五章);这在后来又被克努特·维克塞尔所鼓吹。这个概念很难掌握,而且也许没有多大价值。不过它的功绩在于道出了一条真理:人口主义与马尔萨斯主义并不是许多人心目中想象的两个互相排斥的极端。

2. 报酬递增与递减及地租理论

〔**(a) 报酬递增。**〕　上面已经讲过,人口主义的态度,就其经济动机而言,隐含着一种信念,即人口的增加会(在一定限度内)增加每个人的平均财富,或者也可以说,相信报酬是递增的。在大多数情况下,与人口主义并行的保护主义态度也是如此(见下面第七章)。在这个意义上的报酬递增——也就是指整个国民经济的报酬递增，而不管有没有任何明确的原因说明为什么报酬会递增，也不管那是指物质的报酬还是指以货币计算的报酬——无疑是一种暧昧的观念，只可以理解为是对这个概念可能具有的各种含义的一种"暗示"而已。不过在这些常见的暗示以外，我们也能在这里那里找到比较明确的论点。例如配第说过，如果其他条件不变，所谓社会间接成本（social overhead）支出——政府、道路、学校等方面的支出——是不会和人口成比例同时增加的。这就把报酬递增表述为不完全相同的单位劳务成本递减的形式，可是到底还是指出了每个社会、每个企业中可以识别的一种明确的现象。在此以前，安东尼奥·塞拉[①]也以单位成本递减法则的方式，阐明了制造业中报酬递增的一般法则，并充分注意到它的重要性，就像后来在十九世纪教科书中所阐述的一样。他把报酬递增局限于制造业，这一点应该特别注意。塞拉的确没有主张农业生产受报酬递减现象的支配。但是他对工业与农业生产服从于不同"法则"的想法表达得如此清楚，就好像他是这样主张的一样。所以他对于十九世纪分析工作的一个重要特色早已作了启发，这个特色甚至马歇尔也没有完全抛弃。但十七、十八世纪的大部分经济学家没有谈过这些。不过也有不少人暗示或者甚至明言报酬递增现象也通行于农业；对于这种主张最重要的例子，我们即将予以讨论。此刻我们要注意到，在塞拉之后一百五十多年，A. 斯密也持有和他十分相似的观点。他虽然不很严谨地但却清楚地陈述了制造业的报酬递

① 《简论金银丰富的原因》(1613 年)，第一编第三章：在制造业中，产量的增加可以在耗费小于按比例增加的情况下获得。塞拉没有说出这种成本的下降是什么原因，不过似乎有理由认为他所想到的那些事实，也就是 A. 斯密后来所列举的。

增法则:先是联系分工来谈的(第一编第一章),随后在叙述一个主题以外的题目时作了更详尽的阐述,这个题目的标题是"技术改良的进展对制造品真实价格的影响",是他在论地租的很长的一章(第一编第十一章)的第三部分插进去的一段,他把"完成任何一项具体工作现在只需使用比以前少得多的劳动量"这一事实,归因于"较好的机器、较多的技巧以及较适当地划分与分配了工作"。[①]但是他没有在任何地方陈述过报酬递减法则,虽然他曾反复地触及这个问题,特别是在第十一章。事实上,在第一章中,他只指出了农业与工业生产在不断进行分工的范围方面有所不同,而他原文的语气可以解释为他主张农业也有递增的报酬,不过程度较低而已。然而,在他以前詹姆斯·斯图亚特爵士(1767年)和杜尔阁(1767年)[②]已对两种(物质的)报酬递减情形作了充分叙述,后来韦斯特和李嘉图也辨识出了这两种情形。

〔(b)报酬递减:斯图亚特与杜尔阁。〕 斯图亚特在他的《原理》(1767)中——以后奥特斯在《国民经济》(1774)中——提出后来李嘉图的追随者所说的"外延边际"的情况:当人口增加时,只得耕种愈来愈贫瘠的土地;以同样的生产努力用在这些愈益贫瘠的土地上,就会产生愈益减少的收成。杜尔阁则发现了另外一种物质报酬递减的情况,就是李嘉图的追随者所说的"内涵边际"的情

---

① 注意这里的陈述把两件完全不同的事混淆在一起了。"较好的"机器似乎是指经济发展过程中知识领域——所谓技术水平——扩大的结果。另一方面,分工的改进只是产量增加的许多后果之一,在技术水平与工艺状态不变的情况下也可以发生。

② 《评圣佩拉维的文章》,收入《文集》的各版中(第四章第4节中已经提到过)。正文中所写的日期并不绝对肯定;再者那是写作的日期。我们不知道那时接触过这篇文章的读者有多大范围。

形：当等量的资本——劳动数量在这里也是一样——连续投在一块土地上时，则每一次投下资本所得到的产量，开始是不断增加，一直到达增产量与资本增量之比为最大的一点；但是超过这一点后，再投下等量的资本，所得的增产量就会不断下降。这个渐减的增量数列最后必趋近于零。对于这一种最后被认为是真正的报酬递减法则的陈述，我们所能给予的评价永远也不会失之过高。这里包含着一项几乎可称为辉煌的成就，只凭这一点就足以把杜尔阁作为一位理论家置于 A. 斯密之上。它要比十九世纪大部分的说法正确得多——杜尔阁的这种阐述直到埃奇沃思①着手处理这个问题以前，确实没有被别人超过。

这一陈述特别巧妙的地方是，在报酬递减的阶段前插进了报酬递增的阶段。也就是说承认了一个事实，即报酬递减并不是从投下第一副可变生产要素的剂量以后立即就起作用的，而是在达到某一点以后才开始起作用的。这就彻底消除了一种错误的看法，即：谁主张在一定条件下扩大生产会引起报酬递增，谁也就否定了"报酬递减法则"的有效性。而且杜尔阁对报酬递增的定义说得再简洁不过了：所谓报酬递增，是指在各种生产要素达到最适度的配合以前，对某一固定数量的生产要素——或一组数量保持不变的生产要素——投入可变的生产要素时所产生的递增报酬。因此，可以说杜尔阁列举了 1900 年左右美国经济学家所说的"比例变化法则"②的一个特殊例子。

① 参阅下面第四编第六章第 5b 节。

② 这一法则也可以用不同的概念，以稍稍不同的方式来表达。这一法则出现于十九世纪末（见下面第四编第七章第8节），现在叫做"生产函数"，表示产品数量和以

最后,还有一点应该归功于杜尔阁,他是用产品的连续增量而不是用平均产品(即每单位可变要素的产品)来陈述他的法则的。这说明他实际上已经使用了边际分析,而现代技术的使用所能改进的只是他的陈述方式而已。他的陈述方式实际上无可指责,只不过他没有充分注意到有必要指明他这条法则所适用的产品和可变生产要素的投入:藏在他的"资本"后面的是一堆性质完全不同的东西,并不能适合"资本"的要求而仅是避开它而已。[①] 至于还有一种反对意见,说他没有强调他的法则只有在一定的技术知识状态或技术水平或生产函数之下才有意义——像我们应该指明的那样——他也许会回答说,这是用不着说的。但我们不久就会看到并非如此。在我们深入讨论下去以前,还有一点必须指出。

无论斯图亚特还是杜尔阁,都只谈到农业。五十年以前这不会使任何人感到奇怪,因为那时习惯的做法是把递减法则局限于

不同比例配合起来的生产"要素"数量之间的技术关系。为了简化起见,我们假设生产要素有两个,就可以在一个矩形空间坐标的数轴上标出产品以及两种要素的数量。在这个空间中,每个与上述三个数量的正有限值相对应的点,代表这些要素的组合所能生产的(最大)产品数量。而所有这些点的集合就会构成一个三维空间曲面,即生产面。设其中一种要素的数量不变,然后垂直于这个要素的数轴切出一个平面并通过这条轴上相当于这个不变数量的一点。那么生产面与这个平面相交而形成的一条曲线,就代表杜尔阁所说的先是报酬递增、然后报酬递减的法则。虽然杜尔阁没有发现生产函数,也没有发现它的几何图形,即上述生产曲面,我们仍可以说他发现了它的一个特性,也就是它的许多等高线之中一条等高线的形态,因此他抓住了某种东西,而一旦掌握了这种东西(只要有我们这门科学通常要求具有的那种细心态度和知识水平)就足以在十八世纪结束以前搞出我们今天的生产函数。其所以要在这个阶段把这个论证提请读者注意,是因为这个事例很能说明"人类的思维方式",它往往不是首先发现最显著和最基本的东西。比较常见的是它能把握住某一观念的某一个特殊方面,然后再回过头来研究在逻辑上处于优先地位的概念。

① 除非所投入的生产要素是一种确定的物质,例如品种与质量都不变的肥料,或者甚至一定种类与质量的劳动,否则就会发生困难而威胁到这条法则的意义。

农业。对我们来说，既然我们认为不管报酬递增与报酬递减都不限于任何特定的经济活动领域，而只要具备某些一般条件，在任何领域里都会存在，那么我们理所当然地就会感到这一点是多么令人奇怪了。原因似乎在于：对某些头脑不够成熟的人来说，一种无可抗拒的“既定”物质环境施加于人类活动范围的限制，有一种特殊的强制力。要把这些限制在分析上的重要性减少到它们应有的程度以及使它们同土地、同耕作土地的产业脱离开来，是需要长时期努力的。但是在一个给定的农场上试图扩充产量和在一个给定的工厂里扩充产量，其中并无真正的逻辑性差异，如果农场不能无限制地增多或扩大，工厂也不能够，这些应该不需要很长时间就可以看出。还有一个需要补充的解释，是十八世纪几乎所有作者的共同信仰所提供的——这个信仰一直传到十九世纪的“古典学派”——即土地要素一经决定就不能改变，而另一个原始要素劳动，如果允许的话，总是可以增加到所需要的数量。如果我们采取这种看法，我们马上就应该赞同这样一些经济学家的做法，他们不愿同等地看待劳动和土地，不愿把物质报酬的法则不加区别地应用于这两种要素。这样，我们也就会赞同他们建立的片面性的分析结构了。

〔(c) **历史上的报酬递增。**〕 上面我们已经讲过，主张在一定情况下报酬递增情况存在于一个国家的农业，亦即随着投入的增加，产出会以更大的比例增加，这并不意味着对报酬递减法则的否定。现在必须用这个事实来解释那些实际采取这种主张的英国经济学家和政治家的观点。不管就事实而言他们是对是错，如果他们仅指两件事中的一件或同时指两件，那么他们的立场在逻辑上是能站得住的。如果他们的意思是说在十八世纪后期英国的农业①正在报酬递增的阶段中发展,也就是说土地还没有得到其他生产要素最适度的配合,那么他们在逻辑上是正确的(虽然在事实上也许错了);如果他们的意思是说改良农业生产方法的未来可能性已经隐约出现,而如果有更多的资源("资本")提供给农业,这种改良方法就可以实现——如同在工业方面实际发生的那样——那么他们在逻辑上也是正确性的(而在某种程度上,在事实上也是正确的)。不过要注意这和我们曾经讨论过的报酬递增是大不相同的。如果我们愿意的话,在这种情况下我们也可以说随着资源的追加使用而产生递增的报酬。可是这种报酬递增的说法不像其他说法,在一定的技术操作方法的条件之下是不会发生的。和 A. 斯密所说的经过改良的机器一样,它们牵涉到技术方法的变化。如果我们把杜尔阁开始是报酬递增然后是递减的阶段看成一条曲线,起初上升,到了一个最高点,然后下降,②那么,我们可以把前一种意义的递增报酬看作这条曲线的一个线段。而现在我们正在讨论的意义上的报酬递增却不是。但是它们可以用整个曲线向上移动到一个新的位置来代表(曲线的形状可变可不变,视情况而定)。旧的曲线中断了,它被一条新的、保持较高水平(虽然不一定沿着整个

---

①　那些作家与政治家总是讲整个农业的报酬,就像十九世纪经济学家惯常所做的一样,但严格说来,杜尔阁所说的报酬法则仅限于个别农场,但这种看法是他的另一贡献。如果把这些法则应用于整个行业,姑且不谈整个经济,那就不像初步分析所设想的那样简单了。

②　见前面第 403 页脚注①。这里重复一下,那条曲线的横坐标代表某种资源(例如说一定质量的劳动)的连续等量的"投资",纵坐标代表与之相对应的总产品。但是,我们也可以让纵坐标代表每次"投资"增量所引起的总产品**增量**。当然,这条"引致"曲线(即边际产品曲线)要比总产品曲线更早地达到最大值。

曲线都发生变动）的曲线来代替，但新曲线仍然显示前一种意义上的报酬递增阶段和递减的阶段。新的意义上的报酬的增加，是当曲线从原来位置移到新的位置时发生的。应该补充一点：即使曲线一再发生位移，也没有理由相信这些连续发生变动的水平之间差距应该愈来愈小。**技术进步并不存在报酬递减的法则**。为了避免两种完全不同的现象互相混淆，我们最好把“报酬递增”这个名词仅限于用在杜尔阁所说的情形。我们以后就这样做。当我们希望保持两者之间的联系，虽然这常常容易引起误解，我们将采用“历史的报酬递增”来说明目前正在解释的这种现象。其所以选择这个名词，是为了指出这些历史的报酬递增不能像那些真正的递增现象可以用任何曲线或“法则”来表示，更不用说用一条我们可以在上面来回移动的曲线了。因为新的技术水平是在一种不可逆转的历史过程中达到的，而在实际达到以前，我们是看不见的。

举一个例子就可以说明这种情况。十八世纪后期最有意思的英国经济学家之一安德森[①]曾经大胆主张，人类提高土地生产能力的本领，足以“使之与人口保持同步增长，不管人口会增加到多少”。[②]

---

① 詹姆斯·安德森（1739—1808年）是一位有身份的苏格兰农人。他的大量著作，不仅对评价有关谷物法的争论具有重要意义，而且在经济分析史上也具有重要意义。其中最重要的著作有：《对于激发民族工业精神的方法的观察……》（1777年）；《对谷物法性质的探索》（1777年）；还有六卷本《农业消遣、自然历史、艺术及杂项文献》（1799—1802年出版）中的若干篇论文。他具有非凡的想象力，而这是许多经济学家所缺少的。

② 见《消遣文献》第四卷第374页。这一段曾为坎南在《生产与分配理论史》（1917年第3版，第145页）一书中所引用，借以证实当时的农学家还不知道有报酬递减法则。当然他们是完全把它弄混淆了；既然杜尔阁的成就没有受到注意，当时关于这方面的专家和政界的意见读起来就像完全都是废话。但也不能无条件地认为它们

这种说法曾被解释为对报酬递减法则的否定,而马尔萨斯就是在这个意义上误解了安德森并且首先对他提出批评的一个人。安德森强调的不是**产品**而是土地的**生产力**。这一点,连同他在同一段文字里提到的“发现”,应该足以证明他所想的也就是我们刚才决定称之为“历史的报酬递增”的那个东西。在安德森的例子中,我们特别容易感到满足的,是他关于这种可能性的无疑有些夸张的想法,和对于报酬递减法则的认识并非不能相容。尽管他没有在任何地方提到杜尔阁的例子,这是事实,但他接受詹姆斯·斯图亚特爵士的例子也同样是事实。因为他实际上发现了“李嘉图式”的地租理论,而这个理论就是以报酬递减法则为先决条件的。

〔**(d) 地租。**〕　我们已经知道,在经济分析的最初阶段,如何解释地租,并不是人们感兴趣的问题。坎梯隆和他以后的重农学派可说首先[①]对这种现象持有一种清晰的看法;如果我们用后来的用语来表达这一看法,那就等于说土地之所以产生地租,是因为它是一种稀缺的生产要素(或者甚至说是唯一的“原始”要素),而这种地租一部分是地主投资应得的利息,一部分是对“自然的、不可毁灭的土地生产力”所作的支付。这个理论是很粗糙的,也没有充分表达清楚,但却比后来许多推测要优越一些。除了它没有明说或隐含任何肯定错误的东西而外,还有一个优点使它超出凡俗:任何人主张这个理论,就证明他注意到了这样一个事实,就是说,一

实际上一概都是废话,或者认为它们由于对那个法则的无知而总是归于无效。

① 这里不考虑配第对这个问题的意见——这些意见算不了什么——以及其他一些人的意见。这些作者,像洛克那样,把土地的产权解释——或“辩护”——为投在土地上的劳动,因而可以认为这些作者持有一种劳动地租理论。不过这样认为没有多大把握;我想还是不强调这一点为好。

种不花代价的生产要素，只要它具有生产能力和稀缺性，就足以构成它产生一种净报酬的理由，因此用不着再去寻求其他原因来加以解释。但这正是当时以及十九世纪前半叶大部分经济学家未能认识到的。因此他们从事各种猜测，结果在十八世纪结束以前产生了两种盛行于以后整个时代的地租理论（大致到十九世纪的最后二十五年）；其中一种与A. 斯密的名字可以连在一起，另一种与詹姆斯·安德森的名字连在一起。

在下章中将要讨论的A. 斯密的价值论，得出的结论是，在竞争条件下，不花代价的东西不可能有价格。土地的劳务是无代价的；A. 斯密详细解释了这种劳务不应该与投在土地上的资本的劳务看成一回事。然而这种劳务却具有价格。因此"地租……作为使用土地所支付的价格，自然是一种垄断价格"（《国富论》第一编第十一章）。如果这是正确的，那么地租就会和利润与工资完全一样"进入商品价格的构成中"；这一点A. 斯密在次页中已经明白地加以否定。上述命题当然是不正确的：地主阶级不是单一的售主，因而其收入不能以垄断理论来说明。这种贫乏的地租分析被塞进大量材料与详细的评论，使第十一章的内容挤破了第一编的结构。这些细节中有许多是值得记载下来的，但我们必须限于以下三点：第一，A. 斯密十分重视区位地租。第二，他搞出一套理论，后来成了马尔萨斯的本钱，并且在十九世纪低级的理论中一再出现，那就是所谓"人类的食物似乎是土地唯一的出产，此项出产永远而且必然向地主提供某些地租"（第二编第十一章），因为根据人口原理，粮食生产是唯一能永远创造自身需求的一种生产——

随着粮食供给的每一次增加,人口也总是会相应地增加。虽然我相信对这一命题的对错加以评论是多余的,但是指出这类事情有助于证明制度学派与历史学派经济学家对理论所抱的反感是有道理的,却不是多余的。基于同一理由,我提出他的第三个理论(见第十一章的结论):他认为社会实际财富每一次的增加都直接或间接地倾向于提高实际地租,于是他下结论说,地主的阶级利益"是严格地、不可分割地与社会总体利益联系在一起的";因而不像"那些靠利润为生的人",地主阶级从他们的阶级利益出发,在引导大众去寻求促进总体福利的做法时,"是永远不会带错路的"。这真是一段令人无法置信的推理——从《国富论》本身的材料与论证即可证明其前提是错误的;而且即使前提正确,也不会产生这种结论。[①]

上面已经说过,除了土地的生产能力和稀缺性而外,我们不需要其他原因来解释为什么会有地租这个东西。不管是需要加以解释的事实,还是用来解释其他东西的事实,都和报酬递减没有什么关系。可是,安德森却把地租与报酬递减联系了起来,后来成了李嘉图体系最显著的特点之一。在他 1777 年的《评论》一书中,他得出结论说:地租是为了取得耕种较为肥沃的土地的特权而支付的一种报偿;而在他同一年出版的《考察》一书中,他制定了更为精确的条件。坎南说他建立了这么一个公式:"对于任何一个具体的圆

① 这种推理告诉我们,一个人一旦作出就不再改变的判断,是有一定局限性的。但是由于它有明显的错误,我们也完全有理由怀疑这个论证有意识形态方面的偏见。所以有趣的是可以指出,事实上 A. 斯密在意识形态方面怀有反对地主阶级利益的偏见(见下面第六章),因而不可能根据这条线索得出解释。

荚所支付的地租，等于曾经栽种过的最贵的圆荚的费用与栽种此一圆荚的费用之差”，充分说明了农民之间的竞争将如何保证地主所得到的正是这个数目。[①] 在以后收入《消遣文献》(第五卷)的一篇文章中，他又提出同一思想的另一个方面，说地租是为了使不同肥沃程度的土地上的利润均等化的一种“发明”——他对“平均利润率”的强调更在另一种意义上成为李嘉图的前驱。除了声称它可以解释地租这一点而外，看来一切都很正确。但即使所有这一切都错了，他能在这个题目上为以后一百年的思想开了先河，也是一个值得注意的成就。

3. 工资[②]

人口原理在经济分析上最明显的用途无疑是工资理论。也许可以引证很多作家——其领袖人物中特别要举出魁奈和杜尔

① 我未能理解为什么已故的坎南教授在引证这些段落(前引书第 371—373 页)时想到有必要提醒他的读者说：“安德森在个别地方预见到李嘉图的理论，切不可误解为他领先于李嘉图的整个理论体系。”李嘉图确实也注意到杜尔阁的报酬递减的事例，但他的推理和安德森的一样，实际上是沿着斯图亚特的思路来的；而且和安德森一样，李嘉图似乎认为如果没有报酬的递减就不会有地租，因而把报酬递减与土地的稀缺性混淆在一起了。因此，就理论(这是坎南特别提到的)本身而言——不谈对英国农业实际问题的诊断或政治上的建议——我看不出在安德森与李嘉图之间，或者在这件事情上安德森与韦斯特之间有任何区别。

② 所有关于人口学说史的著作都同时谈到了工资学说史，但斯彭格勒的著作应该特别提一下。读者在赫克谢尔与芒图著作中可以发现一些事实和意见。同时可参看 E. S. 弗尼斯的《民族主义制度下劳动者的地位》(1920 年)。可是这本书主要致力于揭示问题的一个特殊方面，而没有力图揭示问题的全貌；还有 R. 皮卡尔的《论十八世纪的某些工资理论》，载于《经济学说史评论》(1910 年)。

阁——来说明:如果从不加批判地接受人口原理出发,是多么容易得出最低生存工资理论这个同样不加批判的结论。而且,既然重农学派的资本理论——所谓"预付金"的想法——很容易启发一种"工资基金"的概念,于是李嘉图经济学的另一根支柱就由斯密以前的作家们,主要是法国人树立起来了。

可是关于每人平均工资趋向于一个最低生存水平的命题(不管对最低生存水平是怎样定义),不算是什么工资理论,正如货币数量理论不是什么货币理论一样。这两个命题说的都是长期均衡状态下某些经济量具有的数值,而构成了全面的工资或货币理论——就是说,如果我们相信它们的话——的一部分而不是全体。在A.斯密以前没有产生出这种全面的理论。可是斯密以前的许多经济学家作出了片断的贡献。最重要的要算是蔡尔德的贡献,上面第四章已经讨论过了。它与人口原理无关。我们知道蔡尔德是一个人口主义者。他声称"世界上文明地区的大部分国家的贫富是和他们人口的多寡成比例的"。他认为人口的多寡取决于"就业",因此我们可以认为他的意思是:工资率一方面取决于对劳动的需求;另一方面取决于这种需求所引起的供给。这是一个良好的开端,特别是由于蔡尔德没有提到供求力量会决定工资达到什么特定的水平。特别是他丝毫没有涉及任何最低生存的法则。相反地,他说高工资率是国家富庶的结果和"可靠的证据"。达文南特又向前进了一步,他说穷国的利率高而土地和劳动都便宜。其他作家也达到了这一步;但直到上面提到的最低生存理论家出现以前,他们没有取得新的进展。

这当然不是说人们对工资问题不感兴趣。恰巧相反,经济学家们热烈争论过这些问题，而且几乎每个人都留下了自己对工资政策的意见。但大部分言论在性质上就是未经分析的。它们发泄的情感和价值观足以反映社会历史的一些重要方面，而且如果不带有盲目的教条主义而加以适当掌握，也可以成为马克思主义意识形态理论应用的一个正当的对象。可是对我们来说，这些情感只会增加我们解释时的困难：我们被迫要从这些作家的各种建议中——或者他们为自己规范性的意见所提出的理由中——理出一些分析性的因素；而在这样做时，我们经常处于一种危险之中，那就是错把一种赞同的表白当成一种分析的命题。例如蔡尔德虽然把高工资解释为财富的象征，但他并没有提出也没有解释为什么高工资本身是促进繁荣的一个因素，也就是没有提出任何高工资理论。可是他显然赞同高工资，因而似乎在这种意义上持有高工资理论。实际情况不是这样，我们看一看他遇到低工资论时是怎样表现的，就可以知道了。他没有真正论证什么，只是愤怒地攻击了这种讨厌的学说："这真是对高利贷者倒很适合的一个慈善事业计划！"其他作者对于倡导分析性的命题曾经提供过暗示。有些人——包括卡里在内——把高工资看作是繁荣的商业机制中的一部分，同时勾画出购买力论证的轮廓。还有一些人认为较高的实际工资有助于工人做好工作。[①] 但是这并不重要。主张低工资的人，他们的推理也没有多大价值。配第的论证是：高工资只会鼓励懒惰。如果工资增加一倍，那么劳动工时的供应量就会减少到一

① 举例说，丹尼尔·迪福（约 1659—1731 年）在《英国商业计划》（1728 年）一书中，B. 富兰克林在《对于提高工资的想法》中，也都把高工资和单位产品的高劳动成本加以区别。

半。在问题的这一方面，最重要的论证当然是从国际贸易竞争出发的论证。由于高工资会损害一国的竞争地位，所以詹姆斯·斯图亚特爵士主张工资“应该”保持在生理必需的水平上。[①] D.休谟也认为高工资率有损于一个国家的对外贸易，虽然他没有得出和斯图亚特一样的结论；相反，他说这种不利因素和“千百万人的幸福”相比较，就无足轻重了。

A.斯密在劳动经济学[②]方面的成就很能代表他整部著作的特色，事实上也是他整部著作的一个很好的缩影。而且由于它首次对这一主题进行充分系统性的论述，因而更增加了它的重要性。他无疑是追随了当时已经存在的潮流，但却能截长补短，形成完整的一套，使之有资格成为进一步分析的基础，而且事实上也确实做

① 当然毫无疑问，许多赞成低工资的主张都是简单而天真地代表阶级利益讲话，而不是以科学态度试图对因果关系加以评价的结果。低工资论不仅符合当时的社会结构以及由此而产生的民族精神，而且不管有什么低工资的主张都可以自由发表；因为劳动阶级还没有成为一个政治因素，因此知识分子也不支持它。所以人们对劳动者的看法——而且可以毫无顾忌的说出来——有时使人联想到罗马人例如加图对奴隶的看法。劳动者，或者叫做“劳动的穷人”，或者干脆称之为穷人，他们的福利似乎竟没有作为一种目的而受到承认——大致直到贝卡里亚与斯密为止的经济文献中都是如此——并不一定是指它好像所指的意思。因为这一类陈述在涉及商人阶级时同样出现过，而这是我们在一种民族主义的文明中本应该估计到的。但这里还可以引证一些意见，大意是说“应该”使工人保持穷困；既穷困又愚昧，而且工人“应该”受到严格的约束；同时为了便于做到这一点，从小就要叫他们做工，而且继续做下去，使他们永远不知道什么是闲暇，等等。这些意见和相反的意见一样，在它们的支持着的分析性工作中，或者在对这种分析工作的结果所作的系统性表述中，自然会反映出来；而如果这种分析工作比较粗糙，那就比有精细理论的情况下更难区分我们简称为“逻辑”的东西和那个逻辑所服务的阶级利益。这种政治方面的因素，对于下面第4节将要讨论的课题，同样也很重要。

② 劳动经济学的内容可以在《国富论》第一编第八、十两章找到。但更多的事实与评论则散见于全书各处。

到了这一点。首先，他搞出了一套全面的工资理论。他借用了一个当时流行的自然法则命题，那就是“劳动的产品构成了劳动的天然报酬或工资”。于是接着解释为什么劳动必须要把“它的”产品——指生产过程的整个结果——的一部分交给地主，另外一部分交给“主人”。请注意，这一点确实打中了工资问题的要害，但却是以一种奇特的方式打中的：A. 斯密的论证从一个虚拟的历史自然状态的背景出发，在这种自然状态中，一方面没有地主与“主人”，另一方面劳动是唯一的稀缺生产要素；他把这两种十分不同的事实混在一起，立即把工资问题化为另外两种分配份额的问题，这两种份额于是变成“劳动产品的扣减额”。地租成了“自然”工资的扣减额，这种扣减不是基于土地的生产力而是由于私有财产的出现，这就和他的垄断地租理论巧妙地吻合在一起：有些人垄断土地恰如他们也可能垄断空气一样，只要技术上能够办到的话。利润是另一种扣减，不是基于资本——“垫付”给劳动者的本钱——的生产力，而完全是由于资本的所有主[①]有能力坚持非要利润不可，这种能力由于他们能够很容易联合起来对付穷人而更为增强；而贫苦无告的劳动者“只好挨饿，或者威胁主人立即答应他们的要求”。读者应该认识到，一方面作为一段分析来看这种论证是多么软弱无力，另一方面这种论证又必然会产生煽动的力量。事实上，它为十九世纪将要出现的剥削工资论和讲价能力工资论提供了启示，同时也意味着劳动者是“剩余权益要求者”。

① 仅仅在这里，在工资理论范围内 A. 斯密采取这种看法。在其他地方他也容许另一些因素如风险与麻烦等等有考虑的余地。

不过,A. 斯密比这个还要走得更远。既然没有“主人”的垫款劳动者就不能生存,所以严格说来,主人可以把工资降到物质上维持生存的最低水平。可是随着国民财富的增加,主人们竞相争取劳工,就会迫使他们“打破主人们一致不提高工资的自然联盟”,从而不定期地把工资提得高于那个水平。据此,A. 斯密极力否认英国的工资在任何地方接近于最低生存水平,否认工资随着生活必需品的价格而波动(如果工资接近最低生存水平,这就是必然的现象)。[①] 这就等于否定了重农学派工资理论的正确性。不过原则上 A. 斯密是接受重农学派工资理论的。这两种看来互相矛盾的意见是怎样调和的呢?他不强调产生劳动力需求的绝对财富水平,而是着重于“它的继续增加”——不是由于有大量的财富,而是因为财富的不断增加最后超过了人口的增加,使货币工资率与实际工资率都升上去。如果财富不增加,不管它有多大,都不能保证不发生低工资的现象:人口“在这种情况下自然会增加得超过其就业量”,这样一来,魁奈最后还是正确的。A. 斯密也接受工资基金理论;他复述时所采取的形式,在十九世纪曾经既有人进一步发挥,也有人加以攻击。在说明劳动力需求时,他的说法读起来好像是一个无害的自明之理:这种需求“显然除了和注定要支付工资的那些基金成比例增加外,是不可能增加的”。埋伏在“注定”这个词后面的意思,是后来叫很多人头痛的根源。但是 A. 斯密却很轻松地下结论说:既然对劳动力的需求来自有钱人的收入,他们需要人

① 不过这好像是当时流行的民众意见。加利亚尼在他的《对话》(见下面第六章)中把它归因于《侯爵》杂志,因为它的任务就是表达民众的意见。

侍候；或者来自商人的资产，他们需要生产性的劳务；既然“收入与资产的增加也就是国民财富的增加”，所以这种需求会随着财富的增加而增加，“而不可能离开它而增加”。再没有比表面上看来无关紧要的前提更能成为错误的丰富来源了。

A. 斯密用大量各种各样的事实说明了这个工资理论，使读者得到一种充实与真实的印象。其中穿插了大量对当时和过去的劳工立法与济贫法的批评性——常常也是明智的——意见。而 A. 斯密对于实际生活中具体现象的兴趣，导致他分析了许多特殊问题，其中有一个可以在这里提一下。抽象的理论只讨论一种假想的工资率，而现实生活中却有许多种差异很大的工资率。为了保证单一工资率理论与对实际现象的解释有任何关系，我们就必须分析各个行业与地区工资——以及利润——差别的性质。这种事是 A. 斯密既乐于做，也善于做的。坎梯隆在这方面开了一个头，可是 A. 斯密作了深入得多的研究，因而为十九世纪的教科书创立了重要的、如果不一定令人兴奋的一章。

4. 失业与“贫民状况”

总的说来，中世纪社会为每一个它所承认的成员提供了安身立命之所，因为它在结构的设计上就排除了失业与贫困。然而实际上，非自愿失业的威胁并没有完全消除。手工业行会中在师傅手下干活的工匠常常具有雇佣性质，而农业劳动者则一向具有雇佣性质，其就业是没有保障的。不过一般来说，这两种人找工作都不太困难。正常情况下失业人数有限，而只限于脱离了其环境或者为环境所抛弃的个人,这些人于是沦为乞丐、流浪汉和盗匪。人们常残酷对付盗匪,收效却不大,而对于其他几种人,天主教会责成举办和直接举办的慈善事业是完全可以应付的。记住这种情况很重要,因为它形成了人们对失业与失业者的一种态度,在中世纪的社会环境已经消逝后还延续了几个世纪之久。我们要特别记住,除了社会灾难如战争、世仇和瘟疫造成的后果以外,与失业者个人缺点绝对无关的大规模失业在中世纪是不存在的。

这种情况在十五世纪和十五世纪以后开始发生了改变。中世纪世界的解体与伴随而来的社会骚动,其本身就足以造成我们所看到的大规模灾难与贫困。土地革命不仅摧毁了本来可以庇护灾区难民的环境,而且使农业无产者的增加快于对劳动力的有效需求。有组织的手工业者对这种变革的抵制虽然保护了人口中的某些部分,却使其他部分的情况更趋恶化。兴起中的资本主义工业从长期来说是吸收失业而不是制造失业的。可是有许多"瓶颈"阻碍着这些新机会的发展与劳动力的流入。而且当十八世纪后半叶工业发展的步伐加快时,技术性的失业呈现为一种大量存在的现象,往往掩盖了长期的影响。这就解释了为什么工厂制度的兴起与这么多的苦难结合在一起:很多年中劳动力不是被工厂较高的工资和较好的生活条件吸引进去的,而是尽管实际工资很低,生活条件恶劣,也被赶到厂里去的。旧的保护条例遭到了破坏,与其说是受了自由放任哲学的影响,倒不如说是受了实际失业或即将来临的失业的重压。有一段时期,虽然不是到处的程度一样,所有防止工人状况恶化的力量都只好屈从于现实。所以不难理解上面提到的矛盾,即那些热烈拥护人口主义的政府与作家,对于如何"教穷人去干活”或者如何战胜“无事可做的现象”，从来都没有停止过忧虑。①

但是从十六世纪初开始，欧洲各国政府首先遇到的是一个行政管理的问题。到处都是不断增加的乞丐和流浪者，人数之多，超过了私人慈善机构救济的可能性，因而到处都要由公共的救济组织来代替。英国早期的措施由 1601 年的伊丽莎白济贫法加以系统化，宣布强制征收永久性的济贫税。济贫税是由各教区负担用以维持本教区贫民生活的一种税。这种负担是相当大的，特别是非常明显的。课税的原则与效果显然是值得争论的，因而不断提出，讨论并实际上颁布了一系列的修正案，直到出现了现代社会保险法。由于三百余年来讨论这些问题的大量有关书籍、小册子和文章对经济学史具有重要意义，我们最好在这里提出两个引起争论的主要问题。伊丽莎白的法令把济贫税募集的资金交由专门选出的地方官员管理；这种做法非常缺乏效率，可是直到 1834 年的济贫法修正案颁布为止，没有发生重大变化；所以第一个问题是中央管理与地方管理之间的争论。第二个问题根据我们的观点更有意思，那就是“户外救济”与“厂内维持”之间的争论（Outdoor Relief versus Maintenance in a Workhouse）。户外救济是原先的办法，由于行政上各种滥用职权的行为，虽然这只能部分地归咎于这种办法所固有的原则，但也招致人们的批评，最后使厂内维持的方法逐渐占了上风，为它 1834 年的暂时胜利铺平了道路。② 再说一

① 这种情况已被描述了无数次，不过描述的完善程度和精确程度是大不相同的。再参看一下赫克谢尔与芒图的著作也就够了。

② 读者几乎在任何经济史中都可以找到足够的有关事实。不过有三本书值得特别向大家推荐：E. M. 汉普森的《1597—1834 年剑桥郡对贫困的处理》（1934 年）；S. 韦布与 B. 韦布的《英国济贫法史》（1927—1929 年）；以及多罗西·马歇尔的《十八世纪

遍:十七、十八世纪的立法很少采取措施在工时、工作条件等方面(甚至对妇女儿童都没有照顾)来保护雇佣劳动者以补充现有失业救济制度的不足。一些欧洲大陆国家在十八世纪便颁布了工厂法,例如奥地利是在约瑟夫二世统治时期(1781—1790年)。但在英国,在实际无效的1802年"学徒健康与道德法案"① 颁布以前,几乎没有什么措施。可是另一方面我们也注意到,1793年的"同谊社法案"(Friendly Society Act),倒也缓和了不利于工人采取集体行动的法律限制。

对于失业的主要补救办法是那些旨在扶植制造工业的措施。我们在以后(第七章)将可以看到,对就业机会的关心是"重商主义"政策主要的动机之一。有些大陆国家,特别是德国,对农民土地所有权的保护是防止产业工人赤贫化的一条重要措施。大陆各国政府的赤字财政政策虽然不是受这种动机所驱使,但也起了一些缓和的作用。英国最接近于预算的平衡。不过有些英国作家尽管不主张赤字财政,但对于以货币政策措施救济失业的可能性,较大陆的兄弟国家更为敏感。②

后期的经院哲学派③ 也和他们的前辈一样,强调慈善事业的作

的英国贫民》(1926年)。还有一本十八世纪史下面就要提到。十九世纪史的卓越著作是乔治·尼科尔斯爵士的《英格兰济贫法史》(1854年)。补充这本书的还有他的《爱尔兰与苏格兰济贫法史》(1856年)。

① 例如,可以参阅B. L. 哈钦斯与A. 哈里森的《工厂立法史》(1903年)。

② 关于十七、十八世纪的经济学家对我们称之为就业的货币理论有多大贡献,这个问题将在下一章进行简要的考察。

③ 前面曾经提到(见第二章)德索托与德梅迪纳(十六世纪)的短文,可以作为整个十七、十八世纪,特别是在西班牙与意大利不断大量涌现的文献的例证。我们在这里只想提出一本最晚的、最成功的著作品,即乔瓦尼·巴蒂斯塔·瓦斯科(1733—1796年)的

用，并且站在乞丐一边，抨击环境对他们的粗暴反作用。他们特别为“乞讨的权利”而辩护。但是他们渐渐认识到失业的增加超过了私人施舍的可能性，因而开始讨论采取立法与行政措施的可能性；先是偶尔触及，继之便比较系统地谈到原因问题。这项讨论是由外行的作家，主要是顾问行政官，在全欧洲各地搞起来的。在德国，救济事宜在“财政学家”的文献中自然而然地变成了一个标准的课题。德国政府把就业与维持生活看成是国家的当然职责。同样的原则在英国也反复有人主张过，例如 1795 年的伯克郡的市政官员们。但是为经济分析史的学者并没有留下多少值得记载的东西。①

首先，许多研究济贫法的作家都是根据一种露骨的或者是隐含的“理论”来进行论证的：那就是说，除了天灾人祸，特别是疾病的情况外，贫困的失业者都是咎由自取。在评价这种观点时，一方面我们轻视它作为一种解释社会现象的理论是如何的牵强，以及由于它可能代表的一种冷酷无情而感到愤慨。但另一方面绝对不应该使我们看不到它有一定的真理成分在内，其在当时受到过高的估计，也恰如在我们这个时代受到过低的估计一样。这种观点是拥护贫民习艺所制度（workhouse system）的人论证的基础，而且以各种细微差别的形式一直存在到 1914 年。认为救济应该限于

《论行乞的原因和消除这种现象的方法》，1790 年（连同他的其他著作曾再版于库斯托迪收集的文集中）。瓦斯科是皮埃蒙特地区的僧侣，在杜尔阁与 A. 斯密的影响下，变成了自由放任意义上的一个彻底的“自由主义者”。

① 要寻找进一步的资料，可特别注意参阅 T. E. 格雷戈里的《1660—1713 年英国的就业经济学》，载《经济学》季刊（*Economica*），1921 年。其他国家尚无同样有价值的文献记载。不过应该参看 G. 阿里亚斯论奥特斯失业理论的一篇有趣的文章，载《经济学家杂志》1908 年 9 月号。

在贫民习艺所中保证维持生活,而且那里的生活与劳动应该低于最低的就业人员舒适的程度,这两个原则的目的也许仅在于检验贫穷现象是否存在;不过实际上它们通常与惩罚的意图相联系,而这种意图只能根据这里所提到的理论来加以说明。第二,超出这个范围的作家提到许多因素,或多或少都能解释失业现象或者就业工人低于标准的生活条件,但没有进行任何细致的分析;其中最重要的因素是外国的竞争、高利率、阻碍企业经营的赋税和管制、圈地以及主要与圈地有关的土地所有权。上面这种说法究竟有多大见地,还很难说。例如蔡尔德把高利率列为失业的一个原因,但他所举的理由不是高利率会限制投资,而是说它会促使人们过早地从企业里退休。这虽不是毫无道理,但看起来很像是一个分析上的大错误。十八世纪结束时,愈来愈多的人提到机器是失业(或低工资率)的一个原因。但是无人试图发展出一套生产过程机械化的理论。整个说来,流行的倒是一种相反的意见,即认为机器的采用会增加就业和提高工资。这种卡里已经主张过的意见,似乎 A. 斯密也有同感。第三,在十八世纪的最后二十五年中,出现了一种用“人口原理”来解释失业的趋势。这种论证的分析性质最好用一个比喻来说明。任何萧条情况下我们最常见的现象是生产者不能按照够本的价格售出他们的货物,因此最容易一下子就得出这样的结论,即问题的根源是“生产过剩”。这是所有经济危机或萧条理论中最为粗浅的一种。而所有失业理论中最粗浅的一种是说,工人不能在维持生活的工资水平上找到工作的原因,在于工人太多了。所以这些论证的最后结论几乎总是意味着对“强健的贫民”给予慷慨的照顾只会把整个工人阶级的事情弄得更糟,或者甚至认为当时的济贫法由于助长了人口的增加，实际上是在制造贫困。[1]这个理论假如有点什么内容的话，那么同样也适用于对失业者的救济以及济贫法执法机关习惯付给低于糊口工资的就业者的补助。后一办法由于引起行政职权的滥用——使地方上有权势的人有可能把部分应由他们支付的工资转嫁由济贫税负担——而受到严厉的批评。这也许就是没有人提出足以成为工资补贴的适当理论的原因。但是在失业与低于标准条件的就业之间的基本相似之点，则显得更为清楚。两者都属于"贫穷"或"贫困"的范围，而据我们所知，魁奈是第一个以人口过剩来解释这种现象的人。

有关童工问题的讨论，分析上的成就就更少了。儿童经常和父母在田里干活，在家庭工业制度下也在家里干活。工厂的普及仅仅创造了新的机会使儿童在很小的年龄就业，看管简单的机器，并且产生了一种使贫民的孩子依附于纺织业的新办法，以减轻济贫税的负担。确实，只有极少数作家被随之而来的可怕现象以及危及民族健康的不良后果所触动。绝大多数人不仅承认童工是一种理所当然的现象，而且表示赞同——认为是一种有益的训练，是解决许多工人问题的办法。十七世纪有些作家把它当作是大众的福利而加以赞扬，似乎把儿童的工资看成工人家庭收入的净增加，而没有考虑到童工的竞争对成人工资带来的影响。这个被亚伦顿[1]主张的理论，足可成为一个例证，说明一个人的想象怎样受到

① 这种论证曾被随意地和有效地用来反对威廉·皮特建议的有助于多子女家庭的立法。这个讨论中最杰出的贡献是杰里米·边沁的《对皮特济贫法案的看法……》(1797年)。这部著作预示了十九世纪"古典"经济学家关于"救济谬误"的看法，这是从他们观点出发我们可以这样描述的。参看《全集》第八卷。

② 见安德鲁·亚伦顿(1616—1684年)的《英国海上与陆地情况的改进》(1677年)。

了意识形态的歪曲。但它同时也可以作为一个例证来说明早期的经济推理不管怎样粗浅也还有一定成分的真理。如果我们除了货币收入外不计较其他任何损失,那么在当时条件下童工确有可能给工人阶级带来了好处——虽然这种好处肯定小于童工收入的数额——因而促进了亚伦顿心目中低廉与丰富的理想。这种态度在十八世纪有所改变,但变得很慢,主要与人道主义的情感有关,而经济分析所占的成分不大。还可以举出许多例子,说明有些作家以无保留的满意态度提到儿童尽早地——六岁或者甚至四岁——全部就业,或者有些人至少毫无疑问地把它当作正常现象。[①] 阿瑟·杨在估计农村劳力的家庭正常预算时,理所当然地认为,一家之主如果老婆孩子不挣钱就不能维持家庭最低生活。

但在收集资料方面,情况要好得多,其结果在劳动经济学领域内可说是那个时代最重要的成就。最为卓越的要算伊登的成就,[②] 其范围与方法在当时的英文著作或其他任何文献中,都是无与伦比的。对我们特别有意义的一点是,这位作家虽然除了收集事实以外否认有其他任何意图(不过他也提出过一些有意思的讨

我们在第七章将再次提到此人和这本书,有意思的是亚伦顿在提倡儿童广泛就业时,认为德国的做法值得仿效。

① 这里至少可以引证一个例子。在他的《在大不列颠旅行……》(1724—1727 年)第三卷中,丹尼尔·迪福曾提到有几个他走过的英国农村看不到小孩——他高兴地推断他们正在从事他们应当从事的工作。在他的《英国商业计划》(1728 年)中,这种态度也很明显。

② 弗雷德里克·莫顿·伊登爵士(1766—1809 年):《贫民状况》,或《从 1066 年到现在的英国劳工阶级史;其中特别研究他们的家庭生计……,以及各个时期对救济贫民所拟议和采取的计划……》(三卷集,1797 年;由 A. G. L. 罗杰斯于 1928 年压缩出版)。第三卷中的价格与工资资料以及预算研究尤为重要。

论),但他充分了解无论是在立法与行政措施方面,还是在经济分析方面,他收集的这些事实都具有重要意义。诚如他自己所说,他是在做“劈石和汲水的苦工”,而不干这种活儿,“政治知识的大厦是建不起来的”。要想了解经济学史,最重要的是必须牢记,伊登虽然是这个领域最伟大的人物,却不是独一无二的人物。戴维斯也以同一态度收集了农村劳动力的家庭预算资料,并认真分析了这些资料,①而理查德·伯恩的《济贫法史》(1764年),也应该这样看。这一类工作为十九世纪立法的发展铺平了道路。

① 戴维·戴维斯:《农业劳工状况的叙述与研究》,共分三个部分:第一部分,他们的穷困处境;第二部分,他们处境恶化与人口增加的主要原因……第三部分,救济之策。预算研究载于附录。这本著作(部分地)出版于1795年。

还有几本英文书,无论从资料性和分析的观点来看都有一定意义,有兴趣的读者可以从中得到启发。不过我这里选出的几本只是随便浏览时的发现,很不系统:L.李的《关于农村贫民难以忍受的痛苦的抗议……》(1644年)——通过半公营工场实现重新就业的一种计划:罗杰·诺思的《论贫民……》(1753年);安农的《关于谢菲尔德贫民现状的观察状告……》(1765年);安农〔R.波特〕的《关于济贫法、贫民现状、工业家庭的观察报告》(1775年)。约翰·豪利特(见前面第1节)关于圈地的有意思的论证应受到特别注意:《关于圈地对王国人口影响的探讨》(1786年)以及《对我国贫民和济贫税增加原因一般解释的不足》(1788年)。

第六章　价值与货币[①]

1. 实物分析和货币分析

〔(a)货币分析与总量分析或宏观分析的关系〕

〔(b)货币分析以及有关支出和储蓄的各种看法〕

〔(c)货币分析的插曲(1600—1760年):贝歇尔、布阿吉尔贝尔和魁奈〕

〔(d)昂贵而丰富与便宜而丰富〕

2. 基本原理

〔(a)理论上的和实用上的金属论和名目论〕

〔(b)十七和十八世纪的理论金属论〕

〔(c)反金属论的传统依然存在〕

3. 离题论述价值

〔(a)价值悖论:加利亚尼〕

〔(b)伯诺里的假说〕

〔(c)定价机制理论〕

〔(d)《国富论》对价值和价格理论的整理〕

① 〔虽然这一章显然动笔较早,但却没有写完,熊彼特逝世时也没有打印出来。手稿没有编码,有时同一页的内容有两种写法。这一章是在阿瑟·W. 马吉特的帮助下整理出来的。〕

4. 数量理论

〔(a)博丹对价格革命的解释〕

〔(b)数量定理的含义〕

5. 信用与银行业务

〔(a)信用和流通速度概念:坎梯隆〕

〔(b)约翰·罗:管理通货思想的鼻祖〕

6. 资本、储蓄、投资

7. 利息

〔(a)经院学者的影响〕

〔(b)巴贲:"利息是存货的租金"〕

〔(c)分析工作从利息转到利润〕

〔(d)杜尔阁的伟大成就〕

1. 实物分析和货币分析

我们在第四章讨论魁奈的著作时,已论及了这个题目。现在我们对这个题目作更为深入一些的探讨,为的是尽可能清晰地了解一种学说上的发展,由于货币分析在我们的时代再一次风行,这种学说上的发展已引起了研究近代经济学的学者的浓厚兴趣。首先让我们重新界说这两种分析方法的含义。

实物分析(Real Analysis)①依据的原则是,经济生活的所有主

① 这一用语并不很恰当。特别是,它会与"real"这个词的另一含义相混淆。实物分析一词中的"real"强调的是非货币过程这一含义。但我们通常却用"real"一词来指根据物价水平的变动而"校正过的"货币数量。例如,当我们说到实际收入(real income)时,指的是用生活费用指数除得的货币收入。但是,这种"校正过的"货币数量仍然是货币数量,而且仍和"未校正过的"货币数量一起在货币分析中被人们所利用。所以,

要现象都可以用商品和劳务,用有关它们的决定,用它们之间的关系来描述。货币只不过是配角,是用来便利交易的一种技术装置。这种装置无疑会出故障,而如果出了故障,确实会带来一些可以特别归因于其运行方式的现象。但只要它运行正常,它就不会影响经济过程,经济过程就会像在物物交换经济中那样运转。这实质上正是中立货币概念的含义。因此,货币被称为"外衣"或"面纱",无论是对于现实生活中的家庭和厂商来说,这是对于观察它们的分析家来说,真正重要的都是隐藏在外衣或面纱后面的东西。分析经济过程的基本特征时,不仅可以揭掉这种面纱,而且必须揭掉,正像要看面纱后面的面容,必须揭掉面纱那样。因而,货币价格应让位于商品之间的交换比率,因为这种交换比率才是货币价格"后面"真正重要的东西;收入形成应看作是比如劳动和生活物质资料的交换;应把储蓄看作是储存物质生产要素,把投资看作是将这些生产要素转换为诸如厂房、机器和原料这样的物质资本品;虽然工业贷款表现为"货币形式",但"实际"贷出的却是这些物质资本品。所以,正像我们可以单独分析其他许多问题如保险问题那样,我们也可以单独分析货币所特有的问题。

货币分析首先意味着否定这样一个命题,即除了可以称之为货币失调的情形外,货币因素对于解释实际经济过程是次要的。

不应把我们所作的区分等同于以下两种分析之间的区别,一种是按购买力不变的美元进行的分析,另一种是按"现值"美元进行的分析。而且,为了告诉人们一条重要的真理,我们把实物分析和货币分析界说成纯实物分析和纯货币分析。然而事实上,两者从来都不是纯粹的。因而两者之间的差别并不像我们所说的那么大。有许多折中方法。无论是实物分析还是货币分析,都不能不利用严格说来属于对方的概念和论点。实物分析的拥护者常常使用货币资本概念;而货币分析的拥护者则总是使用"就业"这一实质上的"实物"概念。

实际上，我们只要看一下发现加利福尼亚金矿期间及以后发生的事情，就会明白，这种发现的影响远远不是仅仅改变了价值单位所具有的意义。我们也像 A. 斯密那样很容易认识到，建立不建立高效率的银行系统，对于国家财富的增长来说情况是大不相同的。在某种程度上，这些事情以及另外一些事情是能够在实物分析的范围内被人们所承认的，而且确实得到了人们的承认。我们甚至可以在实物分析的范围内持有货币商业循环理论或货币利息理论。不过，读者应该认识到，我们沿着这条道路走不太远就会意识到，那种造成严重失调的货币过程，即便是在最正常的经济生活中也不会停止起作用。就这样，我们被一步一步地引导着向前走，最后不得不让货币因素进入实物分析，由此而怀疑货币是否真能保持“中立”。于是第二，货币分析就把货币因素引入了分析结构的基础部分，抛弃了这样的看法，即经济生活的所有主要特征都可以用物物交换经济模型来表示。货币价格、货币收入以及与这种货币收入有关的储蓄和投资决定，不再被看作是商品量和劳务量的表达式(这样看有时很方便，有时则会产生误解，但通常是不必要的)，也不再被看作是商品量和劳务量的交换比率的表达式。它们获得了自己的生命和地位。人们不得不承认，资本主义过程的主要特征或许依赖于那块“面纱”，没有这块面纱，“隐藏在它后面的面容”就是不完整的。应该明确指出，这一点得到了现代经济学家的普遍承认，至少在原则上是如此，因而从这个意义上说，货币分析已确立了自己的地位。

〔**(a) 货币分析与总量分析或宏观分析的关系。**〕 按照通常的理解，货币分析的含义并不止于此。第三，它还包含有总量分析的意思。总量分析有时也称为宏观分析①,这种分析力图把经济体系中的各种变量归并为若干社会总量,例如总收入、总消费、总投资等等。魁奈的《经济表》是货币分析与总量分析相结合的突出例子。这种结合并不是逻辑上所必需的,但却是很紧密的。正像我们所说的,不采取总量观点,也可以把货币引入一般经济分析的基础部分。但货币总量是同质的,而大多数非货币总量则是相互完全不同的事物的堆积,没有任何意义;我们要想只使用几个变量,就不得不求助于货币总量。因为货币分析与总量分析的这种结合实际上贯穿于整个货币分析史,所以我们在后面将把货币分析的含义限定在总量分析的意义上②——正如我们在考察《经济表》时所看到的,这里的所谓总量主要是指各种支出流量。我们在考察《经济表》时曾指出,这种分析并没有抛弃实物分析,而只是把实物分析局限于描述个别家庭和厂商的行为。再说一遍,要点是,产生于这种行为的社会总和于是就被当作社会总和来研究,而不再每一步都回溯它们背后的个别行为或决定。举例来说,投资作

① 这一术语是拉格纳·弗里施教授创造出来的。

② 一些读者也许欢迎我们以当今主要的货币分析体系即凯恩斯体系为例作一番说明。读者如果对凯恩斯体系一无所知,可以略过这个注释。凯恩斯体系中的主要变量是货币量(即货币需求量与供给量相抵后的现金总和)、国民收入、消费和投资,所有这些都是用货币或工资单位(即一理想劳动单位的货币工资)来衡量的。与这些货币总量相对应的,是一些相同的总量"表",如边际消费倾向表、灵活偏好表以及资本边际效率表,这些表包含有关于家庭和厂商的总体行为的各种假设(参看下面第五编第五章)。除利率外,单项价格并不直接出现。不过,应该指出,虽然利率不是总量,但它却很适宜充当总量体系的组成部分,因为与所有其他单项价格不同,利率很容易与总量发生关系。小麦的价格与投资总额之间一般没有什么关系;但利率与净投资总额之间却有关系。所以我们必须扩大综合变量的概念,以使其包含必须引入总量体系的所有非综合变量。另一最为重要的例子是工资率。

为一项社会总和，是许许多多正的和负的个别投资的代数和。货币分析让“有关个别家庭和厂商的理论”去解释个别投资，而自己只关心个别投资的代数和，其所依据的假说是，对于整个经济过程来说，重要的仅仅是这种代数和，许许多多个别投资决定对经济过程产生的影响，可以用它们的代数和来衡量。[①]应该特别强调指出，接受这一假说的货币分析与不接受这一假说的货币分析相比较，前者不如后者稳妥可靠。因为我们可以严格地证明，这一假说一般是不符合实际情况的。不过，对于我们的目的来说，只要用刚才提到的例子说明一下就够了。假设某一年所有企业的投资加总后等于零。毫无疑问，事情的结果不仅取决于加总后等于零这个事实，而且还取决于个别投资。例如，以下两种情况所产生的结果是不同的，一种情况是，所有厂商实际决定不投资，也就是说决定保持其资本额不变；另一种情况是，一些厂商决定投资，另一些厂商则决定减少资本，而且资本增加额和减少额正好相等。另外，依据个别厂商的投资所具有的“实际”性质，特别是依据个别厂商的投资是相互补充的还是相互竞争的，整个经济过程所受到的影响也是不同的。的确，就厂商支出本身的直接影响来说，代数和仍能告诉我们一些事情。正是由于这一原因，货币分析才不是没有价值的。但是，货币分析只不过是有关整个经济过程的理论的一个组成部分，如果单独应用它，是会使人产生严重误解的。[②]

---

① 琼·罗宾逊以无比生动和巧妙的语言表述了这种观点，见《货币理论与产出分析》一文，载于1933年10月号《经济研究评论》。根据该文所表述的观点，“货币理论”——即我们的所谓货币分析——实际上就是社会总量理论，归根结底也就是总产出理论，这种总产出是用消费和投资的货币价值表示的。

② 由于在某种程度上认识到了这一点，货币分析的现代拥护者们，特别是货币分

〔**(b) 货币分析以及有关支出和储蓄的各种看法。**〕　第四,正如我们在讨论魁奈时已经看到的那样,货币分析是同一套独特的有关支出和储蓄及与此相连的货币和财政政策的看法联系在一起的,这种联系虽然并非是逻辑上所必需的,但却是很紧密的。实际上,一旦我们把经济过程基本上或完全看作是一由各种支出流构成的体系,我们就会预料到,只要这些支出流的均匀流动受到阻碍,就会带来各种各样的失调,或者反过来,我们会把在经济过程中所看到的全部失调归因于这种阻碍,至少会把这种阻碍看作是经济失调的近因。因此,家庭和厂商如何运用货币,如何对货币量作出反应就获得了重要意义,而不管它们的行动具有什么样的商品性质。特别是,我们会更加重视人们是否"充分利用从厂商那里得到的收入",也就是说,更加重视人们是否迅速用所得到的收入购买厂商的产品,而不那么重视他们在这样做时得到的是什么商品,是以什么样的价格得到的。由于同样的原因,我们会把储蓄等同于支出的流动所受到的阻碍,并在极端的情况下会把储蓄看作是扰乱经济的罪魁祸首。因而,货币分析不仅很适宜充当"支出派"和"反储蓄派"经济学家独立于所有理论的一个工具,而且还会

析的主要提倡者凯恩斯勋爵,常常引入一极为重要的限制条件。他们假设生产的组织和技术以及资本设备(在短期内)是给定的,从而把摆在他们面前的问题归结为:(在短期内)是什么决定了既定工业设备的利用程度;而且进一步加以简化后,他们把这种或大或小的利用程度等同于就业人数的增减,从而工业投资的增减便意味着工资总额的增减。人们很容易看出,在这种特殊情况下投资的增减所产生的补偿作用要比在一般情况下大得多,因而它们的代数和也就更适宜表示经济过程所受到的总影响。但读者应该注意到:(a)上述限制性假设忽略了资本主义现实最本质的东西,即资本主义现实的所有现象和问题,包括短期现象和问题在内,都取决于新资本设备的不断创造;(b)由于这一原因,依据这种限制性假设建立的模型,除非用外生因素加以充实,否则几乎无法用来解决诊断、预测和特别是经济政策方面的问题。

使货币分析的拥护者产生“赞成支出”和“反对储蓄”的态度，因为货币分析把注意力都集中在产生货币收入的过程上，而忽略了这一过程背后的所有其他东西。

澄清了以上问题，现在就应该追述一下实物分析和货币分析在我们所考察的这一时期的命运。首先让我们正视做这一工作所遇到的主要困难。困难在于当时的情况是，货币分析所依据的思想或与货币分析有关的思想，可以说是处在两个水平之上，一是前科学水平，一是科学水平。自从工资开始用货币支付以来，每个女仆便认为，只要雇主花钱足够大方，那就什么都好办；自从交易活动开始使用货币以来，每个商人便认为，只要有充足的货币或者只要能够说服拥有货币的人放弃货币，他就能卖掉自己想出售的所有东西。由于有一些例外情况可以提供佐证（在十九世纪的欧洲，例外几乎取代了普遍规律），这种看法一直是普通人的经济学的主要内容。普通人虽然口头上赞成节俭准则，但从未真正相信过这种准则。分析工作所要做的第一件事就是消除这类“货币幻觉”。另外一些分析工作则不断创造出和再创造出科学水平的货币分析。这种货币分析有力地抨击了实物分析，正如实物分析有力地抨击了那些“流行的偏见”。不过，这两种水平的分析并非不相关联，而历史学家正是在这里遇到了麻烦。一方面，普通人对货币和支出的看法证明是不可战胜的。它们保存了下来，而且经常表现在文学潮流中，这种潮流有时在“公认的”经济学范围之外流动，有时则在公认的经济学范围之内流动。而且，每当人们试图进行科学的货币分析时，普通人的看法总是给予强有力的支持。经济专家提出的社会主义理论之所以能赢得人们的支持，并不是由于这种理论具有科学价值,而是由于它正好与无法用理性来说明的人类心灵的渴望相一致,与此相同,要解释科学货币分析为什么会赢得普遍支持,就得考虑到这样一个事实,即这种分析正好与超理性的感情相一致,因而特别是在艰难时期,很受人们欢迎。[①]

事实上,科学的货币分析中最有效的命题是这样一些命题,在这些命题中,公众可以找到摆脱困境的简便方法,而且这些命题非常类似于指手画脚的专业人员所说的流行的偏见。另一方面,这些偏见和其他偏见一样,也包含有在科学上可以证明的真理因素,因而同这种偏见发生关系并不能成为拒斥科学货币分析的充足理由。不过,实物分析的倡导者则不这样看。他们不仅忽略了那些真理因素,使自己的学说受到了损害,而且他们还趁机把货币分析的成果说成是不容置疑的流行谬误的翻版。后来,货币分析的提倡者一有机会就以同样的方式进行报复,而且越来越起劲地进行报复,因为实物分析的提倡者实际上多多少少也是换汤不换药,端上来的同样是早已遭到驳斥的错误见解。可是,只要经济学家进行分析时着眼于自己想提出或反对的实际计划,正像大多数经济学家过去和现在所做的那样,就肯定会出现上述混乱局面。因为,任何这种努力都不可避免地带有政治斗争的特点,在政治斗争中,最基本的策略常识就是不承认对方的观点有任何可取之处。结果是,就我们讨论的这件事来说,"实物"分析家和"货币"分析家都叫牌过高。但是,为了说全这一比喻,必须加上一句,他们玩牌时还犯有各种各样的错误。下面我将首先描绘出学说发展的大致轮

① 美国的情况可以充分说明这一切。

廓，然后列举出一些代表性人物，以此尽可能澄清这种混乱局面。

经济分析的历史开始于实物分析占领阵地的时候。亚里士多德和经院学者进行的都是实物分析。这是完全可以理解的，因为他们所面对的除了公众的毫无分析可言的看法外，没有任何其他东西。但我们知道，这里应加上一重要限制条件，那就是，他们对利息现象作出了货币的解释。非常粗略地说，这种情况一直延续到十七世纪初。在我们现在所考察的这一时期，经济分析史也是以实物分析取胜而告终，而且是大获全胜，在一个多世纪内，货币分析实际上被打入了冷宫，尽管有人曾在科学经济学的范围内作过一两次货币分析的尝试，尽管货币分析仍然在科学经济学的范围之外，仍然在“下层社会”苟延残喘。[①] 这种胜利也是可以理解的。当时人们对中世纪和新近的银行管理方法的严重失当造成的货币混乱记忆犹新，对约翰·罗的所作所为（参看下面第5节）记忆犹新，并对“重商主义”学说抱有敌对情绪。毫无疑问，这些因素[②] 对

---

① 这群征服者中的佼佼者是杜尔阁和A. 斯密，在接下来的那一时期，出现了他们的同盟者J. B. 萨伊，萨伊完成了这种征服。凯恩斯勋爵（从他那里我借用了“下层社会”一词，这个词形象地说明了货币分析在十九世纪所处的地位）认为，实物分析取得胜利是在李嘉图和马尔萨斯展开论战的时候（《通论》，第32页）。这是不正确的，但他的以下说法却是符合实际情况的，即：与实物分析相关联的政策观点“完全征服了英国〔以及世界其他国家，熊彼特〕，恰如宗教法庭征服了西班牙”。事实上，凡是带有货币思想的东西都遭到了驳斥，不仅被认为是错误的，而且被认为在道德上也不十分妥当。人们把货币分析同鼓吹浅薄无聊的政策联系在了一起。特别是在美国，把它同维护松散的银行业务和白银利益联系在了一起，不用说，人们这样做并非总是毫无道理。

② 如果我们给意识形态下一比马克思的定义更为广泛和有用的定义，那么这些因素就是意识形态发生影响的恰当例子。因而任何限制我们的想象力并奴役我们的思想的迷念，都是意识形态。例如，有人认为只要是带有“重商主义”色彩的作家写的东西就不会是正确的，认为凡是可以称之为通货膨胀主义的观点都应不惜一切代价予以反对，这类思想便可以称为迷念。

于实物分析取得胜利起了很大作用。但是，虽然这些因素很有力量，却不应强调得过了头，而使我们忘记实物分析也是分析进步的结果，也有助于促进分析的进步。

〔(c) 货币分析的插曲(1600—1760 年)：贝歇尔、布阿吉尔贝尔和魁奈。〕 但是，在大约 1600 年和 1760 年之间却有一货币分析的重要插曲。当时一些工商业者、公职人员和政治家拿起了笔，理所当然地注意到了他们所遇到的困难具有货币性质。他们不怀疑增加货币会使利润和就业人数增加，不怀疑高物价是有益的，不怀疑高利率是有害的，就像不怀疑下雨会淋湿衣服那样。虽然这类文献无疑是以分析前的货币分析水平为起点，从未割断与女仆经济学的联系，但它并没有停留在那里，除去分析方法外，它最终所得出的几乎所有结论，在本世纪三十年代又受到了人们的重视。我们暂且不考察"重商主义"所特有的那些原则，也不考察所有其他事情，而只注意最有意义的货币分析的出现，所谓最有意义的货币分析就是用支出流量解释经济过程的理论。虽然魁奈的例子足以表明。从严格的逻辑意义上说，这种理论与保护主义毫无关系，但最先无比清晰地表述了这一理论的文献却是一本带有强烈"重商主义"色彩的小册子，即贝歇尔的《政治考察》(1668 年)。① 这本小册子包含一分析图式的雏形，该分析图式的核心是把人们的消

① 《关于城市、州和共和国兴衰根源的政治考察，特别是如何使一国富庶，成为真正的市民社会》。约翰·约阿希姆·贝歇尔(1635—1682 年)有点像冒险家。从职业上说，他是医生和化学家。他脑子里装着各种各样的计划和方案来到维也纳，并在维也纳产生了一定的影响，后来为了躲债，不得不离开维也纳。但他的活力和创造性得到了普遍承认，甚至得到了莱布尼茨和施塔尔等人的承认。

费支出看作是经济生活的原动力，或者用贝歇尔的话来说，消费支出是经济生活的“灵魂”。实际上，一个人的支出是另一个人的收入，或消费者的支出产生收入，这是一种既古老又平凡的看法。但可以把这种看法转变成一项分析原则（一个世纪以后，魁奈的《经济表》就体现了这一原则），正如另一种古老而平凡的看法即静止的物体若没有外力的作用是不会运动的，可以转变为分析原则那样。我们将称它为贝歇尔原则，因为贝歇尔似乎第一个认识到了它在理论上的用处。贝歇尔没有建立任何货币分析体系，因而为凯恩斯留下了充分发展的余地。[①] 但是，如果我们相信建议可以显示出一个作家的分析图式的话，则这两个人（除了对人口的看法外）在几乎所有问题上都是一致的，[②]特别是在国内投资的问题上是一致的。

贝歇尔在德国找到了继承者是不足为奇的。的确，德国的顾

① 凯恩斯勋爵（《通论》，第 23 章）在承认“重商主义的”贡献方面不仅很慷慨，而且过于慷慨了。虽然这从道德观点和美学观点来说是值得称道的，而且这对于一个注重自己所鼓吹的事业甚于注重自己的发明权的人来说也很合适，但他这样做却会或多或少地使人产生误解，会使人看不清那些著作中有多少分析前的智慧和错误。他没有提到贝歇尔，而提到了 W. 冯·施勒德尔（1640—1688 年；主要著作：《君侯的国库和账房》，1686 年）。施勒德尔与贝歇尔处于同一时代，但他没有贝歇尔那么重要，也没有贝歇尔那么富有创造性，他似乎既受到了贝歇尔的影响，又受到了托马斯·孟的影响。

② 贝歇尔的身后之名，是在许多德国历史学家的颂扬声中确立的。这些历史学家效法罗雪尔（《德国国民经济学史》，1874 年，第 270 页），不断从贝歇尔的学说中列举出一些或多或少令人感兴趣的观点，例如列举出他所强烈反对的三种市场结构，即垄断、先占和完全竞争。但这样做并没有什么意义。他不喜欢完全竞争，而且几乎像凯恩斯那样厌恶自由放任，对于这一点，人们现在无疑会比在十九世纪作出更有利于贝歇尔的评价，但他所取得的分析成就很可能低于而不是高于后来的自由竞争论点所取得的分析成就。

问行政官完全不理解贝歇尔原则的分析意义。但是,上述意义上的货币分析中的一些概念,虽然实际上是很抽象的而且确实是不符合实际的,可却具有人人都非常熟悉的表面含义。这种表面含义德国的顾问行政官很容易理解,因为它与他们的其他思想十分吻合,吻合得甚至无需分辨其相互依存关系。他们作出的许多诊断和提出的许多建议,实际上可以依据贝歇尔原则来加以协调和给出理论上的说明。例如,他们当中的许多人认为,高水平的大众消费具有决定性意义,或者用他们的标准表达方式来说,他们认为应采取刺激大众消费的措施。在他们当中的一些人看来,例如在尤斯蒂看来,主要正是由于这一原因,应该特别重视人口的增长,以此扩大需求,而不是相反。贝歇尔本人看出了这两者的相互作用。当然,正像人们现在所做的那样,贝歇尔原则也可以用来评价高价物、储蓄和奢侈的作用。

据我所知,在英国,无论是贝歇尔原则还是与该原则紧密相关的东西,都没有得到明确的表述。不过许多人都暗示了这一原则。例如,波特的论点(1650 年),即增加货币供应量会相应地增加支出和产量,就指向了这一方向,约翰·罗的与此相类似的但更为谨慎的论点(1705 年)也是如此。[①] 法国的文献提供了许多东西,尤其是提供了一个最值得注意的例子,即布阿吉尔贝尔的《论财富的性质》(参看上面第四章)。该书之所以特别令人感兴趣,是因为布阿吉尔贝尔与魁奈一样,在原则上是自由贸易论者和自由放任的鼓吹者。他并没有求助于国家的管理来确保货币价值(支出)的稳

① 关于波特和罗,参看下面第 2 节和第 5 节。

定流动，相反，他指出了国家对这种流动设置的种种障碍，如出口税、国内贸易关卡、对农业和制造业的行政干预以及最重要的直接税人头税所带来的恶劣后果。所有这些使农村一片荒芜，使城市贫穷不堪，因为它们限制了消费者的支出。而且，我们是把工资挣取者看作是最可靠的支出者，而布阿吉尔贝尔在当时的社会条件下则让地主充当这一角色。但这种差别只不过突出说明了，他的理论和他对实际问题的看法与我们现在的理论和我们现在对实际问题的看法是基本相同的。消费者的支出被看作是经济生活的主动性源泉。均衡是指用货币表示的各集团相互之间对产品和劳务的需求所达到的均衡。当且仅当每个卖者迅速成为买者的时候，才会自动实现这种均衡。[①] 一旦人们迅速花钱购买消费品的行为受到阻碍，物价就会下跌，因而收入就会减少，转而使消费者的支出再一次减少，由此而造成累积性的物价下跌。所以，令他恐惧的是所有灾难中最为严重的灾难，即面包价格的下跌。除美国参议院外，他的这种恐惧比谁都大。他以可爱的天真态度告诫律师、医生、演员等一些人不要吵嚷着要求降低农产品的价格，这样做等于“自掘坟墓”，因为地主只不过是中间支出者，他们一旦发现自己的收入减少，就不得不减少支出，这样一来，律师等一些人的处境又会怎样呢？由此可见，布阿吉尔贝尔心目中的繁荣社会，不是物品

① 这牵涉到用货币表示的、针对整个产出而言的总需求概念，因而可以说预示了马尔萨斯（和凯恩斯）的总需求概念，我们将在后面讨论总需求这一概念。前面已指出，布阿吉尔贝尔去世几乎一百年后，G. 奥特斯提出了实质上相同的思想（参看上面第三章第 4d 节）。说消费者的总需求是生产（就业）的限制性源泉同说它是生产的主动性源泉，是一回事儿。

便宜而丰富的社会,而是物品昂贵而丰富的社会。他没有使用现代“支出论者”很喜欢用的“廉价谬误”这个词,但很显然他要说的正是这个意思。既然这个问题至少在职业经济学家和民间经济学家之间的无人地带一直是人们感兴趣的问题,我们就最好利用这个机会谈一谈它。

〔**(d) 昂贵而丰富与便宜而丰富。**〕　首先,很明显,这两种意见是深深地扎根在公众头脑中的,政治家、立法者和行政官员采取行动贯彻这种意见或另一种意见,只不过是顺应公众的要求而已。今天的情况是这样,后期罗马皇帝颁布物价敕令时的情况也是这样。这不仅可以解释我们在公开宣称的目的与实际采取的措施中看到的矛盾,而且还可以解释为什么人们常常虚伪地用显然是一般性的论证来为提高某一特殊集团的相对地位服务。概括地说,工人总希望商品便宜,工商业者总希望商品昂贵,两者都盲目认为商品便宜或商品昂贵不会产生别的影响。在这方面同在其他方面一样,早期的分析是从公众的这种感情出发的,对其进行合理的说明,然后改造成为理论。但在这样做的时候,作家们在这方面仍和在其他方面一样,总是偏袒一方或另一方,因而不善于,常常也不愿看到另一方观点中正确的东西。经院学者把繁荣同物品便宜联系在一起,而把物品昂贵同饥馑和大众的苦难联系在一起。十七世纪英国的商人经济学家,在当时的环境条件下,很自然地倾向于相反的看法,但也并不全是这样,一些人例如罗杰尔·科克就主张物品便宜而丰富;但大多数人都把物品昂贵而丰富——我们还可以加上低利率——同生意兴隆和高就业水平联系在一起。应该看出，他们彼此之间的意见分歧以及他们大多数人与经院学者之间的意见分歧，完全是不同作家和不同作家集团所处的不同环境造成的，在乍看起来似乎完全相反的观点之间，实际上并没有逻辑上不相容的地方。但当时谁也没有看到或承认这一点，因为谁都想实实在在地给人上课。十八世纪更为精致的分析仍然是这样。高价论证明是不容易战胜的，至少在一些重要方面像布阿吉尔贝尔和魁奈这样的一流人物也赞成高价论，但最终它还是被战胜了，其真正荒谬的部分连同其站得住脚的、甚或富有启发意义的部分一起被战胜了。A. 斯密投票赞成便宜而丰富，十九世纪的几乎全部有影响的经济学家都追随了他。应该指出，主张物品应"便宜而丰富"的学派实际上所做的只不过是：第一，坚持了以下两条平凡的真理，一是经济所适应的任何一般物价水平及其货币表现形式，就封闭型经济来说，实际上与任何其他物价水平及其货币表现形式没有什么两样，二是就此而论，重要的仅仅是一些价格与另一些价格的关系，例如商品价格与要素价格的关系；第二，用人所做出的努力而不是货币解释了物价的低廉；第三，承认积累和改良引起的货币价格下降是使物品在人力方面越来越便宜的自然方法；第四，一方面不重视与物价下跌密不可分的经济失调；另一方面不重视提价政策可能具有的刺激作用。这一切当中确实没有什么东西可以恰当地称之为谬误。在一些重要方面，主张物品应便宜而丰富的人所取得的胜利，意味着分析的进步。但这种进步却是片面的，忽略了主张物品应昂贵而丰富的人提出的许多有价值的建议。

其次,应该指出,昂贵而丰富这一口号与货币总量意义上的货币分析并没有必然的联系。很显然,在货币总量分析中没有任何东西妨碍我们把繁荣同廉价联系在一起。因而,货币总量分析与高价之间的联系显然仅仅是历史的,从而在每一具体情况下都需要有特殊的原因把它们联系在一起。就布阿吉尔贝尔的情况来说,这种要求很容易得到满足。他的高价论实际上是农产品高价论,高价之所以能对福利产生影响,是由于高价意味着地主可以得到高收入,而在布阿吉尔贝尔看来,地主正是主要的支出者。现代经济学家认为,工资率高意味着工人阶级的总收入也高,工人阶级的总收入高意味着消费者花钱就大方,与此相同,布阿吉尔贝尔认为,农产品价格高意味着地租也高,地租高意味着地主花钱就大方,地主花钱大方意味着就业和福利会保持高水平。但维里认为,货币供应量的增加会刺激生产,从而导致物价下跌(维里是斯密以前最为重要的论述廉价与丰富问题的权威),他的这种论点也许可以扩展为一种与低价哲学相结合的货币分析。

魁奈对价格问题持有相同的看法(特别参看他的《一般准则》,1758年)。他也认为,丰富和低价不是富裕,匮乏和昂贵意味着苦难,只有丰富和昂贵才意味着富裕。不应让物价下跌,因为有怎样的售价,就有怎样的收入(准则十八)。不要以为价格低廉有利于穷人,价格低廉只会使穷人的工资下降。不应减少最低阶层的收入(准则十九),因为这样一来就会减少他们的消费(即以货币或支出表示的总需求),从而减少生产和收入。这种理论很容易用大家所熟悉的现代语言来表述，其最显著的特征莫过于它对储蓄的看法，这种看法是由布阿吉尔贝尔所暗示，魁奈加以充分发展的。在这种分析图式中，最为重要的是购买力迅速向前流动。储蓄被认为是对这种流动的阻碍。因而可以说储蓄是人民的公敌。魁奈提出的一项准则是：全部收入每年都应流回到流通中去，周转在整个流通领域（准则七）。不应有金钱财产的形成（实际现金的积累?）。地主和那些做赚钱生意的人不应有“积蓄，因为积蓄会妨碍耕种预付的回收……：积蓄所产生的这种阻隔作用会使收入和租税的再生产减少”。这里的所谓“积蓄”，无疑就是未投资的储蓄。即使如此，魁奈的观点也与凯恩斯的观点有惊人的类似之处，他们都认为，储蓄实际上是不生产的，是干扰因素，必须时时加以“抵消”，而这种抵消是一种特殊活动，可能成功，也可能不成功。就这样，相当强大的厌恶储蓄的传统，在其即将销声匿迹之前，却得到了进一步的加强。关于重农学派的货币理论，要说的就这些。

那么，实物分析为什么会轻而易举地取得完全的胜利呢？这个问题将由本章最后两节来回答，那两节将考察实物分析打了胜仗的两个主要战场，即储蓄理论和利息理论。不过，这里可以作一一般性的回答：十八世纪末货币分析的失败或毋宁说崩溃，是它自身的软弱无力造成的。即使我们为讨论方便起见，姑且无保留地承认货币分析原理是健全的，承认其现代发展是对十九世纪实物分析的改进，我们也应当明白，十九世纪的实物分析同样优于十八世纪的货币分析。我认为，这种螺旋式的上升并不罕见。被取代的理论往往又回过头来取代那些曾经取代它们的理论，这种取代和再取代也许对那种奇妙的东西即科学知识的发展是有益的。

2. 基本原理[①]

我们现在来讨论狭义上的、平常意义上的货币理论，也就是作为一种技术工具的货币理论，这种说法虽然不全面但却很简明。为此，最好先介绍几个术语，以有助于本书其余部分的论述。

〔**(a) 理论上的和实用上的金属论和名目论。**〕 所谓理论金属论指的是这样一种理论，这种理论认为，货币在逻辑上必须由某种商品构成或由某种商品"予以担保"，因而货币的交换价值或购买力的逻辑根源就是这种商品的交换价值或购买力，而不必考虑其货币作用。固然，从原则上说可以选择任何一种商品充当货币，但商品货币理论这个词还有另一种含义。正是由于这一原因，鉴于当代一般只选择黄金和白银充当货币，我们宁愿使用金属论这个词，虽然严格说来，这个词也不恰当。固然所选定的"本位"可以由一种以上的商品构成，但我们却采用了单数形式，这样做仅仅是为了避免每次都添上"或一种以上商品"这几个字。所谓实用金属论指的是鼓吹这样一种货币政策原则，即货币单位"应该"牢牢地与一定数量的某种商品联系在一起，并能与这种商品自由兑换。理论名目论和实用名目论最好是用相应的否定词语来下定义。因而，只要是否认货币在逻辑上必须由例如黄金构成，必须能迅速兑换为黄金，我们便可以称之为理论名目论；只要是鼓吹这样的政策

① 〔熊彼特曾想用"基础理论"作为本小节的标题，但他在第三编(第七章第 2 节)和第四编(第八章第 3 节)却用"基本原理"作为相应小节的标题。〕

原则，即货币单位的价值不“应该”与任何特定商品的价值联系在一起，我们便可以称之为实用名目论。①

上述区别对于我们来说之所以很重要，是因为理论金属论和实用金属论无需并行不悖。举例来说，一个经济学家可以深信理论金属论是站不住脚的，但与此同时却是个坚定的实用金属论者。当前的通货制度没有规定必须迅速而无条件地用黄金赎回所有非黄金支付手段，从而大大增加了政府当局和政治家的行动自由，但如果人们对政府当局和政治家缺乏信心的话，理论名目论者就很可能变成实用金属论者；这不包含任何矛盾。但读者应认识到，由此而会带来很大的困难，使我们更加难于解释那些习惯于把理论上的考虑与实用上的考虑搅在一起的作家。也不是仅仅由于这一原因，我们才不好说某个人是不是理论金属论者。因为一个人即使不是理论金属论者，也仍然可以认为“最好卖的商品”是货币现象的历史根源（有别于逻辑根源）。② 而且，他可以强调政府对于决定哪种商品充当货币所起的作用，强调政府有权以各种方式改变这一决定。在这样做的时候，他如果不老练，不小心谨慎，就很容易说一些诱使人们把他看作是名目论者的话。我们一定记得，在亚里士多德那里就有这种麻烦（前面第一章）。最后，基本理论

① 金属论和名目论这两个词借自 G. F. 纳普的《国家货币理论》一书（参看下面第四编，第八章，第 3 节）。既然在金属论者看来，货币理论是从逻辑上在其之前的物物交换理论直接引申出来的，所以金属论（我拿不准在这里是应该使用“粗略地说”这个字眼，还是应该使用“准确地说”这个字眼）就是冯·米塞斯的所谓“交换货币理论”。但还是金属论这个词更为传情，而且据此很容易创造出单一金属论等词语。

② 这里我们碰到了一个特别令人感兴趣的方法论方面的问题。〔熊彼特写道：请把本页其余部分留下作注释。〕

是有延展性的,作家们往往也前后不一致,更容易含混不清。当一个作家把货币比作入场券,说有了它就可以进入出售各种商品的社会大商场时,我们会把他看作是名目论者。但入场券这个词并不一定有多大含义,约翰·穆勒在十九世纪使用了这个词,伯克利在十八世纪也使用了这个词,可把他们两人称作金属论者却更为合适。不可否认,人们的货币观点就像天上的浮云那么难于描述。

〔(b) 十七和十八世纪的理论金属论。〕 理论金属论虽然并非总是与实用金属论联系在一起,但通常还是与实用金属论联系在一起的。它在整个十七和十八世纪坚守住了自己的阵地,并在十八世纪最后二十五年出现的"古典局面"中取得了胜利而流行开来。亚当·斯密实质上认可了它。在随后的一个多世纪中,理论金属论得到了人们几乎普遍的承认,没有任何人比马克思更无保留地接受了它。人们深深地相信这种理论,以致大多数经济学不仅觉得反金属论在推理上有错误,而且觉得反金属论是别有用心的。①

---

① 我理所当然地认为理论金属论是站不住脚的。我认为,从纯逻辑上说,货币并不存在于一种或几种商品中,也不一定依赖于一种或几种商品,这些商品作为商品所具有的交换价值并不是它们作为货币所具有的价值的逻辑基础。理论金属论的错误在于,它把货币的历史起源同货币的性质或逻辑混淆在了一起,就货币的历史起源来说,虽然不是在所有情况下但在许许多多情况下,人们确实可以看到,一些商品由于特别好卖而被当作交换的媒介,但货币的性质或逻辑却与其材料的商品性质毫无关系。这类错误在社会分析的所有领域,特别是在社会分析的早期阶段是屡见不鲜的。人们只有积累了大量分析经验才会觉察到,原始社会制度要比现代社会制度更为复杂,它们往往掩盖了而不是暴露了社会制度的逻辑实质。我们很快还将讨论这个问题。

但是,人们可以认识到这一切而仍然是实用金属论者,也就是相信,在一些情况下或在所有情况下,把货币单位同比如黄金联系在一些,是建立货币制度或使货币制度运行的最好方法甚或唯一方法。不过,这不是纯理论的问题,它是对还是错,可以根据我们知道，这种情况同早已确立的传统是一致的。自然法哲学家和直接受他们影响的顾问行政官，只不过重复并发展了亚里士多德和经院作家的学说而已。但即使是没有受到这种影响的作家，也大都与这种传统保持了一致。各国都有许多这方面的例子。就英国来说，只要提及以下作家就够了，首先是这样一些一流经济学家，蔡尔德明确认为，货币就是执行货币职能的那部分金银，认为金银尽管具有这种职能，不管是否已铸成了货币，都仍然是完全像“酒、油、烟草、棉麻织品和毛织品”那样的商品；配第也是根据货币的材料论证货币；洛克①也是这样，不过他更愿意承认货币职能具

具体情况而定，根据个人或集团的立场和利益而定。然而，尽管理论金属论和实用金属论在逻辑上是各自独立的，但要把它们区别开来却并非总是那么容易，对于这一点，读者不应感到奇怪。很少有作家在这个问题上采取十分明确的态度；大多数作家至今仍习惯于把它们混淆在一起；但实用金属论者和实用反金属论者，总是根据金属论和反金属论，强调把货币单位同一定数量的金属联系在一起具有实际的便利。另外还有两个事实进一步增加了解释上的困难：一方面，金属论者和反金属论者的观点并不像人们想象的那么严格地不相容，而只是有许多细微的差别而已；另一方面，像“货币是入场券”这样的措辞虽然似乎明确地指向了这两种理论中的一个，但如果不加以发挥的话，则可能是没有什么意义的。这样的困难，我们在亚里士多德那里已经遇到过了。我并不绝对确信，我把他归入理论金属论者一类是对的。我们即将谈到的加利亚尼，就对亚里士多德作出了相反的解释。至于那些不大注重基本原理的小册子，我们越是深入钻研作者的思想，这种困难常常就越是无法克服。读者看下面的正文时务必想着这些。我宁愿老老实实地把拿不准的地方告诉读者，而不愿装作有把握的样子武断地下结论。

①　这位《人类理解论》的作者，视野广阔，对经济事实和问题一直很感兴趣（他的日记可以充分证明这一点）。人们因此而应该能够为他的经济思想构筑一完整的体系。实际上，人们在这方面已做了不止一次的尝试，最为成功的也许要算 W. 罗雪尔（《英国国民经济学史》，1851 年）和 J. 博纳（《哲学与政治经济学》，1893 年）的尝试。然而，尽管我们在其他地方已经而且还将提到他的名字，他在经济分析史上能占有一席地位，却完全有赖于他论述货币问题的著作（主要是 1692 年出版的《论降低利息和提高货币价值的后果》；1695 年出版了《再论……》，但没有增添什么新内容）。虽然该书的出版日期和出版方式受到了当时论战的影响，但它却囊括了几十年的思想，而且由于作者努力发掘基本原理，它远远超出了当时小册子的水平，也远远超出了书名所表

有重要意义;休谟[①]有关这一特殊问题的学说,只是在清晰程度和措辞方面不同于蔡尔德的学说;坎梯隆(前引书,第一编,第17章)的理论金属论在法国产生了巨大影响;其次是赖斯·沃恩[②]和约瑟夫·哈里斯[③],这两位作家的著作可以说是英国十七和十八世纪的两部标准著作。

达的内容。不过,即使如此,我们却不能说他对货币分析作出了巨大贡献,更不能说作出了完美无缺的贡献。失误是屡见不鲜的,而且就所具有的"主观创造性"来说,他表述的观点几乎没有哪一个不是当时其他作家也同样好地或更好地表述过的。该书在欧洲大陆产生的影响也是巨大的。

从他的论证结构看,我们有充分理由把他看作是金属论者。不过,有人也许会提出疑问,因为洛克说货币是由于大家"同意"而存在的。这里遇到的问题同亚里士多德的"惯例"(参看前面第一章)带来的问题是一样的,我认为可以用同样的方式来回答:一方面,尽管货币起源于人们常常用一种商品来间接地换取其他商品的习惯(为的是便利物物交换),但也可以说成是人们"同意"选择那种商品;另一方面,尽管充当货币的商品是通过市场机制获得"价格"的,但也可以说这种价格同任何其他价格一样产生于人们的"同意"。

① 大卫·休谟的《论货币》一文是他的《政治论文集》(1752年)一书包含的主要贡献之一。这篇论文能在经济学史上享有一定地位,与其说是由于它有什么新颖之处,还不如说是由于它巧妙而卓有成效地表述了前人的研究成果。不过,这并不一定排除它具有"主观创造性"。其主要内容将在正文中提到。

② 赖斯·沃恩:《论硬币及硬币的制造》(写于1635年左右,出版于1675年),重印于麦卡洛克的《货币珍本选粹》(1856年)。这部著作很有用,可以充当解毒剂,所有那些习惯于把十七世纪的货币思想看作是一派胡言的人都应好好读一读它。但它也告诉人们,正如前面指出的,在解释上存在着许多困难。沃恩很快就采用了典型的金属论的推理方式,但在解释货币的性质时,从他所使用的词语本身来看,却也可以作出反金属论的解释。

③ 约瑟夫·哈里斯(1702—1764年)的《论货币和硬币》(于1757年和1758年分两部分出版),可以看作是十八世纪货币分析领域内最杰出的著作之一。当然,对于我们来说,该书的重要性不在于哈里斯提出了使他得以名垂史册的各种建议(他的单一金属论和外贸观点,同休谟和斯密的见解相去不远),也不在于他对历史材料的旁征博引,而在于他的货币理论和外汇理论具有所谓理论上的支点;他把这个题目置于他时刻记在心头的一般经济原理这一大框架内加以考察。因而哈里斯的论述也就优于另外一些新老作家的论述,因为这些作家不了解,任何令人满意的货币理论都应暗含有关于整个经济过程的理论。

至于其他国家，我们只讨论取自意大利货币文献的例子，因为在整个这一时期，意大利货币文献的水平要高于其他国家货币文献的水平。主要人物几乎都是毫不妥协的金属论者。最重要的人物有斯卡鲁菲、达万萨蒂、蒙塔纳里、加利亚尼和卡利。还应加上贝卡里亚和维里，他们是在全面论述一般经济学时论及货币问题的例子。

这些作家的几乎全部著作都已重印在库斯托迪的那套丛书中（参看前面第三章）。除贝卡里亚和维里的著作在别处已有论述外（前面第三章第 4d 节），本注释将尽力表达出每位作家著作的大意。而且在另一处还将再次谈到维里和卡利的贡献（第七章“重商主义”）。不过，这里不应漏掉维里的专著《货币对话录》（1762 年）。

加斯帕罗·斯卡鲁菲（1515？—1584 年），是艾米利亚雷焦市的银行家，于 1582 年发表了一部货币专著，题为《货币概论》。该书极好地说明了十六世纪的货币思想涉及哪些方面。它先是讨论了货币的各项职能，然后以强烈的金属论腔调论述了货币的铸造问题，认为货币是加盖了印记的金属片，此种印记只具有确认意义。他建议实行国际复本位制（由于他盲目坚信 1∶12 这个比例是不可改变的，而使他的建议受到了某种程度的损害），由一国际机构（在不被课征铸币税的情况下）发行一种国际货币。这个建议暗含有一十分先进的理论的许多组成部分，但明确表达出来的却很少。因此，伯纳多·达万萨蒂（1529—1606 年）确实向前迈进了一大步，蒙塔纳里称他为“学问渊博的佛罗伦萨商人”。达万萨蒂的《货币论讲义》（1588 年；并参看他 1582 年发表的《汇兑知识》）是有关货币起源与性质的金属论的“顶峰”，也是把这种理论表述得最优美的一本著作。

大约一百年后，波洛尼亚大学和帕多瓦大学的数学和天文学教授赫米尼亚诺·蒙塔纳里，写出了《简论各国的货币价值》（1680 年）一书；随后又写出了《国家御用的造币局》（后改名为《货币论》，1683—1687 年）一书，该书进一步完善了前一本书提出的学说，但没有增添任何必不可少的东西。

那不勒斯人弗迪南多·加利尼亚（1728—1787 年），是十八世纪的一个典型神父，才智焕发，著有《货币论》（1751 年）一书。他在该书中为他的时代做了蒙塔纳里为十七世纪、达万萨蒂为十六世纪所做的事情。该书第一卷题为《论金属》,第二卷题为《论货币的性质》,第三卷题为《论货币的价值》,第四卷题为《论货币的流通》,第五卷题为《论货币利息》(该卷不仅论述了利息问题,而且还论述了公债和汇兑问题)。这本书假如出版于 1851 年的话,也许会受到人们的重视。下一章还将提到加利尼亚的另一部著作。在同经济学领域内的这位极富有才智的人物告别以前,我们必须强调指出他的思想的一个重要方面。在十八世纪的经济学家当中,只有他一贯认为人是可变的,所有政策是相对于具体时间和地点而言的;只有他完全摆脱了对实用性原理的盲从(而当时欧洲的知识分子却变得越来越盲从),认为实用性原理并不是普遍适用的;只有他认识到,某项政策在一定时间内在法国是合理的,但在同一时间内在那不勒斯却可能是荒唐透顶的;只有他有胆量说:"我不是无事生非……我是反对胡说八道"(《小麦贸易对话录》,1769 年,第一篇对话);只有他极端鄙视政治上的各种教条主义者,包括重农主义者在内。加利亚尼著述甚丰,而且他的一些著作被人们重印和编成了选集。这些都列在希奥尔希奥·塔格利亚科佐的《十七和十八世纪那不勒斯的经济学家》一书的第 65 和 66 页上,该书还包含有一篇论述加利亚尼的文章以及《货币论》和《对话录》的摘录。

贾恩·里纳尔多·卡利伯爵(1720—1795 年),是帕多瓦大学的天文学教授,后来担任米兰公国(当时是哈布斯堡帝国的一部分)的财政大臣。担任财政大臣期间,在他采取的许多措施中,特别值得一提的是,他根据自己的一项计划对货币的铸造进行了改革。卡利是个多才多艺的作家,他在《美国通信》(1780 年第一版;1786 年第二版,共四卷)一书对美国发表的看法,甚至在像这样的简介中也值得一提。但这里提及卡利,却是因为他的那部题为《论货币……》的著作(第一部分题为《论货币的起源及其交易……》,出版于 1751 年,全书共三卷,于 1754—1760 年出版),其中一篇文章论述了《意大利的货币金属和商品的价值及比例》,这篇文章的贡献将在下面谈到。下一章还将提到他的其他经济著作。

当然,货币过程分析所取得的这些进展,大都是以金属论为基础的,尽管在一些地方,从严格的逻辑上说,以反金属论为起点倒更为合适。不过，我们不应对此感到惊讶。理论金属论虽然有缺点，但如果运用得当，却丝毫也不亚于更为正确的理论，同样会使我们向前迈进，这正是它如此强壮的原因之一。

〔**(c) 反金属论的传统依然存在。**〕 不过，也有一种反金属论的传统，这一传统固然较弱，但却同样古老，至少可以追溯到柏拉图那里。其动力来自陷入财政困难的政府，来自通货膨胀论者、“再膨胀论者”以及当时的银行发起人(尽管银行计划的鼓吹者并不都是通货膨胀论者或反金属论者，①尽管通货膨胀论和理论反金属论之间没有任何必然的联系)，但是，在我们讨论的这一时期，反金属论传统的存在却不应完全归因于这一因素。在大陆作家中，只提及奥特斯和布阿吉尔贝尔就够了。② 英国方面相应的例子有波特、巴贲、伯克利、斯图尔特，如果我们把那位入了法国籍的苏格兰人也算在内的话，则还有约翰·罗。

① 国民银行计划的鼓吹者是金属论者的例子不胜枚举。1576 年建议的提出者就是一例。约翰·卡里(1696 年发表《论英国的铸币与信用》和《论公债的偿还》)是另一个例子。就我所知，主张建立英格兰银行的那些作家都是金属论者。

② 奥特斯著有《国民经济学》(1774 年)。他的理论反金属论是与詹姆斯·斯图尔特爵士的理论极为类似的另一个例子。他把货币定义为财富的符号，明确地把它从构成财富的项目中排除了出去。布阿吉尔贝尔之所以是反金属论者，是因为他认为，金银——我们显然可以加上，还有任何其他商品——不是构成货币必不可少的材料。如果是这样，那么货币为什么一向是用可以作其他用途的材料做成的呢？对于这个问题，布阿吉尔贝尔作出了正确的回答，指出用这种材料做成的货币是一种抵押，保证收款人将来得到自己真正想要的东西，当付款人的信用并非毫无问题时，这种抵押实际上是必需的。为了在逻辑上自圆其说而否认货币概念中需要有商品因素，然后又以实际便利为(好的或坏的)理由而引入货币因素，这正是理论反金属论与实用金属论相结合(如果这些理由被认为是成立的话)的定义。但信奉金属论的作家也使用“抵押”一词，例如 R. 沃恩在解释货币的性质时就使用了这个词。

威廉·波特的《致富秘诀》,(匿名)发表于1650年,随后又有两部解释性著作问世。该书提出了一项计划,即创办一商人公司(辅之以另一机构,“确保”这些商人的信用),该公司将承兑或者说发行“票据”,这种票据由土地、建筑物和其他资产担保,并像法偿货币那样流通。这项旨在让物质财产流通的计划,不仅使波特成了土地银行计划的先驱者(参看第5节),而且还掩盖了它背后意义重大的分析工作。该计划及其背后的分析工作,无疑具有反金属论的性质,不过,波特并没有完全割断他的票据通货与金银的联系,因为假如采用了这种计划的话,这种联系就会变为仅仅是历史渊源上的联系,也就是说,虽然货币或许起源于某种商品,但其价值和行为已不再受那种商品的控制了。

尼古拉斯·巴贲是个医生,曾从事各种各样的经营活动。不仅在他的各种计划中而且在他的分析论证中,都有许多异想天开的成分,这在当时及以后损害了他的声誉。此外,他还是土地银行的发起人之一。尽管如此,在我看来,仍应把他归入英国十七世纪那五六个最优秀的经济学家之列。我们在另一处还将谈到他,但对于我们来说,他的重要性却在货币和利息领域。他的《贸易论》(1690年)已由J. H. 霍兰德重新出版。还应提及他的《论铸造较轻的新货币》(1696年)。

乔治·伯克利(1685—1753年)主教对经济分析所作的贡献,不如对哲学所作的贡献大。其贡献主要包含在《质疑者》(1735—1737年第一版)一书中。他无休止地提出了一长串令人生厌的问题,使其论证拖得很长,这也许并不合每个人的口味。但在他对几乎每个问题的论述中，强有力的常识都处于显著地位，这也正是他的哲学思想的立足点。

詹姆斯·斯图尔特爵士前面我们已经提到过了。就货币这个题目来说，除了他的《原理》外，还应提及他的另一些著作，特别是《适用于孟加拉铸币现状的货币原理》(1772 年)。

我总觉得约翰·罗是个独特的人物。金融冒险家们——把这位行政天才称作金融冒险家公道吗？——常常有各种各样的哲学—经济学体系。以开办动产银行闻名于世的皮埃尔兄弟，就有一种带有圣西门主义色彩的哲学经济学体系。但约翰·罗的情形却与此不同。他才华出众，思想深刻，提出了自己的一套经济学，从而使他跻身于古今货币理论家的前列。而对于我们来说，重要的仅仅是这一点。不过，既然显而易见，他的分析之所以两百年来受到人们的谴责，主要是由于他的皇家银行破产的缘故，所以这里应指出以下两点：第一，皇家银行的前身即 1716 年创办的大通银行是个极为正统的银行，发行钞票，接受活期存款并贴现商业票据，毫无反金属论可言；第二，皇家银行和它所合并的印度公司的破产，是后者兼办的殖民冒险事业暂时遭到失败造成的。假如殖民冒险事业取得了成功，罗试图从金融方面控制和改造一个大国的经济生活(因为这是他的计划最终会带来的结果)的宏伟计划，在其同时代人和历史学家的眼里，就会是另一种样子。即使像实际所发生的情况那样，罗的宏伟计划也并不是一个骗局，法国的整个处境是否因为实施这一计划而变得更糟，也很值得怀疑。然而，经济学家们不仅赞同了俗见，认为该计划只不过是个骗局,而且还指出了它的一些技术缺陷,而这些技术缺陷也确实是导致该计划失败的重要辅助性原因。因此,该计划的失败对后来古典银行理论的演进产生了巨大影响。

约翰·罗作为货币理论家所取得的成就,包含在他的一本小册子中。这本小册子的标题是《论货币和贸易——兼向国家供应货币的建议》(1705 年第一版,1720 年第二版;1809 年重印于萨默编辑出版的《论文集》中;后来,这本小册子的法文本,连同约翰·罗的其他著作,其中包括令人感兴趣的《辩护书》,又收入了吉约曼编辑出版的《十八世纪的经济学家和金融家》一书)。读者若想进一步了解这位传奇式的人物,可以参看 A. W. 威斯顿·格林的《劳里斯顿的约翰·罗》(1907 年)和 P. 哈辛的《约翰·罗著作提要评论》(1928 年)。

他的计划之一是建立土地银行,这种银行将根据土地价值的一定比例发行法偿纸币,并接受闲散资金作为储蓄用于投资,从而使货币永远不太便宜,也不太昂贵。在这方面,他追随了英国的土地银行设计者。下面我们应简要谈一谈英国的土地银行设计者。

当时英国下院拥有土地的议员同过去和现在主张平均地权的人一样,不明白为什么自己不能像商人或金融家那样容易而便宜地借到钱,也不喜欢那种把商业票据和抵押契据区别开来的理论。在人们筹建英格兰银行的时候,建立土地银行终于成了保守党的一项政治纲领,因为这种银行也许会特别满足拥有土地的下院议员的那些愿望。正是在这个时候(1693 年),一位以产科医生为职业的知识分子休·张伯伦,提出了一项建立土地银行的计划，地主可以从土地银行按百分之四的利率得到贷款，政府则可以从土地银行比从英格兰银行得到更多的贷款。我们无需细说这一计划如何因为缺乏财政支持而遭到了失败。但却有一些支持者力图为其提供分析基础。前面已提到，巴贲就是其中之一。约翰·阿斯吉尔（《一些已得到证实的论断……》，1696 年第一版，再版于霍兰德的丛书中）是另一个，他的著作说明了这样一条我一再强调的真理，即虽然我们也许能够在某种程度上理解土地银行计划的要点，但有关这种计划的各种错误论点并不会因此而得救。不过，约翰·布里斯科（《论最近的公债……》，1694 年；同年还出版了该书的摘要）却为土地银行计划提供了某种分析基础。他宣称巴贲和阿斯吉尔剽窃了他，而有人又指责他剽窃了张伯伦，但就他提供的分析基础而言，这种指责是毫无意义的。许多经济学家会把他称作金属论者，因为他很重视金银的储备。不过，仔细想一想就会感到，一个人相信储备普遍接受的商品是有用的并不能证明他对货币的性质有什么看法。

我们不能而且也没有必要讨论那些赞成和反对建立英格兰银行的文献。这种文献并非在其他方面没有意义，但就我所知，它们在我们感兴趣的那一方面是毫无创造性的。

巴贲比任何其他人都更为明确地放弃了理论金属论，其理由是，“货币的价值是由法律规定的”，对于这种价值来说，货币材料的价值是无关紧要的。约翰·罗虽然没有明确提出但却暗示了与此相同的观点，强调纸币的优点在于其数量可以加以合理的管理。就我所知，伯克利是把货币比作入场券的第一个人，他说，“货币的真正含义不就是入场券或计数器所具有的含义吗?”(《质疑者》,问题二十三)。只有詹姆斯·斯图尔特爵士力图在反金属论的基础上建立一种货币理论。但他没有取得什么进展,而且常常出差错,结果,很有希望的开端就淹没在了金属论的洪流中。

重要的是,这一时期的实践,特别是那四大清算和储蓄银行[①]的实践,已使经济学家熟悉了计账货币这一概念。记账货币是用金属的数量来规定的,但却仅仅是一种记账手段,用来在通货制度不计其数而且总在变化的世界上便利大规模贸易和资金往来。从这个意义上说,记账货币也进入了金属论的货币理论。加利亚尼称记账货币为“虚构货币”或“假想货币”,[②]并把它同“真实货币”区别了开来,真实货币是由真正的金属块构成的。斯图尔特(《原理》,第三编)对“记账货币”和“铸币”作了同样的区分,不过在他那里,这种区分具有另一种含义。他先是(1767 年版《原理》第一编第 32 页)把货币定义为“任何这样一种商品,这种商品本身对于人们毫无物质上的用处,但它却从人们对它的评价中得到了一种估价,以至成为衡量所谓价值的普遍标准……”(给纯计价标准所下的这个定义是有毛病的,但却因此而可以把他称作纯计价标准的发现者),[③]然后他从记账货币着手论述,认为记账货币是衡量价值的“任意尺度”,与实际使用的和金属论所指的记账货币不同,没有任何商品方面的含义。他力图找到这种货币单位的原始例子,

① 即阿姆斯特丹银行、汉堡银行、热那亚银行和威尼斯银行。

② 我看不出这两个短语有什么区别。

③ 应该指出,使用商品这个词并没有使他成为金属论者。因为一种商品如果根据定义只能行使货币职能,便不是金属论意义上的商品。

但没有成功，[①]也未能成功地说明在理论上应怎样构造这种单位，以及在实践中应怎样运用这种单位。但他却具有这种货币单位的概念，并且真正理解了金属货币的实质，把金属货币看作是一种很特殊的情况。

每一位探究基本原理的作家，都像经院学者曾经做的那样，重数并增添了贵金属所具有的优点（可分割性、流动性，等等），以说明人们为什么会普遍把贵金属当作货币。较为重要的是，这些作家列出了货币的四项职能，这四项职能后来在十九世纪的教科书中享有极为突出的地位。它们是亚里士多德的“（交换）价值尺度”职能和“交换媒介”职能，辅之以“价值贮藏”职能（这是带有强烈重商主义色彩的作家非常重视的一个因素，参看下面一章）和“延期支付标准”职能。不过，我不知道有谁一项不漏地列出了这四项职能，一些作家甚至只强调第一项职能，另一些作家则只强调第二项职能。人们逐渐认识到，这两项职能是可以分开的，有关它们的理论也是不同的。

该时期的经济学家同经院学者一样，亲眼看到了几乎所有想象得出来的复本位制，因而看到了这种制度带来的所有实际问题。令人奇怪的是，有关这种制度的分析却没有取得什么进展。特别是，他们似乎没有注意到金银这两种金属的法定比价具有什么样的本质特征。当然，理论家们认识到了，在法定比价下，定价过高

① 他提到了马居特（Macute），据认为，这是西非部落之间流通的一种货币单位。这也许是孟德斯鸠提示给他的（见《论法的精神》第二十二编第八章），孟德斯鸠也是个反金属论者，用马居特作为例子，说明货币单位只不过是纯粹虚构的〔价值〕符号。但这个例子的有效性是令人怀疑的。

的金属会驱逐定价过低的金属,而且他们至少从莫利纳时代起就一直在讨论这一现象(人们如果愿意,实际上可以把它归在格雷欣规律之下);但是,他们却未能看出,只要这两种金属都在流通,这种机制就会提高一种金属的市场价值,而降低另一种金属的市场价值,从而在一定限度内就会稳定这两种金属的市场价值,这才是复本位制最令人感兴趣的特征。从原则上说是单本位制论者的洛克,根据一般理由甚至认为,根本就不应该有法定比价,就像不应该有法定利率或法定汇率那样,而没有注意到,如果没有法定比价,复本位制就会变成不确定的制度。[①] 贝卡里亚以及其他作家有关这一问题的论述,同样使人不满意。

在往下论述以前,最好简要谈一谈那些在经济分析史中无法加以详尽阐述的问题,其中有些确实是很重要的问题。

首先,在通货不断带来麻烦的情况下,人们必然会热烈地讨论货币铸造问题。有关货币铸造技术的大量文献,主要出自意大利作家之手,其内容与我们讨论的题目没有什么关系。但我们可以谈一谈铸币税的问题。当时王公贵族有权铸造货币,有权在铸造货币时除了收取一定的费用(有时称作铸币费)外,再课征一定数额的铸币税,这种古老的封建特权即使不导致王公贵族频繁重新铸造货币,也给人们带来了沉重的负担,因而人们坚决要求免费铸造货币。正是在这种情况下,英国于 1666 年废除了铸币税,而其

① 据我所知,在瓦尔拉指出这一点以前,没有人清楚地认识到这一点。不过,加利亚尼却隐约认识到了这一点,因为他根据一些实际理由主张应该有法定的——虽然是可变动的——比价,其中一个理由看起来很像上面说的那种情况。可以说梅西也持有类似的主张。

他国家则倾向于把铸币税降低到铸造成本的水平。就此而言，有两点与货币理论有关。一是一些作家，特别是威廉·配第爵士认为，免费铸造货币是金银行使货币职能的必要条件，如果对铸造货币课税，金银就不再是其他物品价值的真正尺度了——这似乎是个理论错误。二是颁布免费铸造货币的法令是想吸引外国的金银（铸币成本将用对其他商品课征的进口税来支付），因而是一项典型的"重商主义"措施。经济学家对这种措施并无好感，从诺斯到斯密，再从斯密到穆勒，几乎所有参加自由贸易大合唱的英国经济学家，都建议收取能够抵消成本的铸币费，欧洲大陆的经济学家也大都提出了相同的建议，尽管德国经济学家提出这样的建议，或许得归因于他们是在向很穷的政府出主意。

其次，由此便可以很自然地讨论"贬值"或"降低成色"（即"抬高铸币价值"）的问题。严格的金属论所特有的古老论点是，降低成色就是欺诈。这种论点当时仍在被人重复，包括洛克、尤斯蒂和A. 斯密在内的许许多多作家都重复了这一论点。[①] 但对于这一

① 假如经济学家对自己的观点陈述得更清楚的话，则只要了解一个经济学家到底认为欺诈了什么，就可以知道他是否信奉金属论。如果某一经济学家认为降低货币成色的欺诈性在于剥夺了债权人一部分应得的贵金属，那他就是个金属论者。如果某一经济学家认为，只有当降低成色或贬值增加了流通货币，从而减少了债权人可以用货币买到的物品时，欺诈才能得以实现，那他就是个名目论者。作这种区分的逻辑理由是显而易见的，无需加以说明，但却应该指出，还有一种实际上的差别：对货币进行贬值的政府并不需要而且常常也不把相应数额的货币注入流通领域。它们可以持有（全部或一部分）增加的货币，或者用增加的货币偿还欠外国人的债，还有其他一些因素可以用来说明为什么增加的货币不一定影响物价。甚至以某种方式运用增加的货币，可以使债权人得到好处。实际上，现代经验清楚地表明，人为贬值与自然贬值是不同的两件事，现在已普遍把这两者区别了开来。

问题,经济学家越来越多地采取了另一种有意义得多的观点。他们开始较少注意降低货币成色的对与错问题,而更多地注意降低货币成色对经济过程的影响。甚至十六世纪就已偶尔有了这种类型的讨论,当时人们讨论的是降低货币成色对公共财政是有利还是有害。到十七世纪下半叶和十八世纪,讨论转向了降低货币成色对一国的对外贸易和经济发展的影响。让我们粗略看一下这条发展道路上的几座灯塔。首先,到十七世纪最后几十年,英国的通货(当时英国实行的是单一银本位制,但却有越来越多的黄金进入流通领域)已破烂不堪,因而由查尔斯·蒙塔古主管财政事务的威廉三世的辉格党政府,于1698年通过了一项法案,要用公共支出来恢复银币的原有重量和成色,这笔支出由窗税抵补,此项工作于1699年宣布结束。就这一措施展开的辩论,由于有洛克的参加而大为生辉。洛克是站在政府一边的文人,而这场辩论对我们所具有的意义则可以归结为,我们由此可以了解洛克对货币现象理解到什么程度。不幸的是,展现在读者面前的是一幅令人遗憾的画面。这不仅是因为他采取的基本上是一种错误的推理方法(这是个道德判断问题,因而是他自己的事情,而不是我们的事情),而且还因为他未能看出,(a)按照银币的实际平均含银量重铸银币不能称为降低成色,或者只有在经济形势已经与其相适应的情况下,才能称为降低成色,因为洛克主张的实际上是高估银币的价值,而低估银币中白银的价值;(b)结果,除非全部价格立即与其相适应(我们不应指望会这样,假如会这样,普遍的不景气就会大大加重),否则白银就会外流,像实际发生的情况那样;(c)金币进入流通领域正与这一问题有关。洛克甚至认为,要降低货币成色是枉费心机的，实际上是不可能的，因为一盎司白银只能等于一盎司白银！他的主张以及他为此所作的辩护，都比不上他的主要论敌朗兹的主张和朗兹为自己的主张所作的辩护——只要把与全人类有关的事情同党派利益搅在一起，就会发生这种情况。令人感到难以理解和感到悲伤的是，无论是这一措施还是洛克为其所作的辩护，两百多年来却一直受到人们的颂扬，而且有时被颂扬得很过分。

下面我们从法国作家有关货币危机的论述中挑选出梅隆和杜托之间的争论谈一谈，这些货币危机发生在路易十四统治末期爆发的那几场战争期间及以后〔正文至此中断〕。

3. 离题论述价值

该领域内的分析工作也是以经院学者的分析工作为基础的。我们知道，经院学者已提出了实际分析价值、成本和价格的要点，其中包括均衡的初步概念，这些要点只需在内容上加以详尽阐述，在技术上加以完善。在某种程度上，我们所讨论的这一时期的经济学家所做的正是这一工作。这种工作由于该时期的经济学家非常关注货币价值（购买力）问题而得到了有力的推动。金属论作为一种货币理论也许没有多少可取之处。但这种理论确实使相信它的经济学家较仔细地探讨了一般价值问题。我们因此而不会感到奇怪，该领域内最优秀的著作大都是由对货币现象非常感兴趣的学者写成的。正是由于这一原因，我才决定把这一节放在这里。我们将通过简要考察一些杰出的著作，尽力阐明那些对后来的发展至关重要的论点。

〔(a) **价值悖论:加利亚尼。**〕　自达万萨蒂(《货币讲稿》,1588年)起,意大利人最先明确地认识到了应如何解决价值悖论,认识到了价值悖论并没有对在使用价值的基础上建立交换价值理论构成障碍。所谓价值悖论指的是,许多很"有用的"商品例如水,交换价值很低或根本没有交换价值,而一些"用处"很小的商品例如钻石,却有很高的交换价值。然而,令人大惑不解的是,斯密和李嘉图都认为价值悖论对在使用价值的基础上建立交换价值理论构成了障碍,这一事实的全部意义只有在我们补充了以下一点以后才会显现出来,即:我们可以为达万萨蒂之后的一百五十年列出一大长串作家,他们非常清楚地知道效用因素是如何进入定价过程的,而且其中就有几位英国作家。特别是约翰·罗在上面引述的那本小册子(《论货币和贸易……》,1705年)中,简要而精彩地阐述了这一问题,而且实际使用的就是水和钻石的例子。不过,我们将仅仅讨论一位经济学家,即加利亚尼,正是他把这种分析发展到了其十八世纪的顶峰。① 与约翰·罗不同,他是个坚定不移的金属论者,觉得有必要探讨金银作为商品的价值,因而觉得有必要探讨所

① 这种说法当然对他的前辈来说是不公平的,事实上,加利亚尼本人对其前辈也不公平得令人难以置信。举例来说,他在阐述达万萨蒂的观点时,表现出了一种毫无根据的优越感。而且,不要忘记,加利亚尼提出的理论实际上是经院学者的理论。不仅仅是在这件事情上,加利亚尼像其他经济学家一样没有适当地表示谢意。他在社会学(如果读者愿意,也可以称为社会哲学)方面,也不加感谢地依重于维科。参看塔格利亚科佐:前引书,第15页(据我所知,这是维科的全部著作中写得最优美的一页)及后面几页,并参看F. 尼科利尼(《贾姆巴蒂斯塔·维科与弗迪南多·加利亚尼》,载于1918年的《意大利文献史杂志》,还请参看尼科利尼为自己于1915年编辑出版的加利亚尼的《货币论》写的按语;但尼科利尼是个哲学家,所以往往夸大加利亚尼对维科的依赖,而就严格意义上的理论来说,加利亚尼对维科的依赖是很少的)。

有商品的价值。在这样做时，加利亚尼稳当而熟练地运用了分析方法，特别是简洁而严密地界说了自己的各种概念结构。假如十九世纪就价值问题展开争论的经济学家先仔细读一读加利亚尼1751年发表的《货币论》（本章上一节已简要介绍了该书），①那他们一定会感到他们的争论是多余的。

加利亚尼（《货币论》第一编第二章）先是毫不犹豫地把“价值”一词定义为一定数量的一种商品与一定数量的另一种商品之间的主观等值关系（市场上的客观等值被看作是这种关系的一个特例，但他没有说明在该意义上主观价值如何过渡到客观价值），因而“一种商品的价值”这个短语，只有相对于一定数量的另一种商品而言，才有意义。然后，加利亚尼对这种价值取决于什么的问题作了回答，他的回答是这种价值取决于“效用”和“稀缺性”，接着他对效用和稀缺性这两个概念作了解释，我觉得，他的解释同现今许多基础课本中的解释基本上一样。效用并不是观察者所理解的那种有用性——在经济学家的意识中，凡是能够带来快乐和幸福的东西都是“有用的”。时尚、声誉估价和利他因素在适当时候也都会显示出来。稀缺性是某种物品的现有数量和该物品的用途之间的关系，由此而可以解释为什么金牛要比野牛的价值高。再说一遍，

① 还有另一个意大利人焦万尼·塞瓦也写了一本论述货币问题的著作，题为《论货币，只限于在几何学上加以论述！》，出版于1711年。塞瓦是曼图亚的一个工程师，在我看来，他没有给货币理论增添任何新东西，但却没有哪一部经济分析史可以不提他，因为他对经济理论的性质有深刻理解。他认为，真实现象总是模糊不清的，复杂得令人难以驾驭；实践活动也总是缺乏严密性；因而要理解事物的本质，就得借助于假设建立理性的模型，否则我们就必然总是在茫茫黑夜中摸索；处理这种模型最好是用数学方法，这种方法论两百年后才被人们接受。

所有这些都不是加利亚尼首创的。十九世纪再次被严肃讨论的有名的"价值悖论"(即明显有用的物品售价低,不那么"必需的"物品反而售价高),以前已得到了数次解决。但以前或那以后的一百多年,却从来没有人如此全面地提出这一理论,如此充分地认识到它的重要性。加利亚尼与杰文斯和门格尔的区别是,第一,他没有边际效用概念,尽管他的相对稀缺性概念很接近于边际效用概念,第二,他未能把他的分析应用于成本和分配问题。也许正是由于有第一个缺点,加利亚尼未能提出令人满意的价格理论,尽管他本来可以像伊斯纳尔后来的成功所充分显示的那样,再向前迈进一步。然而,即使如此,在有关这个题目的研究史上仍留下了他的足迹。他在说明价格如何产生于效用和稀缺性时,意外地发现,价格通过限制消费者所能购买的商品数量,转而又作用于消费者所感觉到的稀缺性。价格既调节需求又被需求所调节。加利亚尼完全清楚应如何处理这种相互依存的现象。在他论述这三个问题的那三页中,他实际上发现了长期均衡概念,概述了带来长期均衡的利润机制,设想有一个国家以前信奉伊斯兰教,完全禁止饮酒,后来改信基督教,由此而产生了对酒的需求。这几页论述由于带有曼德维尔味道而有所减色,否则会被认为很富于创造性。但这并没有改变这样一个事实,即只需再努一把力,就可以由此产生出一种比亚当·斯密的理论完善得多的理论。

因此,加利亚尼不仅预示了很久以后(边际效用)的发展,同时也预示了其后一百年(李嘉图和马克思)的价值理论。因为他出人意料地突然借助于商品数量从稀缺性转向了劳动,并立即把劳动尊崇为唯一的生产要素和赋予物品以价值的唯一因素。在一种意义上，这破坏了他的价值理论，在另一种意义上，这又是非常令人感兴趣的。加利亚尼的劳动指的是劳动的数量，因而既消除了社会习惯的影响，又消除了天赋能力差异的影响，社会习惯决定了一个人每年实际应工作多少天，每天应工作多少小时，天赋能力的差异决定了不同人的劳动具有不同的价格。而且，加利亚尼在排除了珍奇物品（例如美第奇家族珍藏的维纳斯像）的垄断价格后，认为均衡价格是与劳动数量成比例的（当然应适当考虑到暂时的波动）。这在所有要点和许多细节上都是李嘉图和马克思的理论，而且如果我们采取李嘉图的观点的话，它要比亚当·斯密的理论更加令人满意。[①]

〔**(b) 伯诺里的假说。**〕　但是让我们记住，在《国富论》，特别是李嘉图的《原理》产生影响以前，占上风的是“主观”或“效用”价格理论。甚至在 1776 年以后，欧洲大陆上流行的也仍然是效用价格理论，从加利亚尼直到 J. B. 萨伊，该理论的发展从未间断过。贝卡里亚、杜尔阁、维里、孔迪亚克[②]以及许多不那么显赫的人物，都做出了自己的贡献，使这种理论的基础越来越坚实。他们都把价格和定价机制同他们所认为的经济活动的根本目的即欲望的满足直接联系在了一起。他们都接受了坎梯隆对财富所下的定义，不仅仅是作为一句说过就忘了的话，也不仅仅像斯密那样只是为了提出有利于消费者的政策才想起它，而是把它作为价格分析的

① 在另一处，加利亚尼又认为劳动数量等于劳动者的生活费用。这种观点虽然在形式上与李嘉图的理论无关，却可以用李嘉图的理论来解释。但还不如说又返回到了坎梯隆那里。

② 《商业与政府》(1776 年)，见前面第二、三章。

起点。另外,正像杰文斯所认为的那样,他们也都认为,价格现象产生于快乐与痛苦的计算。在这方面,他们是边沁主义者的先驱,而且是比后来追随边沁的英国经济学家更为坚定的边沁主义者。因此,他们不仅是十九世纪后半叶"主观论者"的先驱,而且还令人遗憾地最先把价值理论同功利主义结合在了一起,结果,一百年后这种结合带来了许多麻烦。① 不过,我们暂且不深入讨论这一问题,而只提及一项成就,这项成就除了在其他许多方面令人感兴趣外,还较为清晰地预示了边际效用理论。

丹尼尔·伯诺里是个杰出的科学家,前面我们已提到了他。他在1730年或1731年写的一篇论文② 中提出了这样一个假说,即:增加一元钱对一个人具有的经济意义同该人已经拥有的钱的数量成反比。如果这指的是收入,而不像伯纳里所做的那样,指的是一个人的净资产总额的货币价值,那我们就很容易看出,这增加的一元钱用后来的术语来说就是边际上的一元钱,其意义用后来的术语来说也就等于其边际效用,当代的费雪和弗里施已试图对其进行统计测量。③ 同样令人感兴趣的是,伯诺里把他的假说应用

① 参看后面第三编第三章第1a节。

② 《计算抽签的新理论》,1738年发表在《彼特罗波利坦尼帝国科学院学报》上,阿尔弗雷德·普林斯海姆的德文译本(《现代价值理论的基础:丹尼尔·伯诺里……》,1896年)包含有译者加的富有启发意义的注释以及路德维希·菲克撰写的很有用的导言。但菲克先生不仅把伯诺里尊崇为戈森、杰文斯、门格尔和瓦尔拉的先驱者,而且还认为伯诺里第一个认识到价值不是事物的固有属性,而是估价者与被估价的事物之间的一种关系,这非常典型地说明了我们对学说的发展了解得多么模糊。实际上,经院学者以及十八世纪几十位没有读过伯诺里的那篇论文的作家都极为清楚地认识到了这一点。

③ 这用精确的公式来表达会特别清楚。用 x 表示一个人的收入,用 y 表示得自这种收入的满足,则伯诺里的假说便可以写成:

在了商业实践活动中(前引书第十五、十六节)。其基本思想是,即使可以精确地计算出得利和受损的概率,例如,即使有长期经验提供的充足材料,可以计算出海运受损的概率,合理的行动也不单单取决于这种概率的数值。还必须考虑到一定的得失对每个商人所具有的重要性,而这种重要性当然是随着每个商人财力的不同而变化的,伯诺里的假说刚好为做到这一点提供了一种方法。因而伯诺里推导出了一项衡量标准,据此可以确定一个人支付一定金额为其货物保险是否合算,也可以据此估计出用几只船运送一定数量的货物能得到多少好处,或估计出用一定金额购买几种证券而不是一种证券能得到多少好处。伯诺里由此为商业风险与投资理论作了重要提示,而这种理论至今仍未得到充分的研究与发展。从伯诺里的著作中引述一句话也许是有益的,他写道(前引书,

$$dy = K\frac{dx}{x},或\frac{dy}{dx}=\frac{K}{x},$$

其中比例因子(K)对于每一个人都是常数,但对于不同的人则是不同的。每个 K 的变化范围应考虑到每个人趣味的不同和感觉强度的不同(伯诺里似乎认为除了没有意义的反常者外,每个人的 K 都是一样的,但这没有多大关系)。dy/dx 显然是边际效用程度或最后效用程度,因此,边际效用这一概念在 1738 年就出现了。正如伯诺里所说,他的基本思想已由数学家克拉默预见到了,不过,克拉默对边际效用函数的形式提出了一种不同的假说,即:

$$dy = K\frac{dx}{\sqrt{x}},$$

伯诺里的假说在适当范围内是十分有道理的,虽然它未能利用我们所知道的或我们认为我们所知道的这种函数的所有性质(参看后面第四编,第七章)。

因为即使是相信可以测量出效用或满足的人,也不认为能有把握地描述这种函数在极端情况下(例如收入刚好能满足生存的需要)的性质,所以我们最好不考虑这种"刚能满足生存需要的最低收入"。如果我们把这种最低收入称作 a,那么从一定数量的收入 b 中得到的总满足就可以用定积分来表示

$$y=\int_a^b K\frac{dx}{x}=K\ (\log b-\log a)=K\log\frac{b}{a}。$$

第十七节):“正因为这些结论与观察到的商业行为如此吻合,所以似乎不应忽视它们,不应把它们看作是建立在不可靠的假说基础之上而又未经证实的陈述。”令我悲伤的是,这里无法讨论有关这篇论文的其他一些问题,[①]而这些问题对于那些研究人类思维方式和科学进步规律的人来说是很有趣味的。

〔(c) **定价机制理论。**〕 关于定价机制理论,十八世纪中叶以

① 不过,这里也许可以简要谈一谈其中的两个问题。一是,经济学家实际上不知道伯诺里的假说,直到一些经济学家独自得出了相同的或类似的看法后才注意到它。菲克提到了赫尔曼(1832 年),F. A. 兰格(《工人问题……》,1865 年),特别是杰文斯,我不知道是否还有其他人。这种忽略叫人很难理解,因为拉普拉斯在其 1812 年发表的《概率分析理论》一书中就曾表示支持伯诺里的公式,而这本书无疑是广泛为人所知晓的。二是,伯诺里力图解决圣彼得堡博弈悖论的尝试,并不在他的论文作出的许多有价值的贡献之列,尽管这正是他的论文的主要目的。圣彼得堡博弈提出的问题是:抛掷硬币 n 次。X 答应 Y,如果第一次抛掷正面朝上,付给 y_1 美元;如果第一次没有正面朝上,第二次正面朝上,付给 y_2 美元;如果第二次没有正面朝上,第三次正面朝上,付给 y_4 美元,如此等等,依此类推。因而,Y 可能得到的收益的级数是 $1,2,2^2,2^3\cdots\cdots,2^{(n-1)}$。我们可以用概率,也就是说,如果硬币完好无损的话,用 1/2,1/4,1/8 等等乘以每项可能收益,求得 Y 可能得到的收益的数学期望。可以看出,这种相乘把每一项都约简成了 1/2,因而相加后,我们便可以得到总的数学期望为 n/2,如果 n 无限增加,总的数学期望就会大于我们愿意举出的任何金额。然而,读者明白,实际上谁也不会为了这种数学期望而付给 X 很大金额。为什么呢?伯诺里认为,要解决这个问题只需用他的假说来校正可能得到的收益,事实上由此将得到一种有限的“道德”期望,而取代那种“无限的”数学期望。但是,这种做法虽然本身并非毫无意义,却没有解决问题。就此而言,普林斯海姆教授在其译本的一个脚注中提出的各点也没有解决问题,尽管它们并非与问题无关。我们不能更深入地讨论这个问题了。但读者如果以为这个问题对于经济学家来说是毫无意义的,那就大错特错了。相反,机会博弈论对于有关经济逻辑的许多问题来说是十分重要的。假如需要证明这一点的话,那么莫根施特恩教授与冯·诺伊曼教授最近合著的一本著作(《博弈论与经济行为》,1944 年),便可以提供这种证明。指向这一方向的路标仍然矗立在那里,上面刻着伯诺里的名字。在经济学中,人们从第一步迈向第二步也许花费了二百零六年,这正好与统计需求曲线花费的时间大致相等。

前没有什么好谈的。甚至像巴贲、配第、洛克这样最为显赫的人物，也没有作出什么贡献，而十七世纪欧洲大陆上的绝大多数顾问行政官和小册子作家则满足于自己从普芬多夫的著作中所看到的或能够看到的那种理论。他们固然注意到了管理政策所遇到的问题，但在分析方面，却把大部分问题看作是理所当然的，迟迟未认识到需要对它们加以严格的概念化并作出严格的证明。只需举出几个例子便可以说明这种情况。当时人们十分熟悉垄断，一提起垄断便感情激动，仇恨满腔，也十分熟悉竞争，觉得有竞争才是正常的，认为竞争没有什么好解释的。但早在1516年，托马斯·莫尔爵士(《乌托邦》，参看前面第三章)就已认识到，要使竞争普遍存在，光有不止一个卖者出售某种商品这一点是不够的。如果卖者的人数很少，也就是说在即使不能称为垄断也能称为寡头垄断的情形下，[①]价格同样不会降至竞争水平。因此，莫尔引入了寡头垄断这一概念。我们或许认为，这种暗示会使人们更为仔细地分析垄断概念和竞争概念，特别是在英国。在英国，1623—1624年的"垄断法"颁布以前和以后，人们一直在无休止地讨论各种类型的垄断和对贸易的各种限制(既有竞争者为增进其共同利益而一致实施的限制，也有垄断者对其他人实施的限制)，这为仔细分析垄断和竞争提供了所需要的全部动力和材料。但却几乎没有人作这

① 我要感谢E. 马兹先生，是他使我注意到了这段话。令我感到惊奇的是，托马斯爵士不仅使用了(据我所知，是创造了)在现代经济理论中起着如此重要作用的寡头垄断这个词，而且还用它来表示完全同的意思，并立即指出了寡头垄断的一个特征，而这个特征是现代经济理论大约四百一十年以后才予以强调和重视的。这种思想无疑是具有启发意义的，也是很重要的，同时《乌托邦》一书也流传得很广。但拉丁文原文的英译本中没有这段话也是事实。

种分析。政治家、律师以及一些工商业者慷慨陈词反对“垄断”,特别是反对特许贸易公司的垄断,恰如他们现在所做的那样,而受到攻击的集团则尽力为自己辩护,也恰如他们现在所做的那样。在智力上,双方表现得都很差,同样恰如他们现在所表现的那样。虽然取得了一些实际成果,虽然经济思想史和政策史家可以找到许多值得纪录的东西,[①]但经济分析史家却只能是一无所获。不过,为了不忽略任何微小的贡献,让我们指出,第一,当时经济学家倾向于扩展垄断概念,用它不仅仅指单一卖者的情况;[②]第二,他们概略地提出了这样的论点,即:垄断者在(像我们说的那样)尽力获取最高利润的同时,也改变了获取最高利润的条件,因而垄断者制定的价格不一定高于不同竞争条件下的价格。[③] 我们还可以提到

① 读者可以参看赫克谢尔教授的《重商主义》一书第一卷第269页及后面几页,这几页对争取十七世纪意义上的“自由贸易”的斗争作了精辟解释。读者看了这几页,肯定会记得以下一句令人感到痛苦的话,即:对该问题的一般性讨论和政治讨论,同对其他问题的讨论一样,几乎没有取得任何进展。

② 参看赫克谢尔:前引书,第273—274页,特别参看埃德温·桑兹爵士(可以称此人为反托拉斯斗士)1604年在下议院辩论中提出的论点,即“垄断一词的含义……可以适当扩大,用来指卖者少得不成比例的所有情况……如是英国的全部马匹只由十个人出售,这也是一种垄断。”从分析的角度看,这当然不那么值得称道。但很显然,在埃德温爵士未能很好地表达的意思中有某种重要的东西。

③ 为垄断辩护的另外一些论点,要么否认垄断的存在(假如给垄断下严格的定义,则在大多数情况下这是完全正确的,但正由于这一原因,由此没有得出任何结论),要么声称,在某些情况下,特别是与未开化的国家进行贸易因而需要保护时,垄断组织是实际上所必需的,或者提出其他一些理由,这些理由不论具有什么样的实际重要性,从分析的观点来看,都是毫无意义的。我所见到的阐述这种“辩护”论点的最好论著之一(也许是唯一最好的一本),是约翰·惠勒的《论贸易,即论商品如何产生于井井有条的贸易……》(1601年)。该书无疑是专门为“冒险商公司”辩护的,惠勒就是该公司的律师。但从我们的观点来看,这并不能成为否定该书的理由。

贝歇尔，他试图违背逻辑，把市场分为垄断、囤积和无限制的竞争三种形式。在他看来，无限制的竞争会使市场陷于无组织状态，从而使每个市场参与者无产阶级化。

但十八世纪的情况则有所好转。我们将只讨论贝卡里亚、杜尔阁和伊斯纳尔所取得的最高成就，然后看一看《国富论》是如何汇总整理该时期的全部价值和价格理论的。

贝卡里亚在其《要义》(于 1804 年在其死后出版)一书的第四编第一章("论商业")讨论了价值和价格。价值和价格这个题目在贝卡里亚的著作中所处的位置同它后来在詹姆斯·穆勒的《原理》中所处的位置几乎一样。如前所述，贝卡里亚先是用效用和稀缺性解释价值现象，然后进而考察一假设的市场，在该市场上，人们用酒交换小麦(请与马歇尔的苹果和坚果相比较)。[1] 他清楚地认识到，在两个人之间的孤立交换中，交换比率是不确定的，只有通过竞争即"市场上的讨价还价"，交换比率才会得到确定，因为波动最终必然会导致使需求量等于供给量的价格。他仔细论述了三种商品相互交换的情况，认为在这种情况下，必然会出现间接交换的现象。他的论述特别令人满意，普通经济学家一个世纪以后的论述大致也就是如此。

我们挑选出贝卡里亚的成就加以讨论，是因为它比较全面，但

---

① 我们无需过于认真地看待贝卡里亚的以下命题，即一种商品相对于另一种商品的交换价值(即交换比率)与其数量成反比。该命题也许与其朋友维里的双曲线需求定理有某种关系，不过，维里的双曲线需求定理却没有那种缺陷，反而应该载入史册，因为它最先试图赋予需求曲线以精确形式，令 p 代表(用货币表示的)价格，q 代表数量，c 为常数，则根据维里的定理，pq=c。

它显然已为杜尔阁《考察》一书(写于 1766 年,出版于 1769—1770 年)的第三十三节至第三十五节所预示。杜尔阁从相互需要引出交易后,也谈到了孤立交换的情形,然后引入了决定性力量竞争。他对市场机制的描述与庞巴维克的描述很相似(参看后面第四编第五章第 4 节)。由此而产生的市场价格,被认为在各种力量的影响下而变化,这些力量是通过供给与需求起作用的。就这方面的分析来说,该时期的最高成就是伊斯纳尔取得的成就。① 在他的那本在其他方面并不那么出色的著作中,有一初等方程组,暂且不谈技术上的差异,该方程组以一种令人联想到瓦尔拉的方式描述了全部价格之间的相互依存关系。

〔(d)《国富论》对价值和价格理论的整理。〕 A. 斯密所做的"主要工作就是归并和发展了他的法国和英国同代人和前辈有关价值的思索"。② 而且毫无疑问,他"对价值衡量人类动机的方式

① 艾基利·尼古拉斯·伊斯纳尔的《财富论》出版于 1781 年,因而不是 A. 斯密所"整理"的材料。但却有个后者影响前者的问题。伊斯纳尔的著作以及正文中提到的成就,也许是在研读了《国富论》之后产生的。但如果我没有看漏的话,伊斯纳尔却没有提到 A. 斯密。伊斯纳尔的这本书包含在杰文斯开列的数学著作清单中,我正是通过这份清单才知道这本书的。据我所知,该书没有产生什么影响。

② A. 马歇尔:《原理》,第 4 版,第 58 页。读者应认识到,像马歇尔这样的斲轮老手的看法,要比经验较少的作家的大量玄谈有价值得多,因而我们最好是把经济理论大家的定论作为警句。读者还应认识到,即使是无限赞赏斯密的马歇尔,其对斯密的评价也没有超出我们使用的"整理"一词的含义范围。虽然马歇尔并不认为任何富有创见的思想是斯密提出来的,但他对斯密的成就所作的评价,似乎还是远远高于我们的评价。一个原因也许是,他谈论的是自己的同类,因为正如前面已经强调而且后面还将强调的,他们两个的成就和历史地位有许多相同之处。另一个原因也许是,他谈论的是自己的同胞,因为马歇尔的岛国意识很强。第三个原因也许是,他谈论的是自己的自由主义同路人,因为马歇尔也是个坚定的自由贸易论者。但不管是什么原因,读者都应该注意到,就马歇尔的非常简要的评价使我们能够作出的判断来说,我们与

作了仔细的科学考察”，在我看来，这也就是说他把交换价值（即价格，或无论如何，相对价格）看作是原始均衡系统的核心。但他并不像马歇尔所说的那样是第一个这样做的人；另外，他在整理过程中丢掉或阉割了其直接前辈的著作中包含的许多极为有益的提示。当然，他也许不知道杜尔阁的《考察》，也不可能知道贝卡里亚的《要义》。他的主要向导是普芬多夫以及后来的坎梯隆、哈里斯、洛克、巴贲、配第（马歇尔提到了后面这五个人）和魁奈，因而他的“主观”贡献要大于他的“客观”贡献。但斯密对这些人的理论的“发展”，却不像杜尔阁和贝卡里亚那么成功。随后一百年经济理论中出现的那种种令人不满意的东西，以及假如他换一种方式加以概括就不会出现的那许许多多争论，都应归罪于斯密。

读者应重温一下前面的“读者指南”。[①] A. 斯密在《国富论》第一编中的论述，一步一步地、有意识地逼进价格现象，然后又深入到商品价格的各个组成部分中，这些组成部分是成本以及工资、利润和地租这三种收入。让我再说一遍，这是描述经济世界中各个量值之间相互依存关系的一种原始方式，但却是一种有效的方式。那些不了解价格理论只不过是经济逻辑理论（这种理论特别包括资源配置和收入形成的所有原理）的另一名称的批评者，责怪斯密采取了商人的狭隘观点。另一些不了解相依量值体系的性质的批

马歇尔对事实的看法没有什么分歧，都认为，在某种意义上确实可以说斯密“发展了”已有的价值和价格学说；但在以下一点上我们却与马歇尔存在着分歧：马歇尔无条件地赞同斯密“发展”价值和价格理论的方式，而我们却觉得这种发展方式并非完美无缺。

① 显而易见，熊彼特写完该段落后，便从手稿中抽掉了包括“读者指南”在内的论述斯密的那几页。这部分材料已由编者予以恢复，见第三章第4e节。

评者,则指责他犯了循环推理的错误。斯密的阴魂很容易战胜这些和另外一些批评。这一成就正是斯密在该领域所建立的主要功绩。斯密还取得了另外一些成就。他的均衡或“自然”价格概念,与他的普遍相互依存概念同样原始,但也同样清晰可辨。这种均衡价格就是这样一种价格,在该价格下,有可能在长期内使每种商品的供给量等于该价格下的“有效需求”量。同时这种均衡价格也是在长期内刚好能补偿生产费用的价格。生产费用又等于必须按“一般或平均比率”支付或估算的工资、利润和地租的总和。因此,我们在这里便瞥见了马歇尔对短期现象和长期现象所作的区分,A. 斯密的市场价格实质上是短期现象,“自然”价格实质上是长期现象,也就是马歇尔的所谓长期正常现象。马歇尔最爱说的一句话是,“这全都可以在A. 斯密那里见到。”但我们也可以说,“这全都可以在经院学派那里见到。”A. 斯密没有提出垄断理论。他在《国富论》第一编第七章中说,“垄断价格就是在每一场合所能得到的最高价格”,这像是不很聪明的门外汉说的话,而且照字面来解释,这个命题甚至是不正确的。但他也没有较为深入地分析竞争机制。结果,A. 斯密未能令人满意地证明他的这一命题,即竞争价格是“销售者通常所能接受的最低价格”,现代读者也许因此而想知道,斯密究竟想证明什么样的论点。他更未试图证明竞争趋于使成本最低,尽管这一点显然是他所相信的。

但从狭义上说,A. 斯密的价值理论是什么呢,也就是说,他是如何从因果关系上解释价值现象的?在随后的一百年中,经济学家对这个问题非常感兴趣,热烈地讨论斯密对价值现象的看法,因此我们不能忽略这个问题。实际上,答案是显而易见的。

首先，读者如果读一下《国富论》第一编第四章的最后几段，就会弄明白两件事情。一方面，A. 斯密在这几段中宣称，他将考察"人们在用"货物"交换货币或用货物交换货物时所自然遵守的"那些法则。也就是说，他关心的主要不是上述意义上的价值问题。他所需要的是一种价格理论，以此来确立某些根本不涉及价值现象的命题。这显然也是马歇尔的观点。另一方面，他在区分了使用价值和交换价值后，暗示了前面所说的"价值悖论"，因而不再讨论价格理论（他显然认为价值悖论堵塞了沿着价格理论前进的道路），从而也就在随后两三代人的时间里关上了已被其法国和意大利前辈顺利地打开的那扇大门。说斯密"承认需求的作用"，并不能改变这一事实。其次，斯密在《国富论》第一编第六章中明确指出："工资、利润和地租，是一切收入和一切可交换价值的三个原始〔着重号是我加的〕来源。"如果他说的话是有意义的话，那么这句话就具有决定性意义。他的价值理论就是后来的所谓生产费用理论。许多学者确实这样认为。但是，第三，使事情变得复杂的是，《国富论》中的许多段落似乎暗示了一种劳动价值理论，或确切地说暗示了几种劳动价值理论。①

在《国富论》第一编第五章中有这样一个命题："每件物品的真实价格，即每件物品使想得到它的人付出的实际代价，乃是获得每件物品所付出的辛劳和招致的麻烦。"这是那些无所不指而又一无所指的貌似有道理的陈词滥调之一。不过，从表面上看，该命题表

① 人们至今仍未充分认识到，劳动价值理论这个术语包含几种不同的含义。不过，H. J. 达文波特已在其 1908 年出版的《价值与分配》一书中详尽讨论了这个题目。

现出这样一种倾向,就是把劳动所具有的令人厌烦的那一面即负效用当作价值现象的基础,也就是采取了一种劳动负效用价值理论。不过,可以不考虑这个理论,因为斯密根本没有利用它。另外,在《国富论》第一编第六章的开头,斯密提出了有关河狸的那个著名例子:"如果……捕杀一只河狸所付出的劳动,通常是捕杀一只鹿所付出的劳动的两倍",那么一只河狸很自然地就会卖得两只鹿的价钱。这里"调节"价值的是劳动数量,而不是辛劳和麻烦,劳动数量同辛劳和麻烦当然不是一回事。毫无疑问,这段话就是李嘉图和马克思的劳动数量价值理论的根源。但斯密认为,该理论只适用于"资本积累和土地私有发生以前的早期原始社会状态",如果对其加以宽厚的解释,该理论的含义便是:如果全部劳动具有相同的"自然"质量,如果没有其他任何稀缺性生产资料,则在均衡状态下,各种商品的竞争性价格就与生产它们所付出的劳动成比例。这是正确的,但这本身并不构成劳动数量价值理论或任何劳动价值理论,因为就这种特殊情况而言,所有价值理论都会得出与此相同的结论。最后,如我们已经指出的,A. 斯密(在《国富论》第一编第五章中)认为,一种商品在市场上所能换得的劳动数量是其货币价格的最有用的替代物,也就是说,他选择劳动充当计价手段。从原则上说,没有理由反对他作出这种决定,这一决定本身并不意味着斯密持有劳动价值理论,就像如果我们选择公牛充当计价手段,并不意味着我们持有公牛价值理论那样。不过,斯密提出了许多论点,试图为他作出这一决定寻找根据,由此使这种决定似乎具有更深一层的含义。例如他说,"只有劳动……永远不改变自身的价值，所以只有劳动〔原文如此〕”才是一切商品价值的“最后真实尺度”，或“劳动是一切商品的真实价格”，是“衡量价值的唯一普遍、唯一精确的尺度”。所有这些论点都是错误的，这似乎表明斯密对于选择某种东西作为计价手段的含义非常模糊，在这种情况下，也就几乎可以原谅后来的许多经济学家，他们误解了斯密的实际意思，而且他们、特别是李嘉图[①]指责斯密把进入某种商品的劳动数量同该商品能够买得的劳动数量混淆在了一起。不过，这种指责是不能成立的，而不能成立是很重要的，因为那等于指责斯密犯了荒谬透顶的错误：假如有人用某种商品所能换得的不管什么东西来解释该商品的价值，那他便犯了经济理论史上最为严重的错误。应该补充一句，如果选择一小时或一天的劳动作为表示价格的单位，并不意味着接受了劳动价值理论，那么强调劳动在生产中的作用或者强调劳动所应该享有的权利或劳动所受到的虐待，也同样不意味着接受了劳动价值理论。前面已提到，《国富论》中有大量这类东西，其中许多也许是从洛克那里得到的灵感。例如斯密说，“劳动的产品构成劳动的自然报酬或工资”（第一编，第八章）。种庄稼的是劳动者，而占有土地的地主却要求分享收获。利润又从“劳动产品”中作第二次扣除。时至今日，仍很难使那些偏爱哲学的人明白，只要不把价值理论看作是信仰的表白或对社会伦理的论证而看作是分析经济现实的一种工具，斯密所说的所有这些话就与价值理论毫不相干。

① 不过，李嘉图并非总是误解斯密。李嘉图也认为，劳动的交换价值并不比任何其他东西的交换价值更能免于波动。但这种观点只是相对于把劳动当作持久起作用的计价手段来说才有意义。

4. 数量理论

若告诉读者,当时人们热烈地讨论了十五、十六和十七世纪剧烈的价格革命所带来的结果,那他们是不会感到惊奇的。但如果告诉读者,当时人们对导致价格革命的原因是有争论的,那他们也许会感到吃惊。通货的贬值(既包括私人对铸币的非法削挫,又包括政府颁布的贬值法令)以及美洲黄金、特别是白银的大量流入,明明白白地摆在每个人的面前,即使是当今最老练的理论家也挑不出这种很容易作出的诊断的毛病,因为他们可以看到,无论是铸币贬值新创造的货币单位还是美洲白银的流入新创造的货币单位,都被很快地花掉了,而主要花用这些货币的战争又极大地妨碍了生产。然而,尽管或许可以找到或多或少显然含有这种诊断的论证,[1]但事实却似乎是,在1568年博丹发表他1566年写的《答

① 我说"或许",是因为据我所知,没有明显的例证。塞利格曼教授(在《社会科学百科全书》"金银块主义者"词条中)提到的那些事例,并不能令人信服。一些历史学家把这种"数量理论"追溯到了中世纪,甚至追溯到了罗马法学家保卢斯那里,他们误解了quantitas这个词,决不能把这个词翻译成"数量"(见前面第一章)。我所能举出的最好例子是托马斯·德·梅尔卡多的《交易与契约大全》(1569年第一版,我使用的是1571年版),但该书要比我即将在正文中提到的博丹的著作晚一年。到十六世纪末,人们即使不是普遍地也是很广泛地承认了美洲白银对物价的影响。路易斯·瓦莱·德·拉·塞尔达(《基础》,1593年;《论契约的履行》,1600年)称物价的上涨是"纸币和硬币迅速增加带来的很自然的结果"。这句话中"很自然的"这几个字与自然法毫无关系,而只表示"不容置疑的"意思或"显而易见的"意思。汉密尔顿教授则发表了相反的看法,认为当时人们固执地忽视或否认白银的流入对物价的影响。汉密尔顿教授持有这种看法似乎是因为稍后的许多作家不无道理地强调了造成物价上涨的另一些因素,这些因素特别是在西班牙发生了作用,还因为当时的一般作家同现在的作家一样,甚至完全不了解最简单的经济真理。

(马勒斯特鲁瓦特先生提出的)有关货币事实的悖论》(A. E. 门罗编的《早期经济思想》中有该书的译文)以前,没有人对这个问题作过清晰而全面、同时在理论上又令人满意的论述。因此,人们普遍认为博丹是货币数量理论的"发现者"。因为人们一直过分注意此事,所以我们将简要地谈一谈此事。

〔**(a) 博丹对价格革命的解释。**〕　让·切鲁特·德·马勒斯特鲁瓦特认为,价格的普遍上涨是货币成色的降低造成的,因而只要硬币是足值的,价格就不会上涨。博丹回答说,这种论点忽视了美洲白银的影响,他后来在1576年出版的《共和六书》中重复了这一答复。博丹认为,价格革命是由以下原因造成的:(1)金银供给量不断增加;(2)垄断盛行;(3)掠夺减少了商品供应流量;(4)王公贵族恣意挥霍;(5)货币成色降低(这是他的论敌所考虑的唯一因素)。而且,他补充说,第一个原因是最为重要的。读者应看到,只需对这种分析稍作调整或对其作宽泛的解释,它便是对1568年的历史现象作出的正确诊断。即使就一般理论内容而言,它也优于比其晚得多的分析。事实上,博丹的分析避开了人们在十九世纪对数量理论提出的几项典型指责。但博丹的分析所陈述或所暗示的是数量理论吗?

提出这个问题也许使人感到吃惊,但却很值得提出这个问题。让我们暂且接受不妥协的金属论,并根据这一观点考察一下完全彻底的黄金单本位制的情形,在这种情形下,黄金可以自由流入或流出该货币体系。既然黄金是与其他商品一样的一种商品,所以在其他条件不变的情况下,如果黄金产量增加,则黄金货币单位用其他商品表示的价值就会下降,恰似在其他条件不变的情况下,如果鸡蛋的产量增加,鸡蛋的价格就会下降那样。在这里,用黄金表示的价格的任何上升,都被看作是供应量增加的结果。让我们指出,(黄金价值的)这种下降幅度仅仅取决于黄金需求表的形状(也就是说黄金被看作是一种商品,其价值用某种其他标准来衡量),这里起作用的"数量"是增加的总量。因此,我们没有理由认为,在其他条件不变的情况下,黄金价值的下降会与黄金供应量的增加成比例。可以看出,这种论证不涉及任何特定的假说,是根据金属论自然而然地进行的,经院学者也会理所当然地接受这种论证。但是,在这个意义上并根据这一理由而承认"数量"与货币价值相关联,这与货币数量理论的关系仅仅在于这两种论证中都出现了数量一词。博丹的论证仅此而已,我们还应立刻加上一句,亚当·斯密的论证也不过如此。

480 〔**(b) 数量定理的含义。**〕 为了说明数量定理的含义,让我们再从数量理论的观点看一看与上面相同的情形。为表述的方便,我们假设,有一些数量绝对固定的商品必须出售以换取买者拥有的货币,并假设买者不得不迅速用他们拥有的货币购买这些商品。而且我们以后不再称数量理论为理论,而称其为定理,因为它不是完整的货币理论,而只是有关货币交换价值的一个命题。现在假设所有其他条件严格不变,只是黄金产量有所增加。同金属论所作的那种简单论证一样,我们可以推论出,这将降低单位黄金的价值,也就是说提高所有用黄金表示的价格。就用于工业方面的那部分增加的黄金来说,之所以如此的原因同以前一样。但进入流通领域的那部分增加的黄金,现在则以不同的方式起作用,并由于不同的原因而使金币的交换价值下降,也就是使商品价格上升。

在我们高度人为的假设下，金币交换价值的下降正好与金币存量的增加成比例；其直接原因并不是黄金的商品价值下降（这固然有关联，但却隔着一层，也就是通过以下事实起作用的，即黄金的商品价值下降决定了金币增加的幅度），而是金币本身数量的增加。正是这种数量的增加，是货币单位交换价值下降的直接原因，而总货币存量的购买力则保持不变。即使总货币存量不增加，而只是被分为含金量较少的单位，货币单位的交换价值也同样会下降，因为在这两种情况下，每块金币所能换得的每种商品的数量都减少了。在商品用途方面，新增加的黄金所起的作用，类似于给一定数量的厂房设备增加技术相同的工人所起的作用。在货币用途方面，新增加的黄金所起的作用，类似于用人数较多而技术较差的工人取代原有的工人。因此，数量定理做了三件事：第一，它认识到，货币职能会影响选来充当货币的商品的价值，因而货币职能在逻辑上是黄金交换价值的一个独特的但并非独立的来源（当然，我们在认识到这一点的同时，不一定会认识到以下各点）；第二，它认识到，决定货币用黄金价值的机制；不同于决定工业用黄金价值或任何其他商品价值的机制，第三，它为这种机制提供了一种特殊的图式，一种很原始但也很简单的图式。这确实很简单，人们以前之所以未能做这几件事，困难显然在于：在完全黄金单本位制的情形下，这两种不同的机制必然会使货币领域和工业领域内的黄金具有相等的价值，而且黄金产量的增加对黄金的商品价值和货币价值所产生的影响非常紧密地交织在一起，我们无法很清楚地区分这两者。而数量理论的优点之一却是，无需作任何辅助的推定，这种理论就可以应用于纸币的情形。而且在这种情况下，也就是当材料没有商品价值,从而不会对数量产生歧义,也不会对数量起作用的方式产生歧义时,一切都会变得一目了然。我们应该记住数量定理与理论名目主义的这种逻辑上的近似:数量定理实质上不把货币看作商品,而是看作购买货物的凭证,尽管每一个这样看待货币的人并不一定都接受数量定理提供的特殊图式。记住这一点尤为重要,因为后来的发展有抹杀这一点的趋势。

在博丹的著作中,毫无这种分析。但在达万萨蒂的著作中则有这种分析(1588 年,参看前面第 2 节)。达万萨蒂使大量商品与大量货币相对应,也就是使存量与存量相对应,因而即使我们按相同的意义解释博丹的论证,我们也应该认为,是达万萨蒂较好地表述了最为原始的数量定理。接下来沿着这条路线的进展却很缓慢。当然,人们很快就普遍承认了美洲金银的输入或某一国家金银存量的增加会对物价产生影响。在文化水平不那么高的"重商主义者"所写的那些拙朴的著作中,并非总是能很容易地看出他们想的是什么,但我认为,他们当中的一些人,特别是马利内和孟(参看下面第七章),确实试图表达真正的数量理论思想,虽然表达得很粗糙,而另一些人,也许是大多数人,则满足于"朴素的金属论"。①

① 马利内断言:"钱多一般会使东西昂贵。"(《都铎王朝时代的经济文献》第三卷,第 387 页)的这种说法至少承认了上面的解释。孟的情形与此相似。另一方面的例子是罗伯特·科顿爵士,他在 1626 年发表的讨论"改铸硬币"的讲演稿中说:"金银……是商品,其价值取决于金银的多寡,而所有其他商品的价值则取决于金银"(重印于麦卡洛克的《货币论文精粹》),这种说法虽然认识到了"金银财宝"的增加所产生的影响,但却不包含真正的数量理论思想。不过,应该指出,我们所谓的"朴素的金属论",即不包含数量定理因素的理论金属论,足以使"重商主义者"不受以下指控,那就是,他们一般未觉察到他们所偏爱的金银进口会对物价产生影响,而只要他们觉察到,他们实际上也就驳斥了他们自己主张出超的论点。觉察到金银进口对物价的影响,并不一

不过，继承达万萨蒂的人最终还是出现了，那就是蒙塔纳里（1680年），到十七世纪下半叶，在英国便可以时常见到达万萨蒂的继承者了。其中特别值得一提的是布里斯科，[①]因为据我所知，他第一个写出了交换方程式，尽管他写出的方程式并不令人满意，即货币存量等于价格乘实际收入。[②]到十八世纪，在许多领袖人物那里便时常可以看到真正的数量定理了，虽然有时不免过于粗糙。吉诺维西、加利亚尼、贝卡里亚以及尤斯蒂都把数量定理看作是理所当然的定理，而休谟则以几乎不必要的强调语气重申了这个定理

定要有明确的或真正的数量定理。而且，"重商主义者"所提出的认为出超之所以值得想望是因为出超会给国家带来"金银财宝"的命题，无论有什么样的缺点，也没有被认为金银的这种流入会抬高物价从而停止出口的论点所驳倒。因为，首先，在没有导致这一结果以前，可以积累很多金银财宝。其次，所进口的金银只有在进入流通领域时才会产生那种结果，而它们并非总是进入流通领域。随着我们的讨论不断深入，还可以找到另外一些为"重商主义者"辩护的方法。

① 上面第 2 节已讨论了蒙塔纳里和布里斯科。

② 这是我们第一次见到这种工具，所以最好让我们简略谈一谈这个工具。在第四编第八章中，我们还将作进一步的讨论。交换方程式（现代经济学家往往把它当作货币理论的起点，这些经济学家中最著名的是费雪，因而交换方程式也叫费雪方程式），现在通常写作：MV＝PT，其中 M 代表货币数量，V 代表流通速度，P 代表价格水平，T 代表实际交易额。令 V＝1，则布里斯科的方程式便与这里的方程式完全相同。需要指出的第一件事是，M、V、P、T 这四项中的每一项都可以具有许多种不同的含义，当然，若赋予其中某一项以某一含义，其余各项的含义也要与之相适应；举例来说，M 可以仅仅代表足值的铸币，或仅仅代表（包括政府纸币在内的）法偿货币，或仅仅代表法偿货币加银行券减准备金，或代表法偿货币加银行券加活期存款减所有银行的准备金。同样，T 可以代表所有交易，或仅仅代表伴随着生产和分配的交易，或仅仅代表由与消费品有关的收入支付和收入支出构成的交易，布里斯科所采用的正是最后这个定义。其次，就 V 来说，需要作另外一种极为重要的区分。一方面，我们可以根据定义令 V＝PT/M。如果我们这样做，则交换方程式显然必定在所有情况下都成立，因而也就仅仅是重言式或恒等式，实际上就应该写作 MV＝PT。但我们不需要这样做。我们还可以不考虑另外三个量，而单独给 V 下定义，例如把它定义为在某种社会的制度安排下，一元钱平均所能付给收入者的次数。

(1752年)。特别意味深长的是,A.斯密的观点决没有超出朴素金属论的范围。

但是,布里斯科的方程式在发表时就已过时了,①在此之前人们已向前迈进了一大步。考察货币数量与物价之间的关系的最为原始的方法,而对于未开化的头脑来说也是最为自然的方法,就是对货币存量和商品存量进行比较,这两种存量被认为是相互交换的。人们若更加仔细地想一想,就会想到,这种商品存量是相当不确定的实体。的确,可以把铸币的总量看作是确定的铸币存量,而且如果不把铸币熔化掉或出口,它们是永远存在的;但是,用来交换这些铸币的商品却并非每一次都是原来的商品,这次用来交换铸币的面包、酒、布匹等等商品会从市场上永远消失,在下一个集市日上,它们会被另外一些面包、酒和布匹所取代,但它们所遇到的铸币却仍然是原来的铸币。所以,这是存量与流量之间的比较。使这两者能够比较的显而易见的方法,是挑选一单位时期,用一系数乘以货币存量。该系数告诉我们在该时期内,货币存量与商品流量相遇多少次,也就是告诉我们在每一单位时期内,货币出现的次数是商品出现次数的多少倍。如果我们假设在每一集市日所有铸币都被花用掉,人们手上不留钱,而且每个集市日只花用一次,每个集市日上市的商品量相等,并假设没有其他交易,也就是说货币流通"速度"等于每单位时期集市日的天数,那么,问题就大大简化了,尽管由此而得到的解的价值也会大大下降。如果每年有12

① 当然,H.劳埃德1771年在其《论货币理论》一书中发表的与此相类似的公式,就更加过时了。我只知道这本书的意大利文摘要,该摘要附在维里的《政治经济学沉思录》的末尾,见库斯托迪编辑的《意大利古典政治经济学全集》。

个集市日，那么某一货币存量所能维持的价格水平，就与每年只有一个集市日的情况下，12 倍于此的货币存量所能维持的价格水平相同。从这一意义上说，“流通速度”仅仅是货币所特有的现象，商品世界中既没有也不可能有与此相类似的现象。[①]

意识到这一事实并使它体现在分析方法中，主要是以下三个人的功绩，即配第、洛克和坎梯隆。由于“发现”这一事实很重要，所以让我们看一下他们是如何发现的。

无论是配第还是洛克，都不是采用上述逻辑方法，即不是根据货币的性质推演出流通速度这一现象的。他们是在力图回答一个他们认为很重要的问题时，偶然遇到这一现象的。这个问题就是：一个国家所需要的货币数量究竟是多少？休谟在其 1752 年发表的《政治论文集》“论货币”一篇中，似乎第一个清晰而明确地证明，从纯逻辑的角度说，这个问题是毫无意义的，其原因是，一方面，在孤立的国家，不论货币数量多么小，都会满足需要，另一方面，如果所有国家都通行金币，则各国将总是拥有与其在国际贸易中享有的相对地位相适应的货币量。但在十六世纪，人们却不这样认为，

① 尽管篇幅很紧张，我还是腾出了篇幅从最基本的方面解释这个问题。因为对于读者来说，了解这个问题在分析的初期阶段所处的状况是极为重要的：此后每向前迈进一步，都导致了含混、模糊和困难，但所迈出的第一步却是绝对清楚和自然的。对于我们有关交换方程式的知识，我要借此机会补充以下两点。让我们再来看一下前面举的例子，即有一定数量的铸币可用于十二个集市日商品交易的现金支付。首先，在这种情况下，这十二个集市日代表了一种社会风俗，即一种制度安排，个人是无法改变的。在我们的假设下，没有一块铸币能有比这更大的流通速度。但是，如果有些铸币持有者不愿在某一集市日花掉他们所持有的全部铸币，情况又会怎样呢？于是我们当然可以说，在某一集市日未花掉的铸币，其流通速度较小甚或为零。但我们也可以说……〔注释未写完〕。

实际上往往赋予这一问题以实际意义，加上一限制条件，即：在通行的价格水平下，一国所需要的货币数量是多少。这样修正之后，问题就变成了确定一定时间和地点条件下的国内流通需要量，以便或者在一定限度内支持“重商主义者”的强迫金银进口的政策，或者当这一政策超出这一限度时反对这一政策。

这主要是统计性质的工作。配第从收入支付的角度来解决这一问题，也就是说……〔未写完；下面两段取自附录中所说的熊彼特早期对货币问题的简要论述，因而与上面的论述并不很连贯。〕

还有另外一点。从理论家的观点来看，一重要概念变得明朗和可以运用，总是一件“大事”，尽管这一概念通常已隐含在以前的论证中。在达万萨蒂的著作中便已经可以见到“货币流通速度”的影子。但直到十七世纪最后几十年，这一概念才获得实质性内容。这纯粹是英国人的成就。我们已知道威廉·配第爵士在这方面建立的功绩。另一开拓者是洛克(见他1692年发表的《若干考察》)。洛克通过各阶层人民实际需要持有的现金余额探讨了这一现象。他没有直接提到流通速度的变化对物价的影响，但却提到了利率对闲置余额的作用，从而可以说间接触及到了流通速度的变化对物价的影响。[①] 据我所知，坎梯隆第一个谈到了流通速度，还第一个详尽谈到了货币流通速度的提高等于货币数量的增加。他还断定，旨在降低流通速度的措施会抵消通货膨胀的影响。在这方面，休谟和斯密都没有增添什么重要的东西。

---

① 关于这一点以及关于整个这一问题，参看M.W.霍尔特罗普：《早期经济文献中的货币流通速度理论》，载于《经济史》，《经济杂志增刊》，1929年1月，并参看马吉特教授的《价格理论》第1卷各处。

我们将看到，这个从一开始就沿着两条路线发展的概念，后来仍沿着这两条路线发展。配第和洛克使用的是现金余额法，坎梯隆使用的是周转率法。洛克和坎梯隆不仅清楚地想象到了严格意义上的流通速度，而且还想象到了支出率。由于与此有关的“消费倾向”这一概念在乘数分析中占有显著地位，所以让我们补充两个例子来说明那时的经济学家也非常熟悉消费倾向这个概念。我们已知道，布阿吉尔贝尔（在《论货币的性质》一书中）曾指出，小商人手中的铸币要比富人手中的铸币花得快得多，因为富人更可能将铸币锁在自己的钱箱中，由此可见，富人喜欢窖藏并不是近十年的发现或发明。加利亚尼（在其第二篇《有关小麦贸易的对话》中）把农民的消费倾向和工匠的消费倾向区别了开来，农民喜欢节省和窖藏钱财，工匠则花钱花得很快。

5. 信用与银行业务

我们知道，后期经院学者熟悉资本主义的几乎一切主要特征。特别是他们熟悉证券交易市场和金融市场，借贷和银行业务，以及汇票和其他信用手段。[①] 就这些应予以解释的现象来说，银行券是十六世纪新增加的唯一一种现象——它把后来所谓的“银行货币”的最古老形式，即可以转让的存款推到幕后约达两个世纪之久。迟至 1752 年，休谟还提到“这种新发明的纸币”。可是，银行

① 参看上面第二章。请读者再次注意那一章提到的厄谢尔教授的著作（《地中海欧洲地区银行存款早期史》，1943 年）。并参看范·迪伦的《主要公共银行史》（该书附有涉及面很广的参考书目），1934 年。

券至少就其一种早期形式而言不应使他感到新奇,一种早期的银行券是金匠为实际存入他那里的黄金所开的收据,事实上只不过是在处理个人货币时增加安全和便利的一种手段,完全适合于较古老的观念。不过,银行券成为主要媒介物这事实却是新颖的,因而具有重要意义。1839年,丹尼尔·韦伯斯特使发行钞票成了银行的决定性特征。这些实践和伴随而来的现象,使经济分析迅速获得了令人感兴趣的发展。

需要理解的是,当看到资本主义的这些新制度时,经院学者及其世俗后继者,在对它们进行解释以及把它们归诸于金属货币理论时,并未遇到任何困难。因为他们掌握罗马法的概念,所以这种分析工作是很方便的。看到延期付款的销售合同,他们很容易地把它们分解为销售本身和货币贷款两部分。货币存款是不定期存款(depositum irregulare),给予存款收受者以所有权:经院学者的先辈也许会推断,收受者在法律上或道义上无需把这种性质的存款保存在金库里,因为他所欠的刚好和他所接受的一样多。而且,如果业务上的联系使A成为B的债务人,同时B又是A的债务人,那么他们可以(在一定范围内)互相"抵偿",清偿的只是差额部分。这条原则可以扩大到多边的、地区之间的债务清算,而不必使用现金。结果是,在经院学者看来,不论是通常意义上的贷款,还是在商品交易过程中或者其他交易中,提供或接受信用,实际上都与货币制度及其运行毫无关系。无疑,这些事情涉及货币的使用,但只是在下述意义上使用货币,即用货币购买,用货币送礼或用货币纳税。

然而,情况当然不是这样。不论何种形式或种类的"信用"活动都会影响货币制度的运行；更为重要的是，它们确实对资本主义机器的运行有影响，影响如此之大，以致成为这部机器的必不可少的组成部分，若缺少它，就完全无法理解其余部分。这就是经济学家在十七世纪的发现，也是经济学家在十八世纪试图加以解决的问题。正是在那时，资本主义在分析上被发现了，或者我们也可以说，资本主义被发现了，在分析上意识到了自己。现在让我们来看一看，人们是怎样发现这一问题的，发现到了什么程度。有两条显而易见的前进路线。

〔**(a) 信用和流通速度概念：坎梯隆。**〕　假如经院派经济学在十七—十八世纪从其自身的基础上发展起来的话，那么第一条路线本来会由经院学者自己采取的。也就是说，严格的金属派货币概念会诱使（假如不是绝对强制）人们努力在货币和法偿手段之间划一条明显的界线，尽管法偿手段就是货币并具有货币的作用，而且会诱使人们凭借辅助性解释，使法偿手段出现在舞台上，这种辅助性解释是上面提到的法偿概念暗示的。在某种程度上，这条道路是可行的，[①]与通常情况相比，在我们的情况下更是这样。所需要的辅助性解释就是扩大流通速度概念。银行家超过其所持有的

① 让我们来看两个无比重要的例子。天文学上的所谓托勒密体系并不仅仅是“错的”。它令人满意地说明了大量观察材料。随着一眼就可以看出不符合该体系的观察材料的增多，天文学家提出了新的假说，力图把不顺从的事实或这些事实的一部分纳入托勒密体系之内。再有，古典物理学曾令人满意地说明了所有已知的事实，直到（1881 年）迈克耳逊所做的实验产生了否定性的结果，它才受到强烈冲击。但这并没有使物理学家立即放弃古典体系。相反，物理学家却借助于一临时的特别假说（H. A. 洛伦茨，1895 年）把迈克耳逊的实验结果嵌入了古典体系。而该假说使物理学家感到很满意，直到迈克耳逊实验大约 25 年以后，爱因斯坦的理论出现为止。

现金而发行钞票,并不被认为是创造或增加支付手段,更不要说创造或增加“货币”了。他所做的只是提高他所持有的现金的流通速度,提高流通速度完成的支付次数似乎要比转手现金完成的支付次数多得多。当然,他把存放在他那里的一部分现金贷放出去时,情况也是这样。银行券和活期存款实质上是一回事,清楚地意识到这个真理,事实上是该理论的若干有力论点中的一个。因此,货币仍被严格地限定了范围。信用,特别是银行信用,只是更有效地使用货币的一种方法。我无需加以说明,读者自然也会明白,归入于信用项目下的大多数现象都**可以**这样来描述。于是,政府发行的纸币既可以连同足值的硬币包括在货币数量总额中,也可以看作是政府的负债——即将在某个时候以硬币偿付的一种承诺。后一种意见占了上风,整个十九世纪,政府发行的钞票上常印有这样的文字“本钞票是政府流动债务的一部分”,说明其与国库券相类似,尤其是钞票带有利息时,而当时的钞票确实也常带有利息。

这种理论的杰出权威是坎梯隆,他详细论述了这个理论,论述得不但巧妙而且富有常识性。在他的理论中,银行家实质上是贷放别人货币的中间人。他们把接受的存款贷放出去,以此来加速事务的进行,并降低利率。潜伏在这种表面上很简单的陈述里的逻辑上的困难,由于他强调了以下一点而有所减轻:银行家贷出的只是存款人暂时不需要的部分——我们应当说,这是定期存款的情形——所以一定数额的货币每次只能做一件事。而且,我们不要忘记坎梯隆的生活环境,当时除批发贸易外,绝大多数情况下都必须用硬币付款,因此不断有人把一袋袋硬币送进银行,也不断有人从银行取出一袋袋硬币,在这种情况下,通常要实际存入硬币才能获得存款，就像现在通常要通过借款或从另一借款人那里转账来获得存款那样。无论如何，他的教义实际上直到第一次世界大战前，一直是官方银行业务理论的源头。加利亚尼和杜尔阁也——独立地或非独立地——持有相同的学说。无数次要作家如尤斯蒂和“商业经济学家”如马佩格，也持有这种学说。

但是，至少可以说，这并不是解释银行实际业务活动的唯一方法。即使是把存放在他那里的货币实际贷放出的银行家，其所做的工作，也不仅仅是从无数死水坑中收集金钱，然后把它交给想用钱的人。在第一位借款人偿还借款以前，他已经把同样一笔钱贷放若干次了：也就是说，他不仅为付给他的那笔钱寻找连续使用的机会，而且还为它寻找同时使用的多种机会。如果他以付出钞票——或把钱记入借款人支票账户——的方式放款，而现金留下作为储备，那么上述事实就更加清楚了。即使银行家完全把所收到的存款硬币贷放出去，存款人情况亦复如此，因为存款人仍会完全像自己保有硬币时那样盘算如何使用这些硬币。① 无疑，除了

① 里斯特教授(《从约翰·罗到当代的货币和信用理论史》，1940 年，第一章)也许可以引证为当代鼓吹坎梯隆观点的主要人物，他很正确地坚持认为信用没有什么“神秘”，谈论“信用的‘神秘’性”往往是思想模糊的表现。但是有一个解释的问题，有一点需要阐明。假设一家酒店客存处的侍者，在大衣的主人用膳时，把寄存在他那里的大衣借了出去。这会随时使那位侍者陷入困境。但这件事却没有逻辑上的困难，但假设他是一个术士，能施行一种法术，使得两个人——即所有者与租借者——能在同一时候穿上同一件大衣。无疑，这就需要加以解释——而这正是银行业中所发生的事情，假如银行钞票和银行存款真像里斯特教授所说的仅仅是“流通速度的物质化身”的话。我也许可以借此机会补充一句，就与政策有关的任何含意来说，我完全同意他。就我个人讲，我只是觉得应该赞扬和感谢他为不止一个国家建立我同他一样认为是健全的金融体系所作出的辉煌贡献。我并不想为土地银行计划或这类计划的任何现代翻版作辩护。我感兴趣的只是理论上的一点，至多也不过是过去历史上的少数几点。

把这些银行钞票称作流通速度的化身外，还应该有表达这些业务活动的其他方法——流通速度太伟大了，它竟能使一件东西同时在不同的地方出现。同这种用词上的不方便相比，更为重要的是，按其本身的严格意义来说，流通迅速是根本不能增加的：银行家的贷款并未改变每一购买力单位必须通过的“站”，并未缩短它经过这些站的时间，也未——就贷款本身而言——影响人们持有一定数量现金的习惯。因此，一种较为自然的说法似乎是，银行家增加的不是流通速度，而是货币数量——或在一定限度内完全可以和货币一样使用的支付手段的数量，假如你想把货币这个词保留给硬币或硬币和政府纸币的话。这就和实际情况完全一致了起来——借款人确实觉得自己获得了新的流通手段，这种流通手段通常可以和货币一样使用。银行不再被说成是“贷放它们的存款”或“别人的货币了”，而是在“创造”存款或银行钞票：它们似乎是在创造货币，而不是在增加货币的流通速度或代表它们的存款者行事——这是一个完全不真实的观念。无论如何，有一点是很明显而且实际上不容争辩的，那就是银行家用货币所能做到的事，不可能用任何其他商品——或如我们当中有些人喜欢说的，用一种商品——做到，因为任何其他商品的数量或者流通速度都不可能这样来增加。这是为什么呢，这个问题的唯一答案是，在除货币以外的其他情况下，对于某种东西的要求权，在确定的范围内，是不能像该东西本身那样来使用的：你不能骑在对马的要求权上，但你却可以用对货币的要求权来支付。这就是把货币称作对法偿货币的要求权的一个强有力的理由，假如它是用作支付手段的话。一般来说，普通的汇票不能这样来使用；所以它便不是货币，而属于货币市场的需求一方。可是，有时某几种汇票可以这样使用；因而根据上述观点，它们就是货币，是货币市场上供给的一部分。银行钞票和活期存款显然可以做货币所做的事情；因而它们是货币。从而，信用票据或某些信用票据侵入了货币体系。而由于同样原因，货币也只不过是一种信用票据，只是对最后支付手段即消费品的一种要求权。至此，这种理论——当然它可以采取多种形式，而且也还需要加以完善——可以说取得了胜利。

〔**(b) 约翰·罗：管理通货思想的鼻祖。**〕　制造货币！信用是货币的创造者！很显然，这开辟了理论以外的远景。十七世纪的银行发起者，特别是英国土地银行的发起者以及原属于他们当中一员的约翰·罗，以不同的清晰程度瞥见了上面描述的理论。然而，他们充分认识到了下述发现的商业潜力，即货币——因而，货币意义上的资本——是可以制造或创造的。他们当时的和以后的声誉，由于他们的计划——特别是罗的计划——遭到失败而受到很大损害，正如十九世纪基本上与此相类似的思想，由于和野猫式的银行业务以及一些计划的失败相联系而受到损害那样，这些计划如佩里埃兄弟的动产银行计划，虽然最终证明是有害的，但却并不是欺骗性的或毫无意义的。因为从一种经济原理到一项银行业务计划之间有很长一段距离，所以这些失败在理论的法庭上并不是证据。

解释约翰·罗在货币与信用（关于他的价值理论，参看上面第2节）问题上的理论主张，颇为困难，且不说他的某些论证可能仅仅是战术行动。从他推导货币现象的方法——依照该方法他首先把货币看作是一种商品——来看，似乎应把他列为货币金属论的理论家。这一判断的根据是他反对降低货币成色或贬值——他把这种做法叫作不公平的课税，其依据是这样一种值得怀疑的看法，即贬值对穷人的损害往往大于对富人的损害——同时也可以从他的实践中得到证明，因为他总是尽可能地维持他的钞票兑现。由于约翰·罗的上述观点和他的其余观点似乎冲突得很厉害，因而历史学家一笔勾销了这个证据。但是，依据货币金属论的原理完全有可能得出似乎与他的理论相抵触的结论，正如当代美国的例子所充分表明的那样。罗的论证可以按以下方式来修复：他首先观察到——这是分析上的一个明显进步——把某种商品作为流通工具来使用会影响该商品的价值；由此而推论出，作为货币的货币商品的交换价值，不能以其作为商品的交换价值来解释，正如后者也不能用前者来解一样——当然，只要货币商品能在其货币用途和工业用途之间自由移动，两者还是必然相等的；因此，他完全合乎逻辑地用数量论点(货币的充裕与产品的充裕相比较)来解释作为货币的白银的交换价值；可是，由于作为货币的白银除了购买货物以外，没有别的用途，因而它也可以用较低廉的材料来代替，可以用一种根本没有商品价值的材料来代替，如印花纸张类，因为"货币不是交换商品得到的价值，而是交换商品所凭借的价值"〔着重号系熊彼特所加〕。但是这就割断了一条线索，该线索一直把〔货币拴在具有〕"内在"价值〔的一种商品上〕。现在他得到的结论是，除了廉价和无需担心怎样得到和保持〔充足的货币供应〕外，还有一个便利——那就是货币数量完全可以管理。

〔该段未写完，结尾的注释是由阿瑟·W. 马吉特补入的。〕

管理通货思想似乎就是从以上论证中产生出来的，该思想后来在绝大多数经济学家那里失传了，直到1919年以后，他们才重新发现了这一思想。这一事实显然很重要，值得我们停下来加以考察。第一，罗的小册子（《论货币与贸易……》1705年）中的有关段落，由于他的实践，或更确切地说由于他的实践的一个方面，而获得了更多的意义。我们关心的并不是他的个别计划，从看起来毫无害处而近乎正统的通用银行计划（1716年），到看起来愈来愈富于空想的印度公司计划（1719年），以至作为这位强壮的游泳者在痛苦挣扎中最后救命稻草的1720年的那些计划，都不是我们的关心所在。但是在所有这一切的背后，有一个宏伟的计划，事实上正在成功之路上前进：就是通过控制和改革把法国的整个国民经济引向新水平。[①] 这就使罗的"体系"成了管理通货思想的真正鼻祖，不仅就这个名词的表面意义来讲是如此，就更广泛、更深刻的意义来讲也是如此，在后面一种意义上，该词意味着通过管理通货和信用来管理经济过程。而这就是罗的小册子中那几段朴实无华的文字的意义所在和发光的地方。[②]

6. 资本、储蓄、投资

早在经济学家使用"资本"这个词以前，这个词就一直是法律

① 其失败不是由于这种思想……〔脚注未写完。〕

② 这并不是说罗没有先驱者。第一，管理通货这一思想，潜藏在他以前的大多数银行发起者的推理中。可是，这里的问题似乎是怎样把"先后顺序"同理解的充分与深刻连在一起。第二，从某种意义上讲，每种通货总是受到管理的。而且，长期以来，通货一直是受人摆布的。但这并不是我所谓的……〔到此中断，未写完〕。

和商业上的术语。对罗马的法理学家和他们的后继者来说,资本是指贷款的“本金”,以区别于利息和放债者的其他附加要求。显然与此有关,资本后来便指合伙人投入合伙企业或公司的货币总额或其等价物,也就是一个企业资产的总和,如此等等。因此,这个概念实质上是货币性的,或者指实际的货币,或者指对货币的要求权,或者指用货币估价的某些货物。而且,虽然它的意义并不十分确定,但决不是含糊不清的。在每一具体情况下,它的含意是毫无疑问的。假如经济学家有足够的见识,坚持这个词的货币的或会计上的意义,而不试图“深化”它们,那我们可以免去多少纠缠不清的、毫无意义的、愚蠢透顶的争论呵!不过,在十八世纪以前,经济学家几乎不使用这词。撇开佛罗伦萨的圣·安东尼是否提出了资本理论这样的问题不谈,我们仅仅指出,十七世纪,像财富、财宝、存货这样的词常常使用在应该使用资本的那些地方,而且,整个十八世纪——甚至十九世纪的头几十年,最初的资本理论往往喜欢用存货这个词。

存货多少含有耐久性财富或生产性财富的意思——生产性财富可以用蔡尔德的工具存货和材料存货作例子——因而自然是注意和介绍的对象。当我说经济学家很晚才使用这个词时,我是指在有关资本的性质和职能的理论中或表达清晰的分析中使用这个词。在坎梯隆和重农学派以前,只有资本理论的萌芽。考虑到魁奈强调的是自然的作用,读者也许感到吃惊,我们竟然把奠定资本理论基础的功劳归于他。不过,我们不应被魁奈强调自然力的作用蒙住眼睛,而应认识到有时会出现这样的情况——这种情况不仅仅在政治方面经常出现,在科学方面也经常出现——即一个人达到的目的往往不同于，甚至完全违背于他想要达到的目的。魁奈就正是这种情况。重农学派甚至同后来出现的若干种资本生产力理论中的一种有关系。《经济表》所描述的整个过程开始于给定的“预付”，并且按年预付运行。这些预付就是——生活或生产所必需的——货物，虽然它们的数量可以用货币来表示，而就资本这个词含有的许多意义中的一种意义而言，它们也正是资本。就采用预付一词的任何理论体系的一般性质而言，该概念如此重要，以致我们可以把所有这些体系归为一类，称其为“预付”经济学。①

这一点几乎立即为杜尔阁所把握，他勾画出了与此相对应的资本理论。他强调——几乎可以说他不厌其烦地反复强调——所有生产的必不可少的准备是财富（即预先积累的动产）而不是自然力（《考察》，LIII），这就等于为将来把在这个意义上的资本看作是生产要素助了一臂之力。亚当·斯密按自己的方式做了同样的工作。但我认为他并不知道《考察》（发表在 1769—1770 年的《公民评论》上）一书，其理由之一是，他的阐述虽然非常冗长，却远远不如杜尔阁的阐述。在我看来，《国富论》第二篇第一章似乎是根据魁奈的提示写成的。那里有“预付”的概念，因而暗示了资本的生产力（必要性），但不像杜尔阁那样（见下面第 7 节）提出了利息理论，而只是根据预付概念对资本进行了“分类”。魁奈的原始预付也许提示了“固定资本”这个概念，魁奈的年预付也许被变成了“流动资本”。接着，A. 斯密列举了构成这两种资本的各式各样的货

① 当然，读者应看到，一个理论体系是否能被称作“预付”经济学，仅仅承认以下谁都知道的事实是不够的，即要生产就必须有工具和原料，生产需要时间——正如要理解牛顿的物理学，仅仅承认如果苹果脱离树枝就会落在地上这一点是不够的一样。

物,并讨论了每种货物应包括哪些,不应包括哪些。人们常指出,由于他的观点很混乱,这种分类并不令人十分满意。我们不必深入探究这个问题。重要的问题是,物质资本或"实物"资本概念——不过这个概念也包括货币、"全体居民通过学习获得的有用的能力"以及"生产性"劳动者的生产资料,虽然最后这一项在斯密的分类中并不明显——传到了十九世纪的理论家手里,而且只受到轻微的批判就为他们大多数人所接受,并得到进一步的发展。

杜尔阁和斯密的储蓄和投资的理论也是如此。A. 斯密断言(第二篇,第三章):"资本增加的直接原因是节俭,不是勤劳;","节俭可以推动更多数量的勤劳";它会"立即"(没有延迟地)起这种作用,因为"每年节省的如同每年花费的一样,经常被消费掉",也就是说,节省者会像浪费者一样,把钱迅速花掉,只不过节省者这样做的目的不同,节省的钱是由别人即"生产性"劳动者消费掉;因而"每个省俭者都是社会的恩人。"杜尔阁在此以前就已讨论了这个问题,只不过不像斯密这么详尽罢了。[①] 但无论是魁奈,坎梯隆,还是布阿吉尔贝尔都没有讨论过这个问题。杜尔阁显然背离了在他那个圈子内确立起来的反储蓄传统。我也不知道还有哪位更早的法国经济学家——雷菲热可能例外——可以称为真正的"先驱者"。在英国的经济学家中,只有休谟具有这种主张。无疑,在十

---

① 比较一下《国富论》和《考察》,会使我们不免对以前提到的斯密的独立性产生某种疑问,因为杜尔阁也说过,至少在企业家的情况下,储蓄会立即(sur-le-champ)转变为资本(而斯密的"立即"(immediately)无疑正是 sur-le-champ 的译文。这并非不重要;相反,我们马上会看到,这是这两个人的理论的主要特征,也确实是这两种理论最严重的缺点。这样一种错误确实有可能在他们两个人的著作里分别发生,但这种可能性却不是很大)。

七世纪和十七世纪以前，有一群作家强烈反对奢侈(和害人害己的懒惰)，尤其是反对输入奢侈品，要求制定或颁布节约法令，提倡节俭，至少商人和工人应该如此。① 在西班牙和英国经济学家当中，

① 在某种程度上，我们可以澄清大量纠缠在一起的有关奢侈的相互矛盾的意见，方法是，第一，抛弃那些从其他观点来看很有意思但与我们的题目无关的意见，其中一部分意见(a)主要是出于道德上的动机提出来的，在这种情况下，一个作家可能"反对奢侈"，尽管他的经济论点认为奢侈具有"有利的"影响；另一部分意见(b)显然可以追溯到商人对"豪华生活"的憎恨，尤其是在"贵族"阶层中。第二，把这个词具有的不同意义区别开来。十八世纪奢侈的复数(Luxuries)渐渐专门用来指非必需品，而必需品"不仅包括那些为维持生活必不可少的商品，而且还包括按照一国习俗，少了它，体面人固不待说，就是最低阶层的人们，亦觉有伤体面的那一切商品"(《国富论》第五篇第二章)。因此，奢侈可以说是超过后来所谓的"最低社会生存水平"的消费。这个基本问题之外的两种考虑，使我们评价人们就这个意义上的奢侈的影响发表的意见复杂化了：(a)就这些奢侈品是进口货而言，人们基于贸易差额的理由而辱骂它们(参看下一章)；(b)就消费这些奢侈品必须以工资较高为先决条件来说，许多作家，尤其是英国作家认为，消费这些奢侈品是争取国外市场的障碍，这一论点与(a)相平衡，而且可以并入前面已经提到的关于工资的较为一般的论点。不过，除了这两种考虑以外，人们最初都是从正文谈到的高水平消费的观点来看待该意义上的奢侈(上面第1节)，甚至后来强调储蓄作用的作家如休谟也是如此，休谟还补充了这样一种论点，即生产奢侈品的工业部门是"劳动储备库"，政府在紧急情况下可以加以利用。"邪恶的奢侈"曾被曼德维尔称赞为一种重要的推动力量，休谟也是如此，不过加上了限制条件。这种思想的典型代表是巴特尔一杜蒙(《奢侈理论》，1771年)。人们普遍认为，无论是A. 斯密的同时代人还是十七世纪的经济学家，都需要斯密来提示他们"消费是一切生产的唯一目标和目的"(第四篇第八章)，这样认为是没有什么道理的。读者应看到，斯密的这种说法只不过是老生常谈，根本没有敌视储蓄的意思。但这并不是奢侈的唯一含意。

在某种意义上，奢侈还与非生产性消费联系在一起。十七世纪中叶以后，人们就非生产性消费问题展开了几次讨论。正如我们所知道的，亚当·斯密对非生产性消费极为关注。这一意义把两个因素联在了一起，要把它们分开是极为困难的，而且篇幅也不允许我们探讨这个——没有多大意义的——问题。还有，在一定意义上，奢侈是与节俭相对的——这个意义上的奢侈(休谟也许会称其为"过度奢侈")曾为托马斯·莫尔所悲叹，而且这一含意贯穿于有关这个题目的全部文献，虽然明确程度有所不同；后来马尔萨斯也坚持了这一含意。另外，有一种含意也许比其他任何含意更有权称为原始含意，即奢侈就是超过个人地位的生活方式。想要维护阶级差别的愿望——掺杂以穷权贵对富金融家的憎恨——是促使政府颁布节约法令的一个重要因素(虽然还有其他因素，如想强迫人们保存资源以供军事方面使用)。既然我们预料到这种观点不会

这实际上已形成了一种风气。特别是英国的经济学家认为,储蓄倾向不高是使英国人难以取代荷兰人——英国人认为荷兰人非常节俭,因而既羡慕又嫉妒——在国际贸易中的领导地位的原因之一。这就与储蓄和投资概念发生了联系,但在大多数情况下,都止步于耐用品特别是金银的积累,止步于贸易顺差——这种重商主义的做法将在下一章中讨论。谁也没有看到,或至少没有人费心去研究储蓄和资本形成本身的规律。因而应该认为是杜尔阁首先认真地分析了这些问题,正像(至少)应该认为是斯密首先把这种分析灌输进了经济学家的头脑那样。

为了将来参考,有两点必须提出来。第一,面对经常不断的批评,杜尔阁的理论顽强得难以令人置信。艾尔弗雷德·马歇尔是否超过了该理论仍值得怀疑,而约翰·穆勒则肯定没有超过。庞巴维克无疑给这个理论增添了一个新的分支,但他实质上是同意杜尔阁的命题的。第二,这个理论不仅为绝大多数经济学家所接受,而且是全盘接受。好像罗——和其他人——从未存在过似的,一

在我们的文献中起重要作用,因而指出可以在《国富论》里找到这种观点的痕迹并非没有意义。最后,在某种意义上,奢侈是与毁灭性支出(负储蓄)联系在一起的。想要制止人们,特别是大贵族家族和大商人家族自我毁灭,是促使政府颁布节约法令的另一个重要因素。在以宫廷为中心、生活方式导源于“富丽的”封建家庭的社会里,时尚远比在商人社会里具有更大的强迫性——除了最贫穷的阶级以外,对所有人都是如此。而且节约法令如果有效的话,也许是使朝臣和国家重要官吏不过入不敷出的生活、防止新兴的商人诱惑他人的最简便的方法。这也就说明了为什么许多顾问行政官,虽然在其他方面按比彻的原理来论证,但对于这个意义上的奢侈,却感到有义务投反对票。在有关这个题目的大量文献中,只要提到米安·森佩雷和瓜里诺斯(1734—1830年)的《西班牙的奢侈以及限制奢侈的法令的历史》(1788年)就够了。〔把有关奢侈的这条注释放在哪里合适,熊彼特自己也拿不准。在原稿第一节的最后一页上有这样一个问句:有关奢侈的这条注释应放在这里吗?〕

个经济学家接着一个经济学家不断地重复说，只有(自愿的)储蓄才创造资本。而没有一个经济学家怀疑“立即”这个词，但是实际上——不管对它可以作其他什么样的善意解释——这便意味着，每一储蓄决定都和相应的投资决定相重合，以致储蓄实际上没有任何障碍地、理所当然的转变为(实物)资本，或者换句话说，储蓄实际上等于(实物)资本的供应。读者无需绞脑汁去想象，假如发生另外一种情况，学说史会有什么不同，这种情况就是从一开始就指出，有出现障碍的可能，在萧条的情况下，则极为可能——这种障碍可以使杜尔阁所描述的机制陷于瘫痪，储蓄成为经济过程的扰动因素，因而有可能使其成为工业机器的破坏者，而不是工业机器的缔造者。承认这一点不仅可以摧毁现代攻击这个理论的矛头，而且可以使该理论在其**完全适用**的范围内成为更加有效的分析工具。找不出什么理由拒绝承认这些必要的限制条件，因为不仅从当时的经济学家那里而且从早期的经济学家那里，特别是从魁奈的《准则》中，是可以见到这类限制条件的。

如果在这出戏中让储蓄扮演上面的角色，则“王子”(即公共支出，因而公债)将不得不扮演这出戏中唯一的反派角色，或许多反派角色中的一个。公债这一主题，虽然从经济社会学的观点和从财政技术的观点来看很有意思，但对我们来说却不很重要，因为在有关公债的讨论中判断远远压倒了分析。因此，只要指出下面一点就够了，即许多作家都曾努力试图发现可以归因于公共借债的合意效果。有人甚至认为公债是国家繁荣的一个因素。[①]然而盛

① 例如，伊萨克·德·平托就这样认为，参看他的《论流通与信用》(1771 年)。但这种想法有许多拥护者，特别是在法国。

行的还是相反的趋势——喜欢从意识形态角度看问题的人往往把这归因于资产阶级思想日益增大的影响，而实际上除了不喜欢骑士财政外，还有更多的原因。这种趋势得到休谟和亚当·斯密的有力支持。从他们的储蓄理论中——该理论在休谟那里萌芽，在斯密那里得到发展——的确可以推论出，非生产性的公共(或任何)借债会使财富增长遭受挫折。我不明白为什么他们两人都认为，他们那个时代的公债是毁灭性的负担，有可能带来破产和毁灭。不过，他们对于这个题目只不过表达了当时流行的看法。事实上英国公众对公债问题极为敏感，以致皮特政府于 1786 年在更大的规模上，以更加认真的态度恢复了按年支付偿债基金的政策。[①]

7. 利息

在这个时期的利息理论中，值得注意的最有意义的发展，是出现了而且人们几乎普遍接受了以下命题：(1)商业贷款的利息只不过是转给放款人的正常商业利润，而(2)正常的商业利润本身只不过是对包括劳动者生存资料在内的物质生产资料的报酬。这一发展将影响后来的利息理论史。对我们来说，极为重要的是理解这个发展的全部重要意义，因而为了使它鲜明突出，我将尽可能

---

① 所采取的计划通常归之于理查德·鲁赖斯(1723—1791 年)的建议(《就公债问题向公众呼吁》，1772 年；《1783 年的公债和财政状况》)。应该把这种思想本身同普赖斯为其计划提出的勇敢主张区别开来，根据他的主张，“国家可以毫无困难地借债还债”，这使他受到了许多不应受到的嘲笑。纳撒尼尔吉尔德爵士(《论公债……》，1726 年)在此以前就发表过类似的意见。这两本著作引起了热烈争论，我们不能——也不必——探讨这场争论。

地略去旁枝细流。我们特别略去对消费性贷款利息的讨论。因为这……〔未写完〕。

〔(a) 经院学者的影响。〕 我们再一次从经院学者及其新教后继者的著作着手，读者最好先翻一翻他们的著作，再细读这一节。他们的影响表现在以下两个方面。一方面，他们提供了一个主要的讨论题目：人们仍在争论索取和支付利息的合法性问题。十八世纪下半叶，有关这个问题的争论有所减少，但并未完全平息下来，甚至杜尔阁在他的题为《论货币借贷》的小册子里仍在同亚里士多德的主张作斗争，我们不必再探讨这一问题。但与此有密切关系的问题需要引起我们的注意。在大多数国家，道德问题都部分地让位给了经济问题，而后者的关键不是古老的原则问题，而是如何通过立法来降低利率的权宜问题。特别是英国商人的嫉妒的眼光注视着荷兰的商业环境，这些未受过教育但具有实践经验的人很自然地接受了这样的理论，即十七世纪荷兰的贸易之所以兴旺发达，其原因之一，也许是主要原因，是那里盛行低利率，而且他们坚信，法律可以给英国带来同样的利益。关于随后展开的争论，只要提到信奉这一理论的许多人中最著名的一位即蔡尔德并看一看下面的脚注就够了。我认为脚注中所列的著作便可以反映出这场争论的概貌。从这场争论中，成功地出现了相反的理论，即低利率是财富的结果，而不是财富的原因——直到当代该理论才再次受到了严重挑战。① 当然，不能由此而得出结论说，通过立法来控

① 可以说首先是蔡尔德作了像样的论证，见托马斯·卡尔佩珀爵士的《反对高利率论》，1621 年（增订版，1641 年）。这本小册子连同以前发表过的一本，由他的儿子另一位托马斯爵士重印，并加了前言（1668 年）。后者自己在 1668 年也出版了一本书，对

制利率是毫无意义的。其实,洛克和亚当·斯密都没有走得这么远。但这种观点最终还是占了上风。

另一方面,经院学者的学说还为利息提供了理论上的(解释性的)观念,十七、十八世纪的分析即从这里开始。我们略去次要点,把注意力集中于以下两点:利息的货币概念和蕴含在英利纳的“货币是商人经商的工具”这一名言中的命题。固然,经院学者没有把利息这一概念限制在货币贷款的利息上,但后者自然要比其他任何东西更引起他们的注意。虽然他们从未一致认为预期利润是商业贷款需求的源泉,但是他们当中的某些最杰出的人物却明白无误地勾画出了这一思想的轮廓。

十七世纪以至十八世纪,绝大多数经济学家——正像我们当中的许多人现在仍然做的那样——把利息看作是货币现象。特别是卡尔佩珀、曼利、蔡尔德、配第、洛克和波勒克斯芬等人是这样,更不用说大陆的作家了。就配第来说,经院学者对他有直接影响并非不可想象,因为他曾在教会学校受教育。他完全像其前辈经院学者那样,在贷放行为以外寻找利息存在的原因,在这样做的时候,他想到了或毋宁说重新发现了放款人因为在约定时间内不得索回其货币而遭受的不便。无论如何——尽管他把这种不便和同样数额的货币可以购买的土地的地租联系了起来——他所想到的

争论这一方的观点作了经典论述,该书题为《论降低利率将给英国带来的诸多利益,兼论把货币利率降至与其他国家相同的水平的绝对必要性》。相反的观点在同年出现的下面一本小册子里有很好的表述:《错误的货币利息,或论利息的降低是国家富裕的结果,而不是国家富裕的原因》,相反的观点在托马斯·曼利的《论六厘高利贷……》(1669 年)中也有很好的表述。针对这种相反的观点,小卡尔佩珀出版了《再论降低高利率的必要性……》(1670 年)作为回敬。配第、诺思、洛克和波勒克斯芬在不同程度上都是战胜卡尔佩珀和蔡尔德主张的主要人物。

总是货币,并认为利率是由货币数量来决定的,而没有提出任何必要的限制条件。洛克的研究在某种程度上要比这深入。由于他的表达方式笨拙,对他作出公正评价极为困难。可是,如果我领会了他的意思的话,则应认为是他明确引进并发展了上面提到的两个概念中的第二个。这里利息仍是所贷放的货币的价格,但他认为必须同负债情况以及贸易状况相联系来考虑货币市场上的"供给"——高利润提高利率,低利润降低利率。虽然我们不能停下来证明这一论点,更不能停下来考查相反的意见,但我认为暂且可以把这一论点看作是现在所谓的瑞典可贷资金理论的雏形。可贷资金理论认为,可以用产生于预期利润的需求和满足这种需求的可贷资金的供给来解释利息,而且利息是由这两者决定的。

〔**(b) 巴贲:"利息是存货的租金。"**〕　但是,进一步的发展并未采取这条路线。在洛克与当代的货币利息理论之间没有桥梁,相反,倒有一种新学说,这种新学说取得了如此巨大的成功,以致我们现在都对它的出现感到惊奇。就我所知,1690 年以前,关于该学说只有一种让人难以理解的暗示,但 1690 年,巴贲的《贸易论》对该学说作了以下重要表述:"利息一般被认为是付给货币的……但这是个错误;因为利息是付给存货的",利息是"存货的租金,和土地的地租是一样的;前者是加过工的或人为的存货的租金,后者是未加过工的或自然的存货的租金。"①如果读者想理解十九世纪的利息理论史和二十世纪头四十年的利息理论史的某一部分,充分弄懂

① 洛克也把利息比作地租,但意义完全不同,没有给利息的货币观点增添什么东西,也没有更深刻的含意。按照他的看法,货币贷放者接受利息就像地主接受地租一样。

这段话的意思,是绝对必要的。

巴贲的话初看起来也许很平凡:当然,借款者借钱并不是因为货币好看;如果我们撇开借钱还债这一目的,则他所真正需要的是他用货币实际购买的商品和劳动。我们买一把切食品的餐刀,也不是为了餐刀本身,但并不能由此而说,我们买餐刀付的钱"实际上"是为食品支付的。固然,为了某些目的,例如在归属理论(在下面第四编中讨论)中,我们可以采用这种观点。但是,假如在任何情况下都容许采用这种观点,则不仅将产生重要结果,而且将产生令人大吃一惊的结果。即使商业贷款一般都用来购买或租赁生产者的货物和劳务,即实物资本,也不能由此而说,付给前者的利息"实际上"是后者价格中的一个因素:利息可能与货币具有特殊关系,与货币购买的物品有别,或者它可能是别的什么东西的价格——比如说储蓄所引起的牺牲——不能简单地把这种东西等同于"实物"资本。因此,断言即使不考虑货币因素,也不会失去这一过程中的实质性东西,是极端大胆的一步——无论是经院学者,或配第,或洛克都没有想到走这一步,虽然他们不可能不知道上面那些平常的事;特别是,这是朝着十九世纪的"实物性"分析迈出的决定性一步,根据这种分析,货币只是一块面纱,分析的任务就是要揭开它,而这也正是"实物分析"所造成的分析困难的核心。不管巴贲推动实物分析这件事是有益还是有害,他的成就都还有另外一个方面,其重要性几乎不亚于对实物分析的推动。如果利息是对"加工过的存货"——即生产出来的生产资料——的报酬,正如地租是对未加过工的存货——即自然的生产要素——的报酬那样,那么,贷款人"实际上"占有的便是某种货物。而事实上,占有这些货物的是制造商或贸易商，他们是通过自己生产或从其他生产者那里购买而获得这些货物的，并不是从资本家或贷款者那里得到这些货物的。忽略这一点，而推想似乎是后者在贷放货物，是另一种分析手法，这种分析之大胆只因为，我们司空见惯而熟视无睹。但是，这些货物的报酬是在使用这些货物的商人手里实现的，并且构成其利润的主要——和理论上的基本——部分，至少如果我们无视他的“麻烦和风险”时是如此。这样，我们便不知不觉地陷入了这样的境地，即不得不承认以下两个同义命题：厂商挣得利息，放款者收取利润——而不是像没有偏见的人所较为自然地看到的，放款者收取的是一种特殊的收入，利润只不过是其最重要的来源。

〔**(c) 分析工作从利息转到利润。**〕 整个十九世纪及以后，分析工作便由利息转到了利润方面。除了节欲说和心理贴现理论在一定程度上是例外，需要解释的现象便是商业净剩余了，而商业净剩余实质上是利用某些有形货物的集合产生的，这一剩余除了附加支出如对麻烦和风险的补偿以外，必须交给另一个人，假如此人不是企业经理，而是它的真正（虽然不是法律上的）所有人，这一点几乎不需要单独加以解释。这也适用于庞巴维克和魏克塞尔，不过后者迈出了超越这个理论的第一步，因而甚至现在当我们拿凯恩斯的理论同其他利息理论作比较时，也应该记住他：分析努力的目标不同了。

可以不夸张地说，这将成为理论家一般心境的主要特征，甚至也将成为每个人的经济社会学的主要特征：商人变成了“资本家”。从根本上说，他的收入来自于占有货物的所有权，是一种非人力的报酬。

〔以上这两段写在单独一页纸上，并有注释(既有速记也有普通写法)，表明将如何进行论证。论利息这一节比未完成的这一章的其他部分更加零碎。很明显，这是一个提纲，作者假如还活着，会加以充实和完成的。〕

A. 斯密实质上接受了这种利息理论和资本主义过程的理论。而十九世纪的经济学家又转而从他那里接受了这一理论。但是，在考察他赋予该理论的确切形式以前，我们必须简略看一下该理论在 1690 至 1776 年间的发展。

巴贲的《贸易论》当时无论如何没有取得成功。这本小册子似乎确实很快就被遗忘了。因此，巴贲的基本思想一直湮没无闻，直到 1750 年梅西[①]才再次阐述了——就我们所知，是独立地重新发现了——它。梅西的分析不仅比巴贲的分析深入一层，而且由于批评配第和洛克的观点而增加了力量。两年以后，休谟在其名为《政治论文集》的著作中发表了两篇论文(《论利息》和《论货币》)。这两篇论文似乎没有得到近代历史学家应有的称赞。的确，从表面上看，我们所见到的只不过是对旧观念的综合及有效的重新表述。对于那些主要注意休谟从自己的分析结构中得出的某些实际结论的作家来说，这种印象特别深刻。休谟得出的实际结率包括：利息不仅仅是货币数量的函数；低利息是财富的结果，而不是财富的原因；利息不能由立法来决定；利息和利润有相互作用的关系；利息是“国家的晴雨表”，低利息几乎总是繁荣的预兆(当然，这不适用

① 约瑟夫·梅西：《论影响自然利率的诸原因》(1750 年)。

于所有意义上的“繁荣”)——这些结论没有一个是新颖的,然而,休谟用来支持所有这些结论的分析结构,虽然很粗略,但只有当综合具有如下意义时,才能称休谟的分析结构为综合性的,即综合可以超越协调,可以是创造性的。休谟在其分析中是用挥霍浪费的地主的需要和商人的利润预期,来理解洛克对贷款需求的解释的——这次确确实实是贷款,不是货币,而且用储蓄的供应代替了洛克的货币供应。这就考虑到了利润和利息之间的密切关系,但又没有把两者等同起来,同时承认了利息的货币方面——特别是承认货币数量的变动对利率具有短期影响,李嘉图也承认这一点——但又没有使其居于支配地位。总之,我们在这里,看到了一份简图,只要描出其细节,便可以得到一种利息理论,其完美与完善程度要远远大于李嘉图或穆勒的利息理论。但恰恰是这些最有价值的东西没有被人看到。

〔**(d) 杜尔阁的伟大成就。**〕　杜尔阁的[①]贡献不仅是十八世纪

① 同休谟的情形一样,批判性的分析似乎没有对杜尔阁的主要成就作出完全公正的评价。这特别适用于他的最杰出的批评者庞巴维克(《资本与利息》第一篇,1933年英译本,第61—69页),庞巴维克硬把他的理论说成是“结果实”的利息理论,即使就杜尔阁利息理论的字面意义来说,这种理解也是不公正的,更不用说精神实质了。卡塞尔的分析(《利息的性质和必要性》,1903年)比较令人满意。其实,这种“结果实理论”在十八世纪甚至十八世纪以前经常被人用来反对亚里士多德的货币不结果实的论点,既然货币可以用来购买土地,而土地确实产生净收益,所以货币也就产生了——大多数作家会说,所以货币也就“理所当然地”产生——净收益,而不论是为了什么目的贷放货币。哈奇森就是这样论证的,或许也可以说配第也是这样论证的。很明显,这种推理作为利息的一种解释,是循环论证,或至少可能是循环论证,因为土地本身的价值依赖于利息率。然而,虽然杜尔阁提出了均衡命题:即一笔钱在价值上等于一块可以产生相同净收益的土地(《考察》,第五十九节),但他非但没有把这个事实作为解释利息的出发点,反而煞费苦心地试图确定土地和可动财富的交换率(第五十三节及以下),并试图根据这种交换率推导出用货币表示的土地的价值。

利息理论领域里最伟大的成就，而且它清楚地预示了十九世纪最后几十年的许多最杰出的思想。同休谟一样，杜尔阁认为货币数量并不决定利率，很精细地强调了“货币价值”一用语在概念上所具有的含义——货币市场上的货币价值和商品市场上的货币价值——并进而断言，增加货币数量由于会提高物价，因而可以想象，也会**提高**利率。而且和休谟一样，他用储蓄的供应代替了货币的供应。还有一些论点也是休谟在他以前就提出来了，但杜尔阁的理论较之所有这些论点要深刻得多，在背景和内容方面也有很大的区别。正如我们所预料的，宗教法规学者的影响是非常明显的——虽然经院学者的思想有时可用来得出正好相反的实际结论——而且杜尔阁图式的一个重要特征，即资本与“预付”的同一，可以追溯到魁奈和坎梯隆那里。实业家和提供资金的资本家分享利润(《考察》，第七十一节)。归于后者的份额，如同所有其他价格
510 一样(第七十五节)，取决于借贷双方的供求状况(第七十六节)，所以，这种分析从一开始就牢固地植根于一般价格理论。从表面上乍一看，利息是为使用货币支付的价格(第七十二节，第七十四节)。但是，为什么使用货币要支付价格？或者换一种说法，为什么供求机制通常会使当前货币的价值高于未来货币的价值？杜尔阁认识到，仅仅回答说贷放的货币就是储蓄的货币，是不够的。他的回答是，资本家提供的资金就是可动财富或预付，而可动财富或

〔谨请读者注意：G. 舍勒编辑的《著作集》(1913—1923年)中《考察》一书各节的编号，不同于《公民评论》中原来的编号。例如，第二十一、二十二和二十三节变成舍勒版本中的第二十一节，而舍勒版本中第七十三节在《公民评论》中则完全被删除了。熊彼特显然用的是《公民评论》(1769—1770年)中原来的编号，杜邦·德·内穆尔在他出版的《杜尔阁著作集》第5卷中使用的也是这编号。〕

预付款则是从事生产所必不可少的先决条件（第五十三节）；资本之所以产生利息，是因为它是生产努力和产品之间暂时缺口的桥梁（第五十四节，第五十五节）。现在，这种思想已像哈姆雷特所说的名句那么陈旧了。而且，我们当中的许多人已不再相信这种思想具有解释价值。由于这两方面的原因，读者会感到很难给予杜尔阁的杰出分析方法以应有的评价，而杜尔阁正是通过这种分析方法，利用坎梯隆或魁奈的资本概念，把利息现象同关于生产的一个最基本的事实联系了起来。根据这种理论，以下两个命题也获得了新的意义。一个命题是：利率是实物资本（相对）丰富或稀少的晴雨表（第八十八节）。——换言之，利率和储蓄率具有反比例的关系，另一个命题是：利率可以度量生产所能达到的水平（第八十九节）。第一个命题实际上直到现代才受到挑战，第二个命题迄今仍未受到挑战。

正如前面所指出的，A. 斯密照抄了前人的学说。但在这样做时他恰恰丢掉了休谟和杜尔阁（假如他知道《考察》的话）提出的最富有创见的提示——更丢掉了他本来可以在洛克那里发现的东西——因此，他的后继者所继承的理论，与其说是上述哪位作家的，还不如说是巴贲的。在《国富论》中，利息问题的货币方面干脆被降成了形式问题或技术问题。“贷款者实际提供的……不是货币，而是……货币所能购买的货物”（第二篇第四章），而“洛克、罗和孟德斯鸠”等人的观点，即黄金和白银数量的增加会降低利息率（同上），则不值一提。他完全像解释利润的下降趋势（第一篇第九章，该章所讨论的题目实际上和第二篇第四章一样）那样来解释利息的下降趋势。A. 斯密似乎认为这两种趋势是不容置疑的事实——只是把“获得新领土或增加新行业”作为限制条件。而这完全合乎逻辑，因为现在已很清楚，在斯密的图式里，它们实际上是同一件东西。斯密确实也对二者作了区分:利润还包括对“麻烦和风险”的补偿，而贷款人接受利息则没有这种麻烦和风险。但这种差别被降到了次要地位。实质上，利润是“存货的利润”，归于资本家雇主的利息是出借存货(商品)的收入。不论存货是自己的，还是从别人那里借来的，商人的基本职能都是向工人提供存货。首先，他是“资本家”，他**作为**资本家是典型的劳动雇用者，他的基本职能是向工人提供这种存货，虽然资本家雇主并不需要总是由他自己来雇用工人，在这种情况下……

〔这一段写在一张没有从拍纸簿上撕下来的黄纸上，显然尚未写完。这一页上满是用奥文速写和英文普通写法作的笔记，兹翻印于附录中。〕

第七章 “重商主义”文献[①]

〔1. 对“重商主义”文献的解释〕

〔2. 出口垄断主义〕

〔3. 外汇管制〕

〔4. 贸易差额〕

〔(a) 实践论点:强权政治〕

〔(b) 分析上的贡献〕

〔(c) 作为分析工具的贸易差额概念〕

〔(d) 塞拉、马利内、米塞尔登、孟〕

〔(e) 三个错误的命题〕

〔5. 自十七世纪最后二十五年起分析工作的进展:从乔赛亚·蔡尔德到亚当·斯密〕

〔(a) 自动机制概念〕

〔(b) 国际贸易一般理论的基础〕

〔(c) 朝着较为自由的贸易发展的一般趋势〕

〔(d) 地域分工的利益〕

---

① 〔这一章虽然很早(1943年6月)就已写完并打印了出来,但只有临时性的标题,各小节也没有标题。1946年或者1947年,谈到《分析史》的进度时,熊彼特告诉我,这一章基本上可以照现有的样子出版,但第二编的其他各章尚有大量工作要做。〕

国际经济关系问题在这一时期的所有作家面前显得如此重要,以致我们已经不止一次地提到他们有关这些问题的命题。不过,这里仍有必要再来更加仔细地考察其中某些命题,借以引进另一批著作,从中找出它们所包含的对分析经济学的贡献。我把这些命题分成出口垄断主义、外汇管制和贸易差额三个题目。关于第二和第三个题目的学说,特别是关于第三个题目的学说,通常认为是那个虚构的体系,即传统教义的"重商主义体系"的核心。对许多经济学家来说,这些学说实际上就是整个重商主义体系。这个传统是亚当·斯密建立起来的,他对他(也许是效法重农学派)称之为商业主义或重商主义体系的著名攻击(《国富论》,第四编),集中在贸易差额这个论点上,虽然他并没有忽略其他方面。

〔1. 对"重商主义"文献的解释〕

读者可能知道"重商主义"所特有的这些学说在思想史学家当中引起了一场争论。考察这些学说以前,值得评论一下这场争论。这不仅将澄清所牵涉的问题,而且还将饶有兴味地说明第一编所概述的解释原则。

十九世纪的绝大多数作家,不仅不赞同而且很轻蔑"重商主义"作家对那些题目所持的见解——就他们持有一致的见解而言。[①] 他们看到的只是这些见解的错误,而且在论述其前辈时,养成了一种作风,即只要认为某一种著作具有一丁点儿"重商主义"

① 这实际上是所牵涉到的第一个问题。

气味,就几乎足以判处这部著作的死刑。查阅一下帕尔格雷夫的《政治经济学词典》中的有关词条,就可以令人发笑地证实这一点。[①] 接着,出现了一种与这种自由贸易观点相反的意见;这种意见主要(虽然不是完全)是由德国作家提出来的,实际上走向了另一极端。这种反对意见也成功地建立了一种传统,虽然不如前者是那么普遍,该传统近来似乎引起一种反作用,它与“自由主义”传统的残余相结合,很可能又将过甚其词。雅各布·维纳教授的专题文章也许可以作为例子。[②] 关于这场旷日持久的争论,我们所要说的第一件事是,重商主义的反对者和重商主义的拥护者所关心的,主要都是重商主义的实践,因而双方的意见无论过去还是现在主要是政治倾向问题。英国的批评者不赞成重商主义时代的所作所为,德国的拥护者虽然不赞成重商主义实践的所有方面,可是他们赞成国家在某种程度上闭关自守,赞成国家管理,尤其是赞成建立强大的国家。所有这些与我们的目的毫无关系,对此我们要说的唯一的一件事是:批评者和拥护者都是下面这一信念的牺牲者,即他们的政策主张是根据前提科学地推断出来的,而所依据的前提是以科学态度规定的。这种信念是那个理性主义的时代极为

① 让我们顺便指出,由于同样的原因,在自由主义时代的经济学家那里现在发生了完全相同的事情。

② 雅各布·维纳:《亚当·斯密以前英国的自由贸易理论》,这篇专题文章经过修改,作为他的《国际贸易理论研究》(1937 年)的第 1、2 章重新出版。我要感谢这篇杰作,不过,我仔细阅读这篇文章时有时很想知道,维纳教授是否也会对我们时代的、完全类似于重商主义时代的某些措施与论点作出同样武断的判断。这里还必须提到詹姆斯·W. 吉尔的《国际价格理论》(1926 年;第 1、8 两章)。并参看维纳发表在 1926 年 10 月《政治经济学杂志》上的对该书的评论。

珍爱的。特别是,诸如约翰·斯图尔特·穆勒那样的英国的功利主义者,看待他们的政策建议,就像一位工程师看待建造一部机器的设计方案那样。他们必然带来“这个文明时代”。所以,对他们来说,实践上的错误和理论上的“错误”是同样明显的,实际上是一回事。这种观点在某种程度上可以说明他们的武断态度,当然,这种观点是完全站不住脚的,我们不必再来加以证明。

第二,重商主义的拥护者坚持重商主义的反对者含蓄地予以否定了的东西,那就是,重商主义政策不仅在包括罪行和愚蠢在内的所有意义上都是可以理解的,而且在比这重要得多的意义上也是可以理解的,即考虑到当时的环境和机会,重商主义政策是在同样条件下达到从理性上讲可以辩护的目的的适当手段。这里,正如前面的论点已表明的,重商主义的拥护者又胜利了,虽然并没有达到他们所认为的那种程度。① 无论如何,这点必然会被所有那些不愿谴责与此相类似的近代商业政策的人们所承认,事实上,这种政策得到了许多精通斯密、李嘉图和马歇尔理论的人的支持。为了以后参考方便,我们把这种论点称为“实践论点”。②

---

① 在“重商主义”的许许多多措施中,很容易发现许多措施并没有达到它们的提倡者心目中的目的,或者发现许多措施除了达到那些想达到的目的以外,还产生了其他结果,而假如预见到这些结果的话,就不会采取这些措施了。亚当·斯密特别热衷于列举这方面的例子(第四编,第八章),其数目可以很容易地成倍增加。但实际上是可以把“错误”分开的,可以把讨论提到原理水平上来,在此水平上,可以假定不存在错误,尽管不应忘记,任何一种管理制度都很容易产生许多错误。假如有人指责斯密在讨论“原理”时不公正地利用了“错误”,这实际上会是斯密的辩词。

② 在这里,如果我们考虑到以下一点的话,我们立刻会看到岔出了一条支线。应该考虑到的这点是,一项政策追求的目的和被认为是合理的手段这两者,换言之,也就是一项政策是否明智的问题,是与价值体系有关的,而价值体系本身不仅与国家的情况有关,而且与面对这种情况的人有关,因此,也就是与阶级结构和集团利益等事情

第三，可是这并没有为经济分析证明任何东西，而分析的结果已被用来为那些政策作辩护。一个人可以从自己的立场和所处的环境做他认为正确的事情，可是做这件事的理由可能是极其荒谬的。[①]因此那些不注重经济理论、对经济理论所知较少的重商主义的拥护者，特别是德国的拥护者，当他们在上面确定的意义上部分地证明重商主义的实践是有道理的时候，如果他们以为对他们所设想的重商主义学说也有所证明，那就错了。而且要记住，光是表明我们在重商主义的小册子里发现的某一命题对我们讲得通，也就是说，我们能够证明它是正确的，那还不够，因为，许多近代的命题表面上与很多证明其不能成立的那些早期命题非常相似——但愿这种相似没有深入到表面以下。把我们的意思硬加在古老的命题中，等于放弃历史学家的职责，正如过分强调命题表述中的每

有关。正文里说，在一定程度上，重商主义政策可以为自己进行的合理的辩护(注意：合理的辩护在任何绝对意义上都不等于“无过失”)，应该把这种说法理解为含有上面的意思。重商主义时代的许多政策实际上可以追溯到集团的利益，或者认为是在集团的压力下产生的。这些集团可以辨识出来。从它们的立场出发，重商主义政策才具有合理的性质，否则便缺乏这种性质。在《国富论》第四编第八章里，亚当·斯密认识到了这一点。我再次强调，这一点与任何特定命题或推理方法的真实性或价值毫无关系。最顽固的阶级利益可以引出真实而有价值的分析，而最无私的动机可以导致错误和无价值的分析。但愿第一编里我对这点已说得很清楚了。我还要重复一句，这种考虑本身不是以使我们把有意识的或者下意识的自私自利动机归于任何个人，除了刚才提及的事实，即动机与命题的客观性质无关外，谈论个人动机，也是不可靠的。接近我们的只有我们自己的头脑。谈论个人动机时，我们暴露的也许只不过是自己的倾向。惠勒是“冒险商公司”的干事。孟和蔡尔德与东印度公司有关系。米莱斯是个失意的官僚。也许他们当中没有一个称得上是顾问行政官。但强调这一点没有任何意义。

① 反过来也是这样——特别是在经济学中——即我们可以根据一个以通常方式建立起来的模型作正确的推理，但却有可能对一个不符合该模型的事实作出错误诊断。我们将遇到这种实例，更有甚者，科学上有趣味的理论可能与毫无趣味的实践连在一起，而有趣味的实践却与无趣味的理论连在一起。

一个错误一样。为了参考方便起见,我们把这类考虑称为“理论论点”。有了这些区别以后,我们开始考察下列命题。

〔2. 出口垄断主义〕

首先,实践论点非常有利于那个时代的这样一些作家,他们认为不管垄断和准垄断的合作对国内工商业有什么影响,这种合作在对外贸易方面都具有必不可少的作用。这就是我所说的出口垄断主义的意思。无论什么时候,人们对于针对外国人采取的垄断措施都有不同的评价。例如,美国国会虽然在其他方面非常敌视看来像垄断的任何事情,但是为了促进出口贸易,它很痛快地通过韦布—波默林法案放宽了反垄断的立法。所牵涉的命题既很简单也很正确——就命题本身而言而且如果只考虑直接影响的话:得自对外贸易的垄断收益是国家的净收益,因为如果这些收益是在国内市场获得的时候,那么应减去的项目就等于零。而且,直到十八世纪中叶,在世界上许多地区直到更晚得多的时候,只有实施特别的保护性措施,才有可能进行贸易,而这些保护性措施主要得由贸易商自己来实施。这并不必然涉及垄断行为。但贸易活动却意味着组织与合作,而组织与合作很自然地扩展到了价格和一般商业政策方面,这不仅是为了有利于剥削,而且也是为了管理贸易,保护合乎标准的贸易活动,消除不合标准的贸易活动。关于这点,“冒险商公司”提供了一个生动的例子。①最后,极为明显而无需

① 假如对经济史的有关各章没有相当广泛的掌握,那几乎无法理解决定那个时

加以明确指出的、但却非常奇怪地经常被“重商主义理论”的批评者忽视的事实是，那个时代是海盗式的帝国主义时代，贸易与开拓殖民地相联系，与毫无节制地剥削殖民地相联系，① 与非公开的战争相联系（各国政府尤其是英国政府，往往拒绝为此承担责任），与长期濒于战争边缘的状况相联系。这一切的典型例子是东印度；唯一近代的例子是罗德西亚。这可以非常合理地解释在不同环境影响下肯定会消失的许多事情，即使在掌握经济现象的逻辑方面没有任何进步。其实，这种进步与实践的变化也许没有什么关系。

关于出口垄断主义——包括开拓殖民地——这个题目的文献浩如烟海，它们主要产生于以下两个事实，一个事实是，大公司的政策也影响国内的利益，另一个事实是，大公司的成功引起绅士和老百姓对“大富翁”的嫉妒。攻击会引起反驳，其中值得注意的最好例子是约翰·惠勒为“冒险商公司”作的辩护——其矛头特别指向主张管制的官僚主义的代言人，他们对商业一无所知。这本著作我在前面第三章和第六章已经提到，书名是《商业论，书中说明了秩序井然、管理有方的贸易带来的各种商品，“冒险商公司”从事的贸易就证明了这一点：写作本书是为了使那些怀疑在英国国土上是否要建立上述公司的人更好地了解情况》（1601年）。我们可以加

期的经济思想的环境，特别是无法弄懂正文里已经提出的和将要提出的论点。因此我再次建议读者仔细读一读伊利·F. 赫克谢尔教授的著作：《重商主义》（第一版，瑞典文，1931 年；德文版 1932 年；由门德尔夏皮罗译成英文，两卷本，1935 年）。

① 西班牙人、法国人和英国人同样缺乏节制，这是一个十分重要的因素。有关殖民地的经济推理可以有完全不同的方法，而且根据不同人的实践会没有矛盾地得到完全不同的结果，沃论·黑斯廷斯的实践——即：无耻的掠夺——是一回事，威廉·本廷克的实践——即：施仁政——是另一回事。经济利益也随之不同。研究一下有关奴隶贸易的看法的演变，可以察觉出大致的分界线。

上一句,也是为了即将颁布的敌对法令而写的。依我看,惠勒先生做得非常好,他的论证成功地驳倒了在讨论垄断时必然会提出来的一些论点。他的经济学丝毫不亚于今天我们见到的通俗的、或者政治的、或法庭上的类似论点。可是他对我们的科学工具并没有作出任何贡献。他的分析经济学总的来说没有错,然而其中有价值的东西很少。由于这本书很有名,东印度公司引起了公众极大注意和仇视。这就占了有关文献的大部分。不过,我认为,除了关于这个公司出口货币金属以及关于该公司进口印度货物从而使英国毛织品遭受竞争——虽然受到立法和行政方面的牵制——的论点和反论点以外,其中没有什么令我们感兴趣的东西。不过,这些论点与反论点进入了有关贸易差额的一般性讨论(见第 4 节)。请注意下面的脚注。①

① 垄断政策通常与贸易中心城镇联系在一起,当然,两者并非必然联系在一起。贸易中心城镇将同我们提出来讨论的另外两个题目一起论述,这里可以先熟悉一下它。就我们的目的来说,我们必须把它的三个方面仔细区别开来。第一,组织起来的贸易商有时想使某些城镇成为他们的贸易中心或货物集散地,以便于更好地管理贸易。“冒险商公司”可以再拿来作为例子。约翰·惠勒实际上为“商业中心城镇”辩护过。第二,凡是能够成为商业中心或者能够劝说其政府帮助取得这种地位的城镇,都试图运用贸易中心的权力,也就是说,强迫商人经过这些城镇,强迫他们出售货物,并强迫他们服从对这些城镇有利或被认为有利的其他限制:这里外贸商并没有操纵贸易中心城镇,而是它的牺牲品,有时所用的方法在我们看来是极为荒谬和刁难人的。这种作法通常是与“贸易中心城镇”这个词连在一起的。这种作法在十三世纪及以后的年代传开来——先是遍及意大利(热那亚和威尼斯是最强大的贸易中心城镇),然后遍及欧洲其他地区,包括俄国在内。这种作法也传到了英国,正如爱德华三世的贸易中心城镇敕令所表明的那样。我不明白为什么赫克谢尔教授作相反陈述。第三,由此产生了另一种作法,即为了整个国家实际的或假想的利益,为了损害外国人,迫使国际贸易纳入规定的渠道。英国的文献讨论的主要就是这种作法。英国——仿效西班牙而有所改进——实际上将其发展到了超过所有先例的程度。当然,1558 年失掉加来后,英国实际上就不再实行第二种贸易中心城镇政策,而在其他地方,例如威尼斯,这种政策则一直延续到拿破仑征服那个城市为止。但是,英国那时却刚刚开始实行第三种政

〔3. 外汇管制〕

接下来让我们看一看外汇管制方面的实践论点。从经验中我们知道,战争不可避免地会使政府控制经济生活,并同样不可避免地设置官僚机构来进行此项工作。官僚机构不仅将抱住其权力不放,而且还将自动地尽力扩大其权力。很明显,进口、出口和外汇是最重要的管制对象。主张管制的论点也适用于长期处于战争边缘的状况。而且,我们必须考虑到战争和持续的战争威胁所造成的精神状态,在这种精神状态下,凡是对外国不利而对本国有利的事都会受到人们的欢迎。或者换一种说法,在这种精神状态下,国际经济关系政策与经济战政策融合在了一起,并且成了旷日持久的强权政治游戏中的一种武器。假如我们承认这一切是那个时代的真实情况,那么外汇管制的理论基础就很清楚了,尤其是如果我们没有忘记一切官僚主义的实践具有内在的扩张趋势的话。我们认为,在外汇管制时期,禁运铸造过的和未铸造过的金银,只不过是一种必要的补充措施,虽然在较早的时期,这种补充措施是可以采取的主要措施,或者是可以采取的唯一措施。①

策,而且又过了整整一个世纪,1660 年颁布航海条例和 1663 年颁布贸易中心城镇法案后,才奠定了这种政策的立法基础。因此,我们常常听到以下说法,即:就英国来说,贸易中心城镇制度于 1558 年就完结了,这种说法很容易使人产生误解,并且是理解很大一部分重商主义文献的严重障碍。当然,这种制度逐渐演变成了近代意义上的保护主义,但这不足以成为我们忽视它的特征的理由,因为这些特征是那个时代政治经济背景的一个极其重要的组成部分。

① 管制外汇的作法以及人们就此展开的讨论,两者都在英国达到了最高水平。但是,前者达到顶点比后者早得多。英国的外汇管制是在伊丽莎白统治时期达到顶点

然而,用较为一般的形式来表述外汇管制的理论基础,也就是不涉及战时经济的特殊情况,也许是有用的。在这样做时,我将只考察完全外汇管制的情况,在这种情况下,有效地垄断外汇交易的政府部门,能够随意使用和分配外汇。于是,该政府部门能够(a)克服外汇的暂时短缺,而这种暂时短缺如果不加以克服,可能导致经济失去平衡,特别是通过累积过程使经济失去平衡;(b)在国际市场的运行受到阻碍从而不可能进行自动调节的情况下,该政府部门能够使债务的偿还有秩序地进行;(c)在缺乏正常弹性的外汇市场上,能够制止或打击空头投机;(d)能够防止自动调节产生不良的(有害于经济的)结果,即使在可以进行自动调节的地方,也有可能产生这种结果;(e)能够阻止某些进口或出口,同时能够鼓励另一些进口或出口,从而能够强有力地影响国民生产;(f)在一定范围内能够改善国家的贸易条件,这种范围可以通过实行辅助性的限制以及把垄断因素引入同外商的交易而扩大。

还有两点需要补充。第一,外汇管制要成为锐利的武器,不仅需要留意跨越国界的一切交易的净结果,即与其他每个国家单独贸易的净结果——当代双边贸易原则——而且还需要留意每种商品和每个商人的交易额。如果想要获得有可能实行的歧视性外汇

的,在此期间,由于各方面的情况不断好转,也开始放松外汇管制。那时,由一名特别指派的官员,即"皇帝汇兑官"管理外汇交易,辅之以禁运金银(在多次起伏之后,除了禁运英国硬币外,于 1663 年正式取消了此项禁令)以及 1390 年的"使用法令",这一法令企图强迫进口商使用他们出售货物的所得购买英国货;许多国家也采取了一系列类似这个法令的措施,第一次世界大战后,在一些欧洲国家,如奥地利,也有类似的实例。"皇家汇税官"在当今欧洲可以找到许多后继者。这些后继者虽然在技术方面与"皇家汇兑官"有所不同,但在原理上却没有什么不同。

管制的全部益处,那么上面一点是特别重要的。第二,外汇管制(加上禁运货币金属)要想作为全面计划的一项工具而发挥充分的作用,必须补充以直接影响单个交易本身的其他控制。各个时期都曾使用过许多这样的控制,但我们所讨论的那个时期有其自己的特殊控制方法,即建立贸易中心城镇。① 很明显,当贸易已被纳入了规定的渠道而受到控制时,管制外汇就容易多了。由于贸易中心城镇拥有铸币厂、审计员和旅馆老板(实际上是监视外国商人的看守)等手段,因而它具有控制外汇市场的极好条件。不过,应该记住,这两种政策虽然主要是相互补充的,但在某种程度上也是能够互相代替的。②

无论我们现在怎么看这种政策的间接影响,尤其是如果所有国家都实施这种政策的话,无论我们怎么看实际实施这种政策的方式(当然,任何时代颁布的法规都是一大堆很不合理而且相互矛盾的措施),但从原则上说这种政策决不是毫无道理的,而且不能指责那些在当时条件下鼓吹这种政策的作家态度不严肃。就实践论点来说,因而就实施这种政策的人来说,情况确实如此。在实施这种政策的人中,托马斯·格雷欣爵士(1519—1579 年)是佼佼者。③ 就是约翰·斯图尔特·穆勒也不可能提出一项切实可行的替

① 见下一脚注。

② 因而,下面的事实没有丝毫令人惊奇之处,特别是没有任何矛盾之处,这个事实就是有些作家只鼓吹贸易中心城镇制度,不鼓吹外汇管制,而另一些作家只鼓吹外汇管制,不鼓吹贸易中心城镇制度。还是让我们指出,大约直到 1600 年,自由贸易作为一项纲领意味着发展贸易中心城镇制度,约束甚或解散商业公司。1600 年以后,自由贸易意味着迫使商业公司开放门户,使每个商人都能进入商业公司。在这两种情况下,自由贸易都在某种程度上意味着“解散托拉斯”。

③ 他是到处都肯定可以见到的那种人,但是同其他地方相比,直到今天英国还可

代方案。假如他死而复生否定这一点,我们可以回答说,他对那个时代的情况不够了解,如果他否定这种政策,人们就可以指责他犯了推理错误。但是,这并没有改变以下事实:即一般认为,那些可以辩护的实践观点是与不恰当的理论甚或荒谬透顶的理论联系在一起的。然而,由此而出现了这样的问题,即:是否有任何理论上的论点。

实际上,几乎所有主张保护国家外汇、输入金银币或金银块的作家,都没有谈到贸易差额或收支差额,因而不应把任何理论归功于他们或归罪于他们。① 正是为了公正地对待他们,我们必须认识

以更经常地见到这种人,而且他们在英国也更有势力,因而可以称这种人为英国式的。格雷欣既是商人又是政府官员,一方面在照顾自己利益方面非常成功,同时在为国家服务方面也超出了一般政府官员的能力。作为商人,他是布商、银行家,企业家(开办造纸厂)和公益事业的赞助人。作为政府官员,他最初担任英国国王在荷兰的财政代理人——维持英国的信誉,掌管英国的汇兑,商借贷款,购买战争物资,想方设法把金银运回英国等等——后来回国担任外汇总管(皇家汇兑官)和伊丽莎白的财政专家——在此期间他所做的事情之一是强迫商人贷款给国王,所用的方法类似拦路抢劫,然而运用得很巧妙,增强了而不是削弱了政府的信用。感兴趣的读者可以参看 J. W. 伯根:《托马斯·格雷欣爵士的生平与时代》(1839 年),〔并参看雷蒙德·德鲁弗尔《格雷欣论外汇》(1949 年)。〕

我们可以利用这个机会指出归功于他的两个分析上的成就。第一,他借助输金点相当正确地描述了汇率变动法则,而且他在时间上先于达万萨蒂,不过后者在 1582 年作了更正确得多的描述。一项商业惯例,不管商业界人士已经多么熟悉,如果有人在科学上把它清楚地表达出来,那都是值得记录下来的功劳。第二,他发现了所谓"格雷欣定律"。这一定律认为,如果金属价值不同的硬币享有同等的法偿能力,那么"最低劣的"硬币将被用作支付手段,而较优的硬币将从流通中消失——或者用一句人们常说的但并不十分正确的话来说,就是劣币驱逐良币。这句话出现在 1560 年宣布"贬低"劣等银币价值的"皇家公告"中,格雷欣被认为是这件事的主要策划者。他还为此事写过一份备忘录(1559 年)。实际上在此之前的许多著作就已提到了这条所谓"定律"。鉴于该定律无关紧要,我们对谁先谁后的问题不感兴趣。

① 如果我们记住他们是在分析方面而不是在实践方面处于原始状态,那么我们可以恰当地称他们为原始经济学家(理查德·琼斯:《英国原始政治经济学》,载于《爱丁

到，他们在分析上是多么无辜。这将消除对他们的一些指责。指责他们已经成了一种传统，其原因仅仅是我们把他们的言词看得太认真了，硬把这些言词同它们似乎暗含的理论连在一起。但是，他们根本没有做过分析。他们只了解经济现象间的极明显的关系。由于生活在各国都决心与其对手较量的年代里，他们强烈地憎恶输入不必要的奢侈品——这并不意味着有意否定亚当·斯密的伟大而平凡的格言，即消费是“一切生产的唯一目的和目标”。他们看到汇率反复无常地变化，把这种现象归之于投机者的阴谋诡计，正像1919年以后法德两国的政客们和公众看待他们国家的情况那样。他们觉得一个国家如同个人，有钱是好事——他们没有对此事多加思考。他们是坚定的民族主义者，而外国人当然就成了厌恶和不信任的对象。他们当中大多数人可以称为商业和商人活动的天真的批评者，一如古今舆论之所为，读者会理解这一点的，恕我不再谈论这个论点，列举例子也是没有用的。①

可是，也有例外。②需要特别注意的唯一的一位作家是马利

堡评论》1847年）。通常的名词是重金主义者，我之所以避免使用这个名词，是因为它——如同其他名词一样（见E.R.A.塞利格曼为《社会科学百科全书》写的“重金主义者”词条）——会使人认为有一种自成一派的理论。他们实际上不是一个学派。他们所共同具有的那种观点，在较高水平的作家中也能找到，但谁也不会把他们列入这些作家的行列。

① 读者如果对这类例子感兴趣，可参阅前面脚注中引证的琼斯和塞利格曼教授的文章，以及托尼教授为自己编辑的托马斯·威尔逊《论高利贷》（1925年）一书所写的引证。至少还要提到一个人，即托斯·米莱斯，此人是海关官员，像所有善良的官僚那样渴望管制贸易中心城镇的贸易，渴望输入金银；他把贸易管制说成是“通向天堂的第一步”，把输入金银说成是经济生活的太阳、领航员和“乳糜”。他的著作极不成熟，名为《邪恶的神秘》（1611年）。

② 这些例外是马克·安东尼奥·德·桑蒂斯（《论那不勒斯王国汇率变动产生的影

内,①我们已在前面提到过他。他的建议主要是提高进口关税,禁止金银出口,建立贸易中心城镇制度和恢复皇家汇兑局以确定正式汇率,这些建议背后的理论,要比看不起他的观点的许许多多批评者所承认的更加重要。事实证明,他不应该受到这种对待。正如我们将看到的,整个那个世纪,没有一位作家像他那样清楚而全面地了解国际汇兑机制,这一机制是通过价格水平和金银流动起作用的——我们很快就将在"贸易差额"题目下讨论到"自动机制"。在《论英格兰公共福利之积弊》一书的第二编中,他巧妙地说明了,如果一个国家的通货跌到铸币平价以下,因而硬币外流的话,那么该国的物价将下跌,而外国的物价将上涨,因为"在外国,我们的货币加上外国的货币将使通货数量增加,从而外国货物的价格将上涨"。这是一个巨大的理论贡献。一直到十八世纪,人们才得出该论点表明的结论。为什么马利内本人当时没有得出这个

响》,1605年),此人只是由于安东尼奥·塞拉抨击了他的理论,才得以被后人所知(参看T. 福尔纳里:《有关安东尼奥·塞拉和马克·安东尼奥·德·桑蒂斯的研究》,1880年);托马斯·卡尔佩珀爵士,此人在前面提到的《论反对高利贷》(1621年)一书中,像其他人和经院学者一样,以分析高利贷的方法研究外汇交易;《皇家汇兑局》(1628年)的隐名作者;米奎尔·卡萨·德·莱鲁埃拉(《恢复西班牙古代的繁荣》,1613年);还有另外许多西班牙作家。然而,这些人都没有作深入的分析,只是分析了外汇管理技巧本身。

① 热拉尔·德·马利内(约1586—1641年):《论英格兰公共福利之积弊》(1601年);《圣乔治对英国作的讽喻式的描述》(1601年);《英国对揭露两个自相矛盾的论点的看法:附对梅斯特·约翰·博丁答复的答辩……》(1603年)——该文讨论的是博丹和马勒斯特鲁瓦特之间的论战,在这篇文章里,马利内实际上没有攻击博丹的论点,而是再次强调了他的所谓"超值"(overballancing)论点的重要性。这里具有重要意义的主要是这三本著作(也许还有他汇编的立法巨著《习惯法或商业法》,第一版,(1622年),但我还是要加上他与米塞尔登论战的两本著作:《维护自由贸易……》(1622年)和《商业界的中心》(1623年)。

结论呢？我认为，这是由于他对那个机制的缺点比机制本身有更加深刻得多的印象。特别是他抱怨，在他那个时代的范围狭小而又受到限制的市场上，汇兑对英国的作用是使它超过必要程度较便宜地出售自己的货物，而较昂贵地购买外国货物——也就是说，使它的贸易条件不必要地处于不利状态——“主要就是在这里出现了……超值。”他察觉到有可能用管制外汇的办法来改善贸易条件（见上面 f 条）。以下事实进一步证明，他对这个问题的推理是正确的。在考察反对他的计划的意见时（《论英格兰公共福利之积弊》第三编），他首先提到的是改善贸易条件可能对销售产生的影响，并立即回答说，“我们的商品是人们所必需的，因而各地何等需要我们的商品呀！”——这意味着依照他的看法，外国对英国货物的需求是无弹性的。但是在估计实际情况方面他可能错了，甚至可以肯定，他一方面过高地估计了外汇投机损害国家利益的作用，同时也过高地估计了外汇管制增进国家利益的作用。很显然，在与米塞尔登的论战中，他夸大了自己的观点。但是，问题不在于此。我们并不关心英国是否“应该”接受他的忠告。我们关心的是他的推理。他的推理虽然并非没有可以指摘之处，但首先必须看作是他对经济分析的贡献。如果我们把他称为“重金主义者”，那么理论上的论点显然并非对重金主义不利。就他在理论上的地位来说，他也并没有被米塞尔登压倒。

〔4. 贸易差额〕

最后,我们来谈第三个题目,也就是以下命题:贸易顺差[①](出口超过进口)是值得追求的或者是必须追求的事情。讨论这个题目时,我们首先要指出,前面有关的实践论点的许多叙述也同样适用于这里的情况。无论我们是从保护主义方面来看那个时期的商业政策,还是我们宁愿特别强调贸易差额,情况都是这样。因为,

① 这个词出现于十七世纪最初几十年(弗朗西斯·培根于1615年使用了这个词;参看斯佩丁编辑的《书信与传记》,1872年,第6卷,第22—23页,这一出处我是从塞列格曼教授的文章中得到的;并参看W.H.普赖斯:《"贸易差额"一词的起源》,载于《经济学季刊》,第20卷,1905年11月,第157页)。在意大利,这个词似乎在十七世纪以前就使用了;参看C.萨皮诺的《十六世纪下半叶至十七世纪上半叶意大利的经济学》(见1888年的《都灵皇家科学院备忘录》)。不过,在那以前就已有了几个同义词。据我所知,这个概念在论证中起作用最早是在这样一篇重要论文(下文还要提到它)中:《使英格兰王国繁荣富裕的政策》(1549年),登载于R.H.托尼和E.鲍尔编辑的《都铎王朝的经济文献》,第3卷(1924年),第311页及以下各页。该文使用的是"剩余"(overplus)这个词。维纳教授在《亚当·斯密以前英国的自由贸易理论》一书的第9页还提到了另外几个词;但我认为,马利内的"超值"(overballancing)一词指的不是同一件事。既然他在与米塞尔登的论战中碰到这个词时不仅认为它是新创造出来的词,而且认为它是毫无价值的词,那它怎么可能指同一件事呢?

此处应提到一个困难。在许多场合,贸易差额代表商品贸易差额。然而,正如正文将说明的,人们在很早的时候就列出了收支差额所有各项的明细表,因而可以这样说,那些作家的许多推理指的是后者。可是,令人奇怪的是,他们却迟迟没有为此创造出一个新词——詹姆斯·斯图尔特爵士于1767年才使用"收支差额"一词,虽然波勒克斯芬于1697年使用了"账目差额"一词(参看维纳:前引书第14页)——在此期间,他们说到贸易差额时,常常是指收支差额。只要论证需要,我们就将假定情况是这样。我们能够这样做有以下特殊原因:在当时的情况下,贸易差额是最重要的项目,也是最容易处理的项目,因此,一个实际上关心收支差额的作家,很可能会把注意力集中在贸易差额上。

正如我已反复强调的，我希望，那个时期商业政策中的战时经济因素和强权政治因素本身，就完全足以从想要尽可能多地输入普遍接受的货币的愿望中消除任何不合理的色彩。因此，应该提出的唯一问题是理论上的论点。让我们把它分成两部分：(a)重商主义经济学家自己究竟在多大程度上考虑到了他们的建议和他们的论点同他们时代的环境之间的联系。当时的环境合乎逻辑地赋予了重商主义经济学家的论点以可以辩护的意义，虽然它当然并没有——决不要忘记这一点——在任何其他意义上证明他们的论点是正确的；(b)他们对经济分析作出了什么贡献，如果没有作出贡献，他们在推理中犯了哪些可以证明的错误？

〔(a) 实践论点：强权政治。〕 关于第一个问题，没有任何疑问。重商主义作家——当然，意大利作家除外——对强权政治因素非常敏感，事实上，他们不得不如此。特别是在英国，大多数著名的重商主义作家都来自商业界和金融界，而商业界和金融界则是对外侵略政策的柱石。正如前面已经充分说明的，对外侵略政策非常符合商业界的利益，即使这种政策不是直接产生于商业界的利益。当然，这一点并未总是明确地表达出来。帝国主义的强烈欲望也很少显露出来。但是，在我们的作家关心国王的财富的背后，在他们谈论英国国力衰微的背后，[①]在他们对英国的安全担

① 对国力衰微的抱怨如此频繁，以致成了一种非常有趣的政治心理现象。理解这种现象的含义，几乎不需要进行我们所谓的社会心理分析。与这种抱怨并行，人们还完全出于想象地抱怨经济的衰落——在商人阶级的头脑里，国家的实力和经济繁荣是不可分割地连在一起的——这是许许多多作家的共同特点：福尔特雷、科克、“菲兰格拉斯”、贝勒斯和波勒克斯芬等人可以提出来作为例子。

心的背后,在休谟在其《论贸易之嫉妒》(1757 年)一文中所批评的那种态度的背后,在他们强调海军的极端重要性并因此而强调航运业和造船业的重要性的背后,却隐藏着帝国主义的强烈欲望。然而,特别令人感兴趣的是,一些作家不仅明白无误地提出强权(或安全)论点,而且是相对于利润论点提出来的,不管我们从其他角度怎么看这一事实,它都标志着人们所具有的经济洞察力的进步。只要举出两个著名的例子就够了。在《贸易论》(1690 年)中,蔡尔德用强权论点为航海条例辩护,同时他又承认,从纯粹的经济观点出发,有可能找到有力的证据来反对航海条例。在《论公共收入和英国贸易》(1698 年)一书中,达文南特就走得更远了。[①]

〔**(b) 分析上的贡献。**〕　回答第二个问题——即重商主义经济学家在分析上的贡献和错误——就不那么容易了。贡献是有一些。如果我们从事前的角度而不是像批评者们毫无例外地所做的

① 强权和利润之间对立的性质并不总是为人们所理解。有些批评者,特别是那些在英国"重商主义者"的著作中只看到为阶级甚或个人利益"诡辩"的批评者认为,引入强权论点只是为了掩盖对利润的兴趣,因而那些浅薄的商人必然相信贸易差额论点与强权因素无关。我认为这是极坏的社会学——帝国主义的强烈欲望是人赤裸裸的现实,它并非植根于个人自私自利的土壤,闭眼不看这个事实,只能损害我们的诊断。但是,即使忽略这点,我们也必须在商业利益引出的论点之内区分两件完全不同的事情:就直接结果而言,强权与利润可能有冲突,然而强权最终将导致更多的利润,特别是在海盗式的帝国主义时代。因此,最初推理时意识到贸易差额论点需要强权论点的支持,进一步推理时则认为,从长期来看,强权论点会引出另一种利润论点,这两者之间并没有矛盾。我认为没有理由嘲笑蔡尔德的公式:"对外贸易产生财富,财富产生强权,强权保护我们的贸易和宗教"(因为路易十四在海峡对岸),但是,如果批评者希望的话,可以把这个论点弄成纯粹是经济的,但仍然站得住脚,贸易差额这时只起中间环节作用。〔熊彼特就这个题目写过一篇很长的论文,题为《论帝国主义的社会学》(见《社会科学与社会政策档案》1919 年),现有英译本,题为《帝国主义与社会阶级》(保罗·M. 斯威齐编辑,并附有导言,1951 年)。〕

那样,从后来分析的角度看问题,那么这些贡献就会恰当地显现出来。“重商主义”作家最重要的贡献就是为后来的分析铺平了道路,事实上后来的分析是从他们的著作中产生的。可是,你钻研那些文献时,不能不对两件事情感到惊讶。

第一,虽然偶尔也能发现几本真正的分析性著作并可以较为经常地看到人们在分析方面所做的尝试,但是大量文献实质上处于分析前的阶段,不仅如此,而且是粗糙的——是非专业人员的著作,甚或是未受过教育的人的著作,这些人往往缺乏阐明基本原理的技巧。因而,许多这类文献是在最悲惨的意义上流行的。假如我们意识到这一事实(有些重商主义作家也痛苦地意识到了这一事实),那就要求我们不仅要特别容忍个别**表述**——除非我们觉得某一作家确实表述不当,否则我们不能因此而指责他——而且还警告我们,我们常常会从我们的宏伟高度来推理,常常会误解那些朴素的作家实际上想要说的话,这是很危险的。当然,还有为数相当多的作家,情况不是这样。但这只是使我们遇到了另一个困难。如果我们想要公平地对待那个时代,我们就必须把有价值的谷粒和无价值的谷壳清楚地区别开来。如果二三百年以后批评家用人们在他们那个时代最近十年里所写的所有经济著作来判断我们时代的经济学,会得到什么结果呢?但是,除了我们可能一致同意的少数成就外,什么是谷粒呢?这里,我们每个人必须依靠他自己对分析质量的评价——这是科学经济学史中可允许的,而且也是不可避免的唯一的一种价值判断——在这件事情上,常常可以取得唯一的一致意见是同意有不同意见。

第二,我们已经有许多机会注意到,那个时期的经济学家——

假如能够称其为经济学家的话,当时经济学尚处于形成的过程,但还未真正形成——的观点,其一致程度与任何其他时期的经济学家一样,但仅此而已:同所有时代的经济学家一样,那个时代的个人之间和派别之间在基本观点和具体细节上也都存在着分歧,因此他们互相攻击对方的观点和方法。人们广泛持有的与此相反的看法产生了另一种不公正。批判史学家竖立起一个"穿制服的"稻草人后,未看到这样一个事实,即从后来分析(或政治)的观点来看最令人反感的许多东西,在那个时期之内就已经被抛弃或纠正了。当史学家不得不面对这一事实时,他确实有对付的方法:凡是在他看来持有较为正确的观点的人,或者受到的责难较轻,或者被排除在假想的对手之外,而被列入异教徒或先驱者的行列。但是,至少可以这样说,这种方法是值得怀疑的。

我们已经注意到,并且试图理解当时的保护主义潮流;我们也看到了一些作家在贸易保护问题上的观点。我们很自然地希望,那些我们正在贸易差额题目下考察的作家提出了保护主义的所有论点。这个希望没有落空。我们可以看到幼稚工业论点,可以肯定,也许除了英国的毛纺织业外,在当时的环境下,该论点是所有保护国内工业的建议的基础,因为任何其他论点都不像这个论点那么明白易懂。我们还可以看到军事论点、关键工业论点和全面自给自足论点。并可以看到就业论点。而且可以看到与乘数方法有联系、现在已很著名的那种论点,即:就保护能产生出更多的出口商品来说,它可以增加国内支出,从而将刺激经济活动。在他们的分析中,除短期以外,国外投资不起任何作用或者作用甚微。他们当中有些人指出,暂时输出硬币可能是一系列交易中的一个必要环节，最终将获得出口剩余。下面是英国的实例——我们只举英国的例子，不过欧洲大陆也可以提供丰富的例子。这些例子将增加我们前面已列举的不太多的例子。

正如我们所料，幼稚工业论点出现于伊丽莎白时代，当时英国正在经历第一次工业繁荣。这个论点在重商主义文献中到处都可以看到，直到伊丽莎白时代结束，即直到产业革命初期，当时，詹姆斯·斯图尔特爵士很强调这个论点，我们感兴趣的主要是这样一些人，他们建议只在有限的一段时间内提供保护，或者特别强调“幼年期”这一点，以至于人们不可能怀疑这个论点的性质。例如，阿瑟·多布斯在《论爱尔兰的贸易和进步》(1727—1731 年)一书的第二编里明确指出：“奖励只限于鼓励处于幼年期的制造业或其他有改进的行业”，“如果改进以后，这些工业不能依靠自身的力量获得发展”，那么进一步扶植将是徒劳无益的。亚伦顿(《英国通过海上和陆上的改进，不用战斗就战胜荷兰，不用货币就偿还债务，使英国的所有穷人都有工作……》1677 年，第二编 1681 年)建议保护亚麻布制造业，但只限于七年。安德鲁·亚伦顿的一位传记作者热情地称他是“英国政治经济学的真正缔造者”(参看 P. E. 达夫：《政治经济学原理》附录，1854 年)。当然，这样称呼他是荒唐的，但这也许是对他湮没无闻的正当反应。亚伦顿是一个多才多艺的人，在他活动范围的某些方面，特别是农业技术方面只不过是推广人和发起人。但是，在经济学方面，他却不止于此。虽然他没有取得什么分析上的成就，但是他的许多建议和他就德国和荷兰的情况发表的许多意见却隐约地告诉人们，在这些建议和意见的背后有理论图式；以下事实也证明了这一点，即甚至在他大胆抒发时，他也从不胡说八道。他不怎么重视贸易差额。他认为邻国的繁荣有益于英国。更多地提供信贷可以把利率从 6%降到 4%(注意：这个限度可以使这种陈述免受责难，若没有这个限度，则它立即就会受到责难)。就业和廉价的粮食(后者当然会使一些产品便宜〔他是指“布匹”〕)是应该追求的目标。实际上，我们可以把他当作正文里提到的一切论点的权威来加以引证，就像我们已经引证并在其他题目上还要引证的那样。

军事论点前面已经谈过了。关键工业论点将在讨论粮食和羊毛的生产及出口时提出来。全面自给自足论点,是在德国而不是在英国发展起来的(至于法国,参看 J. 诺瓦克:《经济自给自足的思想》,1952 年),关于就业论点,我们刚举了亚伦顿的例子。这个论点一开始就出现了(参看克莱门·阿姆斯特朗:《论该王国的贸易中心城镇和商品》,约 1519—1535 年,《都铎王朝经济文献》,第 3 卷,第 90 页及以下各页,特别是第 112 页;并参看约翰·赫尔斯《公共福利论》,1549 年?)。依据失业论点而颁布的保护主义法令无疑至少要早一百年,较为重要的著作都提到了这种法令。马利内、米塞尔登、蔡尔德(他把就业论点当作衡量殖民地给母国带来的利益的标准)、巴贲、洛克和配第等人都持有这种论点。我们另外注意到:约翰·卡里的《论英国的状况……》(1695 年)一再重印,并受到洛克的推崇,由此可以断定,此书必然是一部非常成功的作品;约翰·波勒克斯芬认为应禁止输出羊毛和输入工业品,其全部依据便是就业论点;约翰·贝勒斯在《论穷人、制造业、贸易……》(1699 年)一书中,"菲兰格拉斯"(W. 佩蒂特)在《虚弱的英国或贸易论》(1680 年)一书中也提到了就业论点。有些"重商主义"作家对就业论点研究得很深,达到了惊人的水平,实际上达到了凯恩斯主义的水平。威廉·配第说,即使生产无用的东西也比什么都不生产要好,这种说法没有丝毫令人惊奇之处:它只是表明配第关心劳动效率的保护。然而,另一些作家有时似乎认为,国家得自对外贸易的利益仅仅在于对外贸易提供的就业机会。由此便合乎逻辑地产生了这样一种看法,即:出口商品的总劳动成本同进口商品的总劳动成本相比越高,则贸易给国家带来的利益就越多。按照十九世纪"自由主义者"的假设来判断,这种看法是非常荒谬的,实际上,维纳教授就称它是荒谬的(前引书,第 55 页;读者可以在前面两页找到例子)。这种看法我们以后还要提到。

"重商主义"作家不仅提出了就业论点本身,而且还提出了它的间接形式,即流入的现金会刺激工商业。这里我们不讨论这样的作家,他们认为可以通过创造纸币来提供这种刺激,而只讨论这样的作家,他们认为可以通过输入硬币和金银来润滑工商业的齿轮。如果读者注意到这种思想多么流行,注意到普通人也总是有这种思想,他就会预料到这种思想实际上是普遍存在的,以致它常常暗含在人们的话里,而不明白说出来。妨碍这种思想取得绝对支配地位的唯一因素是,输入金银有贮藏财宝的一面,即有人认为,应把输入的金银窖藏起来以备战时的需要。不过，马利内和米塞尔登这两位对手，都可以作为这种“润滑论点”的例子来引证。两人都认为这种刺激与物价上涨有关。马利内的幽灵——在被几乎所有人咒骂了三个世纪之后——博得了凯恩斯的喝彩（《就业、利息和货币通论》，第345页），因为马利内懂得“廉价谬误”和“过度竞争”的危险，并把销售额的增加与物价上涨而不是物价下跌联系了起来。但是，正如我们已经看到的，其他作家并不强调这种刺激与物价上涨的关系；他们或者是以疑虑的心情看待物价上涨，或者认为输入金银会刺激贸易，而不会抬高物价。在后面的一个脚注中我们将说明，持有后一种观点并不愚蠢。

蔡尔德、孟和另外一些人说，国外投资在短期内是不可避免的——即使他们这样说是出自不纯的动机，那又有什么关系呢？——但是，在詹姆斯·斯图尔特爵士以前，关于长期海外投资的论点，我举不出例证，而且，维纳教授也举不出来（前引书，第16页）。

就这些论点而言，几乎没有什么严重的错误可以记载。考虑到它们所适用的模式，它们都或多或少地能在逻辑上为自己辩护——在某些方面，要比当今的类似论点更能在逻辑上为自己辩护。而且，也不应过于严厉地看待它们的某些缺点。例如，那些作家大都确实似乎不知道，他们的论点的正确程度，至少是那些纯粹的经济论点的正确程度，取决于生产性资料未被充分利用或未被充分开发的状况。①不过反过来也可以责难十九世纪他们的批评者和继承者，在某种程度上甚至可以责难马歇尔本人。②最后我们将看

① 不过，阿瑟·扬在《英帝国现状政治论文集》（1772年）的第533页明确地提到了“失业的穷人和未购买的商品”。这个资料我是从维纳教授那里得来的（前引书，第54页）。

② 马歇尔和庇古的确放宽了传统自由贸易学说的“绝对主义”，特别是在他们辩论约瑟夫·张伯伦的关税改革建议的时候。但是，他们没有向别人充分说明，他们自己

到，许多必要的限制条件和许多相互补充而不是相互对立的反论点，不是由少数孤立的“异教徒”，而是由“重商主义”作家自己提出来的。

但是也没有很多分析上的功绩可以记载。无论是正确的论点还是错误的论点，重商主义作家在大多数情况下都是借助于常识的力量提出自己的论点。一般人总是把这些论点看作是理所当然的事，而那个时代的经济学家也和一般人一起相信这些论点。他们试图对他们那个时代的实践加以合理的说明；一方面他们试图说出他们的时代和国家的目标和需要是什么；另一方面他们试图使一大堆乱七八糟的实际措施和做法具有某种合乎逻辑的顺序。但是他们并没有透过问题的表面进行深入的研究，而只有进行深入的研究，才需要运用分析技术。他们提出论点后，便急忙提出具

可能也没有充分认识到，关于自由贸易的通常命题，只是在常常无法实现的条件下，或只是在高度抽象的水平上才有效。

我们可以利用这个机会简略地谈谈前面提到的另一点。人们一直认为，“重商主义”作家提出了短期观点，而且承认，如果用短期观点来衡量，某些重商主义学说并不十分荒谬(参看维纳：前引书，第111页)。但是，没有“证据证明，重商主义者想让他们的分析和建议只在短期内有效，大量证据证明，他们一般不了解应付暂时情况的可取的……做法……和……持久的政策之间的差别”(同上)。这有点不公平。所暗示的区别是长期分析工作的结果；我们可以很容易地从近代甚至当代的著作中举出不知道这种区别的例子。重商主义作家是为他们所面对的情况而写作的，就像凯恩斯勋爵那样。可以肯定，这不是狭义上的暂时情况——是一个时代的情况，是一连串紧急的情况，对这种情况作长期均衡分析只有纯粹的理论家才感兴趣。但是，纯粹的理论家也没有谈论任何“持久的”政策。他们太注重实际了，以致不相信这种东西，或者不如说他们的头脑里根本就没有这种想法。所以，虽然有几段文字(例如，后面我们将从托马斯·孟的《英国得自对外贸易的财富》中引用的几段话)表明他们当中的一些人在某种程度上知道，他们的论点不适用于长期情况，更不用说适用于长期均衡状况了，但是除了这几段文字外，不管他们自己对方法论有什么看法，我们对他们的论点本身作出判断就够了。

体建议,例如,哪些产业部门最有发展前途而应该予以扶植——就英国来说,他们认为应该扶植渔业、冶铁业、亚麻布业、水道的改进或皇家土地的开发。他们的许多著作只是充满了发展规划——亚伦顿的著作就是个好例子。一般来说,他们所做的和我们的大多数计划人员一样:分析刚开始就停住了。我说大量的重商主义文献处于前科学阶段就是这个意思。从我们的观点看,这要比我们是否喜欢“重商主义”政策和他们的民族主义精神重要得多。大多数作家的推理多么缺少科学性,可以从他们试图分析的地方看得很清楚,而从他们运用贸易差额概念的方式中可以看得更加清楚,敌对的编史工作者正是把这个工具挑选出来作为批判的对象。

〔**(c) 作为分析工具的贸易差额概念。**〕 关于这个概念,首先要说的是,它确实是一种分析工具。与价格或一车货物不同,贸易差额不是具体的东西。它不是一般人所能察觉到的。需要作出一定的分析努力才能看到它,才能察觉到它同其他经济现象的关系,不管这种努力多么微不足道。理论物理学的历史表明,取得这种成就是很艰难的,需要花费的时间比我们所预料的要多得多:有些思想虽然许多世纪以来似乎近在咫尺,而且甚至已有人无意中把它们说了出来,但却谁也没有能够真正充分理解它们。如果我们认识到这种困难,我们就不会再轻视这种成就了。

这个概念本身也很重要。从下面的脚注规定的意义上说,①

① 我想,读者是熟悉我们用这个词(收支差额)所指的那种财务报表的,并能适当地将其与债务差额区别开来。不过,关于这种报表有一点需要说一说。这种报表可以根据通常的簿记原理编制。在这种情况下,正像运用簿记方法那样,记入资产负债表的每个项目,都有与其相抵消的另一项目。这种资产负债表总是保持“平衡”,这不仅

收支差额是诊断一个国家的经济状况的重要依据，也是经济过程中的一个重要因素。在十七和十八世纪，商品和劳务的贸易差额是收支差额的最重要的组成部分，因而它具有后者的一切重要性。它的困难在于：作为一般经济分析工具，它本身不起作用，原因是，如果我们只知道进出口数字(往往包括劳务数字)，我们不能根据这些数字推论出任何东西。例如，贸易“逆差”既可能是财富增加的征兆，但也可能是财富减少的征兆；贸易“顺差”既可能意味着繁荣和就业，但也可能带来相反的结果。只有同其他资料结合起来，贸易差额才具有征兆意义和因果意义。这点也许应该受到以下限制，即人们应该承认，即使就其本身来说，现时借贷净差额——有时候可以粗略地用现时贸易净差额来表示——也是一个国家货币

是必要的，而且是重复的，但是，倘若我们只是使贷方项目的总额与借方项目的总数相遇，则我们必须以某种方式使这两个总额最终相等，如果必要的话，把差额转入下期或者延后。在这个意义上，平衡仍然是必要的，虽然不再是重复的。然而，还有第三种意义上的平衡，即贷方和借方不是在前两种意义上的平衡，而是由一种力量导致它们平衡，如果它们不平衡，这种力量就会自动起作用——因此，(只是在第三种意义上)我们仍然可以说，它们将“必然”保持平衡。设有A、B两国，为了简便起见，假设它们都采用完全自由的金本位制，除了商品交易外，没有其他交易。设两国的家庭与企业可以互相订购商品，在特定的时候，达到不同数额。但是，在没有信贷安排的情况下，根据订单交货付款时，差额必须用硬币结清，金属货币的这种流动将(或者最终将，如果没有绝对的障碍，价格具有弹性的话)影响价格和收入(不考虑其他影响)——价格和收入的这种变动又会影响订货，从而影响商品流量——以致使借贷项目“自动”相等，并使黄金的分配足以维持由此而产生的价格。这个简单图式就是我们所谓的“自动机制”，正如我们已经看到的，该图式已经——至少部分地——被马利内描述过了，我们将用它来作为我们探讨部分“重商主义文献”的指路明灯。如果我们对它的力量有足够的信心——尽管那些亲眼目睹世界性萧条的人具有这种信心是不可思议的——我们就不会在意失灵的危险，以致认为，它总是能够确保平衡。于是可以这样说(虽然会引起很大误解)，如果我们把黄金的均衡流动包括在内，则收支差额“必然”平衡。注意，在正文里收支差额这个词应理解为不包括这个(或任何其他)平衡项目，因而借贷双方不一定平衡。

活动中的重要因素，因而是货币当局作决策时所考虑的重要因素。但是，广义地说，只凭贸易差额来推理和采取行动，除了偶然巧合，是不可能正确的。这些考虑特别有助于我们评价“重商主义”作家的贡献和错误。可是，要记住，我们现在关心的不是某一经济学说的基础，而是运用分析工具的问题。

〔**(d) 塞拉、马利内、米塞尔登、孟。**〕 这一分析工具具有悠久的史前史，对此我们不必深入探讨。① 清楚地了解这个工具，而且首先充分地、基本上正确地使用这一工具的功绩应归于安东尼奥·塞拉。② 这不仅仅是因为他适当注意到了无形项目，在这点上，他似乎抢在了他那个世纪所有作家面前；也不仅仅是因为他充分认识到了外汇管制政策的性质；也不像通常人们所说的那样仅仅是因为他驳斥了重金主义的汇兑学说；也不仅仅是因为他（像拉菲马

① 十六世纪中叶使用它的一个例子见本节开头的脚注。甚至可以举出比这早得多的例子。例如，1381 年，一位名叫理查德·艾尔斯伯里的官员认为，如果规定进入英国的“外国商品”不得“超过从英国输出的本地商品的价值”，那么就不会从英国流出货币。他也赞成禁止输出硬币（和输入成色不足的外国货币）的政策，并建议向罗马支付实物而不是货币，从而表明他懂得收支差额中无形项目的重要性——在 1919 年和以后若干年，在德国支付赔款问题上，人们在某种程度上采纳了同样的建议。所有这些完全和十六世纪的观点相符合（而与 M. 比尔在《英国早期经济学》中提到的观点相对立）。引文出处：《铸币厂官员对英国货币状况的看法》，见布兰德·布朗和托尼：《英国经济史、文献荟萃》第 220 页及以下各页。这是一本非常有用的资料汇编，建议细读这本书不算过分。

② 《简论可以使无金银矿藏的国家获得大量金银的方法以及这种方法在那不勒斯王国的应用》（1613 年）。从我的评论中将可以看出，这个书名多少会使人产生误解。他把注意力集中在驳斥德·桑蒂斯的外汇管制观点上，这一范围狭窄的争论，多少损害了对我所认为的他的基本思想的阐述（见上面第 3 节第 512 页脚注②）。而且，如果我们以当代的观点来评价他，他在论战中也走得太远了（关于塞拉，参看上面第三章第 5 节）。

斯在他之前已经做的那样)阐明了禁止金银出口的观点,在英国,那个世纪快结束时,这个观点将变得很普遍,至少在第一流作家当中;① 也不仅仅是因为在讨论用贬值方法来制止金银外流的提议时,他在某种程度上引入了数量说——固然,所有这些都是重要的贡献。我们也不应太看重以下事实,即虽然他不是第一个理解金银移动和贸易差额(或收支差额)之间关系的人,但他却第一个详尽论述了这种关系。因为,虽然这确实把分析向前推进了一步,但它本身只不过意味着塞拉观察得相当清楚而已,况且,从这种观察中既可能引出正确的推论,也可能引出错误的,或者至少是不适当的推论。真正重要之点不在于他用贸易差额的状况解释了那不勒斯王国金银的外流,而在于他没有到此而止步,而是进一步用这个国家的经济状况来解释金银外流和贸易差额。实际上,他的整部著作论述的是商品丰裕所依赖的要素——自然资源、人口素质、工业和贸易的发展以及政府的效率——其含意是,如果整个经济过程运行良好,则贸易差额会自行调整,不需要任何具体措施。在这种图式里,货币现象是结果而不是原因,是征兆性的,本身并不重要。② 塞拉还(在第一编第十章讨论威尼斯的情况时)触及到了这样的命题,即繁荣的国家——也就是经济活动没有分崩离析的国家——能够获得它所需要的所有金银币。③ 虽然他并没有提出这

① 为了某些经济史学家,最好应该加上一句,塞拉不是东印度公司的董事,而是一个可怜的家伙,他的论文是在那不勒斯的一座监狱里写出来的。

② 塞拉的《简论》第一编第一章开头几句话不能引证来反对这个陈述,因为这几句话完全是迫于当时的形势而写的,是写给财政总长看的,财政总长那时正在为外汇的状况和货币外流担忧。我认为,不管是谁,只要他把塞拉的书整个看一遍,都不会不同意这种看法的。

③ "重商主义"文献的缺点之一是,它们从未——甚至在顶峰时期,如配第等人

一命题，但这已经离休谟不是很远了。

人们之所以一直没有充分认识到这一点，是由于以下两个原因。首先，塞拉没有作明确的表述，而且没有直接的后继者来发展他的分析。其次，不论是善意的还是敌对的批评者，他们的视线都被“重商主义”口号弄模糊了，他们不愿意仔细想一想，一个人的保护主义在他的思想图式中究竟起什么样的作用，贸易差额在什么意义上对他似乎重要——从经济分析的观点来看，这些问题要比此人究竟离自由贸易有多远这样的问题有意义得多。

在英国，马利内和米塞尔登之间发生了类似于德·桑蒂斯和塞拉之间的论战。前面我们已从马利内这方面简略地谈到了这场论战。爱德华·米塞尔登(约 1608—1654 年)① 的地位低于塞拉。并非他没有提出这样的命题，即：归根到底，要用“商品的丰裕或稀缺”来解释金银的输出或输入，因此，不能指责他完全没有领会这点。② 如果我们一方面充分考虑到阐述的不当；另一方面考虑到从近代理论的观点来看，对他有利的那些论点，那么我们也不可能像

——超越所需要的货币数量这个观念，货币过量或不足都是不利的。塞拉甚至未达到这点，只是谈到“充裕”。

① 起初，这场论战只不过是鼓吹不同货币政策的人之间的争论，即家庭成员之间的争吵，因为米塞尔登在他发表的第一篇著作《自由贸易：或使贸易繁荣的方法》(1622 年)中阐明的观点，与德·桑蒂斯的观点并没有根本不同的地方(正如前面指出的，当时自由贸易的含义与这个名词在十八世纪获得的意义几乎没有任何关系)。米塞尔登只是要求废除某些垄断限制，特别是大公司实施的垄断限制，包括他本人当时参加的“冒险商公司”实施的垄断限制。但是他在 1623 年发表了攻击马利内的著作，题为《商业界；或贸易差额》(1623 年)。在这部著作中，他不仅使用了贸易差额这个名词，而且把这个概念放在他的论点的中心位置。关于米塞尔登，特别参看 F. A. 约翰逊：《亚当·斯密的先驱者》(1937 年)。

② 然而，读者会回忆上面替马利内说的话。因此，像对待塞拉那样，对米塞尔登的称赞也要适度，因为他完全忽略了他的对手的论点中的真理因素。

历来的批评者那样,轻易地指责他作了错误的推理。不过,毫无疑问,他比塞拉更接近那些在孟的著作里赫然在目的明显错误。[①]这些错误之所以在孟的著作里特别显眼,也许只是由于孟对重商主义作了更加充分的阐述。

孟的书一般被看作是英国“重商主义”的经典著作。享有这种突出地位是不适当的,但并非完全不配。实际上,我们已经有好几次不得不提到此书。各种各样的问题——从渔业到禁运金银——在该书宏大的结构中得到了合理的论述(尽管缺乏特别的深度和创见),联系的线索用约翰逊教授的恰当术语来说,可以称之为对“产生生产能力”的关心。[②] 然而,这方面的问题前面已经论述过了,特别是保护主义的论点。只是为了避免误解,我要再次强调,孟有关实际问题的论点,其背后的经济学虽然有点粗浅,但实质上还是正确的——这种说法,恕我再次重复,跟赞成或不赞成帝国主义的目标或者任何其他“最终观点”无关。[③] 事实上,那些论点很少受将要提到的分析错误的影响。我们知道,甚至特别强调贸易

① 托马斯·孟爵士(1571—1641 年)是一位著名的商人——现代批评者从不会忘记强调的是,他特别是东印度公司的董事——由于他的能力和品德,他的威望远远超出了商业界,如果本书感兴趣的只是学说和政策本身,那我们应该给予他很高的评价。应该特别提到的是他的《论英国与东印度的贸易……》(1621 年,该书对有关东印度公司的争论来说是一部重要著作,1930 年由法西迈尔·特克斯特协会重印)和正文里提到的那本书:《英国得自对外贸易的财富:或者我国对外贸易的差额是衡量我国财富多寡的尺度》,这是一本不很系统的论文集,大约写于 1630 年,死后由他的儿子约翰·孟于 1664 年出版,有几种版本,其中之一收入阿什利的《经济学经典著作》(1895 年)。

② E. A. J. 约翰逊:《近代经济世界的若干发源地》(1936 年),第 98 页。

③ 也许应该说明一下为什么我要明显违背第一编里交待的写作宗旨,经常提到政策建议。我在后面将使这种情况愈来愈少。但是,就“重商主义”作家讲,我们只有讨论他们的建议和“实践”论点,才有可能探讨他们的理论知识萌芽。

出超,其本身也并非不能加以辩护。最后,不仅那些错误的命题可以消除掉,而且在大多数情况下,特别是就孟来说,错误的命题是与对它们加以限制、有时候甚至与之相抵触的其他命题联系在一起的。就孟来说,有两个非常重要的例证:他认识到偶然输出金银的必要性,[①]并且认识到——有些批评者似乎未注意到这点——这样一个事实,即坚持出超的政策,由于最终将引起国内物价上涨,这种政策必然归于失败。[②]

所有有关的错误都集中在仅仅一个命题上,不过,这个命题可以在三个不同的层次上加以表述:(1)出超或入超是衡量一个国家从国际贸易中获得的利益或遭到的损失的尺度;(2)出超或入超是国际贸易中利益或损失之所在;(3)出超或入超是整个国家获益或受损的唯一根源。

这三种表述我们都可以见到,但没有一个站得住脚。未受过训练的人不容易认识到,用某一数量衡量另一不能直接衡量的数量是荒谬的,因此,我们难以找到命题(1)的明确例子。我之所以

① 当然,批评者可以反驳说,他只不过是想为东印度公司输出白银作辩护。然而,更为中肯的说法是,他有关输出白银的论点——其依据事实上是重新输出从印度进口的商品和其他一些具有逆转倾向的因素或比逆转更厉害的因素——只不过是一个并不损害原理正确性的限制条件。我们也知道,拉菲马斯和塞拉在孟之前,就已取得了该论点所包含的分析上的进步。

② 因而,孟为了自己的目的尽量多地利用了数量理论,鉴于这一事实并鉴于前面我联系马利内的著作说的话,我对以下指控已没有更多的话要说,这一指控是:英国“重商主义”作家作为一个派别,除博丹外,尚未发现数量现论。指出以下一点也很有意思,即和十九世纪一些总觉得自己比“重商主义者”高明的经济学家不同,重商主义者意识到了时间间隔的重要性,即在一段时间内,流通手段的增加会刺激商业活动而并不抬高物价。霍奇斯的《英国现状》(1697 年)一文中对这点有明白的陈述,但在其他方面这篇论文却没有什么可称赞的。这个论点在这篇论文中到处可见。

举出这个表述,只是因为它提供了一个变通的解释,在有些确实像命题(2)的情况下是道理的。我们可以引证福尔特雷和科克[①]的话来说明。第二种表述——当然,我们不要认为每个关于出超的实际的或想象的利益的命题都属于这种表述——在重要作家的著作里不那么容易找到。不过,米塞尔登和孟两人似乎可以算在这些作家里面——如果我们对措词最不适当的某一段落作表面理解,甚至配第也可以算在内。至于小人物的那些言论,如一切输出都是收益,一切输入都是损失,它们与十九世纪,甚至十九世纪以后美国支持贸易保护主义的参议员的言论几乎一样。第三种表述最糟。因为没有一个公正的人愿意轻易地把这种毫无道理的话归在任何表现出具有推理能力的作家头上,同时因为不适当的理论表述很容易使它和下面无害的主张搅在一起,即对于十七世纪的英国来说,扩大对外贸易是通向伟大的一条重要途径(在崇尚绮丽

① 萨缪尔·福尔特雷是个一文不值的作家,但却由于出版了题为《英国的利益和改进……》(1663 年)的小册子引起了人们的极大注意。他在这本小册子里公布了(完全假造的)英国和法国的贸易数字,根据该项数字,英国向法国的出口额为一百万镑,进口额为二百六十万镑。他认为英国的"损失"为一百六十万镑。我认为这可以作为命题(1)的相当好的例子——假如可以把任何明晰的思想归于这位作家的话。但是,我们还将提到的一位完全属于另一等量级的作家,即罗杰·科克(对我们来说,他们最重要的著作是 1670 年发表的《论贸易……》和 1675 年发表的《英国的改进……》)冷不防也被福尔特雷的数字吓住了,以致也作了同样的表述,即:"只要进口物品的价值超过出口物品的价值,超出额便是损失。"当然,不要以为只要出现"损失"和"收益"这两个词,就一定犯有上述错误。因为,第一,这两个词的含义有时只不过像我们说英格兰银行"损失了黄金"那样。当"收益"和"损失"明确指"财富"时,情况尤其是这样,因为"财富"这个词即使不总是也常常仅仅是指黄金和白银。第二,不要忘记,虽然我们的命题不是普遍正确,但在特殊情况和特别意义下,它却是正确的,或者包含的错误不很严重。在这方面,特别重要的是要记住:同后继者相比,"重商主义"作家的头脑里确实有更多的特殊情况。

体、极端夸张体和比喻体的时代，纯粹修辞上的夸大远比今天普遍），所以这就很容易使人否认存在着令人信服的实例。不能这样做的原因，与其说在于这样的事实，即有些实例不容作宽大的解释，还不如说在于这样的事实，即重商主义者所作的分析努力，假如取得成功的话，本来是可以使第三种表述与另外两种表述一起成立的。

最常见的是用类推的方法进行分析。提倡这种方法的最有影响的人是孟，虽然他不是第一个提倡者（卡里也采用了这种方法）。假如某人将他每年收入的一部分放入他的钱柜（我们必须补充一句，假如别人不这样做的话），那他就会一年比一年富；假如一个国家获得出超，并由此得到金银，那它就在做同样的事；因而出超额是多少，国家的财富也就增加多少。我们可以选择一个稍微不同的类推方法来消除上述推理中最易受到攻击的部分。让我们把某一国家看作是一个商业机构。一家私人企业是变富了还是变穷了，我们可以根据它的资产负债表中损益项目的数字来判断。进而假设收支差额对于这个国家的意义就如同资产负债表对于该私人企业的意义，因而收支差额的净额便相当于资产负债表的损益项目。如果收支差额仅仅由贸易差额构成，那么这个国家在某一年是富还是穷，就取决于它在这一年的出超额或入超额。有两点明显：第一，这个论点无论如何说不通；第二，如果人们相信这一论点的话，那么就会很自然地产生上面三种表述，而不仅仅是头两种表述。①

① 至少被一位批评者忽略的以下这个事实应该引起我们注意，即“为了国内消

在没有特殊动机的情况下，如没有提出货币可以在经济过程中起刺激作用的论点，即使没有明确表述出来，只要重商主义者强调顺差，我们就应该怀疑有这样的混淆。不过，另一条推理路线也可以得出头两种表述，而且甚至会使作者与第三种表述发生关系。有几个地位很高的作家如科克和配第①就采用了这条推理路线，但很显然，洛克使它得到了最大的发展。②如果我们把国家的利益定义为一个国家在世界实际财富总额中所占相对份额的增加，如果我们假设所有国家都使用一种自由的银本位制，白银存量几乎不变，那么这个国家在世界财富总额中所占的相对份额就将取决于或表示为该国在白银现存总量中所占的相对份额。"财富并不在于保有更多的金银，而在于比世界其他国家保有更多的份额"，这就是为什么通过贸易顺差获得的一定数量的白银比新开采出来的同一数量的白银更能增加一个国家的财富的道理。不管开采白银的可能性如何，我们甚至可以说，贸易顺差是增加一国在世界财富总额中所占份额的唯一手段；或者对任何国家来说，是增加"相对财富"的唯一可能的源泉。这一命题并不比我们今天讲授的许多命题更糟。像洛克这样出类拔萃的人竟然也相信这个论点，这

费而购买的东西并不增加一个国家的财富"这句话并不必然包含表述(3)。因为它的意思可能只是：如果A从他的本国同胞B那里购买一些商品为自己消费，那么在该国的中央会计机构里，这笔贷款就会记入A的借方，B的贷方；可是，如果B把商品售给外国人C，那么，虽然B仍然是贷方，但是却没有相应的借方——这件平凡的事虽然可能招致错误，但其本身并不包含错误。

① 不过，我认为配第(《献给英明人士》第十章)的看法并没有特别需要加以反驳的地方。

② 《论降低利息和提高货币价值的后果》(1692年)，见上面第六章第二节。他也使用了刚刚讨论过的类推方法。

突出地说明了人类的思维方法。既然如此，科尔贝尔[①]醉心于这个论点也就不足为奇了。

〔**(e) 三个错误的命题。**〕 接下去讨论以前，有必要简略地谈一下三个不太重要的论点。第一，如果刚才提出的论点可以接受的话，那么它便为这样一种思想提供了依据，即一个国家的收益是另一个国家的损失。其实，从前一论点可以很容易地得出这种思想。然而，尽管我们需要为当时流行的而且任何时代都可以见到的这种思想寻找依据，但是我们并不一定要假设那一论点就是这种思想的依据。如果我们没有忘记当时的一切经济推理尚处于原始状态，则我们也许更有理由把这种思想和个人经济学领域里与之相对应的思想联系起来，即每次交换中一方的收益即对方的损失。从亚里士多德以后，哲学家力图更清楚地表达这种思想，他们给应该禁止的收益下了更精确的定义，认为应该禁止的是超过公平价格的剩余。可是，不管给收益下什么样的定义，人们像现在一样，总觉得商人得以致富的收益是从人们那里骗来的或剥削来的。在各式各样的顾问行政官的著作里，有大量证据表明，他们最初都或多或少地赞成这种观点，后来才逐渐放弃了它。像蒙特克里因那样明确赞成这种观点的人是极少数，他把它作为公理来表述(赫克谢尔：前引书第2卷，第26页)；像巴贲那样对这种观点不屑一顾的人也是极少数：在这两个极端之间有大量的文献。流行经济思想中的一个最古老的因素的这种慢慢解体，是有关十七世纪分析史的应该记住的最重要的一点。

① 参看赫克谢尔：前引书，第2卷，第27页。

如果我们一方面坚持“一方之收益即另一方之损失”这个原理;另一方面按照当时的习惯用个人之间的贸易来类推国家之间的贸易,那么我们马上就会为一个国家的收益必然是另一个国家的损失这一信念找到另一个错误的依据。

第二,另一个错误的命题由此立即会得到一种可能的解释。在贸易差额论点的许多变种的背后,恐怕就隐藏着这一命题。如果我们把收益即别人的损失,和商人的利润等同起来,那么在一国的所有企业和家庭的总资产负债表中,除了得自对外贸易的收益以外,所有收益将互相抵消。得自对外贸易的收益之所以不会抵消,是因为外国人的损失未出现在该国的总资产负债表内。如果我们进一步轻率地假设这些收益相加便是贸易出超,那么我们就会荒谬透顶地断言后者就是一个国家的净——也就是无补偿的——私人利润的总和。

但是,我并不想把这个错误记在任何一个经得起讨论的“重商主义”作家的账上,即使他们当中有些人确实近乎说过或者暗示过上述命题。我们的理由是,顾问行政官最初所写的著作——不管他们是怎么想的——并未涉及私人利润。即使他们谈到国际贸易时使用了“利润”这个词,他们指的也是国家利益。而且这种国家利益与利润不是一码事。当时他们并不认为,基于谋利动机的个人行为必然会或者通常会促进社会利益或国家利益。这种自由放任的命题最初是与他们的思想图式格格不入的。虽然他们也利用经济行为依赖于利润这个原理——比如,他们提出的一些建议,主要目的就在于影响利润预期——但是,他们不仅认为谋利动机有可能与公共利益相冲突,而且甚至认为冲突是正常的,而利益一致则是例外。这就是为什么他们当中的大多数人认为政府管制是理所当然的，因而只讨论管制的目的和方法。固然，他们渐渐产生了不同的观点——我们马上就会看到，他们的成就之一就在于此。但是从根本上说，他们是计划者，开展计划工作正是为了避免他们所认为的未受到管制的企业对国家的不利影响，而不考虑这种企业给个人带来多大利益。当他们建议禁止经由威尼斯进口葡萄干时，他们根本没有考虑这样做可能给利润带来的损失。在这种情况下，我们便没有必要把那一分析上的失误归咎于他们。

第三，直到现在我们还未谈到那一有名的“财富与货币的混淆”。前面提到的分析上的错误，没有一个相当于或者暗含有这种混淆。而且，就我所知，在“重商主义”作家那里找不到这样的命题，要解释这些命题——不管它们多么错误——必须假定“重商主义”作家把财富与货币或金银“财宝”看作是同一东西，或者假定他们把货币同货币可以购买的东西混淆在一起。因此我们没有理由在这个毫无趣味的问题上浪费篇幅。不过，读者可能感到有必要评论一下这个问题，因为这个问题自从亚当·斯密不恰当地批评“商业主义或重商主义”[①]从而树立了坏榜样以来在经济学编史工作中已成了标准的论题。

早在1549年，一位匿名的作者[②]力图“说明采取什么样的方

① 《国富论》第四编第一章。亚当·斯密的批评可以受到更加严厉的指控。他显然意识到他的指责是站不住脚的，因而严格地说，他并没有明确地提出那一指责，而是采取暗示的方式，使读者不得不得到那种印象，事实上，这种印象已很普遍。假如不包括可以称作后重商主义者或新重商主义者的那些作家，尤其是德国的作家，则我们可以说最先对亚当·斯密的指责予以反击的是W.坎宁安的文章，题为《亚当·斯密和重商主义》（载于《国家学说杂志》，1884年）。

② 我们已在前面提到他了。《使……的政策》，见《都铎王朝经济文献》，第三卷，第313页。

法和政策才能使英国成为繁荣兴旺的国家”时,就感到有必要为这种繁荣兴旺的国家下个定义。据他判断,繁荣兴旺的国家“主要表现在强大得足以抵抗敌人的侵略〔首先是这点,这从另一观点看很有意思。熊彼特〕,不受内战的折磨,人民很富裕〔着重号是作者加的〕,没有饥荒,粮食也不匮乏”。最后几个词显然是想说明“富裕”这个词。然而,他想用出超来输入金银。十七世纪的作家如塞拉、米塞尔登、孟(“财富就是占有文明生活所需要的那些东西”)、蔡尔德(“许多工具和物资”)、卡里、科克、亚伦顿,当然还有巴贲、达文南特和配第,更不用说鼓吹发行纸币和建立银行的人了,他们都可以引证来支持以下论点,即:不管他们有什么样的缺点,无论他们多么强调增加“财宝”的重要性,他们对财富所下的定义——无论是明确的还是暗含的——却同我们今天所下的定义一样。由帕皮隆[①]署名的一篇论文里有这样一段最有权威的话:“固然衡量资本或财富的尺度通常是货币,但与其说这一尺度真的存在,还不如说它存在于人们的想象中。我们可以说一个人拥有一万英镑的财产,尽管他手头上可能连一百英镑都没有;如果他是个农民,他的财产便是土地、谷物或牲畜和农具……。”

---

① 托马斯·帕皮隆:《东印度贸易是给这个王国带来最大利益的贸易》(1677年),转引自赫克谢尔:前引书,第2卷,第191页。我没有读过此书。维纳教授(前引书,第17—18页)引用了一系列作家的话来证明他的论点,即“货币数量和财富、富裕、繁荣、收益、利润、贫穷及损失的程度之间”实际上存在混淆。为了公平对待维纳教授引证的作家和维纳教授本人,必须指出,维纳教授的目标瞄得不那么准。不过,应该指出,读者可以很容易看清,没有一条引文可以证明作者把财富与货币或金银弄混淆了(或者把两者看作是同一东西),尽管有些引文使人觉得作者犯了其他错误,例如我们在正文中列举的那三种表述中含有的错误。

然而，财富就是货币这种说法确实经常出现。① 有时我们可以把它们看作是一种表达方式而不管它们。不是么，米莱斯甚至说，“货币是光束，外汇是光线，而金银是太阳，”（这段话是塞利格曼在他的《重金主义者》一文里引述的）。我们是否由此可以推论他认为金银和太阳是同一事物？在另外一些情况下，我们必须记住，虽然我们在谈论分析或分析上的努力，但我们谈论的却是早期的分析，其分析方法和一般人的思想方法差别极少，在较低的水平上，甚至没有什么差别。虽然英国海军已把财宝的守护神赶跑了，但在一般人的头脑深处仍保留着对窖藏金银的崇拜。事情就是这样。

〔5. 自十七世纪最后二十五年起分析工作的进展：从乔赛亚·蔡尔德到亚当·斯密〕

现在让我们回到主要道路上来，我们已经知道，这条道路在十七世纪下半叶，特别是最后二十五年急剧上升。关于“重商主义”

① 希望举出实例的读者可以在赫克谢尔的书（前引书，第二卷，第186页及以下各页）中找到收集到的若干例子，其中甚至包括博丹。特别令人感兴趣的是他对前面引证的《虚弱的英国》（1680年）一书的讨论，因为此书作者的情况不同于一般；在一般情况下，财富就是货币这种说法只是偶尔出现，去掉这种说法，论点也丝毫不会改变。而此书作者却一再坚持说，财富不是货物，只是财宝；贫穷只是缺乏财宝。然而，即使如此，仍有必要指出：（a）去掉这种说法，他的论点或他的某些论点仍然讲得通；（b）这本书较为粗劣，未达到孟或蔡尔德的水平；（c）虽然我尊重赫克谢尔教授的权威性意见，但是，从我自己对“重商主义”文献的体会来说，我不能认为该书具有“完全的典型性”（的确，赫克谢尔教授对此也加上了“在大部分重商主义文献中”这一限定语，因而他指的是我不应该否认的东西。）；（d）必须考虑到流行的思想往往会使人产生怪念头——对于这一论点，过去十年的经济文献提供了充足的证据。

独具风格的分析工作,请记住前面谈到的那几十年的情况,现在我们要加上尚待说明的另外一方面的情况。本节即将考察的分析工作要比前几十年的分析工作重要得多,主要是对后者的批评性修正——这种修正是重商主义作家的主要分析成果。依我看,起带头作用的功绩似乎应归于蔡尔德。[①] 至于其他人,只需提到巴贲、卡里、科克、达文南特、配第,波勒克斯芬[②]和亚伦顿就够了。在这个名单上还有一位,我预料有些读者会感到吃惊,那就是诺思——一个自由贸易论者![③] 以下是需要注意的要点。

第一,蔡尔德——和同时代的其他人,但主要是他以后的那些人(波勒克斯芬就是主要的例子)——从他的货币理论中得出了这样的结论,即货币同"酒、油、烟草、布匹或毛织品"一样也是一种商品,因而同其他商品一样,输出货币常常对国家有利。[④] 这一命题

① 乔赛亚·蔡尔德爵士(1630—1699 年)是一个没有计划的作家,他就许许多多题目写作,因而很容易失却其总的含意。事实上,其总的含意已经失掉了。他是一个著名的商人,非常富有,这就注定他是经济学家。他比其他人更被认为是"一个诡辩者",他的观点作为"当时商业生活和舆论的证据"也许是令人感兴趣的,但是在科学经济学的历史上却没有他的地位。最典型的这种评价见《社会科学百科全书》中"蔡尔德"词条。其实,该词条的作者亨利·希格斯本来应该具有更深刻的见解。

② 约翰·波勒克斯芬:《论贸易、硬币和货币信用以及获得和保持财富的方法》(1697 年),《英国和东印度在制造业方面的不协调》(也是 1697 年)。其他人写的与此有关的著作前面已经提到了。

③ 达德利·诺思爵士(1641—1691 年):《论贸易》(1691 年),由 J. H. 霍兰德编辑出版(1907 年)。需要指出的是,他非常敏锐地意识到了分析的结果和"毫无价值的一般想法"(序言)之间的区别。但是,他是个商人,后来当了文官,而不是教授。

④ 不要把这一论点同前面提到的表面上与此相类似的孟的论点相混淆。蔡尔德的命题不仅走得更远,而且具有完全不同的含意。与孟不同,蔡尔德提出这一命题完全是由于他认为输出货币最终会导致输入更多的货币。另一方面,我们还必须防备以下一种万能的误解:人们可能根据这段话认为蔡尔德预见到了李嘉图提出的黄金移动原理,即如果黄金相对地说是最廉价的商品,它就将外流。但是,蔡尔德并没有想到输出黄金或白银的商业利益,他只是指出,如果输出金银,国家利益并不会蒙受损失。(关于蔡尔德的货币理论,参看上面第六章第 2b 节和第 7a 节。)

如果得到适当发挥,便可以驳倒所有把贸易差额本身放在第一位的论点。可是,蔡尔德没有继续向前探讨,据我所知,这个任务留给了巴贲去完成。不过,他使得这种发展成为必然趋势。同样,他还导致人们根据他的命题引出了两个推论,但他自己没有把它们表述出来。第一个推论是,如果输出金银毋须担忧的话,那么输入金银(增加货币供应量)也不值得高兴。这个推论也是由巴贲提出来的。第二个推论是,输入金银并不比输入原料更多地增加国家财富,也许甚至还不如输入原料(但是,要注意,这种说法并非在任何意义上都毫无问题)。这个推论是由卡里(1696 年)提出来的,虽然稍微晚了一点。以上实例说明的分析过程把前面讨论过的错误也去掉了。这一成就可以说是在十七世纪结束以前取得的。事实上,那些错误与其说是被明确放弃的,还不如说是被不自觉地丢掉的,由此可以说明以下实事,即含有这些错误的说法甚至继续出现在卡里、达文南特、配第和亚伦顿等作家的著作里,并出现在诸如哈里斯这样的近代作家的著作里,尽管他们实质上已完全摆脱了这些错误。① 在我们提到的较低水平上,所有错误都一直存在

① 有意思的是指出:“重商主义”作家后来充分注意到了过分强调货币的危险,以致他们自己提出了识别财富和货币的口号。例如,在一本认为是达文南特写的小册子里,波勒克斯芬由于没有把财富和货币分开而受到了抨击,尽管他在《论贸易……》一书中明确地运用货物来给财富下定义,尽管他在《英国和东印度……》一书中谴责东印度公司的进口贸易时所提出的理由仅仅是,该公司进口的是毫无价值的东西,他认为这些进口货物不会再输出到使达文南特(和别人)赞成这种贸易的论点站得住脚的程度,这无论是有益的经济学还是有害的经济学,都与识别财富和货币无关。这个波勒克斯芬还受到了维纳教授(前引书,第 18 页)的责难,因为他说“金银是一个国家唯一的或者是最有用的财富”。但是,为什么波勒克斯芬的话不是以下意思呢,即金银是价值的储存器,金银最适合这一职能,我们可以在十九世纪的大多数讨论货币的教科书中

到"自由主义的"口号代替它们为止——从智力上来讲,在较低的水平上,这类口号并不比那些错误好多少。②

〔**(a) 自动机制概念。**〕 第二,我们已经知道,自动机制概念——人们认为,如果让这一机制发生作用,如果各方面的情况不受到重大干扰,那么从长期看,该机制将使各个国家的货币存量、物价水平、收入和利率等等之间保持均衡关系①——并没有完全

见到这种说法。这种解释完全照顾到了他们原话的意思:当然,就价值的储存器来说,只有金块才能补偿金块的损失。

波勒克斯芬可以作为一个标准的例子,用来说明正文中阐述的观点,因而应该消除他所受到的我认为是不公正的诽谤。我们可以提到另一点,就是他很不幸,惹怒了信奉自由贸易的批评者。他"仍然"坚持认为,平衡贸易对每个国家是有意义的,那些批评者感到欣慰的是,蔡尔德、巴贲、甚至孟最终已放弃了这一观点。但是,正如我们在讨论马利内时已经指出的,假如人们真想对经济实行管制和计划——希望这样做的理由是另一回事——那么,波勒克斯芬的意见,正像他建议对印度输出货币确定一个上限一样,是非常有见识的。因此,没有理由对这种观念或与此相类似的观念的存在感到惊奇:从计划者的观点看,《对贸易的观察与随笔》(1662年)这一匿名著作谴责进口无用的和不需要的商品,是很有道理的,同样,拉尔夫·麦迪逊(《英国人看国内和国外》1640年)认为应该把管制扩大到"每一行业"也是很有道理的。

① 为了说明正文里的陈述,说明我们评价和"排列"重商主义(和其他)作家的基本方法,让我举一个较晚出现的、绝大多数人会认为是典型的重商主义错误作为一个例子。L. A. 穆拉托里在他的《论公共福利》(1749年)一书的第十六章中认为,尽可能少地输出货币和尽可能多地输入货币应是支配经济政策的主要准则。这一结论很快(1751年)就受到了加利亚尼的攻击。参看A. 格拉奇亚尼:《艾米利亚和罗马尼阿地区的作家的经济思想》(1893年)。我现在并不想用"宽大的"解释来掩饰这一错误。假如维纳教授所使用的每个色彩鲜明的形容词只应用于与此相同的情况,那我是不会有什么意见的。但是,我认为要正确理解经济学史,就必须强调这类错误的水平很低(当然,其水平是与年代相对的)。由于穆拉托里在其他领域是一位杰出的人物,因而上述例子也就具有更大的说明价值。甚至作为经济史学家,他也享有很高的声誉。但是,他不知道怎样使用本书讨论的那种分析工具,因而他一涉及必须运用分析工具的题目,便不是废话连篇就是胡说八道。而这种胡说八道在他那个时代已经掌握了分析工具的那些作家的著作中并不具有典型性。如果让穆拉托里有关这类题目的观点占据主要地位,那就会使人看不清事情的真相。

② 关于这种机制,参看有关国际收支的脚注(上面第4节第524页注①)。

超出人们愿意引证的任何一位“重商主义”作家的视野：塞拉对此很了解，米塞尔登和孟懂得一些，马利内几乎完全了解。人们事后回想起来也许认为，取得了上面刚讨论过的分析成果以后，提出成熟的自动机制理论是件很容易的事情，只要把已取得的成果分分类，充实充实，重新加以表述就行了。但是——正如任何科学史所一再表明的：热力学就提供了一个极好的例子——明确表述一种理论是非常困难的，最初的尝试往往是失败的。上面提到的那些作家没有一个获得成功。诺思曾试过，他看到了存在这样一种机制，由于这种机制的作用，每个国家都保有“一定数量”的货币，这些货币刚好保持经济的运行(但是，他没有加上以下限制条件，即在适当的物价水平下，或把物价调整到适当水平以后)。可是，他力图描述这个机制时却完全出了轨。洛克的运气较好。他甚至使用了后来休谟所采用的方法，力图描述如果一个国家的货币存量忽然减少一半，将会发生什么情况。他认识到，这个国家将限制进口，增加出口。然而，他没有得出在我们看来似乎很明显的(或直到二十年以前似乎很明显的)结论。但是，为了正确地反映历史事实，应该认识到，这座堡垒虽然在十八世纪中期以前没有被完全攻克，但最终还是攻了进去，不是从别的方向攻进去的，也不是利用新的进攻方法攻进去的，而是通过“重商主义”作家已经攻破的缺口攻进去的。简要地考察一下随后的发展，可以很容易地说明这一点，同时这种考察不仅将把我们带到《国富论》那里，而且还将超越它把我们带到停付硬币(1797 年“银行限制法”)引起的讨论的门口。

接下来的实质性进展是由杰维斯取得的。① 他加上了一个以前从未明确表述过的命题，即增加“信用”(比如说银行钞票)会增加收入和消费，因而减少出口，增加进口，正如增加货币金属数量那样，从而使这些金属外流，最终将不得不限制信用——这是一个重要的贡献，特别值得称赞的是该命题强调了“收入法”。当然，从这个命题我们可以看出，作者完全理解我们正在讨论的那个基本机制，虽然该命题仅仅表述了该机制的一个特别结果。但是，杰维斯对自动机制的实际叙述虽然优于以前出版的任何著作，却远远

① 我尚未提到西蒙·克莱门特的《论货币、贸易和汇兑……的一般概念》(1695年)，他的贡献受到安吉尔(前引书第21页及以下各页)的高度赞扬。但是在描述输金点机制方面，他却没有什么功绩，虽然人们早在一百多年前就非常了解这种机制了。不过，克莱门特正确描述了如果国内物价不对贬值作出反应，贬值所导致发生的事情的先后顺序：黄金将外流，出口增加，进口减少。虽然他不是理解这一点的第一个人，但就我所知，是他第一个简洁地表述了这一特殊机制，充分意识到了它的重要性。就全书讲，也可以作如此观。如果把这本书和我们所讨论的作家的贡献加在一起，那人们会看得更清楚，“古典”理论中的所有因素，在1700年以前就已经形成了。

艾萨克·杰维斯：《世界贸易体系或理论。论不同种类的价值。论贸易差额。论汇兑。论工业。论公司。该理论表明，信用会带来有害的结果，信用会使国家的贸易失却意义》(1720年)。这本卓越的小书的优点只是由于小错误和文体臃肿而稍稍受到损害(例如，杰维斯主张贵金属按人口分配于各国，但他以相当令人满意的解释来对付明显的反对意见。这本书是被已故的福克斯韦尔教授发现的，他称此书是“政治经济学最早的正式体系之一，表述了一个支持自由贸易的最有力的实践论点”。不过，如果这本34页的小书今后在经济学史上占有地位，则应归功于维纳教授(参看维纳：前引书第79页及以下各页)。

我趁此机会请读者注意维纳教授说“货币分配的自动调节机制”那一节(第74页)，这一节是他那本完美著作的最佳部分，不仅包含的材料比我的说明丰富得多，而且还涉及这样一个题目，即一种理论怎样在斗争中求生存，是有关这个题目的最有趣的论文之一。遗憾的是，在这一节以及他的著作的其他部分，他没有把分析的进步和自由贸易观点的进步区别开来，或者换一种说法，他没有把作家怎样理解经济过程和作家对经济过程有什么看法区别开来。在论述国际贸易的一般理论时，我们将遇到同样的混淆。

不能令人满意。不过，要使它做到这点，只需加进马利内的几段话就够了。可是，接踵而来的射手们越来越接近于射中旧靶的中心。射中靶心的那些人中最杰出的要数坎梯隆和休谟。[①] 休谟的论文招致了某些人的反对。他增加了几个论点，就我们所知，这些是新的论点。他不像十九世纪的一些经济学家，不是无条件地相信自动机制，尽管他没有强调这一机制运行时可能出现摩擦和干扰。以上事实证明了他的功绩。然而，从实质上说，成就是清除了一件件“重商主义”遗产上的错误尘垢，把它们装配成了光滑完整的理论。[②] 这就是全部成就。在这个世纪的其余时间，人们没有再作出任何重要的贡献。在《国富论》里，亚当·斯密并没有超过休谟，反而在休谟以下。事实上，可以这样说，休谟的理论，包括他对物价变动作为调节手段的过分强调，直到本世纪二十年代才受到真正的挑战。

〔熊彼特留言：“请保留本页其余部分”，并用铅笔写下了梅隆、

---

① R.坎梯隆：《商业性质概论》。前面已经提到，该书大约写于并流传于1730年，但到1755年才出版。休谟：《论贸易差额》，见《政治论文集》(1752年)，收入《道德、政治和文学论文集》(1875年版，第1卷，第330页及以下各页)。与其他也可以说射中靶心的作家比较，他的功绩显得更为突出。有两个人可以一提：一个是雅各布·范德林特(《货币可以回答所有问题》，1734年，新版第15页，霍兰德的重印本)，另一个是约瑟夫·哈里斯(《货币和硬币论》，第1卷)，前者在坎梯隆之前，后者至少根据其著作的出版日期(1757年)来判断是在坎梯隆之后。这两位见解正确但肯定不是才气焕发的作者也“获得了成功”，这进一步证实了正文中的论点。

② 凡是懂得一点一般科学史的人，都不会认为我想低估这类成就的重要性。况且，尽管有许许多多前驱者，这种成就“在主观上”也可能是完全独创性的，就像例如门格尔的成就那样(见下面，第4编，第五章，第1节)。所有重要发现都不得不一再重复，最后，十七世纪的作家实际上取得了多大分析上的进展，对这个问题也还有争论的余地。无论如何，安吉尔教授的说法是没有道理的，他说休谟“一举摧毁了贸易差额理论”(前引书第26页)。这只是重复了十九世纪的一个人们所熟悉的错误。

杜托和加利亚尼这三个人名作为提示。〕

〔(b)国际贸易一般理论的基础。〕 关于这群作家的成就,需要提到的还有第三点。正像他们为金银移动的自动机制理论铺平了道路那样,他们也为商品移动的自动机制理论铺平了道路。换言之,他们脱离了科学出现以前的阶段,在这一阶段,保护主义的论点除了错误的理论依据外没有任何理论依据。他们开始为国际贸易的一般理论奠定基础,该理论将在十八世纪的最后几十年和十九世纪的最初几十年形成。从逻辑上来说(而不是从历史上来说),我们可以把这种理论的进展分为两个阶段。

第一阶段是限制和详尽阐述早期的论点。他们察觉到,保护主义措施希图获得的直接的、可见的利益,决不是净利益,或者换一种说法,每一个关于直接利益的命题都有一个反命题,这个反命题涉及的是隐蔽的或者看不见的影响,许多影响是属于成本性质的。这种补充命题隐含在卡里关于进口原料的论点中,隐含在科克关于进口原料和工业品的论点中,隐含在科克和亚伦顿关于廉价和丰裕的论点中,隐含在亚伦顿关于一国可以得利于邻国的繁荣的论点中,隐含在巴贲关于管制和限制总是在某种程度上破坏潜在财富的论点中——虽然这种论点在巴贲以前也经常出现,但我认为,它在巴贲以前从未真正站住脚。无论现在的批评者还是过去的批评者,他们都会说,如果引进这种理论,我们的作家就会否定或在一定程度上放弃自己的"重商主义"观点,或成为"折衷派"。但是,不管从其他观点来看什么是正确的,从我们的观点来看,那些论点和它们所含有的限制条件只是人们愈来愈成功地试图从不止一个方面来看事物的必然结果。

同一类型的大陆作家也取得了类似的成就。荷兰人处于领先地位，使我们感到特别惊奇。格拉斯温尔克和彼得·德·拉·库特[①]是两个突出的例子。

由此，另外一些不那么明显的方面也逐渐显露出来了，虽然是毫无系统地显露出来的。但是，在正在挖掘出来的零散的经济现实当中，有一个具有足够力量的经济现实来协调所有其他经济现实并支撑国际贸易甚或一般贸易的总的理论结构。蔡尔德似乎第一个(1668—1670 年)清楚地意识到了下面这一简单事实所具有的解释意义，即商品往往寻求最有利的市场。用达文南特(此人是在九十年代意识到这一点的)的话来说，在利润预期的刺激下，贸易会自行找到自己的“渠道”；或者换一种说法，利润动机为国际和国内的“不受管制的”商业活动提供了一条受管制的原理，它产生的结果，不管我们喜欢还是不喜欢，都是决定了的，不是杂乱无章的。早在十六世纪或更早的时候，就已出现了含有这种发现甚或在特殊情况下明确提到这个原理的命题。经院学者无疑是非常熟

① 德克·格拉斯温克尔：《粮食法规汇编》(1651 年)，该书第二编对第一编汇集的政府法规所代表的政策作了批判性分析。格拉斯温克尔认为禁止粮食出口(禁止粮食出口在十八世纪实际上成了各国的普遍做法)是有害的，这种观点在 1651 年并不新奇——在《共同福利》那本书里，我们已见到了类似的观点，就是在那时这种观点也不特别新奇。但是，格拉斯温克尔较为敏锐地感觉到了其中所包含的价格机制，特别是较为敏锐地感觉到了用囤积居奇的方法垄断市场的作用。彼得·德·拉·库特在《荷兰的利益……》(1662 年；第二版的标题是：《荷兰和西弗里斯兰的健全的政治基础和准则》，1669 年；英译本的标题是：《政治准则……》，被误认为是约翰·德·威特的著作，1743 年；我只知道后一书)中主要提出了主张工业自由外加温和关税的论点——类似于而且在某些方面优于科克 1670 年和 1675 年的论点——其优点主要在于没有犯推理错误。而两位作家在经济思想史或政策史上也许应该享有很高的地位。不过，至于他们在分析上所作出的贡献，也许只是上面那些。

悉这个原理的。另一方面,在莱昂·瓦尔拉以前,该原理一直没有得到充分发展。但是,重商主义作家帮助把这个原理放到了国际贸易理论的关键位置上。

蔡尔德和达文南特都没有深入研究这个原理。可是,巴贲却对这个机制有相当的理解,至少是以命题的形式把国际商品贸易均衡理论的轮廓勾画出来了——尽管没有加上必要的限制条件——那就是,进口受到限制,出口也将相应地受到限制。在十七世纪的任何一位作家那里,我找不到比这更多的东西,特别是很少见到地域分工的论点。当然,就它的最原始的形式来说,每个作家对它并不陌生。十六世纪时,阿姆斯特朗和海尔斯就认为,出现国际贸易是由于以下事实,即不同的国家生活在不同的环境中,生产不同的商品,其多余部分可以互相交换,对有关各方面都有益处。甚至诺思也和格劳秀斯(1625 年)一样,认为国际贸易就是"多余产品的交换"。毫无疑问,当时人们还认识到了一个更加有趣得多的事实,即这种交换将改变贸易国家的经济组织,这种认识暗含在许多实际建议里,特别是有关英格兰和爱尔兰之间的经济关系的建议里以及达文南特的较为一般的考察(比如,他的《论东印度贸易》,1696 年)中,但是,似乎没有人充分认识到它作为分析起点的重大意义,没有人由此而想到比较成本原理。诺思仅仅是对截至 1691 年的"重商主义"著作的贡献作了不完全的但却卓有成效的总结。

但是,任何其他人都不是彻底的自由贸易论者,只有诺思是彻底的自由贸易论者。对于经济分析史的某些解释者来说,这当然是最重要的事实,因为他们只对自由贸易感兴趣,除了作家与自由贸易的距离外，不知道还有其他批评准则。对他们来说，一方面是“重商主义”错误的黑暗；另一方面是“自由主义”恒久不灭的光明；光明从黑暗中升起，黑暗被彻底驱散了，除了自由主义者真诚地感叹怎么会有人如此愚昧无知外，什么也没有留下。用正反对照的方法来看那个时期的历史是完全错误的。领会这一点对于正确理解经济的演变极其重要，因而我们必须耽搁片刻，弄清是什么样的混淆产生了上述那种观点，尽管这样做也许会重复前面的论述。

即使我们是在研究政治学说史，也必须指出，自由贸易势力不是单纯地在重商主义堡垒外面集合起来向堡垒进攻的——只有乡村保守党分子的情况才是这样，他们当时对大企业和保护主义抱有强烈的敌对态度——这股势力在很大程度上是在重商主义堡垒内部形成的。这想必对马克思主义者很有吸引力，因为正是以前支持保护主义的资产阶级现在给予了英国的自由贸易以坚定的支持。但是，我们在这里考察的分析上的进步，与自由贸易和萌芽时期的自由主义毫不沾边儿。即使没有任何人转到自由贸易和自由主义方面上来，也能出现分析上的进步；即使没有分析进步的帮助，自由贸易和自由主义也能在政治上获得胜利。关于这点，我们只要思考一下，就能彻底弄清楚。比如，上面列举的旧保护主义的论点，没有一个受到后来分析的影响，而在自由主义者手里这种分析却被用来服务于自由贸易政策。这种分析只是证实了“自动机制”的存在。有关这种机制的知识并非与实践无关。当其获得充分发展以后，人们就不会再凭借错误的理由来信奉保护主义或自由贸易。但仅此而已，它并不是我们作决策的指针，而是我们作决策的工具。就像它能够很好地为自由贸易的决策服务和辩护一样,它也可以很好地为保护主义的决策服务和辩护,但它本身没有能力强迫人们作出任何一种决策。

这点很适用于诺思的特殊情况。他的自由贸易观点,与其说是分析的结果,还不如说是由于他对保守党的忠诚。就他的分析而论,为了认识到他也可以没有错误或没有矛盾地得出"重商主义"结论,我们只需假设他采用了上述保护主义论点中的一个论点,或假设他知道一个国家可以利用完善的保护关税制度来获利。因此,在评价他的分析工具时,我们可以认为他的自由贸易信仰,与此无关而不予考虑。但是,如果我们看一看他的分析,就不难认识到:第一,他的分析与巴贲的分析如出一辙,[①]第二,就其余部分讲,他的分析是由非常古老的因素构成的:财富就是能满足欲望的东西;货币是一种商品,它可能太多,也可能太少;禁止货币出口或者采取任何措施来得到充足的货币供应,是毫无意义的;节约法令会妨碍贸易的发展,等等。很明显,与其说他与"重商主义"是正面冲突的关系,还不如说他的分析成果就产生于"重商主义"的分析成果。

〔(c) 朝着较为自由的贸易发展的一般趋势。〕 现在让我们来把各方面的发展情况一直叙述到《国富论》发表的时候。我们可以很方便地把自由贸易政策及自由贸易学说的发展同与这两者有

① 诺思确实超过巴贲的唯一一点是前面已经提到的那个命题(见上面第六章第 7 节),即低利息不是财富增加的原因,而是财富增加的结果。也许还应该提到他的市场供过于求的初步理论。但是,这个理论太原始,不值一提。

联系的分析上的发展严格区别开来。

如果适当考虑到妨碍发展的各种障碍，我认为就可以觉察到有一种朝着较为自由的贸易发展的一般趋势。在英国，这种趋势表现在反对航海条例和其他“重商主义”措施的呼声愈来愈高，表现在1668年成立了贸易委员会。意义更为重大的是，1713年在哈利和圣·约翰的领导下，托利党对重商主义制度发动了攻击，《乌得勒支和约》第八条和第九条特别有利于与法国的贸易。这一攻击以失败而告终。托利党未能使那些条款得到批准，紧接着上台的辉格党政权（先是沃波尔，后来是佩勒姆斯）严格执行了保护主义方针。从布特到诺思的政府有其他烦恼事，但是谢尔本，特别是小皮特带头奉行了减少和降低关税的政策——小皮特的最大成就是在1786年与法国缔结了商务条约。由于革命战争和拿破仑战争，进一步的发展受到阻碍几乎达三十年之久。十九世纪二十年代，赫斯金森上台后皮特的政策才告恢复。由此我们可以看出，法国的步调是与英国一致的。只是它还有另外两个问题：一是虽然历届政府都试图在国内建立起自由贸易制度，但在大革命以前一直没有做到这一点；二是农村的情况使粮食自由贸易这一问题愈来愈突出，特别是使粮食自由出口这一问题日益突出。[①] 在德意两国，我们第一眼见到的只是“重商主义”制度的进一步发展。但是，在许多实例中，该制度的合理化减轻了国际贸易的负担，特别是在原料和半成品方面。在荷兰，正如我们所预期的，朝着较为

① 英国于1689年就已实行了出口奖励制度，当时人们自然会讨论到这一问题。在其他方面，英国的农业政策与上面叙述的直到1815年的一般趋势并没有多大抵触。

自由的贸易发展的趋势要比其他国家明显得多,而且早在十七世纪就已表现了出来。

学说的发展速度较快。自由贸易信仰作为一般自由放任准则的一部分开始传播开来。平庸的公众只是对官僚主义的过多管理感到厌烦,因为这种管理正如此强大,甚至直接的自身利益有时都不能与之相抗衡。而作家或某些作家则带有哲学的味道:自由贸易愈来愈被认为是个人意志自由的一部分,而个人意志自由则被看作贸易的"天赋权利"。这种论点以前曾为雨果·格劳秀斯所采用,后来又被信奉自然法的各种派别所采用,其中包括重农学派乃至英国的功利主义者。当然,这种论点没有丝毫科学意义。[①] 但是,它却和我们有关系,这是因为,第一,它实际上总是和有关经济效果的明确表述联系在一起,而这种表述确实具有科学意义,因而应该与那个论点分开考虑;第二,这种论点(从科学上来说)产生了不正当的影响,削弱了最出色的作家的批判能力,使这些作家的经济推理带上了偏见。

我们以后会比较清楚地看到,一些不容易用任何其他方式解释的缺点,其根源可以追溯到这种影响。可以理解,这种影响也与"看不见的手"的学说有联系,甚至就魁奈和亚当·斯密来说,也是如此。当然,它对赞成自由放任的公众舆论产生了更大的作用;这种舆论在咖啡馆和沙龙里占据着统治地位,并预示了十九世纪自由主义者的自由贸易教条主义,而这种教条主义并不比重商主义

① 但愿我在前面已说得很清楚,虽然我把自然法概念看作是一种分析工具,但我并不认为这一概念必然会导致产生人类权力这一概念。

的任何通俗教条具有更多的科学洞察力。

不过,分析的进步是缓慢的。令人奇怪的是引起公众注意的有关政治问题的争论,在经济分析方面却没有产生结果。例如,就法国的粮食政策展开的那场争论,①虽然引起一些最杰出的经济分析家的兴趣,包括魁奈在内,但并没有产生值得我们注意的任何

① 让我们来看另一场争论。当乌得勒支和约放宽贸易的条款公布以后,保护主义者迅速武装了起来,特别是创办了一个短命的刊物,名为《英国商人》(1743 年重新发行)。该刊物的撰稿人对保护主义观点作了有趣的说明。其中特别值得提到的是乔舒亚·吉。除了为该刊物撰稿外,他还写过其他保护主义的论文,如《论英国的贸易和航海》(1729 年),他的保护主义依据的主要是就业论点。总的说来,吉和其他撰稿人写的文章并没有给他们丢脸,虽然他们写那些文章是为了让公众理解当时的一个问题,但却可以用来驳斥人们的一种普遍看法,即认为十八世纪的“重商主义”只是一派胡言乱语。但是就我所知,其中没有什么使我们感兴趣的东西。托利党的对抗武器是《被拯救的商业》,该刊物创刊于 1713 年 5 月,停刊于 1714 年 7 月,每周发行三次,可以说是一出独角戏。表演者就是著名的《鲁滨逊飘流记》的作者丹尼尔·迪福,一位非常杰出的多产作家。但是,他在我们的领域里最富有雄心的努力却停留在经济报道的水平上。特别是他为乌勒支和约中那些放宽贸易的条款所作的辩护没有对经济分析作出任何新的贡献,尽管他的辩护在自由贸易史上享有很高地位。不嫌麻烦地仔细阅读过的他的一些作品(例如,他的《贸易通史》1713 年)的读者,很可能认为我对他的评价不公正,特别是如果读者记得我对亚伦顿的评价的话。但是,在这种事情上,功绩在很大程度上是年代问题。

我利用这个机会说一说一位稍晚的作家,即马尔基·波斯特勒韦特,我提到他只是为了举出一个实例,说明这样一个有趣的现象,即为什么一些平庸的作家仍保留在人们的记忆里。每个为经济思想史考试作准备的学生为什么仍然很熟悉这个名字,我能找到的唯一原因是,他由于编纂了《贸易和商业通用辞典》(1751—1755 年)而在当时获得了一定声望。编纂该词典所根据的材料大都缺少权威性。他的其他著作主要论述南非的贸易,内容狭窄,平淡无奇,尽管不缺乏某种粗浅的常识。他的《大不列颠真实制度……》(1757 年)证明他聪明地看出了坎梯隆的著作的重要性,书内有一段话把利息看作是需要现金的人支付给窖藏货币的人的一种报酬,即为了使人们乐于放弃现金而支付的一种必不可少的报酬。这段文字读起来像凯恩斯的自身利率理论的粗制翻版。最近,费伊为了使他具有代表性……〔注释未写完〕。

结果。[①] 进步还是有一些,但这种进步不但带来了新的真理也带

① 不过,那场争论刺激了人们对经济分析的兴趣,因而对我们具有某种间接的重要性,尽管它没有直接为经济分析增加新的东西。这就是为什么我们还将提到它。此刻让我们指出,在这件事情上,格拉斯温克尔于1651年(如果不是在1549年出版的《共同福利》那本书中的话)抢在了将要提到的所有作家前面,布阿吉尔贝尔立即跟上。布阿吉尔贝尔以后有一段间歇。讨论似乎是由克劳德·杜平重新开始的(《经济学》,1745年,该书的一部分于1748年单独重新出版,题为《论乡村》),他再次提出了实行国内谷物自由贸易的论点。接着是C.J.赫伯特的《论谷物的一般管理》(1753年)。他仍然保留出口税(英国式的滑动关税)这个事实,在这里并不重要;与我们关系较大的是,他充分发展了正常供给可以自动调节的论点,虽然他并没有提出任何理论上的证明。魁奈接着也发表了一篇论文,这篇论文以后还将提到。另外一些作家也跟了上来,特别是在1763年的宣言和1764年的法令以后,1764年的法令确立了出口自由。特别值得注意的是,加利亚尼猛烈抨击了正在发展的教条式的信仰(《谷物贸易对话录》,1770年)。

该《对话录》产生于意大利经济学家对谷物问题的讨论。同法国经济学家的讨论相比,意大利经济学家的讨论开始得较晚,延续的时间较长,而且确实更令人感兴趣——尽管参加讨论的法国经济学家可以声称,所包含的基本思想是他们首先提出来的——因为意大利境内各国,特别是那不勒斯王国的情况很特殊,使人既有可能进行具有重大意义的事实研究,又有可能对某些问题作出论证,而这些在较为幸运的国家的文献里是见不到的。不过,由于我们不可能深入研究这些成果,而且就我所知,其中没有一个对经济工具的发展具有重要意义,因此,只要提到几个较有意义的成就就够了。正如正文所指出,这些成就很快就对《国富论》产生了影响。例如,多梅尼科·坎塔卢波于1783年发表了一篇论谷物自由贸易的论文(重印于库斯托迪的《意大利古典政治经济学全集》),在该文中,他分析了1400年以来的谷物政策,并有效而审慎地运用了他所掌握的分析工具。在坎塔卢波之后,另一位那不勒斯贵族多梅尼科·卡拉乔洛,于1785年解释了自己对西西里饥荒的观察的结果(重印于上面的同一本集子里)。比菲·托洛梅在他的《比较拥有谷物贸易自由的各国的财富》(1795年)一书中,试图以事实证明谷物自由贸易对一个国家财富的重要性,这在方法论上不无意义。该书附有一附录,题为《有关生存的考察》,作者是萨弗里奥·斯克罗法尼,此人是一位十足的重农学派式的自由贸易论者,他的其他著作与我们的论题无关。就自由输出谷物的原则而论,维里抢在了上述所有作家之前,他的著作是《有关米兰的公共经济的历史备忘录》(写于1768年;死后于1797年出版)和《论主要用于限制谷物贸易的法律》(写于1719年;出版于1796年)。作为一个成功的例子——因为只有成功,而不是折衷主义的弱点才能与许多相互冲突然而不可避免的考虑结合起来以适应意大利的情况——我将提到费迪南多·保莱蒂。此人虽然是意大利重农学派的成员,但却在他的体系中主张保护农业(《有关农业的考察》,1769年;我只知道收入库斯托迪所编那本书中的那部分)和对非必需的商品实行出口奖励制(《造福于社会的正确方法》,1772年)——这是一种粗浅的"农业调整计划",对于理论家不无意义。如果认为把我们和像保莱蒂这样的作家分开的是思想或行动的一般原则,那就大错而特错了。真正把我们同他分开的仅仅是我们的统计方法和推理方法。

来了新的错误。

〔**(d) 地域分工的利益。**〕 我所能看到的一项主要成就，是对地域分工的利益所作的技术高超的理论表述，这种表述在某种程度上预示了十九世纪国际价值理论的最重要的因素。这应归功于两位英国作家，我们的讨论只限于这两位作家，不过也会引证到其他作家。1701 年一位匿名作者出版了一本小册子，题为《东印度贸易之考察》。[①] 作者在书中把国际贸易看作是用较之国内生产为少的劳动数量获得货物的一种方法。他似乎没有意识到这与比较成本原理的关系，但即便如此，我们在这里也有了一位李嘉图的先驱者，虽然可能是一位完全没有产生影响的先驱者。

现在不生产商品 A 供国内消费之用，改为生产另一种商品 B，输出商品 B 将以较为有利的条件换回商品 A，这显然属于生产资源配置的问题。杰维斯正是从这个角度考虑这个问题的。和马歇尔[②]一样，他推断说，不管关税会给被保护的工业部门带来多大的直接可见的利益，由于关税妨碍最有利的资源配置，因而必然对整个国家是不利的。我们曾经提到，杰维斯的著作只有 34 页的篇幅，如果我们根据这 34 页推想他在十倍于此的篇幅中可能作的论述，那么我们确实应该把这个命题看作是对经济理论工具的重大贡献。事实上，从应用方面讲，该论点最先使人窥见了一般均衡理论。

但是很难说还有别的什么东西。尽管休谟在他的论商业，论贸易之嫉妒和论贸易差额的论文中说了许多有见识的话，[③]但他

---

① 〔见 J. R. 麦卡洛克编辑的《英国早期商业文选》，1856 年。〕

② 为皇家经济学会出版的《官方文件》(1926 年)，第 391 页。

③ 不过，请与 E. A. J. 约翰逊的《亚当 · 斯密的前辈》(1937 年)一书中讨论休谟的那一章作一番比较。

丝毫没有向前推进这个主题。亚当·斯密也没有推进这个主题,他似乎认为在自由贸易条件下,所有货物都将在绝对劳动成本最低的地方生产,虽然毫无疑问他综合、完善、强调和用实例说明了这个主题。事实上,在这个世纪的其余时间,没有什么重要的东西值得叙述,尽管通俗文献大量涌现,其中大部分都具有自由贸易色彩或较为自由的贸易的色彩,并对《国富论》产生了很大影响。①

---

① 一些重要作家如重农学派的成员或者某些综合体系的作家,有关对外贸易的意见,虽然跟"贡献"沾不上边,但却并非不重要。只要有必要,我们就将提到这些意见,事实上前面提到载有这些意见的著作时我们已经提到了一些。不过,应该从以下两方面对正文的叙述加以补充。第一,值得指出的是,在《国富论》出版前的大约二十五年里,大多数合格的经济学家实质上意见已趋于一致,重农学派和受重农学派直接影响的作家是最重要的少数派。在其全盛时期,这种共同意见的代表人物,英国有乔赛亚·塔克和詹姆斯·斯图尔特爵士,德国有尤斯蒂和宗南费尔斯,意大利有贝卡里亚、吉诺维希、维里和佩尔米里,法国有福尔邦内。简要地说,既然他们一致认为公共管制是经济过程的正常的、事实上是不可避免的特征,因而保护主义只不过是一种特殊情况。但是,他们把重商主义对贸易差额的强调降到了很低水平,这在一定程度上是由于有人作了有价值的批判工作(比如,维里在他的《沉思录》一书中,卡利在他的《简论各国的经济平衡》一书中,排除了用出口来衡量国民财富的观念)。而且,保护主义在他们手里变成了比以前精致得多的工具,其后果之一就是强调关税率要适度,以现代的眼光来看几乎无法把这种适度的税率同不征收关税区别开来。福尔邦内建议按价值的 15%征税,尤斯蒂建议按价值的 10%征税。然而,在很古老的习惯做法的影响下,有这样一种普遍趋势,就是越来越多的作家认为应该按进口消费品距离的反比例征收差别关税(塔克和维里)——这一原则具有顽强的生命力,一直到十九世纪还经常见到。最后,虽然(正如许多作家不加批判地接受这一法则本身所充分表明的)他们经常由于缺乏技术而犯错误,并且常常过多地依靠一看就明白的常识,但是他们在基本的分析原则上却很少出差错。

而且,我们很容易理解,为什么那些接受了自由贸易信条的批评家在那种共同意见中除了看到不协调处外,竟然看不到任何其他东西,或充其量只看到了旧错误和新真理之间的过渡阶段所特有的毫无意义的折衷主义。但是,从任何其他观点来看,(就逻辑上不相容的意义来说)在那种准共同的意见里,并没有不协调。这种共同意见不仅反映了分析的进步,而且正如正文将更加一般地再次强调的那样,同代替它的自由贸易学说的狭隘教条主义相比,对于进一步的研究来说,这种共同意见也许是更好的起点。

而且，即使在分析地域专业化方面所取得的那种地步也不是单纯的进步。那位隐名的作者和杰维斯都非常随便地得出了符合其自由贸易观点的结论。①他们这样做也就把他们的成就与推理错误联系在了一起，而推理错误将成为十九世纪自由贸易文献中的典型错误。杰维斯没有认识到他的资源配置定理动摇不了保护主义的任何论点，如幼稚工业论点，或就业不足论点，该定理不适用于这些论点所设想的情况。由于忽视了这一点，杰维斯便背离了重商主义作家发掘出来的许多有价值的真理，而采取了诺思所采取的那种态度，这种态度虽然在纯理论上是可以允许的，但如果不加

第二，为了说明前一句话，让我们从一类数量很多的命题中挑选出来一个来加以考察。梅西在他的《……方法》(1757 年)一书中(如同在他以前的人那样)认为，对葡萄牙产的葡萄酒课征的关税，应该低于对法国酒课征的关税，其依据是以下命题。如果A 国和 B、C 两国都有贸易关系，B 国用其出售产品给A 国所得到的收入来购买 A 国产品所具有的弹性，大于 C 国用其出售产品给 A 国所得到的收入来购买 A 国产品所具有的弹性，那么，给予 B 国产品以优于 C 国产品的待遇，将有利于 A 国。不要去注意这个命题在多大程度上是正确的。无论是正确还是错误，该命题至少很有意思。同讨论自由贸易的许许多多老生常谈相比，讨论该命题更能丰富我们对国际贸易的理解，更能丰富我们的一般分析工具，而不管自由贸易的老生常谈显示出一种多么值得赞美的态度，也不管它们能诱导出多么明智的、人道的、和平的政策。单从梅西那里还可以引证几个例子，他长于这种特别有用的分析，在国际贸易以外的领域也是如此(例如，参看他的《对新苹果酒税的考察，就这种税可能对我们的毛纺业和纽芬兰的渔业产生的影响而言……》,1764 年)。

① 根据维纳教授的说法(前引书，第 92 页)，可以说，除了上述两位作家和诺思以外，1776 年以前仅仅有另外两个英国自由贸易论者(一个是威廉·佩特森，此人系英格兰银行的缔造者，其《著作集》连同传记由撒克斯·班尼斯特编辑，1859 年出第二版；另一个是乔治·惠特利，著有《关于硬币的一般考察》,1762 年，修订后作为其 1774 年第二版《贸易原理》的附录再版，这是我所知道的唯一版本)和一位倾向于自由贸易的作家(J. 乔斯林，著有《论货币和金银》,1718 年出版，但日期写为 1717 年)。在自由贸易学说史上，他们都有权占据显著地位。但是佩特森是在通俗的水平上鼓吹自由贸易，而惠特利和乔斯林虽然不无贡献，但就我所能看到的而言，却没有在前人的基础上增加任何新的东西。

批判地一味坚持,必然会产生错误。那位隐名作者的情况更糟。他所倚重的论点是,因为国际贸易由自愿的交易所构成,所以必然对交易双方都有利,因而对整个国家也非有利不可。诺思也是这样推理的。而亚当·斯密在指出了这样一个明显的事实即每个人都会转向他自己觉得是最适合的职业后,进而宣称,"治理每个家庭的明智之举,决不会是治理大王国的愚蠢之举。"从分析技术的观点来看,斯密此种说法的错误程度不亚于可以算在"重商主义"账上的任何错误。不过,我们将在以后充分讨论这种说法所包含的错误。

我们已经看到,至少就经济分析而言,"重商主义者"和"自由主义者"之间并不存在任何鸿沟。如果对重商主义经济学家的政治理想或兴趣所在不抱任何偏见,那么自由主义经济学家本来是可以继承重商主义经济学家的分析工作的,就像一班工人接另一班工人的工作那样。在某种程度上,实际情况正是这样。但是就没有发生这种情况的那部分而言,不仅过时的错误被抛弃了,而且还发生了不必要的浪费——浪费的程度犹如接班工人只要不喜欢前一班工人的政治观点,就把产品捣毁。假如亚当·斯密和他的后继者不是抛弃"重商主义的"命题,而是精炼和发展它们,那么本来在 1848 年以前是可以提出一种远为正确、远为丰富的国际经济关系理论的——该理论也就不会被一派人所放弃,而被另一派人所轻视。